헤겔과 변증법

— 그 기원·전개·쟁점을 중심으로 —

헤겔과 변증법

— 그 기원·전개·쟁점을 중심으로 —

Hegel and Dialectic

— Focused on Its Origin, Development and Issues —

백훈승 지음

서광사

이 저서는 2017년 정부(교육과학기술부)의 재원으로 한국학술진흥재단의 지원을 받아 수행된 연구임
(KRF-2017S1A6A4A01020883)

헤겔과 변증법

—그 기원·전개·쟁점을 중심으로—

백훈승 지음

펴낸이 | 이숙
펴낸곳 | 도서출판 서광사
출판등록일 | 1977. 6. 30.
출판등록번호 | 제 406-2006-000010호

(10881) 경기도 파주시 회동길 77-12 (문발동)
대표전화 (031) 955-4331 팩시밀리 (031) 955-4336
E-mail: phil6161@chol.com
http://www.seokwangsa.co.kr | http://www.seokwangsa.kr

제1판 제1쇄 펴낸날 — 2022년 4월 20일
제1판 제2쇄 펴낸날 — 2023년 8월 30일

ISBN 978-89-306-2353-7 93110

들어가는 말

헤겔 변증법 사상 고찰의 의의

철학의 방법에는, 연역적 방법, 귀납적 방법, 실험적 방법(칸트), (언어)분석적 방법, 현상학적 방법(훗설), 그리고 변증적 방법 등의 여러 가지가 있다. 필자가 본 저술에서 천착하고자 하는 것은 바로 변증적 방법[hē dialektikē methodos], 혹은 간단히 줄여서 변증법[dialectic]이다. '변증적 방법'이라는 용어는 플라톤이 사용한 용어로서, '변증적[dialektikē]'이라는 말이, '대화하다'를 뜻하는 dialegesthai(διαλέγεσθαι)라는 동사로부터 유래했다는 사실이 말해주듯, 대화를 통해 문제를 제기하고, 대답 속에서 다시 문제를 발견하여 물음을 제기하고 대답하는 반복된 과정을 통하여 진실에 접근하는 방법이다. 근대에는 특히 헤겔에 의하여 이 방법이 강조되었다.

'헤겔'이라는 이름을 들으면, 철학을 공부하는 사람은 말할 것도 없고 일반인들도 '변증법'이라는 단어를 떠올리게 될 것이다. 그렇지만 누구나 '변증법'이 무엇인지 정확하게 아는 것은 아니다. 아우구스티누스(Aurelius Augustinus, 354-430)가 말한 것처럼, 시간이 무엇인지 아무도 나에게 묻지 않는다면 시간이 무엇인지 나는 알고 있지만, 묻는 사람에게 내가 그것을 설명하려고 하면 모르는[1] 것처럼 '변증법'이라는 개념도 그런 것 같다. 헤겔 자신이 『정신현상학』 서문[Vorrede]에서 지적했듯이, 우리는 많은 것들을 숙지하고[bekannt] 있기는

---

1 "Quid est ergo tempus? si nemo ex me quaerat, scio, si quaerenti explicare velim, nescio"(『고백록』 XI, 14).

하지만 인식하지는[erkannt] 못하고 있는 것이 아닌가?

헤겔의 변증법을 이해하려는 시도 혹은 헤겔 변증법의 윤곽을 소개하거나 헤겔 변증법의 근본특징들을 설명하고 헤겔 논리학을 재구성하려는 등의 시도들은 지금까지 서양에서 계속되어왔다. 영미권에서는 맥타가트(J.M.E. McTaggart, 1866-1925)를 위시하여, 로젠(Michael E. Rosen, 1952-), 케인즈(Howard P. Kainz, 1933-)등이, 그리고 헤겔철학의 본고장인 독일 및 독일어권에서는 트렌델렌부르크(Friedrich Adolf Trendelenburg, 1802-72)로부터, 헨리히(D. Henrich, 1927-), 풀다(H.F. Fulda, 1930-), 뒤징(Klaus Düsing, 1940-), 바움(Manfred Baum, 1939-), 살레미인(A. Sarlemijn, 1936-98), 케셀링(T. Kesselring, 1948-), 볼프(Michael Wolff, 1942-), 반트슈나이더(D. Wandschneider, 1938-), 코흐(Anton F. Koch, 1952-), 슈테켈러-바이트호퍼(Pirmin Stekeler-Weithofer, 1952-), 회슬레(V. Hösle, 1960-) 등, 그리고 그 밖의 유럽지역에서는 콘뒬리스(P. Kondylis, 1943-98), 누쪼(Angelica Nuzzo, 1964-) 등, 이런 작업을 수행한 여러 학자들의 이름을 언급할 수 있다.

지금까지 국내 연구자에 의한 헤겔 관련 저서가 여러 권 출간되었다. 물론 대부분의 연구자들은 뛰어난 역량을 가지고 있는 분들이다. 그러나 이들의 저술들 가운데 〈헤겔의 변증법〉을 그 기원(성립)과 전개와 쟁점 등을 중심으로 하여 자세히 다룬 저술은 발견할 수 없다. 즉 고대(古代)로부터 헤겔 이전의 근대에 이르기까지의 여러 사상(思想)들이 헤겔 변증법의 형성에 미친 영향, 그리고 헤겔이 그 사상들을 어떻게 수용하고 변형시켰는가 하는 문제, 그리고 헤겔 변증법의 성격과 과제 및 그 핵심내용과 전개과정, 헤겔 변증법이 후대에 미친 영향—예컨대 물질변증법의 성립에 미친 영향 등—, 또 헤겔의 변증적 사상이 지니고 있는 문제점은 무엇이며, 헤겔의 변증법은 포퍼(K. R. Popper, 1902-94) 등과 같은 헤겔 비판자들의 공격을 이겨낼 수 있는가 하는 등의 문제를 포괄적으로 다루고 있는 저술을 우리가 갖고 있지 못한 것이 현실이다. 물론 몇몇 저술들에서는 헤겔의 변증법을 다루고 있기는 하지만, 그것은 '일부' 내용에 지나지 않으며, 게다가 이 저술들 가운데 상당수는 저자들이 이전에 발표한 논문들을 모아서 간행한 것이어서 내용의 통일성을 갖추지 못한 것들이 많다. 그리하여 나는 헤겔의 변증법을 포괄적으로 다루면서도 그 구체적인 내용을 깊이 천착함으로써, 헤겔 변증법에 대한 막연한 이해 및 오해를 불식시키고 헤겔철학의 핵심에 이르는 길을 제시하고자 한다.

더욱이, 아주 많은 사람들이 가지고 있는 오해를 해소하기 위해서도 헤겔 변증법에 관한 저술은 필요하다. 철학도라면 누구나 헤겔의 변증법에 관한 여러 학자들의 설명들에 접하게 된다. 그러나 이들 가운데는 상당한 오류가 포함되어 있다. 예컨대 헤겔의 변증법을 소위 〈정(正)-반(反)-합(合)〉이라는 〈삼단계 도식〉[Triade]과 동일시하여 그것을 하나의 "전설(傳說)"로 만들어버린 등의 오류는 비일비재하다. 그러나 헤겔은 결코 그 어디에서도 Triade를 법칙으로 제시하지 않았다. 물론 그의 저술 속의 많은 부분들이 3항1조 형식으로 되어 있기는 하지만, 이들이 모두 정명제[These]-반명제[Antithese]-합명제[Synthese]의 관계로 되어 있는 것은 아니다. 오히려 헤겔은 『철학사 강의』(*Vorlesungen über die Geschichte der Philosophie*)에서, 칸트가 "아무 데에서나 정립, 반정립, 종합을 제시했다"(TW 20, 385)고 비판하고 있는 곳에서만 이 용어를 함께 사용하고 있다. 굳이 말하자면, 이러한 3항1조 형식은 피히테(J. G. Fichte, 1762-1814)에게서 발견된다.[2] 또한 헤겔 변증법에서 중요한 '모순' 개념에 대한 많은 오해들이 있는 것이 사실이다. 헤겔 및 헤겔의 변증법은 모순율을 부정하지도 않을 뿐만 아니라, 부정할 수도 없다. 모순율을 폐기하고서는 그 어떤 주장도 성립할 수 없다. "A는 A다"라는 주장을 해 놓고, 다시 "A는 A가 아니다"라고 주장하는 것은 그 어느 경우에도 옳을 수 없는 것이다. 오해는 여기서 그치지 않는다. "(순수)존재는 (순수)무다[Das (reine) Sein ist das (reine) Nichts]"라는 헤겔 논리학 〈존재론〉의 진술을 불가(佛家)의 "색즉시공 공즉시색(色卽是空 空卽是色)"과 동일한 의미로 이해한다든지 혹은 그것을 역설(逆說)[paradox]로 오해한다든지 하는 경우는 너무도 많다. 뿐만 아니라, 포퍼 같은 헤겔 비판자는, ―정명제와 반명제 사이에 성립하는 관계는 '논리적 반대관계' 내지, 반명제가 정명제를 부정하는 관계임에도 불구하고―, 그 관계를 "논리적 모순"으로 오해하고 있다. 그리하여 헤겔의 변증법은 모순을 용인하고 있기 때문에 "우리에게 아무런 정보

---

2 예컨대 그의 *Grundlage der gesamten Wissenschaftslehre*, in: *Gesamtausgabe der Bayerischen Akademie der Wissenschaften*. hg.v. R. Lauth und H. Jacob, Stuttgart-Bad Cannstatt, 1962 ff., I, 2.

도 주지 못하고" "이론으로서 전혀 쓸모가 없다"고 말하며, 헤겔의 변증법은 모순율을 폐기해야만 성립 가능하다고 주장하는데, 헤겔이나 그 누구라도 모순율을 폐기함으로써 자신의 주장을 정당화할 수는 없는 것이다.

본 저술은 헤겔 변증법과 관련된 제반문제를 총체적으로 고찰함으로써 헤겔 변증법의 진면목을 드러내어, 역사적이고 체계적인 맥락에서 그것을 이해함과 더불어, 우리가 후대의 사상가들의 비판으로부터 그것을 어떻게 방어하고 발전적으로 이해할 수 있는지에 대한 숙고를 하도록 만들어줄 것이다. 그리고 철학을 전공하는 학부생을 포함한 일반대중도 읽을 수 있도록 기획한 만큼, 어려운 개념들에는 가급적 상세한 각주를 달아서 이해에 도움을 주고자 한다. 그러나 물론 이 저술은 철학을 전공하는 대학원생 이상의 학생들을 위한 참고서 및 철학을 가르치는 선생님들의 학습지도서로도 사용될 수 있을 것이다.

지금까지 나는, 현재까지의 헤겔 변증법에 대한 국내외 연구현황을 포함하여, 이 시점에서 헤겔 변증법 사상을 고찰하는 의의에 대해서 간략하게 언급하였다. 이어서 이 저술의 전체 내용을 개괄하고자 한다. 우선 다음과 같은, 헤겔 변증법의 핵심내용을 고찰한다. 즉, '변증법[Dialektik]'의 어의(語義)의 고찰에 이어, 헤겔 변증법이 논리학인지를 해명한다. 이 과제는, 우리가 헤겔철학의 과제(목표)를 살펴봄으로써 자연스럽게 해결된다. 헤겔은 철학의 유일한 대상이 신이며, 따라서 신을 다루고 인식하는 것이 철학의 과제라고 말한다. 그런데 헤겔이 말하는 신·절대자·무한자는 유한자와 대립하여 그것을 초월한 존재자가 아니라, 자신 속에 유한자를 내포하고 그 유한자의 전개를 통하여 자기를 전개해 나가는 그런 존재자다. 그러므로 이러한, 유한과 악(위)무한[die schlechte Unendlichkeit]의 통일로서의 진무한의 성격을 지니고 있는 절대자를 파악하기 위해서는 절대자가 자신의 운동의 매개체로 삼는 유한자를 파악해야만 한다. 그런데 유한자는 고정된 존재자가 아니라 끊임없는 변화와 유동(流動) 속에 존재하기 때문에, 운동하는 존재자를 파악하기 위한 우리의 인식 또한 운동해야 한다. 이처럼, 변화하는 대상 내지 절대자를 파악하기 위한 방법이 바로 헤겔의 변증법이다(인식의 변증법). 그러나 헤겔에 있어서는, 절대자가 자기를 전개해 나가는 방법 또한 변증적으로 진행한다고 말한다[존재(자)의 변증법]. 절대자가 자신을 외화(外化)한 것이 바로 물질과 정신이므로, 물질도 변증적으로 변화한다는 주장이 헤겔에게서는 가능하다[물질(자연)변증법]. 맑스(Karl Marx, 1818-83), 특히 엥엘스(Friedrich Engels, 1820-95)의 자연변증법의 토대는 이미 헤겔 『논리학』, 〈존재론〉에 마련되어 있었다. 그러나 필자는 자연변증법이 성립할 수 없음을 이 연구에서 밝힐 것이다. 이 고찰에 이어, 헤겔 변증법의 형성에 영향을 미친 여러 사상가들의 주장들과, 그에 관련된 헤겔의 견해를 살펴본다.

헤겔 변증법의 성립에 영향을 미친 사상은 여러 가지로 거론되고 있다. 이에 관한 여러 주장들의 내용과 그 타당성의 범위를 고찰하는 동시에 헤겔이 자신의 저술에서 이러한 사상들과 어떻게 대결하고 있으며 그 사상들을 어떻게 비판·변형하여 수용하고 있는지를 살펴본다. 이를 위해 나는, 한편으로는 헤겔이 저술한 『철학사 강의』(*Vorlesungen über die Geschichte der Philosophie*)에서 헤겔이 변증적 사유에 대해 각 사상가들에 관해 언급하고 평가한 내용과 다른 한편으로는 그들이 원전(原典)에서 전개하고 있는 사상을 비교함으로써 독자들이 공정한 평가를 내릴 수 있도록 노력할 것이다.

우선, 헤겔은 변증론자들로 여러 철학자들을 거론하고 있다. 제일 먼저 고찰할 인물은 피타고라스이며, 뒤이어 파르메니데스와 제논의 사상에 대한 헤겔의 언급을 참조하면서 종합적인 평가를 내린다. 변증법에 대한 헤겔의 독특한 해석은 고대인들 중, 대립의 내적이고 개념적인 통합을 이해하는 데 가장 근접해 있었던 헤라클레이토스의 학설로부터 역사적인 영감을 받은 것이 사실이지만(TW 18, 319 ff.), 또한 헤겔은 플라톤을 변증법의 고안자(考案者)[Erfinder]로 보고 있다. 왜냐하면 플라톤의 철학 중에서 변증법은 비로소 자유로운 학문적 형식인 동시에 객관적인 형식으로 나타났기 때문이다.[3] 헤겔이 고대 변증법의 가장 위대한 저작으로 간주한 플라톤의 『파르메니데스』(II, 64-65)는, 어떤 이데아도 그 자체로서는 사유될 수 없으며, 모든 이데아는 다른 이데아와의 연관 속에서만 사유될 수 있다는 것, 그러므로 "참된 것은 완전한 것(Das Wahre ist das Ganze)"(PhG, 21)이라는 것을 보여준 저작이다. 플라톤의 이러한 사상은 "규정은 부정(否定)이다(determinatio est negatio)"[4]라는 스피노자의 명제의 기초가

---

3 Enz §81 Zus. 1. TW 8, 173 ff. 참조. 다른 한편 헤겔은 제논을 "변증법을 시작한 자[Anfänger der Dialektik]" 혹은 "변증법의 원조[Urheber der Dialektik]"로 보고 있다고 서술하고 있다(TW 18, 295 및 301; 또한 TW 19, 61 및 GW 12, 242 참조).

되는 것이며 이는, 모든 존재자에 해당되는 내용으로서, 절대자 파악을 위해서는 매개(媒介)와 부정이 반드시 요구된다는 사실을 헤겔로 하여금 다시 확신하게 한다. 헤겔은 아리스토텔레스를 따라 변증법을 목적론적 규정을 가지고 특징지으며, 아리스토텔레스의 목적론은 "스스로 발전함"으로서의, 개념의 변증적 운동을 설명하는 데 도움을 준다. 아리스토텔레스가 현실개체로서의 실체의 운동을 설명함에 있어서, 가능적 존재자[dynameia on]는 헤겔에서의 즉자태[das Ansich]에, 활동적 존재자[energeia on]는 대자태[das Fürsich]에, 그리고 완전태[entelecheia]는 즉자대자태[das An- und Fürsich]에 각각 대응시킬 수 있다. 그리고 운동의 최초원인으로서의 "부동(不動)의 원동자(原動者)[ho ou kinoúmenon kineî, ὃ οὐ κινούμενον κινεῖ, primum movens]"(Aristotle, *Metaphysics* XII, 1072a)인 신적(神的) 정신은 절대이념[die absolute Idee]에 해당되는데 이는, 곧 '자기 자신을 사유하고 인식하는 절대이성'이다. 또한 "사유의 사유[noēsis noēseōs, νοήσις νοήσεως]"로서의 신(의 사유)은 이미 자기의식[Selbstbewußtsein]의 원형(原型)이라고 말할 수 있는바, 이것은 절대적 주체성의 최고이념이며, 바로 여기에는 '대립의 통일'이라는 헤겔의 변증적 사유의 씨앗이 내재해 있다.

신플라톤주의와 헤겔 변증법의 연관성에 관해서는 특히 플로티노스와 프로클로스의 사상이 논구될 것인데, 플로티노스의 일자(一者)[to hen, τὸ ἕν]와 정신[nous, νοῦς]과 (영)혼[psychē, Ψυχή]의 관계를 중심으로 살펴보면서 특히 헤겔이 사변적 사유를 통하여 플로티노스의 부정신학을 어떻게 극복하는지에 초점을 맞출 것이다. 두 번째로 살펴볼 인물은 프로클로스인데, 그는 포이어바흐가 일찍이 "헤겔은 독일적이거나 기독교적인 아리스토텔레스가 아니라 오히려 독일적인 프로클로스다"라고 말할 정도의 인물이다. 그리고 미헬레(Karl Ludwig Michelet, 1801-93)[5]나 트렌델렌부르크[6]가 프로클로스의 삼단계의 진행[Triadik]

---

4 1674년에 Jarig Jelles에게 보내는 한 편지에서.

5 헤겔 중간파로 분류되는 철학자로서, 헤겔의 지도하에 1824년에 교수자격을 획득하고 1829년에는 베를린 대학 철학원외교수가 되며, 1825년 이래 프랑스계의 김나지움의 교사이기도 했다. 『학문비판연보』에 참여하고, 헤겔전집의 편집기획에 가담하여 주로 『철학사』와 『철학강요』의 편집을 담당했다. 후자의 편집에서는 〈추가〉[Zusatz]가 덧붙여져 세 권짜리 책이 되고 미헬레는 제2권(1842년 간행)을 담당했지만, 〈추가〉의 대부분을 1804-05년의 노트에서 취해 자

에서 헤겔의 사변적 사유 내지 구체적 총체성의 전범(典範)을 찾고 있듯이 그의 삼단계적 형이상학은—비록 이들에 대한 헤겔 자신의 곡해가 있었다 할지라도—헤겔 변증법을 이해하기 위해서 반드시 살펴보아야 할 부분이다. 아울러 이러한 삼항론은 기독교의 삼위일체 사상에서도 발견되는바, 이것과 헤겔의 변증적 사상과의 연관성도 고찰하게 된다.

뿐만 아니라, 중세의 에카르트(Meister Johannes Eckhart, 1260년경-1327년)의 신비주의 사상을, 특히 일자(一者)로서의 신과 다자(多者)의 관계문제 및 부정(否定)의 부정(否定)으로서의 신 개념을 중심으로 살펴보았다. 중세에서 근대로 넘어가는 가교(架橋) 역할을 한 쿠자누스(Nikolaus Cusanus, 1401-64)에 있어서는 신과 피조물(유한자)의 관계를 표현하는 '접힘[complicatio]'과 '펼침[explicatio]'의 사상 및 '대립의 일치[coincidentia oppositorum]' 사상이 중점적으로 고찰되었다. 헤겔이 "독일의 최초의 철학자"라고 명명한 뵈메(Jakob Böhme, 1575-1624)에게서는 신비주의적 범신론, 대립의 투쟁과 통일, 그리고 삼중성(三重性)의 파악이라는 문제를 중심으로 살펴본다.

이어서, 스피노자(Baruch, 또는 Benedictus de Spinoza, 1632-77)의 실체 형이상학과 헤겔에 의한 그것의 사변적 지양(止揚) 문제, 또한 슈바벤(Schwaben)[7]

연철학을 예나시기의 구상과 동일시해버리고 말았다. 『철학사』 강의의 간행에서는 초판을 교정한 제2판을 내놓고 있다. 또한 헤겔의 강의를 보완하기 위해 칸트로부터 헤겔까지의 독일 철학사에 관한 저작(*Geschichte der letzten Systeme der Philosophie in Deutschland von Kant bis Hegel*, *Berlin*, 1837)을 출판하고, 나아가 헤겔의 윤리학적 측면의 연구에 노력하여 자연법에 관한 저작을 썼다(가토 히사타케 외, 『헤겔사전』, 도서출판 b, 2009, 134 참조).

6 트렌델렌부르크는 무엇보다도, 칸트와 아리스토텔레스에 정향(定向)된 독일의 철학자·문헌학자·교육자다. 통상적으로 그는 아리스토텔레스주의자로 분류되며 헤겔에 대한 탁월한 비판자로 알려져 있다. 그러나 또한 헤겔과 집중적으로 대결함으로써 그에게 있어서 헤겔철학의 요소들이 존재하게 되었다. 예컨대 철학을, 개별체계들이 단지 관여할 뿐인 전체적 성격을 지닌 것으로 파악한다든지, 관념론적인 기본태도를 가지고 있다든지 혹은 발전사상과 같은 것들이다. 헤겔과 관련된 저술로는 『논리연구』[*Logische Untersuchungen*, 1840 (3. Aufl. 1870). Band 1, Band 2], 『헤겔체계 내에서 등장하는 논리적 물음』[*Die logische Frage in Hegels System. Zwei Streitschriften*, Leipzig 1843. (mit Friedrich Altenstein)] 등이 있다(https://de.wikipedia.org/wiki/Friedrich_Adolf_Trendelenburg 참조).

7 슈바벤(Schwaben)은 독일 남부의 역사적인 지역명이다. 스와비아(Swabia)라고 부르기도 한다. 슈바벤의 영역은 명확하지 않고, 시대에 따라 변화가 있으나 대체로 현재의 바덴뷔르템

의 경건주의자인 외팅어(Friedrich Christoph Oetinger, 1702-82)의 생(生) 사상을 중심으로 형성된 그의 총체적인 존재론 및 인식론과 헤겔 사상의 연관성을 살펴본다. 그리고 그 어떤 철학자보다 헤겔에게 많은 영향을 미친 칸트의 분석론과 변증론에서 발견되는 변증적 사상을 검토하며, 특히 이율배반(二律背反)[Antinomie]론을 살펴본다. 실제로 헤겔은 순수이성의 이율배반에 대한 칸트의 주장[8]에서 "변증법이 다시 상기(想起)되어 (…) 새롭게 그 존엄성을 얻게"[9] 되었다고 고백하고 있다. 또한 튀빙엔(Tübingen) 신학교의 동갑내기 친구인 횔더린(Johann Christian Friedrich Hölderlin, 1770-1843)의 영향 역시 무시할 수 없다. 예컨대 "Urteil und Sein (「판단(근원분할)과 존재(하나)」)" 등에 나타난 그의 통일철학이 헤겔의 변증법 사상의 형성에 큰 영향을 미친 것으로 생각된다. 헤겔은 '판단'을, 횔더린으로부터 인수한 어원적 해석에 따라, 그 자체로 동일한 절대자의 '근원분할[Urteil]'로 이해하고 있는데, 헤겔은 이러한 절대자의 통일(성)을 통각(統覺)의 근원적인 종합적 통일이라는 칸트의 개념에서 다시 발견할 수 있다고 생각하고 있다. 이런 관점에서 우리는 칸트의 자기의식 이론을 살펴볼 필요가 있다. 이어서, 피히테의 『전 학문론의 기초』(*Grundlage der gesamten Wissenschaftslehre*, 1794/95)에 나타난 자아와 비아의 관계, 『자연법의 기초』에 나타나는 자아와 타아 간의 상호인정을 둘러싼 변증적 사상과, 후기 종교론에서 발견되는 자아와 절대자의 통일 사상을 고찰한다. 또한 독일 관념론의 대표자 가운데 하나인 셸링의 절대자관 및 동일철학이 헤겔에게 미친 영향을 고찰할 것이다.

이어서, 헤겔의 변증적 사유의 구체적인 전개를 살펴본다. 우선, 청년기 시절

베르크주 남부와 바이에른주 서남부 일대를 포함하는 지역이며, 넓은 범위로는 프랑스 알자스 지방, 스위스 북부, 오스트리아 서부까지 포함된다. 명칭은 고대 게르만 부족인 수에비족(Suebi, Suevi)에서 유래한다. 현재는 슈바벤의 지역명칭은 바이에른주의 하위 행정구역의 하나인 슈바벤현에만 사용되고 있으나, 슈바벤은 특색을 간직한 전통적인 지역으로 여전히 유명하다. 고지 독일어의 일파인 알레만어의 방언 중 하나인 독특한 슈바벤 방언으로도 알려져 있다(https://ko.wikipedia.org/wiki/%EC%8A%88%EB%B0%94%EB%B2%A4). 헤겔 역시 슈바벤 사람이었고, 강의시간에도 슈바벤 사투리를 섞어서 말했다고 알려져 있다.

8 Kant, KrV, A 426=B 454 ff.

9 Enz §81 Zus. 1. TW 8, 174.

의 저술들인 『종교와 사랑에 대한 초안』(*Entwürfe über Religion und Liebe*, 1797/98), 『기독교의 정신과 그 운명』(*Der Geist des Christentums und sein Schicksal*, 1798-1800)[10], 『체계단편』(*Systemfragment*)[11], 『피히테 철학체계와 쉘링 철학체계의 차이』(*Differenz des Fichteschen und Schellingschen Systems der Philosophie*, 1801), 『신앙과 지식』(*Glauben und Wissen*, 1802), 『회의주의와 철학의 관계』(Verhältnis des Skeptizismus zur Philosophie, 1802), 『자연법의 학문적 연구방식, 실천철학에 있어서의 자연법의 위치와 실증법학들에 대한 그것의 관계에 대하여』(*Über die Wissenschaftlichen Behandlungsarten des Naturrechts, seine Stelle in der praktischen Philosophie und sein Verhältnis zu den positiven Rechtswissenschaften*)[12] 등에 나타난 변증법의 초기형태를 살펴본다. 예컨대 『기독교의 정신과 그 운명』에서 헤겔은, 대립을 주장하는 칸트철학은 무한자와 절대자 사이의 단절을 주장하는 유대교의 입장과 같은 것으로 비판하고, 이를 지양하는 기독교의 입장을 지지하면서 '사랑에 의한 운명과의 화해'를 제시하는바, 여기에 이미 그의 변증적 사유의 토대가 마련되어 있다고 할 수 있다. 여기서 말하는 '운명'이란, '타자(他者)로 전화(轉化)한 자기(自己)'를 가리키는데, 운명이 자기와 화해할 수 있는 길은 자기와 타자의 공동의 근거인 '생(生)[das Leben]'으로 돌아가는 것이다. 생은 모든 존재(자)의 근거이므로 자기도 타자도 동일한 생에 근거하고 있다. 이러한 생은 "결합과 비결합의 결합[die Verbindung der Verbindung und der Nichtverbindung]"(ThJ, 348)이며 "동일과 비동일의 동일[die Identität der Identität und der Nichtidentität]"[13], "구별과 비

---

10 이 저술은 노올이 편집한 『헤겔의 청년기 신학저술들』[*Hegels Theologische Jugendschriften*, hg. v. Herman Nohl, Tübingen, 1991]의 241-342(=TW 1, 274-418)에 실려 있다.

11 "Systemfragment 1800," in: ThJ, 343-351. 이 저술은 *Frühe Schriften*, TW 1, 419-427에도 실려 있다.

12 이 글은 1802-1803에 걸쳐서 『철학비평지』(*Kritisches Journal der Philosophie*)에 실렸던 글인데, 소위 『자연법 논문』(1802-03)으로 약칭되고 있다.

13 Hegel, *Differenz des Fichteschen und Schellingschen Systems der Philosophie in Beziehung auf Reinholds Beiträge zur leichtern Übersicht des Zustandes der Philosophie zu Anfang des neuzehnten Jahrhunderts*, 1. Heft (1801)[헤겔의 이 저작은 소위 『차이저술』(*Differenzschrift*)이라고 약칭되고 있다. *Differenzschrift*로 줄이고, 마침표 뒤에 TW의 쪽수를 기입한다], in: TW 2, (7-138), 96 및 TW 5, 74; GW 11, 37.

구별의 통일[Einheit des Unterschieden- und des Nichtunterschieden-seins]"(TW 5, 74)이다. 더욱이 절대자·무한자는 정신이며 무한한 생이다. 이러한 무한한 생에의 지향이 '사랑'이며, 사랑을 통해 생 속에서 대립의 통일이 이루어진다. 헤겔은 철학의 사명을 '결합과 비결합의 결합으로서의 생'을 파악하는 데에 두고 있었는데, 다른 말로 하면 그것은 "유한자를 무한자 안에 생으로서 정립하는 것"[14] 외에 다른 것이 아닌 바, 이 또한 대립자를 통일하는 변증적 사유를 통해 가능한 것이다. 또한 헤겔은 '사랑' 속에서 대립자의 통일을 보고 있는데, 1797년 말에 쓴 「사랑」("Die Liebe")이라는 단편에서 이 점을 확인할 수 있다. 이처럼, '생'과 '사랑' 속에서 대립자들의 통일이 이루어지며, 청년기 헤겔이 사용한 '생'이라는 표현은 나중에 '정신[Geist]'으로 대치된다. 『정신현상학』의 〈자기의식〉장(章)의 끝부분에서도 볼 수 있듯이, '정신'의 구조 역시 '나=우리, 우리=나'의 구조로 이루어져 있는바, 이것은 바로 '동일과 비동일의 동일', '결합과 비결합의 결합'의 구조로서, 사변적 통일, 변증적 통일의 사상을 잘 보여주고 있는 개념이며, 헤겔이 말하는 진무한자로서의 절대자 역시 유한자와 악(위)무한자의 지양태로서의 변증적 구조를 나타내고 있다. 이러한 '정신'은 실체[Substanz]일 뿐만 아니라 "생동하는 실체"로서의 '주체[Subjekt]'로서[15], 자신 속에 부정성의 계기를 지니고 부단히 자기부정을 통한 자기외화(自己外化)[소외(疎外)]와 다시 그 부정을 부정하고 자신 속으로 복귀하는 자기운동의 과정 내지는 체계다. 헤겔에서 참된 것은 본질적으로 주체다. 따라서 헤겔에 있어서 진리란 "피스톨에서 총알이 발사되듯" 예지적 직관(叡智的 直觀)에 의해 파악될 수 있는 것이 아니라, 매개와 부정의 과정을 거쳐 가는 "개념의 노고[Anstrengung des Begriffs]"(PhG, 48) 내지 "개념의 노동[Arbeit des Begriffs]"(PhG, 57)을 통한 변증적 과정을 통해 얻어지는 것이다.

아울러 우리는 '대상의식과 자기의식의 변증법' 및 '인정의 변증법'과 소위 '주인(지배)과 노예(예속)의 변증법'(『정신현상학』), '지성과 이성의 변증법', '개념과 현실의 통일로서의 이성', '시원(始原)의 변증법'(『논리학』), '가정-시민사회-

---

14 *Diffenrenzschrift*. TW 2, 25.

15 실체[Substanz]인 동시에 주체[Subjekt]인 존재자를 가리켜 헤겔은 '자기(自己)[Selbst]'라고 부르는데, 이에 관해서는 본론에서 상세히 논하기로 한다.

국가의 변증법'(『법철학』), '이성(理性)(동일)과 정열(情熱)(구별)의 변증법'(『역사철학 강의』) 등을 살펴볼 것이다.

이어서 본 저술에서는 헤겔 이후의 변증적 사상과 헤겔이 대결하는 장소로, 대표적인 세 사상을 살펴보려고 하는데, 그 첫 번째가 맑스와 엥엘스로 대표되는 물질(자연)변증법이고, 두 번째가 키에르케고르의 실존변증법이며, 세 번째가 아도르노의 부정변증법이다. 마지막 장에서는 헤겔 변증법의 몇 가지 쟁점을 다룬다. 즉 여기서는 헤겔의 모순관을 비판적으로 고찰하며, 아울러 헤겔 변증법에 대한 오해들을 소개하고 비판한다. 예컨대, 〈모순과 변증법〉의 관계문제로서, 헤겔은 모순율을 부정하지 않았다는 점을 확인시키며, 헤겔은 정(正)[These]-반(反)[Antithese]-합(合)[Synthese]의 Triade를 주장하지 않았다는 사실을 해명하는 동시에, 헤겔 변증법이 과연 포퍼가 말하는 〈시행착오방법〉과 동일한가 하는 등의 문제를 천착하여 헤겔 변증법을 발전적으로 이해하고자 한다.

헤겔의 변증적 사유는, 우리의 사유가 단편적·부분적이어서는 안 되고 총체적이어야 한다고 가르치고 있다. 전자의 사유가 추상적 사유·반성(적 사유)·지성의 사유라고 한다면, 후자의 사유는 이성적 사유·구체적 사유·변증적 사유·사변적 사유라 부를 수 있다. 전자는 분열을 고착시키는 사유요, 후자는 대립과 분열을 통합하고 화해를 이루는 사유다. 이러한 사유는, 일자(一者)는 타자(他者)와 더불어서, 타자를 통해서만 존립할 수 있다는 공동체 정신을 함양하는 사유다. 헤겔의 이러한 통합적인 사유는 온갖 내우외환(內憂外患)을 겪고, 남북갈등만이 아니라 남남갈등까지 팽배한 오늘날의 한국사회의 병폐를 치유하고 화합과 통일로 나아가게 하는 촉진제 역할을 할 수 있을 것이다.

헤겔 추종자나 비판자를 막론하고 많은 이들이, 헤겔 변증법에서 정명제와 반명제 사이, 그리고 반명제와 합명제 사이에 성립하는 관계는 '논리적 반대관계' 내지, 반명제가 정명제를, 그리고 합명제가 앞의 정명제나 반명제를 부정하는 관계임에도 불구하고, 그 관계를 "논리적 모순"으로 오해하고 있고, 변증(법)적 유물론자들은 그리하여 타자를 타도해야 할 대상으로 간주하여 인류역사에 처참한 비극을 초래하였다. 이 역시, 헤겔 변증법에 대한 오해로 말미암아 초래된 불행인 것이다. 이러한 오해를 바로잡음으로써 우리는 타인과의 보다 원만한 관계를 만들어 나갈 수 있을 것이다. 헤겔의 변증적 사유는 결코 "이것이냐 저것이냐?"라는 양자택일 내지는 흑백사고(黑白思考)를 주장하지 않고, "이것도, 저것도!"라는 통합과 화해를 지향하는 사유다.

이 저술을 완성해 나가는 데 있어서 필자의 선행연구들로부터 참고한 바가 많다. 대학원의 헤겔 『논리학』, 『정신현상학』, 『법철학』 등의 강의에서의 학생들과의 토론을 통해 여러 아이디어들을 얻을 수 있었다. 특히, 연구를 위해 많은 시간을 사용할 수 있도록 허락하고 인내해준 아내에게 감사의 말을 전하고 싶다. 한국연구재단의 지원은 필자에게 큰 힘이 되어주었다. 어려운 출판환경에서 출판을 허락해주신 서광사 이숙 사장님께 감사드리고, 책의 완성을 위해 애써주신 편집부에 고마운 마음을 전한다.

2021년 큰 딸의 서른한 번째 생일에

若印 백 훈승

헤겔 저작 약어표

- *Theorie Werkausgabe in zwanzig Bänden*, Redaktion von Eva Moldenhauer und Karl Markus Michel, Ffm., 1969 ff. (=TW)

TW 1: *Frühe Schriften*.
TW 2: *Jenaer Schriften 1801-1807*.
TW 3: *Phänomenologie des Geistes*.
TW 4: *Nürnberger und Heidelberger Schriften (1808-1817)*.
TW 5: *Wissenschaft der Logik I*.
TW 6: *Wissenschaft der Logik II*.
TW 7: *Grundlinien der Philosophie des Rechts* (=PdR).
TW 8: *Enzyklopädie der philosophischen Wissenschaften I*.
TW 9: *Enzyklopädie der philosophischen Wissenschaften II*.
TW 10: *Enzyklopädie der philosophischen Wissenschaften III*.
TW 11: *Berliner Schriften 1818-1831*.
TW 12: *Vorlesungen über die Philosophie der Geschichte*.
TW 13: *Vorlesungen über die Ästhetik I*.
TW 14: *Vorlesungen über die Ästhetik II*.
TW 15: *Vorlesungen über Ästhetik III*.
TW 16: *Vorlesungen über die Philosophie der Religion I*.
TW 17: *Vorlesungen über die Philosophie der Religion II*.
TW 18: *Vorlesungen über die Geschichte der Philosophie I*.

TW 19: *Vorlesungen über die Geschichte der Philosophie II*.
TW 20: *Vorlesungen über die Geschichte der Philosophie III*.

- *Gesammelte Werke in Verbindung mit der Deutschen Forschungsgemeinschaft*, hg.v. der Rheinisch-Westfälischen Akademie der Wissenschaften (=GW), Hamburg, 1968 ff.

GW 4: *Jenaer Kritische Schriften*, hg.v. Hartmut Buchner und Otto Pöggeler, 1968.
GW 6: *Jenaer Systementwürfe I*, hg.v. K. Düsing und H. Kimmerle, Hamburg, 1975.
GW 7: *Jenaer Systementwürfe II. Logik, Metaphysik, Naturphilosophie. Fragment einer Reinschrift (1804/05)*, hg.v. R.-P. Horstmann und J. H. Trede, Hamburg, 1975.
GW 11: *Wissenschaft der Logik. Erster Band. Die Objektive Logik (1812/1813)*, hg. v. F. Hogemann und W. Jaeschke, Düsseldorf, 1978.
GW 12: *Wissenschaft der Logik. Zweiter Band. Die subjektive Logik (1816)*, hg. v. F. Hogemann und W. Jaeschke, Düsseldorf, 1981.
GW 17: *Vorlesungsmanuskripte I (1816–1831)*, hg. v. W. Jaeschke, Düsseldorf, 1987.
GW 19: *Enzyklopädie der philosophischen Wissenschaften im Grundrisse (1827)*, hg. v. W. Bonsiepen und H-Ch. Lucas, Düsseldorf, 1989.
GW 20: *Enzyklopädie der philosophischen Wissenschaften im Grundrisse (1830)*, unter Mitarbeit von Udo Rameil, hg. v. W. Bonsiepen und H-Ch. Lucas, Düsseldorf, 1992.
GW 21: *Wissenschaft der Logik. Erster Teil. Die Objektive Logik. Erster Band. Die Lehre vom Sein (1832)*, hg. v. F. Hogemann und W. Jaeschke, Düsseldorf, 1985.

ThJ: *Hegels Theologische Jugendschriften*, Unveränderter Nachdruck der Ausgabe v. Tübingen (1907), hg.v. Herman Nohl, Ffm., 1991.

JR I: *Jenenser Realphilosophie I (1803/04)*, hg.v. Johannes Hoffmeister, Leipzig, 1932.

JR II: *Jenenser Realphilosophie II (1805/06)*, hg.v. Johannes Hoffmeister, Leipzig, 1931.

PhG: *Phänomenologie des Geistes*, hg. v. J. Hoffmeister, Hamburg, 1952.

VG: *Die Vernunft in der Geschichte*, hg.v. Johannes Hoffmeister, Hamburg, 1955.

SS: *System der Sittlichkeit*, hg.v. Georg Lasson, Hamburg, 1967.

일러두기

• 괄호 밖의 발음과 괄호 안의 발음이 같을 경우에는 '( )'으로, 다를 경우에는 '[ ]'를 사용하였다. 또한 외국어로 된 인용문과, 부연 설명하는 내용도 '( )' 안에 포함하였다.
• 헤겔의 저작으로부터의 인용은 약어를 사용하였다.
• 텍스트의 맥락에 따라 달리 번역된 용어들과 그에 대응하는 원어는 다음과 같다.

Dreieinigkeit : 삼위일체, 삼항일체
Dreifaltigkeit : 삼중성
Dreiheit : 삼항성, 삼위성
Triade : 삼단계(도식)
Triadik : 삼단계의 진행
triadisch : 삼단계적(인)
das Triadische : 삼단계적인 것
Triadologie : 삼단계론, 삼항론
Trias : 삼, 삼단계(도식), 삼항(성), 삼위성
Trilogie : 삼항론
Trinität, trinity, trinitas : 삼위일체
Triplizität : 삼중성

| 차례 |

IV. 헤겔 변증법과 헤겔 이후의 변증법의 대결 455

V. 헤겔 변증법의 쟁점 및 평가 535

I

헤겔 변증법이란 무엇인가?

1

'변증법[Dialectic]'의 어원(語源) 및 어의(語義)에 대한 역사적 고찰[1]

변증법[dialectic]이라는 용어는 대화술을 뜻하는 고대 희랍인들의 표현인 '헤 디알렉티케 테크네(hē dialektikē technē, ἡ διαλεκτικὴ τέχνη)'[변증적 기술]에서 유래한다. 플라톤은 이 용어 외에도 '헤 디알렉티케 에피스테메(hē dialektikē epistēmē, ἡ διαλεκτικὴ ἐπιστήμη)'[변증적 인식], '헤 디알렉티케 메토도스(hē dialektikē methodos, ἡ διαλεκτικὴ μέθοδος)'[변증적 방법](『국가』, 533c)라는 용어도 사용하고 있다. 이처럼 '변증법'이라는 단어는 플라톤이 최초로 철학사 속으로 그리고 철학을 경유하는 도정에서 문화 일반으로 도입한 단어라고 할 수 있다. 플라톤 이전에 우리가 만나게 되는 것은 단지 dialegesthai (διαλέγεσθαι)

---

1 이 절(節)은 주로 Roland Hall, "Dialectic," in: *Encyclopedia of Philosophy*. 2nd edition. Vol. 3, Detroit etc., 2006, 52-56의 내용을 번역하고, 다음 자료들도 참조하였다: Eduard von Hartmann, *Über die dialektische Methode. Historisch-Kritische Untersuchungen*, Darmstadt, 1963, 1 ff. 참조; W. Risse, "Dialektik," in: *Historisches Wörtbuch der Philosophie*. Bd. 2, hg. v. Joachim Ritter, Basel/Stuttgart, 1972, 164-7 참조; A. Müller, "Die Dialektik in der Antike bis Quintilian," in: ebd., 167-175 참조; L. Oening-Hanhoff, "Die Dialektik von Boethius bis Jungius," in: ebd., 175-184 참조; H. Kohlenberger u. K. Röttgers, "Die Dialektik von Kant bis zur Gegenwart," in: ebd., 184-193 참조; M.J. Inwood, *A Hegel Dictionary*, Cambridge, Massachusetts, 1992, 81 ff. 참조; http://www.encyclopedia.com/humanities/encyclopedias-almanacs-transcripts-and-maps/dialectic 참조; http://www.gleichsatz.de/b-u-t/begin/EvH/eh-dial1.html 참조.

라는 동사와 명사화된 형용사인 dialektos (διάλέκτος)뿐인데, 이것은 하나의 언어 혹은 말하는 방식을 가리킨다. dialogos (διάλογος)와 dialektikos (διαλεκτικός)라는 두 형태는 플라톤에서 최초로 등장하며, 동사는 5세기의 저자들에 의해 사용되고 있고 또한 호메로스(Hómēros, Ὅμηρος), 아킬로코스(Archilochos, Ἀρχίλοχος)[2]와 사포(Sappho, Σαπφώ)[3]에게서도 발견된다.

우선 dialegein-dialegesthai (διαλέγειν-διαλέγεσθαι)의 구조를 고찰해보면, 이 단어는 접두사 dia (δια)와 동사 legein (λέγειν), legesthai (λέγεσθαι)로 구성되는데, 이들 동사는 logos (λόγος)와 동일한 어근인 leg (λεγ)에서 유래한다. 접두사 dia (δια)를 그 자체로 취하면 라틴어 dis에 상응하는데, dis는 예컨대 discerpo, discerno, disiungo 등처럼 결합된다. 이것은 '분리', '이분화(二分化)', '구별', 그리고 또한 '완전한 수행(성취)'이라는 관념도 포함하고 있다. 아티카어에서는 특히 dia는 경쟁이라는 관념도 표현할 수 있다. 혹은 더 정확히 말하면 다수의 사람들이 서로 영향을 미치는 과정에서 그들이 참여한다는 관념을 포함하고 있다.[4]

dialegein은 '사물들을 선별하거나 분류하다, 분리하다'를 뜻하는 희랍어 능동태 동사이며, dialegesthai는 '토론이나 대화에 참여하다'를 뜻하는 희랍어 중간태(中間態)·중동태(中動態) 내지 이태(異態)동사[5]인데, 후자의 용어 dialegesthai는 특히 소크라테스(Sokrates, BC 469-399)와 연관된 용어로서, 소크라테스가 선호하는 대화적·변증적 논증방식을 가리킨다. 크세노폰[Xenophon]에 의하면 소크라테스는, 사물들을 종류(유형)[class]에 따라 함께 모으고 분리하는 [dialegein] 사람들의 집단적인 숙고(熟考)라는 의미에서 대화하다[dialegesthai]라는 명칭이 유래했다고 말했다. 소크라테스는, 변증가[변증론자, dialektikos]란, 좋은 것(선)과 나쁜 것(악)을 구별할 수 있는 사람이며, dialectic은 서로 조

---

2 BC 680년경에 태어나 645년경에 사망한, 최초로 형식을 완성한 희랍의 서정시인으로서, 호메로스와 동렬에 놓이기까지 하였다(https://de.wikipedia.org/wiki/Archilochos).

3 기원전 7세기 후반 레스보스 섬의 아르카이오스와 함께 활약한 고대 그리스의 시인이다. 기원전 612년경 레스보스 섬에서 귀족의 딸로 태어나 한때는 시칠리아에 망명했으나 그 후 다시 복귀했다. 개인의 내적 생활을 아름답게 읊어 그리스 문학사·정신사에 독자적인 발자취를 남겼고, 시의 아름다움 때문에 열 번째 시의 여신으로 손꼽히고 있다(https://ko.wikipedia.org/wiki/%EC%82%AC%ED%8F%AC_(%EC%8B%9C%EC%9D%B8)).

4 Livio Sichirollo, *Διαλέγεσθαι-Dialektik. Von Homer bis Aristoteles*, Hildesheim, 1966, 19 ff. 참조.

5 희랍어와 라틴어에서 형태는 수동이고 뜻은 능동인 동사.

언함으로써 사물들을 종별로 구별하는 실천이라고 말했다.[6]

'dialectic'을 '변증법(辨證法)'으로 번역한 사람은 일본의 니시 아마네(西周)인데, 그는 '논증적'이라는 의미의 영어 'discursive'의 번역어로 변(辨)이란 말을 채택하고,[7] 구별과 논쟁의 의미를 가진 증(證)을 덧붙여 변증을 만들었다고 하는데,[8] 그는 이 용어를 1874년 그의 「논리와 계몽」이라는 논문에서 처음 사용했다.[9] 이제 '변증법' 내지 '변증술', '변증론' 등의 의미를 지니고 있는 Dialektik(dialectic)이라는 용어가 역사적으로 어떤 의미로 사용되었는지를 개괄적으로 고찰해보자.

아리스토텔레스는 유명한 역설(逆說)[paradox][10]들을 만들어낸 엘레아학파의 제논을 변증법의 창시자(고안자)[euretēs tēs dialektikēs, εὑρετής τῆς διαλεκτικῆς][11]로 인정하고 있는데, 이 점으로 볼 때 변증법은 BC 5C경에 시작되었을 것으로 생각된다(Diogenes Laërtius, *Lives* VIII, 57). 그는 "자기의 청중에게 동일자가 동일하기도 하고 동일하지 않기도 하며, 단순하기도 하고 다양하기도 하고 움직이기도 하고 움직이지 않기도 하는 것으로 나타나도록" 아주 정교하게 논쟁했다(플라톤, 『파이드로스』, 261d). 아리스토텔레스는, 토론의 상대자가 제시하는 가설들로부터, 인정될 수 없는 귀결들을 이끌어냄으로써 그 가설들을 논박한다는 의미에서 제논의 역설들을 변증법의 탁월한 예로 염두에 두었던 것으로 보인다. 예컨대 "아킬레스(Achilleus)는 결코 거북이를 따라잡을 수

---

6 Xenophon, *Memorabilia*, tr. and annotated by Amy L. Bonnette, Ithaca and London, 1994, 134 및 169 참조; I.M. Crombie, *An Examination of Plato's Doctrines. II. Plato on Knowledge and Realtity*, London and NY., 2012, 563 참조; Andries Sarlemijn, Hegelsche Dialektik, Berlin/NY., 1971, 31 참조; https://www.loebclassics.com/view/LCL524/2016/pb_LCL524.229.xml 참조.

7 '변'(辨)이라는 용어는 '나누(이)다', '분별하다', '밝히다', '따지다', '논쟁하다' 등의 의미를 지니고 있다.

8 '증'(證)에는 이외에도 '증명하다', '증거하다', '깨닫다'라는 의미가 있다[예) 증명(證明), 증득(證得)].

9 http://blog.daum.net/ex-nihilo/2217 참조.

10 제논의 주장이 역설인지 아닌지에 대해서는 논란의 여지가 있는데, 이 점에 대해서는 제논의 사상을 소개하는 부분에서 좀 더 상세하게 고찰하기로 한다.

11 디오게네스 라에르티오스, 『유명한 철학자들의 생애와 사상 2』, 김주일 외 역, 나남, 2021, 249 참조; *Die Fragmente der Vorsokratiker*. Griechisch und Deutsch von Hermann Diels, hg.v. Walther Kranz, Erster Band, Weidmann Verlag, 1974(1903), 247{29 [10]. Zenon, A. Leben und Lehre 중 'Leben'} 참조.

없다"는 주장은 인정될 수 없다. 따라서 이런 결론을 이끌어내는 가설은 거부되어야 한다. 다시 말하면 제논은 운동이 발생한다는 가정으로부터 불합리함이나 모순을 이끌어냄으로써 운동의 불가능성을 간접적으로 증명하려고 한 것이다. 이 방법은 후건부정식(만약 p가 q를 함의하고 q가 그르다면, p는 그르다)이 적용된 것이고, 오늘날 수학에서 간접증명이라고 부르는 바로 그것이다.

토론 상대자를 설복시키기 위해서 이러한 간접적인 논증들을 사용하는 것으로서의 제논의 변증법은 중대한 철학적 목적, 즉 자신의 스승 파르메니데스의 만유부동설(萬有不動說)을 증명하기 위해 사용한 것으로 보이는데, 나중에 소피스트들에 이르러서 변증법은 논쟁에 이기기 위한 도구에 불과하게 되었다. 예컨대 소피스트들 가운데 한 사람인 프로타고라스는 "더 나쁜 논증을 더 좋은 것으로 보이게 만들" 수 있다고 주장했다. 하지만 이런 목적은, 진리에 관여하는 논리학이나 철학에 속한 것이 아니라 수사학에 속한 일이다. 이 변질된 형태의 변증법을 플라톤(예컨대 『소피스테스』 231e에서)과 몇몇 다른 철학자들은 분쟁을 뜻하는 ἔρις (eris)라는 말로부터 '논쟁술[eristic]'이라고 불렀다. 논쟁술은 일부러 부당한 논증이나 궤변적인 속임수를 사용하게 되는데, 플라톤은 『에우티데모스』(*Euthydemus*)에서 이런 일들을 비웃었다. 아리스토텔레스 역시 논쟁술과 변증법을 뚜렷하게 구분했지만, 그는 자기의 저서 『소피스트적 논박』(*De Sphisticis Elenchis*)에서 소피스트들에 대해 응수할 만한 가치가 있으며 변증법을 존중할 만한 활동으로 생각했다.

제논이 주관적인 변증법의 시작을 이룬다면 헤라클레이토스는 객관적 변증법의 시작을 이룬다. 엘레아학파가 실체를 주요문제로 그리고 현상의 변화를 부차적인 문제로 간주한다면, 헤라클레이토스는 과정을 주요문제로 그리고 실체를 부차적인 문제로 간주한다. 개별적인 사물들은 영속적인 것, 전무후무하게 완성된 것이 아니라 항상 변화하고 소멸하는 것이다. 그것들은 작용하는 힘들을 통하여 현상의 일반적인 흐름 속에서 늘 새롭게 산출된다. 모든 변화는 어떤 상태에서 대립된 상태에로 이행하는 것이다. 그는 이렇게 말한다: "투쟁 혹은 분열은 만물의 아버지요 왕이요 주인이다. 그러나 분열된 것은 조화로 되돌아간다." 이와는 반대로 우리는, 헤라클레이토스가 모든 것은 항상 대립된 것을 자신에게 지니고 있으며 모든 것은 존재하는 동시에 존재하지 않기도 하며, 모든 것에는 그것의 대립이 동시에 귀속되지 않는다고 말할 수 없다고 주장할 때에 모순율을 위반했다는 아리스토텔레스의 비난에 찬동해야만 한다.

소크라테스는 소피스트들과는 달리 — 물론 그 역시 논쟁에서 이기는 일에 전혀 관심이 없었던 것은 아니었지만—자신이 진리를 탐구하고 있다고 선언했다. 그가 실행한 변증법의 주요한 요소는 이른바 논박(論駁)[문답법, elenchus]이었다. 소크라테스의 문답법은 아마도 제논의 역설의 세련된 형태, 즉 일련의 문답에 의하여 논쟁의 상대방으로 하여금 그의 본래의 논제로부터 그것과 모순되는 결론을 이끌어내게 함으로써 그의 본래의 논제를 반박하는 계속적인 반대심문이었던 것으로 보인다. 이것은 논리적으로 타당한 절차다. 왜냐하면 이 절차는 "만일 p가 ~p를 함의한다면, ~p는 옳다(즉 p는 그르다)"는 논리학의 법칙에 부합하기 때문이다. 소크라테스에게 있어서 변증법이란 문자 그대로 문답을 통해서 진리를 추구하는 토론술이었다고 말할 수 있다. 그런데 그가 특징적으로 추구했던 종류의 진리는 개념에 대한 정의이며, 이 일을 하기 위해 그는 문답법에다 후에 아리스토텔레스가 단순매거법[epagōgē, ἐπαγωγή]이라고 불렀던 또 하나의 기술을 보충했다. 단순매거법은, 상대방으로 하여금 개별사례들에 관한 일련의 명제들의 진리를 받아들이도록 함으로써 일반화에 이르도록 하는 것이다. 이렇게 보면 우리는, 아리스토텔레스가 변증법을 논의하면서 "소크라테스에게 공정하게 귀속될 수 있는 두 가지 혁신, 즉 단순매거에 의한 논증과 보편적 정의가 있다"(『형이상학』 M4, 1078b)고 말하는 이유를 알 수 있다. 왜냐하면 아리스토텔레스는 변증법에 대해서 다른 생각을 가지고 있었고 문답법(논박)은 제논에게로 소급되므로, 그가 이해하고 있던 변증법에 소크라테스가 기여한 것이라고는 '단순매거에 의한 논증과 보편적 정의'라는 두 가지 특징뿐이기 때문이다. 소크라테스의 반어법, 혹은 자기는 아무것도 모르고 그러기 때문에 반박행위를 할 수 없는 체하는 것은, 소크라테스의 변증법이 갖는 특징이지만, 이후의 변증법 발전에 아무런 기여도 하지 못했다.

소크라테스는 지금까지 인식과 진리로 간주된 것을 부정하고 분해한다는 점에서는 소피스트들의 회의와 일치하지만, 그것이 긍정적인 인식 및 그 가능성을 위한 노력을 부정한다는 점에서는 일치하지 않는다. 소크라테스의 지(知)는 우선, 자기가 아무것도 알지 못한다는 것에 대한 지이며, 충족을 갈망하는 지워진 서판(書板)[tabula rasa][12]이라는 것에 대한 지다. 자신의 무지와 결합되어 있는,

12 일반적으로 '빈 서판'으로 번역되고 있는 라틴어 tabula rasa는 글자 그대로는, '(글이나 그림 등이) 지워진 서판'[erased tablet]이라는 뜻을 지니고 있다. 'rasa'는, '지우다'를 뜻하는 'radere'의 여성 과거분사형이며, tabula는 tablet이라는 의미인데, 고대에는 밀랍이 입혀져서, 글을 쓴 다음에 완전히 지워질 수 있는 서판을 가리켰다. 유대·기독교의 성서의 「출애굽기」에 보면, 모세는 시내산에 올라가 신으로부터 십계명을 받기 전에 '아무것도 쓰여 있지 않은 돌

배우려는 욕구로 인하여 그는 자연히 다른 어떤 사람에게 있어서 지를 발견할 수 있는지를 묻게 되었고 대화라는 방법에 이르게 하였는데, 이러한 대화의 방법에서 그의 몫은 묻는 것이고 이렇게 물을 때에는, 물음이 던져진 사람들의 관념을 변증적으로 분석함으로써 그들로부터 무언가를 배울 수 있다는 희망이 녹아 있는 것이다. 이것이 유명한 소크라테스의 아이러니를 이루는 것이다. 그런데 이와 동시에 그는 대화 속에서, 통상적인 관념들 속에 존재하는 문제점이 그 문제점을 바로잡도록 촉발하면서 이러한 귀납적인 절차를 면밀하게 진척시키고 통상적인 관념들로부터 부정적인 심급(審級)들을 노련하게 사용하여, 교정되고 정화(淨化)된 개념들이 등장하게 함으로써, 타인 속에 아직은 전혀 존재하지 않았던 긍정적인 결과들을 발전시킨다. 특수한 것들로부터 일반적인 것에로 상승하기 때문에 귀납적인 절차인 이러한 개념형성을 아리스토텔레스는 소크라테스의 최고업적으로 정당하게 평가한다. 이렇게 노력할 때 소크라테스에게 있어서 지도적인 것으로 머리에 떠올랐던 원칙은, 진리란 오로지 개념적인 인식 속에서만 존재할 수 있다는 원칙이었다.

플라톤의 중기 대화편들에서 변증법은 최상의 철학적 방법, 즉 인간이 만들어낸 기술들 가운데 참으로 최고의 것으로 간주된다. "말하자면 변증법은 학문들 위에 놓인 갓돌[관석(冠石)]이다"(『국가』, 534e). 『크라틸로스』(*Kratylos*)에서 플라톤은 변증가를 "물음을 묻고 대답하는 방법을 아는 사람"(390c)으로 기술하고 있는데, 변증법을 물음과 대답으로 보는 이 견해는 소크라테스가 남긴 요소다. 더욱이 변증법은 언제나 똑같은 주제를 다룬다. 즉 변증법은 각 사물의 불변하는 본질을 추구했다. 그러나 플라톤이 변증법에 포함된 것으로 간주했던 추론의 종류는 변화하는 것으로 보인다. 중기 대화편들에서는 변증법이 가설을 기초로 하는 조작(작업)인 데 반해, 후기 대화편들(예컨대 『파이드로스』와 『소피스테스』 253d f.)에서는 그 대신에 분할[diairesis, διαίρεσις]이라는 방법이 강조된다.

판'을 가지고 올라갔는데, 이것을 희랍어로 'pinax agraphos(πίναξ ἄγραφος)'[unbeschriebene Tafel]라고 한다. 그것은 '아무것도 쓰여 있지 않은[agraphos]' '판(板)[pinax]'이다. 이것을 라틴어로 번역한 것이 바로 tabula rasa다. 그런데 희랍어로 된 표현은 경험주의가 주장하는 사태를 올바로 나타내고 있다. 즉, 우리가 감각경험을 하기 전의 우리의 의식의 상태는 마치 포맷(format)만 되어 있고 아무런 자료도 저장되어 있지 않은 디스크와도 같다. 그러나 라틴어 번역은 '이미 무언가가 쓰여졌다가 지워진 서판'을 가리키고 있기에, 본래의 경험주의의 취지를 제대로 나타내고 있지 못하다. 그리고 이것을 나는 본래의 어의대로 '지워진 서판'으로 번역한다(백훈승, 『철학입문』, 전북대학교출판부, 2015, 114 f. 참조).

분할법은 실제로는 더 이상의 분할이 불가능할 때 정의(定義)에 도달하게 되는 방식으로서, 유를 종으로, 즉 보다 일반적인 개념들을 덜 일반적인 개념들로 반복해서 분석하는 방법이다. 이 과정은 그 반대과정인 종합[synagōgē, συναγωγή]에 의해 보완된다.

플라톤은 변증법에 대해 언제나 지극히 우호적으로 말하는 한편, 『국가』 VI-VII에서의 변증법에 관한 그의 논의는 절정에 달해서, 변증법은 철인왕들의 교육에서의 뚜렷한 특징을 이루며 궁극적으로는 최고 이데아인 선의 이데아와 연관되어 있는 것으로 묘사되어 있다. 변증법은 우리를 확실성에 이르게 하여, 가설의 필요를 극복할 수 있게 한다(『국가』, 511b). 변증법이 토론의 과정이라면, 변증법은 혼자 생각하는 일에는 아무 소용이 될 수 없는 것으로 보일 수 있다. 그렇지만 플라톤에게는 사고와 토론 사이에 아무런 차이도 없었다. 그래서 그는 "생각과 말[Thought and speech]은 같은 것이다. 그러나 말없이 일어나는, 혼(魂)의 자기 자신과의 내적 대화에 특별히 생각이라는 이름이 주어져 왔다"(『소피스테스』, 263e; 『테아이테토스』, 189e 참조)고 말한다. 그렇지만 플라톤의 가장 중요한 제자인 아리스토텔레스는 생각의 본성에 대해 이미 스승과는 다른 견해를 가지고 있었으며, 변증법에 단지 이차적인 역할만을 부여해서 다음과 같이 말했다: "우리가 기만당하는 것은 대부분 우리가 혼자서 탐구할 때가 아니라 다른 사람들과 같이 탐구할 때다. 왜냐하면 다른 사람들과 함께하는 탐구는 단어[words]라는 매개체를 통해서 진행되지만 우리 자신의 정신 내에서 이루어지는 탐구는 사물 그 자체처럼 직접적인 방식으로 진행되기 때문이다"(『소피스트적 논박』, 169a 37). 아리스토텔레스에 있어서 변증법이란 더 이상 학문의 방법일 수 없었던 것이다.

변증적 토론(변증법의 실천)[The practice of dialectic]은 아마도 아리스토텔레스가 속해 있었던 BC 367년부터 플라톤이 사망했던 347년에 이르기까지 플라톤의 아카데미아에서의 주요활동이었던 것으로 보인다. 아리스토텔레스의 『변증론』(*Topics*)은 이 변증적 토론을 돕기 위해 지어진 것이 분명하다. 이 책은 주어진 입장들—예컨대 "모든 쾌락은 선이다"와 같은—을 확립하거나 무너뜨리기 위한 논증들을 발견하기 위한 안내서로서, 이 책에서 예들로 사용된 특수한 논제들은 의심할 여지없이 아카데미아에서 벌였던 토론에서 나온 것이었으며, 이 특수한 논제들을 다루기 위해 제공된 방법들은 전적으로 일반적인 것이어서 똑같은 형식을 지닌 모든 논제에 적용될 수 있었다. 그러므로 *Topics*는 변증법을 체계적으로 설명한 최초의 책이었고, 사실 아리스토텔레스는 자신이 이 주제를 다루기 전까지는 "어느 누구도 다룬 적이 없었다"(『소피스트적 논박』, 183b 36)는 사실을 자랑으로 삼았으며 체계가 없이[atechnos, ἄτεχνος] 가르쳤던 소피스트들을 비판했다. 일반성과 체계성을 향한 자신의 경향으로 인하여 아리스토텔레스는 *Topics*에서 명제계산과 관계논리의 몇몇 기초적인 원리들을 포함하고 있는 형식논리학의 많은 기초적인 원리들을 발견하게 되었는데, 그러나 그 원리들을 명백하게 형식적으로 진술하는 데는 거의 성공하지 못했다. *Topics*의 대부분은 적어도, 그가 연역논증[syllogism]을 발견하기 이전에 쓰였으며, 연역논증의 형식은 그가 『분석론』(*Analytics*)에서 변증법을 논증[demonstration] 이론으로 대체하여 정교한 체계로 발전시켰던 논증유형이다. 그러나 아리스토텔레스의 형식논리학이 그의 변증법에 대한 대안으로 개발된 것이기는 해도, 그것은 여전히 어떤 의미에서는 변증법에서 나온 것이라고 볼 수 있다. 왜냐하면 그가 연역논증을 발견한 것은 플라톤의 분할법을 반성해본 결과였다고 주장되어왔기 때문이다.

아리스토텔레스에게 있어서 변증법이 지닌 특징은, 추론의 유형보다는 오히려 전제들이 갖는 인식론적 지위다. 추론의 전제들이 모든 혹은 대다수의 사람들 혹은 철학자들에 의해 일반적으로 인정되는 견해라면 그 추론은 변증적이다. 하지만 전제들이 그저 개연적인 것처럼 보이거나 혹은 추론이 부당하다면, 그 추론은 "논쟁술[eristic]"이다. 따라서 아리스토텔레스의 변증법은 아주 존중할 만하다. 그의 변증법이 "개연성의 논리"라는 이름으로 불린 적이 있지만, 이 이름은 변증법이 사실상 귀납추론을 포함하지 않기 때문에 오해를 불러일으킬 소지가 있는 이름이다. 그렇지만 아리스토텔레스는 변증법이 진정한 지식을 획득하는 방법이나 학문의 방법이 되기에 충분할 만큼 훌륭한 것은 아니라고 믿었다. 그것을 위해서는, 옳고 자명한 전제들로부터 출발하는 타당한 추론인 증명을 필요로 하기 때문이다. 아리스토텔레스에 의하면 변증법은 3중의 가치를 갖는다. 즉, 변증법은 지적 훈련에 유용하고, 각기 자신들의 전제를 기초로 삼고 진행되는 다른 사람들과의 토론에 유용하며, 증명 불가능한 학문의 제1원리들을 검토하는 일에 유용하다. "비판의 과정으로서의 변증법은 모든 탐구원리들에 이르는 길을 포함하고 있다"(*Topics*, 101b 3).

메가라의 유클리데스(플라톤과 동시대인)와 그 후계자들은 그 당시 명성 높은 논리학자들이었으며, 논리학의 역사에 있어 이들이 세운 메가라학파의 전통은 스토아학파에게로 계승되었다. 스토아학파의 논리학은 변증론으로 알려졌는데, 이는 그 학파의 창시자가 제논의 역설들과 그에 관련된 추론에 깊은 관심을 가졌기 때문인 것 같다. BC 280년에서 206년까지 살았던 크리시포스(Chrysippos, Χρύσιππος ὁ Σολεύς)가 지도자로 있는 동안에 스토아학파는 가장 융성했으며, 그 후 4세기 동안 계속해서 강세를 보였다. 그 당시 크리시포스의 영향력을 단적으로 드러내주는 말로, "만일 신들에게도 변증론이 있다면, 그것은 크리시포스의 변증론일 것이다"(Diogenes Laërtius, *Lives* VII, 180)라는 속담이 기록되어 전해 내려오고 있다. "변증론[dialectic]"이라는 말로 스토아학파는 주로 원래 형식논리학을 뜻했는데, 그들은 형식논리학에서 특히, 우리가 지금 명제계산이라고 부르는 것에 속하는 추론형식들을 발전시켰다. 그러나 그들은 "변증론"이라는 용어를 광범위하게 적용했다. 그들에게 있어 변증론이란, 문법이론에 대한 연구와 의미들 사이의 관계 및 진리에 대한 고찰까지도 포함했다. 초기 스토아학파의 특정 관심사를 반영하고 있는 이 확장된 변증론의 영역은 그 후 스토아학파의 전형적인 요소로 남게 되었다. 이 변증론은 키케로(Cicero)에 의해서 받아들여졌고 아마도 세네카에 의해서 지나칠 정도로 강조된 것 같은데, 세네카는 "변증론은 의미와 단어라는 두 부분, 즉 말해진 것들(사물들)과 그것에 의해 사물들에 관해 말해지는 표현들로 나누어진다"(*Epistulae Morales* 89, 17)고 썼다.

중세에서도 "변증론"은 계속해서 논리학에 대한 일상적인 명칭으로 사용되었다. 예컨대 중세 최초의 논리학 논문의 이름은 알퀸(Alcuin, 735-804)의 "Dialectica"였다. 하지만 중세에서는 "변증론"이라는 말과 함께 "논리학[Logica]"이라는 말 또한 사용되었는데, 실제로 아벨라르는 Dialectica라는 말을 쓰긴 했지만 그 이상으로 Logica라는 말을 썼다. 플라톤과 아리스토텔레스의 저작들이 알려지게 되면서 스콜라학파는 변증론에 대해서 여러 가지로 생각하게 되었는데, 대학의 학위시험으로 행해졌던 중세의 논쟁은 플라톤의 아카데미아에서 벌어졌던 토론의 먼 후속활동 내지는 그 토론의 부활로 간주될 수 있다. 논쟁자들은 주로 연역논증에서 논증되는 정명제들과 반명제들을 주장했다. 이 중세의 논쟁과 고대 희랍인들의 토론 활동 사이의 가장 중요한 차이점이라면, 중세의 논쟁에서는 신의 계시와 정합하지 않은 명제들은 인정될 수 없는 귀결들에 포함되었다는 점이다.

변증법을 분석론 내지 논리학과 구별하는 것은 후대의 논리학자들에 의해 여러 면에서 간과되었다. 중세초기에 전체의 세 과목[trivium]이 〈논리학〉으로 불린 이후에{문법[grammatica] + 수사학[rhetorica] + 변증론[dialectica] = 논리학[logica]}(C. Prantl, *Geschichte der Logik im Abendlande II*, 13, 27, 38 등 참조), 1500년경까지 전체의 논리학은 주로 〈변증법〉으로 불렸다.

칸트는 『순수이성비판』을 논리학의 전통적인 구분에 따라 분석론[Analytik]과 변증론[Dialektik]으로 나눈다. 이때에 분석론은 아리스토텔레스의 〈분석론 전·후서〉에, 변증론은 *Topics*에 상응한다. 칸트에 있어서 변증론은 한편으로는, 이성이 모순에 휘말려 들어가는 이성의 절차이고, 다른 한편으로는 바로 이런 모순을 발견하는 절차, 즉 "변증적 가상(假象)의 비판"이라는 이중적인 의미를 지니고 있다(KrV, B 86). 칸트는 『순수이성비판』(A 61, B 85)에서 고대인들이 실제로 사용한 변증법이 항상 "가상의 논리[Logik des Scheins]"(B 86, 170, 349)였다고 주장했다. 그는 자기가 변증론이라는 용어를 변증적 가상에 대한 비판으로서의 논리에 적용했다고 설명했다. 그는 선험적 논리학의 두 번째 부분에 "선험적 변증론"이라는 제목을 붙였다. 이 새로운 종류의 변증법은 선험적 판단들, 즉 경험의 한계를 초월한다고 공언하는 판단들의 가상을 폭로하는 일에 연관되어 있었다. 그러나 칸트는 그 가상은 자연스럽고 불가피하기 때문에 결코 전적으로 추방될 수 없다고 생각했다. 그러나 소피스트들의 기만(欺瞞)의도에서 나오는 기만추론과는 달리, 칸트의 변증론은 인간 이성의 본성으로부터 등장하는 모순된 명제들과 관계된다(BXXXI, 449). 그런데 이 명제들은 해명될 수는 있지만 해결되지는 않는다. 그러므로 『순수이성비판』의 목적은, 단지 이러한 가상을 드러내고 가상이 우리를 속이지 못하게 하는 것이다(B 354).

모순은 이성 자신으로부터 발생하며, 당사자들의 논쟁은 실로 이성의 자기 자신과의 논쟁에 근거해 있다: "왜냐하면 사변적 이성은 그 선험적 사용에 있어서 그 자체로 변증적이기 때문이다. 두려워할 만한 비난은 우리들 자신 속에 놓여 있다"(B 805). 이로써 역사적 현상으로서의 변증론은, 이성의 기만적이기는 하지만 자연적인 표현형태가 된다(B 775). 오류추리에 의한 형식과 단순히 관계되고, 단순한 교정을 통해 제거될 수 있는 논리적 변증론과는 달리(B 390), "선험적 변증론"은 인간의 경험가능성의 한계를 넘어서는 이성개념들의 사용으로부터 발생한다. 즉, 지성인식의 단순한 형식적 원리들에 관해서 질료적 사용이 이루어지고 그리하여 가능한 경험의 한계를 넘어서 인식을 확장하기 위한 도구로 단지 논리적인 원칙들이 사용되는 경우에 발생한다(B 85 f.). 이런 식으로, 세 가지 형태의 선험적 판단, 즉 오류추리, 이율배반, 이상(理想)들이 생긴다(B 390-398). 오류추리의 근원은, 주관의 선험적 개념으로부터 주관의 절대적 통일로 추론이 이루어진다(이성적 심리학의 모순들)는 사실이다. 이율배반이 발생하는 것은, 제약들의 계열로부터 절대적 총체(성) 개념으로 추론되기(이성적 우주론의 모순들) 때문이다. 선험적 신학은 결국 대상을 사유하는 조건들의 총체로부터 사물 일반의 가능성의 조건들의 절대적 통일을 추론한다.

헤겔에게 감명(感銘)을 준 변증론의 한 국면은 이율배반들, 즉 우리의 경험을 넘어서는 하나의 물음, 예컨대 세계가 시간적으로 시작이 있는가 없는가 하는 물음에 대한 양립 불가능한 두 대답의 도출이다. 서로 모순되는 명제들은 (명제들 가운데 하나는 참이고 다른 하나는 거짓임이 분명한 분석적 대립과는 대립되게) 변증적 대립[dialektische Opposition] 관계에 있는데, 변증적 대립은 단순한 대립보다 더 많은 것을 포함하고 있고, 변증적 대립에서는 결국 두 명제 모두 거짓일 수 있다고 칸트는 주장한다(B 532). 세 개의 모든 변증적 체계들의 결함은 인식구성적인 사용에 소용될 수 없고 규제적인 사용에 소용될 수 있는 이성의 이념들의 오용(誤用)으로부터 생긴다(B 672). 숙지된 것과 인식된 것으로부터 알려지지 않은 것에로의 추론은 객관적인 실재의 가상을 산출하기는 하지만 실재 자체에 대한 인식은 결코 산출하지 못한다는 것이다.

선험적 변증론에서 네 쌍의 정명제와 반명제로 이루어진 순수이성의 이율배반들을 개진했지만, 칸트는 그 이율배반들의 해소를 종합이라고 부르지는 않았다. 그 유명한 정명제, 반명제, 합명제라는 삼항일조 형식을 독일철학에 최초로 도입한 사람은 바로, 『전 학문론의 기초』(*Grundlage der gesamten Wissenschaftslehre*, Jena and Leipzig, 1794)에서의, 칸트의 후계자인 피히테(Johann Gottlieb Fichte)였다. 3단계로 이루어진 그의 명제는 다음과 같다: 1) "자아는 근원적이고 전적으로 자기 자신의 존재를 정립한다(Das Ich setzt ursprünglich schlechthin sein eingenes Seyn)"[13][정명제]. 2) "(…) 자아에 대하여 비아가 전적으로 반정립된다[(…) *wird dem Ich schlechthin entgegengesetzt ein Nicht-Ich*]"[14][반명제]. 3) "나는 내 속에, 가분적 자아에 대립해서 가분적 비아를 정립한다(*Ich*

---

13 *Grundlage der gesamten Wissenschaftslehre*, 1794/95 (GdgWL로 줄임), in: *J. G. Fichte-Gesamtausgabe der Bayerischen Akademie der Wissenschaften* (GA로 줄임) I/2, 261, hg. v. R. Lauth, H. Jacob und H. Gliwitzky, München, 1962 ff. in vier Reihen: I (Werke), II (Nachgelassene Schriften), III (Briefe), IV (Kollegnachschriften). 그리고 SW I, 98. 뒤에 병기하는 것은 피히테의 아들이 편집한 다음의 전집이다: *Johann Gottlieb Fichtes sämmtliche Werke* (SW로 줄임). hg. v. I. H. Fichte, Berlin, 1845-1846(I-VIII), 그리고 *Johan Gottlieb Fichtes nachgelassene Werke*, hg. v. I. H. Fichte, Bonn, 1834-1835(IX-XI). Nachdruck der Ausgabe Berlin (de Gruyter), 1971.

14 GdgWL, in: GA I/2, 266; SW I, 104.

setze im Ich dem teilbaren Ich ein teilbares Nicht-Ich entgegen)"[15] [합명제]. 이러한 피히테의 사유과정은 헤겔 변증법에 영향을 미치긴 했지만 헤겔은 '정명제', '반명제', '합명제'라는 용어를 오직 칸트철학을 설명하는 경우에만 사용했다. 이런 점에서 피히테의 뒤를 따른 것은 헤겔이 아니라 쉘링이었다. 피히테는 반명제가 정명제로부터 연역될 수 있다고 믿지 않았고, 또 합명제가 정명제와 반명제가 확립한 것을 결합한 것 이상의 것을 성취한다고 생각하지도 않았다.

사람들은 통상 헤겔이 자신의 신조를 정, 반, 합이라는 삼단계 도식[triade]으로 표현했다고 생각하는 수가 많다. 이 견해는 헤겔 자신이 실제로 그런 용어들을 사용하지 않은 한, 틀린 견해인 것 같다. 또 그가 이 삼단계 도식을 좋아한다는 것을 분명하게 표현했다 할지라도 그의 변증법 일반이나 그의 저자에서 변증법에 대해 나타나는 특정 견해들은 어느 것도 정, 반, 합이라는 삼단계 도식의 형태로 환원될 수 없다. 삼단계 도식에 대한 이 헤겔의 전설은 전혀 필요 없는 대목에 '반'이라는 낱말을 도입한 몇몇 영어 번역들에 의해서 더욱 강화되어왔다.

그렇지만 진짜 헤겔 변증법은 어떤 사고나 개념들에서 그 반대사고나 반대개념들에로 이행하고, 그렇게 함으로써 보다 고차적인 통합을 성취하는 일과 관련된 것이었다. 하지만 헤겔 변증법이 이처럼 대립들을 통하여 보다 고차적인 진리에 도달하는 절차라면, 헤겔은 전혀 새로운 변증법 개념을 제시했다고 볼 수 없다. 실제로 헤겔은 자신이 전통적인 변증법 개념들을 잘 알고 있었다는 것을 "플라톤의 『파르메니데스』는 아마 고대 변증법 가운데 최고의 걸작일 것이다"라는 찬사를 던짐으로써 표현하고 있다. 심지어는 변증법이 세계과정—사고과정뿐만 아니라 역사에서도 발견되고 전체로서의 우주에서도 발견되는 과정—이라는 신조조차도 전적으로 새로운 것이 아니고 헤라클레이토스와 신플라톤주의자인 프로클로스에게로 소급된다. 철학사에 관심을 가지고 있던 헤겔은 이전의 철학자들을 알고 있었다. 변증법에 대한 헤겔의 견해에서 진정으로 새로운 것으로 보이는 것은, 필연적 진행이라는 생각이다. 헤겔은 변증법이란, "사유의 본성에서 발견되는 규칙성의 학문적 적용"이라고 주장했다. "대립에로의 이행"이라는 것은 개념이나 사물이 지니는 제한되거나 한정된 본성 때문에 나오는 자연스러운 귀결인 것처럼 보였다. 헤겔은 사고, 자연, 사회상의 '모순'들은 비록 형식논리학의 모순들이 아니라 개념적인 부적절성들이라 할지라도 필연적으로 더 나은 발전단계로 이끄는 것이라고 간주했다.

---

15 GdgWL, in: GA I/2, 272; SW I, 110.

헤겔은 자진해서 그의 제자가 된 사람들뿐만 아니라 키에르케고르와 같이 표면상으로 그에게 반기를 든 사상가들에게도 거대한 영향을 미쳤다. 헤겔 변증법의 분파 중 가장 중요한 분파는 맑스 변증법으로, 맑스는 헤겔 변증법에서 '정신'이라는 말을 '물질'이라는 말로 대체했을 뿐이다.

위와 같은 내용을 고찰해볼 때, 우리는 dialectic의 다양한 의미들 가운데 비교적 중요하다고 할 수 있는 의미들을 다음과 같이 여덟 가지로 요약해 볼 수 있다.

1) 논리적 귀결들을 음미함으로서 반박하는 방법
2) 궤변적 추론
3) 유를 종으로 나누거나 반복해서 논리적으로 분석하는 방법
4) 특수사례들이나 가설들로부터 어떤 추론과정을 거쳐 이끌어낸 극히 일반적인 추상개념들에 대한 탐구
5) 단지 개연적이거나 일반적으로 인정되는 전제들을 사용하는 논리적 추론이나 논쟁
6) 형식논리학
7) 이성이 경험을 넘어서서 선험적 대상들을 다루려고 할 때 빠지는 모순들을 보여주는, 가상의 논리에 대한 비판
8) 정명제[thesis]와 반명제[antithesis]를 거쳐서 이들의 대립의 종합에 이르는 사유나 현실의 논리적 전개.

2

헤겔철학의 과제와 변증법[1]

2.1. 헤겔철학의 과제[2]

2.1.1. 철학의 과제와 신

헤겔은, 철학의 유일한 대상이 신이며, 따라서 신을 다루고 인식하는 것이 철학의 과제라고 말한다.[3] 헤겔철학의 목표 내지 과제는 절대자—이를 헤겔은 절

---

1 "변증법"이란 용어가 헤겔에 있어서 사용된 첫 번째 저술은 바로 『자연법논문』이다(K. Düsing, *Das Problem der Subjektivität in Hegels Logik. Systematische und entwicklungsgeschichtliche Untersuchungen zum Prinzip des Idealismus und zur Dialektik*, Bonn, 1984, 102-103 참조). 여기서 변증법은 대립하는 유한자들("물리적" 자연과 "인륜적 자연")은 "관계" 속에 있으며 "초월적 직관" 아래에서 보자면 "상대적 동일성"일 뿐이라는 점만을 밝힌다. 여기서의 변증법은 "초월적 직관"을 미리 전제한다.

2 〈2.1. 헤겔철학의 과제〉는 필자의 논문 「헤겔 『정신현상학』의 생 개념」[『헤겔연구』 제12권, 2002.12. (53-77), 54-59]을 부분적으로 수정한 것이다.

3 "철학이 다루는 유일한 대상은 신이다. 즉, 신을 다루고, 신 안에서 모든 것을 인식하고, 신에게로 모든 것을 소급시키며, 또한 신으로부터 모든 특수자를 도출하는 것이 철학의 유일한 대상이다. 그리고 모든 것이 신으로부터 나오고, 신과 연관되어 자신을 유지하고, 신으로부터 오는 광채에 의해 살고 신의 영혼을 갖게 되는 한에서만 모든 것을 정당화하는 것이 철학의 유일한 대상이다"(GW 17, 6).

대정신[der absolute Geist], 절대이성[die absolute Vernunft], 절대이념[die absolute Idee] 혹은 무한자[das Unendliche], 신[der Gott] 등으로 표현한다—를 개념적으로 파악하는 것이다: "절대이념은 철학의 유일한 대상이며 내용이다. 철학의 일이란, 그것들의 상이한 형태들에서 절대이념을 인식하는 것이다"(GW 12, 236). 그리고 "철학사는 철학의 대상인 절대자에 대한 사상(思想)의 발견의 역사다"(TW 8, 22). 그런데 신은 정신이며[4] 생(무한한 생)이다.[5] 따라서, 철학의 과제는 바로 정신과 생을 파악하는 것이라고 할 수 있다.[6] 또한 헤겔이 말하고 있는 신은 삼위일체인 신이다. 삼위일체로서의 신이란, 세 분의 신이 있다는 것이 아니라 한 분이신 신이 세 위(位)를 가지고 있다는 뜻이다. 세 위란 바로 성부, 성자, 성령(성신)인데, 이러한 신의 존재방식 내지는 존재구조가 바로 생의 구조인 것이다. 즉, 헤겔이 말하고 있는 생이란 우선, '동일과 비동일의 동일', '결합과 비결합의 결합', '통일과 다양의 통일' 또는 '구별이 아닌 구별', '내적인 구별(=무한성)' 등으로 표현되는바, 삼위일체인 신의 구조가 바로 이를 분명히 보여주고 있다. 다시 말하면 삼위일체인 신은 성부 하나님, 성자 하나님, 그리고 성령 하나님으로 구별되지만, 그러나 이것은 구태여 구별을 하려고 할 때 그렇게(역할 또는 기능 면에서) 구별될 수 있다는 것이지, 다른 역할로 나타

---

4 TW 16, 94, 102 참조. "정신 자체는 우선은 직접적이다. 정신은 자기에게로 되돌아옴으로써 대자적으로 존재한다. 그리고 정신의 생동성[Lebendigkeit]이란, 자기 자신으로 말미암아 대자적으로 된다는 사실이다"(TW 16, 111). 바로 정신의 이러한 대자적 성격 때문에, 정신은 '구별 아닌 구별'이라는 생의 성격을 지니는 것이다.

5 "무한한 생은, (죽은 것의) 추상적인 다(多)와는 대립해 있는 정신이라고 부를 수 있다. 왜냐하면, 정신이란 (…) 다양한 것의 살아 있는 통일체이기 때문이다"[G. W. F. Hegel, *Systemfragment von 1800*, in *Frühe Schriften*. TW 1, 421. 그리고 또한 ThJ, 347]. Nohl이 편집한 책에는 괄호 속의 표현이 각주에 기록되어 있다.

6 헤겔이 초기에 사용한 '생'이라는 표현은 나중에 '정신'으로 대치된다(Richard Kroner, *Von Kant bis Hegel*, Zweiter Band, Tübingen, 1961, 145 참조). 그러면 헤겔이 '생'을 '정신'으로 대치할 수 있었던 이유는 무엇일까? 그것은 우선, 양자 모두 '통일과 구별의 통일', '결합과 비결합의 결합', '동일과 비동일의 동일'이라는 구조를 갖고 있기 때문일 것이고, 또 한 가지 이유로 생각할 수 있는 것은, 아리스토텔레스에 의하면, "생(명)이란, 스스로를 유지할 수 있는 능력, 성장능력 및 소멸능력[ζωὴν δὲ λέγομεν τὴν δι' αὐτοῦ τροφήν τε καὶ αὔξησιν καὶ φθίσιν]"(*ΠΕΡΙ ΨΥΧΗΣ*, in: *Aristotle. On the Soul. Parva Naturalia. On Breath*, tr. by W. S. Hett, Havard Univ. Pr., 1964, B 1, 412a 14)을 뜻하는데, 정신도 그 자신으로 말미암아[δι' αὐτοῦ] 자기를 보존하고 성장할 수 있기 때문이 아닐까?(Heidegger, *Hegels Phänomenologie des Geistes*, Ffm., 1980, 206 f. 참조).

나는 하나님이 세 분의 다른 하나님이라는 말은 아니다. 그러므로 이러한 하나님이야말로 위의 표현으로 표상되는 '생'의 전형(典型)인 셈이다.[7]

2.1.2. 철학의 과제와 생

헤겔은 또한 "순수한 생을 사유하는 것이 (…) 과제다. (…) 순수한 생의 의식은, 인간이 무엇인가에 관한 의식이 될 것이다"[8], "순수한 생은 Sein이다"[9]라고

---

7 슈바이쩌는, 헤겔의 변증법적 체계가 신의 삼위일체의 비밀을 숙고함으로써 얻어진 결과이며, 헤겔철학의 처음과 마지막은 삼위일체인 신의 정신(성령)이고, 바로 이러한 신의 정신이라는 개념이 헤겔이 말하는 '정신' 개념과 동일하다고 주장하고 있다[Carl Gunther Schweitzer, "Die Glaubensgrundlagen des Hegelschen Denkens," in: *Hegel-Studien* Beiheft 1, 2. Aufl., hg. v. Hans-Georg Gadamer, Bonn, 1984 (237-8), 237 참조; Ders., "Geist bei Hegel und Heiliger Geist," in: *Neue Zeitschrift für Systematische Theologie und Religionsphilosophie*, 6. Bd., 1964 (318-328), 321 및 328 참조].

8 ThJ, 302. 헤겔은 원래의 원고에서는 "순수한 생"이라는 표현 대신 "자기의식[SelbstBewußtsein]" 또는 "순수한 자기의식[reines SelbstBewußtsein]"이라고 적었다가 지워버렸는데, 왜 그랬을까? 그 이유는 정확히 알 수 없으나, 한 가지 말할 수 있는 점은, 이러한 표현들이 대치 가능하다는 사실일 것이다. 즉, "순수한 생"이라고 말하든지 "순수한 자기의식"이라고 말하든지 결국 이들은 동일한 사태를 표현하는 용어라는 점이다. 그러면 어떻게 이 양자가 동일한 것인가? 앞서 말한 것처럼 "순수한 생"이란, 바로 세계창조 이전의 절대자를 가리키는 표현이다. 세계창조 이전의 절대자가 왜 "순수한 생"인가? 첫째로, 그가 순수한 것은, 자신(自身) 이외의 타자(여기서는 세계)가 존재하지 않기 때문이다. 여기서의 '순수한'이라는 표현은 따라서, '절대적인'이라는 말로 대신할 수도 있을 것이다. 두 번째로, 그를 '생'이라 칭할 수 있는 이유는, 신이 아무런 구별도 없는 무차별적 동일성의 성격을 지닌 자가 아니라 자신 속에 구별(성부, 성자, 성령)을 지닌 동일자이기 때문이다. 이러한, 세계창조 이전의 신은 바로, 자기 자신만을 사유하므로[νόησις νοήσεως] 자기의식이고, 더욱이 자기의 타자가 매개되지 않은, 오로지 자기 자신만에 대한 의식이기 때문에, '구체적인' 자기의식이 아닌 '추상적' 또는 '순수한' 자기의식이라고 말할 수 있는 것이다.

9 Ebd., 303. 여기서 필자는 '존재(存在)'라 옮기지 않았다. 왜냐하면 우리말 '존재'에는 '있음'이라는 뜻밖에 없기 때문이다. 영어의 be동사나 독어의 Sein동사에는 이 밖에도 '~임[시(是)]'이라는 뜻도 포함되어 있지만 우리말은 그렇지 않다. 더군다나, 여기서는 'Sein'이 '신(神)' 또는 '절대자' 혹은 '일자(一者)[하나]'를 뜻하고 있기 때문에 이것을 '존재'라고 옮기는 것은 더욱 부당하다. 'Sein'은 문법적으로는 주어와 술어를 결합하는 계사(繫辭)의 역할을 하므로, 이러한 의미가 확장되어서 주관과 객관을 통합하는 자로서의 절대자를 가리키는 용어로 사용되기도 하는 것이다. 이런 맥락에서 헤겔은 다음과 같이 말하고 있다: "Sein은 그 속에서

말하고 있는데, 순수한 생은 여기서 차이[Verschiedenheit] 및 현실적인 다양성과 대립된 상태로 나타나며, 그러므로 하나[Einheit], 통일[Vereinigung]이라는 양상으로 다시 나타난다.[10] 순수한 생이란, '그 자체로 있는 생', '즉자적인 생'을 뜻하는 말이며, 이는 또한 세계창조 이전에 홀로 존재하는 정신[Geist]의 존재방식을 가리키고 있다. 정신은 홀로 존재할 경우에도, 그 성격상 대자존재자이므로 생의 존재방식(구별 아닌 구별)을 지닐 수밖에 없다. 따라서 정신은 생인데, 세계창조 이전에는 오직 정신 홀로 존재하므로 이러한 정신은 '순수한 생'이다. 그러면 왜 순수한 생은 Sein인가? 순수한 생은 생 자체로 존재하여 자기의 타자가 아직 존재하지 않기에, 둘이 아닌 '하나'이므로 헤겔이 이런 표현을 사용하고 있는 것으로 생각된다. 이러한 사실은 그의 『논리학』(*Wissenschaft der Logik*)에서도 잘 나타나 있는데, 이 책의 제1부인 〈객관적 논리학〉의 제1권이 바로 '존재론[Die Lehre vom Sein]'이며, 헤겔은 자신의 『논리학』의 내용을 "자연과 유한한 정신의 창조에 앞서서, 자기의 영원한 본체(本體)로 존재하는 신(神)의 서술"(GW 11, 21)이라고 말하고 있는 것을 보아도 잘 알 수 있다.

또한 헤겔은 이미 프랑크푸르트 시절에, 철학의 사명을 '결합과 비결합의 결합으로서의 생'을 파악하는 데에 두고 있었는데[11], 다른 말로 하면 이것은 "유한자를 무한자 안에 생으로서 정립하는 것"(*Differenzschrift*. TW 2, 25)[12]이라고 할 수 있다. 또한 예나시절에 헤겔은 칸트, 피히테, 쉘링, 야코비(Friedrich Heinrich Jacobi, 1743-1819) 등의 철학과 대결하면서 자신의 철학의 기능을 자

주관과 객관이 자신들의 대립을 잃어버린, 그러한 주관과 객관의 종합이다"(ThJ, 268). "통합과 Sein은 같은 의미를 지니고 있다; 계사 'ist'는 모든 명제에서 주어와 술어의 통일, 곧 Sein을 나타낸다"(ebd., 383).

10 Herbert Marcuse, *Hegels Ontologie und die Grundlegung einer Theorie der Geschichtlichkeit*, Ffm., 1932, 236 참조.

11 Günter Rohrmose, *Subjektivität und Verdinglichung*, Gütersloh, 1961, 60 참조.

12 헤겔은 성서의 포도나무의 비유를 통해(예컨대 ThJ, 314, 391), 그리고 무한한 삶의 나무의 비유를 통해(예컨대 ebd., 307), 유한한 생과 무한한 생의 관계, 생의 전체성 등을 표현하고 있는데, 바움에 의하면, 신과 세계의 관계에 대한 철학적 이론을 설명하기 위한 무한한 삶의 나무의 비유를 헤겔이 독창적으로 사용한 것이 아니라, 그의 활력적인 스피노자주의에 대해 헤르더(Johann Gottfried von Herder, 1744-1803)의 『신. 몇 차례의 대화들』(*Gott. Einige Gespräche*. 1. Auflage 1781)이라는 저술이 모범적으로 기여했다[Manfred Baum, "Das Lebendige in Hegels früher Metaphysik," in: *Die Naturphilosophie im Deutschen Idealismus*, hg.v. Karen Gloy und Paul Burger, Stuttgart-Bad Cannstatt, 1993 (224-237), 230 참조].

각하게 되었는데, 철학은 비록 비사유적인 방식에서일지라도 유한자와 무한자의 생동적인 관계를 파악해야 한다.[13]

2.2. 헤겔 이전의 절대자관과 헤겔의 절대자관

헤겔에 의하면, 칸트와 쉘링이 말하는 '절대자'[14]는 절대자가 아닌 '상대자(相對者)'다. 왜냐하면 만약 이들이 생각하는 '절대자'가 존재한다면, 유한자와 대립해서 존재할 것이기—'서로[상(相)]' '대립해 있는[대(對)]' '자(者)'는 절대자가 아니라 상대자다—때문이다. 뿐만 아니라 그것은 무한자가 아닌 유한자, 혹은 '추상적인 무한자'에 불과하다. 왜냐하면 그것은 유한자와 대립하여 존재하기에, 한계를 지닐 수밖에 없기 때문이다. 진정한 절대자, 진정한 무한자는 단순히 유한자의 피안이나 근저에서 자기동일성을 보지(保持)하면서 고정 불변적으로 존재하는 것이 아니라, 자신 속에 유한자를 내포하고 있으면서 유한자의 변화를 통하여 자신을 전개하는 동시에 자기동일성을 유지하는, 실체(實體)이자 주체(主體)인 절대자다.[15] 또한 칸트에 있어서는, 만약에 절대자가 존재한다 하

---

13 Jean Hyppolite, 『헤겔의 정신현상학』, 이종철·김상환 역, 문예출판사, 1986, 188 참조. 절대자를 나타내는 최고의 표현은 "동일과 비동일의 동일이며, 절대자 속에는 대립과 하나임[Einssein]이 동시에 존재한다"(GW 4, 64). 이러한 동일성은 그 속에 차이를 내포하고 있는 '살아 있는 동일성'인 데 반하여, 쉘링이 말하고 있는 동일성은 생동성이 없는 형식적 동일성, 공허한 동일성에 불과하다.

14 '절대(絶對)'라는 것은 '대립[대(對)]'이 '끊어져 있다[절(絶)]'는 것, 즉 '대립되어 있지 않다'는 것을 뜻한다. 이에 대응하는 서양어 'absolute' 혹은 'absolut'라는 형용사는, 라틴어 'absolvere (풀다, 떼다, 완성하다)'의 과거분사인 'absolutus (풀린, 떨어져 나온, 완성된 혹은 완전한)'에서 유래한다. 따라서 영어의 the Absolute나 독어의 das Absolute (〈 absolutum)는 모두, '~로부터 풀려나온 자' 혹은 모든 제약과 제한에서 풀려나와 아무런 구속과 의존이 없는 자, 완전자, 독자적 존재자, 자기 자신에 의해 규정되는 자, 그리하여 타자와의 관련 없이 존재하고 타당하고 정의될 수 있는 자를 뜻한다. 모든 유한자나 상대자는 타자에 의해 야기되고, 따라서 어떤 원인과 관계되므로, 절대자는 원인을 갖고 있지 않고 무한함에 틀림없다. 니콜라우스(Nicholaus Cusanus)가 『박학한 무지』에서, 다른 어떤 것에 의해서 제약되지 않거나 다른 어떤 것과도 비교될 수 없는 자인 신을 언급하기 위해 absolutum이라는 명사를 최초로 사용했다(Alexander Ulfig, *Lexikon der philosophischen Begriffe*, Wiesbaden, 1997, 9 그리고 Inwood, *A Hegel Dictionary*, ebd., 27 참조).

15 헤겔에 있어서 '절대자'에 대한 다른 표현들은 절대이성[die absolute Vernunft], 절대이념

더라도 물자체계에 존재할 것이므로, 신은 우리의 인식대상이 될 수 없으며, 그러한 신 역시 절대자가 아닌 상대자요, 무한자가 아닌 유한자일 것이다.

헤겔에 의하면 이들이 말하는 무한자는 실은 유한자일 뿐이며, 이런 유한자가 지니는 성질을 '위무한(僞無限)' 혹은 '악무한(惡無限)[die schlechte Unendlichkeit]'[16]이라고 부르며, 자신과 대립되는 것 내지 한계를 지니고 있지 않은 무한자가 지니고 있는 성질을 '진무한(眞無限)[die wahrhafte Unendlichkeit]'[17]이라고 부른다. 만일 절대자가 악무한자라면, 유한자에 대한 인식을 아무리 심화시켜도 절대자 인식에 도달하지 못한다. 그러나 쉘링은 천재(天才)의 '예지적 직관(叡智的 直觀)[intellektuelle Anschauung, intellektuale Anschauung]'에 의해 절대자 파악이 가능하다고 주장한다. 또 예지적 직관을 인정하지 않는 칸트 같은 경우에는 절대자의 인식은 불가능하다. 그런데 헤겔에 있어서 진리란, "권총에서 총알이 발사되듯"(PhG, 26, §27) 단박에 얻어지는 것이 결코 아니라, 매개(媒介)와 부정(否定)과 도야(陶冶)의 과정을 거쳐 가는 '개념의 노동'을 통해서만 획득되는 것이다. 쉘링이 말하는 예지적 직관이란, 마치 선불교에서 말하는 '돈오점수(頓悟漸修)'에서의 '돈오(頓悟)'와 같이 '단박에 깨닫는 것[sudden enlightenment]'인데, 헤겔은 이런 식으로는 진리를 얻을 수 없다고 말한다.

2.3. 절대자의 전개과정으로서의 변증법

진무한자는 자신 속에 유한자를 포함하고 있으면서, 유한자 전체 속에서 자신을 실현해 나가는 절대자다. 이러한 사태를 헤겔의 『논리학』의 방식으로 서술하

[die absolute Idee], 절대정신[der absolute Geist], 혹은 로고스(Logos) 등이다.

16 "부정적 무한[*die negative* Unendlichkeit]"(Enz §94, TW 8, 199) 혹은 "경험적 무한[eine empirische Unendlichkeit]"(*Diffenrenzschrift*, TW 2, 44)이라고도 부른다. 그리고 이에 상응하는 무한자를 "유한화된 무한자[das *verendlichte* Unendliche]", "추상적·일면적인 무한자[das abstrakte, *einseitige Unendliche*]"(TW 5, 149), "규정된, 그 자체로 유한한 무한자[ein bestimmtes, *selbst endliches Unendliches*]" 또는 "위(악)무한자[das Schlecht- *Unendliche*]" 혹은 "지성의 무한자[das Unendliche des *Verstandes*]"라고 부른다(ebd., 152. 그리고 ebd., 157-159도 참조).

17 Enz §95. TW 8, 200과 201. "긍정적 무한[die affirmative Unendlichkeit]"(TW 5, 156)이라고도 부르며, 이에 대응하는 무한자를 "진무한자[das wahrhafte Unendliche]", "이성의 무한자[das Unendliche der Vernunft]"(ebd., 149)라고 말한다.

면 다음과 같다. 즉, 일자(一者)[das Sein]이자 로고스(Logos)인 절대자가 자신을 근원분할(根源分割)[urteilen] 혹은 외화(外化)하고[entäußern] 소외(疎外)시켜[entfremden] 이루어진 것이 자연[Natur]과 유한한 정신[der endliche Geist]인바, 로고스의 전개과정 일반을 다루고 있는 것이 헤겔의 『논리학』이고, 자연의 전개과정을 다루는 것이 〈자연철학〉이며, 정신의 전개과정을 다루는 것이 〈정신철학〉이다. 그런데 절대자가 내포하고 있는 유한자는 운동·변화하고 있는데, 이 과정 자체 역시 변증적으로 진행한다고 그는 생각한다. 그것은 또한 절대자가 자기 자신을 전개하는 방식이기도 하다. 그리고 로고스의 학으로서의 Logik만이 이 변증법을 적절하게 제시할 수 있다고 헤겔은 생각한다(GW 11, 24 f. 참조).

헤겔에 의하면 정신만이 아니라 물질도 변증적으로 운동·변화한다. 그런데 그의 이러한 생각은, 물질(자연)도 정신과 마찬가지로 절대정신으로부터 발현(發現)[외화(外化), Entäußerung]되어 나온 것이기 때문에 정신적인 성격을 갖는다는 형이상학적인 전제에 근거해 있다. 이는, 마치 고대(古代)의 애니미즘(animism)이나 물활론(物活論)[hylozoism: 물질에 생명·활력이 깃들여 있다는 주장]과도 흡사한 생각이다. 헤겔은 이 점과 관련하여 이렇게 말한다.

> 우리를 둘러싸고 있는 모든 것이 변증적인 것의 실례로 고찰될 수 있다. 우리는 모든 유한자는 고정적이고 궁극적인 것이 아니라 가변적이며 소멸한다는 것을 알고 있다. 그리고 이것은 유한자가 그 자체로 자기 자신의 타자로서 또한 자신의 직접적인 존재를 벗어나서 자기의 대립자로 변화하는, 유한자의 변증법 외에 다른 것이 아니다. (…) 우리는 모든 물(物)들(즉 모든 유한자 자체)이 심판을 받는다고 말하며, 또 그렇게 말함으로써, 모든 물(物)들이 아무리 확실하고 확고한 것으로 생각된다 할지라도 그 앞에서는 그 무엇도 배겨낼 수 없는 거역할 수 없는 보편적인 힘인 변증법에 대한 견해를 가지게 된다. (…) 이제 더 나아가 변증법은 자연계와 정신계의 모든 개별영역들이나 형태들에서도 유효하게 된다. 예컨대 천체의 운동에서도 변증법은 적용된다. 한 행성은 지금 이 장소에 있지만, 다른 장소에서도 존재할 수 있는 가능성을 지니고 있다. 그리고 그 행성은 운동함으로써 자기의 타재를 현존하게 한다. 마찬가지로 자연의 요소들도 변증적인 것으로 입증되는데, 기상(氣象)의 진행은 자연의 요소들의 변증법이 나타난 것이다. 동일한 이 원리는 그 밖의 모든 자연과정의 토대를 이루며, 동시에 이로 말미암아 자연은 자기 자신을 벗어난다(Enz §81, Zus., TW 8, 174 f.).

또한 헤겔은 『정신현상학』 서문(序文)[Vorrede]에서 다음과 같이 말하고 있다: "꽃봉오리(싹)는 꽃이 피어남으로써 사라지며, 우리는 꽃봉오리가 꽃에 의해 부정된다고 말할 수 있을 것이다. 이와 마찬가지로 꽃은 열매로 인하여 식물의 거짓된 현존재로 밝혀지면서 열매가 꽃을 대신하여 식물의 진리로 등장한다."[18]

요컨대 헤겔에 있어서 1차적으로는 이러한 절대자의 자기전개 과정이 변증법(존재자의 변증법)이다. 그 다음으로 변증법은 절대자 파악의 방법(인식의 변증법)이다.[19] 앞서 말한 것처럼 진무한자는 유한자의 전개를 통해서 자신을 전개해 나가므로, 우리가 절대자를 인식하기 위해서는 유한자에 대한 인식에서 출발해야 한다. 그리고 유한자에 대한 인식을 심화시켜 나가면 언젠가는 진무한자에 대한 인식에 도달할 수 있다는 것이—물론, 이를 위해서는 절대자 편으로부터 내려오는 사다리가 필요할 것이지만—헤겔의 생각이다. 그런데 이러한 유한자는 정지(停止)·고정(固定)되어 있는 것이 아니라 끊임없이 유동(流動)·변화한다. 그러므로 이렇게 유동·변화하는 유한자를 파악하기 위해서는 우리의 사유도 고정되어 있어서는 안 되고 유동·변화해야 하는바, 바로 이렇게 변화하는 대상을 파악하기 위한 인식의 방법, 사유의 방법이 변증법이다[인식(사유)의 변증법]. 요컨대 헤겔의 변증법은 운동·변화하는 유한자를 파악함으로서 마침내 "절대자의 내적 본질파악[innere Wesenserfassung des Absoluten]"[20]에 이르고자 하는 사유의 방법이다. 그러면 절대자를 인식하는 방법으로서의 변증법에 대해 좀 더 자세히 살펴보자.

2.4. 절대자를 인식하는 방법으로서의 변증법

헤겔은 『철학강요』 중의 〈논리학〉에서의 「예비개념」(§19-83, 특히 §79-81)에서 변증적 사유에 대해 설명하고 있다. §79에서, 논리적인 것은 그 형식에 따라 세 가지 측면을 가지며, 이것은 모든 논리적·현실적인 것의 제계기(諸契機)

---

18 "Die Knospe verschwindet, in dem Hervorbrechen der Blüte, und man könnte sagen, daß jene von dieser widerlegt wird; ebenso wird durch die Frucht die Blüte für ein falsches Dasein der Pflanze erklärt, und als ihre Wahrheit tritt jene an die Stelle von dieser" (PhG, 10).

19 백훈승, 『서양근대철학』, 전북대학교출판부, 2017, 448 ff. 참조.

20 Niclolai Hartmann, *Die Philosophie des Deutschen Idealismus*, Berlin/NY., 1974, 375.

가 된다고 말한다.

① 추상적·지성적 단계(추상적인 면이거나 지성적인 면)
② 부정적 이성의 단계(변증적인 면이거나 부정적·이성적인 면)
③ 긍정적[혹은 사변적(思辨的)] 이성의 단계(사변적인 면이거나 긍정적·이성적인 면)

이 구별에 따르면 '변증적'이라는 말은 모든 존재자의 발전—이 전체는 광의(廣義)의 변증법이다—의 제2단계이며, '부정적·이성적'으로 특징지을 수 있다. 협의(俠義)의 변증적 단계는 존재자가 자기를 부정하고 타자로 전화(轉化)하는 단계, 즉 대자(對自)의 단계에 해당한다. 이 대자(對自)를 다시 부정하여 자기를 회복하여 더욱 높은 차원의 동일성(구체적 동일성)을 얻는 즉자대자의 단계가 세 번째의 〈사변적 단계〉다. 다시 말하면 '동일⇨대립'은 협의의 변증적 과정이고, '대립 ⇨ 통일'은 사변적 과정이며, 이 두 과정을 결합한 것이 광의의 변증적 과정이다.

①단계는, 문제되고 있는 사상(事象)에 관해서 어떤 사유규정을 정립하고 그것을 고집하며, 오직 그것만을 진리라고 주장하는 입장이다. 그러나 우리가 경험의 대상을 온전하게 알려고 할 때에, 하나의 규정은 그것과 대립되는 규정에로 이행하며, 그 어떤 하나의 규정만으로는 진리라고 주장될 수 없다. 그러나 어떤 한 규정만을 진리라고 주장하는 것이 바로 '독단주의'다: "이 형이상학은 독단주의가 되어버렸다. 왜냐하면 이 형이상학은 유한한 규정들의 본성에 의하여, 대립된 두 주장—상술한 명제들도 이러한 주장에 불과했다—중 하나가 참이라면 다른 하나는 거짓이 분명할 것이라고 생각하지 않을 수 없었기 때문이다"(TW 8, 98).

②단계는 하나의 규정이 자신을 넘어서 반대의 규정으로 이행하는 것을 나타내며, 바로 여기에 '독단주의'를 부정하는 회의주의[der Skeptizismus]의 의의가 있으며, 이 입장은 철학적 인식에 불가결한 계기다. 그러나 회의주의와, 헤겔이 말하는 부정(否定)의 차이점은, 회의주의가 행하는 부정은 '전면적인 부정'인 데 반하여, 헤겔에 있어서의 부정은 '제한적 부정'·'규정적 부정[die bestimmte Negation, the determinate negation]'이라는 점이다.

여기서 또한 놓쳐서는 안 될 점은, 이 ②단계가 단지 1회에 걸쳐서만 발생하는 것으로 보아서는 안 된다는 사실이다. 부정은 단 한 번만 이루어지는 것이 아니다. 진정한 옳음[wahre Richtigkeit]인 참(진실, 진리)[Wahrheit]에 도달하기 위한 부정의 과정은 무수히 반복될 수 있다. 헤겔의 변증적 사유를 '정-반-합' 이라는 단조로운 삼단계 도식[Triade]으로 규정해버린 오류는 바로 이 ②단계를 '단 하나의 것'으로 생각한 데서 발생하는 것이다.

③의 단계는 대립이 통일되는 단계다. 이 단계에서는 통일 속에 존재하는 대립을 파악할 수 있다. 대립이 통일되었다고 해서 대립이 완전히 사라진 것이 아니라 통일을 이루는 계기들로서 '지양(止揚)되어' 있다. 로미오와 줄리엣이 사랑할 때, 그들은 이 사랑 속에서 '하나로' 통일되지만, 그럼에도 불구하고 로미오는 로미오대로, 줄리엣은 줄리엣대로 여전히 존재하는 것이다. 이것이 바로 '사변[Spekulation]'의 단계다. 그런데 이러한 통일 내지 동일성에서 구별 내지 차이의 측면을 사상(捨象)할 때에 성립하는 것이 바로 신비주의(神秘主義)[Mystizismus]다(TW 8, 177 ff. 참조).

2.5. 'Aufheben'의 의미

2.5.1. 'Aufheben'의 통상적인 의미

풀다(H.F. Fulda)는 그림형제의 독일어 사전[21]을 근거로 하여 'aufheben'의 통상적인 의미를 다음의 다섯 가지로 나열하고 있다. ① 위로 들어 올리다[elevare], ② 드러내다[detegere], ③ 가지고 가버리다, 획득하다[auferre], ④ 제거(폐지·철폐)하다[tollere], 그리고 이와는 반대로, ⑤ 보존하다[conservare]. 그리고 'aufheben[ἀναιρεῖν, tollere]'이라는 철학용어는—'정립하다[setzen]'의 반대개념으로서—네 번째 의미변양에 연결되어, '부정하다[negieren]'를 의미하는데, 헤겔은 자기의 변증법의 근본개념을 표현하기 위하여 네 번째와 다섯 번째의 변양의 대립을 사용함으로써 이 용어에 특수한 의미를 얻게 한 것으로 보고 있다.[22]

두덴(Duden) 사전에는 'aufheben'의 다음과 같은 의미들을 언급하고 있다:

---

21 J. und W. Grimm, *Deutsches Wörterbuch* 1 (1854), 663 ff.

22 Fulda, "Aufheben", in: Joachim Ritter (hg.), *Historisches Wörterbuch der Philosophie*, Bd. 1, Basel, 1971 (618-620), 618 f. 참조.

1) a) 바닥에서 집어(주워·들어) 올리다[vom Boden aufnehmen], b) 일어서다, 일어나다[sich erheben, aufstehen], c) 위로 들어 올리다[in die Höhe heben; erheben]. 2) 보존하다[aufbewahren], 3) a) 더 이상 있지 않게 하다(폐지하다) [nicht länger bestehen lassen], b) 대립된 것과 같은 가치·같은 효과를 가지고 그것을 통해 조정하다(같게 하다)[den gleichen Wert, die gleiche Wirkung wie etwas Entgegengesetztes haben und es dadurch ausgleichen], c) 어떤 일을 공식적으로 끝내다[etwas offiziell beenden], 4) 체포하다[festnehmen, verhaften].[23]

일상적 용어로서의 aufheben의 영어 번역으로는 'lift up', 'abolish', 'cancel', 'suspend', 'sublate' 등의 표현이 사용되고,[24] 콜린스(Collins) 영어사전에서는 다음 여섯 가지 종류의 의미를 소개하고 있다. 1) 집어(주워·들어) 올리다[to pick up; to raise, to lift (up)], 2) 유지하다[to keep], 3) 철폐(제거)하다[to abolish, to do away with, to repeal, to abolish, to rescind, to cancel, to annul, to revoke, to reverse, to quash, break off], 4) 고양하다, 닫다, 해체하다[to raise, to lift, to remove, to lift, to close, to dissolve], 5) 보충하다, 상쇄하다, 해결하다[to offset, to make up for, to resolve, to neutralize, to cancel out], 6) 포착하다[to capture, to seize].[25]

캠브리지 사전[Cambridge Dictionary]은 다음과 같은 번역어들을 제시한다. 1) 집다, 유지하다, 보존하다[to pick up, to keep], 2) 번복하다, 뒤집다[to overturn, reverse], 3) 취소하다, 무효화하다[to cancel, neutralize].[26]

2.5.2. 헤겔에 있어서의 'Aufheben'의 의미

헤겔은 이 용어를 어떤 의미로 사용하고 있는가? 『논리학』 초판의 〈존재론〉(1812)에서 그는 다음과 같이 말하고 있다:

> 지양함(지양작용)과 지양된 것은 철학의 가장 중요한 개념들 가운데 하나이고, 전적으로[schlechthin] 그 어디서나 되풀이해서 나타나는 근본규정이며, 그

23 https://www.duden.de/rechtschreibung/aufheben 참조.

24 https://en.wikipedia.org/wiki/Aufheben 참조.

25 https://www.collinsdictionary.com/dictionary/german-english/aufheben 참조.

26 https://dictionary.cambridge.org/dictionary/german-english/aufheben 참조.

> 의미를 명확하게 파악하고, 특히 그것을 무(無)와 구별해야 한다.—지양된 것은 바로 그로 인하여 무로 되지 않는다. 무는 직접적인 것이다. 그러나 지양된 것은 이와는 달리 매개된 것이며, 비존재자이지만 그것은 존재로부터 발단된 결과로서의 비존재자다. 따라서 그것은 자기가 그것으로부터 출발한 규정을 아직도 자기에게 지니고 있다.
>
> 지양(止揚)이라는 말은 이중(二重)의 의미를 지니고 있다. 즉 보존한다·유지한다는 의미를 지닐 뿐만 아니라 중단시킨다·끝낸다는 의미를 지니고 있기도 하다. 여기서 보존한다는 말은 무엇인가를 유지하기 위하여 자기의 직접성과, 따라서 외부로부터의 영향에 내맡겨져 있는 현존재로부터 벗어난다는 점에서 이미 자신 속에 부정적 요소를 포함하고 있다.—따라서 지양된 것은 동시에 보존된 것이며, 이 보존된 것은 단지 자기의 직접성을 잃었을 뿐, 그것 때문에 사라진 것은 아니다. (…) 이렇듯 존재와 무가 이제부터 계기들이 됨으로써, 이제 이 존재와 무가 지니게 될 좀 더 자세한 의미와 표현은, 결국 이들 양자가 보존되어 있는 통일체로서의 현존재를 고찰할 때에 더 자세하게 드러나게 될 것이다. 존재는 존재이며 무는 무인 것은, 어디까지나 그들이 서로 구별되는 가운데서만 그러한 것이다. 그러나 그들의 참됨[Wahrheit], 즉 그들의 통일성에서 본다면 여기서 이러한 규정을 지닌 그들은 사라지고 그들은 이제 다른 어떤 것이 된다. 존재와 무는 동일한 것이다. 그러므로 그들이 동일한 것이기 때문에 그들은 더 이상 존재와 무가 아니고, 하나의 상이한 규정을 갖는다. 즉, 됨[Werden] 속에서 그들은 생성[Entstehen]과 소멸[Vergehen]이었다. 그리고 다르게(다른 것으로) 규정된 통일체로서의 현존재 속에서 그들은 또 다르게 규정된 계기들이 된다(GW 11, 58).

여기서 헤겔은 '지양'과 관련된 몇 가지 중요한 점을 말한다. ① 지양된 것은 무(無)로 되지 않는다. ② 지양된 것은 매개된 것이다. ③ 지양된 것은 무(無)나 비존재자라고 할 수 있지만, 그것은 존재로부터 발단된 결과로서의 비존재자다. 따라서 ④ 그것은 자기가 그것으로부터 출발한 규정을 아직도 자기에게 지니고 있다. 지양된 것은 동시에 보존된 것이며, 이 보존된 것은 단지 자기의 직접성을 잃었을 뿐, 그것 때문에 사라진 것은 아니다. ⑤ 예컨대 존재와 무의 통일체인 현존재에 있어서의 됨[Werden]의 한 계기를 이루는 소멸[Vergehen]의 경우를 살펴보면, 소멸은 '특정한 존재자'로부터 '무'로의 이행으로서의 '됨'이다. 이때, '존재(자) ⇨ 무'로의 이행에 있어서, 됨의 전 단계인 '존재(자)'는 '무' 속에서 부정되지만, 전적으로 부정되거나 절멸되는 것이 아니라 '지양'되는 것이다. 즉, 이때의 '무'는 '공무(空無)'가 아니라, '~의 없음'이다. 예컨대 한 마리의 강아지가 소멸되는 경우, 그것은 '강아지 한 마리의 없음(무)'이기 때문에, '강아지 한 마리'라는 규정은 상존(尙存)하고 있는 것이다. 이러한 사태를 헤겔은 위의 ① ~ ④의 규정으로 표현하고 있는 것이다.

이 점에 관하여 헤겔은 논리학 제2판(1832)에서 "지양된 것[das Aufgehobene]"이라는 단어 다음에 "das Ideelle"라는 표현을 괄호 안에 삽입함으로써, '지양된 것'은 "관념적인 것"으로서 여전히 존재하고 있다는 점을 지시하고 있다(GW 21, 94). 요컨대, 이러한 설명들을 통해서 헤겔은 독일어 Aufheben이 "이중적인 의미, 즉 보존한다·유지한다는 의미를 지닐 뿐만 아니라 중단시킨다·끝낸다는 의미"를 지니고 있다고 말하고 있다.

헤겔은 논리학 제2판(1832) 〈서문〉에서 사유와 언어의 관계에 대해 말하면서 다음과 같은 취지로 이야기한다. 1) 사유는 우선 인간의 언어로 드러나고 저장된다. 2) 사유는 인간을 동물로부터 구별하는 것이다. 그리고 이에 이어, 독일어의 우수성에 대해 이렇게 말한다. 3) 독일어는 다른 현대어에 비해 많은 장점을 가지고 있으며, 몇몇 단어들은 단지 상이한 의미뿐만이 아니라 대립된 의미들도 가지고 있다는 추가적인 특수성까지도 지니고 있다. 우리는 그것들 속에서 언어의 사변적 정신을 알아챌 수 있다. 이런 단어들을 만나고, 대립된 의미들을 지닌 어떤 단어로서 소박하게 벌써 사전(辭典)에서 대립된 의미들의 통일을 발견하는 것은 사유에게 하나의 기쁨을 보증할 수 있다. 그런데 이러한 사변의 결과는 지성에 있어서는 얼토당토않은 것[widersinnig]이다(GW 21, 10 f. 참조).

그러나 헤겔을 연구하는 학자들이나 일반 철학자들은 헤겔이 사용하고 있는 aufheben이라는 용어에 헤겔 자신이 부여하고 있는 두 가지 의미 외에 '고양(高揚)하다'라는 또 하나의 의미를 추가하여 그 의미를 해석하고 있다. 그런데 이러한 '추가적인 의미부여'는 과연 정당한 것인가? 물론, '고양하다'라는 의미는 aufheben이라는 용어의 통상적인 의미들 속에 포함되어 있는 것이다. 이 단어는 앞에서 언급한 것처럼, "위로 들어 올리다[in die Höhe heben, hinaufheben, elevare]"라는 의미를 지니고 있는 것이 사실이다. 그러나 이 세 번째 의미를 헤겔은 aufheben에 덧붙이지 않았다. 그럼에도 불구하고 우리가 임의로 세 번째의 의미를 덧붙일 수 있는가? 이 문제를 검토하기 위해서 헤겔 자신이 aufheben을 사용하고 있는 예들을 살펴보자.

예컨대 헤겔은 다음과 같이 말한다. 사변적인 학은 반성의 입장에 머물러 있는 지성의 사유에 근거해 있는 기타의 학과는 다르지만, 후자에서 다루고 있는 경험적 내용을 무화하지 않고 aufheben한다(Enz §9. TW 8, 52 f. 참조). 그리고 『정신현상학』에서의 몇 가지 예를 살펴보면 다음과 같다. "표상적 사유는 마치 주어가 근저에 머물러 있기라도 한 것처럼 생각하여, 이 주어로부터 출발하지만, 술어가 오히려 실체이기 때문에, 주어가 술어에로 이행하여 aufgehoben되어 있음을 이 사유는 발견한다"(PhG, 50, §60). 그러나 예컨대 "참된 것은 완전한 것이다"라는 사변적 진술에서, 주어인 '참된 것'은 술어인 '완전한 것'과 동치관계에 있기 때문에, 주어는 술어 속으로 이행하고 사라짐에도 불구하고, 여전히 관념적으로 존재하므로 헤겔이 aufgehoben이라는 용어를 사용한 것이지, 여기에 '고양되었다'라는 의미는 포함되어 있지 않다. 뿐만 아니라, 〈지각〉장에서의 서술을 살펴보자. 헤겔은 여기서 단순한 물(物) 개념에 관해 다음과 같이 설명한다:

> 그러므로 이것은 '이것이 아닌 것' 혹은 '지양된 것'으로 정립된다. 그러나 그렇다고 하여 그것이 무(無)는 아니며, 오히려 그것은 규정된 무, 어떤 내용의 무, 즉 '이것'의 무다. 이로 말미암아 감각적인 것이 아직 현존하기는 하지만, 직접적인 확신의 경우에서처럼 사념된 개별자로서가 아니라 보편자로서 혹은 특성으로 규정될 것으로서 현존한다. *Aufheben*은, 우리가 부정적인 것에서 발견하게 될 그것의 진정한 이중적 의미를 보여준다. 즉, 그것은 부정하는 동시에 보존하는 것이다. '이것이 아닌 것'으로서의 무는 직접성을 보존하며 그 자체로 감각적인 것이지만, 그것은 보편적인 직접성이다.[27]

그런데 바로 이와 같은 설명은 헤겔이 『논리학』〈존재론〉에서 이야기하고 있는 내용과 동일한 것이다. 여기에서도 '고양'이라는 의미는 발견할 수 없다. 마

---

27 "Das Dieses ist also gesetzt als *nicht dieses* oder als *aufgehoben*, und damit nicht Nichts, sondern ein bestimmtes Nichts oder *ein Nichts von einem Inhalte*, nämlich *dem Diesen*. Das Sinnliche ist hierdurch selbst noch vorhanden, aber nicht, wie es in der unmittelbaren Gewißheit sein sollte, als das gemeinte Einzelne, sondern als Allgemeines oder als das, was sich als *Eigenschaft* bestimmen wird. Das *Aufheben* stellt seine wahrhafte gedoppelte Bedeutung dar, welche wir an dem Negativen gesehen haben; es ist ein *Negieren* und ein *Aufbewahren* zugleich; das Nichts, als *Nichts des Diesen*, bewahrt die Unmittelbarkeit auf und ist selbst sinnlich, aber eine allgemeine Unmittelbarkeit"(PhG, 90).

지막으로, 『정신현상학』 〈자기의식〉장에서 '인정투쟁'에 관한 헤겔의 다음과 같은 설명을 살펴보자: 여기서 헤겔은, 투쟁에서의 타인의 부정은 "철폐된 것을 **보존하고 유지하는 방식으로 지양하는**"[28]이라고 말함으로써, aufheben이 지닌 두 가지 의미를 분명하게 드러내고 있다.

'지양(止揚)'이라는 번역어는 니시 아마네[서주(西周)]가 채택한 것인데, 그는 헤겔에 있어서 독일어 aufheben이 ① 폐지(廢止)·폐기(廢棄)·부정(否定)한다, ② 보존(保存)·유지(維持)한다, 그리고 ③ 고양(高揚)한다는 세 가지 의미로 사용된다고 보고, '폐지(廢止)한다'에서의 '지(止)'와 '고양(高揚)한다'에서의 '양(揚)'을 가져와 번역어로 사용한 것이다. 뿐만 아니라 '고양한다'에서의 '양(揚)'과 '폐기(廢棄)한다'에서의 '기(棄)'를 가져와서 만든 '양기(揚棄)'라는 용어도 사용되었는데, 오늘날 한·중·일 삼국에서 공통으로 사용하는 번역어는 '지양'이라 할 수 있다. 영어 번역으로는 근년에는 'sublation'[29]이 일반적인 번역어로 사용되고 있는데, 이것은 스털링(James Hutchison Stirling, 1820–1909)이 1865년에 『헤겔의 비밀』(*The Secret of Hegel*)에서 처음 사용한 것으로 알려져 있다.[30] 그러나 이 용어가 유래하는 라틴어 'sublatus'에는 '높아진'이라는 의미와 '제거(폐지·파괴)된'이라는 이중적인 의미가 포함되어 있지만, 영어 'sublate'는 '부정하다'나 '제거하다' 등의 의미만을 지니고 있어서 aufheben의 역어로는 부적절한 것이었으나, 현재는 헤겔이 사용한 aufheben의 번역어로 사용되면서, 철학의 용어로서는 그 속에 '보존하다'라는 의미까지 포함하고 있는 것으로 간주되고 있다.

어쨌든 이러한 번역들은 헤겔이 본래 말하고 있는 내용을 정확하게 반영한 것들은 아니다. 그가 말하는 의미에 대응하는 번역은 예컨대 '보존(유지)하고 폐기(폐지)한다'는 의미가 포함된 '보기(保棄)'나 '보지(保止)', '지지(止持)' 혹은 '부정하고 보존한다'는 의미를 포함한 '부존(否存)'이나 '부지(否持)', '지보(止保)' 정도가 되어야 할 것이다. 안호상과 최재희는 '없애 가짐'이라는 우리말로 적절히 옮기기도 하였다.[31]

---

28 "welches so *aufhebt*, daß es das Aufgehobene *aufbewahrt* und *erhält*"(ebd.).

29 이 단어는 라틴어 tollere의 과거분사형에 해당하는 sublatus에서 파생된 것인데, tollere 자체는 '높이다(올리다)'라는 뜻과 '제거(폐지·파괴)하다'라는 이중의 의미를 지니고 있다(https://latina.bab2min.pe.kr/xe/lk/tollo?form=sublatum 참조; 그리고 https://www.collinsdictionary.com/dictionary/english/sublate 참조).

30 Glenn Alexander Magee, *The Hegel Dictionary*, London/NY., 2010, 238 참조.

31 안호상, 『철학개론』, 대한교과서주식회사, 1986^{13}(1942), 17, 73, 87, 108; 최재희, 『헤겔

앞서 설명한 것처럼, 『논리학』에서 존재[Sein]와 무[Nichts]와 됨[Werden]의 관계에서의 Aufheben을 살펴보자. 존재로부터 무로 이행할 경우, 무 속에서 존재는 부정된다. 그럼에도 불구하고 '무'는 '어떠어떠한 존재의 무'로서, 그 속에서 '존재'는 관념적으로 보존되어 있다. 그러나 그렇다고 해서, '존재'가 '무'로 고양되었다고 말할 수는 없다. 그런데 이제 '됨' 속에서는 존재와 무가 한편으로는 보존(긍정)되면서 부정되는 한편, 존재와 무 양자는 그들의 일면적인 규정이 부정(철폐)되고 그것들이 통일되는, 일종의 '부정된 고양' 혹은 '고양하는 부정'의 차원에 이르렀다고 말할 수 있다. 이렇듯, aufheben라는 용어가 어떤 단계에 적용되느냐에 따라서 그 의미가 달라진다고 하겠다.

또 다른 각도에서 헤겔철학에서의 예들을 통해 사태를 살펴보자. 헤겔 『법철학』의 구성 및 전개과정은 〈서문〉과 〈서론〉에 이어 〈추상법(抽象法)[추상적 권리]〉[das abstrakte Recht], 〈도덕(道德)〉[die Moralität] 그리고 〈인륜(人倫)〉[die Sittlichkeit]의 단계로 진행된다. 헤겔의 사유방식에 의하면, 도덕의 단계는 추상법의 단계가 aufheben된 것이다. 즉, 도덕의 단계에서 추상법은 부정(폐기)되면서, (관념적으로) 보존되어 있다. 그러나 그렇다고 해서 추상법이 도덕으로 고양되었다고 말할 수는 없다. 전자는 외면적인 것이고, 후자는 내면과 관련된 것이라는 점에서 양자는 서로의 부정태인 관계에 있는 것이지, 결코 도덕이 추상법보다 고차적인 것이라고는 할 수 없기 때문이다. 그러므로 이때의 aufheben 속에는 '고양'이라는 의미는 포함되지 않은 것이다. 그런데 이제, 추상법과 도덕의 단계를 지나 인륜의 단계에 이르게 되면, 상황은 좀 달라진다. '인륜' 속에는 법의 계기(외면성)와 도덕(내면성)의 계기가 종합되어 있다. 따라서 인륜은 법의 부정태이자 도덕의 부정태이기도 하면서, 이와 동시에 양 계기가 보존되어 있는 고차적인 단계라고 할 수 있다. 그러므로 인륜은 이전의 두 단계를 한편으로는 폐지하고 보존하면서 고양시킨 '지양'이라고 표현할 수 있을 것이다.

그러나 헤겔에 있어서의 aufheben이 모두 인륜의 경우에 있어서와 같은 세 가지 의미를 포함하고 있지 않기 때문에, 이 용어를 일률적으로 '지양'이라고 번역하는 것은 합당하지 않다. 그렇지만 헤겔이 사용하고 있는 aufheben이라는 용어가 적용되고 있는 모든 경우에 있어서, 전개의 과정에서 출현하는 새로운 상태(이후의 단계)는 그 이전의 상태(이전의 단계)에서 발견하지 못했던 새로운 사태나 사실이 드러나는 단계이기 때문에, '새로운 것의 출현'이라는 점에서는,

---

의 철학사상』, 정음사, 1983^2(1966), 26.

이전의 인식(사유)으로부터의 '고양'이 이루어졌다고 생각할 수도 있을 것이다. aufheben을 이런 의미로 이해한다면, '지양'이라는 번역어도 그 나름대로의 의미가 있을 것이다. 내 개인적으로는 어감 등을 고려할 때, '폐지하는 동시에 유지한다'라는 의미를 나타낼 수 있는 '지지(止持)'라는 용어를 채택하고 싶지만, 아직은 필자의 주장이 일반화되지 않았기에, 우선은 '지양'이라는 번역어를 사용하기로 한다.

아울러 강조해야 할 내용은, 앞서 말한 3단계의 사유과정에서 우리가 어떤 사태에 대해 언급할 경우, 최초의 진술을 정립(定立)[These]으로, 이것을 부정하는 진술을 반정립(反定立)[Antithese]으로, 그리고 양자를 모두 부정하면서 통일하는 진술을 (종)합[(綜)合][Synthese]으로 표현할 수 있다. 그런데 '논제(論題)', '정립' 혹은 '명제(命題)' 등으로 번역되는 독일어 These나 영어 thesis는, '~을 두다, ~을 놓다', '~으로 간주하다', '주장하다' 등의 의미를 지니고 있는 희랍어 'τίθημι(tithēmi)'에서 유래하는데, 이것은 바로, '어떤 진술을 둠(놓음)' 혹은 '제시된 진술'을 의미한다. 이 사실 또한, 변증법이 진술(陳述)과 관계된다는 사실을 말해주고 있다. 그런데 여기서 아주 중요한 사실은, (A) These ↔ (B) Antithese, (B) Antithese ↔ (C) Synthese의 관계는 논리적 '모순관계'가 아니라, '반대관계' 혹은 B가 A를, 그리고 C가 A나 B를 '부정(否定)하는 관계'라는 사실이다. 이처럼, 변증법이란 우리의 인식이 저차적인 단계에서 고차적인 단계로 발전해 나가기 위한 사유의 방법·인식의 방법이다. 이때, 변증법에서 중요한 것은 바로, "① 타자(他者)를 매개로 한 ② 부정"인바, A와 B와 C는 서로에게 타자이며, 후자에 의한 전자의 부정은, 전자에 매개된 부정으로서, 전면적(全面的)인 부정이 아닌 제한적(制限的) 부정·규정된 부정[bestimmte Negation, determinate negation]이며, 이것이 바로 헤겔이 말하고 있는 'aufheben'이 지니고 있는 의미다.

다시 한번 강조하거니와, 헤겔이 말하는 변증적 과정은 'These ⇨ Antithese ⇨ Synthese'라는 3회의 과정으로 구성된 것이 아니다. 이것은 전체의 과정을 극히 압축적으로 표현한 것이라는 점에 유의해야 한다. 다시 말하면, 모든 일에는 '시작'과 '과정'과 '끝'이 있다는 사태를 이렇게 축약해서 표현한 것이라는 말이다. 따라서 전체의 과정을 표현하자면, 'These ⇨ Antithese [Antithese_1 ⇨ Antithese_2 ⇨ (…) ⇨ Antithese_n] ⇨ Synthese'가 된다. 여기서 Antithese가 몇 개가 될는지는 아무도 알지 못하고, 그것은 각각의 구체적인 상황에 따라 다른 것이다.

3

헤겔 변증법과 논리학

3.1. 헤겔 변증법은 논리학인가?

앞서 말했듯 헤겔의 변증법이란, 첫 번째로는 우리의 인식이 저차적인 단계에서 고차적인 단계로 발전해 나가기 위한 사유의 방법·인식의 방법이고, 둘째로는 절대자(및 존재자) 자체의 운동의 방법이다. 여기서 우리는 첫 번째 입장은 어렵지 않게 수긍할 수 있을 것이라 생각한다. 그러나 두 번째 입장을 그대로 받아들이는 사람은 그리 많지 않을 것이다. 왜냐하면 변증적 과정이란, 어떤 존재자가 어떤 상태나 명제를 부정하고 새로운 단계나 명제로 이행하는 과정이며, 이러한 부정작용이 이루어지기 위해서는 사유작용 내지 의식작용이 필요한데, 과연 '모든 존재자'가 이러한 부정작용을 수행할 수 있다는 주장은 선뜻 받아들이기 어렵기 때문이다. 우리는 통상적으로 동물의 수준에서 사유와 의식이 존재한다고 말한다. 물론, 식물의 수준에서도 사유작용이 존재한다는 주장도 있고, 동물의 세포 수준에서도 의식이 존재한다고 말하는 사람도 있다. 그러나 이것은 아직까지 증명되지 않은 주장이다. 더욱이 돌멩이 같은 무생물이 생각할 수 있다는 것은 예컨대 신비주의자들의 주장이다. 따라서, 모든 존재자가 운동·변화함에 있어서 변증적인 방법 내지 과정을 따른다는 점은 인정하기 어렵다는 말이다.

그런데 헤겔의 존재론적 입장을 받아들이는 사람은 후자의 주장도 인정할 수 있을 것이다. 즉, 헤겔이 말하는 절대자는 '정신'이니 당연히 부정작용을 수행할 수 있을 것이요, 또한 정신인 절대자가 자기를 외화(外化)하여 이루어진 유한한 정신과 물질에도 정신적인 요소가 깃들여 있으니 타자를 부정할 수 있는 기능을 가지고 있다고 믿을 수 있다는 말이다. 그러나 이처럼 헤겔의 존재론을 그대로 수용하는 '헤겔주의자'는 그리 많지 않을 것이라 생각한다.

그러면 이제 헤겔의 변증법이 논리학인지 살펴보자. 논리학[logike (technē)]에 대해서는 몇 가지 상이한 정의(定義)가 존재한다. 전통적인 견해에 의하면 논리학은 '사유의 형식과 법칙을 다루는 학문'이다. 전통적인 논리학은 개념론, 판단론, 추리론으로 구분되며, 종종 소위 방법론[Methodenlehre: 증명에 관한 이론]이 부가된다. 칸트는 선험적(先驗的)[apriorisch] 인식이 가능하기 위한 조건들의 분석인 정험적(定驗的)[transzendental] 논리학에 관해 말한다.[1] 논리학의 법칙에는 동일률, 모순율, 배중률, 충족이유율, 전건긍정형식[modus ponens], 후건부정형식[modus tollens], 드 모르간(De Morgan)의 법칙 등이 있다. 논리학과 심리학의 차이점은, 후자는 사유의 과정을 다루는 데 반해서, 전자는 사유의 결과물인 진술들(논증들)을 다룬다는 데에 있다. 서양에서의 논리학의 창시자는 아리스토텔레스다. 그는 올바른 추론에 관한 이론—소위 연역논증법[Syllogistik]—을 기획하였다.

또한 칸트가 말하는 정험적 논리학은 대상에 대한 인식의 선험적인 근거나 구조를 밝히는 작업을 한다. 여기서는 지성(知性) 및 이성(理性)의 법칙들이 대상과 선험적으로[a priori] 연관되어 있는 것만을 문제로 한다. 정험적 논리학은 인식논리학이라고도 부르는데, 칸트의 『순수이성비판』의 한 장(章)이 「정험적 논리학」[Transzendentale Logik]이라는 제목으로 되어 있다.

논리학을 정의하는 또 하나의 방식이 있는데 그것은, 논리학은 훌륭한 논증과 그렇지 못한 논증을 구별하는 방법을 탐구하는 학문이라는 것이다. 다시 말하면 논리학은 올바른 추론에 관한 이론이며, 논증들의 타당성·완벽성을 검토하는 학문이라는 견해다.

현대의 형식논리학의 창시자는 프레게(Gottlob Frege, 1848-1925)라고 할 수

---

1 Ulfig, ebd., 250 참조. 다음의 개념들을 잘 구분해야 한다. a priori [선험적(先驗的)] ↔ a posteriori [경험적(經驗的)]; angeboren [innate, congenital] [선천적(先天的), 생득적(生得的), 생구적(生具的), 본유적(本有的)] ↔ a posteriori [acquired, aus Erfahrung gewonnen, erlernt] [후천적(後天的)]; transzendental [transcendental] [정험적(定驗的)]; transzendent [초월적(超越的)] ↔ immanent [내재적(內在的)]

있다{형식논리학은 기호논리학 내지는 수학적[수리(적)] 논리학이라고도 불린다}. 이 논리학이 '형식적'이라고 불리는 이유는, 명제의 내용을 도외시하기 때문이다. 그 대신 전제로부터 결론에 이르는 추론의 올바름(타당성)을 고찰한다. 그러므로 이 논리학에서 중요한 것은, 그 속에서 시행된 형식화다. 즉, 타당한 추론이 이루어지기 위한 기호들과 규칙들이 도입된다. 현대논리학의 두 가지 중요한 계산은 명제계산과 술어계산이다. 그 밖의 논리학에는 양상논리학, 집합논리학, 의무론적 논리학, 다치논리학, 시간논리학, 조합논리학 등이 있다.[2]

논증의 타당성만이 아니라, 전제들의 옳고 그름까지 문제 삼는 논리학이 비형식논리학[informal logic]이다. 그런데 철학에서는 타당한 논증들 가운데에서 전제가 모두 옳은 논증, 즉 '완벽한(정연한) 논증[a sound argument]'을 찾아야 한다.[3]

이 모든 정의를 살펴보아도, 헤겔의 변증법은 결코 일반적인 의미의 〈논리학〉이라고 할 수 없다. 그러면 그것은 과연 무엇인가? 그리고 헤겔은 왜 자신의 저술에 "논리학[Wissenschaft der Logik]"이라는 명칭을 붙였는가? 이에 대해 좀 더 살펴보자.

3.2. 헤겔 논리학의 성격과 구성

헤겔은 자신의 논리학에 관한 책의 제목을 *Wissenschaft der Logik*이라고 붙였다. 왜 그랬을까? 독일어 Logik은 두 가지 뜻을 갖는데, 하나는 〈논리〉라는 뜻이고, 다른 하나는 〈논리학〉이라는 뜻이다. 그렇다면 *Wissenschaft der Logik*은, 〈논리(의) 학〉 혹은 〈논리학의 학〉이라는 의미를 지닐 수 있다. 그렇다면 헤겔이 뜻하고자 한 것은 전자일까 후자일까? 만약 전자라고 하면, 헤겔은 그냥 Logik이라고 하면 될 것을 왜 굳이 *Wissenschaft der Logik*이라고 했을까? 물론 헤겔이 〈논리학〉을 뜻하고자 하면서 이 표현을 사용했을 수도 있다. 그러나 우리는 후자의 가능성을 함께 고려해야 할 것이다. 후자의 견해를 우리가 취할 때, 이 표현은 〈논리학의 학〉이라는 의미를 지니게 된다. 즉 〈논리학에 대한 비판〉, 더 자세히 말하자면 〈전통논리학에 대한 비판〉이라는 의미를 지닐 수 있는 것이다.

---

2 Ulfig, ebd., 250 f. 참조.

3 백훈승, 『철학입문』, 전북대학교출판문화원, 2015, 63 f. 참조.

이 후자의 해석 가능성은 헤겔의 논리학관(論理學觀)을 살펴보면 납득될 수 있다. 즉 그의 논리학은, 전통논리학이—넓게 말해서 존재자에 관한 이론이 아니라—〈사유에 관한 이론〉인 데 반해서, 사유와 존재(자) 모두를 포괄하는 이론인 것이다. 이 점은 헤겔 논리학의 구성을 보면 알 수 있다. 즉 그의 논리학[4]은 크게 2권으로 구성되어 있는데, 제1권이 〈객관적 논리학〉으로서 이것은 다시 1) 존재론과 2) 본질론으로 나뉘어 있고, 제2권이 〈주관적 논리학〉으로서 곧 3) 개념론이다.

앞서 말했듯이 헤겔 이전의 논리학은 〈사유에 관한 이론〉이었다. 따라서 당연히 논리학은 〈주관적〉—존재자들의 객관세계·대상세계를 다룬다는 의미에서의 객관적인 학과는 다른—인 것이었다. 따라서 '객관적 논리학', 다시 말하면 '대상세계를 다루는 논리학'이라는 표현은 성립할 수 없는 것이다. 그러나 헤겔에 있어서는 논리학이 두 분야, 곧 객관적 논리학과 주관적 논리학이라는 두 분야로 나누어진다. 어떻게 이런 일이 가능한 것인가?

이것은 헤겔의 철학의 기본신조와 관련되어 있다. 즉 헤겔에 의하면 이 세계는 로고스(Logos)인 절대정신[der absolute Geist]·절대이성[die absolute Vernunft]·절대이념[die absolute Idee]이 자신을 외화(外化)하여 드러난 결과물이다.[5] 그래서 이 세계·온 우주는 정신적인 성격을 지니게 된다{이것이 정신주의[Spirtualism]다}. 헤겔의 논리학은 바로 이 로고스의 전개과정을 다루는 학이다. 독일어 Logik이나 영어의 logic은 모두 희랍어 logos에서 나온 말이다. 로고스가 자신을 전개하여 이루어진 것이 정신과 물질로서의 세계다. 이것을 파악하는 것이 헤겔 Logik의 과제이므로, 그의 Logik은 일반적인 의미의 논리학이기 이전에 이미 "본래적인 의미의 형이상학 혹은 순수한 사변철학"(GW 11, 7)인 것이다. 그래서 헤겔은 논리학의 서론[Einleitung]에서 자신의 논리학의 책무를 다음과 같이 말하고 있다: "그리하여 마침내 우리는 이 논리학의 내용이 곧, 자

4 통상적으로 헤겔의 논리학은 대논리학과 소논리학으로 구분하여 말하는데, 대논리학은 1812년부터 1816년에 걸쳐 간행되었고, 헤겔이 죽기 직전에 재판(再版)을 위해 부분적으로 수정되었다. 소논리학은 『철학강요』에 포함되어 있는, 학의 체계 제1부의 논리학을 가리키는데, 『철학강요』는 1817년에 하이델베르크에서 최초로 출간되고 후에 2차에 걸쳐 개정되었다(1827년과 1830년).

5 기독교에서 말하는 '로고스'도 하나님을 가리킨다: "태초에 로고스가 있었는데, 이 로고스는 하느님 곁에 있었고 하느님은 로고스였다("Εν ἀρχῇ ἦν ὁ λόγος, καί ὁ λόγος ἦν πρὸς τὸν θεόν, καί θεὸς ἦν ὁ λόγος)"(요한복음 1:1).

연과 유한한 정신의 창조에 앞서서 자기의 영원한 본체로 존재하는 (…) 신의 서술[die Darstellung Gottes (…), wie er in seinem ewigen Wesen, vor der Erschaffung der Natur und eines endlichen Geistes ist]이라고 말할 수가 있는 것이다"(GW 11, 21). 이런 맥락에서 그는, "따라서 논리학은 형이상학과 일치한다. 형이상학이란, 사상(思想)으로 파악된, 사물의 학이다. 사상(思想)은 사물의 본체성[Wesenheit]을 표현하는 것으로 간주되었다"(Enz §24, TW 8, 81)라고 말하기도 한다.

뿐만 아니라 헤겔은, "사변적 논리학은 이전의 논리학과 형이상학을 포함하며, 동일한 사유형식들, 법칙들 및 대상들을 보존하고 있다. 그러나 이와 동시에 추가적인 범주들을 가지고 그것들을 추가적으로 형성하고 변형한다"(Enz §9, TW 8, 53)고 말함으로써 자기의 논리학의 과제는 "형이상학에 대한 비판과 서술의 통일"[6]이라는 점을 표명하고 있다.

그러나 1812년 대논리학 〈존재론〉이 출간되기 전, 예나시절의 헤겔은 논리학을 형이상학과 구별하고 있었다. 즉 그는 1802년부터 1806년까지 예나대학에서 자신의 철학체계를 논리학, 형이상학, 자연철학 그리고 정신철학으로 구분하여 강의하였다. 이 강의는 현재 보존된 초고(草稿)에 의하면 세 권으로 출판되었는데, 그것은 1) 『예나시절의 논리학, 형이상학 및 자연철학』, 2) 『예나시절의 실재철학(1) (1803/04)』, 3) 『예나시절의 실재철학(2) (1805/06)』이다. 그런데 여기서 〈실재철학〉이란, 당시의 헤겔의 강의제목표에 의하면 〈자연철학〉과 〈정신철학〉을 가리킨다.[7]

---

6 Michael Theunissen, *Sein und Schein. Die kritische Funktion der Hegelschen Logik*, Ffm., 1980, 16. 그리고 15도 참조.

7 서동익, 「Hegel의 변증법존재론의 정초」, 『철학연구』 Vol. 6, 철학연구회, 1971, (1-71), 22 참조.

II

헤겔 변증법의 성립:

헤겔 변증법 성립에 영향을 미친 사상(가)들

1

피타고라스(Pythagoras)

주지하듯 피타고라스는 자신 이전(以前)의 학자들이 물질적인 것을 archē (ἀρχή)[원질(原質)]로 본 데 반하여, 수(數)라는 형식적이고 관념적인 원리를 archē로 제시하였다.[1] 수(數)는 물(物)을 직접 구성하는 요소가 아니라 물(物)이 형성되기 위한 제약 내지 규정원리인데, 이는 후에 플라톤 사상에 큰 영향을 주었다.

헤겔이 피타고라스에게서 파악하고 공감하는 점들은 다음과 같다. 즉 '하나[일(一)]'는 단일성·동일성·통일의 원리이고, "극히 추상적인 독립적 존재"이며 자기 자신과 동등한 즉자존재를 뜻하며, '둘[이(二)]'은 비동일·대립·분열·이원성(二元性)[duas]의 원리이며 구별과 특수성을 지시한다. 이 점을 처음으로 우리에게 깨우쳐준 사람이 바로 피타고라스라고 헤겔은 말한다.[2] 여기서 우리는 피타고라스가 말한 '하나'는 헤겔 『논리학』 〈존재론〉에서의 '즉자존재[das An-sich-sein]' 내지 '대자(독자)존재[das Für-sich-sein]'에 대응하고, '둘'은 '대타존재[Für-anderes-sein]'에 대응하는 범주로 이해할 수 있다.

또한 헤겔은 피타고라스가 말하고 있는 수(數) 가운데에서 특히 3[Trias]을

1 "소위 피타고라스주의자들은 수학에 몰두했으며, 그들은 수학을 발전시킨 최초의 사람들이었고, 수학 속에서 성장해왔기 때문에, 수학의 원리가 만물의 원리라고 생각했다"(Aristoteles, *Met*. 985b 23-26).

2 TW 18, 235-245 참조.

극히 중요한 수로 보고 있다. 3은 일반적으로 최초의 완전자로 간주된다는 것이다. 이와 관련하여 헤겔은 『천체론』(*Peri ouranou*, *Περὶ οὐρανοῦ*, *De caelo*)에서의 다음과 같은 아리스토텔레스의 주장을 인용하고 있다: "그러므로 피타고라스 학파도 역시 우주만물은 3이라는 성질(삼항성)에 의해서 규정된다(das All und alles durch Dreiheit bestimmt. τὸ παν καὶ τὰ πάντα τοις τρισὶν ὥρισται)고 하였다. 왜냐하면 전체의 수는 끝, 중간 그리고 시작[Ende, Mitte und Anfang]을 가지며, 이 수가 바로 3이기 때문이다"(*De caelo I*, 1). 그러나 한편으로 헤겔은 근대 자연철학에서 통용되는 도식들과 같이 모든 것을 3이라는 수로 몰아넣는 것은 피상적인 짓이라는 점을 인정하면서도 다음과 같이 3이라는 수가 지니고 있는 의미를 평가하고 있다: "그러므로 우리는 자연으로부터 이 법칙(규정)을 받아들이면서 신에게 호소하는 예배에서 3을 법칙으로 사용한다." 즉, 기도할 때 신을 세 차례 불러야만 비로소 우리는 신을 온전히 부른 것으로 믿는다.—이때의 3은 거룩함을 뜻한다. "2에서 우리는 양쪽 편을 함께 부르지만, 그것이 모든 것은 아니다(πάντας δ' οὐ λέγομεν); 3을 말할 때 비로소 우리는 전체를 말한다. 3으로 규정된 것이 전체[혹은 모든 것, πᾶν]이며" 이것이 비로소 총체성[die Totalität]을 이루는 것이다. "이렇게 삼중적인 방식으로 존재하는 것만이 완전한 분할을 이루는바(τριχῆ δὲ ὄν διαιρετὸν, πάντη διαιρετόν), 이 3 가운데 어떤 것은 단지 1에 속하고(추상적 동일성), 그밖에 다른 것은 2에 속할 뿐이지만(한낱 대립에 불과함) 3은 전체를 이룬다." 또 달리 말하면 완전한 것은 3중의 형태를 띠면서 있는 그대로의 지속적인 상태에서 자기동등적이거나 부등한 상태로 분할되어 그 속에 대립이 담겨 있는가 하면—또한 이로부터 다시 통일을 이루면서 그렇게 구별되었던 것의 총체성이 나타난다. 결국 수 일반과 마찬가지로 이것은 3에서 현실적인 것이 된다. 3이란 심오한 의미를 지닌 형식이다.

헤겔은 기독교도가 삼위일체를 추구하고 또 발견했다는 점을 이런 맥락에서 이해하고 있다. 그런데 헤겔은 삼위일체는 이성을 넘어선 비밀(秘密)도 아니고 고대인이 다루기에 너무 고차적인 것도 너무 진부한 것도 아니며, 만약에 삼위일체에 어떤 의미가 담겨 있다면 우리는 당연히 그 의미를 이해해야만 할 것이라고 말한다. 기독교가 2천년 동안 간직해온 그 가장 거룩한 관념 속에 아무 의미도 담겨 있지 않다고 한다면 이는 어딘가 잘못된 일일 것이라는 것이다. 헤겔은 자신의 주장을 강화하기 위해서, 3(삼항성)[Dreiheit]이란 무엇인가 하는 데 대해서 아리스토텔레스는 완전한 것, 혹은 현실성[Realität]을 지닌 것은 시작과 중간과 끝이라는 세 가지 상태를 지닌다고 전적으로 단정적으로 말했다는 점을 제시하고 있다. 그리고 원리[시원(始原)]는 단순한 것[das Einfache]이고, 중간은 이 단순한 것의 타자화[sein Anderswerden] {2[Dyas] 또는 대립}이며, 끝은 통일(정신), 즉 타자화되었던 것이 이러한 통일로 복귀하는 것[Rückkehr seines Andersseins in diese Einheit]이 된다. 모든 사물은 ① 하나[Sein], 단순한 것, ② 상이성[Verschiedenheit], 다양성, ③ 이 양자의 통일, 즉 자기의 타재[Anderssein] 속에서의 통일로 나아간다. 만약 사물로부터 이 단계적 진행을 이루는 3이라는 요소를 떨쳐버린다면 우리는 사물을 말소하여 사물로부터 사유물[Gedankending], 추상(抽象)[Abstraktion]을 만들어내는 것이다.[3] 그러나 이와 동시에 아리스토텔레스가 적절히 지적하듯이, "다만 (수나 혹은) 한계와 무한정한 것, 또는 짝수와 홀수가 근저에 놓였다고 해서 어떻게 운동이 생겨나며, 또 어떻게 운동이나 변화가 없이도 생성이나 소멸이 가능하고 또 천체의 위치나 운행이 가능한지를 그들은 설명해주지 않는다"(『형이상학』 I, 8). 헤겔은 피타고라스의 사상이 지니고 있는 이러한 결점은 의미심장한 것이라고 생각한다. 즉, 1, 2, 3이라는 수는 죽어 있는 메마른 형식이어서, 생동성이나 운동은 수에는 결여된 또 다른 규정이라는 것이다. 결국 헤겔에 의하면 수(數)라고 하는 것은 전적으로 추상적이며 내용이 결여된 원리다.[4]

---

3 TW 18, 252 ff. 참조.

4 TW 18, 272 f. 참조. 헤겔이 자신의 『철학사 강의』에서 언급하고 있지는 않지만 피타고라스는 인간에도 세 부류가 있다고 이야기한 바 있다. 그에 의하면 영혼을 정화(淨化)하기 위해 무엇보다도 중요한 것은 음악과 철학에 의한 정화의 생활, 즉 관조(觀照)[theōria]의 생활이다. 그리하여 그는 철학하는 사람을 올림픽경기의 관객에 비유했다. 즉, 올림픽경기장에 모이는 사람들 중에는, 돈을 벌려고 하는 상인들과 명예를 얻으려는 경기자와 오직 관람하기 위해 찾아온 관객의 세 부류가 있듯이 인간도 이익을 추구하는 자, 명예를 사랑하는 자, 지혜를 사랑하는 자라는 세 부류가 있으며, 그 중에서 관객에 해당하는 철학자만이 가장 효과적으로 윤회의 괴로움에서 해방될 수 있다고 하였다. 이 사상은 후에 플라톤의 영혼 3분설의 연원(淵源)이 되었다.

2

엘레아학파의 파르메니데스와 제논

2.1. 파르메니데스(Parmenides)

헤겔은 다음과 같이 말한다: "피타고라스의 철학은 개념을 표현하는 사변적인 형식을 아직 갖추지 못하였다. 수는 개념이긴 하지만, 표상이나 직관(감각지각)의 양상을 띤 개념이어서 양(量)적인 것의 형식에 있어서의 구별들은 순수개념으로 표현되지 않고 양자(兩者)가 혼합되어 있다. 순수개념인, 그러한 절대적 본질에 대한 이 표현, 혹은 사유된 것에 존재하는 절대적 본질에 대한 이 표현, 그리고 개념의 운동이나 사유의 운동은, 그것이 필연적으로 등장한다는 사실을 우리가 알게 될 다음의 문제인데, 이러한 사실을 우리는 엘레아학파 속에서 발견한다. 이 학파에서 우리는 사유가 자기 자신에 대해 자유롭게 되는 것을 보며, —또한 그들이 절대적 본질이라고 표명하는 것 속에서 사상(思想)을 순수하게 포착하고, 사유가 개념 속에서 운동하고 있다. 우리는 여기서 변증법의 시원(始原)을, 즉 사유가 개념 속에서 순수한 운동을 시작한다는 것을 알 수 있다"(TW 18, 275).

헤겔은 엘레아학파에 속하는 철학자들로 크세노파네스(Xenophanes, Ξενοφάνης, BC 565년경-480년경)[1], 파르메니데스, 멜리소스(Melissos,

---

1 크세노파네스는, 보통 파르메니데스의 스승으로 알려져 있으나 확실한 것은 아니다. 사람

Μέλισσος, BC 470년경-430년경), 그리고 제논을 거론하기는 하지만, 플라톤이 크세노파네스는 거의 도외시하고 파르메니데스를 언급하고 있다는 등의 정황을 고려하여, '존재'와 '비존재'의 대립을 확연히 드러내고 있는 파르메니데스에 대해 좀 더 구체적으로 언급하고 있다. 헤겔은 파르메니데스의 단편 속에 등장하는 여신(女神)의 다음과 같은 말을 인용한다: "들어라, 지(知)의 두 가지 길이란 어떤 것인지를, 그 하나는 존재[Sein]만이 있을 뿐 비존재[Nichtsein]란 없다고 한다—이는, 확신을 안겨주는 길인데 여기에 진리가 있다. 다른 하나는 존재란 없고 비존재가 요구된다고 하는데—이것에 관하여 나는 그 길은 전적으로 비이성적인 길이라고 그대에게 말한다. 왜냐하면 그대는 비존재를 인식할 수도, 획득할 수도, 또 언표할 수도 없기 때문이다."[2] 여신의 이러한 주장을 헤겔은 다음과 같이 해석한다. 즉, 우리가 무(無)에 대해 사유하고 언급하게 되면 무가 어느덧 무가 아닌 다른 어떤 것으로 반전(反轉)되어 버린다는 것, 다시 말하면 그때에 우리는 이미 무엇인가를 말하며 또 생각하고 있다는 것이다. 계속해서 헤겔은 아리스토텔레스의 자연학에 관해 쓰고 있는 심플리키우스로부터 다음과 같이 인용한다: "그러나 진리는 오직 있음, 있는 것[das Ist]에 있을 뿐이다. 있다는 것은 산출되거나 소멸되는 것이 아니라 그 종류에 있어서 전적으로 하나이며[μουνογενές], 움직이지 않고 끝이 없다. 그것은 과거에 있었던 것도, 또는 장래에 있을 것도 아니고, 지금 모든 것이 동시에 존재한다. 즉 그것은 하나의 결합

들이 갖고 있는 신 관념, 특히 희랍인들이 생각하는, 인간의 면모를 지닌 여러 신들의 관념을 부정하면서 유일신(唯一神)관을 내세웠다. 그는 옛날의 신화의 여러 신들이 인간의 모습이나 비유에 따라 만들어졌다는 사실을 비판적인 눈으로 꿰뚫어보았고 다음과 같이 말했다: "에티오피아 사람들은 그들의 신들이 납작코이고 피부가 검다고 하며, 트라키아인들은 그들의 신들이 파란 눈과 붉은 머리털을 가졌다고 하네. 하지만 소들이나 말들이나 사자들이 사람처럼 손이 있어서 그림을 그릴 수 있고 조각도 할 수 있다면, 말들은 말같이, 소들은 소같이 그들의 신들을 그릴 것이고, 그러면 각각의 것은 그 종(種) 자신의 모습으로 신들의 형체를 만들 것이네"(『단편』, 15, 16).

2 이 인용문은 파르메니데스의 글에 대한 헤겔 자신의 번역이다. 참고로 우리나라의 정암학당 회원들의 번역을 소개하면 다음과 같다: "자, 이제 내가 말할 터이니, 그대는 이야기를 듣고 명심하라. 탐구의 어떤 길들만이 사유를 위해 있는지. 그 중 하나는 '있다'라는, 그리고 '있지 않을 수 없다'라는 길로서, 설득의 길이며(왜냐하면 진리를 따르기 때문에), 다른 하나는 '있지 않다'라는, 그리고 '있지 않을 수밖에 없다'라는 길로서, 그 길은 전혀 배움이 없는 길이라고 나는 그대에게 지적하는 바이다. 왜냐하면 바로 이 있지 않은 것을 그대는 알게 될 수도 없을 것이고(왜냐하면 실행 가능한 일이 아니니까) 지적할 수도 없을 것이기에"(김인곤 외 역, 『소크라테스 이전 철학자들의 단편 선집』, 아카넷, 2005, 275 f.).

체다. (…) 요컨대 있다는 것은 철두철미[πάπαν] 있거나, 아니면 없거나 중에 하나일 뿐이다. 결코 확신이 강하다고 해서 없는 것, 비존재자[Nichtseienden]로부터 어떤 다른 것을 생겨나게 할 수는 없다"(Simplicius 17, 31). 이런 주장에 의하면 생성은 자취를 감추고[ἀπέσβεσται] 소멸도 생각할 수가 없게 된다[ἄπιστος]는 것이다.[3] 왜냐하면 생성이란 무로부터 유로의 이동이고, 소멸이란 유로부터 무에로의 이동인데, 무란 존재하지 않으므로 한편으로부터 다른 편에로의 이동·이행은 존재하지 않기 때문이다.

이처럼 파르메니데스는 스승인 크세노파네스로부터 영향을 받아 밀레토스 학파 및 헤라클레이토스의 동적(動的) 생성·변화의 세계관을 반대하고, 생성소멸·변화와 운동이 없는 오직 하나의 존재자(to on, τὸ ὀν)만이 있을 뿐이라고 하여 일원적(一元的) 정적(靜的) 세계관을 수립하였다. 그의 저작에는 서양 고대의 많은 사상가들처럼 『자연에 관하여』(*Peri Physeōs*, *Περὶ Φύσεως*)라는 제목이 붙어 있다. 이 저작은 육중하고 당당한 육보귀(六步句)의 시체(時體)로 쓰여 있다. 이 시(詩)의 제1부는 진리로 나아가는 길을 밝히고 있다. 이 길은 존재로 나아가는 길이며, 파르메니데스의 철학은 바로 이 길을 걸어가고 있다. 이 시의 제2부는 억견(臆見)으로 나아가는 길을 제시하고 있다. 이 억견의 길은 가상(假像)으로 나아가는 길이며, 일반적인 죽어버릴 자들이 걸어가는 길이다.

진리로 나아가는 길을 특징짓는 세 가지 명제가 있다.

1) "사람들은 항상 오직 존재자만이 있다고 생각하고 말해야 한다. 그와 반대로, 무(無)는 없다"(『단편』, 6.1). 그런데 이 주장은 일종의 단순한 동어반복이나 동일률(同一律)의 표현이 아니며, 헤라클레이토스의 생성의 존재론에 대한 반박이다. 이것은 대립들 속에서 움직이는 헤라클레이토스의 생성에 대해서(헤라클레이토스 『단편』 51 비교) 특별히 대답하는, 〈근원으로 되돌아가는 길〉[palintropos keleuthos, παλίντροπος κέλευθος, 6.9]이라는 말에서 생긴 것이다. 파르메니데스가 말하고자 했던 것은, 생성은 없다는 것이다. 생성이란 파르메니데스에게 있어서는 흐르는 것이요, 가만히 머물러 있는 것이 아니기 때문에, 〈있지 않음(비존재)〉[Nichtsein]이다.

---

3 TW 18, 287 ff. 참조.

2) "사유(思惟)와 존재(存在)는 동일하다"(『단편』, 3). "사유하는 것과 그것에 관해 사유가 있는 바의 그것(즉, 있는 것)은 같은 것이다. 왜냐하면 말해지는 그 존재자가 없으면 당신은 사유를 만날 수가 없게 될 것이기 때문이다"(『단편』, 8.34 f.).

3) "그것은 언젠가 있었던 것도 아니고, 있게 될 것도 아니다. 왜냐하면 지금 전부 함께 하나로 연속적인 것으로 있기에, 그것의 어떤 생겨남을 도대체 그대가 찾아낼 것인가?"(『단편』, 8.5 f.)

이상의 내용을 정리하면 다음과 같다.

① 그에 의하면 오직 존재자, 즉 유(有)만 있고 비존재자, 즉 무(無)는 있지 않으며 생각할 수 없다. 만약 비존재자(無)가 있다고 하게 되면 그것은 비존재자(無)가 아니라 존재자(有)일 것이다.

② 생성·소멸도 있을 수 없다(존재자는 불생불멸이다). 비존재자에서 존재자가 나오거나 존재자가 비존재자로 돌아가는 것이 생성·소멸이다. 그러나 비존재자가 있을 수 없기 때문에 생성·소멸도 있을 수 없다.

③ 운동도 있을 수 없다(존재자는 불변부동이다). 오직 존재자만이 있으므로, 존재자가 움직일 공허한 공간[kenon, κενόν]도 없고 따라서 운동도 있을 수 없다.

④ 존재자는 오직 하나이고(유일하며) 불가분(不可分)이다. 존재자만이 있고 비존재자는 없기 때문에 존재자를 갈라놓을 수도 없으며, 따라서 존재자는 오직 하나이고, 다수일 수 없다. 존재자는 존재하는 것으로서 완전히 같은 성질로 충만해 있기 때문에 통일된 하나의 연속체를 이루고 있다.

⑤ 존재자는 중심으로부터 모든 방향으로 균형 잡혀 있는 유한한 구형(球形)이다. 존재자가 중심으로부터 방향에 따라 거리가 다르면, 작은 방향에는 그 차이만큼 없는 것이 전제되어야 하는데, 비존재자(무)는 인정할 수 없으므로 어느 방향으로나 중심으로부터 거리가 같으며 따라서 구형을 이루고 있다는 것이다. 그러나 존재자를 유한한 구형이라 한다면 그 둘레 밖은 없는 것, 즉 비존재자라고 해야 할 것이므로 문제가 발생한다. 그리하여 그의 후계자 멜리소스는 존재자를 '무한한 것'이라고 수정한다.

파르메니데스는 생성·변화는 감각에 사로잡힌 데서 오는 속견(俗見)이라고 하여 부인(否認)했다. 따라서 그에게 있어서는 생성·변화하는 현실세계가 부인되는 무세계론(無世界論)[Akosmologie]이 성립된다.[4] 이는, archē 개념의 한 계기인 불생·불멸·영원한 존재[Sein]의 측면만이 일면적으로 강조된 결과라고 하겠다. 이런 주장은 불가피하게 비판적인 도전을 받았다. 그를 논박하는 사람들에 대하여 스승의 입장을 적극적으로 옹호한 사람이 바로 제논이었다. 파르메니데스는, 이오니아 철학자들이 현상세계를 궁극적 원질(原質)의 생성·변화로 설명하는 것은 속견에 빠진 것이라 하여 거부하였다. 이처럼 파르메니데스는 일체의 생성·변화를 부정한다. 즉, 실재는 감각에 의해서 지각할 수 없는 것이고 사유에 의해서만 인식할 수 있는 것이라고 주장한다. 파르메니데스의 〈존재자〉를 물질적인 것으로 보아 그를 유물론자로 보는 사람도 있으나 이는 잘못이다. 존재자는 물질적인 것과 정신적인 것이 구별되기 이전의 것이기 때문이다.

헤겔은 파르메니데스에 대해, 아직 그에게서는 비록 의식되지 않은 상태에서이긴 하지만 존재와 비존재의 대립이 그의 스승인 크세노파네스에게서보다 더 명확하게 등장하고 있다는 점을 인정하는 한편, 플라톤이 자신의 『파르메니데스』라는 대화편에서 파르메니데스 자신을 주인공으로 삼고 그로 하여금 일찍이 존재했던 것 가운데 가장 숭고한(고차원의) 변증법[die erhabenste Dialektik]을 구사하도록 하고 있다는 점을 적시하면서 그에 대한 상세한 언급은 플라톤을 다루면서 할 것임을 예고하고 있다(TW 18, 286 참조).

2.2. 제논(Zenon)

헤겔은 『철학사 강의』에서 파르메니데스에 대해서는 10쪽가량을 할애한 데 반하여, 제논에 대해서는 세 배 정도의 분량을 서술하고 있다는 데에서도, 제논이 헤겔의 사상에서 차지하는 비중을 짐작할 수 있다. 헤겔은 제논에 대한 서술의 첫 마디를, "제논의 독자성은 변증법에 있다. 그는 엘레아학파의 거장으로서 이 엘레아학파의 순수사유를 개념의 자기 내적 운동이며 학문의 순수한 혼으로 삼은—변증법의 창시자[Anfänger]다"(TW 18, 295)라는 언급으로 시작한다.

4 파르메니데스는 개념의 세계를 실제세계와 혼동했으며, 모든 개별적인 것, 다수(多數), 변화 및 생성을 부정하고 세계를 영원히 동일한 한 가지 모양의 것으로 고정시켜 버린 '자연학자[φυσικοί]'라고도 할 수 있는데, 아리스토텔레스는 그를, '자연을 부정하는 자[ἀφυσικοί]'라고 했다.

헤겔에 의하면 제논의 철학에서는 사유 전개의 계기를 이루는 대립적 구도가 개념이나 사상으로 표현되었고, 대립이나 개개의 규정이 지양되는 부분에서는 사유의 진척을 향한 흔적이 더욱 뚜렷이 발견된다고 말하며(TW 18, 297 참조) 제논에게서는 이와 동시에 참된 객관적 변증법도 발견된다고 주장한다. 그러나 제논은 대립하는 두 개의 술어를 다 같이 부정한다는 점에서, 본래의 변증법이 아니라 단지 변증법의 시초[Anfang]를 보여주고 있다고 말한다. 즉, 그는 변증법을 충분히 발전시킨 사람이 아니라 단지 변증법의 원조(元祖)[Urheber]로서의 중요성을 지니고 있다는 것이다(TW 18, 301 참조).

헤겔은 일반적으로 이야기되고 있는 두 종류의 변증법을 구별하는데, 그 하나는 외적 변증법[äußerliche Dialektik], 즉 사상(事象) 자체의 운동의 총체와는 구별되는 관찰자의 운동과, 다른 하나는 단지 외적으로 우리가 통찰하는 운동이 아니라 사상(事象) 그 자체의[der Sache selbst] 본질, 즉 내용의 순수개념에 의하여 입증된 운동이다(TW 18, 303 참조). 전자는 사유의 변증법이라고 할 수 있고, 후자는 사상(事象)의 운동의 변증법이라고 할 수 있다. 그러나 헤겔은 이러한 일반적인 의미의 변증법과는 다른 변증법[Die andere Dialektik]을 말하는데, 그것은 바로 "대상을 내재적으로 고찰하는 것[die immanente Betrachtung des Gegenstandes]"(TW 18, 303)이라고 한다. 이 경우에는 "대상은 전제나 이념이나 당위성을 곁들이지 않으며, 또한 외적인 관계나 법칙 및 근거에 의해서도 아니고 그 자체만으로 다루어진다. 관찰자는 스스로를 사상(事象) 속으로 완전히 몰입시켜서 대상을 그 자체로 고찰함으로써 대상이 지니고 있는 규정들에 따라서 대상을 취한다. 이러한 고찰방식에서는 대상이 대립된 규정들을 포함함으로써 그 자체로서 지양되는 모습을 드러내 놓는다. 이러한 변증법을 우리는 특히 고대인에게서 발견한다. 결국 외적인 근거에 의해서 추론하는 주관적 변증법은 '옳은 것 속에도 옳지 않은 것이 있고, 거짓된 것 속에도 참된 것이 있다'는 것을 시인한다는 점에서 수긍할 만도 하다. 그러나 진정한 변증법은 대상이 어떤 한 측면에 있어서만 결함을 지니고 있다는 것을 문제 삼지 않으며, 대상은 자신의 전체적인 본성에 따라서 해체되는 것이다. 이런 변증법의 결과는 영(零)이며 부정적인 것이어서, 아직 여기에 긍정적인 것이라곤 나타나 있지 않다. 물론 엘레아학파가 이루어 놓은 것은 진정한 변증법에 어울리는 면이 있긴 하다. 그러나 역시 이들에게서는 파악된 규정이나 본질은 아직 더 이상 규명되지 않았고, 대상은 모순으로 말미암아 무실(無實)한 것이라는 점을 밝히는 데에 머무르고 말았다"(TW 18, 303 f.)고 헤겔은 말한다.

헤겔에 의하면 아리스토텔레스는, 제논은 운동이 내적 모순을 지니고 있다는 이유 때문에 운동을 부정했다고 주장하였다. 그러나 제논의 주장을, 운동이 전혀 존재하지 않는다는 것으로 이해해서는 안 된다고 헤겔은 말한다. 이러한 이해는 마치 코끼리는 존재하지만 무소는 존재하지 않는다고 말하는 것과 마찬가지라는 것이다. 즉, 운동은 존재하며, 운동이 하나의 현상이라는 점에 관해서는 아무런 이견(異見)이 없으며, 코끼리가 존재하는 것과 마찬가지로 우리의 감각은 운동을 감각적으로 확신하고 있다. 이런 의미에서 제논은 결코 운동을 부정하려고 한 것이 아니며, 오히려 제논이 제기한 물음은 운동의 진리(성)에 대한 것이라고 헤겔은 해석한다. 따라서 제논에 의하면 결국 운동은 모순된 것이므로 진리가 아니라는 것이며, 이로써 그는 운동에는 참된 존재가 귀속되지 않는다는 점을 말하고자 했다는 것이다. 그렇기 때문에 제논은 아리스토텔레스에 의해 전해지는 다음의 네 명제—이 네 명제는 바로 뒤에 소개된다—를 통하여, 운동이라는 관념이 모순을 내포하고 있다는 점을 증명하려고 했다는 것이다(TW 18, 305 참조).

그러나 결론적으로 말하자면, 이러한 헤겔의 견해는 잘못된 것이다. 왜냐하면 현실 속에서는 논리적인 모순이란 존재하지 않으며, 만약에 제논이 현실 속에서는 운동이 존재하지만, "운동에는 참된 존재가 귀속되지 않는다"(TW 18, 305)고 말한 것으로 해석한다면, 그것은 제논이 현실에는 운동과 정지라는 존재자의 두 가지 종류의 존재방식이 있는데, 이 가운데 '운동'이라는 존재방식은 참된 것이 아니고 '정지'라는 존재방식이 참된 것이라고 주장한 것으로 해석하는 것이 옳지, 운동은 모순된 것이므로 진리가 아니라는 것을 주장하고자 했다고 해석하는 것은 오류라는 말이다. 우리가 뒤에서 '모순'에 대한 헤겔의 견해를 상세하게 고찰하겠지만, 지금 여기서 간단히 그의 핵심적인 견해에 따라 설명하면 다음과 같이 말할 수 있다. 즉, 제논이 '운동은 모순된 것이므로 진리가 아니라는 것을 주장하고자 했다'는 헤겔의 해석에서, '모순'이라는 개념을 ① 논리적 모순으로 이해할 경우와, ② 변증적 모순으로 이해하는 경우로 나누어 살펴보자. 우선, ①은 성립할 수 없다. 왜냐하면 현실 속에서는 '논리적 모순'은 존재하지 않기 때문이다. 논리적 모순이란, 우리의 생각·판단·진술 속에 존재하는 것이지, 현실 속의 존재자 내부에서, 그리고 존재자들 사이에서 논리적 모순은 존재하지 않는다. 그러나 헤겔은 자신의 『논리학』에서 운동은 모순 자체라고 주장한다. 헤겔의 주장을 직접 들어보자: "외면적으로 나타나는 감각적인 운동 자체는 모순의 직접적인 현존이다. 다시 말해서 그 무엇인가가 움직인다는 것은 곧 그것이 이 지금에는 여기에 있으나, 또 다른 지금에는 저기에 있음을 뜻하는 것은 아니며 오히려 그것은 동일한 지금에 여기에 있는가 하면 또한 여기에 없기도 하다는 사실에 바탕을 둔 것이다. 우리는 물론 고대의 변증론자들이 운동에서 지적하고 있는 여러 모순들을 시인하기는 해야 하겠지만, 그렇다고 해서 운동이 존재하지 않는다는 주장을 받아들이자는 것은 아니고 오히려 운동은 현존하는 모순 자체라고 보는 것이다"(TW 6, 76). 이 인용문에 의하면 헤겔은 운동을 '논리적인 모순'으로 이해하고 있음을 알 수 있다. 왜냐하면 여기서 그는 "그것은 동일한 한 순간에 여기에 있는가 하면 또한 여기에 없기도 하다는 사실에 바탕을 둔 것이다"라고 말하고 있기 때문이다. 이 주장을 분석하면 다음과 같다: ① 어떤 존재자 A가 동일한 순간에 여기에 있다. ② 어떤 존재자 A는 동일한 순간에 여기에 없기도 하다. 그런데 이 두 진술 사이에는 논리적인 모순관계가 성립한다. 따라서 어떤 존재자 A는 동일한 순간에 여기라는 동일한 장소에 있든지 그렇지 않든지 둘 중 하나이어야 하지, 그렇기도 하고 그렇지도 않을 수는 없는 것이다. 운동을 생각해보자. 이해를 쉽게 하기 위해서 A가 점에 가까운 작은 부피를 지니고 있는 물체라고 생각해보자. 운동이란, A가 t_1이라는 시점에는 p_1이라는 장소에 존재하다가 t_2라는 시점에는 p_2라는 장소에 존재하게 되는 현상을 가리키는 것이지, A가 t_1이라는 시점에 p_1이라는 장소에 존재하기도 하는 동시에 p_2라는 장소에 존재하기도 하는 현상을 가리키는 것이 아니기 때문이다.

그렇다면 ②는 어떠한가? 즉, 운동은 변증적 모순이므로, 혹은 운동에는 변증적 모순이 존재하므로 진리가 아니라는 말인가? 이 말은, 운동은 대립이나 충돌 혹은 갈등이기 때문에 진리가 아니라는 말이다. 그러나 헤겔은 오히려, 고정된 것·운동하지 않는 것, 자신 속에 이러한 대립된 힘—즉, 변증적 모순—을 지니고 있지 않은 것을 거짓된 것이라고 보고 있으며, 바로 위의 인용문에서도 알 수 있듯이 운동을 "현존하는 모순 자체"라고 말하고 있지 않은가! 헤겔의 주장을 ①과 ②로 분석해보면, 그의 주장이 옳지 않음을 알 수 있다. 즉, 제논은 그의 스승인 파르메니데스를 따라서, 운동이란 현실에 존재하지 않으며 그것은 우리의 착각에 의해 단지 운동이 존재한다고 믿을 뿐, 현실계는 부동(不動)의 세계라는 것을 증명하려고 했던 것이며, 따라서 제논에 대한 아리스토텔레스의 평가가 옳았다고 할 수 있다.

더욱이 헤겔은 이처럼 운동이 모순 자체라고 주장할 뿐만 아니라 제논의 사상을 논하면서 "요컨대 시간과 공간은 모순[Raum und Zeit also der Widerspruch]"(TW 18, 307)이라고 말한다. 그러나 시간과 공간이라는 것도 그 존재방식이 어떠하든 간에 하나의 존재자다. 따라서 여기에는 모순이 존재할 리 없다. 이제 운동이라는 관념이 모순을 내포하고 있다는 것을 증명하기 위해서 제논이 이를 논박하는 네 가지 방법을 검토해보기로 하자.[5]

1. "무한한 절반(折半)을 통과하다 보면, 임의의 지점 A에서 또 다른 지점 B로 절대 갈 수가 없다."
2. "발 빠른 아킬레우스가 영원히 거북이를 따라잡을 수 없다."
3. "날아가는 화살은 순간순간 정지해 있다."
4. "모든 운동은 환각(幻覺)이다. 왜냐하면, 두 개의 물체(a, b)가 꼭 같은 속도로 동일한 공간을 서로 반대방향으로 움직여, 이 두 개의 물체가 같은 공간에 정지하고 있는 물체(c)를 지나 서로 교차할 때, 원래의 속도와는 다르기 때문이다."

아리스토텔레스는 (엘레아의) 제논을 변증법의 고안자로 불렀는데, 이때 아리스토텔레스는 제논이 사용한 〈증명의 방법〉을 변증법이라고 불렀다. 그런데 제논이 자신의 스승인 파르메니데스의 주장의 정당성을 증명하는 데 사용한 방법은 후세의 사람들이 그렇게 불렀고 우리들 또한 기하학에서 증명에 종종 사용하는 〈귀류법(歸謬法)〉[reductio ad absurdum=reduction to absurdity]이다. 귀류법이란, 스스로가 참이라고 믿는 것을 직접 논증하는 것이 아니라, '만약 그것이 틀렸다면(혹은 자신의 주장에 반대하는 상대편의 주장이 옳다면)'이라는 전제를 두고 이 전제로부터 논리적으로 추론된 결론이 거짓임을 밝힘으로써 앞의 전제가 틀렸으며 따라서 자신의 주장이 옳다는 점을 증명하는 방법이다[$\sim p \supset (q \cdot \sim q) \therefore p$].

파르메니데스와 마찬가지로 제논은 변화·운동·다양성이 아니라 영원한 것·부동적인 것·유일한 것이야말로 참된 것[=실재(자)]라고 믿었는데, 이 믿음의 정당성을 증명하기 위하여 그는 '이 믿음이 만일 틀렸다면' 하고 가정한다. 즉 그는 '만일 운동이 존재한다면' 하고 전제한다. 그리고 우리들이 경험하는 운동 현상에 대하여, 저 유명한 "아킬레우스는 거북이를 따라잡을 수 없다"라든가 "날아가는 화살은 정지해 있다"라든가 하는 주장을 정당화하려고 한다. 이 경우, 예컨대 "날아가는 화살은 정지해 있다"와 같은 해괴한 명제가, '운동이 존재한다'

5 아리스토텔레스는 『자연학』(*Physics*) VI, 9에서 제논의 주장들에 관해 논하고 있다.

라는 전제로부터 (필연적으로?) 도출된 결론임은 명백하고, 또한 "날아가는 화살은 정지해 있다"는 결론이 사실에 비추어 볼 때 그르다는 것도 명백하다. 그런데 만일 추론이 올바른데도 결론이 틀렸다면 그 전제는 거짓이다. 따라서 제논의 논증의 전제인 '운동이 존재한다'라는 명제는 거짓이게 된다. 그러므로 이 명제를 부정한, '운동은 존재하지 않는다'라는 명제가 옳은 것이 되고, 이를 바탕으로 '실재는 영원부동하다'라는 명제가 참인 것으로 증명된다는 것이다. 제논의 시대에는 상대방의 주장을 전제로 하여—물론 이 전제의 절대적인 진리성(眞理性)이나 보편적인 타당성은 증명되지 않은 채로—이로부터 논리적으로 추론하여 모순된 결론을 이끌어내는 것이 논쟁의 주안점이었기 때문에, 아리스토텔레스가 그를 변증법의 시조(始祖)로 보았던 것도 실은 이러한 논증조작(論證造作) 그 자체를 변증법으로 간주했기 때문이었다고 생각된다.

여기서 우리는 제논의 주장들 가운데 1과 3을 예로 들어, 그의 주장이 옳은지 그른지, 그리고 그의 주장이 포함된 논증이 타당한[valid]지 부당한[invalid]지, 그리고 만약 그의 논증이 타당할 경우, 전제가 모두 옳기도 한 완벽한[sound] 논증인지를 살펴보려고 한다. 이 점에 관해서 고찰해보면, 제논의 논증(주장)이 통상적으로 말하듯 역설(逆說)[paradox]인지 아닌지도 구별할 수 있을 것이다.

먼저, 〈역설〉에 대한 하나의 정의에 의하면, 역설이란, 옳은 전제들을 가진 타당한 논증의 결론이 그른 경우를 가리킨다. 즉, 타당한 논증인데, 전제는 옳고 결론은 그른 논증의 경우를 가리킨다. 일반적으로, 타당한 논증의 전제가 옳으면 결론도 옳게 된다. 그러나 역설의 경우에는 그렇지 않다. 그러나 제논의 논증을 분석해보면 그것은 이러한 의미의 역설이 아니라는 점이 드러난다. 그의 논증을 재구성하면 다음과 같다.

① 화살이 A에서 B로 움직이기 위해서는 A와 B의 1/2지점을 통과해야 하고, 1/2지점을 통과하기 위해서는 그 중간지점인 1/4지점을 통과해야 하고, (…) 일반적으로 어떤 물체가 어떤 거리를 통과하려고 할 경우, 언제나 그에 앞서 통과해야 할 중간지점이 있다.

② 만일 ①이라면 화살은 움직일 수 없다.

화살은 움직일 수 없다.

※ 이 논증은 전건(前件) 긍정 논증[Modus Ponens]으로서 타당하다. 그러나

전제②가 그르다. 그러므로 이 논증은 역설이 아니라 궤변(詭辯)[sophistry][6]이다. 그러면 전제②는 왜 그른가? 전제②가 주장하는 바를 분석해보면 다음과 같다:

X: 만일 어떤 거리든 무한히 분할 가능하다면, 어떤 물체가 그 거리를 통과하는 것은 불가능하다.

⇨ 이 원칙이 참이라면 우리는 전제②를 받아들일 수 있지만, 이 원칙이 거짓이라면 우리는 전제②를 받아들일 수 없다. 그런데 이 원칙은 거짓이다.

이 조건문의 전건(前件)의 〈가능성〉은 〈논리적 가능성〉의 의미를 지니고 있다(물리적으로는 우리가 분할할 수 없는 거리가 많다. 시력(視力)의 문제, 분할도구의 문제 등으로 인해). 그러나 후건(後件)의 〈불가능성〉은 〈물리적인 불가능성〉의 의미를 지니고 있다. 즉, 화살은 〈논리적 공간〉을 지나가는 것이 아니라 〈물리적 공간〉을 지나가는 것이고, 바로 이것이 불가능하다는 것을 말하고 있는 것이다. 따라서 이러한 양상어(樣相語)의 의미를 드러내어 X를 다음과 같이 고쳐 쓸 수 있다:

Y: 만일 어떤 거리든 무한히 분할하는 것이 논리적으로 가능하다면, 어떤 물체가 그 거리를 통과하는 것은 물리적으로 불가능하다.

⇨ Y는 거짓임. Y의 대우(對偶, 자리 뒤집기)로서 Y와 논리적으로 동치인 다음 주장이 명백히 거짓이기 때문.

Y′: 만일 어떤 물체가 어떤 거리를 통과하는 것이 물리적으로 가능하다면, 그 거리를 무한히 분할하는 것이 논리적으로 불가능하다.[7]

---

6 궤변을 가리키는 sophistry라는 말은 희랍어 sophistes [pl. sophistai]에서 유래하는데, sophistes (영어: sophist)란, 글자 그대로, 자신들이 이미 지혜나 지식(곧 sophia)을 소유하고 있다고 자부하는 사람들을 가리킨다. 그런데 그들은 주로 궤변(詭辯)을 늘어놓았기 때문에 우리말로는 보통 궤변론자라고 부른다. 철학자인 소크라테스는 돈을 받지 않고 장터나 집에서 사람들과 대화하며 철학을 가르쳤으나, 이들은 주로 귀족의 자제들에게 수업료를 받고, 웅변술이나 수사학을 가르쳤다. 소피스트들은 상대주의적 진리관을 가지고 있었기 때문에, 만약에 여러 사람이 서로 자기의 말이 옳다고 주장할 때, 어떤 사람의 주장이 옳은가를 판별할 객관적인 기준이 없으므로, 단지 중요한 것은 말을 잘 해서 상대편이 자기의 주장을 따르도록 하는 것이다. 이러한 기술이 바로 웅변술이고 수사학이었던 것이다.

7 김광수, 『논리와 비판적 사고』, 철학과 현실사, 1999, 485 ff. 참조.

그런데 역설에 대한 다른 방식의 정의에 따르면 제논의 논증은 역설이라고 말할 수도 있을 것인데, 예컨대 역설에 대한 콰인의 세 가지 구분방식에 의하면 제논의 논증은 "거짓 근거를 가지고 있는 역설[falsidical paradox]"이라고 말할 수도 있겠다. 이러한 역설은 논증에서의 오류로 인하여—이 오류에 대해서는 위에서 분석한 바와 같다—거짓으로 보일 뿐만 아니라 실제로 거짓인 결과를 산출한다.[8]

제논에게 있어서는 "사유(思惟)의 세계는 이미 존재(자)의 세계이기도 하다. 그래서 논리적인 것의 영역과 현실적인 것의 영역이 혼동되고 있다. 통과하는 직선상의 무한히 많은 작은 부분들은 사유 속에서만 무한히 많은 것으로 존재하지, 현실에서는 그렇지가 않다. 화살이 날아가는 궤도(軌道)상에 있는, 순간적으로 받아들여지는 무한히 많은 장소들도 이와 꼭 같이 사유 속에서만 가능하지, 실제로 가능한 것은 아니다."[9]

헤겔 역시 아리스토텔레스와 마찬가지로 시간·공간·물질이 현실적으로 무한히 분할될 수 없다는 점을 인정하고 있다. 헤겔은 이러한 사태를 명확하게 표현하지 못하고 있지만, 그가 사태를 이해하고 있다는 점은 분명하다. 그는 이렇게 말한다: "나는 물질을 무한히 분할할 수 있다. 그러나 나는 단지 그럴 수 있다는 것일 뿐이지, 실제로 무한히 분할한다는 것은 아니다"(TW 18, 309). 이 진술에서 '단지 그럴 수 있다는 것일 뿐'이라는 것은, 물질을 '논리적으로 혹은 생각 속에서 무한히 분할할 수 있다'는 점을 말하고 있고, '실제로 무한히 분할한다는 것은 아니다'라는 것은 '물리적으로 무한히 분할할 수는 없다'는 점을 말하는 것이다. 이러한 점을 헤겔은 뒤이은 서술에서 다시 언급하고 있다: "현실적인 운동이란, 무한의 공간과 시간을 통과하는 것이 아니라 한정된 공간과 시간을 통과하는 것이다"(TW 18, 310). 이 진술을 통해서 헤겔은, 운동체가 운동하는 공간과 시간은 물리적인 공간과 시간이지 결코 논리적인 공간과 시간이 아니라는 점

8 W.V. Quine, "The ways of paradox," in: *The Ways of Paradox and other essays*. Revised and enlarged edition, Harvard Univ. Pr. Cambridge, Massachusetts and London, 1977[2] (1966), 2 ff. 참조. 콰인이 제시한 나머지 두 종류의 역설은, "진실한 역설[veridical paradox]"과 "이율배반[antinomy]"이다. 전자는 불합리한 것으로 보임에도 불구하고 참된 것으로 입증되는 결과를 산출하며, 후자는 허용된 추론방법을 적절히 적용하면 자기 모순적인 결과에 이른다(https://en.wikipedia.org/wiki/Paradox 참조).

9 J. Hirschberger, *Geschichte der Philosophie I. Altertum und Mittelalter*. Zweite Auflage, Freiburg, 1954, 31.

을 지시하고 있는 것이다(TW 18, 308 ff. 참조). 그렇다면 이러한 자신의 생각에 따라 헤겔은 당연히 제논의 논증이 궤변임을 인정했어야 하지만, 실상은 그렇게 하지 않고, 운동을 현존하는 모순이라고 주장하는 오류를 범했다.

3

헤라클레이토스(Herakleitos)

그렇다면 헤라클레이토스의 사상은 어떠하며, 또 그것은 헤겔에게 어떤 영향을 미쳤는지 살펴보아야 하겠다. 헤겔에 의하면 제논은 존재와 무 상호 간의 각기 대립자에로의 절대적 이행을 포착하는 데까지는 이르지 못한 채 결국 '무로부터는 아무것도 생겨나지 않는다'는 데서 머물고 말았지만, 헤라클레이토스의 경우는 부정성의 계기가 상호 대립된 존재와 무에 다 같이 내재함으로써, 철학 전체의 개념은 바로 이 부정성 개념을 문제 삼고 있다고, 헤라클레이토스의 사상을 높이 평가한다. 다시 말하면, 헤라클레이토스에게 있어서 "참된 것은 됨·되어감의 과정인데, 헤라클레이토스는 구별되는 것들이 이렇게 일체화되는 것[dies Sichineinssetzen der Unterschiede]을 명확한 형식으로 표현하였다"(TW 18, 326). 이러한 '대립의 통일'은 예컨대 화성(和聲)[화음(和音)]의 경우에서도 잘 볼 수 있다. 즉, "동일한 음의 단순한 반복과 같은 단순한 것은 화성을 이룰 수 없으며, 이를 위해서는 구별이 필요하다. 즉, 본질적이며 단적으로 구별이 존재해야 한다. 이러한 화성이야말로 절대적인 됨·변화다. (…) 화음이나 사유 속에서 우리는 변화를 통일체로 인정한다"는 것이다. 이러한 사상이 바로 "헤라클레이토스의 위대한 원리"이며 "사변적"이라고 헤겔은 평가한다. 그러나 이러한 원리는 "존재와 비존재, 주관적인 것과 객관적인 것, 현실적인 것과 관념(이념)적인 것을 각기 분리하여 고착시키는 지성에게는 언제나 모호한 것"(TW 18, 327)이라는 것이다.[1]

또한 이러한 '됨[das Werden]'과 '대립의 통일'이라는 현상 내지 원리를 우리가 살펴볼 수 있는 대상이 바로 시간이기도 하다고 헤겔은 보고 있다. 그 이유를 그는 다음과 같이 말하고 있다: "시간 속에는 과거의 것과 미래의 것이 아닌 오직 지금만이 존재하는데, 그러면서도 또 이 지금은 존재하다가 존재하지 않으며 곧바로 소멸되고 사라진다.—그리고 이 비존재는 어느덧 존재로 전환되는바, 왜냐하면 지금은 어디까지나 존재하기 때문이다. 시간에서는 바로 이러한 전환의 추상적인 직관이 존재한다. 헤라클레이토스가 본질로 인식한 것이 그가 인식한 이 순수한 형태로 의식에 대해 존재한다고 우리가 말하려고 할 때, 우리는 이에 합당한 것으로는 시간을 말할 수밖에 없을 것이다. 따라서, '되어가는 것의[des Werdenden] 첫 번째 형태는 시간이다'라고 하는 것은 진적으로 옳은 말이다. 이와 같이 시간의 문제는 헤라클레이토스의 사상원리와 밀접하게 연관되어 있다"(TW 18, 329 f.). 이 주장의 의미는 다음과 같다. 우리에게 현전(現前)하는 시간은 오직 현재[혹은 지금]밖에 없다. 왜냐하면 과거(過去)는 글자 그대로 '흘러[過]가서[去]' 존재하지 않는 것이고, '미래(未來)'는 '오지[來] 않은[未]' 것이기에 존재하지 않는 것이기 때문이다. 그러나 시간은 흐르기 때문에, 현재는 계속 현재로 머물러 있을 수 없다. 만약 현재가 지속한다면—즉, 이것이 '서 있는 지금[nunc stans]'인데—그것은 아마도 '영원(永遠)'일 것이다. 그렇다면 시간이 흐른다는 것은 현재가 과거로 미끄러져 가는 한편, 미래가 현재로 미끄러져 들어옴으로써 성립되는 것이라 하겠다. 이러한 시간의 흐름이란, 하나의 운동이며 변화다. 그러나 여기서 우리가 주의해야 할 점은, 시간 자체에 변증법이 들어 있다거나 부정(否定)이 존재한다고 주장해서는 안 된다는 점이다. '부정(否定)'이라고 하는 작용은 어디까지나 의식(意識)의 작용이지, 의식이 없는 존재자에게 귀속되는 활동은 아니기 때문이다. 시간은 그저 존재하거나 아니면 흘러갈 뿐이다. 다만 이러한 시간(현상)을 바라보고 판단하는 인간의 의식에서 부정작용이 일어날 수 있는 것이다. 헤겔이 말하고자 하는 것은, 현재라는, 시간의 한

---

1 이 점에 관해서 헤겔은 『논리학』에서도 다음과 같이 말하고 있다: "여기서 취해지는 이러한 변증적인 것 속에, 그리고 대립자를 그 통일성 속에서 파악하는 데에 혹은 긍정적(肯定的)인 것을 부정적(否定的)인 것 속에서 파악하는 데에 사변적(思辨的)인 것이 존립한다. 이것은 가장 중요한, 그러나 능숙하지 못하고 부자유로운 사유력에게는 가장 어려운 측면이다"(TW 5, 52). 또한 TW 5, 168도 참조. 뒤에서 자세히 설명하겠지만, 헤겔에 있어서의 '사변'이란, 대립을 통일적으로 사유하는 것, 부분들만을 고립해서 고찰하는 것이 아니라 전체를 살펴보는 방법을 가리킨다.

양상(樣相)은 순간적(瞬間的)·찰나적(刹那的)인 모습을 지니고 있다는 점이다. 이를 다음과 같이 나타낼 수 있다.

지금$_{-3}$ 지금$_{-2}$ 지금$_{-1}$ 지금$_1$ 지금$_2$ 지금$_3$ 지금$_n$

← 지금 전체(보편자)

t_{-3} t_{-2} t_{-1} t_1 t_2 t_3 t_n

현재, 지금$_1$이라는 시점은 지속되지 못하고, 곧바로 지금$_{-1}$이라는 순간으로 미끄러져 간다. 이와 동시에 지금$_2$라는 순간이 이전의 지금$_1$의 자리에 들어서게 된다. 그러나 지금$_2$ 또한 곧바로 지금$_1$의 자리를 지금$_3$에 내어주고 말며, 이러한 현상은 계속해서 발생한다. 이러한 현상이 바로 〈시간의 흐름〉이라고 말할 수 있다. 그러나 지금$_2$가 지금$_1$을 부정하는 것도 아니고, 지금$_3$이 지금$_2$를 부정하고 지금$_1$의 자리를 차지하는 것도 아니다. 이러한 부정작용은 인간의 사유 속에서 일어나는 것이다. 헤겔은 지금$_1$이 사라져도 계속해서 지금$_2$, 지금$_3$ 등이 지금$_1$의 자리를 차지함으로써 '지금 자체' 혹은 '보편자로서의 지금'이 유지·보존된다는 점에 착안하여, "그러나 다시금 이 비존재는 어느덧 존재로 전환되는바, 왜냐하면 현재란 어디까지나 존재하는 것이기 때문이다. 시간에서는 바로 이러한 전환의 추상적인 직관이 존재한다"고 말하고 있는데, 이 진술의 의미를 정확히 이해해야 한다. 그 이유는 다음과 같다. 지금$_1$이라는 시점이 곧바로 지금$_{-1}$이라는 순간으로 미끄러져 간다. 이와 동시에 지금$_2$라는 순간이 이전의 지금$_1$의 자리에 들어서게 된다. 그런데 이때 사라진 것, 혹은 비존재란 무엇이며 발생한 것, 혹은 존재란 무엇을 가리키는가? 사라진 것은 지금$_1$이다. 그것은 사라져서 지금$_{-1}$이 되었다. 그런데 사라진 지금$_{-1}$이 다시 지금$_1$로 되살아나는 것은 아니다. 즉 비존재가 존재로 전환되는 것은 아니다. 헤겔이 말하고자 한 것은, 개별자로서의 지금$_1$, 지금$_2$, (…) 지금$_n$은 계속 사라져가지만(비존재), 그럼에도 불구하고 '지금'이라고 하는 보편자는 자기동일적으로 존속한다는 점이다. 이런 사태를 가리켜 헤겔은 "그러나 다시금 이 비존재는 어느덧 존재로 전환되는바, 왜냐하면 현재란 어디까지나 존재하는 것이기 때문이다"라고 말한 것이다. 뿐만 아니라 시간이라는 보편자로서의 통일체 속에는 과거·현재·미래라는 특수한 대립자들이 존재하고 있으므로 헤겔은 여기에서 변증적인 관계를 파악하고 있는 것으로 보인다.

헤겔은 또한 헤라클레이토스가 말하는 '위로 향하는 길[ὁδὸς ἄνω]과 아래로 향하는 길[ὁδὸς κάτω]'에서, 분열과 일체화 과정을 보고 있다. 헤라클레이토스가 말하는 이 두 길은 자연과정에 존재하는 본질적인 것으로서, 분열은 실재화 내지 대립물의 존속이고, 다른 한쪽은 통일의 자기 내 복귀 내지 지속적인 대립의 지양이다. 그는 이 두 요소를 "적대성(敵對性), 증오, 투쟁[πόλεμο, ἔϱις]과 우정, 조화[ὁμολογία, εἰϱήνη]", 즉 분열과 통일이라고도 규정하였는데, 이것은 신화에서 말하는 "사랑[Amor]"이기도 하다(Aristoteles, *Metaphysik* I, 4 참조). "이 두 가지 중에서 적대성, 투쟁은 구별된 것이 발생하는 원리로서, 이것이 연소될 때 화합과 평화가 이루어진다"(Diogenes Laërtius, *Lives* IX, §8). 인간들 사이에 적대관계가 생길 때면 한쪽이 다른 편에 대해서 자기를 독립적인 자로 정립하거나 자기를 내세우는데, 어쨌든 이때 분열·실재화 작용이 일어난다. 그러나 이와는 달리 화합과 평화가 이루어지면 자기중심적인 입장이 가라앉으면서 무구별적인 상태 또는 비실재성이 대두된다. 이렇듯 헤라클레이토스에 의하면 만사(萬事)는 삼항성[Dreiheit]에 의한 본질적 통일성을 지니고 있지만, 자연의 경우에는 이렇듯 한시도 쉼이 없이 불안정한 상태에서 모든 것이 한편에서 다른 한편으로, 즉 분열에서 통일로, 통일에서 다시 분열로 향하는 이행작용이 있을 뿐이다(TW 18, 331 f. 참조). 바로 이러한 헤라클레이토스의 주장으로부터 헤겔은 〈분열·대립〉과 그것으로부터 〈화합·통일〉로의 이행, 그리고 이로부터 다시 전자로의 이행이라는 변증적 과정을 간파하고 있다. 그러나 이러한 과정에 대해 헤라클레이토스가 제시하고 있는 실례들을 우리가 그대로 받아들이기는 곤란하다. 예컨대 그는 "불이 변화하여 먼저 바다가 이루어졌고, 그 다음에 바다의 반쪽이 육지가 되고 다른 반쪽은 전광(電光)"(Clemens Alexandrinus, *Stromata* V, 14), 즉 솟아나는 불이 되었다고 말하고 있는 것이다.

그는 자연을 이처럼 순환적인 것으로 보았는데, 이런 의미에서 그는 다음과 같이 말한다: "우주를 만든 것은 신도 인간도 아니다. 그것은 과거에도 항상 있었고 현재에도 있으며 미래에도 있을, 늘 생동하는 불로서, 이것이 자기의 법칙에 따라서[μέτρῳ] 불붙고 꺼지고 하는 것이다"(Clemens Alexandrinus, *Stromata* V, 14)(TW 18, 332 f.). 헤라클레이토스는 만물의 원질(原質)[archē]을 '불[pur, πῦρ]'로 보았다. 그런데 이 '불'은 자연에 존재하는 물질적인 것이기도 하지만, 사람의 마음속에도 있는데, 그것을 로고스(Logos)라 한다. 그가 도입한 Logos 개념은 기독교 신학에서는 〈하나님의 말씀〉이라는 뜻으로 받아들여지게 되었으며, 에페소스의 요한은 요한복음 첫머리에서 "Logos는 하나님이다"(요한복음 1:1)라고 말한다. 자연에서의 불은 만물로, 만물은 다시 불로 변한다. 즉,

불에서 공기로, 공기에서 물로, 물에서 흙이 생기며[내려가는 길, 하도(下道)], 다시 흙이 물이 되고 물이 다시 공기로, 공기는 불로 되는데[올라가는 길, 상도(上道)], 이 두 과정이 영원히 순환하는 가운데 만물이 생성·변화한다. 이리하여 그는 유동(流動)과 변전(變轉)만이 있다는 것이며, 이 유동·변전에는 일정한 법칙이 있는데, 그것이 Logos라고 한다. 따라서 헤라클레이토스의 Logos는 세계가 그것에 좇아서 생성·변화하는 세계이법(世界理法)인 것이다. 위의 상반된 두 길은 대립하면서 동시에 균형과 조화를 유지하는데, 이는 Logos에 의해 질서 지어지기 때문이다. 그리하여 Logos는 대립된 것을 통일하는 작용이다.

헤라클레이토스에 의하면 모든 것은 흐른다. 따라서 존재도 비존재도 진리가 아니며, 이 양자의 통일이 진리다. 헤겔은 헤라클레이토스의 말을 인용하면서 그의 변증적인 사상을 언급한다: "존재는 비존재 이상의 것이 아니며, 그것은 비존재와 마찬가지로 존재하지 않는다. 달리 말하면 존재와 무는 동일한 것으로서 이때 본질은 변화[Veränderung]다. 참된 것은 대립물의 통일로서만 존재한다. 엘레아학파 사람들에게 있어서 우리는, 단지 존재만이 있다고 하는 추상적 지성을 갖는다. '절대적인 것은 존재와 비존재의 통일'이라는 헤라클레이토스의 표현에 대해 우리는 찬성한다고 말한다"(TW 18, 323 f.). 이와 같은 원리가 뜻하는 바를 더 자세히 드러내주는 또 다른 표현은 다음과 같다고 헤겔은 말한다: "모든 것은 흐른다(panta rhei, πάντα ῥεῖ). 어떠한 것도 그대로 정지된 것이라고는 없다." 이와 같은 생각을 표현한 다른 구절을 찾아보면 다음과 같다: "우리는 두 번 다시 같은 강물에 들어갈 수 없다"(Herakleitos, Fr. 91). 왜냐하면, "같은 강물에 들어가는 사람에게는 거듭해서 다른 강물이 흘러오기"(Herakleitos, Fr. 12) 때문이다. 이렇게 보면 "우리는 같은 강물에 들어가기도 하고 그렇지 않기도 하며, 우리는 존재하기도 하고 존재하지 않기도 하다"(Herakleitos, Fr. 49a)(TW 18, 324).[2]

헤라클레이토스에 의하면 모든 존재자는 고정되어 있지 않고 끊임없이 운동·변화한다. 그러나 내가 아까 학교로 몰고 온 자동차는 지금 주차장에 서 있지 않은가? 교실 속의 탁자와 의자도 움직이지 않고 정지해 있지 않은가? 어째서 모든 것이 운동하고 있다고 말할 수 있는가? 헤라클레이토스는 아마도 모든 것은

---

2 『논리학』〈존재론〉에서도 이와 유사한 주장이 발견된다: "그런데 심오한 사상가였던 헤라클레이토스는 저 단순하고 일면적인 추상성에 반대하여 됨[Werden]이라는 좀 더 높은 차원의 통체적인 개념을 강조하면서 '무가 실재하지 않는 것과 마찬가지로 존재도 실재하지 않는다' 혹은 '만물은 유전(流轉)한다', 즉 '모든 것은 되어가는 중에 있다'라고 하였다"(TW 5, 84).

끝까지 고정불변한 것으로 존속할 수 없다는 것을 말하고 있을 것이다. 생겨난 것은 언젠가는 소멸할 것이고, 또 새로운 생성이 이루어질 것이라는 점을 말하고 있다. 또, 변화—아리스토텔레스는 변화[metabolē]를 네 가지로 구분했다. 즉 양의 변화, 질의 변화, 공간 내에서의 실체의 위치의 변화, 그리고 실체 자체의 변화. 그런데 앞의 세 변화를 '운동'이라고 불렀다.—가운데, 공간 내에서의 실체의 위치의 변화, 즉 실체의 공간운동[phora]의 경우를 생각해보자. 예컨대 강의실의 칠판은, ① 거시적으로 보면, 움직이지 않고 있다, 그러나 ② 미시적으로 보면, 그 속의 원자들 속의 전자들이 끊임없이 움직이고 있다. 이러한 사실을 동양의 표현을 빌려 말하면 '정중동(靜中動)'이라고 할 수 있을 것이다. 헤겔은 자신의 『논리학』에서 이러한 헤라클레이토스의 사상에 대해 평가하면서, "존재하는 모든 것은 그의 탄생 자체 속에 자기 소멸의 씨앗을 가지고 있으며, 또한 반대로 죽음은 오히려 새로운 삶으로 들어가는 입구(入口)라는, 흔히 일컬어지는 유별나게 동양적인 격언들"(TW 5, 84)이라고 말하고 있는데, 예컨대 힌두교나 불교(佛敎)에서도 인간의 환생(還生)·윤회(輪回)[samsara]를 인정하고 있는 것을 볼 수 있다. 해탈(解脫) 내지 열반(涅槃)에 이르기 전에는, 죽음 후에 새로운 생이 시작된다. 노자(老子)는 "반자도지동(反者道之動)"(『도덕경(道德經)』 제40장)[3]이라고 하였다[反者道之動(반자도지동). 弱者道之用(약자도지용). 天下萬物生於有(천하만물생어유). 有生於無(유생어무)].

위와 같은 명제를 다시 요약하여 헤겔은 다음과 같이 말한다. 즉, 참된 것은 '됨[das Werden]'이지, '존재[das Sein]'가 아니라는 것이다. '됨'이란, 존재하면서 또한 동시에—다른 한편으로는—존재하지 않는 것이다. 우리는 '됨' 속에서 존재와 더불어 비존재도 갖는다. '됨'에는 생성만이 아니라 소멸도 따를 수밖에 없기 때문에 이 양자는 각기 단독으로 있는 것이 아니라 동일하게 '됨' 속에 담겨 있는 것이다. '존재는 비존재와 마찬가지로 존재하지 않는다'는 주장은 모순된 것이 아닌가? '비존재'라는 것은 글자 그대로 '존재하지 않음'이니, 존재하지 않는 것이라고 말하는 데에는 아무런 문제가 없다. 그러나 '존재가 존재하지 않는다'라는 것은 분명 자체 모순된 진술로 보인다. 그러나 사실 이 명제에서 전자, 즉 주어로서의 '존재'와 후자, 즉 술어로서의 '존재'는 그 의미가 다르다. 전자는 '있음' 혹은 '불변적으로 있음'이라는 의미로 사용되고 있는 데 반하여, 후자는 '참으로 있음'이라는 의미로 사용되고 있다. 따라서 이 명제의 진의(眞意)

3 노자(老子), 『도덕경』, 삼성출판사, 『노자(老子)/장자(莊子)』, 장기권·이석호 역, 1990.

는, '운동·변화하지 않고 불변적으로 있는 것은 참으로 있는 것이 아니다'라는 것이다. 헤라클레이토스는 '참된 존재자[ontos on]'를 불변적인 존재자가 아니라 되어가는 존재자로 본 것이다. 그리고 사실 현실에 존재하는 것들은 고정불변한 것들이 아니며, 현실에는 끊임없는 유동(流動)과 변전(變轉)만이 있다는 것이다. 따라서 '무(無)'가 존재하지 않는 것처럼 '고정불변의 존재' 또한 존재하지 않는다고 그는 주장하는 것이다. 다시 말하면, 있음도 없음도 고정불변한 것, 즉 실재하는 것이 아니라 무상(無常)한 것이라는 것이다. 그리고 오직 '흐름', 곧 존재로부터 무로의, 그리고 다시 무로부터 존재로의 변화만이 실재한다는 것이다. 그러므로 그의 주장은 '존재와 무'의 단순한 있음과 없음의 문제가 아니라 '진정한 있음', 즉 '실재성' 내지 '진정성'의 문제에 관련되어 있다. 이것은 바로 희랍철학자들이 생각한 우시아(ousia)의 문제다. 존재하는 것들도 항상적(恒常的)인 것이 아니다. 즉 무상한 것이고, 없다고 해서 계속 없는 상태로 있는 것이 아니라 무언가가 생긴다. 무 역시 무상한 것이다. 끊임없는 생성(무 ⇨ 유)과 소멸(유 ⇨ 무)만이 실재한다고 생각한 것이다.

불변하는 존재 혹은 무가 진리를 지니고 있는 것이 아니라 이 양자의 통일이 진리를 지니고 있다고 그는 말한다. '됨[das Werden]' 속에는 이 양자가 포함되어 있다. 물리적인 세계 속에서 일어나는 '됨'은 그 하위 요소로 '생성[das Entstehen]'과 '소멸[das Vergehen]'을 포함하고 있는바, 전자는 '무 ⇨ 유'로의 이행이고, 후자는 '유 ⇨ 무'에로의 이행을 가리킨다. 따라서 '됨' 속에서 이 양자는 각기 분리되어 존재하지 않고 함께 존재하는 것이다. 헤겔은 이러한 '됨' 속에서, 아리스토텔레스가 그 당시까지의 철학에 결여되었던 것으로 지적했던 문제, 곧 운동의 문제가 보완되었다고 평가하고 있다. 이러한 '됨'의 원리가 자신의 『논리학』의 첫머리, 즉 존재와 무의 바로 뒷자리를 차지하고 있다고 헤겔은 말한다. 이 점에 대해서는 해당 절(節)에서 상세히 다루기로 한다.

헤겔이 자신의 『철학사 강의』에서는 언급하고 있지는 않지만 그의 변증적 사상과 연관된 것으로 생각되는 헤라클레이토스의 사상을 한 가지만 더 언급하고 지나가고자 한다. 헤라클레이토스는, 사람들은 대립하는 것의 일면밖에는 볼 수 없다고 경멸했는데, "신(神)에게 있어서 일체는 아름답고 바르다. 다만 사람은 어떤 것은 바르다고 하고, 다른 것은 바르지 않다고 말할 뿐이다. 전체를 봐야 한다. 전체를 본 사람은 Logos를 볼 줄 안다. Logos를 보지 못하는 사람은 부분만을 본다." 마치 스피노자의 "영원(永遠)의 상하(相下)에서[sub specie aeternitatis]"라는 관점을 상기하게 하는 이 주장은 헤겔의 사변적 이성의 사유와 바로 연결되는 사상이라 할 수 있다. 대상의 일부분만을 보고 판단하는 것은 추상적·지성적 사유다. 변증적 사유·사변적 사유·이성적 사유란, 부분적인 것을 지양하여 전체를 파악하고자 하는 사유인 것이다. 다시 말하지만, 부분적인 것·대립을 고착화하는 것은 지성의 사유인 데 반하여 그것을 통일하는 것은 사변적 사유다. 헤라클레이토스는 활을, 만물이 대립하면서 조화를 이루는 것에 대한 좋은 예로 생각했다. 왜냐하면 활을 쏠 때 활의 대부분은 바깥쪽으로 힘이 가해지고, 활의 현(弦) 부분은 안쪽으로 힘이 가해지는데, 활이란 이처럼 서로 대립하는 힘(성질)의 통일(조화)로서 존재하는 것이기 때문이다.

4

플라톤(Platon)의 대화편을 통해 전해진 변증적 사상들

4.1. 플라톤의 변증법과 존재론에 대한 개괄적 고찰

헤겔에 의하면, 플라톤에 있어서 학문적인 것[das Wissenschaftliche] 혹은 체계적인 사유[das Systematisieren]는 사변철학, 자연철학 그리고 정신철학이라는 세 부분으로 나누어지는데, "사변철학 혹은 논리철학은 고대인들에게 있어서 변증법이라고 불렸으며, 디오게네스 라에르티우스 및 그 밖의 철학사가(哲學史家)들은, 이오니아 학파가 자연철학을 시작했고 소크라테스가 도덕철학을 시작했으며 플라톤은 변증법을 추가했다"(TW 19, 61)고 말한다.[1]

헤겔은 플라톤의 저술들이 대화로 이루어져 있으며, 이러한 대화를 통해서 플라톤은 자기의 이념들을 전달하고 있다고 말한다. 이러한 대화의 형태가 지니고 있는 아름다움은 특히 매력적이지만, 대화의 형태가 철학적 서술의 가장 훌륭한

---

1 이와 마찬가지로 헤겔은 『논리학』에서도 이렇게 말한다: "디오게네스 라에르티우스는 탈레스가 자연철학의 원조[Urheber]이고 소크라테스가 도덕철학의 원조이듯이 플라톤은 철학의 세 번째 분야에 속하는 변증법의 원조였다고 플라톤에 관해서 말하고 있다"(GW 12, 242). 정리해서 말하면, 아리스토텔레스는 제논을 변증법의 고안자[Erfinder, inventor]로 보았고, 디오게네스 라에르티우스는 플라톤을 변증법의 원조[Urheber]로 보았으며, 헤겔은 제논을 변증법을 처음으로 사용한 사람, 즉 변증법의 원조 내지 창시자로 간주하는 반면, 변증법을 고안한 사람은 플라톤으로 보았다는 점에 약간의 차이점이 있다.

형태라고 생각할 필요는 없다고 평가한다. 보통 우리는 플라톤의 초기 대화편에 나타난 사상을 소크라테스의 것으로 보고, 후기 대화편의 사상을 플라톤의 것으로 보고 있다. 그러나 대화들로 서술된 내용 중 어떤 것이 소크라테스의 것이고 어떤 것이 플라톤의 것인지를 계속해서 탐구할 필요는 없으며, 확실한 것은, 우리가 플라톤의 대화편들로부터 그의 체계를 온전히 인식할 수 있다는 사실이라고 헤겔은 말한다. 또한 플라톤에 있어서는 전체적으로 아름답고 수미일관된 변증적 진행이 발견된다는 점을 다음과 같은 예를 통해 강조하고 있다. 즉, 소크라테스는 말하고 결론을 이끌어내고 추론하면서 독자적으로 전진해나가는데, 그는 단지 물음의 형태로 그것을 전달하는 외면적인 사용만을 추론에 부여하고 있다. 그리하여 대부분의 물음들은 상대편이 예(긍정)나 아니오(부정)로 대답하도록 되어 있는 것이다.

대화는 추론을 서술하는 목적에 가장 잘 들어맞는 것으로 보인다. 왜냐하면 대화는 이리저리로 왔다 갔다 하기(왕복운동을 하기) 때문이다. 대화는 상이한 여러 사람들에게로 나누어짐으로써 사상(事象)은 더욱 생동적인 것으로 된다. 그런데 대화가 지니고 있는 단점이란, 진행이 자의(恣意)에서 유래하는 것으로 보인다는 점이다. 즉, 대화가 끝났을 때에 갖는 느낌은, 사상(事象)이 다르게 되었을 수도 있었을 것이라는 느낌이다. 플라톤의 대화들에는 이러한 자의도 존재하는 것 같다. 그리고 난 후 자의는 제거되는데, 왜냐하면 발전은 단지 사상의 발전일 뿐이어서, 그 사이에서 이야기하는 사람에게 맡겨진다고 하기는 어렵기 때문이다(TW 19, 24 ff. 참조).

그런데 헤겔은, 플라톤 대화편의 많은 부분이 보편적인 관념을 의식하도록 하는 목적을 가지고 있는 것으로 보고 있다. 다시 말하면 우리의 의식 속에서는 우선 개별자, 직접적인 개별자가 감각적으로 실재하는 것이다. 그런데 외적인 것, 감각적인 것, 현실적인 것[das Reale]은 이념적인 것과 대립되는 것이며 이념적인 것만이 가장 실재적인 것, 홀로 실재적인 것이다. 이념적인 것은 보편자이고, 보편자는 참된 것이다. 여러 대화들의 내용은, 개별적인 것은 다자(多者)[다수]이며 참된 것이 아니라는 사실을 보여주고 있다. 우리는 개별자 속에서 보편자만을 고찰해야 한다. 주지하듯, 플라톤은 이러한 보편자를 이념[die Idee, eidos, εἶδος]이라고 불렀는데, 이것은 우리가 우선 유(類)[Gattung, Art]로 번역한다. 그래서 우리는 이념을 초월적인 것[etwas Transzendentales], 저 멀리 떨어져 있는 것[weit Hinausliegendes]이라고 생각할 필요는 없다. 에이도스(εἶδος)는 관념 속에 실체화되지[substantiiert] 않으며, 그것은 유(類)다. 예컨대 플라톤이 소크라테스의 입을 통해 말하는 아름다움[미(美), das Schöne], 참된 것[진(眞), das Wahre], 좋은 것[선(善), das Gute] 자체는 유(類)다.

플라톤의 변증법은 인간의 유한한 표상을 혼란시키고 해체하여 학문의 요구(필요)를, 그리고 존재하는 것에 대한 이러한 방향을 인간의 의식 속에 산출하려는 목적을 가지고 있다. 플라톤의 많은 대화들은 이런 목적을 가지고 있으며, 그것들은 어떤 긍정적인 내용 없이 끝난다. 그가 아주 자주 다루는 내용은, 그가 덕(德)이나 학문에 관해서, 단 하나의 덕이 존재하며 단 하나의 것만이 참된 것이라는 점을 보여주고 있다는 것이다. 그런 후에 그는 이렇게 보편적인 선(善)이 특수한 덕들로부터 산출되게 한다. 이런 한에서 변증법은 특수자를 함께 정초하려는 관심과 작용을 가지고 있다. 그리고 이런 일은, 자신 속에 현존하는 부정(否定), 특수자의 유한성이 드러남으로써, 그리고 특수자는 사실은 그대로 존재하는 것이 아니라 자기의 대립자로 이행함으로써, 그리고 특수자는 한계를 지니고 있고, 자기에게 본질적인, 자기의 부정을 지니고 있음으로써 발생한다. 이런 일들이 드러나고 고수되면 특수자는 소멸하고, 그것은 자기에 대해 가정(假定)되는 것인 타자가 된다. 이 변증법은 사유의 운동이다. 즉, 그것은 본질적으로 외면적인 방식으로 존재하며, 불멸하며 즉자대자적이고 불변하는 보편자가 등장하게 하기 위해서 반성적 의식에게 필요한 것이다. 특수자를 해체하여 보편자를 산출하는 변증법은 아직은 참된 변증법이 아니며 아직은 참된 방향을 잡지 못하고 있는 것이다. 이 변증법은, 특수자를 해체하는 것을 아주 잘 이해했던 소피스트들과 플라톤이 함께 가지고 있는 변증법이다.

추가적인 변증법은, 특수자의 혼란을 통해 등장하는 보편자를 특수자 자체 속에서 규정하고 특수자 속에서 대립들을 해체함으로써 대립의 이러한 해체가 긍정적인 것이 되도록 한다는 규정을 지닌다. 그리하여 보편자는 자신 속의 대립들이 해체된 것으로서, 그리하여 구체적인 것으로서 규정된다. 이러한 고차적인 규정을 지닌 변증법이 본래 플라톤의 변증법이다. 따라서 변증법은 부정적인 결과로 끝나는 것이 아니라 사변적인 것으로 존재한다. 그리하여 플라톤의 변증법은 절멸된 대립들의 통일을 보여준다. 지성에게 어려운 일은 여기서 시작한다(TW 19, 62 ff. 참조).

4.2. 플라톤의 대화편을 통해 드러나는 소크라테스의 변증법

이어서 우리는 플라톤의 대화편을 통해 드러나는 소크라테스의 대화술로서의 변증법을 살펴보려고 한다. 그런데 앞서 말했듯이 헤겔은, 부분적으로는 소크라테스의 대화 내지 교육의 관심이 우선은 인간 속에 있는 보편자를 의식하도록 하는 데에 있는 것으로 본다(TW 19, 62 f. 참조). 소크라테스의 문답술(問答術)[변증술(辨證術), Dialektik]의 두 측면은 다음과 같다.

1) 소극적 측면: 반어법(反語法)[아이로네이아, εἰρωνεία[2]]: 상대방의 무지(無知)의 폭로
2) 적극적 측면: 산파술(産婆術)[마이유티케, μαιευτική]: 진리의 산출(인식)

그런데 소크라테스에게 있어서 반어법(아이러니)은, 자기가 어떤 것을 '모르는 것처럼 가장하고, 실제로는 무지한 대화상대자에게 묻는다'는 의미를 지니고 있다. 통상적으로 우리는 우리가 모르는 것을, 그것에 대한 답을 알고 있음직한 사람에게 물음으로써 그 답을 알고자 한다. 그러나 그 반대의 경우도 있다. 예컨대 학교에서 시험을 볼 때, 선생님이 학생에게 묻는다. 이는, 선생님이 물음에 대한 답을 몰라서가 아니라, 학생이 그 물음에 대한 답을 알고 있는지, 혹은 학생이 그 물음을 어떤 식으로 이해하고 해결하려고 하는지를 확인하기 위해서다. 소크라테스도, 그의 대화상대자가 어떤 문제를 정확히 알고 있는지 확인하기 위해서 물음을 던진다. 그래서 이러한 물음은 '아는 사람이 모르는 사람에게' '반대로' 묻는 것이다. 그래서 소크라테스에 있어서 아이러니는 〈반대로 묻는 것〉이다. 이러한 아이러니를 통해서 상대방의 〈무지(無知)가 폭로된다〉. 이러한 아이러니의 과정을 통해서 궁극적으로 도달하려고 하는 지점은 〈이데아〉, 〈이념〉이다. 상대방과 대화를 주고받는 이러한 "사유의 왕래(왔다갔다 함)[das Herüber- und Hinübergehen des Gedankens]"(TW 7, 277)의 과정이 바로 아이러니의 과정이자 변증술[dialegesthai, Dialektik]의 과정이다. 그래서 아이러니의 과정은 이데아에 이르기 전까지의 과정에만 적용된다. 이데아에 도달하면 더 이상의 대

2 εἰρωνεία 〈 εἴρω (or εἴρομαι) (= ask) + εἰρωνένομαι (= dissemble); εἴρω: say, speak, tell; ask, like Att. εἰροῦμαι; εἴρομαι: Ion. for ἔρομαι = ask; εἰρωνένομαι: dissemble, i.e. feign ignorance.

화는 필요치 않다. 왜냐하면 그때에는 우리에게 진리가 주어지기 때문이다. 즉, 주관적인 의견의 왕래는 이념의 실체성 속으로 침잠되어 끝나는 것이다. 즉, 소크라테스의 아이러니는 단지 부정(否定)을 위해 상대방에게 물음을 던지며 모든 것을 파괴하는 목적을 가진 것이 아니라, 묻고 대답하는 대화의 과정, 즉 변증적 과정을 통해 궁극적으로는 이데아, 곧 진리에 도달하려는 목적을 가진 것이었다.

1)의 측면, 즉 반어법의 측면에 대한 헤겔 자신의 언급을 살펴보면 다음과 같다. 이 방법은

> 인간에게 사유를 일깨우기 위하여 그들이 전제로 받아들였던 사유내용을 불신하도록 하는 것이다. 이렇게 해서 신념이 흔들리기 시작하며 인간은 사물의 진상(眞相)을 스스로 자기 내면에서 찾으려는 욕구를 지니게 된다. (…) 일단 그가 일상적인 통념을 받아들여서 거기에 순응하는 것은 스스로의 무지를 가장하여 타인으로 하여금 말문을 열도록 하려는 수법이다. 이때 그는 순박한 질문자로 행세하면서 사람들로 하여금 그에게 가르침을 주도록 시키는 것이다. 이것이 바로 그 유명한 소크라테스의 아이러니 또는 반어법이다. (…) 여기서 이끌어내려는 것은 타인에게 발언을 시켜서 그의 근본입장이 무엇인지를 드러내도록 하는 일이다. 이렇게 각자의 특정한 명제가 전개되면서 오히려 명제가 표명하는 것과는 반대되는 측면이 도출되도록 하는 것이다. 다시 말하면 타인의 명제나 정의(定義)에 반대되는 것을 주장하고 나오는 것이 아니라 타인의 규정을 수용하고 나서 바로 그 규정 자체 내에 그와 반대되는 내용이 담겨 있음을 증명하는 것이다. (…) 이런 방식으로 소크라테스는 자기가 상대하는 사람에게 스스로의 무지를 깨닫게 한다(TW 18, 457 f.).

무지를 가장한 이러한 물음과 대답의 과정은 마치 헤겔이 『정신현상학』에서 말하고 있는, '숙지(熟知)된 것[Das Bekannte]'으로부터 '인식(認識)된 것[das Erkannte]'으로 이행하는 과정과 대비될 수 있다. 일찍이 아우구스티누스는, 만약 아무도 자기에게 시간이 무엇이냐고 묻지 않는다면 시간이 무엇인지 알고 있지만, 묻는 사람에게 내가 그것을 설명하려고 하면 모른다고 고백한 적이 있다.[3]

---

3 "quid est ergo tempus? si nemo a me quaerat, scio, si quaerenti explicare velim,

우리는 '시간'이 무엇인지 잘 알고 있다. 그래서 우리는 한 해가 가기 전 제야(除夜)의 종소리를 들으며 새해를 맞이하기 위해 "열, 아홉, 여덟, (…)"이라고 외치면서 새해의 새로 시작되는 시각을 기다리기도 하고, "약속시각이 10분 남았다"거나 "강연은 50분간 계속된다"라는 등의 말을 너무도 당연히 하고 산다. 그러나 누가 만약 "시간이 무엇입니까?"라고 나에게 묻는다면 대답하기 아주 난처해진다. 이 물음은 아직까지도 해결되지 않은 철학의 문제요, 물리학의 문제다.

하이데거(Martin Heidegger, 1889-1976)는 『존재와 시간』(*Sein und Zeit*)을 시작하는 첫 페이지에서 플라톤의 대화편 『소피스테스』를 인용하고 있다: "당신들은 분명 이미 오래전부터 당신들이 '존재하는[*seiend*]'이라는 표현을 사용할 때 당신들이 본래 의미하고 있는 그것에 친숙해 있다[vertraut]. 우리도 전에는 그것을 이해하고 있는 것으로 믿었는데 지금은 당혹스러움에 빠져 있다"(Platon, *Sophistes*, 244a). 그리고 이어서 다음과 같이 말한다: "오늘날 우리는 우리가 '존재하는'이라는 낱말로 본래 무엇을 의미하는가 라는 물음에 대답할 수 있는가? 결코 그렇지 못하다. 그렇다면 존재의 의미에 대한 물음을 새롭게 제기해야 할 필요가 있다. 그런데 오늘날 우리는 '존재'라는 표현을 이해하지 못해서 당혹스러움에라도 빠져 있는가? 결코 그렇지 않다. 그렇다면 우선 무엇보다도 다시금 이 물음의 의미에 대한 이해를 일깨워야 할 필요가 있다. '존재'의 의미에 대한 물음을 구체적으로 정리 작업하는 일이 이 책이 의도하고 있는 것이다. 시간을 모든 개개 존재이해 일반의 가능한 지평으로 해석하는 것이 이 책의 잠정적인 목표다."[4]

아우구스티누스와 하이데거의 말을 헤겔의 입장에서 표현하면, 우리는 '시간'이나 '존재'라는 말의 의미에 친숙(親熟)해 있다[vertraut]. 그러나 그것을 인식하고 있지는[erkannt] 못하다는 말이다. 이 점에 관해서 헤겔은 다음과 같이 말한다. "숙지된 것은 일반적으로, 그것이 숙지되었다고 해서 인식된 것은 아니다. 인식에 있어서 어떤 것을 숙지된 것으로 전제하고 그와 마찬가지로 그것을 시인하는 것은 타인에 대한 기만(欺瞞)일 뿐만 아니라 가장 흔한 자기기만이다"(PG, 28 f. §31). 숙지된 것, 즉 우리에게 잘 알려져 있어서 친숙한 것이라고 해서 우리가 그것을 '인식한' 것은 아니다. 그래서 예컨대 '시간', '공간', '존재'라는 개념들을 우리가 숙지하고 있는 것으로 전제할 뿐만 아니라 그것들을 그대로 시인하

nescio"(『고백록』 XI, 14).

4 Martin Heidegger, *Sein und Zeit*. Zwölfte, unveränderte Auflage, Tübingen, 1972, 1.

고 받아들이는 것은—일상생활에서는 아무런 문제가 되지 않지만—"인식에 있어서는[beim Erkennen]" 기만행위라는 것이다. 이런 관점에서 헤겔은 『철학강요』에서, 우리가 유(존재), 무, 규정성(질), 양, 즉자존재, 대자존재, 일(一), 다(多) 등의 개념을 숙지하고 있다는 사실 자체가 오히려 논리학 연구를 곤란하게 만든다고 말하고 있다.[5] 우리가 친숙하게 알고 있는 것·숙지된 것을 인식하기 위해서는 '개념의 노동'이 필요하다.

2)의 측면, 즉 산파술의 측면은 소크라테스가 자신의 어머니로부터 영향을 받아 이루어진 것으로 헤겔은 보는데,[6] 이것은 "각자의 의식 속에 이미 그 자체로 내포되어 있는 사상(思想)이 세상 밖으로 나오도록 돕는 역할"을 가리키는데, 이것은 곧 "구체적이며 무반성적인 의식으로부터 구체적인 것에 담긴 일반개념을 이끌어내거나, 혹은 일반적인 법칙으로부터 이미 그 속에 담겨 있는 정반대되는 것을 밝혀내는 것"(TW 18, 462)이다. 그리하여 헤겔은 결국 소크라테스의 주요 관심사는 "자기와 대화하는 사람이 그 자신의 의식을 통하여 이미 알려져 있는 관념으로부터 일반관념을 도출하는 데 있다"고 말하는데, "이렇게 되면 그 대화상대자는 전혀 예기치 않던 것이 이미 알려져 있던 관념 속에 담겨 있음을 보고 놀라게 된다"(TW 18, 464).

예를 들어 이와 같은 상황을 설명해보도록 하겠다. 소크라테스는 이곳저곳에서 사람들과 만나 진리에 대해 논의한다. 이때 그는 사람들에게 예컨대 '정의(正義)가 무엇인가?', '선(善)이 무엇인가?'라는 질문을 던진다. 그러면 이에 대해 사람들은 '이러저러한 것들이 선(善)한 것들입니다'라고 대답한다. 그러나 이런

---

5 "이러한 사유규정은 유(존재), 무, 규정성, 양, 즉자존재, 대자존재, 일(一), 다(多) 등, 우리에게 가장 숙지되어 있는 것들이기도 하다. 그러나 이러한 숙지성은 오히려 논리학의 연구를 곤란하게 한다. 왜냐하면 한편으로 이러한 숙지된 사실은 애써 연구할 필요가 없다고 생각하기 쉽고, 또 다른 한편으로는, 문제가 종래의 방식과는 전혀 다른 방식, 아니 그와 정반대의 방식으로 숙지되기를 요구하기 때문이다"(Enz §19, TW 8, 67).

6 주지하듯 소크라테스의 어머니는 산파였고 아버지는 조각가였다. 헤겔이 소크라테스의 산파술을 그의 어머니의 직업과 연관시켜 보았다는 점에서 보면, 우리는 무지를 폭로하는 그의 반어법을 그의 아버지가 수행했던 조각 작업과 연관시켜 볼 수도 있겠다. 조각 작업이라는 것은 돌이나 나무와 같은 물체의 외부를 부수고 다듬어 나감으로써 조각가가 원하는 모습이나 알맹이를 드러내는 작업인데, 소크라테스로부터 질문을 받지 않은 상태에 있는 사람의 경우, 그 자신은 외적으로 볼 때는 질문에 해당하는 문제에 대한 답을 알고 있는 것으로 보이지만, 반어법을 통해서 그 외피(外皮)를 부수게 되면, 그의 무지가 드러나게 되기 때문이다.

대답에 대하여 소크라테스는, '그런 것들은 우리가 선하다고 생각하는 여러 것들 가운데 하나가 아닌가?'라고 다시 대답함으로써, '선한 것들'과 '선 자체' 혹은 '선의 이데아', '이데아로서의 선'을 구별하고, 그들의 오류를 바로잡는다. 이것이 바로 "구체적이며 무반성적인 의식으로부터 구체적인 것에 담긴 일반개념을 이끌어내거나, 혹은 일반적인 법칙으로부터 이미 그 속에 담겨 있는 정반대되는 것을 밝혀내는 것"이라 할 수 있다. 그런데 이렇게 선한 것들로부터 선 자체에로 사유가 이동하는 것은, "자기와 대화하는 사람이 그 자신의 의식을 통하여 이미 알려져 있는 관념으로부터 일반관념을 도출하는" 것이다. 즉, 소크라테스의 대화상대자는 이미 '선한 것들'에 대한 관념을 가지고 있는 것이 사실이며, 그들은 대화를 통하여 자신들의 무지를 깨단게 되고, '선한 것들'이라는 특수한 관념들로부터 '선 자체'라는 일반관념에로 나아가게 되는 것이다. 이런 과정은 우리가 교육(教育)[education, Erziehung]이라고 부르는 과정에 대응한다. 즉, 어원적으로 보면 'Erziehung'은 '밖으로[Er (=ex)]' '끌어낸다[ziehen]'를 뜻하는 동사 'erziehen'의 명사형이다. 따라서 이 용어는 인간의 내면에 있는 것을 밖으로 끄집어낸다는 의미를 지니며, 인간 속에 선험적으로 내재하는 것을 전제하는 이성주의적 교육관이라 할 수 있다. 이와는 달리 'Bildung'은 '짓다', '형성하다' 등을 뜻하는 동사 'bilden'의 명사형으로, 선험적으로 주어진 것이 없는 상태에서 어떤 것들을 하나하나 쌓아가는 것을 뜻하므로, 경험주의적 인식론에 입각한 교육관이라 할 수 있다. 독일어에는 교육을 뜻하는 두 가지 용어가 있는 데 반하여, 영어로는 'education'이라는 용어를 사용하는데, 이 용어는 독일어 'Erziehung'과 같은 라틴어 어원인 'educare[e (=ex) + ducere (= to lead)]'로부터 유래한다. 말이 나온 김에 좀 더 설명하자면, 경험주의자들은 인간이 선험적 지식을 가지고 있다는 것을 부인한다. "이미 감각 속에 존재하지 않은 것은 지성 속에 존재하지 않는다(Nihil est in intellectu, quod prius non fuerit in sensu)"는 것이, 경험주의자들이 오래전부터 가지고 있는 주장이다.[7]

소크라테스의 대화술로서의 변증법에서는 이러한 이성주의 교육관을 볼 수 있다. 대화상대자는 진리에로 나아갈 수 있는 능력만이 아니라 진리를 산출할 수 있는 능력도 가지고 있다. 그러면 대화상대자의 상대자인 소크라테스의 역할은 무엇인가? 그것은 바로 상대편이 진리를 얻을 수 있도록 곁에서 도와주는 일이다. 이것은 마치 임산부가 아이를 잘 낳을 수 있도록 옆에서 도와주는 산

7 백훈승, 『누가 추상적으로 사유하는가?』, 서광사, 2017, 118 f. 참조.

파[조산원(助産員)]의 역할과 같은 것이다. 그래서 소크라테스의 대화술에 내재해 있는 한 측면을 우리가 '산파술'이라고 부르는 것이다.

4.3. 플라톤의 변증법에 대한 헤겔의 사변적 해석과 존재규정의 변증법

이제 플라톤의 후기 대화편을 통해 그의 변증적 사상을 살펴보자. 플라톤은 『크라틸로스』(*Kratylos*)에서 소크라테스의 입을 빌려, 물음을 묻고 대답하는 방법을 아는 사람(390c)을 변증론자[dialektikos, διαλεκτικος]로 보았고, 『국가』에서는, 어떤 문제를 포괄적으로 보는 사람[ho synoptikos]은 변증론자이지만 그렇지 못한 사람은 변증론자가 아니라고 말한다(『국가』, 537c).

플라톤의 변증법은 순수사유 속에서 전적으로 포착된다. 그리고 순수사유를 온전히 고찰하는 것이 변증법인데, 그의 대화들 가운데 많은 것들이 아주 변증적으로 이루어져 있다. 그러한 순수사유의 대상들은 존재자와 비존재자[τὸ ὄν, τὸ οὐκ ὄν], 일자와 다자, 무한자와 유한자다. 사유 속에서 일어나는 변증적인 운동은 보편자와 관계를 갖는데, 이것은 자신 속에 대립·구별을 포함하고 있는 사유 속에서의 운동을 통해서만 발생한다. 이념은 이러한 구별들의 통일이다. 그런데 헤겔에 의하면 플라톤의 결함은, 변증적 운동과 그 결과가 분리되어 있는 것이다. 플라톤은 정의(正義)·선·진리에 관해 말한다. 이때에 그것들의 발생(성립)이 제시되지 않는다. 그것들은 결과로서가 아니라 직접적으로 채택된 전제로 나타난다는 것이다(TW 19, 67 ff. 참조).

헤겔은 『정신현상학』 〈서문〉[Vorrede]에서 플라톤의 『파르메니데스』 편을 "고대 변증법의 가장 위대한 예술작품"[8]이라고, 그리고 『철학사 강의』에서는 "플라톤 변증법의 가장 유명한 걸작"[9]이라고 평가하고 있다. 헤겔은 『파르메니데스』로부터 다음 구절을 인용함으로써 자신의 논제를 정당화하고자 한다:

> 일자와 다자의 통일이 갖는 의미에 대하여 플라톤은 소크라테스로 하여금 다음과 같이 말하게 한다: "내가 하나이자 여럿이라는 것을 누가 나에게 증명한다

---

8 "고대 변증법의 가장 위대한 예술작품인 플라톤의 『파르메니데스』가 신적인 삶을 참으로 드러내주고 그것을 긍정적으로 표현하는 것으로 간주되었다"(PG, 57).

9 "dem berühmtesten Meisterstück der Platonischen Dialektik"(TW 19, 79).

면, 그는 나를 놀라게 하지 않을 것입니다. 즉, 나는 여럿이라는 것을 그가 나에게 보여줌으로써, 그리고 나의 오른편, 왼편, 위, 아래, 그리고 앞, 뒤를 보여줌으로써, 나에게는 여럿이 내재해 있는 것입니다. 그리고 다시 나는 우리들 일곱 명 가운데 하나이므로, 나는 하나입니다. 돌멩이나 목재 등도 이와 마찬가지이지요. 그러나 만약 누가 같음과 다름, 여럿과 하나, 정지와 운동 같은 이념들이 우선은 각자 독자적으로[αὐτά καθ' αὐτά] 규정되고, 그러고 나서 어떻게 그 이념들이 그 자체에 있어서 동일한 것으로도 정립되고 구별된 것으로도 정립되는지를 보여준다면, 나는 놀랄 것입니다"(*Parmenides*, 129).

그리고 『파르메니데스』에서의 탐구의 결과(전체)는 결말에서 다음과 같이 요약될 수 있다(*Parmenides*, 166)고 헤겔은 말한다: "존재하든 존재하지 않든 간에 일자는 그 자체이기도 하고 다른 이념들이기도 하다(존재, 현상, 됨, 정지, 운동, 발생, 소멸 등)." "자기 자신에 대해서만이 아니라 서로에 대한 관계에 있어서도—모든 것은 철두철미, 존재하기도 하고 존재하지 않기도 하며, 나타나기도 하고 나타나지 않기도 한다." "일자가 존재한다"는 명제에는 또한 "일자는 일자가 아니라 다자다"라는 명제가 존재하며, 또한 이와는 반대로, "다자는 존재한다"는 것은 동시에 "다자는 다자가 아니라 일자다"라는 명제가 들어 있다. 이 명제들은 변증적인 것으로 드러나며, 본질적으로는 자신의 타자와 동일하다. 그리고 이것이 참된 것이다. 이에 대한 예를 제공하는 것이 바로 '됨[Werden]'이다. 즉, 됨 속에는 존재와 비존재가 존재한다. 됨은 이 양자의 진리다. '됨'은 분리될 수 없기도 하며 구별되는 것이기도 한 것인 양자의 통일이다. 왜냐하면 존재는 '됨'이 아니고 비존재도 '됨'이 아니기 때문이다(TW 19, 81 f. 참조).

헤겔은 이러한 사태에는 '모순'—소위 헤겔이 말하는 '변증적 모순'—이 존재하며, 바로 이 점은 우리로 하여금 변증적 사유를 가능케 하는 것으로 보고 있다. 그러나 엄밀하게 말하면, 이러한 사태에는 논리적 모순은 당연히 존재하지 않을 뿐만 아니라, 소위 변증적 모순으로 표현되는 갈등이나 대립도 존재하지 않는다. 위에 인용된 『파르메니데스』의 문장들에서 우리가 알 수 있는 것은, 어떤 한 대상은 여러 상이한 관점에서 파악될 수 있고, 또 그렇게 되어야 한다는 점이다. 즉, 예컨대 '나'라고 하는 한 개인은 타인들과의 관계에서 보면 여러 개인들 가운데 한 개인이라고 하는 '하나'로 볼 수도 있지만, '나' 속에는 여러 지체 내지 기관들이 존재하므로 '여럿'으로 볼 수 있는 측면도 있다는 말이다. 그런데 이 두 측면은 전혀 대립되거나 모순되지 않는다. "일자는 일자라는 바로 그 측면에서 일자가 아니라 다자다"라고 주장하면 모순이 발생하지만, "일자는 (전체적인 측면에서) 일자로서 존재하며 일자로서 고찰될 수도 있지만, 일자는 (그것의 부분들과 관련하여) 여러 속성들이나 지체를 가진 것으로 존재하고 또 그렇게 고찰될 수도 있다"라고 우리가 생각하고 말하는 경우에는 아무런 모순이 발생하지 않는 것이다. 그러나 헤겔은 이 점을 혼동하여 "그리고 더욱이 이것은 동일한 관계에서 그런 것"(TW 19, 76)이라고 말하고 있다. 그런데 이러한 혼동은 『소피스테스』에 대한 그의 평가에서도 나타나고 있다.

『소피스테스』에서 플라톤은 운동과 정지, 자기동일성과 타재, 존재와 비존재라는 순수개념들 혹은 이념들[εἴδη]을 탐구한다. 여기서 플라톤은 파르메니데스에 반대하여, 비존재는 존재하며, 단순자[das Einfache], 자기동일자는 타재에 관여하며 하나[die Einheit]는 여럿[Vielheit]에 관여한다는 점을 증명한다. 소피스트들에 관해서 플라톤은, 그들은 비존재에 머물러 있다고 말한다. 그리고 이제 또한 그들의 전체 입장은 비존재, 감각, 다(多)라고 논박한다. 그리하여 플라톤은 보편자를 참된 것이라고, 예컨대 일과 다의 통일, 존재와 비존재의 통일이라고 규정한다. 그러나 이와 동시에 그는 또한, 우리가 존재와 비존재의 통일 등에 관해 말할 때에, 거기에 존재하는 애매성(曖昧性)을 피하였고, 혹은 피하려고 노력하였다. 이렇게 표현할 때 우리는 통일에 주 강조점을 둔다. 이때, 우리가 단지 구별을 추상할 때처럼, 구별이 사라진다. 플라톤은 통일의 구별 또한 마찬가지로 보존하려고 했다.

소피스트들은 존재와 비존재에 대해서 계속해서 다음과 같이 설명하고 있다. 즉, 만물은 실체[οὐσία]이며, 실체를 가지고 있다. 이와 마찬가지로 만물에는 비존재자[οὐκ ὄν]도 귀속된다. 사물들이 상이하고, 일자는 타자의 타자이기 때문에, 거기에는 부정적인 것이라는 규정 또한 존재한다. 플라톤은 그리하여 다음과 같이 말한다. 존재자는 존재에 관여하지만, 이와 마찬가지로 비존재에도 관여한다. 이처럼, 관여하는 자는 하나(일자) 속에 양자(兩者)를 모두 가지고 있다. 그렇다면 이 하나(일자)는 또한 존재와 비존재와 상이한 것이다(TW 19, 69 f. 참조). 소피스트들의 이러한 주장은 얼마든지 이해할 수 있다. 이 세상에는 어떤 하나의 '일자'만이 존재하는 것이 아니라 다수의 '일자들'이 존재한다. 이 경우, 하나의 일자(예컨대 A)는 다른 하나(예컨대 B) 혹은 다수의 하나들(예컨대 C, D, E 등)에 대해서는 '타자'이며, 각각의 일자들 또한 이런 관계에 있다.

그러나 다음과 같은 주장은 받아들이기 어렵다: "어렵고 참된 것은, 타자[ἕτερον]는 동일자이고 동일자[ταὐτὸν ὄν]는 타자라는 것을 보여주는 것인데,

그것도 하나의 동일한 관점에서, 동일한 측면에 따라 볼 때 그렇다는 것이다"(TW 19, 72). 즉, 타자[ἕτερον]는 동일자이고 동일자[ταὐτὸν ὄν]는 타자일 수 있다. 그러나 이것은 어디까지나 "동일한 관점에서, 동일한 측면에 따라 볼 때" 그런 것이 아니라 "다른 관점에서, 다른 측면에 따라 볼 때" 그렇다는 것이다. 즉, B라는 타자는 B 자신의 입장에서 볼 때 하나의 동일자다. 그러나 이러한 동일자는 예컨대 A라는 (B의) 타자의 입장에서 볼 때, 그러한 '타자의 타자'라는 말이다.

『소피스테스』의 해당 구절에 대한 헤겔의 오해는 뒤징에 의하면, 헤겔 자신이 이미 예나시절에 사용한 비포티너(Bipotiner)판에서 알게 된 휘치노(Marsilio Ficino, 1433 1499)의 라틴어 번역에 자극받았기 때문이다. 그리하여 헤겔은 동일자와 타자 간의 모순을 고집했다는 것이다. 그리하여 헤겔은 『소피스테스』에서 "플라톤의 고유한 변증법의 주요규정"(TW 19, 75)을 발견했는데, 이것은 헤겔이 자기 나름대로 해석한 변증법이며 플라톤이 본래 말하고 있는 최고의 존재론적 유(類)들의 변증적 전개와는 일치하지 않는다(TW 19, 76).

결론적으로 헤겔은 "존재와 비존재, 일자와 다자와 같은 상이한 것들을 이렇게 결합하는 것, 그리하여 단지 일자로부터 타자에로 이행되는 것만이 아닌 것"(TW 19, 76)을 플라톤 철학의 가장 내면적이고 참된 위대함으로 평가하고 있다.

5

아리스토텔레스(Aristoteles)

그러나 헤겔은, 플라톤의 철학적 교양은 우리가 요구하는 특정한 형태의 정신이 되기에는 아직 성숙하지 못했다고 평가하면서, 학문적·체계적인 서술에 이르는 일은 아리스토텔레스에 있어서 비로소 성공할 수 있었다고 말한다. 즉, 플라톤이 지니고 있는 결함이란, 이념 자체의 구체적인 규정에 관해서도 드러나는 결함이라는 것이다. 다시 말하면, 플라톤의 대화편들에서 나타나는 그의 철학의 서술에 존재하는 요소들의 본질적인 상이함은, 본질에 관한 단순한 표상들과 본질을 개념적으로 파악하는 인식 — 표상의 방식으로 말하는 것과 사변적으로 말하는 것 — 이 어쨌든 그 자체로 결합되지 않은 방식으로 혼합되어 있고, 특히 전자의 방식에 있어서 신화적인 서술로 나아간다는 것이다(TW 19, 27 참조).

헤겔은 "아리스토텔레스는 가장 철저한 사변과 관념론을 알고 있었기 때문에, 사실상 사변적인 깊이에 있어서 플라톤을 능가하며, 가장 광범위한 경험적 영역 속에서도 이 사변에 머물고 있다"(TW 19, 133)고 말하면서 아리스토텔레스에게 대한 존경심을 표현하고 있다. 즉, 아리스토텔레스는 철학사상 그 누구보다도 포괄적인 사상을 지니고 있으며 사변적으로 사유했다는 것이다. 아리스토텔레스는 목적론적 규정을 통하여 변증적 사유를 전개하고 있는데, 이러한 목적론은 우선 그의 질료·형상론에서 발견된다.

5.1. 질료·형상론(운동론)

주지하듯, 아리스토텔레스는 스승인 플라톤이 궁극적 관심과 가치를 피안의 불변하는 이데아계에 둔 데 반하여, 유동·변화하는 현실계에 관심을 두고 그것을 해명하려고 하였다. 이때 중요한 것으로 등장하는 개념이 바로 〈변화〉라는 개념이다. 이에 대한 이해를 위해 우선 아리스토텔레스의 〈변화〉와 〈운동〉 개념을 살펴보자. 그런데 아리스토텔레스는 변화를 다음의 네 종류로 나눈다:

첫째로, 양[poson, ποσόν, quantitas, die Quantität]의 변화가 있는데, 여기에는 증가[Vermehrung: auxēsis, αὔξησις]와 감소[Verminderung, phthisis, φθίσις]가 속한다. 두 번째로, 질[poion, ποιόν, qualitas, die Qualität]의 변화는 글자 그대로 변질[alloiōsis, ἀλλοίωσις]이라고 하며, 여기에는 질의 저하와 향상이라는 두 방향이 있다. 세 번째는 공간 속에서 실체가 차지하는 장소 내지 위치[topos, τόπος]의 변화[전위(轉位)]인데, 이것은 공간운동[phora, φορά]이다.[1] 마지막 네 번째로 실체[ousia, οὐσια] 자체의 변화가 있는데, 여기에는 생성[Entstehung, genesis, γένεσις]과 소멸[Vergehen, phthora, φθορά]이 속한다. 그런데 위의 네 종류의 변화들 가운데 마지막 네 번째의 변화를 제외한 1~3의 변화를 〈운동〉[kinēsis, κίνησις]이라 한다.[2] "운동이란, 가능태로서의 존재자 자체의 현실화다."[3]

그리고 아리스토텔레스는 운동의 세 가지 요소를 다음과 같이 제시한다.

① 결여(缺如) [Mangel] [sterēsis, στέρησις]
② 질료(質料) [Stoff] [hylē, ὕλη]

1 '장소'와 '공간'을 같은 의미로 사용하기도 하지만, 이들은 다음과 같이 구별되어 사용된다. 즉, '장소(場所)'는 ① 공통적인 장소[topos koinos, τόπος κοινός]와 ② 개별적인 장소[topos idios, τόπος ἴδιος]로 구분되는데, ①을 '공간[space, Raum]', 그리고 ②를 '장소[place, Ort]'라고 세분하여 말하기도 한다. 이 점과 관련하여 아리스토텔레스는 다음과 같이 말한다: "장소란, 한편으로는 그 안에서 모든 물체가 존재하는 공통적인 것이고, 다른 한편으로는 그 안에서 물체가 근원적으로 존재하는 개별적인 것이다(τόπος ὁ μὲν κοινός, ἐν ᾧ ἅπαντα τὰ σώματά ἐστιν, ὁ δ' ἴδιος, ἐν ᾧ πρώτῳ)"(『자연학』, 209a 32-33).

2 『형이상학』, 1042a 32-b 3; 『자연학』, 226a 23-b 1.

3 "ἡ τού δυνάμει ὄντος ἐντελέχεια, ᾗ τοιοῦτον, κίνησίς ἐστιν"(*Physik*, 201 a 10; 그리고 『형이상학』, 1065 b 16도 참조).

③ 형상(形相) [Form] [eidos, εἶδος]

이에 대해 좀 더 자세한 설명을 덧붙이고자 한다.

① 결여(缺如)

'결여' 혹은 '결핍'이란, '모자람'이라는 의미다. '현실적 개체(個體)·개물(個物)'로서의 '실체(實體)'[οὐσία, ousia][4]는 본질을 자신 속에 포함하고 있는 개체다. 따라서 이데아는 개체 안에 실현되어 있는 것이다. 그런데 아리스토텔레스는, 이러한 개체로서의 실체는 질료(質料)와 형상(形相)으로 구성되어 있는데, 실체가 다른 것으로 변화해 나갈 때, 질료는 자기에게 결여되어 있는 형상을 욕구한다고 말한다.

* 실체[ousia] → 질료(質料)[hylē]: 근본적인 물질[hylē는 원래 목재를 의미했는데, 그 의미가 확장되어 소재(素材), 재료(材料)라는 의미로 사용됨]
  ↘ 형상(形相)[eidos, morphē (μορφή)]: 질료를 일정한 물(物)로 되게 하는 원리

이 세상의 모든 것은 형상과 질료로 구성되어 있다. 형상과 질료는 사유(思惟)에 의해서만 구별될 뿐이지 실제로는 분리할 수 없다. 질료를 떠나서 형상이 존재할 수 없으며 형상 없는 질료는 없기 때문이다.

② 질료(質料)

아리스토텔레스는 질료에 대해 다음과 같이 말한다: "나는, 활동태로서는 물론 존재하지 않지만, 가능태로 존재하고 있는 그와 같은 것을 질료라고 명명한다"(『형이상학』 1042a 27 f.). 질료는 실체(현실개체)의 토대를 이루고 있는 것, 즉 기체(基體)[희: hypokeimenon, ὑποκείμενον; 라: substratum; 영: substra-

4 ousia는 이밖에 '본질'이라는 의미도 가진다. 우시아의 이 이중적 의미를 모두 지니고 있는 용어가 독일어의 Wesen이다.

tum; 독: Substrat]이며, 가능태(可能態)[dynamis, δύναμις] 혹은 가능적 존재자[dynamei on, δυνάμει ὄν]다.

이러한 질료는 개방적이지만, 무한히 개방적인 것은 아니다. 즉, 예컨대 책상의 재료는 나무, 플라스틱, 철, 신소재 등이 될 수 있지만, 순전히 물이나 공기만을 가지고 책상을 만들 수는 없다.

③ 형상(形相)

'형상[eidos]'은 '모양, 꼴[morphē, μορφή]'[5]이라는 의미 외에도 '본질'이나 '기능'이라는 의미를 지니고 있다. 즉, 한편으로는 현실세계 안에서 보이는 형태, 육안으로 볼 수 있는 형태를 의미하지만, 종자(種子)[spermata, σπέρματα]라는 의미를 갖기도 한다. 어원적으로 이것은 이데아(ιδέα)와 동의어며, 플라톤도 이데아와 같은 의미로 에이도스(εἶδος)라는 용어를 자주 사용했다.

다시 말하자면 형상이란, 형태라는 의미이긴 하지만, 반드시 눈으로 볼 수 있는 것을 의미하지는 않는다. 집의 형상은 곧 집의 정의(定義)—거주하기 위한 것—를 포함하는 것이며, 이 정의에 따라, 눈에 보이게 되는 집의 형태도 정해지기 때문이다.

예) 책상의 구성: ① 질료: 책상을 구성하고 있는 재료
② 형상: 책상이 지니고 있는 모양 / 책상의 본질 내지 기능

형상은 개방적이지만, 무한히 개방적인 것은 아니다. 예컨대, 나무를 깎아서 야구방망이를 만드는 경우, 방망이의 모양(형상)은 한 가지만이 아니라 여러 가지가 될 수 있다. 그러나 모든 모양이 다 야구방망이로 되는 것은 아니다. 그러면 형상은 과연 어디까지 개방적인 것인가? 그것은 바로 어떤 이름으로 불리는 어떤 것이 자신의 본질이나 기능—바로 이것이 형상(形相)의 중요한 의미였다—을 잃어버리지 않는 범위까지다. 어떤 것이 이 범위나 한계를 넘어가는 순간, 그것은 더 이상 그 이름으로 불릴 수 없다. 왜냐하면 그것은 자신의 본질과 기능을 잃어버렸기 때문이다. 이 한계선을 헤겔은 자신의 『논리학』(*Wissenschaft*

---

5 morphē : form, shape, figure: 꼴, 형태(形態), 형상(刑象), 형상(形狀), 모습(模襲), 모양(模樣) ⇨ lat.: forma / eidos: morphē의 뜻 이외에 particular kind or nature, class, kind, sort, whether genus or species 등의 뜻이 있음.

der Logik)의 〈존재론〉[Seinslehre]에서 〈결절선(結節線)〉[Knotenlinie]이라고 불렀다(TW 5, 435 ff. 참조).[6]

그런데 헤겔은 아리스토텔레스를 따라 변증법을 목적론적 규정을 가지고 특징지으며, 아리스토텔레스의 목적론은 자기발전으로서의 개념의 변증적 운동을 설명하는 데 도움을 준다. 위에 설명된, 아리스토텔레스에 있어서의 현실개체로서의 실체의 운동을 설명함에 있어서, 가능적 존재자[to dynamei on]는 헤겔에서의 즉자태[das Ansich]에, 활동적 존재자[energeia on, ἐνέργεια ὄν]는 대자태[das Fürsich]에, 그리고 완전태[entelecheia, εντελέχεια]는 즉자대자태[das An-und Fürsich]에 각각 대응된다는 것을 알 수 있다. 예컨대 참나무라는 완전태는 최초의 즉자태인 도토리 속에 가능성으로 존재하는 형상(形相)이 실현됨으로써 이루어지는 것이다. 이 경우, 가능태인 도토리는 헤겔에 있어서 즉자태에, 완전태로서의 참나무는 헤겔에 있어서 즉자대자태에 대응하며, 활동태인 eidos는 헤겔에 있어서 대자태에 대응한다.

또한 아리스토텔레스에 있어서 현실개체 즉, 실체[Ousia]는 형상[Eidos]과 질료[Hylē]의 통일체였듯이, 헤겔에 있어서 이념[Idee]은 개념[Begriff]과 현존재[Dasein]의 혹은 개념과 현실[Realität]의 통일체다. 또한 헤겔은 인간을 혼과 몸으로 구성되어 있는 통일체로 보는데, 인간의 경우 헤겔은 개념[Begriff]을 아리스토텔레스가 말한 혼(魂)[psychē (ψυχή)]에 대응시키고, 현실[Realität]을 몸에 대응시킨다. 그런데 헤겔은 『법철학』에서 다음과 같이 말한다:

> 개념과 그것의 실존은 혼과 몸처럼[wie Seele und Leib] 구별되면서 하나인 두 측면이다. 육체[Körper]도 혼과 같은 생명이다. 그럼에도 불구하고 이 양자는 서로가 분리되어 있다고 할 수도 있다. 몸 없는 혼은 생명체가 아닐 것이며 그 반대의 경우도 마찬가지다. 따라서 개념의 현존재는 개념의 육체이면서도 또한 육체는 자기를 산출한 혼에 복종한다. 싹은 아직 나무 자체는 아니지만, 자신 속에 나무를 가지면서 나무의 온 힘을 포함하고 있다. 나무는 싹의 단순한 모습에 전적으로 상응한다. 만약 육체가 혼에 상응하지 않는다면 그것은 바로 가련

6 예컨대 얼음(고체) ⇦ 물(액체) ⇨ 수증기(기체)로의 변화과정에서 각기 다른 이름으로 넘어가게 되는 지점 내지는 선(線)을 결절선이라고 한다. 어떤 존재자의 이름이 바뀌었다는 것은 그것의 질(質)이 바뀌었다는 것을 의미한다. 물론 이런 용법은 화학[chemistry]에서의 용법과는 다르다. 즉, 화학에서는 이러한 변화를 질의 변화라고 하지 않고 물질의 '상태의 변화'라고 말한다.

> 한 것이다. 현존재와 개념의 통일체, 육체와 혼의 통일체가 이념이다. 이념은 단지 조화로움만이 아닌 완전한 융합(融合, 상호침투)이다. 그 어떤 방식으로든 간에 이념이 아닌 것은 살아 있을 수가 없다. 법의 이념은 자유다. 그래서 법의 이념이 진정으로 파악되기 위해서는 법의 이념이 법의 개념과 그 개념의 현존재 속에서 인식될 수 있어야만 한다(PdR §1 Zus., TW 7, 30).

물론 여기서 헤겔이 혼이 육체를 산출하는 것으로 이해한 것은 잘못이다. 아리스토텔레스가 말하는 혼[psychē]은, '생명원리'나 '생명력'을 뜻하는 것으로서, 바로 실체에 있어서 '형상(形相)[eidos]'이다. 이 형상 속에 가능태로서의 어떤 존재자의 미래의 모습이 잠재해 있다. 예컨대 나무와 싹의 관계에서, 싹의 eidos 속에는 미래의 나무의 eidos가 내재해 있다. 위의 인용문에서 헤겔은 마치 싹이 개념이고 eidos인 것처럼 오해할 수 있도록 표현했으나, 사실은 싹이 지니고 있는 형상이 싹의 개념이고, 싹을 이루고 있는 질료가 싹의 현존재에 해당한다. 그리고 싹이 성장해서 이루어진 나무의 경우에도, 나무의 형상이 나무의 개념이고, 나무의 질료가 나무의 현존재에 해당한다.[7] 이처럼 헤겔의 즉자, 대자, 즉자대자라는 존재범주는 아리스토텔레스의 질료·형상론에 등장하는 범주들에 대응된다는 것을 알 수 있다.

지금까지 살펴본 것처럼, 질료는 자기에게 결여되어 있는 형상을 욕구함으로써 가능태에서 현실태로 나아간다. 이것은 바로 현재의 것을 부정하고 새로운 것을 창출하는 변증적 과정이요 운동이다. 『정신현상학』 〈서문〉에서 헤겔은 아리스토텔레스가 "자연을 합목적적 행동이라고 규정한다"(PhG, 22)는 점을 부각한다. 헤겔은 그러한 규정을 뛰어넘어 이성의 방법, 즉 변증법을 목적론적 규정을 가지고 특징짓는다. 헤겔이 보기에 이성은 "합목적적 행위"다. 이성은 목적이나 자기인식을 자체 속에 지니고 있다. 완성된 상태인 이 궁극목표가 동시에 인식활동의 시작을 규정한다. 그래서 여기서 시작은 결과와 동일하지만 여전히 실현되지 않은 방식으로 동일하다고 할 수 있다.[8]

아리스토텔레스의 목적론은 헤겔에 의해 주체의 자기구성이라는 독자적인 이론으로 수용되었는데, 이러한 주체성의 원리, "생동성의 원리는 (…) 본래 아리

7 백훈승, 『헤겔 법철학강요 해설: 〈서문〉과 〈서론〉』, 서광사, 2016, 187 f. 참조.

8 Klaus Düsing, *Hegel und die Geschichte der Philosophie: Ontologie und Dialektik in Antike und Neuzeit*, Darmstadt, 1983, 111 참조.

스토텔레스에게 고유한 것"(TW 19, 153. 이에 대한 암시는 PG, 46 f. 참조)이라고 헤겔은 칭찬한다.[9]

5.2. 아리스토텔레스 형이상학에서의 부동의 원동자로서의 신적(神的) 정신

아리스토텔레스는 운동의 최초원인으로서의 부동(不動)의 원동자(原動者)를 이야기하는데, 그것은 바로 '신'이다. 그것은 그 어떤 것에 의해서도 움직여지지 않지만, 그 자신은 다른 모든 것을 움직이게 한다. 이것은 마치 사랑의 대상이 움직이지 않아도, 그것을 사랑하는 주체를 움직이게 하는 것과 마찬가지다. 아리스토텔레스가 말하는 이러한 신적(神的) 정신은 헤겔에 있어서는 절대이념에 해당되는데 이는, 곧 '자기 자신을 사유하고 인식하는 절대이성'이다. 또한 '사유의 사유[noēsis noēseos]'[10]로서의 신(의 사유)은 이미 자기의식[Selbstbewußtsein]의 원형(原型)이라고 말할 수 있는바, 이것은 절대적 주체성의 최고이념이며, 바로 여기에는 '대립의 통일'이라는 헤겔의 변증적 사유의 씨앗이 내재해 있다. 왜냐하면—뒤에 헤겔의 변증적 사유의 예들을 살펴보는 곳에서 자세히 언급하겠지만—자기의식에서는 사유하는 주관과 사유되는 객관이 한편으로는 구별되지만, 주관으로서의 '나'와 객관으로서의 '나'는 어떤 면에서는 '동일한' 나이기 때문이다. 이러한 자기의식의 구조가 보여주는 것은 바로, '구별 아닌 구별', '통일 속의 구별'이며, 이 구조는 바로 변증적이며 사변적으로 이해할 수 있는 것이다.

그러나 아리스토텔레스와 헤겔의 견해의 차이점은 다음과 같다. 아리스토텔레스가 말하는 '부동의 원동자로서의 신적(神的) 정신'은, 이 표현 그대로, 자기 자신은 움직이지 않으면서 다른 모든 것을 움직이게 하는 자다. '부동의 원동자[ho ou kinoumenon kinei, ὃ οὐ κινούμενον κινεῖ]'(『형이상학』 XII, 1072a)라는 표현에서의 '원동자'는 자동사가 아니라 타동사다. 그러나 이러한 '부동의 원동자'는 헤겔에 의해 '절대정신' 혹은 '절대이념', '절대이성' 등으로 해석되는데, 이러한 존재자는, 자신은 움직이지 않으면서 다른 모든 것을 움직이게 하는 자

9 Düsing, ebd., 112 f. 참조.

10 『형이상학』 Λ권에 나오는 구절의 인용은 『철학강요』(제3판)의 §577에 나온다. §§378. 552 참조. 『영혼론』 속의 사변적 이념을 헤겔이 칭송하며 부각시키는 것에 대해서는 『논리학』도 참조할 것(GW 12, 195 참조)(Düsing, ebd., 97 참조).

가 아니다. 왜냐하면 헤겔은 부동자(不動者), 즉 고정된 점으로 머물러 있는 자를 '정신'이라고 부를 수 없기 때문이다.

아리스토텔레스는 '순수형상' 혹은 '순수한 활동태'로서의—혹은 『형이상학』 제12권에 의하면 가능성과 현실성의 통일체로서의—부동의 원동자인 신(神)을 언급할 때, 이미 정신을 최초의 운동자이자 세계질서의 원리로 규정한 고대 희랍의 철학자 아낙사고라스를 상기하고 있다(『형이상학』 1075b 8-10, 989a 30-b 21 참조. Aristoteles, *Physik* VIII, 256b, 265b 참조).[11] 그러나 아낙사고라스가 말하는 정신[nous, νοῦς]은 아리스토텔레스가 말하는 부동의 원동자와는 달리, 자기 자신을 의식하는 지성 내지 정신이 아니라 세계가 그에 의해 운행되는 이법(理法)을 가리킨다.

헤겔 역시 『세계사의 철학 강의』(*Vorlesungen über die Philosophie der Weltgeschichte*, 1837)에서 정신사관의 실례로 두 가지 견해를 들고 있는데, 그 하나는 신의 섭리라는 기독교 사상이고, 또 하나는 아낙사고라스의 사상이다. 헤겔은 아낙사고라스의 사상에 대해 다음과 같이 말한다:

> 그 하나는 희랍의 아낙사고라스가 누우스(nous), 지성(知性)[Intelligenz] 일반 혹은 이성이 세계를 다스린다고 처음으로 말한 역사적인 내용이다. 그런데 이때의 누우스는 자기를 의식하는 이성으로서의 지성이나 정신 자체가 아니어서 우리는 이 양자를 아주 잘 구별해야 한다. 태양계의 운동은 불변의 법칙들에 따라 행해지고 있고, 이 법칙들이 태양계의 이성이다. 그러나 태양도, 이 법칙 속에서 태양 주위를 도는 행성들도 법칙을 의식하고 있지는 않다. 마찬가지로 자연 속에 이성이 있으며, 자연이 일반법칙에 의해 변치 않고 지배되고 있다는 사상에 우리는 결코 놀라지 않는다(TW 12, 23 f.).

따라서, 아낙사고라스가 말하는 누우스는 '정신' 혹은 '이성'으로 번역되기는 하지만, 자기 자신을 의식하는 신의 이성이라는 의미를 갖지는 않는 반면에, 아리스토텔레스의 '부동의 원동자'는 움직이지는 않지만 자기 자신을 사유하는 자라는 점에서 차이가 있으며, 이들 양자와는 달리 헤겔은 정신을 대자적 존재자, 즉 자기 자신을 사유할 뿐만 아니라 자기를 부정하고 스스로 활동하는 주체(主體)로 보고 있다는 점이 지적되어야 하겠다.

---

11 Düsing, ebd., 121 참조.

6

신플라톤주의와 기독교: 절대정신의 구조로서의 삼위일체

6.1. 플로티노스[1](Plōtinos)

플로티노스의 스승은 암모니오스(Ammonios Sakkas, 'Αμμώνιος Σακκᾶς, 175-242)인데, 그는 자기의 제자들에게 자기의 철학을 저술들로 간행하지 말라고 말했으며(Porphyrios, *Vita Plotini*, 5) 플로티노스 역시 늦게야 글을 썼거나 혹은 오히려, 그로부터 받은 저술들은 그의 사후 그의 제자들 가운데 한 명인 포르피리오스(Porphyrios, Πορφύριος, 234년경-305년경)에 의해 간행되었다. 우리는 그의 생애를 포르피리오스를 통해 안다.

플로티노스는 셉티미우스 세베루스(Septimius Severus)가 통치할 때인 서기 205년경에 뤼코폴리스(Lykopolis)에서 태어난 이집트인이다. 그는 이미 여러 철학의 스승들을 방문한 후에 우울해지고 생각에 잠기게 되었다. 그는 28세에 암모니오스에게로 가서 마침내 만족하게 되었고 11년 동안 그에게서 수학했다. 그 당시에는 인도 및 브라만의 지혜에 관한 고차적인 생각들이 유행했기 때문에 플로티노스는 고르디아누스(Gordianus) 황제의 군대에 들어가 페르시아로 갔다. 그러나 그 도정(道程)은 아주 불행해서 그는 자기의 뜻을 이루지 못했고 가까스

1 플로티노스는 희랍어다. 라틴어로는 Plotinus로 부르고, 이에 따라 영어로는 Plotinus로 부르는데, 독일어로는 Plotin이라고 한다.

로 목숨만 구했을 뿐이다. 40세가 되었을 때 그는 로마로 가서 죽을 때까지 26년간 머물렀다(Porphyrios, *Vita Plotini*, 2-3, 7). 로마에서 그는 옛날의 피타고라스의 관습에 따라 눈에 띄는 방식으로 외면적으로 행동했다. 그는 육식을 하지 않았으며 때로는 금식을 했고 고대의 피타고라스식의 의상을 입었다. 그러나 그는 공적인 교사로서 모든 계층에서 큰 명성을 얻었다(Porphyrios, *Vita Plotini*, 5-7). 플로티노스는 당시의 황제인 갈리에누스(Gallienus)에게서만이 아니라 황제의 부인에게서도 많은 호의를 얻었는데, 황제는 그에게 캄파니엔에 있는 한 도시를 넘겨주려고 했다는 말이 전해진다. 거기서 플로티노스는 플라톤의 공화국을 실현하려고 생각했다. 그러나 내각의 관료들은 이러한 계획의 실행을 방해했다(Porphyrios, *Vita Plotini*, 8).

플로티노스는 로마에서 66세에 사망했다. 그의 저술들은 특히 자기의 청중들(수강자들)이 제기한 물음들에 대한 대답으로 성립했다. 그는 자기의 저술들을 자기 생의 마지막 16년간에 썼으며 포르피리오스는 그것들을 나중에서야 편집했다. 그는 가르칠 때에 고대의(옛날의) 철학저술들을 자기의 강의에서 주석하는 방식을 택했다. 그의 저술들은 엔네아데스(*Enneades*)라고 불리는데, 그것들은 여섯 권으로 되어 있고, 그 각각은 아홉 개의 개별적인 논문들을 포함하고 있다. 모두 54편의 논문들은 다시 네 개의 장(章)들로 나뉜다. 그것은 아주 길고 방대한 저작이다. 그러나 이 책들은 연관된 전체를 이루고 있지 않고, 각각의 책에서는 실제로는 특수한 재료들을 가져와서 철학적으로 다루고 있다. 그러므로 이 책들을 철저하게 살펴보는 것은 힘든 일이다.

포르피리오스에 의하면 21권의 책들은, 포르피리오스가 플로티노스에게 오기 전에, 플로티노스가 59세 때에 썼다고 한다. 포르피리오스가 그의 제자로 지낸 그 해 및 그 후의 5년간, 플로티노스는 발생하는 물음들로 인해 책을 쓸 기회를 가지고 24권의 책을 또 썼다. 그리고 난 후, 포르피리오스가 시실리에 가 있던 동안 플로티노스는 죽기 전의 마지막 몇 해 동안 또 아홉 권을 썼다(Porphyrios, *Vita Plotini*, 3-5, 9, 17-19).

플로티노스에 있어서 주요한 문제·특징적인 것은, 정신[νοῦς][2]을 선과 참된 것에로, 즉 즉자대자적으로 존재하는 것에로 고양시키기 위한 고차적이고 순수

---

2 플로티노스에게 있어서 '누우스(νοῦς)'는 '이성', '정신', '사유' 등으로 번역되는데, 나는 대부분 '정신'으로 번역했지만, 경우에 따라서 — 그리고 헤겔도 그렇게 하듯이 — '이성'이나 '사유'로도 번역했다['누우스'의 의미에 대해서는 다음 책을 참조할 것: Edward Craig (General Editor), *Routledge Encyclopedia of Philosophy*, NY., 1998, Vol. 7, 43 f].

한 열광이다. 그의 전(全)형이상학은, 혼(魂)을 특수한 대상들로부터 일자·참된 것·영원한 것의 직관에로, 그리고 진리에 대한 숙고에로 환원함으로써 혼이 자기 속에 있는 생 및 숙고의 행복에로 인도되는 것이다. 그러므로 플로티노스는 영지주의자들과 많은 관계가 있다. 그는 그들에 관해 다루면서 그들을 비난한다. 즉 "그들은 덕과 선에 관해서 전혀 말하지 않으며, 덕이 어떻게 획득되는지, 그리고 혼이 어떻게 형성되고 정화되어야 하는지에 관해서도 전혀 말하지 않는다." 왜냐하면 '신을 바라보라'고 말하는 것만으로는 아무것도 장려되지 않으며, 그것이 어떻게 작동되는지를, 그리고 인간이 이러한 봄에 어떻게 이를 수 있는 것인지도 함께 보여주어야 하기 때문이다. 그는 이방의 신들에게 심오한 의미와 심오한 활동성을 덧붙임으로써, 그 신들을 존경했다(*Enneaden II*, l. IX, c. 15-16). 이 철학에 대한 일반적인 평판은, 그것이 종교적 광신(도취, 열광)[Schwärmerei]이라는 것이다. 그러나 이러한 평판은, 플로티노스에게 있어서 모든 진리는 이성 및 개념적 파악 속에서만 존재한다는 주장과 아주 대조되는 것이다(TW 19, 435 ff. 참조).

6.1.1. 플로티노스 철학의 원리

헤겔은 자신의 철학사를 서술할 때 플로티노스를 신플라톤주의의 중요한 체계를 최초로 마련한 인물로 평가하지만, 프로클로스만큼 많이 언급하고 있지는 않다. 플로티노스와 헤겔의 연관성은 주로 절대정신과 절대주체의 문제에서 찾아볼 수 있다.[3] 헤겔이 보기에 플로티노스의 철학원리는 "즉자대자적으로 존재하는 이성[Vernunft]"(TW 19, 442)이다. "그에게 있어 모든 진리는 오로지 이성 및 개념적 파악[Begreifen] 속에서 존재한다"(TW 19, 440).

플로티노스에 있어서는 특히 플라톤의 이념들과 표현이 지배적으로 나타나지만, 또 이와 마찬가지로 아리스토텔레스의 그것들도 그러하다. 그래서 우리는 플로티노스를 신플라톤주의주의자라고 부를 수도 있고 신아리스토텔레스주의자라고 부를 수도 있다. 즉 그에게 있어서는 많은 성취들이 전적으로 아리스토텔레스적인 방식으로 발견되는데, 예컨대 아리스토텔레스로부터 인용된 가능태·활동태의 형식 등이 플로티노스에게 있어서도 마찬가지로 지배적이며, 그것

3 Werner Beierwaltes, *Platonismus und Idealismus*, Ffm., 1972, 144 f. 참조.

들의 관계가 플로티노스의 고찰의 본질적인 대상이 되고 있다. 뿐만 아니라 그는 스토아학파의 사유(思惟)와 로고스도 취했다(TW 19, 438 참조).

인간의 본질을 이해하기 위해서 그는 플라톤이 그의 생생한 신화와 비유에서 보여주는 사상을 따른다. 그는 실재를 포괄적으로 다루는 플라톤의 설명, 즉 물질로 세계를 형상화하는 조물주[Demiurgos], 영혼은 육체에 들어가기 전에 이미 존재하며, 육체 속에 갇혀 있는 죄수이고, 이 포로생활에서 탈피해서 자신의 원천으로 회귀하려고 투쟁한다는 생각, 선의 이데아는 태양에서 발산되는 빛줄기와 같다는 교의(敎義), 진정으로 존재하는 것은 물질세계가 아니라 정신세계라는 사상 등에 의해 영향을 받았다.[4]

6.1.1.1. 존재자의 계층구조

6.1.1.1.1. 일자(一者)[5]로서의 신

최초의 존재자, 절대자, 토대는 또한 플로티노스에 있어서도 필론에 있어서와 마찬가지로, 순수한 일자[das reine Sein]요 불변자인데, 이러한 불변자는 현상하는 모든 존재자의 근거와 원인이며, 그것의 가능성은 그것의 현실성과 분리되지 않으며, 그 자신에 있어서의 절대적인 현실이다. 그것은 또한 본질적인 하나[Einheit], 혹은 모든 본체[Wesen]들의 본체다. 그것은 파르메니데스와 제논에 있어서처럼 단지 절대적이고 순수한 일자 혹은 또한 플라톤과 특히 아리스토텔레스에 있어서처럼 절대적인 선(善)이다.

선(善)이란, "거기에 모든 것이 달려 있는 것이다(ἐίς ὃ πάντα ἀνήρτηται)" 혹은 아리스토텔레스에 의하면, "모든 것들이 욕망하고(πάντα τὰ ὄντα ἐφίεται) 원리로 삼고 있는 것이며, 모든 것들이 욕구하는(필요로 하는) 것이다. 이와는

---

4 사무엘 E. 스텀프, 『서양철학사』, 이광래 역, 종로서적, 1984[3](1983), 170 참조.

5 일자는 그 중심에서 온 사방으로 퍼져나가는 원천(源泉)으로 묘사된다(Enn III, 8,9 참조). 그렇듯 쉼 없이 원천수를 내뿜더라도 그 자신은 변함없이 존속한다는 것이다(화이트비, 『플로티노스의 철학』, 조규홍 역, 누멘, 2008, 23 참조); 일자 개념은 역사적으로 필로로부터 연원하여 알비누스 혹은 피타고라스학파인 누메니우스를 통해 플로티노스에게 받아들여진 것으로 보인다[Maria Luisa Gatti, "The Platonic Tradition and the Foundation of Neoplatonism," in: Cambridge Companion to Plotinus, ed. Lloyd P. Gerson, Cambridge Univ. Pr., 1996, 2-7 참조. 여기서는 장욱, 『중세철학의 정신』, 동과서, 2002, 109에서 재인용. 그러나 일반적으로 일자는 플라톤의 『파르메니데스』 편에 나타난 존재와 일자에 대한 분석에서 도출된다고 본다(장욱, 『중세철학의 정신』, 동과서, 2002, 109)].

반대로, 그것 자체에는 아무것도 결여되어 있지 않고 그 스스로 충분(만족)하며, 만물의 척도와 한계가 되며, 그것으로부터 정신[νοῦς]과 실체[ούσίαν]와 혼과 생명을 제공하며, 정신의 활동을 제공하는(περὶ νουν ἐνέργειαν) 자다. 그러나 그러한 자는 아름다움을 초월해 있고[ὑπέρκαλος] 최고의 것을 초월해 있으며[ἐπέκεινα των ἀρίστων] —선을 초월해 있고[ὑπεράγαθον] —, 사유의 나라에서 왕으로 자유롭게 지배한다(βασιλεύων ἐν τῳ νοητῳ)."[6]

플로티노스는 절대적인 일자에 관해서, 그것은 필론이 말한 것처럼, 인식될 수 없고 자신 속에 머물러 있는 자라고 말한다. 그는, 혼(魂)은 이러한 통일의 사유를, 단지 말하는 것과는 다른 것인 부정적인 운동을 통해서 비로소 자신에게서 본질적으로 만들어내야만 한다고 말한다. 예컨대 존재, 실체와 같은 모든 술어들 일반은 일자에 적합하지 않다. 왜냐하면 그것들은 그 어떤 규정성을 표현하기 때문이다. 일자는 자기를 감각하지 않으며 자기를 사유하지 않으며, 자기를 의식하지도 않는다. 왜냐하면 이 모든 것 속에는 구별이 존재하기 때문이다. 그러나 선(善)이 이미 절대적으로 자유로운 것이라면, 그것은 결단이나 의지도 가지고 있지 않다. 왜냐하면 의지는 그 자신에 있어서 자기 자신과 선(善)의 구별을 지니고 있기 때문이다.[7] "절대적인 하나(통일)[Einheit]는 물(物)들을 보존함으로써, 물들은 분리되지 않으며 모든 것 속에는 하나(통일)의 견고한 유대(紐帶)가 존재하며, 대립하는 가운데 서로 분열될 위험에 처해 있는 모든 것을 관통하며 하나로 결합한다. 우리는 그것을 일자 혹은 선이라고 부른다. 그것은 물(物)들의 우주의 중심이요, 덕의 영원한 원천이며 신적 사랑의 근원이다. 그리고 만물은 그것 주위를 운동하며 그것을 향하며 자기의식은 항상 자기의 시작과 출구를 그것으로부터 취한다."[8]

플로티노스는 모든 것을 이 실체에로 환원한다. 이 실체만이 참된 것이고 모든 것 속에 단적으로 동일한 채로 존속한다. 그런데 이 최초의 것으로부터 모든 것이 출현한다. 그런데 두 번째 것에로의 이러한 이행은 플로티노스에 의해서 철학적으로 혹은 변증적으로 이루어지는 것이 아니라, 이러한 필연성은 표상들과 비유들로 표현된다. 그는 이 두 번째 것인 정신[nous, νοῦς]에 관해서 말하며, 열려 있지 않은 것으로부터 계시(啓示)에로의 진행에 관해서 말한다: "이 유

6 *Enneaden* VI, l. IX, c. 6; I, l. VIII.

7 *Enneaden* V, l. II, c. 1; VI, l. II c. 9-10, l. IX, c. 6, l. VIII, c. 7-9.

8 *Enneaden* VI, l. IX, c. 1-9, passim; Steinhart, *Quaestiones de dialectica Plotini ratione*, 21.

일한 절대적 선은, 다른 어떤 원리도 갖고 있지 않은 원천이다. 그런데 이 원리는 모든 흐름들에 대해 존재하고, 이 흐름들을 통해서 소멸되지 않고 원천으로서 자기 자신 속에 고요히 머물러 있다."[9]

복합적인 물(物)들로 구성된 물질세계는 항상 변하기 때문에 참된 실재자일 수 없다. 불변하는 것만이 존재 가능하며, 따라서 이 불변의 실재는 물질세계와는 구별되는 것이어야 한다. 실재하는 것은 신이며, 신은 세계 안의 모든 물을 초월한다는 것 외에 신에 대해서 기술할 수 있는 것은 아무것도 없다. 이런 이유로 신은 물질적이 아니고 유한하지도 않으며 불가분적이고, 변화하는 물질이나 혼 같은 특별한 형상도 가지지 않는다. 또한 그는 지성의 어떠한 관념에도 한정되지 않으며—이러한 이유로 그는 인간의 언어로는 표현 불가능하나—감관에도 감지되지 않고 다만 어떠한 이성적 혹은 감각적 경험과도 무관한 신비적인 무아(無我)의 경지 속에서만 도달 가능하다. 신은 일자로서 절대적인 통일체이며 불변하고, 불가분적이며, 어떠한 다양성도 없고, 창조되지 않는다. 그러므로 신에 대해서 이렇다 저렇다 말하는 것은 불가능하다. 왜냐하면 그렇게 함으로써 우리는 신을 어떤 한계 속에 가두기 때문이다.

6.1.1.1.2. 유출의 비유

신이 일자라면, 창조할 수 없다. 왜냐하면 창조는 하나의 행위이며 활동은 변화를 내포하기 때문이다. 그러면 우리는 어떻게 세계의 많은 물들을 설명할 수 있는가? 플로티노스는 신의 유일성에 대해 일관된 견해를 유지하면서 물들은 창조의 자유행위가 아닌 필연에 의해 신에게서 비롯된다고 하는, 물들의 기원을 설명했다. 필연의 의미하는 바를 나타내기 위해 플로티노스는 여러 가지 비유를 사용했으나 특히 유출의 비유를 사용했다. 빛이 태양에서 방출되듯이, 물[水]이 그 자체 이외의 어떠한 원천도 없는 샘에서 솟아나오듯이 물(物)들은 유출되며 신으로부터 흘러나온다. 태양은 결코 고갈되지 않으며 어떠한 행위도 하지 않고 그대로 있다. 그것은 본체 자체이기 때문에 필연적으로 빛을 방출한다. 이런 식으로 신은 만물의 원천이며 만물은 신을 현현(顯現)한다. 그러나 빛줄기가 태양과 같지 않은 것처럼 어떤 것도 신과 같은 것은 없다. 요컨대 플로티노스는 범신론자가 아니다. 그의 유출론은 본질의 위계질서적인 견해의 토대를 이루었다. 태양에 가장 가까운 빛이 가장 밝은 것처럼 최상의 존재형태는 제일 먼저 유출

9 *Enneaden* III, l. VIII, c. 9. TW 19, 445 ff. 참조.

되는 것이다. 플로티노스는 일자로부터의 최초의 유출물을 정신이라고 기술했다. 그것은 일자에 가장 근사(近似)하지만 절대적이 아니므로 특정한 속성을 가진다고 할 수 있다. 이 정신은 사유 혹은 보편적인 지성이며 세계의 토대를 이루는 이성능력이다. 어떠한 시간적 공간적인 경계를 갖지 않은 것이 바로 이것의 본질이다.[10]

6.1.1.1.3. 정신[nous, νοῦς]

하나(통일)[Einheit]가 산출한 최초의 것은 그의 아들인 정신이며, 두 번째의 신적인 존재자요 또 하나의 원리다. 정신은 그 자신이면서 자기를 대상으로 삼는 자, 자기 자신을 스스로 발견하는 행위이므로, 이중적인 것[dyas, δυάς]이요, '순수한 둘'이라 할 수 있다. 정신은 이러한 구별작용이요, 동시에 자기 자신으로 동일하게 머물러 있는 순수한 자다. 그러나 단순한 하나(통일체)[Einheit]가 최초의 것이다.[11]

정신은 절대적 본체의 직접적인 반영이다. 일자이며 선(善)인 신은 "부동자이며, 산출은 신으로부터의 비춤이다. 일자는 자기 주변을 비춘다[περίλαμψιν, Umleuchten]. 그리하여 정신은, 빛이 태양으로부터 나오는 것처럼[οἷον ἡλίου τὸ περὶ αὐτὸν λαμπρὸν, ὥσπερ περιθέον], 일자로부터 흘러나온다[ἐξ αὐτου δὲ μενόντος]". 플로티노스는 이러한 출현·산출을 설명하기 위해서 '흘러넘침'의 비유도 사용하는데, 그러나 이러한 흘러넘침을 통해서도 일자는 단적으로 하나로 머물러 있다. "일자는 그 자체로 완전하고 결핍이 없기 때문에, 자기를 넘어 흘러간다. 그리고 이러한 흘러넘침은, 산출된 것이다. 그러나 이렇게 산출된 것은 단적으로 일자로 돌아가고", 선(善)으로 돌아간다. "산출된 것의 대상, 내용 그리고 충족은 일자다." 그것은 신으로 충족된 것이며 신을 욕망한다. "그리고 이것이 정신이다." 혹은 정신은 이러한 원환운동이다.[12] 이러한 정신, 사유는 또한 자기 자신을 대상으로 가지고 있기 때문에, 그것은 '둘[δυάς]'을 자신 속에 포함하고 있다. 이것은 바로 사유의 사유로서의 사유다.[13] 그런데 사유가 이러한 것이라는 것, 즉 자기 자신을 사유하는 것이라는 것, 이것은 전적으로 아리스토텔레스적이다.

---

10 사무엘 E. 스텀프, ebd., 170 f. 참조.

11 *Enneaden* V, l. I, c. 4-5, 7; l. IV, c. 2; l. V, c. 1.

12 *Enneaden* V, l. II, c. 1; l. I, c. 7; VI, l. IX, c. 2.

13 *Enneaden* V, l. III, c. 5; VI, l. II, c. 8.

dynamis(δύναμις)와 energeia(ἐνέϱγεια)라는 형식들은 플로티노스에게 있어서도 아주 흔한 형식들이며 주요규정이다. 그는 이것들에 대해서 광범위하게 의견을 개진하고 있다. 그는 정신 속에서, 사유작용[νοῦς], 사유된 것[νοητόν], 그리고 사유된 내용[νόησις]을 구별하는데, 그리하여 정신은 하나인 동시에 모든 것이다. 그러나 사유된 내용[νόησις]은 구별된 것들의 통일이다.[14] "사유된 내용"은 따라서 통일체[Einheit]가 아니라 오히려 산물[Produkt]이다; 그러나 사유는 또한 신(神)에게로 비약한다. 즉 사유는 주체다. 외부의 신에 대한 사유의 구별은 사라진다. 그러므로 사람들은 신플라톤주의자들에게 몽상(공상, 열광, 광신)이라는, 비난하는 표현을 부여한다.

좀 더 상세히 말하자면, 사유의 이러한 삼중적인 방식을 단순한 것, 구별된 것, 그리고 변화로서 고찰한다면, 사유는 자기에게 있어서 세 개의 원리들을 가지고 있다. 저 첫 번째 방식은, 자기의 대상을 단순히 구별 없이 보는 것이다. 혹은 그것은 빛[Licht]이다. 그것은 물질이 아니라 순수한 형태[Form], 활동성[Wirksamkeit]이다. 공간은 이러한 활동성의 추상적이며 순수한 연속체이며, 활동성 자체가 아니라, 중단되지 않은 자기(自己)의 형식(형태)이다. 이러한 빛의 사유(빛에 대한 사유)로서의 정신 자체가 빛이며, 자신 속에서(그 자체로) 실재하는 빛 혹은 빛의 빛이다.[15]

6.1.1.1.4. 혼

"정신은 지금 그러한 것처럼, 영원히 활동한다. 정신에로의 그리고 정신을 둘러싼 운동은 혼의 행동이다. 자기로부터 혼에 이르는 이성[λόγος]은, 자기와 혼 사이에 아무것도 정립하지 않은 채, 혼으로 하여금 사유하도록 만든다. 사유(사유작용)[νοῦς]는 다수의 것(다양한 것)이 아니다. 사유는 단순하며, 자기가 사유한다는 것이라는 사유다. (예컨대 욕망 속에 있는 우리의 정신이 아닌) 진정한 정신은 사유들 속으로 사유한다. 그리고 그가 사유한 것은 사유 밖에 존재하지 않고, 정신 자신은 자기가 사유한 것이며, 사유 속에서 필연적으로 자기 자신을 가지며 자기 자신을 본다. 그리고 사유하지 않는 자로서가 아니라 사유하는 자로서의 자기 자신을 본다. 우리들의 혼은 부분적으로는 영원한 것 속에 존재하며"(빛), "보편적인 혼의 부분이다. 보편적인 혼은 부분적으로는 영원 속에 존재

---

14 *Enneaden* V, l. I, c. 7; l. II, c. 1-2; l. VI, c. 4; VI, l. II, c. 22.

15 *Enneaden* IV, l. III, c. 17. TW 19, 448 ff. 참조.

하며, 거기로부터 흘러나와서, 의도적으로 교정(矯正)하지 않고 영원 자체의 직관 속에 머무른다." "전체의 장식(裝飾)은 모든 물질적인 것에게, 가운데에 있는 불이 그 둘레에 있는 모든 것을 따뜻하게 하는 것처럼, 그것이 자기의 규정과 본성에 따라 성취할 수 있는 것을 제공한다."[16] "일자는 외롭게 존재해서는 안 되기 때문에—만약 그렇다면 모든 것은 감추어질 것이고 아무런 형태(모양)도 갖추지 못할 것이기 때문이다. 그리고 일자가 자기 자신 속에 존재한다면, 존재하는 것들 가운데 그 어떤 것도 존재하지 못할 것이다. 혼들의 서열을 얻은 것들이 벗어남[πρόοδον]을 얻지 못했다면, 일자에 의해 산출된 다수의 존재자들은 존재하지 않을 것이다."[17]

6.1.1.1.4.1. 세계혼[18]

빛이 태양에서 방출되어 나오면서 점차 그 강도가 감소되듯이 신으로부터 유출되는 존재의 등급은 완전성의 정도의 감소를 나타낸다. 더구나 연속적인 유출은 마치 모든 본질이 자기보다 바로 아래에 있는 것을 존재하게 하는 작용원리가 있기나 한 것처럼, 다음에 나오는 더 낮은 유출의 원인이 된다. 이런 식으로, 정신은 혼의 원천이 된다. 세계혼은 두 가지 양상을 가지고 있다. 위로 올려다 볼 때, 즉 정신이나 순수이성능력을 향할 때 혼은 만물의 영원한 관념을 바라보려고 한다. 아래쪽을 내려다 볼 때, 그것은 한 번에 한 물(物)을 추론하며, 모든 본질에게 삶의 원리를 부여해주고, 물들의 관념과 자연적 질서의 현실적 영역과의 간격을 이어줌으로써 유출한다. 혼의 활동은 시간현상을 설명한다. 왜냐하면 물들이 생겨나고, 물들 상호 간의 관계는 곧 사건으로 귀결되며, 사건은 차례로 이어서 일어나고, 또한 사건들의 이러한 상호관계가 바로 시간이 의미하는 바이기 때문이다. 분명히 일자, 정신, 그리고 세계혼 모두는 영원히 공존하며, 세계혼의 밑에는 자연, 즉 변화하면서 시간 속에서 영원한 관념들을 반영하는, 개별적인 물들의 영역이 놓여 있다.

---

16 *Enneaden* II, l. IX, c. 1-3.

17 *Enneaden* IV, l. IX, c. 6. TW 19, 454 참조.

18 혼의 삶은 정신처럼 감각으로부터 완전히 자유롭지도 않으며 요지부동할 만큼 안정적이지도 않다. 그래서 차라리 정신 주변을 따라 끊임없이 맴돈다(Enn II 9, 1-2 참조). 그런 점에서 최고의 선에 직접적으로 마주하거나 항상 함께하지 못한 채 아름다움을 추구하는 열정으로 그에 다가설 수 있다(Enn IV 4, 16 참조)(화이트비, 『플로티노스의 철학』, 조규홍 역, 누멘, 2008, 24 참조).

6.1.1.1.4.2. 인간의 혼

인간의 혼은 세계혼에서 유출된다. 세계혼과 같이 인간혼도 두 가지 양상을 가진다. 위를 바라볼 때, 인간혼은 정신 혹은 보편적 이성을 공유하며, 아래쪽을 내려다 볼 때, 그 혼은 육체와 연관되지만 그것과 동일하지 않다. 여기에서 플로티노스는 플라톤의 영혼선재론(先在論)을 재확인하며 영혼과 육체의 결합은 "타락"의 산물로 간주한다. 더구나 사후에 영혼은 육체에서 살아남아 아마도 한 육체에서 또 다른 육체로 이동하는 일련의 윤회(輪回)에 들어갈 것이다. 그리고 정신적이고 참으로 존재하는 그 영혼은 소멸하지 않으며 다시 세계혼 속에서 다른 모든 혼과 만나게 될 것이다. 육체에 있을 동안에 혼은 이성능력·감수성·생명력을 제공해준다.

6.1.1.1.5. 물질의 세계

존재의 위계질서에서 최하위의 단계, 즉 일자로부터 가장 멀리 떨어져 있는 것은 물질이다. 유출의 작용원리는, 더 높은 등급의 존재는 그 다음의 영역을 따라 흘러 넘쳐야 한다는 사실이다. 따라서 이것은 관념과 혼 뒤에는 기계론적인 질서—모든 대상을 인과법칙에 귀속시키는 추론작용—속에서 이루어진 물질적 대상세계가 나타난다는 사실을 초래한다. 물질세계도 더 높은 양상과 더 낮은 양상을 보여준다. 더 높은 것은 운동법칙에 대한 감수성이며 더 낮은 것, 즉 최하위의 물질적 본질은 충돌과 소멸을 향하여 목적도 없이 움직이는 조잡한 물질의 어두운 세계다. 플로티노스는 물질을 가장 어둡고 가장 멀리 떨어져 있는 빛, 그리고 그 자체가 어둠인 빛의 최극한에 비유한다. 분명히 어둠은 빛과는 정반대이며 마찬가지로 물질은 정신과 정반대이고 일자와 정반대다. 물질이 혼—개별적인 혼이건 세계혼이건—과 결합되어 존재하는 한, 물질은 그만큼 완전한 어둠을 이루지 못한다. 그러나 빛이 완전한 어둠의 지점까지 가려고 하는 것처럼 물질은 그것이 비존재로 되어 사라져버리게 되는 무의 경계선에 서 있다.[19]

일자, 정신, 혼의 관계를 설명하기 위해서 플로티노스는 하나의 원(圓) 혹은 구(球)의 비유를 제시한다. 즉 일자는 원의 중심이고, 정신은 무수한 반경(半徑)이며, 혼은 무수하면서 서로로부터 구별되는 원주라고 말이다.

---

19 스텀프, ebd., 172 f. 참조.

6.1.2. 헤겔에 의한 플로티노스 사상의 해석

6.1.2.1. 일자

플로티노스가 말하는 신은 일자로서, 단순한 통일체이며 자기 자신을 사유하지도 않는다. 그러나 헤겔에 있어서 실체는 주체이기 때문에 절대자로서의 일자, 혹은 최고의 존재자인 신의 본질은 사유다. 혹은 달리 말해 "절대자는 자기의식의 사유 속에 현전(現前)하며, 그 속에서 본체로 존재한다. 혹은 사유 자체는 신적인 것이다"(TW 19, 444).

헤겔은 "플로티노스 철학의 이념"을 "지성주의[Intellektualismus]" 혹은 "고차적인 관념론"이라 부르지만, 그것을 "개념의 측면에서 보면 아직 완성된 관념론은 아니라"고 생각했다(TW 19, 444). 헤겔이 그것을 "아직 완성된 관념론은 아니라고" 생각한 이유는, 플로티노스에게 있어서는 아직 '나(자아)' 혹은 '자유'가 사유의 원천 및 펼침의 장(場)[Explikationsfeld]으로 되지 못했기 때문이다. 다시 말하면 플로티노스에게 있어서는 사유와 존재의 동일성 문제가 아직 주체에 의거하여 충분히 관념론적으로 해결되지 않았기 때문이다. 즉 플로티노스에 있어서 존재는 여전히 본질적으로 존재를 가리키지 사유를 가리키지 않는다는 것이다.

완전한 관념론은 헤겔에게서 변증적인 성격을 지닌다. 이때 변증법은, 사유 속에서 혹은 사유로서의 존재자가 점진적으로 자신을 전개하는 과정을 가리킨다. 처음부터 이 같은 과정을 이미 함축하고 있는 절대자는 부정을 통해 다른 모든 것, 혹은 부정적인 것을 지양함으로써 '자기 자신이 된다.' 만일 플로티노스가 그와 같은 의미에서 "변증적"이고 또한 그것이 참으로 철학적이라고 한다면, 절대자가 자기 자신으로부터 "등장하는 것"은 생산적인 자기-부정으로 생각될 수 있어야만 할 것이다. 그러므로 일자의 "순수한 하나(통일)"는 자기 자신을 지양함으로써, 즉 자기 자신으로부터 벗어남으로써 자기 자신을 부정하기 때문에, 그리고 그렇게 함으로써 그와 동시에 개념의 완성된 존재가 되도록 도와준다고 보기 때문에, "절대적인 부정성"이라고 불릴 수 있는 것이다. "벗어남은 바로 저 부정성 자체다"(TW 19, 450). 절대자의 자기전개는 가치를 떨어뜨리는 것이 아니라, 완성에 이르는 하나의 과정으로서 의미심장한 것이다.[20]

---

20 Beierwaltes, ebd., 147 f. 참조.

그러므로 헤겔은 초월적 일자가 사유될 수 없다는 플로티노스의 형이상학의 입장, 즉 부정신학의 입장을 역사적이며 논리적인 원리로 간주하지 않는다. 왜냐하면 그와 같은 일자는 어떤 범주도 어떤 사유규정도 아니며 단지 사유되지 않는 것[ein Ungedanke]일 뿐이기 때문이다. 그렇기 때문에 헤겔은 일자를 신비적으로 보는 것도, 일자로부터 정신과 다자가 출현하는 것을 파악하는 것이 불가능하다는 주장도 받아들이지 않는다. 헤겔이 보기에 플로티노스의 사변적 원리는 오히려, 본래적이며 최초의 존재자인 이념들 속에서 자기를 사유하는 정신이라는 개념이다. 이를 통해 아리스토텔레스의 사변신학이 내재적으로 더욱더 발전된다.[21]

플라톤의 『국가』 편에서의 선(善)처럼, 플로티노스의 학설에서 절대자는 실체적 존재[das Sein](우시아)를 능가한다. 헤겔도 이와 마찬가지로, "예컨대 존재[Seyn]나 실체[Substanz]와 같은 모든 술어는 그것에 맞지 않는다. 왜냐하면 이 모든 술어는 그 어떤 규정성을 표현하고 있기 때문이다"(TW 19, 446)라고 말하거나 "절대자는 존재하지도 않으며, 어떤 것·그 어떤 하나의 것이 아니라 만물 위에 존재한다"(TW 19, 447)[22]라고 말하면서 이러한 생각을 암시하고 있다. 그러나 존재하지 않는 '어떤 것'을 어떻게 '일자'라거나 '절대자'라고 부를 수 있단 말인가! 그런데 플로티노스가 말하고자 하는 바는, 일자는 분명히 존재하지만—존재론적으로는 존재한다—인식되지 않기 때문에—인식론적으로는—없는 것, 곧 무(無)와 같다는 것이다. 이것은 마치 헤겔 자신이 『논리학』 〈존재론〉에서 "순수존재(순수유)는 순수무다"라고 말하는 것과 같다 하겠다. 최초의 근원적인 근거[Urgrund]인 일자는 헤겔에 의해 철저하게 플로티노스의 형이상학에 맞게 "인식불가능하며," "인식되지 않는 자"로 규정된다. 이러한 규정에 덧붙여 헤겔은 "일자는 자기를 지각하지도 않고 사유하지도 않으며 자기를 의식하지도 않는다. 왜냐하면 이 모든 것 속에는 구별이 존재하기 때문이다"(TW 19, 446 f.)라고 말한다. 물론 헤겔은 플로티노스에 대해 상세히 서술하기 시작하면서, "신의 본질은 사유 자체이며 사유 속에 현전한다"(TW 19, 444)[23]고 주장하고 있다.

---

21 Düsing, ebd., 150 참조.

22 크로이찌도 미(美)에 관한 플로티노스의 저작(Enn. I, 6)에 대한 자기의 서론에서 '최고원리는 일자나 선 또는 존재자[das Seiende]라고 표현된다'라고 설명하고 있다(*Die Philosophie des Neuplatonismus*, hg.v. C. Zintzen, Darmstadt, 1977, 3 참조).

23 따라서 연구문헌들에서는 대부분 헤겔이 정신과 일자를 서로 가까운 것으로 만들거나 심지어 이 둘을 동일시하고 있다고 설명한다. W. Beierwaltes, "Plotin im deutschen Idealismus,"

그래서 헤겔은 플로티노스의 원리를 이성으로 본다. 즉 플로티노스는 "주체와 객체의 대립을 폐기하고, 아리스토텔레스의 '사유의 사유'라는 최고의 영역으로 도약했다"(TW 19, 463)는 것이다. 헤겔은 플로티노스 철학에서 서술되는 초이성적인 일자를 오인(誤認)하지도 부정하지도 않는다. 헤겔이 정확하게 강조하고 있는 것처럼, 오히려 플로티노스에 있어서의 일자는 두 번째 신적인 존재자인 정신을 최초로 산출하는 첫 번째 존재자다.

플로티노스에 의하면 근원적 일자는 부정신학 속에서만 암시될 수 있을 뿐이다. 일자는 어떤 실체[ousia]도 아니며 본래 어떤 존재자도 아니기 때문에, 이 일자에게는 양이나 성질이나 운동이나 정지 등, 요컨대 아리스토텔레스가 말한 그 어떤 범주도 속하지 않는다. 또한 근원적 일자는 미(美)도 아니요, 이원성이나 다원성에 의해 규정되는 정신도 아니며, 실로 그 자체로 보자면 플라톤에서 있어서와 같은 선(善)도 결코 아니다. 물론 일자는 다른 사물들에 대해 선한 것으로 간주될 수는 있다. 우리는 일자를, 사물들을 능가하는 근원적인 근거[Urgrund]라고 생각한다. 그러나 이러한 생각도, 단지 우리의 편으로부터 접근한 것일 뿐이며, 일자 자체는 이러한 관점에 영향을 받지 않고 머물러 있다. 그래서 부정적인 진술들은, 우리가 일자에로 상승할 때 체험하는 바를 "밖으로부터 의역(意譯)하려는" 시도로만 암시되어야 한다. 신비적인 봄[Schau] 속에서 일자와 하나가 되는 것은 모든 사유와 진술을 넘어서 있다. 일자와 관련된 플로티노스의 근본적인 부정을 헤겔 또한 "이 모든 범주들이 부정된다"라고 서술하고 있다. 더 나아가 일자는 "미를 넘어서 있고[ὑπέϱκαλος]" 심지어 "최고의 것을 넘어서 있기도[ἐπέκεινα τῶν ἀϱίστων]"(TW 19, 446)[24] 하다. 그러나 헤겔은 여기서도 일자를 초이성적으로 본다는 것을 받아들이지 않는다. 『논리학』에서 헤겔은 자신이 『철학사 강의』에서 언급하지 않고 기껏해야 암묵적으로 전제하고 있는 바를 전개하는데, 그것은 바로 사변적 사유를 통해 부정신학을 극복하는 것이다. 『논리학』에서 전개하는 헤겔의 결정적인 논증은, 절대적 통일성을 지니

---

in: Ders., *Platonismus und Idealismus* (83-153), 각주 158 참조, 146 f. 및, 151 참조. V. Schubert, *Plotin* (각주 160 참조), 16. M. de Gandillac, "Hegel et le néoplatonisme"(각주 160 참조), 125 f. 리스트(M. Rist)는 물론 일자의 자기구별과 자기관계를 암시하는 플로티노스의 초기의 개별적인 구절들에 주목하고 있다(M. Rist, *Plotinus, The road to reality*, Cambridge, 1967, 38 ff. 참조).

24 플로티노스에 대해서는 특히 *Enneaden* VI, 9 참조: περὶ τἀγαθοῦ ἤ τοῦ ἑνός. 특히 *Enneaden* VI, 9, 3, 38-55; VI, 9, 4, 10-17; VI, 9, 6, 40-42, 57-58 참조.

고 있는 "절대자"의 범주가 부정적 해석에서는 선행한 모든 특정한 범주들을 붕괴시키는 것이지만, 그러나 이러한 부정성이나 가상은 절대자에 내재하는 반성으로서 그 고유의 긍정적인 의미 자체로 보자면 절대자에게 속한다는 것이다.

따라서, 규정된 모든 술어들을 부정하는 방법적인 운동은 절대자 자신의 행동이다. 이러한 논증은 헤겔이 『논리학』에서 특별히 언급하고 있는 유일 실체에 대한 스피노자의 형이상학에 대해서 타당할 뿐만 아니라, 모든 통일의 형이상학, 즉 거기서 헤겔이 마찬가지로 암시하고 있는 플로티노스의 통일의 형이상학에 대해서도 타당하다.[25] 그러므로 헤겔은 신플라톤주의의 부정신학 역시, 끝까지 사유하지는 않은 잠정적인 입장으로 간주하고 있다.

그러므로 헤겔의 서술에서—플로티노스의 구상(構想)에 완전히 합당한—일자는, 특정한 술어도 없으며 인식불가능하고 사유를 초월해 있다. 그런데 이 일자와 사유의 연관을 해명하기 위해 헤겔은 자신의 견해에 대립하는 것처럼 보이는 인상 깊은 플로티노스의 저작의 한 부분을 언급하고 있다. 플로티노스에 따르면 일자는 정신이 아니다. 하지만 일자는 자기 자신에게 향하기 때문에 자기를 알아보는데, 이러한 봄[Sehen]은 정신[Nous]이다. 일자가 갖는 이런 종류의 비이성적인 자기관계가, 모사물인 정신의 근원적인 근거이자 원형(原形)이며, 따라서 이 정신은 빛이 태양과 유사(類似)하듯 일자와 유사하다. 그러나 이를 통해 일자 자체가 파악되는 것은 분명 아니며, 단지 우리의 관점에서 다른 말로 표현될 뿐이다. 왜냐하면 플로티노스는 일자의 피안성(彼岸性)을 고수하고 있기 때문이다. 헤겔은 이 점을 다음과 같이 서술한다: "정지해 있는 최초의 일자는 절대자이며, 정신은 이러한 절대자를 직관한다. 혹은 최초의 절대자가 자기 자신에게로 되돌아와서 자기 자신을 봄으로써, 즉 '보는 봄'이 됨으로써 정신이 발생한다. 주위를 에워싸고 흐르는 빛이 일자의 직관작용이며, 이렇게 자신 속으로 되돌아오는 것[ἐπιστρέφειν, ἐπιστροφή]이 사유작용이다. 혹은 정신[νοῦς]은 이러한 순환운동이다"(TW 19, 449 f.)[26]

여기서 헤겔은 플로티노스가 내린, 정신의 상이한 규정들을 이용하는데, 이렇게 할 때에도 직관작용과 사유작용의 구별은 의도되지 않고 있다. 정신은 일자

---

25 GW 11, 378. 그는 "자기 자신을 밝히는 빛"인 절대자의 "유출의 동양적 표상"과, "더럽혀지지 않은 맑음으로부터 멀리 떨어짐"으로서의 "유출(流出)[Ausströmungen]"에 대해 말하고 있다. 그 속에 포함되어 있는 플로티노스의 실체론에 대한 비판에 대해서는 그 다음을 볼 것.

26 *Enneaden* V, l. II, c. 1; l. I, c. 7; VI, l. IX, c. 2.

로부터 출현하는 빛으로서 일자 둘레를 비추는 광채다. 동시에 정신은 일자를 바라본다. 마침내 정신은 이렇게 바라보면서 일자에게 되돌아감[epistrophē]일 뿐만 아니라, 언급했듯이 그것은 일자 자신이 자기에게 되돌아가는 것이기도 하다. 그러나 헤겔은 이로부터, 그것이 자신의 관념론적 구상과 유사하다고 하더라도, 플로티노스에게 있어서 일자가 그 자체로 혹은 그 본질상 정신이라고 추론하지는 않는다.

정신은 오히려 일자로부터 유래한다. 그런데 일자로부터 출현하는 모든 것들 가운데 정신은 일자에 가장 가깝게 머물러 있다. 헤겔은 정신이 그리로 되돌아가며 바라보는 절대적인 통일의 상태[Einheit]를 대담하게도 사유의 "대상"이라고 부르며, 사유를 통해서는 이 통일성의 상태 "그 자체에 진입할 수는 없고, 그 상태는 규정되지 않으며, 인식되지 않은 것으로 남아 있다"(TW 19, 450 f.)는 점을 첨언하고 있다.[27]

6.1.2.2. 정신[28]

헤겔은 플로티노스가 말하는 '정신' 안에서, 차이 속의 동일성을 완성된 자기 반성으로 이해한다. 정신은 사유의 사유로서만 사유다. 즉 "정신은 자기 자신을 자기-스스로-발견하는 작용"(TW 19, 448)이다. 자기 자신을 사유하면서 사유는 자신 속에서 사유해야 할 것을 구별하는 동시에 구별을 다시 지양한다. 따라서 사유행위는 본질적으로 자신 속에서 구별들을 구별하는 작용으로서, 구별들의 지양을 통하여 혹은 하나에서 다른 하나로의 이행을 통하여 항상 자기 자신으로 동일하게 머문다(TW 19, 447, 450 f. 참조). 그러므로 정신은 개별성의 원리, 즉 이데아들의 고유함의 원리를 자신 속에 포함함으로써 한편으로는 '부정적인' 통일체[Einheit]이지만, 그 안에서 구별된 것을 동일성 속으로 반성하여 그렇게 본질적으로 "숙고하면서 자기-자신-곁에-머무름"(TW 19, 449)으로도 존재함으로써, 다른 한편으로는 '긍정적인' 통일체다.

동일성은, 그 안에서 하나가 된 것이 구별될 수 있는 것으로 머물러 있는 모습

---

27 그러나 일자를 사유된 것[noēton]이라고 부르는 플로티노스도 참조할 것. *Enneaden* V, 4, 2, 24 참조. Düsing, ebd. 142 ff. 참조.

28 아낙사고라스에서 유래된 정신 개념은 플라톤의 데미우르고스를 통해 플로티노스에게 영감을 준다. 플라톤의 데미우르고스는 이데아들을 명상하며, 그것들의 모방태로서의 물을 창조한다(장욱, 『중세철학의 정신』, ebd., 110).

을 띤 통일성[Einheit]으로 이해될 수 있다. 즉 정신은 다원성을 뜻하지만, "분리되지 않는 것이면서 또한 구별되는 다(多)"이다(plēthos adiakriton kai au diakekrimenon, πλῆθος ἀδιάκριτον καὶ αὖ διακεκριμένον Enn. VI, 9, 5, 16). 정신의 존재와 작용을 위해 필수적인 범주로서의 다름(타재)[Andersheit]은 사유해야 할 개별적인 각각의 것이나 혹은 사유된 모든 것(이데아)이 어쨌든 분절될 수 있고 또 그러한 분절을 통해 '그것 자체'로 파악될 수 있기 위한 근거가 된다. '다름'은 그러므로 오직 '동일함[Selbigkeit]'으로부터만, 그리고 '동일함'을 향해서만 이해될 수 있다. '다름'은 사유를 "객관화할" 때에 운동하는 요소인 동시에 정지하게 만드는 요소다. 이때 사유는 물론,—플로티노스가 말하는 의미로는—각 개별자 속에서 전체가 원근법적으로(시각적으로)[perspektivisch] 드러나게 만듦으로써, 다시 말해 개별자 속에서 자기를 전체로서 함께 사유함으로써, 결코 "대상" 속에서 고정되지 않고, 자기 자신과 구별되는 대상을 항상 동시에 지양한다. 그리하여 다름은 전체의 통일을 보증해준다. 그런데 이러한 통일은, 자신 속에서 구별된, 그리고 자신 속에 있는 구별된 것으로 말미암아 역동적이며 자기를 의식하는 통일이다. 만일 사유가 "사유한다면, 사유는 자신을 둘(2)로 만든다. 혹은 오히려, 사유는 사유하기 때문에 둘이며(='객관화'), 그와 동시에 자기 자신을 사유하기 때문에, 그것은 하나(1)다"(Enn. V, 6, 1, 22 f.)[29] 그러므로 정신은 '다름'에도 불구하고 혹은 '다름'으로 말미암아 통일체인 것이다. 이에 반해 '일자' 자체는 다름이 없는 통일체다. 그러므로 '일자'는 사유하지도 않는다. 그에게서 다름이 없는 통일체는—요컨대 다수(다자)[Vielen]를 절대적으로 배제하는 것은—다름 속에 있는 통일체에 비해 "더 가치 있는 것"이기 때문에, 이는 플로티노스에게 있어서 단지 당연한 귀결로 나타난다. 헤겔이 말하는 절대적 통일(체) 개념은 이와는 다르다. 즉 헤겔에 있어서 절대적 통일 개념은 무엇보다도 부정과 다름을 통해서 생동적인 것이 된다. 통일이 지닌 이러한 생동성은 자기 자신을 개념적으로 파악하고, 그를 통해 자기를 꾸준히 부정하면서 구별하는 동시에 다시 종합하는 사유로서, 결국 자기에게 되돌아오는 절대자를 뜻하기도 한다.

헤겔식의 자기-이해에 따르면 "사유의 완전태[Entelicheia]"로서의 아리스토텔레스의 "사유의 사유[noēsis tēs noēseōs, νόησις τῆς νοήσεως]"가 절대적 사유·구체적 정신 혹은 절대자의 자기사유라는 헤겔의 고유한 개념에 가장 들어

29 이와 관련된 문제 전반에 대해선, Beierwaltes, *Plotin*, 21 ff. 참조.

맞는 선취(先取)이기 때문에,[30] 그리고 플로티노스는 바로 자기의 정신 개념을 통해 "아리스토텔레스의 '사유의 사유'라는 최고의 영역으로 도약했기"(TW 19, 463) 때문에, —헤겔이 볼 때—플로티노스에게 있어서 사유의 사유는 근본적으로 일자를 도무지 필요로 하지 않을 것이다. 혹은, 정신이 최초의 원리가 되어야 할 것이다. 헤겔의 절대자 개념은 무엇보다도 아리스토텔레스의 '신의 자기사유'라는 개념과 파르메니데스가 말한 사유와 존재의 동일성 개념이 사변적으로 종합된 것으로 이해할 수 있다.[31]

6.1.2.3. 플로티노스의 '정신'과 헤겔의 '주체'의 차이

플로티노스의 '정신'은 '일자'를 통하여 본래적인 것에 이르도록 매개되어 있고, 그 자신은 혼을 매개하지만, 헤겔의 '주체'는 절대자 자체로서, 자신 속에서 그리고 자신에게 매개된 전체다. 파르메니데스가 말한 사유와 존재의 동일성과 아리스토텔레스가 말한 신의 자기사유가, 절대정신에 내재하는 변증법 혹은 정신의 역동성을 이루는 본질적인 요소가 되기 때문에, 헤겔의 안목으로는, (삼항성으로 말미암은 프로클로스의 정신만이 아니라) 플로티노스가 말하는 정신도 '구체적인 것[Concretum]'으로 간주될 수 있다. 그러나 이는, 자기-자신-속에서-자신을-구별하는 정신의 작용이 계속해서 자기를 종합해 나가며, 지양하거나 화해한다는 점을, 그리고 자기 자신 속에서 추상적이고 부정적인 것인 그 어떤 타자도 고착되지 않도록 한다는 점을 함의하고 있다. '다름(타재)[Andersheit]'은 정신 속에서 분명 필수적인, 그러나 사유하면서 자기 자신을 지양하는 계기로 되기는 하지만, 이러한 계기를 통해서 정신은 무엇보다도 전체로 "구체화된다" 그리하여 헤겔식으로 말하면, 구체적인 존재는 신플라톤주의에 있어서 고차적인 술어가 된다. 즉 "정신은 자신 속에서 자기를 규정하는 사유로서만 의미를 갖는다. 이것은 자기를 알며, 자신 속에서 자기를 구별하는, 그리고 이러한 구별의 측면에 따라 자기를 규정하고 그 속에서 자기 자신과의 전적으로 투명한 통일체로 머물러 있는 사유의 순수한 동일성이다. 이것이 구체적인 것이다"(TW 19, 407). 그러므로 이 '구체적인 것'이란, 플로티노스가 말하는 '상이성(차이) 속의 통일'을 헤겔식으로 정식화한 것이다.[32]

---

30 Enz § 552. TW 10, 362 f. 참조. 인용은 § 577에서; TW 5, 504 f. 참조.

31 Beierwaltes, ebd., 149 ff. 참조.

6.1.2.4. 플로티노스의 삼항성에 대한 헤겔의 평가

플로티노스에 의하면, 일자로부터 산출된 것은 일자로 되돌아간다. 일자, 일자로부터의 외화(유출), 그리고 다시 이로부터 일자에로의 복귀라는 삼항성[Dreiheit]에 대해서, 그것은 그 내용상 전적으로 옳은 것이고, 높이 평가되어야 한다고 말하지만, 반면에 헤겔은 이러한 규정들은 참되지만, 만족할 만한 것은 아니라는 평가를 덧붙인다. 왜냐하면 여기에는 개념의 "필연성"이 드러나 있지 않기 때문이다. 헤겔에 따라서 이 개념의 필연성을 보충하여 이를 설명한다면 다음과 같이 표현할 수 있을 것이다. 일자는 단순한 통일[Einheit]의 상태에 있는 것, 모든 술어를 지양하는 것이며 절대적인 부성성이다. 왜냐하면 그것에는 그 어떤 술어나 표현도 부가될 수 없기 때문에 단순한 부정성의 상태로 존재하기 때문이다. 두 번째 단계, 즉 일자로부터의 유출에 의해 이루어진 것, 벗어남[Herausgehen]은 바로 이 최초의 존재자인 일자의 부정이다. 이것은 일자인 신의 구별작용·확장이다. 그리고 마지막으로, 유출된 것으로부터 일자 자신에로의 복귀가 이루어진다(TW 19, 450 참조).

6.2. 프로클로스[33](Proklos, Πρόκλος)

프로클로스는 고대 후기 희랍의 철학자이자 신플라톤주의의 대표자로서 412년에 콘스탄티노플에서 태어나서 485년에 아테네에서 사망했으며, 특히 아테네에서 플루타르크(Plutarch, Πλούταρχος ὁ Ἀθηναῖος, 350년경-430년경)에게서 공부했다. 그리고 수년간 아테네 철학학교의 교장을 지냈다. 그는 기독교가 이미 로마제국에서 국교가 된 때에 활동했다(기독교는 313년에 용인되었고 380년에 국교가 되었다). 헤겔은 프로클로스를, "고대 시기가 새로운 시기로, 고대철학이 기독교로 옮겨가는 진정한 전환점"으로 보고 있다.[34] 아테네에서는 약 50년간 신플라톤주의 학파가 지배했다. 그는 유출론에 대한 그의 구체적인 이

32 Beierwaltes, ebd., 152 f. 참조.

33 라틴어로는 Proclus로 부르고, 이에 따라 영어로도 Proclus로 부른다.

34 헤겔이 크로이쩌에게 보낸 1821년 5월 말의 편지. *Briefe von und an Hegel*, hg.v. J. Hoffmeister. 4Bde., Dritte, durchgesehene Aufl., Hamburg, 1969, Bd. 2, 266(앞으로 *Briefe von und an Hegel*로 줄이고 권수와 쪽수를 병기한다).

해—정지, 벗어남, 돌아옴—를 가지고 헤겔의 역사철학에 영향을 미쳤다.

그는 알렉산드리아로 가서 수사학과 철학을 공부했고, 그리고 난 후 아테네로 가서 플라톤주의자인 플루타르크와 쉬리아노스(Syrianos, Συριανός, ?-437년경)에게서 공부했다. 그는 여기서 우선 아리스토텔레스 철학을, 그러고 나서는 플라톤 철학을 공부했다. 아테네 학파의 대표적인 철학자들 가운데 한 사람인 마리노스(Marinos of Neapolis, Μαρῖνος ὁ Νεαπολίτης, 440년경-486년 이후)에 의하면 프로클로스가 아크로폴리스에 이르렀을 때 문지기로부터, "만일 당신이 오지 않았다면 저는 문을 닫았을 것입니다(ἀληθῶς, εἰ μὴ ἦλθες, ἔκλειον)"[35] 라는 찬사를 들었다고 한다. 그는 신비(神祕)[Μυστήϱιον]에 속한 모든 것을 공부했다. 그런데 알렉산드리아인들에게 있어서 신비는, 우리가 이해하고 있는 그런 의미를 가지고 있는 것이 아니라 일반적으로 사변철학을 가리킨다. 그리하여 기독교에서의 신비들 역시 지성에게는 불가해한 것, 비밀이기는 하지만, 그것들은 사변적이어서 이성은 그것들을 파악한다.

그는 오르페우스를 희랍의 모든 신학의 원조(창시자)로 간주하며 오르페우스의 신탁과 갈데아의 신탁에 특별히 큰 가치를 부여했다. 그는 심오한 사변적 인간이었고 아주 많은 지식을 소유했다. 그는 학문과 신플라톤주의 철학 속에서 마치 예배를 드리는 것처럼 살았다. 그의 철학의 주요이념들(주된 생각들)은 플라톤 철학에 대한 그의 저술로부터 쉽게 알 수 있다.

비록 그의 많은 작품들이 소멸되었으나, 우리는 그 자신의 저작인 『신학요강』(*Stoicheiōsis Theologikē*, *Στοιχείωσις Θεολογική*), 『플라톤 신학에 관하여』(*Eis tēn Platōnos Theologian*, *Ἐις τὴν Πλάτωνος Θεολογίαν*)와 『섭리에 대한 열 개의 의문점들에 관하여』(*De decem dubitationibus circa providentiam*), 『섭리와 운명, 그리고 우리 안에 있는 운명에 관하여』(*De providentia et fato et eo quod in nobis*), 『악의 실체에 관하여』(*De malorum subsistentia*)—마지막 세 권은 모에베크 출신 윌리암(William of Moerbeke, 1215년경-1286년경)의 라틴어 번역으로 보존되어 있다—에 더하여 『티마이오스』, 『국가』, 『파르메니데스』, 『알키비아데스 I』과 『크라틸로스』에 관한 그의 주석들을 여전히 가지고 있다. 그의 철학저술들은 특히 플라톤의 대화편에 대한 주석들인데, 이런 점은 플로티노스의 경우와 마찬가지다. 그 가운데 특히 유명했던 것은 『티마이오스』에 대한 주석이

---

35 Marini, *Vita Procli*. Graece et Latine, Weigel, 1814, 9; 그리고 전광식, 『신플라톤주의의 역사』, 서광사, 2005[3](2002), 45도 참조.

다. 그러나 대다수의 저술들은 수고(手稿)들로만 존재하였다. 파리의 쿠쟁(Cousin)은 그것들을 완전하게 보존했다. 특별하게 간행된 책들은 그의 『플라톤 신학에 관하여』와 그의 『신학요강』이다.

플라톤 철학과 아리스토텔레스철학 및 자신의 신플라톤주의 선배들의 철학에 관한 광범위한 지식을 가지고 있었던 프로클로스는 이러한 지식에다 모든 종류의 종교적 신념들, 미신들 및 의식(儀式)들에 대한 커다란 관심과 열정(열광)을 결합하였고, 심지어는 자신이 계시를 받았으며, 신피타고라스주의자인 니코마코스(Nicomachus of Gerasa, 60년경-120년경)의 환생이라고 믿었다. 그러므로 그는 막대한 양의 정보와 학식을 마음대로 처리할 수 있었다. 그는 이 모든 요소들을 조심스럽게 연계(連繫)된 하나의 체계로 결합하려고 시도했는데, 그것은 그의 변증적 능력에 의해 더욱 쉬워진 과제였다. 이로 인해 그는, ―그가 다른 사람들로부터 받아들인 신조들에 관한 정교한 체계화를 위해 자기의 변증적 능력과 천재성을 제공했다는 점에서―고대의 가장 위대한 스콜라철학자라는 평판을 받았다. 그럼에도 불구하고 헤겔은 그의 서술이 완전히 명석한 것은 아니며 여전히 많은 결점을 지니고 있다고 말한다(TW 19, 466 ff. 참조).

6.2.1. 하나와 여럿의 변증법:
하나로부터 여럿의 출현 및 하나에로의 복귀

프로클로스 사상의 기본적인 관심은 일자와 다자의 관계에 대한 것이다. 그에 의하면 모든 존재자의 원천은 사유와 존재의 피안에 있는 절대적인 일자다. 다자는 이 일자로부터 나오고 또 궁극적인 일자에게로 향한다.[36] 일자는, '존재하는 만물의 시작과 제1원인', '원인 없는 원인'이다.[37]

전개의 전 과정의 본래의 원리는 제1원리, 즉 일자 자체[to auto hen, τὸ αὐτὸ ἕν]다(*Instit. Theol.*, 4, 6; *Theol. Plat.*, 2, 4). 존재자는 반드시 원인을 가져야 하며, 원인은 결과와 똑같은 것이 아니다. 그러나 우리는 무한퇴행[regressus ad infinitum]을 받아들일 수 없다. 그러므로 "하나의 뿌리로부터 가지들이 나오듯이" 많은 존재자들이 그로부터 진행되는 제1원인이 있어서, 어떤 것들은 제1원

36 전광식, ebd., 71 참조.

37 El. Th., 12: Th. Pl., 101, 106; in Parm. VI, 87, in Tim., 110e.

인에 더 가깝고, 다른 것들은 더 멀리 있어야만 한다. 더욱이 그러한 제1원인은 오직 하나만 존재할 수 있는데, 왜냐하면 다수성의 존재는 항상 단일성(통일성)에 비해 부차적인 것이기 때문이다(*Instit. Theol.*, II). 제1원인은 반드시 존재해야 하는데, 왜냐하면 우리는 논리적으로 모든 다수성을 단일성(통일성)으로, 모든 결과들을 하나의 궁극적인 원인으로 그리고 참여한 모든 선(善)들을 절대적인 선으로 귀착시키지 않을 수 없기 때문이다. 그러나 사실상 제1원리는, 그것이 존재자를 초월하는 것처럼 단일성, 원인 그리고 선이라는 술어들을 초월한다. 그 결과 우리는 궁극적인 원리에 관해서 어떤 것도 긍정적으로 서술할 수 있는 자격을 실제로 갖지 못한다. 즉 우리는 그것이 모든 논증적(담론적) 사고와 긍정적인 서술을 초월해 있어서 말로 나타낼 수 없고, 파악할 수 없다는 것을 깨닫고, 오로지 그렇지 않은 것(말로 나타낼 수 있고, 파악할 수 있는 것)만 말할 수 있을 뿐이다.[38]

프로클로스는 플라톤의 『파르메니데스』에서 특히 절대자의 본성이 인식된 것으로 발견하였다. "하나(일), 여럿(다), 존재[Einheit, Vielheit, Sein]" 등에 있어서 우리는 바로 이러한 직접적인 하나와 여럿을 사유한다. 프로클로스는 하나[Einheit]로부터 출발한다. "일자는 그 자체로는 '표현될 수(말해질 수) 없고[arrētos]' '인식될 수 없다[agnōston]'. 그러나 일자는 자기의 출현과 자신 속으로의 복귀로부터 파악될 수 있다"(*El. Th.*, 123). 프로클로스는 이러한 자기분열, 구별과의 관계, 하나[Einheit]의 다음의 규정을, '산출[paragein, παϱάγειν]', '출현[πϱόοδος]', '활동', '서술(제시)', '보여줌'이라고 규정한다.[39] 산출하는 하나[Einheit]의 관계는 자신 밖으로 나옴(자신으로부터 벗어남)이 아니다. 왜냐하면 '밖으로 나옴'이라는 것은 변화일 것이고, 변화는 더 이상 자기 자신과 동일한 것으로서 정립되지 않을 것이기 때문이다. 그러므로 하나[Einheit]는 또한 자기의 산출을 통해서 제거나 감소를 겪지 않는다. 하나[Einheit]는, 어떤 특정한 사유의 산출을 통해서 감소를 겪지 않고 동일자로 머무르며 산출된 것을 자신 속에서도 보지(保持)하고 있는 사유다.[40]

프로클로스는 플라톤의 『파르메니데스』에서 이러한 산출이 나타나는 방식에 대하여 심오한 언급을 하고 있다. 그는 이미 이러한 심오한 언급을 플라톤의 『파

---

38 Frederick Copleston, S.J., *A History of Philosophy. Vol. I. Greece and Rome*, Westminster, Maryland, 1960, 479 참조.

39 *De Platonis theologia II*, 95, 107, 108.

40 *Institutio theologica*, c. 26.

르메니데스』에서 발견하고 있는데(프로클로스는 이에 대한 주석을 썼다: IV.-VI. Band von Cousin), 거기서 파르메니데스는 부정적인 방식으로(때로는 결과들은 단지 부정적이기만 하다) 다음과 같은 점을 보여준다. 즉 하나[Einheit]가 존재할 경우, 다(多)의 존재[Sein]는 존재하지 않는다는 등이다.

그런데 프로클로스는 이러한 부정들에 관해서, 그러한 부정들은 그것에 관해서 말해지고 있는 것의 지양[Aufheben]이 아니라, 그들의 대립들에 따른 규정들의 산출이라고 말한다. "플라톤이 그러므로 최초의 것이 다자(多者)[다수(多數)]가 아니라는 것을 보여줄 때에, 이것은 다자가 최초의 것으로부터 등장한다는 의미를 가지고 있다. 다시 말하면 최초의 것은 전체가 아니며 전체성은 최초의 것으로부터 나온다"는 등의 의미를 지니고 있다.[41] 다자, 부분들의 규정은 일자로부터 나온다. 이러한 부정들은 단순한 결여태로서 이해되어서는 안 되며, 그것들은 긍정적인 규정들도 포함하고 있다(TW 19, 471 참조). 전체는 일자 속에 이념적으로 포함되어 있다. "다른 한편으로 이와 마찬가지로 신(神)도 이러한 부정들로부터 다시 유래되어야 한다." 그것들은 절대적인 것으로 머물러 있어서는 안 된다. "그렇지 않으면 신의 개념[Logos, λόγος]은 존재하지 않을 것이고 부정도 존재하지 않을 것이다. 표현할(말할) 수 없는 것이라는 개념은 자기 자신 주위를 맴돌면서 쉬지 않으며 자기 자신과 싸운다."[42] —즉 일자는 자기의 규정들을 이념적으로 정립하고 그것들을 또한 지양한다. 부정태[Das Negative]는 바로, 단순자에 대립한 채로 분리시키는 자·산출하는 자·활동하는 자다. 그런데 부정태 역시 부정으로부터 나온 것이다. 그리하여 프로클로스에게 있어서 저 플라톤의 변증법은 긍정적인 의미를 얻는다. 즉 변증법을 통해서 그는 모든 구별들을 통일에로 환원하고자 한다. 일과 다의 이러한 변증법과 더불어 프로클로스는 많은 일을 하는데, 특히 그의 유명한 『신학요강』 속에서 그렇게 한다.

그런데 산출하는 자는 힘의 잉여를 통해서 이제 계속해서 산출한다. 결여를 통한 산출도 발생한다. 모든 필요(욕구), 충동 등은 원인이 되는데, 이것은 결여를 통해서 원인이 된다. 즉 그것의 산출은 그것의 충족이다. 목적은 불완전하며, 활동성은 완성하려는 목적으로부터 생긴다. 그러나 욕구, 충족은 산출 속에서 동시에 감소한다. —충동은 충동이기를 멈춘다. 혹은 대자존재는 사라진다.

그러나 이러한 다양화는 저 통일을 폐기하지 않으며, 이러한 다양화는 오히려

---

41 *De Platonis theologia II*, 108.

42 *De Platonis theologia II*, 109.

통일의 방식으로[heniaiōs, ἑνιαίως] 일어난다; 이러한 다양화는 최초의 통일을 감소시키지 않는다. 다자는 통일에서 몫을 가지고 있지만 통일은 다(多)에서 몫을 가지고 있지 않다.[43] 프로클로스는, 다자가 그 자체로 존재하는 것이 아니며 또한 다자의 창시자가 아니며 모든 것은 하나[Einheit]로 되돌아가며, 요컨대 하나[Einheit]가 다자의 창시자이기도 하다는 점을 보여주기 위해서 다양한 변증법을 사용하고 있다(TW 19, 469 ff. 참조).

6.2.2. 삼단계의 발전: monē (μονή) – proodos (πρόοδος) – epistrophē (ἐπιστροφή)

프로클로스의 변증적 체계화의 주제는 삼단계의 발전이다. 확실히 이 원리는 이암블리쿠스(Iamblichus, 245-325)가 사용했던 것이다. 그러나 프로클로스는 이 원리를 상당한 변증적 정밀함을 가지고 사용했으며, 그는 이 원리를 일자로부터 시작하는 존재자들의 진행에서, 즉 최고의 근원[archē, ἀρχή]으로부터 가장 열등한 단계에까지 내려가는 존재자의 서열들의 유출에 있어서 지배적인 원리로 만들었다.

이렇게 볼 때 프로클로스의 형이상학은 삼단계론[삼항론(三項論), Triadologie]이라고 할 수 있다(TW 19, 473 ff. 참조).[44] 그런데 이전의 신플라톤주의 철학자들에게서 나타나는 삼항성(三項性)에 비해 훨씬 다양한 형태로 나타나는 프로클로스의 삼항성은 존재구분론적[onto-partiell] 삼항성과 변증적 운동의 삼항성의 두 가지 형태로 구분할 수 있다. 전자는 신적 실체의 영역과 그 내부적인 세분(細分)에서 보이는 존재적 단계나 영역의 구분에서 드러나고, 후자는 각 존재자들이 지니는 운동 내지 전개에서 나타난다.

존재론적 삼항성에는 '일자-정신-혼[hen-nous-psychē]'의 세 가지 실체를 위시하여, 갈대아 신탁의 전형적인 삼항성인 '존재(자)-생명-정신[on-zōē-nous]'(*El. Th.*, 24), 그리고 '실체-타자성-자기정체성[ousia-heterotēs-tautotēs]'(in *Parm*. 734, 37-735, 6), '비분리적인 것-분리적인 것-참여자[ame-

43 *Institutio theologica*, c. 27; *De Platonis theologia III*, 119, 121; II, 101-102.

44 F. Ueberweg, *Grundriß der Geschichte der Philosophie*, hg.v. K. Praechter, Basel, 1967, 626 f.: W. Beierwaltes, *Proklos. Grundzüge seiner Metaphysik*. Zweite durchgesehene und erweiterte Auflage, Ffm., 1979, 24-164 참조.

thekton-metechomenon-metechon]'(*El. Th.*, 24), '유한-무한-혼합[peras-apeiron-mikton]'(*El. Th.*, 89 f.), '실체-잠재성-활동성[ousia-dynamis-energeia]'(*El. Th.*, 169) 등이 있다. 이런 다양한 존재론적 삼항성에 비해 과정적이고 변증적인 삼항성은 이미 잘 알려진 대로 'monē-proodos-epistrophē'다(*El. Th.* prop., 35). 존재론적 삼항성은 대부분의 경우 이 변증적 삼항성에 상응한다. 변증적 삼항성은 하나의 원환형태를 보여주는데 그것은, 그 마지막 계기는 그것이 나온 첫째 계기로 회귀한다는 것이다. 그것의 과정은 일자에게서 나와 일자에게로 돌아가는 과정이다. 위에 있는 실체와 아래에 있는 실체들 간의 이중적 관계에 대해서는 이미 플로티노스가 말한 바 있다. 낮은 실체는 높은 실체에서 나오고(유출) 또 그것에로 되돌아가는 것이다. 플로티노스 자신이 물론 'monē, proodos, epistrophē'를 언급했지만, 이것들을 프로클로스에게서처럼 고정된 세 계기로 사용하지는 않았다(*Enneaden III* 8, 5, 14 참조). 프로클로스는 포르피리오스와 이암블리코스에게서 구체화된 이 삼항성을 신플라톤주의 체계의 골격으로 정립했던 것이다.[45]

결과, 또는 진행하는 존재자는 원인 또는 유출의 근원과 부분적으로는 동일하고 부분적으로는 동일하지 않다. 그러므로 여기에는 두 가지 계기가 존재하는데, 그 첫 번째 것은 부분적인 동일성으로 인해 원리 속에 남아 있는 계기[monē, μονή]이고, 그 두 번째 것은 외향적 진행으로 인해 발생하는 차이의 계기[proodos, πρόοδος]다. 그러나 진행하는 모든 존재자 속에는 선(善)을 향하는 자연적인 경향이 있는데, 존재자의 전개의 엄격하게 위계적인 성격 때문에, 선을 향하는 이 자연적 경향은 유출되는 혹은 진행하는 존재자 편에서 유출의 직접적인 근원을 향하여 되돌아가는 것을 의미한다. 그러므로 프로클로스는 전개(발전)의 세 가지 계기들, 즉 ① monē [μονή], 혹은 원리 속에 남아 있음, ② proodos [πρόοδος], 혹은 원리로부터 진행함, 그리고 ③ epistrophē [ἐπιστροφή], 혹은 그 원리로 되돌아감이라는 계기들을 구별한다. 이러한 3부적 전개 혹은 세 계기들의 전개가 유출의 전계열을 지배한다(*Instit. Theol.*, 30 ff.; *Theol. Plat.*, 2, 4; 3, 14; 4, 1).[46]

---

45 전광식, ebd., 71 f. 참조.

46 Copleston, S.J., ebd., 478 f. 참조. 그런데 monē (μονή)[자신 속에 머묾] ⇨ proodos (πρόοδος)[자신 밖으로 나감] ⇨ epistrophē (ἐπιστροφή)[자신 속으로 돌아감]에로의 진행은 프로클로스의 스승인 시리아노스가 이미 제시한, 혼(魂)의 운동 및 삶의 방식이다. 아울러 더 멀리는 이암블리코스(250-325)도 이러한 Trias를 알고 있었다. 그런데 타일러(Willy Theiler)는

6.2.3. 삼항성의 규정

그가 삼항성[Trinität, τριάς]을 어떻게 규정했는지를 특히 강조해야 한다. 이러한 삼항성은 일반적으로 신플라톤주의자들에게 있어서 흥미로운 것이다. 그런데 그것은 특히 프로클로스에게 있어서 흥미로운 것이다. 헤겔은, 프로클로스가 플로티노스보다 훨씬 더 규정적(확정적)이며, 훨씬 더 멀리 나아갔으며, 신플라톤주의자들 가운데서 가장 탁월한 내용, 가장 도야된(성숙한) 내용을 포함하고 있다고 말하는데, 그 이유는 특히, 그가 이념을 "세 가지 형태(형식)들—삼항성[die Trinität, τριάς]—로 상세하게 규정하고 있고", 그것을 그것의 추상적인 계기들 속에 남겨두지 않았기 때문이다. 프로클로스는 이러한 삼항성을 "삼위일체의 총체"로 간주하며, 이를 통해 그는 실재적인 삼항성을 얻는다. 그리하여 총체를 이루는 세 개의 규정들이 존재하는데, 각각의 것들은 다시 자신 속에서 충족된 구체적인 것으로 간주된다. 그리고 이것은 그가 진보한, 완전히 옳은 관점으로 간주되어야만 한다. 자신과의 통일 속에 머무르는, 이념 속에서의 이러한 구별들은—그 구별들은 자기의 계기들이요 자기의 구별들이기 때문에—또한 본질적으로는 전체로 규정된다. 그리하여 통일(하나)은 자기의 구별들 속에서 자기인 바로 온전히 존재한다. 그리하여 이 구별들의 각자는 총체성의 형태로 존재하며, 과정의 전체는, 이러한 세 개의 총체성들이 서로의 속에서 동일한 것으로 정립된다.

이것은 이제 이렇게 규정된다: 여러 일자들로 다양화되는 절대적 통일은 이로써, 이러한 일자에 존재하는 다수성을 산출하였다. 다수[Viele]가 아니라 다수성[Vielheit], 그리고 개념은 그 자체로 통일체(하나)다. 그것은 분열 일반이며, 혹은 무규정성에 대립해 있는 규정성이다. 세 번째 것은 이제 전체요, 규정된 것과 규정되지 않은 것의 통일 혹은 규정된 것과 혼합된 것의 통일인데, 이것은 비로소 존재자·실체적인 것·일자-다자[Eins-Vieles, ἓν πολλά]다. 이러한 참으로 존재(실존)하는 것에서 미(美), 진리 그리고 대칭이 존재한다. 자기 자신으로부터 출발하는 참으로 실존하는 자는 생(生)이다. 생 속에 존재하는 계기들의 분리·전개로부터 비로소 지성[Verstand]이 솟아나오고, 지성으로부터 혼이 솟

---

monē ⇨ proodos ⇨ epistrophē가 포르피리오스(232-305)로부터 유래하는 것으로 보고 있다(W. Theiler, *Prophyrios und Augustin*, Ges. Schriften der Königsberger Gelehrten. geisteswiss. Kl. Bd. 10, H. 2, Halle, 1933, 33 참조. 전광식, ebd., 49-50으로부터 가져옴).

아나온다.

그의 삼항성의 더 상세한 것과 관련해서는, 그의 규정에 따라 볼 때 삼항성의 세 계기들은 일자, 무한자 그리고 한계다. 이것들은 그의 플라톤 신학에서 성취된 추상적인 계기들이다. 그런데 최초의 것, 신은 그러므로 이미 종종 말한 절대적 하나(통일)이며, 독자적으로 인식할 수 없는 것, 해명되지 않은 것, 단지 추상적인 것이다; 그것은 추상적인 것으로서, 인식될 수 없다. 그것은 추상적인 것이라는 사실만 인식될 수 있다. 그것은 아직은 활동이 아니다. 이러한 통일은 존재[Sein]를 넘어서 있다[ὑπερούσιον, superessentiale]. 이 통일의 최초의 산출은 물(物)들의 다수의 일자[die vielen Eins, ἑνάδες]요, 순수한 수(數)들이다. 이것은 그것들을 통해서 그것들이 절대적인 하나(통일)에 참여하는 물들의 사유하는 원리들이다(TW 19, 474 ff. 참조).

6.2.4. 사유된 모든 것의 최초의 삼항[Trias]

a) "그런데 이것이, 사유된 모든 것의 최초의 삼항[Trias], 즉 한계, 무한자, 그리고 혼합된 것이다." 최초의 삼단계[Triade]는 이러한 세 개의 규정성들 자체의 통일, 즉 순수한 본체성, 최초의 세계질서(디아코스모스), 최초의 신, 신적인 것의 최초의 질서[die reine Wesenheit, der erste Diakosmos, der erste Gott, die erste Ordnung des Göttlichen]다. 요컨대 이것은 일자다. 이러한 일자, 이러한 우시아는 구체적인 일자 자체로서, 무한자와 한계의 통일이다. 그리고 한계(구체적인 정신인 한계)는 "직접적이며 최초의 신으로부터 출현하면서 사유하는 정상(頂上)에까지 도달하는 신, 모든 것을 측정(평가)하고 규정하면서 그리고 모든 아버지다운 것과 모든 것을 결합하는 것과 신들의 결점 없는 성(性)을 자신 속에 받아들이는 신이다."

최초의 질서는, 그 속에서 이러한 요소들이 전개되지 않은 채로 포함되어 있고, 한계 속에서 확고하게 유연성이 없는 채로 결합되어 있는 우시아인데, 그런 한에서 그것은 개방되지 않은 것이다. 최초의 것의 정상(頂上)은 우시아다. "그런데 무한자"(양)[die Quantität]는 "이러한 신의 고갈되지 않는 가능성이며, 모든 산물[Ausgeburt]·질서들을 나타나게 하는 자이며, 본질 이전의 무한성 및 실체적인 무한성이라는 모든 무한성을 마지막 질료에 이르기까지 나타나게 하는 그런 것이다." 그리고 이 최초의 것은 자기의 정상에서 두 번째의 질서를 산출한다. 두 번째의 질서는 전체적으로 보아 생(生)이며, 정신의 정상이다. 이러한 두 번째의 것은 둘 혹은 무한자의[der δυάς oder des ἄπειϱον] 규정 속에 존재한다. 이러한 진전에 있어서 프로클로스는 영감·바카스적 열광 속에서 다음과 같이 말하면서 출발한다:

b) "통일 속에 머무르며 통일에 통합되어 있는 이러한 최초의 삼항에 따라서 우리는 이제 두 번째의 것을 찬양합시다[ὑμνήσωμεν]." 최초의 통일[Einheit, ἑνάς]이 존재의 정상을 산출하듯이, 중간의 통일은 중간의 존재를 산출한다. 왜냐하면 그것은 마찬가지로 무엇을 산출하면서 자신 속에 보존하기 때문이다. 두 번째의 질서에서도 이전과 마찬가지로 다시 세 개의 계기가 등장한다. "여기서 기초는, 최초의 삼항의 통일(마지막)이었던 우시아다. 여기서 우시아는 최초의 것이다. 거기서 무한자였던 두 번째 것은 여기서는 가능태[dynamis, δύναμις]다. 그리고 이 양자의 통일이 생[zōē, ζωή]인데," 이것은 전체의 질서에 규정성 일반을 부여하는 중심이다. "두 번째의 존재는 사유된 생이다. 정신이라는 극(極) 속에서 존재자들은 자신들의 토대[hypostasin, ὑπόστασιν]를 갖는다. 두 번째의 질서는 첫 번째의 질서와 유사한 하나의 삼항성이다. 왜냐하면 신은 마찬가지로 두 번째의 질서이기 때문이다." — 이것이 바로 이러한 삼항들의[Dreiheiten] 관계다. "최초의 삼항이 모든 것이지만, 예지적(지성적)[intellektuell] [noētōs, νοητως]이고 직접적으로 일자로부터[heniaiōs, ἑνιαίως] 나와서 한계 속에 머물기[peratoeidōs, πεϱατοειδως] 때문에, 두 번째의 삼항도 모든 것이지만 생동적이며, 무한성의 원리 속에[zōtikōs kai hapeiroeidōs, ζωτικως καὶ ἀπειϱοειδως] 머물러 있다. 그런데 이것은 세 번째의 삼항이, 혼합된 것의 방식에 따라 출현한 것과 마찬가지다. 한계는 최초의 삼항일체[Dreieinigkeit]를 규정한다. 그리고 무한자는 두 번째의 삼항일체를, 그리고 구체적인 것은 세 번째의 삼항일체를 규정한다. 병렬되어 있는, 통일의 각 규정성은 또한 신들의 예지적(지성적)[intelligible] 질서를 설명한다. 각각의 규정성은 모두 자신 아래에 세 계기들을 포함하고 있다. 그리고 각각의 규정성은 이러한 계기들 가운데 하나에 속해 있는 이러한 삼항성[Dreiheit]으로 정립된다."[47] 그리고 이 세 개의 질서들은 최고의 신들이다. 나중에 여러 신들이 출현한다.

c) "세 번째의 삼항(실체)[Die dritte (Substanz)]은 사유된 정신을 자신의 주위에 정립한다(ὑφίστησι πεϱὶ αὐτήν)." 세 번째의 삼항은 정신 자체다. "세 번째

47 *De Platonis theologia* III, 141-142.

의 삼항은 중간의 삼항을 자신과 절대적 실체 사이에 정립하고, 사유된 정신을 신적인 통일성으로 채운다. 그것은 중간의 삼항을 통해서 존재를 채우며 자기에게로 향한다. 이러한 세 번째의 것은 최초의 존재처럼 하나의 원인을 통해 존재하지 않으며, 두 번째의 것처럼 모든 것을 계시한다[πϱοφαινον]. 최초의 삼항"(이 구체적인 신)은 "한계 자체 속에 숨은 채로 머물러 있다."—한계는 부정적 통일체이며 주체성 일반이다—"그리고 예지적인 것의 모든 존립(존재)을 한계 속에 고정시켰다." 예지적인 것은 이러한 일자 속에, 이러한 실체 속에 자신의 존재를 가지고 있다. "두 번째 것은 마찬가지로 머물러 있는 동시에 앞으로 나아간다." 생동적인 것은 빛나지만[scheint], 그 속에서 통일로 되돌아간다. 세 번째 것(사유 자체)은 "전진에로 향하며 예지적인 한계는 처음으로 돌아가고, 질서는 자기 자신 속으로 되돌아간다. 왜냐하면 지성은 되돌아감이며, 사유된 것에 맞게 만드는 것이기 때문이다. 그리고 이 모든 것은 사유(이념)[eine Idee]다: 즉 머무름[das Beharren], 전진[das Vorschreiten, πϱοϊέναι], 그리고 되돌아감[das Umkehren, ἐπιστϱέφειν]이다." 각각의 것은 독자적으로 총체이지만, 셋 모두는 하나로 되돌아간다. 정신 속에서 두 개의 최초의 삼단계[Triaden] 자체는 단지 계기들일 뿐이다. 그러나 정신은 이 두 최초의 것들의 총체 자체로 이해되어야 한다. "그런데 이 세 개의 삼항일체들[Dreieinigkeiten]은 최초의 알려지지 않은[amethektou, ἀμεθεκτου] 신의, 전적으로 인식되지 않은(인식이 없는) 원인을 신비적인 방식으로 알린다." 그런데 이러한 신은 최초의 통일의 원리이며 셋 속에서 현시된다: "첫 번째 것은 표현할 수 없는 자기의 통일이고, 다른 하나의 것(생)은 모든 힘들의 넘침이자 그 넘침의 비춤이며, 세 번째 것은 존재, 본질 일반의 완전한 산출이다."[48] 신비적인 것은 총체성으로, 신으로 규정된 이 구별들이 일자로 파악된다는 사실이다. 정신은 삼중적[dreifach]이다: 즉 본질적이고, 생동적이며, 지성적(예지적)이다[οὐσιωδῶς, ζωτικῶς und νοεϱῶς]. "하나의 질서 속에는 구체적인 것 자체가 본질이며, 다른 하나의 질서 속에서 그것은 생이며 세 번째의 질서 속에서는 사유된 사유다." 첫 번째의 실체는, 객체로 되는 사유된 것으로서의 정신이다. 우리가 지성, 사유에 관해서 말한다면 정신은 하나의 존재자이며, 그것은 또한 계기이기도 하다. 두 번째로 생은 사유된 정신이며 사유하는 정신이다. 그리고 세 번째 것은 사유하는 사유다. 이것들을 그는 또한 세 신들이라고 부른다. 우시아를 그는 확고한 것, 토대[hestia, Ἑστία]라

48 *De Platonis theologia* III, 143.

고도 부른다.[49] 최초의 삼항일체는 사유된 신[theos noētos, θεὸς νοητός]이고, 두 번째의 삼항일체는 사유된 신과 사유하는 신[theos noētos kai noeros, θεὸς νοητὸς καὶ νοερός], 활동하는 신이고, 세 번째의 삼항일체는 순수한 신, 사유하는 신[theos noeros, θεὸς νοερός]이며, 자신 속으로의 이러한 복귀이며 통일로의 전회인 그러한 신이다. "신은 자신 속에서 전체다."[50] 이 셋은 또한 단적으로 절대적인 일자다. 그리고 이것은 하나의 절대적이며 구체적인 신을 이룬다.

"신은 나누어진 것을 나누어지지 않은 것으로 인식하고, 시간적인 것을 무시간적인 것으로 인식하며, 필연적이지 않은 것을 필연적으로 인식한다. 그리고 신은 변하는 것을 변치 않는 것으로 인식하고 어쨌든 만물을 자신들의 질서에 따르는 것으로 더욱 탁월하게[kreittonōs, κρειττόνως] 인식한다." "그 어떤 사람의 사유인 것은 또한 그 어떤 사람의 실체이기도 하다. 왜냐하면 각자의 사유는 각자의 존재와 동일한 것이며 각각의 것은 곧 사유와 존재 양자 모두이기 때문이다."[51] —이것이 바로 프로클로스 신학의 주요규정들이다. 신적인 사유(정신)는 자기의 생각들의 이름들을 만들고[dēmiourgei, δημιουργεῖ] 신들의 (궁극적인) 형상들을 보여준다. 각각의 이름은 말하자면 어떤 신의 형상(비유)[agalma, ἄγαλμα]을 산출한다(TW 19, 481 ff. 참조).

6.2.5. 프로클로스가 헤겔에게 미친 영향

헤겔의 변증적 사유는 프로클로스의 사상의 영향을 받은 것이 분명하며, 이와 관련하여 포이어바흐(L. Feuerbach, 1804-72)에 의해 이루어진 헤겔의 정신주의에 대한 이의제기, 특히 감성·물질·외적 자연을 "추상적" 존재라고 관념론적으로 평가절하하는 데 대한 포이어바흐의 이의제기는, 헤겔에게 "독일의 프로클로스"라는 명칭을 가져다주었다. 그리하여 "헤겔은 '독일의 아리스토텔레스 혹은 기독교적인 아리스토텔레스'[52]가 아니다. 그는 독일의 프로클로스다. '절대적

49 *De Platonis theologia* VI, 403.

50 *De Platonis theologia* III, 144.

51 *Institutio theologica*, c. 170.

52 헤겔의 이 같은 호칭은—아마도 처음으로—바흐만[D. (=C.F.) Bachmann]의, "현상학"에 대한 서평을 통해 붙여진 것이다; 바흐만은 헤겔과 셸링을 대비하면서 그들을 특징지으면서 그들의 특성에 관해서 다음과 같이 말한다. "셸링을 가리켜 현대의 플라톤이라고 부른다면,

인 철학'은 다시 태어난(환생한) 알렉산드리아의 철학이다"라고까지 말하고 있는 것이다.[53]

헤겔은 프로클로스의 관심이 특히 플라톤의 『파르메니데스』에, 그러니까 "하나(일자)의 변증법"(XIX, 73)의 탁월한 원천인 『파르메니데스』에 있었다는 것을 이미 『플라톤 신학』에서 간취할 수 있었다. 그러므로 헤겔이 볼 때, 프로클로스는 소위 플라톤의 『파르메니데스』를 "고대 변증법의 가장 위대한 예술작품"이자, "신적 생의 참된 개시(開示)이자 긍정적인 표현"(PhG, 57)으로 간주했던 사상가들에 속한 철학자다.

크로이쩌(F. Creuzer)에 의하면 헤겔은 플로티노스보다도 프로클로스를 더 중요시했고, 특히 프로클로스의 『신학요강』(=『신학원리』, *Elementatio theologica*)에 큰 가치를 두었다. 그리고 크로이쩌가 『신학요강』에 대한 필사본 관련도구를 가지고 있으며, 그 작업을 새롭게 하는 것이 절박한 관심사였다는 것을 헤겔은 알고 있었다. 그리고 크로이쩌가 인쇄 전지(全紙)를 헤겔에게 보내고 헤겔이 그것에 대한 자신의 소견을 전달한다는 조건으로 크로이쩌는 헤겔의 뜻에 따랐다. 그리고 또한 이러한 일은 일어났다.[54] 크로이쩌에게 보낸 헤겔의 편지에서 프로클로스의 철학에 대한 다음과 같은 헤겔의 일반적인 진술이 발견된다: "프로클로스의 이 논문(그의 『신학요강』[55]을 가리키는데, 이 작품의 최초의 인쇄 전지(全紙)를 헤겔은 크로이쩌로부터 바로 받았다)이 저에게는 신플라톤주의자들에 대해 안면을 익히도록 해준 것 중에서 가장 사랑스럽고 가장 가치 있는 것입니다. 거기에는 플라톤의 변증법이 있고, 동시에 이제는 플라톤보다도 훨씬 더 고차적이며 처음부터 시작하는, 이데아의 체계화 및 조직화가 존재합니다. 그것은 철학의 엄청난 진보이며 특히 프로클로스의 공로인데, 이것으로부터 그 다음 것들이 만들어졌습니다. 선생님이 작업한 이 글로 한 가지 큰 절박함을 달랠 수

헤겔을 두고 독일의 아리스토텔레스라고 아주 정당하게 부를 수 있다고 보는데, 그것은 우리가 저술들의 분량이 아니라, 아리스토텔레스의 정신에 속하는 고유한 점들에 주목한다는 점을 전제로 해서 그러하다"(이는 호프마이스터가 1810년의 하이델베르크 연감에서 발췌한 것으로서 *Breife von und an Hegel I*, 497에서 확인할 수 있다.)

53 Beierwaltes, *Platonismus und Idealismus*, ebd., 186 f. 참조.

54 F. Creuzer, *Aus dem Leben eines alten Professors*, Leipzig/Darmstadt, 1848, 124.

55 『신학요강』(혹은 『신학원리』)에는 신플라톤주의의 토대가 되는 형이상학적 원리들이 가장 알기 쉽게 설명되어 있는데, 예컨대 여기에는 "원인은 그 결과보다 항상 더 완벽하다"(prop. 7)는 원리하에, 신플라톤주의적인 존재자의 계층구조가 체계적으로 소개되어 있다(R.T. 왈리스, 『신플라톤주의』, 박규철·서영식·조규홍 공역, 누멘, 2017^2, 25 참조).

있게 되었습니다. 그래서 저는 저의 철학사 강의 중에 프로클로스에 대해, 특히 이 저술에 주의를 기울이는 데에 모자람이 없게 되었습니다. 이 저술은 저에게 참된 전환점이자, 옛 시대에서 새로운 시대로의 이행이며, 옛 (희랍) 철학으로부터 기독교로의 이행인 것 같습니다. 그리하여 그것을 이제 다시 유효한 것으로 만드는 일이 중요합니다."[56]

6.2.6. 헤겔과 프로클로스의 삼항성의 유사성

헤겔은 자신과 프로클로스의 삼항 개념을 구체적 총체성이라고 생각하고 있는데, 프로클로스의 삼항인 monē-proodos-epistrophē는 헤겔의 삼항과 유사하다. 프로클로스의 삼항의 원리는 존재자의 원리이자 사유의 근본법칙이다. 즉 그것은 한편으로는 우주의 운동성과 통일의 근거이자, 세계가 자기의 근원으로 원환적으로 회귀하는 원리이기도 하며, 정신의 구조를 이루는 원리, 즉 본질적으로 자기 자신에 대해 반성하는(자기 자신 속으로 복귀하는), 그리고 이와 더불어 자기를 구성하는 근원(원천)에 대해 반성하는 구조적 원리이기도 하다.[57] 그런데 헤겔에 있어서 주도적인 것은 후자다. 절대자가 자기 자신에 이르는 변증적 과정인 논리학은 이러한 원리로부터 이해될 수 있다. 그것은 즉, 전체를 이미 즉자적으로 존재하는 것으로서 함축하고 있는 시원적(始原的)인 직접성[μονή], 시원이 자기를 벗어나거나 소외되어서 정신의 타재인 자연 속으로 들어감[πϱόοδος], 마침내 자신 속으로 되돌아감·자신 속으로 감·자신 곁에 머무르는 동일성 속으로 내면화됨[Er-innerung] [ἐπιστϱοφή]이다. 마지막 것은 이미 처음의 것 속에서 척도가 된다. 즉 전체의 운동은 자신 속으로 복귀(반성)하는 작용이요, 자신을 더욱 확신하게 되고 그럼으로써 더욱 풍요롭게 되는 주체의 자기반성이며, 고유한(자신의) 시원과 고유한 완성을 하나로 정립하는 절대자의 자기-매개인 것이다. 직접성의 부정성인 추상적인 시원은 그러므로 소외를 넘어서 직접성을 벗어나와 직접성의 구체적인 종말(결과)로 나아간다. 자기 자신과

56 *Hegels Briefe* 389 (Ende Mai 1821): II, 266. Beierwaltes, *Platonismus und Idealismus*, ebd., 156 ff. 참조.

57 이러한 삼항성에 대해서는 W. Beierwaltes, Proklos, ebd., 118 ff. 참조. 헤겔의 "복귀" 개념에 대해서는, B. Lakebrink, *Die europäischen Idee der Freiheit*, I. Teil: Hegels Logik und die Tradition der Selbstbestimmung, Leiden, 1968, 224 ff., 242 f. 참조.

결합하는 이러한 운동은 하나의 원환운동이다.

신플라톤주의의 존재론이, 절대자가 과정을 밟아 자기가(자기로) 되어간다는 생각을 전적으로 배제함에도 불구하고, —되어가는 것은 항상, 원리가 아닌 것일 뿐이다—헤겔이 주체의 자기매개로서의 반성적 복귀라는 자기의 근본철학을 바로 신플라톤주의에서 재발견하고 있다는 점은 놀랄 일이 아니다. 필요한 변경을 가하면, 정당한 출발점은 정신이다. 플로티노스가 말하는 정신은 헤겔의 입장에서 보면 "자기 자신을 자기 스스로 발견함[Sich-selbst-Finden seiner selbst]"이자 "자기 자신에게로 되돌아가는[Sichselbstzurückbeugen]" "원환운동"(TW 19, 448 ff.)이다. "정신은 지성계(예지계)[die intelligible Welt]를 자기 자신에게로 향하게 한다."[58] 정신은 자기 자신을 사유하면서 자신 속에 있는 구별들을 지양한다. 이로 말미암아 정신은 생동하는 우주인 것이다. 헤겔의 해석에 의하면 프로클로스의 정신은 본질적으로, "되돌아가는 것[das Umkehrende]"(TW 19, 475)이다.

그런데 정신 속에 있는 변증적 원리는, 부정[πρόοδος, ἑτερότης]을 지양하고, 정신을 자기 자신과 매개하는 복귀[ἐπιστροφή]다. 정신 속에 있는 모든 것, 그리고—또한 관념론의 단초에 적합하게—정신 앞에 존재하는 모든 것은 "하나의 사유(하나의 이념)이다. 즉 머무름, 전진, 그리고 되돌아옴이다"(TW 19, 484). 그런데 되돌아옴은 항상, 하나에로의 복귀, 총체(성)에로의 구체화다. 요컨대 되돌아감과 부정, 즉 본래적인 것 속으로 타자가 매개되는 것이 변증법의 본질적인 규정을 이루는 것이다. 헤겔은 이러한 개념에 맞게 프로클로스도 이해한다. 즉 프로클로스에게 있어서 변증법은 철학적 반성 속에서만이 아니라 존재자 자체 속에서도 작용한다.

즉 모든 규정들은 자기 자신 속에서 해체되어서 하나 속으로 되돌아와야 한다. "부정적인 것은 단순한 것에 대립된 것으로서 바로, 분열시키는 것·산출하는 것·활동적인 것이다. (…) 변증법을 통해서 그(프로클로스: 필자 첨가)는 모든 구별들을 하나에로 되돌리려고 한다"(TW 19, 472). 헤겔의 해석과는 무관하게 말할 수 있는 것은, 존재의 운동성으로서의 존재론적 변증법과 주체의 운동으로서의 관념론적 변증법 둘 다 다음의 세 단계를 통해 규정된다는 것이다: 출현, 분열 즉 자기 스스로 다르게 됨, 그리고 자기 자신 속으로 되돌아감이라는 단계다. 근본적인 차이는 분명히 남아 있다. 즉 관념론적인 시작(시원)은 무엇

58 Nachschrift Hothos (Anm. 2 참조), 113a.

보다도, 자기가 존재해야만 할 것으로 된다. 즉 절대적 주체·가장 풍요로운 자·가장 구체적인 자로 된다. 그러나 존재론적인 시작(시원)은 항상 이미 가장 풍요로운 것, 가장 구체적인 것이며, 항상 이미 그렇게 존재하며 존재할 수 있는 것이다. 시작(시원)으로부터 야기된 것이 시작으로 돌아간다고 해서 시원 자체에 아무것도 덧붙여지는 것은 없다.

헤겔은 프로클로스의 근본특징으로 3단계적인 것[das Triadische]을 강조했다. 프로클로스에게 있어서 셋은 구체적인 동일성(하나)[Identität]이다. 혹은 구체적인 모든 것은 삼단계적[triadisch]이다. 헤겔의 논리학은 개별적인 것 속에 존재하는 그리고 전체 자체의 전개로서의 삼단계적인 변증법이며, 삼단계에 근거하고 있는 원환들의 원환이다. μονή — πρόοδος — ἐπιστροφή라는 삼단계는 프로클로스에게 있어서 또한 원환의 하부구조(법칙성)이기도 하다. 헤겔과 프로클로스에 있어서의 원환은 정신의 구조와 세계의 구조를 논리적 및 존재론적으로 규정하는, 혹은 주체인 구체적인 형태다. 즉 원환은 — 관념론적으로는 — 자기 자신을 파악하는 개념의 완전한 실현이다.

그러므로 구체적인 동일성(하나)[Identität]으로서의 삼단계는 특히 역동적인 근본법칙성이며, 모든 삼단계 및 전체의 운동 속에 존재하는 "머무름-출현-되돌아감" 및 이러한 삼단계의 변증적 운동 속에서 구성되는 원환은 헤겔 변증법에 존재하는 신플라톤주의의 선(先)개념들이다.[59] 방법적으로 모든 개별적인 삼단계[Triaden]에서, 머무름[monē]과 출현[proodos], 그리고 복귀[epistrophē]로 특징지을 수 있는 삼단계의 진행[Triadik]은, 그 근본구조에서 헤겔의 변증법과 유사성을 지니고 있다. 그럼에도 불구하고 이 삼단계의 진행은 오히려 횔더린과 청년헤겔의 사유와 비교할 수 있는 것으로서, 이 두 사람은 근원적인 통일, 그리고 이 근원적 통일에서 벗어나 분열의 세계로 들어가는 것, 그리고 근원적 통일로 돌아가는 것을 삶의 운동으로 파악하고 있다. 변증적 방법의 첫 번째 계기인 시원(始原)은 예컨대 '머묾'에 대응한다. 물론 헤겔에 있어서 시원은 진행을 강요하는 결여상태다. 진행은 규정들의 차이의 출현 속에 존립하며,[60] 이는 프로클로스의 출현(벗어남)[proodos]에 상응한다. 헤겔은 이러한 진행을 근원적인 존재자인 보편자의 타자화로 이해하므로, 여기서 보편자의 본질이 유지되는 특수

---

59 Beierwaltes, ebd., 172 ff. 참조.

60 이 부분과 이후의 논의에 대해서는 GW 12, 241, 246, 247 참조. 헤겔의 변증법에 대한 규정에 대해서는, ebd., 27 f., 94 f. 참조.

자가 생기게 된다. 이러한 출현은 헤겔에게 있어서는 특수한 규정들의 상호관계에서 모순(대립)이 형성되고 또 그 모순(대립)이 개별성으로 통일되는 데에 이른다. 이와 더불어 방법의 '전환점', 복귀[epistrophē]에로 향함이 성취된다. 그리고 이로 말미암아 인식은 보편자로 되돌아간다. 그러나 헤겔에 있어서는 이 보편자가 규정된 것이고 구체적인 것이다.

헤겔에 의하면 프로클로스는 플로티노스보다 "더 논리적인" 방법을 취하고 있다. 왜냐하면 프로클로스에 있어서 정신은 최초의 실체로서 일자에 직접 뒤따라 나오는 것이 아니라, 타자에 의해 매개되며 일자에로의 복귀에 속하기 때문이다(TW 19, 475 참조). 그러므로 헤겔에 있어서 정신은 구체적인 존재자이자 "주체적인 것"(TW 19, 478)이다. 프로클로스의 저작에 대한 해석을 통해서 헤겔은, '이 정신이 존재자의 정점이자 최고의 것'이라는 의미를 만들어낸다. 아리스토텔레스와 플로티노스에 대한 그의 해석에서처럼, 정신은 헤겔에 있어서 주체로 간주된다. 여기서도 물론 상세한 논의 없이 헤겔은 자신의 사변적·관념적 원리를 바로 정신·사변 속으로 끼워 넣는다. 물론 헤겔은, 프로클로스에 의하면 어떻게 실체적 존재자[οὐσία]가 사유된 것[noēton, νοητόν]이며, 삶이 사유된 것인 동시에 사유하는 자이며, 정신은 사유하는 자로 규정될 수 있는지를 보여준다.[61]

관념론을 향한 경향 속에서 이렇게 이해된 프로클로스 철학의 변증적 구조는, 헤겔이 그것을 "사변적"이라고도 명명하는 것을 정당화한다. 헤겔은 "사변적"이라는 용어를 "신비적"이라는 신플라톤주의의 용어와 동일시한다. 즉 "신비적이라는 것은 본래적인 의미로 사변적이다."[62] 다시 말하면, "신비적인 것은, 총체로 (…) 규정된 이러한 구별들이 하나인 것[Eins]으로 이해(파악)된다는 것을 말한다"(TW 19, 484).[63] 헤겔이 말하는 의미의 사변적 사유에 있어서 본질적인 것은, 그것은 자신 속에 자기 스스로 모순(대립)을 고수하고 있다는 점이다. 그러므로 모순, 대립 혹은 부정은 사유의 바깥에 존재해서도 안 되며, 사유를 지배해

61 Düsing, ebd., 155 ff. 참조.

62 Nachschrift Stieves (Anm. 2 참조), 84.

63 주석에서는 다음과 같이 말하고 있다: "신비주의의 원리(교설)[Mystagogie]는 바로 이러한 사변철학이며, 사유 속에 있는 이러한 존재이고, 자기향유이자 직관이다." 헤겔은 하이델베르크에서 집필한 『철학강요』에서 신플라톤주의자들의 철학을 가리켜, 그가 직접 수기한 메모장에 다음과 같이 적고 있다: "Spekulative Resumtion — philosophisches Priestertum (사변적 복귀 — 철학적 사제직)."

서도 안 된다. 만약에 사유가 모순(대립)으로서의 부정을 자신 속에서 견뎌내는 힘을 가지고 있다면, 즉 사유의 긍정적인 규정이 지양되고 보존된 자기의 부정적인 규정을 극복하면서 파악할 수 있다면 그것은 바로, 사유의 생동성에 대한 지표(指標)가 된다. 그러므로 헤겔은 사변적인 것을 "긍정적·이성적인 것[das Positiv-Vernünftige]"이라고도 부른다. 그런데 이성적인 것은 항상 구체적인 것이다. 그러므로 이 개념에 따라 보면, 프로클로스의 철학은 그것이 구체적인 것을 사유하는 한에서 사변적이다. 즉 프로클로스의 철학은 요컨대 총체성이 없는 추상적인 다양성을 견뎌내지 못하고, 다양한 것 속에서 서로 대립하는 것 혹은 모순되는 것이 언제나 이미, 사유하는 하나(정신) 속으로 혹은 보편적인 하나[Einheit, hen] 속으로 지양된다. 즉 다양한 것 속에서 대립하는 것 혹은 모순되는 것 속에는 "전체가 이념적으로 포함되어 있다."

헤겔이 한계, 한계가 없는 것 그리고 생(명)이라는 프로클로스의 개념들에 두고 있는 특수한 강조는, 지금까지 개괄적으로 말한 헤겔의 프로클로스 이해를 보충하고 더 정확하게 드러낸다.

헤겔은 πέρας - ἄπειρον - μικτόν (한계-무한자 혹은 무규정자-혼합된 것)이라는 삼항을 존재의 질적 구조에 대해 총체적으로 가장 의미 있는 삼항으로 인식하고 있다. 한계는 부정적 통일[Einheit], 주체[Subjektivität] 일반(즉 독특하게 개별적인 것), "자기적(自己的)인 것[Selbstisches]"(TW 19, 479)이며, 즉자적인 것[das An-sich], 추상적인 것이다. 논리학에서는 한계에 고유한 것은 부정성이다. 즉 한계는, 타자를 자기로부터 배제하는 규정된 것(특정한 것)[eines Bestimmten]인 "어떤 것이 자신 속으로 반성한 부정[in sich reflektierte Negation des Etwas]"이다. 이와 동시에, 한계는 이러한 타자의 비존재다. 왜냐하면 어떤 것은 바로 한계를 통해서 자기 자신이기 때문이다(TW 5, 135 ff. 참조). 그러나 또한 자신에 대한 한계의 부정적인 연관은 헤겔의 변증적 전환이라는 생각에 따라 보면, 자기 자신의 부정인 동시에 자기 자신의 지양이며 무한자에로의 이행이다. 이것이 바로 프로클로스의 한계[πέρας]에 대해 헤겔이 생각한 것이다. 즉 한계가 그것에 뒤따라오는 모든 요소들을 유연성 없이[spröde], 닫힌 상태로[unaufgeschlossen] 자신 속에 포함하고 있다면, 한계를 가지고 있다는 것 자체는 부정성—추상적이며 "부정적인 통일[negative Einheit]"—으로서, 한계가 없는 것[무한(정)자, 무규정자][ἄπειρον]에로 스스로 전개되는 원인인 것이다. 그리하여 자기 자신의 부정으로서의, 한계가 자신 자신으로부터 "반발하는 것[Repulsion]"은, 한계 자체인 것 혹은 한계가 함축하고 있는[impliziert] 것의 해명(전개, 주름을 폄)[Explikation]으로 된다. 삼항이 부정적·추상적인 통일도 아니고, 부정적·추상적인 동일성이나 총체성이 아니라 구체적인 통일 혹은 구체적인 동일성이나 총체성이어야 한다면, 분해되고 지양된 한계인 무한(정)자[ἄπειρον]는 삼항의 요소로서 다시금 자신 속에 고착된 채로 머물러 있을 수는 없나. 그러므로 헤겔은 혼합[μικτόν]을, 삼항의 자기 자신과의 통일로, 삼항 속에서 그 자체로 대립된 것의 구체적 통일로 이해한다(TW 19, 478 참조). 그 자체로 대립된 계기들인 한계와 무한(정)자의 이러한 최초의 통일이 우시아(ousia, οὐσία)다. 우시아는 Sein, 실체[Substanz], 존립[Bestehen]이며, 자신 속으로 되돌아가서 유한자와 더불어 구체적인 것으로 된 무한자다. 그리하여 자신 속에서 추동(推動)하는 부정성을 도대로 하고 있는 πέρας – ἄπειρον – μικτόν이라는 삼항은, 프로클로스 식으로 진술된 헤겔 변증법의 모델인데, 이 모델은 μονή—πρόοδος—ἐπιστροφή라는 기본 삼항[Grundtrias]의 작용을 전제하고 있다. 혼합[μικτόν](구체적인 것) 속에서 시작(시원)은 자신 속으로 복귀한다. 그러므로 헤겔은 자기의 변증법 개념으로부터, 한계와 무한(정)자를, 일자의 "자기산출로서의 연속성"(TW 19, 477)을 보장하는 원리들로 이해한다. 한계(헤겔이 말하는 의미로는 '유한한 것')이 자신 속에 폐쇄된 채로 머물러 있지 않고, 자기 자신에 의거한 자기부정을 통해 무한한 것이 된다는 사실, 달리 말해 무한자가 유한자와 함께 존재로 구체화된다는 사실은, 헤겔이 자신의 철학적 단초로부터 조명하면서 신플라톤주의를 "고차적인 관념론"이라고 파악한 여러 근거들 가운데 하나로 유효할 수 있다. 곧, "철학의 관념론은 유한자를 참된 존재자로 인정할 수 없다는 것 외에 다른 어떤 것 속에 존립하지 않는다"(TW 5, 172). 헤겔이 프로클로스의 πέρας를 관념론적으로 이해한 것일 수 있다고 한다면, 유한자라는 개념은 여기서 분명히, 감각적인 것·변화하는 것만이 아니라 "한정된" 지성적(예지적)인 것[Intelligibles]과도 관련되는 것으로 생각할 수 있다. πέρας와 ἄπειρον은 프로클로스가 말하는 의미에 있어서도, 그것들이 "상이하고", 영향사적으로는 플라톤의 『소피스테스』에서 최초로 사유된 비존재자[μὴ ὄν]와 다름[θάτερον]에 의해 제약된 사상인 한에서, 그 자체로 "부정적인" 것이기는 하다.

미헬레(C.L. Michelet)에 의하면 헤겔은 '논리학'을 자신 속에 머물러 있는 사유[μονή]로, '자연'을 신적인 사유가 자기 자신으로부터 타락하는 것[πρόοδος]으로, 그리고 '정신'을 자신을 인식하는, 곧 타재나 소외에서 벗어나 자기 자신으로 돌아오는 사유[ἐπιστροφή]로 파악한다.[64]

6.2.7. 헤겔과 프로클로스의 삼항성의 차이

헤겔에 있어서는, 삼항 속에 있는 두 번째 항(項)[Glied]은 첫 번째 지체에 대해 순전히 반정립적으로 존재하여, 자신 속에 있는 부정을 오로지 삼항 자체의 부정으로 매개하면서 작용하는 반면에, 프로클로스의 삼항 속에서의 두 번째 항은 본질적으로, 매개가 첫 번째 항과는 다름에도 불구하고, 매개된 세 번째 항보다는 두 번째 항과 훨씬 더 유사한 그러한 매개인 것이다. 그러나 이러한 매개는, 세 번째 항의 비유사성 속에서, 운동의 근원(원천)과의 유사성을 보증한다.

요컨대 프로클로스의 일자는 자신인 바로서 이미 항상 존재하기 때문에, 창조적인 부정을 통해서 충족될 필요가 없다는 것, 그리고 더욱 구별된 것(분화된 것)이기에 그 자체로 더욱 완전한 것을 자기 자신으로부터 발생하게 하지도 않는다는 것을 헤겔은 볼 수 없든지 아니면 보려고 하지도 않는다. 헤겔이 말하는 과정은 신플라톤주의에서 말하는 일자의 전개와 대립한다. 왜냐하면 이러한 일자는 채워지지도 않으며, 무엇을 야기하는 자기의 작용을 통해서도 감소하지도 않기 때문이다. 말하자면, 일자를 통해 야기된 정신은 항상 "양적으로 유한하게 된" 것일 뿐이며, 다수로 분열된 정신이다. 일자를 통해 야기된 정신은 또한 유한자 속에서 혹은 자기의 고유한 계기인 유한자를 통해서, 주체의 자기의식에 이르는 자기 자신과 결합되는 절대적인 정신이 결코 되지 못한다. 그러므로 신플라톤주의에서 말하는 일자는 헤겔의 절대주체와는 달리, 선험적으로 과정 없는 충만[prozeßlose Fülle]이다.[65]

---

64 Michelet, *Geschichte der letzten Systeme der Philosophie in Deutschland von Kant bis Hegel*, Berlin, 1838. II, 715 참조. 이상 Beierwaltes, *Platonismus und Idealismus*, ebd., 175 ff. 참조.

65 Beierwaltes, *Platonismus und Idealismus*, ebd., 171, 178 ff. 참조. 신플라톤주의적인 사유와의 관련을 분명하게 언급하지는 않았지만 헤겔은 이 차이점을 언급하고 있다: "그러므로 우리는 즉자존재자가 개념인 한, 절대자와 더불어 모든 시원이 이루어져야 하며, 이와 마찬가지로 시원으로부터의 모든 전진은 오로지 절대자의 서술이어야 한다고 분명히 말할 수 있다. 그러나 이때 절대자는 겨우 즉자적인 데 불과하므로 아직도 그것은 결코 절대자도, 정립된 개념도, 그리고 또한 이념도 아니다. 왜냐하면 바로 이와 같은 양상이야말로 즉자존재는 추상적이고 일면적인 계기일 뿐이라는 사실을 나타내주는 것이기 때문이다. 따라서 절대자로부터의 전진은 결코 일종의 흘러넘침[*Überfluß*]이 아니다. 그런데 시원적(始原的)인 것이 진실로 이미 절대자라면, 전진은 흘러넘침일 것이다. 그러나 오히려 전진은, 보편자가 자기 자신을 규정하고 대자적으로 보편자가 된다는 데에, 즉 개별자와 주체로 된다는 데에 존립한다. 보편자는 자

헤겔의 변증법은 분명히 삼중성[Triplizität]에 고착되어 있지 않다. 더 나아가 헤겔에 있어서 출현이나 전진으로부터는, 다시 말해 첫 번째 부정으로부터는 프로클로스에서와는 다르게, 그로부터 출발이 이루어지는 개념의 모순(대립)이 필연적으로 초래된다. 끝으로 헤겔의 변증법은 긍정적인 결과인 규정적 부정과 더불어, 그때그때마다 더 높고 보다 완전한 규정들로 계속해서 발전해 나가는 반면에, 프로클로스에게 있어서는 시원에 존재하는 근원적이며 사유불가능한 일자의 충만함은 능가할 만한 것이 없을 것으로 머물러 있고, 삼단계의 전개는 발전을 의미하지 않는다. 그러므로 헤겔이 보기에 프로클로스의 변증법은 도식적이면서도 사태에 외적인 것으로 머물러 있다(TW 19, 469, 478 ff. 참조). 헤겔에 있어서 규정들의 다양함은 대자적(독자적)이며 무규정적으로 머물러 있는 일자의 설명될 수 없는 출현으로부터 발생하지 않고, 처음에는 규정되지 않은 직접적인 것의 규정으로부터 발생한다. 이 직접적인 것은 자신의 규정과 자기규정의 진행과정에서 최종적으로 '자기를 사유하는 이념'으로 파악될 때까지 지속적으로 더 복잡하고 관계가 더 풍부한 의미를 취하는 것이다.[66]

이와 더불어 앞서 생각할 수 있는 것은, 우리가 앞에서 살펴본 플로티노스의 사상에서는 〈일자 ⇨ 정신 ⇨ 혼(프쉬케)〉에로의 진행이 이루어지는 데 반하여, 프로클로스에 있어서는 〈일자 [혹은 일자 자체: to autohen] ⇨ 일자들[henaden] ⇨ 정신 ⇨ 혼(프쉬케)〉에 이르는 4단계의 진행이 존재한다는 점이다. 즉 그는 플로티노스와는 달리 일자와 정신 사이에 일자들[henaden]을 도입하고, 사랑이나 섭리[pronoia] 같은 기능을 일자에 두지 않고 이 일자들에 부여하고 있는데, 이러한 신적 실체의 도입은 무엇보다 최고의 위치에 있는 일자—종종 일자 자체[to autohen]라고 불리는—의 절대적 초월성을 손상시키지 않기 위함이라고 할 수 있다.[67]

그리고 헤겔은 프로클로스가 플로티노스와 대립하여, '정신'을 '일자'로부터 직접 뒤따라 나오게 하지 않았다는 사실 속에서 하나의 진보를 보고 있다. 왜냐하면 정신은 자기에 앞서 존재하는 모든 구별들을 자신의 반성 속으로 끌어들여 관련을 맺기 때문이다. 그 때문에 헤겔은 프로클로스를 "(플로티노스보다) 더 논리적"이라고 부른다. 즉 그는 "(삼항의) 계기들을 더 순수하고 완성되게 구별함"

기의 완성 속에서만 절대자다"(TW 6, 555 f.).

66 Düsing, ebd., 156 f. 참조.

67 전광식, ebd., 29 f. 참조.

으로써 정신을 '더욱 풍요롭게', 즉 더욱 구체적으로 만들고 있다는 것이다.[68]

6.3. 기독교의 삼위일체론

6.3.1. 기독교의 삼위일체론과 헤겔 사상의 연관

삼위일체(三位一體)[Dreieinigkeit, Dreifaltigkeit 혹은 Trinität; 라틴어: trinitas; 영어: trinity]는 기독교신학에서 세 실체가 아니라 세 인격[Personen]이나 위격(位格)[Hypostasen]을 지닌 신의 본체성을 가리킨다. 이들 각각은 '아버지(아버지 하나님)', '아들(예수 그리스도, 하나님의 아들 혹은 아들 하나님)', 그리고 '성령(聖靈)(하나님의 영)' 혹은 '성신(聖神)(하나님의 신)'이라고 불린다. 이로써 이들의 구별과 동시에 해체할 수 없는 이들의 통일성이 표현된다.

신의 삼위성[Dreiheit, Trias]에 관한 생각은, 오시리스(Osiris)·이시스(Isis)·호루스(Horus) 신을 가진, 고대 이집트의 종교와 같은 다른 종교들에서도 존재한다. 힌두교도 삼위일체를 알고 있다. 즉 브라만(Brahma), 비쉬누(Vishnu)와 쉬바(Shiva)로 구성된 트리무르티(Trimurti, 세 가지 형태)다. 기독교 이전의 고대사상들이 삼위일체론과 어느 정도까지의 유사성을 보이고 있으며, 더욱이 그것의 발생에 어느 정도의 영향을 미쳤는가 하는 것은 논쟁의 여지가 있다.[69]

기독교의 삼위일체설은 325년 니케아 공의회에서, 삼위일체에 반대하는 아리우스(Arius, Areios)의 주장이 기각되고 아타나시우스(Athanasius, Athanasios)의 주장이 받아들여짐으로써 공인되었으나, '삼위일체'의 구체적인 내용에 있어서는 몇 가지 변양(變樣)이 존재한다. 아타나시우스는 다음과 같이 말한다: "우리는 삼위[Τριάδος]로 계신 한 분의 하나님을 고백합니다."[70] 유일한 로고스의 관계규정 속에 있는 신의 삼위는 니케아 신경(信經)(니케아 신앙고백, 325)에서 신앙의 규정으로 기록되었고 니케아에 뒤이은 공의회에서 명확하게 규정되었다(콘스탄티노플 381년, 에베소 431년, 칼케돈 451년). 하나의 본체[Die Hypostasenunion]는 세 분의 위격(位格, Personen)으로 구성되어 있다.[71]

---

68 Beierwaltes, *Platonismus und Idealismus*, Ffm., 1972, 173 참조.

69 https://de.wikipedia.org/wiki/Trinit%C3%A4t.

70 Athanasios, Κατὰ Ἀρειανῶν in Migne: *Patrologia Graeca*, T. 26, 353 B.

71 Katharina Comoth, *Die Idee als Ideal. Trias und Triplizität bei Hegel*, Heidelberg, 1986,

신의 삼위일체적 관계, 유일한 로고스는 본체[Hypostasen]나 인격[Personen] 속에서 구별될 수는 있지만 분리될 수 없는 표상[εἰχών, eikōn]과 정신[영, pneuma]이다. 왜냐하면 정신은 표상 없이는 생각될 수 없고, 표상과 더불어 그곳에서 항상 이미 존재했기 때문이다.[72]

발씀하시는 유일한 로고스는 아들[말씀, verbum]로 등장하여, 참 인간[ἄνθρωπον ἀληθῶς, anthrōpon alēthōs]이 되었고, 참 하나님[θεόν ἀληθῶς, theon alēthōs]으로 머물렀는데, 곧 두 본성이 섞이지 않고, 요컨대 구별될 수는 있지만 분리되지는 않는 채로, 곧 분할할 수 없는 채로 그러하다. 그런데 (분할될 수 없는) 본성들의 구별은 통일 때문에 결코 지양되지는 않는다:[73]

여기서 기독교의 삼위일체설의 역사적·체계적 고찰을 할 여유는 없다.[74] 따라서, 헤겔 자신이, "나는 루터파 신자이며, 철학을 통해서 바로 전적으로 루터파에 뿌리박고 있습니다"[75]라고 고백하고 있듯이, 그에게 많은 영향을 미친 것은 특히 개신교 가운데서도 루터파의 주장이기 때문에, 루터가 주장하는 삼위일체설이 중요할 것이다. 루터는 마태복음 28:19-20을 인용하면서 성부와 성자와 성령이 권세와 능력에서 동등하고 참되고 영원하신 하나님이라고 주장하며, 요한복음 14:16-17을 인용하면서 성부와 성자와 성령이 서로 구별되는 위격이라고 주장한다.[76] 즉, 여기서 말하는 신은 삼위일체[77]인 신이다. 삼위일체로서의 신

---

21 참조.

72 "하나님은 영이시다(Πνεῦμα ὁ θεός, Spiritus est Deus, Geist ist Gott)"(요한복음 4:24). 신은 항상 이미 표상으로서의 신(아버지-아들)으로부터 출발한다. 그러므로 출현한 혹은 생성된 복귀[Re-flexion]는 표상을 필요로 한다.

73 Katharina Comoth, ebd., 22 참조.

74 삼위일체론의 역사적 고찰에 대해서는 『삼위일체론의 역사』(역사신학연구회 저, 대한기독교서회, 2008)를 참조할 것.

75 헤겔은 1826년에 할레(Halle)대학의 신학 정교수로 초빙된 개신교 신학자 톨룩(Friedrich August Gottreu Tholuck, 1799-1877)에게 1826년 7월 3일에 보낸 편지에서 이렇게 말했다 [Friedhelm Nicolin (hg), *Briefe von und an Hegel. IV, Teil 2. Nachträge zum Briefwechsel, Register mit biographischem Kommentar, Zeittafel*, Hamburg, 1981, 61]. 이 편지에서 헤겔은, 톨룩이 고대 동양의 사변적 삼위일체론에 대한 자신의 저술을 보내준 것에 감사를 표하고 있다. 톨룩의 책이름은 『고대 동양의 사변적 삼위일체론. 라이덴·옥스포드·베를린도서관의 수고(手稿)자료들로 만든 종교철학 논문』(베를린, 1826)이다[Friedhelm Nicolin (hg), ebd., 60 그리고 115 참조].

76 Martin Luther, *Table Talk*, 『탁상담화』, 이길상 역, 크리스찬 다이제스트, 2005, 176. 여기서는 『삼위일체론의 역사』(역사신학연구회 저, 대한기독교서회, 2008), 338에서 인용함.

이란, 세 분의 신이 있다는 것이 아니라 한 분이신 신이 성부, 성자, 성령(성신)이라는 세 위(位)를 가지고 있다는 뜻이다. 삼위일체인 신은 성부 하나님, 성자 하나님, 그리고 성령 하나님으로 구별될 수 있지만(구별, 차이), 그럼에도 불구하고 이러한 신은 삼신(三神)이 아니라 일신(一神)이다. 신이 셋으로 구별될 수 있다고 할 때의 '구별'은 역할(役割)이나 기능(機能)의 측면에 따른 구별이다. 이러한 사태를 잘 나타내고 있는 개념이 바로 Person이라는 개념이다. 이 용어는 흔히 '인격(人格)'이라는 말로 번역된다. 그러나 신이 '신격(神格)'을 갖고 있는 것이 아니라 '인격'을 가지고 있다고 말하는 것은 잘못이 아닌가? 물론 그렇게 생각할 수 있을 것이다. 그러나 이 문제를 다른 각도에서 살펴보면 이러한 입장을 이해할 수 있는 여지가 없는 것은 아니다. 영어의 person이나 독일어 Person이라는 용어는 라틴어 persona에서 온 것으로서, persona는 'per (~을 통해서)', 'sona (소리가 나다)'는 뜻인데, 연극을 할 때 배우가 가면을 쓰고 말을 하면, 배우의 말소리가 '직접 울리지' 않고 가면을 '통해서' 청중에게 전달되므로 persona는 첫째로, 가면을 가리킨다. 두 번째로는, 연극배우가 어떤 가면을 쓰느냐에 따라 무대에서의 그의 역할이 달라지므로, 그것은 '역할·기능'이라는 의미를 지니게 된다. 이러한 의미를 지닌 person이라는 용어가 '인격'으로 번역된 것은 아마도 인격이 지니고 있는 여러 측면과 기능들 때문인 것 같다. 예컨대 우리는 '인간'에게 보통, 지(知)·정(情)·의(意)라는 작용(기능)을 귀속시킨다. 즉 헤겔이 말하는 '신'이나 고전적 유신론에 있어서의 '신'은 희랍·로마의 신들과 마찬가지로 지적인 능력을 가지고 있을 뿐만 아니라 슬퍼하고 기뻐하고 노여워할 뿐만 아니라 심지어 후회하기도 하는 등의 감정(感情)을 가지고 있는 신이며, 의지를 가지고 결단을 내리는 신이기도 한 것이다.[78]

혹자는 삼위일체 자체에 모순이 포함되어 있다고 말하지만 그것은 잘못된 주장이다. 그들의 주장에 의하면, 삼위일체는 한 분의 신이 실체로 존재하지만(하나/일), 이와 동시에 세 위격이 존재하므로(셋), 하나이면서 셋이고 셋이면서 하나를 말하고 있기에 모순이라는 것이다. 그러나 이들은 '모순' 개념을 오해하고

---

77 '삼위일체' 라는 용어는 라틴어 trinitas에서 유래한 Trinity, Trinität 또는 Dreieinigkeit를 번역한 용어라고 할 수 있는데, 이러한 삼위일체 사상은 비단 서양에서만이 아니라 한민족의 저술들 가운데 하나인 「삼일신고(三一神誥)」에서도 발견된다.

78 백훈승, 「헤겔 『정신현상학』의 생 개념」, 『헤겔연구』 제12권, 2002.12. (53-77), 55 f. 그리고 백훈승, 「피히테는 무신론자인가?」, 『동서철학연구』 제81호, 한국동서철학회, 2016.09.30. (329-353), 337 f. 참조.

있는 것이다. 모순은 다음과 같은 경우에 발생한다. 즉, "어떤 것이 하나라는 관점에서 하나이기도 하고 하나가 아니기도 하다"라고 주장하면 모순이 발생한다. 그러나 "어떤 것은 어떤 측면에서 보면 하나이지만, 다른 측면에서 보면 셋이다"라고 말하는 것은 모순이 아니다. 왜냐하면 전자와 후자의 '주어'나 '관점'이 다르기 때문이다. 다시 말하면, 기독교의 삼위일체설은, "신은 그 실체의 측면에서는 한 분이지만, 그 위격에 있어서는 셋이다"라고 주장하기에, 모순이 아닌 것이고, 다만 우리가 그것을 이해하기 어렵기 때문에 '신비(神祕)[mystery]'라고 부르는 것이며, 결코 그것은 우리의 이성으로 도출해내거나 설명할 수 없는 것이라 해야 할 것이다.[79]

슈바이쩌(Carl Gunther Schweitzer, 1889-1965)는 헤겔 변증법의 기원을 삼위일체론으로 보고 있는데, 이와 관련된 그의 핵심테제들을 정리하면 다음과 같다. 헤겔의 사유는 철저하게 신학적으로 방향이 정해져 있다. 즉,

① 논리학은 존재-신-론[Onto-Theologie]이다. 즉 논리학은 요한복음의 로고스에 토대를 두고 있다.

② 변증법의 세 박자[Dreitakt]는 궁극적으로는 신에 대한 내재적 삼위일체론적 신앙의 표현[Ausdruck des innertrinitarischen Gottesglaubens]이다.

③ 체계는 고안해낸 구축물이 아니라 신의 삼위일체적인 비밀에 대한 숙고(熟考)다.

④ 정신[Geist]은 항상 신약에서 말하는 영(靈)[Pneuma]이라는 의미를 나타낸다. 모든 존재·작용[Wirkens]·의식의 시작이자 끝인 절대정신은 신의 (거룩한) 정신이다. 헤겔의 사유는 인간중심적인 것이 아니라 신중심적인 것이다.

⑤ 인식은 교만(驕慢)으로부터 성장하는 것이 아니라 신앙의 확신으로부터, 그리고 우리의 정신에 증거를 주는 신의 정신을 알게 됨으로써 성장한다.[80]

⑥ 역사는 신의론(神義論)[변신론(辯神論)]이다.

⑦ 자유개념, 자유와 필연의 관계, 그리고 개인과 공동체의 관계는 신학적으로만 이해될 수 있다.

⑧ 철학자 헤겔에게 있어서 사변(思辨)적 사유란 신앙의 열매요 절정(絶頂)

---

79 Erik Schmidt, "Hegel und die kirchliche Trinitätslehre," in: *Neue Zeitschrift für systematische Theologie und Religionsphilosophie*, 24, 1982 (241-260), 259 참조.

80 Carl Gunther Schweitzer, "Die Glaubensgrundlagen des Hegelschen Denkens," ebd., 237 참조.

이다.

⑨ 헤겔에 있어서 루터의 종교개혁은 정신사(精神史)의 정점을 의미하는데, 그것은 기독교적으로 이해된 인간정신의 진정한 자유의 토대가 루터의 종교개혁을 통해서 회복되었기 때문이다.[81]

우리가 슈바이쩌의 주장을 다 받아들일 수는 없지만, 그럼에도 불구하고 헤겔 철학이 기독교 신학과 아주 밀접한 관계가 있다는 점, 그리고 헤겔의 변증적 사유가 기독교의 삼위일체 사상과 연관되어 있다는 점은 부정할 수 없을 것이다. 헤겔 자신도 『역사철학 강의』에서 이 점을 분명히 밝히고 있다: "신은 삼위일체의 신으로 알려짐으로써만 **정신**으로 인식된다. 이 새로운 원리는 세계사가 그 주위를 도는 기축(基軸)이다. 역사는 **여기까지** 진행되어왔고 또 **거기로부터** 시작한다"[82]라고 말한다. 그는 세계사를 삼위일체론적으로, 그리고 삼위일체론을 세계사적으로 파악하고자 하는 것이다.

헤겔의 전(全)체계의 중심개념은 정신 개념이라고 할 수 있는데, 이 정신은 하나의 고정된 실체[Substanz]로만 존재하는 것이 아니라 운동하고 활동하는 주체[Subjekt]이기도 하다. 그리고 이러한 활동은 우선, 정신이 "자기를 자기 자신에 대해 하나의 대상으로 정립하는" 활동이며, 그 다음으로는, 정립된 이 대상인 자기의 타자 속에 머물러 있지 않고 이 타자의 제한성을 부정하고 더 높은 참의 단계로 발전하면서 자기 자신에게로 되돌아가고자 하는 활동을 뜻한다. 기독교의 삼위일체설의 영향을 받은 헤겔의 정신 개념의 변증적 전개과정은 이 책의 뒷부분에서 특히 『정신현상학』과 『종교철학강의』를 통해 상세하게 살펴볼 것이다.

그런데 우리는 여기서, 헤겔의 삼위일체 사상과 관련하여, 그의 청년 시절에 작성한 것으로 보이는 문서를 살펴볼 필요가 있다.

---

81 Schweitzer, ebd., 238 참조.

82 "Gott wird nur so als *Geist* erkannt, indem er als der Dreieinige gewußt wird. Dieses neue Prinzip ist die Angel, um welche sich die Weltgeschichte dreht. Bis *hierher* und von *daher* geht die Geschichte"(TW 12, 386).

6.3.2. 「신의 삼각형」 단편(1804/05)과 삼각형 그림[83]

1804/05년 겨울에 헤겔은, 학자들이 "신의 삼각형 단편"이라고 부르게 된 저작을 출간했다. 실제의 텍스트는 더 이상 존재하지 않는다. 그러나 헤겔의 전기 작가인 로젠크란쯔(Johann Karl Friedrich Rosenkranz, 1805-1879)는 그것을 자세히 인용하고 기술한다.[84] 로젠크란쯔는 이 텍스트가 뵈메의 [그리고 바더(Franz Xaver von Baader, 1765-1841)의] 강한 영향을 받았다고 주장한다. 「신의 삼각형」은, 헤겔이 기독교로 되돌아가는 것만이 아니라 헤겔이 헤르메스 사상[Hermetic thought]을 의식적(意識的)으로 다시 전유(專有)하게 되었음을 보여준다. 더 이상 존재하지 않는 이 단편에 대한 기술(記述)이나 그것으로부터의 몇몇 인용들은 로젠크란쯔에 의해 보존되어 있다. 그것이 언제 쓰였는가에 대해서는 학자들의 의견이 일치하지 않는다. 로젠크란쯔는 1804/05년 겨울이라고 말한다. 더욱 최근에 킴멀레는 1804년 봄이라고 주장했다.[85]

이 수고(手稿)는 헤겔이 출판을 위해 쓰지 않은 것이 분명하다. 그것은 자신에 대한 노트들로 구성되어 있다. 당황하게 하는 수고의 격앙된 스타일은, 헤겔이 자기의 영감을 종이 위에 갑자기 표명하고, 자기 체계의 개요 및 자기가 어디로 가고 있는지에 관한 지도(地圖)를 제공한다는 점을 가리킨다. 주목할 만한 것은, 헤겔이 분명히 헤르메스주의[Hermeticism]에 어떻게 빚지고 있는가 하는 것이다. 주요한 빚은 분명히 뵈메에게 지고 있다. 그러나 거기에는 또한 바더,

83 다음의 내용은 Glenn Alexander Magee, *Hegel and the Hermetic Tradition*, Ithaca and London, 2001, 104 ff.과 G.A. Magee, "Hegel and Mysticism," in: *The Cambridge Companion to Hegel and Nineteenth-Century Philosophy*, ed. by F.C. Beiser, Cambridge Univ. Pr., 2008 (253-280), 260 ff.를 참조하여 정리한 것이다. 헤겔의 '신의 삼각형'의 구체적인 형태에 대해서는 다음을 참조하라: https://www.al-islam.org/spirituality-modern-philosophy-hegels-spirituality-muhammad-legenhausen/appendix-2-hegels-occult.

84 Karl Rosenkranz, "Hegels ursprüngliches System 1798-1806," Literarhistorisches Taschenbuch 2 (1844), 157-164. Tr. in H.S. Harris, *Hegel's Development. Night Thoughts (Jena 1801-1806)*, Oxford, 1983, 184-188.

85 Heinz Kimmerle, "Zur Chronologie von Hegels Jenaer Schriften," in: *Hegel-Studien*, Bd. 4 (125-76), 144, 161-2 참조. 애쉬케(Walter Jaeschke)는, 이러한 연도확정은 헤겔의 발전에서의 "신비적·신지학적(神智學的) 국면"에 관한 로젠크란쯔의 테제를 거부하는 것이라고 확신한다. 그러나 매기는, 헤겔의 "신비적·신지학적 국면"은 결코 끝나지 않았다고 주장한다. Jaeschke, *Reason in Religion: The Foundations of Hegel's Philosophy of Religion*, tr. by J.M. Stewart and P. Hodgson, University of California Press, 1990, 126을 참조할 것.

외팅어, 그리고 에카르트의 영향을 받았다는 증거도 존재한다. 더욱 주목할 것은, 전체 텍스트가 사변적 진리와 기하학적 형태 사이의 정확한 적합성에 대한 관심에 의해 지배되는 방식이다.

수고에는 그림들이 동반되었을 것인데, 그것들 가운데 아무것도 남아 있지 않다. 헤겔의 삼각형 그림들은, 신의 삼각형 단편에 있는 언급들과 일치하지 않는다. 로젠크란쯔는 단편에 대해 논의하면서, 그것이 헤겔의 발전에서 "신지학적" 국면에 속한다고 주장한다.[86] 사실, 로젠크란쯔는 "신지학적" 국면이 프랑크푸르트 시절에 시작한다고 주장한다. 한편으로 이 주장은 흥미롭다. 왜냐하면 헤겔의 프랑크푸르트 시절은 프리메이슨(Free Mason)과의 교제에 의해 특징지어지기 때문이다.

로젠크란쯔는 헤겔이 바더의 저술들에 의해 부분적으로 영감을 받았을 것이라고 시사한다. 헤겔은 수년간 바더의 호의를 사려고 시도했는데, 이 일은 아주 특별한 것으로 간주되어야 한다. 왜냐하면 바더는 그 시기에 지도적인 오컬트주의자[occultist]였고, 다수에 의해 괴짜로 간주되어 사람들이 멀리했기 때문이다. 특히 로젠크란쯔는, 삼각형 단편에 대한 헤겔의 출전으로 소용된 것은, 「자연 속에 있는 피타고라스의 사각형 혹은 세계의 네 지역에 관하여」("Über das Pythagoräische Quadrat in der Natur oder die vier Weltgegenden")라는, 바더의 1798년의 에세이였다고 시사한다. 바더의 에세이에서 자연사의 세 영역(동물, 식물, 광물)과 물질의 세 유형(가연성 물질, 소금기 있는 물질, 토질의 물질)은 세 가지의 "근본 힘" 혹은 "원리들(불, 물, 흙)"에 종속된다. 그러나 이것들에게 생기를 불어넣는 네 번째 원리(공기)가 없다면, 이 요소들은 활동력이 없는 것으로 머물러 있게 된다. 네 원소들의 관계는, 중심에 (공기를 나타내는) 점을 가진 삼각형으로 상징적으로 묘사된다. 이 상징(점을 가진 삼각형)을 바더는 네 요소로 된 것[Quaternarius] 혹은 피타고라스의 사각형이라고 부른다.[87]

이와 더불어, 바더의 3항1조[triads]와 그의 상징에 미친 연금술 그리고 특히 파라셀수스(Theophrastus Bombatus von Hohenheim, 1493-1541)의 영향은 분명하다. 해리스가 지적하듯이, 중심점을 지닌 삼각형은 뵈메에 의해서도 사용되었다.[88] 로젠크란쯔는 헤겔의 삼각형 단편에 미친 뵈메의 영향을 시사한다. 실로

86 Rosenkranz, ebd., 184.

87 Ebd., 159 (Harris, ebd., 184).

88 Harris, ebd., 185, n.

결정적인 것은 뵈메의 영향(그리고 아마도 또한 외팅어의 영향)일 것이다.[89]

우리는 헤겔이 언제 삼각형 그림을 만들었는지 알지 못한다. 또한 우리는 심지어 그가 그것을 만들었다는 것도 확실하게 알지 못한다. 그럼에도 불구하고 그것은 헤겔의 논문들 속에서 발견되었고, 항상 헤겔의 것으로 귀속되었다. 그것은 슈툴파웃(G. Stuhlfauth)의 『삼각형』(Das Dreieck) 속에 실려 1937년에 처음으로 출간되었고 그 이후로 드물게 간행되었다.[90]

삼각형 그림은 값싼 회갈색 종이 위에, 부분적으로는 펜으로 또 부분적으로는 붉은 연필로 그려졌다. 그림의 주요 구성부분들은 네 개의 삼각형이다. 즉 가운데에 있는 큰 삼각형과 그것의 꼭짓점의 각각에 있는 세 개의 삼각형들이다. 그것들은 모두 같은 방향을 가리키고 있다. 그러나 삼각형들이 위 혹은 아래로, 혹은 한 면 혹은 다른 면을 가리키도록 그림이 배치되어 있는가 하는 점은 불분명하다. 헬무트 슈나이더는 호이저만이 그렇게 하듯이, 삼각형들이 아래를 향하도록 인쇄하고 있다. 큰 삼각형의 면들 주위에는 좀 별스러운(기괴한) 상징들의 집합이 존재한다. Spiritus라는 단어는 세 번 나오는데, 그때마다 면들의 하나의 왼쪽 끝에 나온다(단어의 시작에 오는 S 역시 연필로 쓰인 데 반해서, 나머지 단어는 펜으로 쓰였다). 몇 개의 상징들은 쉽게 확인된다. 그것들은 태양, 달, 화성, 수성, 목성, 토성 등의 전통적인 상징들을 포함하고 있다. 슈나이더가 지적하듯이, 행성의 상징이 "성령[Spiritus]"의 각각의 출현 위에 나타나는 한, 상징들에는 확실한 대칭이 존재한다. 다른 상징들은 확인하기 어렵다. 하나의 상징은 수성의 대안적인 옛 상징인 것 같다. 다른 하나의 상징은 물고기자리[쌍어궁(雙魚宮)]일 수 있다. 다른 상징들 가운데 몇몇은 아마도 화학적 상징이나 연금술적 상징일 수도 있다. 하나의 상징은, 황(黃)의 상징으로, 다른 하나의 것은

---

89 해리스(ebd., 185)는 다음과 같이 쓰고 있다: "1804년에서 1806년까지 뵈메에 대해 취한 헤겔의 태도는 대단히 감탄하는 것이었지만, 그는 뵈메의 비유와 상징을 단순한 진리로 곧바로 받아들이는 것을 일관되게 공격한다. 특히 *Wastebook*, 항목 45와 48을 참조할 것(Karl Rosenkranz, *Georg Wilhelm Friedrich Hegels Leben*. Unveränderter reprografischer Nachdruck der Ausgabe, Berlin, 1844. unter Hinzufügung einer Nachbemerkung von Otto Pöggeler zum Nachdruck 1977, Darmstadt, 1998, 546, 547, 그리고 199 참조)."

90 G. Stuhlfauth, *Das Dreieck: Die Geschichte eines religiösen Symbols*, Stuttgart, 1937, Abbildung 16 참조. 1939년에 이것은 다음과 같은 호이저만(Friedrich Häusermann)의 논문 속에서 다시 인쇄되었다: "Das göttliche Dreieck und seine Bedeutung für die Philosophie Hegels," in: *Zentrallblatt für Psycholtherapie II*, 1939, 359-79. 호이저만의 논문은 실은, 융(K.G. Jung)의 입장에서 삼각형 단편에 관해 논한 것이다.

황산알루미늄[alum] 혹은 가성칼리[potash]의 상징으로, 다른 하나는 증류찌꺼기(승화찌꺼기)[caput mortuum]의 상징으로 보인다. (어떤 것은 다섯 개의 꼭짓점을 다른 것은 여섯 개의 꼭짓점을 가지고 있는) 일곱 개의 별과 두 개의 더 작은 삼각형들을 포함하고 있는 다른 상징들은, 그 기원이 아주 불확실하다.

헤겔은 점성술·화학 그리고 연금술의 상징들을 그의 수고들에서 약어로 규칙적으로 사용했다. 그것들은 태양, 달, 지구, 화성, 금성, 목성, 토성, 수성, 물, 불, 산(酸), 소금, 질산염[salpeter] 그리고 황(黃)에 대한 상징들을 포함하고 있다.[91]

만약 이 그림이 복사물이라면, 아무도 아직까지 원본을 찾아내지 못했다. 그것은 헤겔이 정독할 수 있었을 책들에 있는 많은 연금술적·마술적인 그림들과의 현저한 유사점을 지니고 있다. 예컨대 헬무트 슈나이더가 지적하듯이, 많은 연금술적 혹은 마술적 그림들이 하나 이상의—전형적으로 검은 색과 붉은 색의—잉크 색깔로 인쇄되었다. 그리고 헤겔이 붉은 색으로 인쇄된 부분들을 연필로 대체했을 수 있다.[92] 사실, 헤겔의 그림들이 많은 헤르메스의 도해(圖解)들과 피상적으로 닮은 것으로 보이지만, 그것은 많은 점에서 색다르다.

자신의 체계에 대한 헤겔의 초기 서술(1802/3년 경)은, 논리학과 형이상학, 자연철학, 윤리적 삶의 체계, 그리고 절대이념 이론(예술, 종교, 철학)이라는 네 부분으로 구성되어 있다.[93] 물론 후기 헤겔은 세 번째 부분과 네 번째 부분을 정신철학으로 붕괴시키고, 윤리적 삶의 체계를 객관정신으로 돌린다(그러므로 삼각형과 사각형은 헤겔의 중심적인 상징 형식이 된다는 영광을 위해 예나시절에 서로 경쟁하는 것으로 보인다). 만약 이 그림이 이 시기에 나온 것이라면, 큰 삼각형은 아마도 절대정신을, 그리고 작은 삼각형들은 체계의 다른 부분들을 나타내는 것일 수 있다.

---

91 Hegel, *Jenaer Systementwürfe I*, hg.v. K. Düsing und H. Kimmerle, GW 6, Hamburg, 1975, 339에 실린 '편집자료'를 참조.

92 Helmut Schneider, "Zur Dreiecks-Symbolik bei Hegel," in: *Hegel-Studien* Bd. 8, 1973 (55-77), 60. 슈나이더가 시사하듯이, 이것은 헤겔이 붉은 색 대신에 연필로 대체해서 그림을 복사했다는 것을 가리키는 것일 수 있다. 그럼에도 불구하고 매기(G. Magee)가 암시한 것처럼, 아무도 원본을 발견하지 못하였고, 그림 속에는 충분한 특이성들, 예컨대 통상적인 "영-혼-육[Spiritus-Anima-Corpus]"보다는 3중적인 "Spiritus"가 존재한다. 그런데 이것은, 헤겔이 자기 자신의 목적을 위해서 약간의 오컬트 상징을 전유(專有)했음을 나타낸다는 점을 가리킨다.

93 Harris, ebd., x1ix 참조. 또한 Harris's Introduction to the *System of Ethical Life and First Philosophy of Spirit*, tr. by H.S. Harris and T.M. Knox, Albany, 1979, 6 참조.

그러나 결코 이것이 그림에 대해 유일하게 가능한 해석이 아니다. 우리가 중심에 있는 삼각형을 삼위일체를 나타내는 것으로 간주한다면, 각 꼭짓점은 삼위일체 즉, 성부(신적인 로고스), 성자(창조된 자연), 그리고 성령의 한 인격을 상징한다. Spiritus는 각 면 위에 쓰여 있다. 이것은 아마도 삼위일체의 첫 번째 두 "계기들"이 세 번째의 계기에 의해 이해되기 때문일 것이다. 성부와 성자는 성령 속에서 지양된다. 이것은 시간적인 연속이 아니라 논리적인 연속이기 때문에, 성부와 성자는 성령인 전체 속에 항상 이미 존재한다. 삼각형의 면들은 신적인 총체의 꼭짓점들과 "계기들"을 통일하고 창조한다. 성부와 성자는 그들이 성령을 통해 존재하는 바의 것이다. 그러므로 삼각형의 면들은 Spritus와 동일시된다. 그런데 Spiritus는 삼각형의 개별적인 꼭짓점인 동시에, 전체에 퍼져 있고 그것을 결합하는 것이기도 하다.

또한 중심의 삼각형이 성령만을 나타내고, 세 개의 더 작은 삼각형들이 성부, 성자, 그리고 성령을 나타내는 것도 가능하다. 만약 사정이 그러하다면, 유사한 분석이 적용된다. 즉 헤겔은 어떻게 성령이 단지 삼위일체의 한 계기에 불과하지 않고, 삼위일체 자체를 포괄하고 결합하는 "최종적인" 계기인가를 가리키기 위하여 다른 세 개의 삼각형을 지시하면서, 중심에 있는 성령의 큰 삼각형을 그리고 있다. 그러나 만약에 중심의 삼각형이 삼위일체를 나타내는 것으로 간주한다면, 아마도 세 개의 더 작은 삼각형들은 삼위일체의 개별적인 "학문들"인 논리학, 자연철학, 그리고 정신철학을 나타낼 것이다.

7

에카르트(Meister Johannes Eckhart[1])

에카르트의 원래 이름은 요하네스(Johannes) 에카르트였는데, 1302년 파리대학에서 박사학위를 취득한 후부터 사람들은 그를 '마이스터 에카르트', 즉 '에카르트 박사'라고 불렀다.[2] 그는 고타(Gotha) 근처의 호흐하임(Hochheim) 출신으로 도미니크 수도회 회원이었다. 그는 파리대학에서 잠시 교편을 잡았고 생애의 후기에는 쾰른대학에서도 가르쳤다.[3] 그의 정확한 출생연도는 알 수 없는데, 그가 1294년 4월 18일 부활절에 파리대학 신학부의 『명제집』 강사로서 부활절 설교를 맡은 시기를 기준으로 하여 그의 출생연도를 계산해냈다.[4]

니콜라우스 쿠자누스가 에카르트를 집중적으로 연구했다는 풍부한 증거가 있는데, 헤겔과 에카르트 및 니콜라우스의 연관관계에 대한 연구가 등한시된 이유들 가운데 하나는, 헤겔 자신이 에카르트와 니콜라우스에 대해 산발적인 지식

---

1 에카르트는 Eckhart, Eckehart, 혹은 Eckhardt 등으로 표기하며, 우리말 발음도 '에카르트', '에케하르트', '에크하르트' 등으로 한다.

2 Kurt Ruh, *Meister Eckhart: Theologie, Prediger, Mystiker*, München, 1989^2(1985^1), 43. 정달용, 『중세독일신비사상』, 분도출판사, 2013^2(2007^1), 66에서 재인용. 이때의 '박사(博士)'라는 표현은 석사(碩士) 다음의 학위인 박사학위 소지자라는 의미가 아니라, 글자 그대로, '넓은 지식을 가지고 있는 선생[대가(大家)]'이라는 의미로 사용된 것이다.

3 Hirschberger, *Geschichte der Philosophie I. Altertum und Mittelalter*. Zweite Auflage, Freiburg, 1954, 448 참조.

4 Kurt Ruh, ebd., 19-20. 정달용, ebd., 63에서 재인용.

이상의 것을 갖고 있지 않았기 때문이다.[5] 에카르트에 대한 최초의 연구는 에카르트가 죽은 지 100년이 지나서야 니콜라우스에 의해 비로소 이루어졌다. 교황청 사절, 조교, 추기경의 경력을 지닌 그는 오랜 시간 동안 수도원의 도서관이나 기록보관서에 깊이 파묻혀 있던 에카르트의 작품을 찾는 데 몰두했다. 특히 그는 라틴어 작품의 필사본을 만들어 가장자리에 주해를 달아 개인 도서관에 보관했다. 그는 마인쯔의 성 슈테판 성당에서 에카르트의 변론을 발견해 그것을 베껴 보관했다. 그의 주요작품인 『박학한 무지에 대한 변명』(*Apologia doctae ignoratiae*, 1449)에 에카르트가 인용되고 있다.[6]

에카르트는 [알베르투스 마그누스(Albertus Magnus, 1193-1280)와 함께] 최초의 독일철학자들 가운데 하나로, 개신교의 개혁자들의 선구자로, 그리고 독일적 사변의 아버지 즉 독일관념론의 아버지로 간주된다.[7] 하이데거는 그를 가리켜 '독서의 스승(대가)[Lesemeister]'이자 '삶의 스승(대가)[Lebemeister]'이라고 불렀다.[8]

7.1. 일자(一者)로서의 신으로부터 다자(多者)의 출현 및 그로부터 일자로의 복귀

에카르트는 신을 일자라고 말한다. 이는 그의 "일자는 신이다"("Esse est Deus"[9])라는 말에 잘 나타나 있다. 이 명제는 그의 중요저술들 가운데 하나인 『삼부작』(*Opus tripartium*)의 〈일반서론〉[Prologus generalis]에서 논의되고 있다. 『삼부작』은 〈명제〉[propositio]가 정립된 후, 이 명제를 토대로 한 물음

---

5 Stephan Grotz, *Negationen des Absoluten: Meister Eckhart, Cusanus, Hegel*, Hamburg, 2009, 11 참조.

6 이신구, 「독일 신비주의와 마이스터 에카르트」, 『독어독문학』 제62권, 한국독어독문학회, 1997.05. (1-26), 18 참조.

7 Moran Eckhart, "Meister Eckhart in Twentieth-Centur Philosophy," in: Jeremiah Hackett (ed.), *Companion to Meister Eckhart*, Leiden/Boston, 2013 (669-698), 669 참조.

8 Martin Heidegger, "Der Feldweg (1949)," in: *Aus der Erfahrung des Denkens*, Ders., *Gesamtausgabe* (hg. v. Hermann Heidegger) Bd. XIII, Ffm., 1983 (37-41), 39.

9 Meister Eckhart, *Die deutschen und lateinischen Werke*, hg. im Auftrag der deutschen Forschungsgemeinschaft, Stuttgart, 1936 ff. (DW=Deutsche Werke; LW=Lateinische Werke), LW I, 1964, 156.

[quaestio]이 제기되고 해결되며, 〈해명〉[expositio]이 따른다.

『삼부작』 〈서론〉에 따르면 그는 두 가지 유형의 '존재'가 있다고 말한다. 첫 번째 유형의 존재를 그는 '존재[esse]', '절대존재[esse absolutum]', '단순존재[esse simpliciter]', 혹은 '존재 자체[esse ipsum]'라고 부르고, 두 번째 유형의 존재를 '이러저러한 존재[esse hoc et hoc, esse hoc aut aium, esse huius et huius]', '그렇고 그런 존재[esse tale]', '특정한 존재[esse determinatum]'라고 부른다. 첫 번째 것은 신의 존재로서, 무한하고 어떤 혼합에 의해서도 더럽혀지지 않는 데 반해, 두 번째 것은 세상 속에 있는 것들의 한정되고 제약된 존재를 가리킨다.[10] 그의 이야기를 들어보자.

> 신만이 합당한 의미에서의 존재이고 하나이고 진실하고 선하다. 다른 모든 것들은 이런 존재(예컨대 돌, 사자, 사람), 이런 하나, 이런 진실함. 이런 선함(예컨대 선한 마음, 선한 천사)이다.
>
> 우리는 절대존재와 이러저러한 존재에 대해 달리 판단해야 한다. '하나', '진실하다', '선하다' 같은 용어에 대해서도 마찬가지다. 오로지 하나의 존재가 있을 뿐이며 이것이 신이다. 그러나 이러저러한 존재는 많다.[11]

그런데 여기서 에카르트가 '존재'나 '절대존재'라고 부르고 있는 것은 플라톤에 있어서의 '이데아'에 대응하고, '이러저러한 존재' 등으로 부르고 있는 것들은 이데아의 모상(模像)들로서의 '현실적인 존재자들'에 대응한다. 그런데 이러한 표현들로 에카르트가 나타내고자 하는 바는 이해할 수 있으나, 이 표현들에 대해 재고할 필요가 있다. 왜냐하면 신은 '존재자'이지 '존재'가 아니며, 현실적인 존재자들도 '존재자들'이지 '존재'가 아니기 때문이다. 그래서 현실적인 존재자들을 가리켜 에카르트가 '이러저러한 존재[esse hoc et hoc, esse hoc aut aium, esse huius et huius]'나 '특정한 존재[esse determinatum]'라고 부를 때에 우리는 그것을 '이러저러한 존재자'나 '특정한 존재자'로 이해해야 할 것이다. 아울러, 신을 가리켜 '존재[esse]', '절대존재[esse absolutum]', '단순존재[esse simpliciter]', 혹은 '존재 자체[esse ipsum]'라고 부를 때에 우리는 이것을 '일자', '절대

---

10 올리버 데이비스, 『신비신학자 마이스터 엑카르트』, 이창훈 역, 분도출판사, 2016[2] (2010), 128 f. 참조. 부르크하르트 모이지쉬, 『마이스터 에카르트. 유비, 일의성 그리고 단일성』, 이상섭 역, 서강대학교출판부, 2010, 99 f. 참조.

11 Prol. prop. 8, 4, 25 (LW I, 170, 167 f., 181; M 96, 94, 103).

적 일자', '단순한 일자' 그리고 '일자 자체'로 이해해야 할 것이다. '신'에 대해 'esse'를 사용한 경우에는 현실적인 여러 존재자들의 경우와는 달리, '존재(있음)'를 가리키는 것이 아니라 구별되지 않고 아무런 차별도 없고, 따라서 무어라고 규정할 수 없는 '하나' 혹은 '일자'를 가리키는 것이다. 이러한 사태는 나중에 독일철학에서 'esse'에 대응하는 용어인 'Sein'이 지니고 있는 의미에서도 그대로 나타난다. 그래서 예컨대 헤겔 『논리학』 〈존재론〉에서 학의 '시원(始原)'을 가리키는 용어인 'Sein'도 이런 의미로 사용되고 있음을 알 수 있다. 에카르트가 말하는 '신'도 무차별적 동일자 내지 무한(정)자로서의 '일자'이어서, '일자' 내지 '하나(님)'이라고밖에 규정될 수 없는 '무규정자'인 것이다. 이러한 사태를 가리켜 서양철학에서는 '무근거[무저(無低), Ungrund]'라고 부르기도 하였고, 동양에서는 '무극(無極)'이나 '태극(太極)'으로도 부른 것이다. 에카르트는 이러한 무차별자로서의 신을 '일자' 내지 '하나'라고 표현한다.

> 우리는 '하나'라는 말이 무차별적이라는 것과 같은 말임을 알아야 한다. 왜냐하면 차별적인 것은 모두 둘 이상임에 반하여 무차별적인 것은 모두 하나이기 때문이다. 나아가서 하나님은 무한하며 종류나 사물의 한계와 제약에 의해 한정되지 않기 때문에 본성상 무차별적이다. 반면에 피조물들은 바로, 창조되었기 때문에 본성상 한정되고 제약된 자들이다.[12]

따라서 '신'에 대해서는 단지 그가 '존재한다'라고만 규정할 수 있는데, 그러한 규정은 가장 빈곤하고 추상적인 규정이다. 존재론적으로 볼 때 그는 분명히 존재하지만, 그것을 무엇이라고 규정할 수 없기 때문에 '인식론적으로는' 없는 것과 같다고 할 수 있다. 그런 의미에서 에카르트는 '신'에 대해 무(無) 내지 비존재라는 규정을 부여하는데, 이를 달리 '타재[Anders-Sein]' 혹은 '초(超)-존재[Über-Sein]', '무한자[infinitum]', '측량할 수 없는 자[immensum]'라고도 표현한다.[13] 이러한 사정은 헤겔에 있어서 그대로 나타난다.

---

12 Meister Eckhart, 『요한복음서 강해』(*Expositio sancti evangelii secundum Ioannem, Lateinische Werke*). LW II, 1992, 482(여기서는 길희성, 『마이스터 엑카르트의 영성사상』, 분도출판사, 2012^4(2003), 77에서 재인용).

13 M. Eckhart, Pred. 9, DW 1: 142, 9 f.: 신은 "존재하는 것들 너머에[über wesene]" 계신다. 이것은 그러나 신이 존재하지 않는다는 말이 아니라, 존재자들과는 다르게 존재한다는 것을 가리킨다: hie mite einhân ich im niht wesen abegesprochen, mêr: ich hân ez in im

그런데 에카르트는 또한 「명제집」 〈서론〉에서 "오직 신만이 고유한 의미에서 존재자, 일자, 참된 것, 그리고 선이다"[14]라고 말함으로써 신이 일자라는 점을 분명히 밝히고 있다. 그는 〈서론〉에서, 신이 일자라는 점을 시사해주는 것이 바로 "나는 나다(Ego sum qui sum)"(「출애굽기」 3:14)라는 구절이라고 말하는데,[15] 여기서의 '나'라는 인칭대명사를, 피조물[creatum]과 구별되는 "순수실체[mera substantia]"[16]라고 말한다.

보통, "나는 스스로 있는 자니라"라고 번역되는 제14절의 원문은 히브리어로 "예흐웨 아쉐르 예흐웨(היהא רשא היהא)"다. 예흐웨라는 신명(神名)은 사실 아람어와 아랍어의 방언들에서 흔히 볼 수 있고 또한 히브리어의 어근 hjh (='이다') 에 상응하는 어근 hwh에서 파생된 것일 수 있다. '예흐웨'라는 단어는 「호세아」 1:9에도 나오는데, 이것은, 'I am'이라는 뜻이다. 그리고 '아쉐르'는 관계대명사다. 그렇다면 이 문장은 "나는 나인 바로 존재한다"로 번역될 수 있을 텐데, 이것은 "나는 곧 나다" 내지 "나는 나다"로도 옮길 수 있을 것이다. 노트라는 학자의 견해에 의하면, 이것은 "나는 미래에 그러할 내가 될 것이다(I will be, that I will be)"라고 미래시제로도 번역할 수 있다. 이 말은 히브리어의 어법에 의하면, 보다 더 자세하게 규정지을 수 없는 무엇을 표현하고자 하는 것이다. 그러나 이 말은 순수하게 불확정적인 것("나는 어느 누구다")을 의미한다기보다는 오히려 확실하게 파악된 무엇을 말로 표현하려고 하지 않는 그러한 불확정성을 의미한다. 즉 "나는 무엇이다. 그러나 내가 누구인지는 앞으로 더 밝혀지게 될 것이다"라는 의미다. 그러나 이러한 불확정성은 충분한 가능성들을 남겨 놓은 그러한 불확정성으로서 표현되었을 가능성이 가장 크다. 즉 "나는 내가 되고자 의도하는 대로 그대로가 나다"라는 의미다. 어쨌든 여기서 중요한 것은, 히브리어 동사 hjh가 순전히 〈이다〉, 〈존재하다〉를 표현하는 것이 아니라 〈활동적 존재〉를 의미한다는 사실이다.[17]

---

gehoehet (ebd., 146, 5 f.) (W. Beierwaltes, *Platonismus und Idealismus*, ebd., 42 참조).

14 Prol. op. prop. n. 4; LW I, 167, 9 f.

15 Prol. gener. n. 12; LW I, 158, 4. 그리고 에카르트는 「출애굽기」에 대한 해설(Expositio libri Exodi, hg.v. K. Weiß, LW II, 1-227)의 특히 20 ff.에서 이 구절에 대해 해설하고 있다 (W. Beierwaltes, *Platonismus und Idealismus*, ebd., 39 참조).

16 Expositio n. 14. LW2, 20, 3 f.: "(ego) discretivum pronomen meram substantiam significat."

17 마르틴 노트, 『출애굽기』, 한국신학연구소 역, 한국신학연구소, 1985, 53 ff. 참조.

어쨌든 여기서 중요한 사실은, 에카르트가 "일자는 신이다"라는 자신의 주장을 압축적으로 표현하기 위해 인용한 구절이 바로 위의 구절이라는 사실이다. 즉, 일자는 그 무엇보다도 앞서 원초적으로 존재하는 자이기 때문에, 그것이 '존재한다'라는 말 외에 그것이 '어떠하다'라는 규정을 부여할 수 없는 그런 존재자다. 일자 외에는 아무것도 없으므로, 즉 무(無)이므로 그것을 달리 규정할 방도가 없이, 그저 '일자가 존재한다'라고 말할 수밖에는 없다는 말이다. 그리고 모세가 자기에게 이집트에서 노예의 삶을 이어가는 백성들을 구출해내라고 명령하는 그의 이름을 물었을 때 그의 입장에서는 "나는 나다"라고, 동어반복(同語反復)으로 대답할 수밖에 없었던 것도 같은 이유라 하겠다. 이 같은 맥락에서 에카르트는 이렇게 말한다:

> 자, 주목해보라. 하나님은 이름이 없다. 왜냐하면 아무도 그에 관해서 무엇을 말하거나 인식할 수 없기 때문이다. 그러므로 한 이방인 대가는 "우리가 최초의 원인에 대해 인식하거나 말하는 것은, 최초의 원인에 관한 것이기보다는 우리 자신에 관한 것이다. 왜냐하면 그것은 언표와 이해를 넘어서기 때문이다"라고 말한다. 따라서 내가 "하나님은 선하다"라고 말한다면, 이는 참이 아니다. 내가 오히려 선하지 하나님은 선하지 않다. (…) 내가 또 "하나님은 지혜롭다"고 말한다면, 이는 참이 아니다. 나는 그보다 더 지혜롭다! 만약 내가 또 "하나님은 일자다"라고 말한다면, 이는 참이 아니다. 그는 오히려 하나의 초존재적 존재이며 초존재적 무[Nichtheit]다! 따라서 성 아우구스티누스는 말하기를,[18] 인간이 하나님에 대해 말할 수 있는 가장 아름다운 것은, 내적 풍요의 지혜로 침묵하는 데 있다고 한다. 그러므로 침묵하고, 하나님에 대해 지껄이지 말라. 왜냐하면 하나님에 대해 지껄임으로 인해 그대는 거짓말을 하며 죄를 짓기 때문이다. (…) 그대는 또한 하나님에 대해 아무것도 알려 하지 말라. 왜냐하면 하나님은 모든 인식을 초월하기 때문이다. 한 대가(아우구스티누스)는 "만약 내게 알 수 있는 하나님이 있다면 나는 그를 결코 하나님으로 간주하지 않을 것이다!"라고 말했다. 그러니 그대가 하나님에 대해 무언가 안다면, 그는 그것이 아니며, 그대는 그에 대해 무엇인가 알았다는 것으로 인해 무지에 빠지며, 그러한 무지로 인해 어리석음에 빠진다.[19]

---

18 실제로는 디오니시우스의 말이다.

19 Josef Quint (hg. u. übers.), *Meister Eckhart: Deutsche Predigten und Traktate*, fünfte

헤겔 역시 "자연과 유한한 정신의 창조에 앞서서, 자기의 영원한 본체(本體)로 존재하는 신(神)의 서술"(GW 11, 21)인 자신의 『논리학』의 시원(始原)에 홀로 존재하는 절대자로서의 로고스(Logos)를 가리키기 위해서 사용한 용어인 'Sein'도 이런 의미로 사용되고 있음을 알 수 있다. 즉, 우주창조 전에 홀로 존재하는 절대자는 존재하는 것은 분명하지만(존재론적으로는 '존재'함), 그것을 무어라고 규정할 수 없기 때문에 없는 것이나 마찬가지라는 것(인식론적으로는 '무'임)이라는 말이다. 그래서 이러한 절대자는 "순수한 일자(하나)[das reine Sein]"인 동시에, 다른 측면에서 보면 "순수무[das reine Nichts]"라고 할 수 있는 것이다. 여기서 '순수'라는 수식어가 붙는 이유는, 우주창조 전에는 아직 유한자인 피조물이 존재하지 않고 오직 신만이 존재하기 때문이다. 그리고 "순수한 일자"가 지니고 있는 규정이 바로 "순수하게 있음(존재함)"이라는 의미의 "순수유(순수존재)"이며, "순수무"가 지니고 있는 규정은 역시 "순수무"인 것이다. 이처럼 에카르트와 헤겔은 원초적 존재자로서의 절대자를 가리키는 용어에 있어서 공통점을 보이고 있다.

또한 위에서 언급한 진술은, '순수긍정'으로 해석될 수도 있다. 즉 "나는 나다"를 단순한 동어반복으로 볼 수 있다는 말이다. 그러나 헤겔에서 발견되듯이, 이 진술은 일자에 타자가 매개되어 있는 진술, 일자의 부정태인 타자를 부정하고 다시 자기를 긍정하는 2중 부정의 진술로 해석될 수 있다. 그래서 "첫 번째 sum이 두 번째 sum으로 반복되는 것"은 "부정의 부정[negatio negationis]" 혹은 "결여의 결여[privatio privationis]"를 의미한다.[20]

7.2. 부정(否定)의 부정(否定)으로서의 신

에카르트는 이처럼 무차별성을 지닌 일자로서의 신의 본성을 '순수함[puritas]', '충만함[plenitudo]'이라고 말하는 동시에 '부정의 부정[negatio negationis]'이라고도 말한다.[21] 모이지쉬의 연구에 의하면 에카르트는 정신적인 것의

Aufl., München, 1978, 353. 번역은 길희성, 『마이스터 엑카르트의 영성사상』, ebd., 80을 참조하여 부분적으로 수정함.

20 Beierwaltes, *Platonismus und Idealismus*, ebd., 48 참조.

21 "Verneinen des Verneinens." Josef Quint, ebd., 252. '부정의 부정'에 대해서는 특히 Expo. Sap., 148 (LW II, 485 f; TP, 167 f.) 참조.

영역에서는 negatio를, 물체의 영역에서는 privatio를 사용하고자 하면서도(In Ioh. n. 21; LW III, 18, 6 f. 참조), 정신적인 것의 영역에서도 negatio negationis에 상응한 privatio privationis라는 표현을 사용한다: "그런데 단일성, 즉 다수성의 결여가 가장 순수한 신의 단일성이듯이, 결여의 결여는 순수하고 완전한 긍정이다"(In Gen. I n. 158; LW I, 306, 12 f.).[22] 에카르트는 이렇게 말한다: "그런데 부정의 부정은 가장 순수하고 가장 풍부한 긍정이다."[23] "일자 자체는 부정의 부정, 말하자면 일자와 대립되는 모든 다수성이 포함하고 있는 부정의 부정이다. 그런데 부정의 부정은 긍정된 존재의 정수(精髓), 순수성 그리고 이중적 반복이다.—'나는 나인바로서 존재한다'라고 「출애급기」 제3장에 쓰여 있다."[24] 이러한 사태에 대해 그는 『지혜서 주해』에서 이렇게 말한다: "더 나아가, 심지어 '일자'는 본질적 규정성에 따라서 존재에 아무것도 더하지 않고, 오직 부정에 따라서만 더한다. (…) 그렇기 때문에 일자는 존재와 가장 가까운 것이어서, 존재의 순수성, 정수(精髓) 또는 정점(頂点)을 지시한다. 그런데 이러한 것들을 '존재'라는 말은 지시하지 못한다. 왜냐하면 '일자'는 존재 자체를 지시하면서 존재 외에 모든 무의 부정과 배제를 함께 지시하기 때문이다. 이것을, 내가 말하거니와, 모든 부정은 맛보지 못한다. 모든 부정은 어떤 존재를 부정하며, 이 존재의 결여를 의미한다. 따라서 '일자'가 지시하는 부정의 부정은 어떤 지시되는 개념 안에 그 개념에 속하는 모든 것이 존재하고 대립 개념에 속하는 모든 것이 부재한다는 것을 의미한다. 이것은 필연적으로 일자다."[25] 즉, 신에 대립해 있는 어떤 타자는 생각할 수 없다. 신이 자기에 대립하는 타자를 갖지 않는 것은, 신 자신과 다른(신 자신이 아닌) 모든 타자는 신 속에 존재하기 때문이다. 모든 피조물은 자신 속에 부정을 지니고 있다[Alle crêatûren hânt ein versagen (negatio) an in selben; einiu versaget, daz si diu ander niht ensî[26]]. 근거 혹은 순수한 통일[Einheit]은 존재자에 내재한 부정으로부터 보면, '부정의 부'

22 그런데 '결여의 결여'로서의 일자에 대해서, 디트리히(Theodoricus de Freiberg)도 언급하고 있다(Theodoricus de Freiberg, De nat. contr. 16, 3-5)(부르크하르트 모이지쉬, 『마이스터 에카르트. 유비, 일의성 그리고 단일성』, 이상섭 역, 서강대학교출판부, 2010, 183 참조).

23 In Exod. n. 74; LW II, 77, 11.

24 In Ioh. n. 556; LW III, 485, 6 f.

25 In Sap. n. 148; LW II, 486, 2-9.

26 Pred. 21; DW I 363, 5 f. in Joh. n 20; 17, 10 f: res enim omnis creata sapit ubram nihili. Sermo XLIV 1; DW IV 368, 9 f: omne (…) creatum (…) est amarum, tenebra et quoddam nihil.

정[negatio negationis]'이다. 신은 차이나 타재(他在)를 상징하는 부정성을 배제함으로써, 다른 모든 존재자들과는 다르게 존재한다.[27]

신이 '순수하다'는 것은, 신의 본성이 온전히 단일하며 아무런 보탬이 없다는 점을 말하고 있는 반면, '부정의 부정'은 신의 무한성을 나타낸다. 피조물인 유한자의 본성을 규정하기 위해서는 그것이 무엇이 아닌지를 규정해야 한다. 즉 부정이 요구된다. 이러한 사정은, "규정은 부정이다(Determinatio est negatio)"라는 스피노자의 언명을 통해서도 잘 알 수 있다. 유한자는 그 자신이 지닌 유한성 내지 제한성으로 인하여 이미 부정성을 지니고 있는 존재자들이다. 에카르트 역시, 개별적인 특성들을 지닌 모든 유한자는 다른 유한자들과 구별된다는 의미에서, 즉 다른 것들이 아니라는 점에서 그 안에 부정성을 지니고 있다고 말한다: "모든 피조물들은 그 안에 부정을 안고 있다: 하나가 다른 하나가 아니라고 부정하는 것이다."[28] 그러나 일자로서의 신은 다른 사물들과 구별되는 차별성이 없다는 뜻에서 부정의 부정이다. 부정은 유한성(제한성)·다수성·차별성·상대성을 의미한다.[29] 그러나 창조되지 않은 신을 규정하기 위해서는 부정을 넘어선 '부정의 부정'이 필요하며, '부정의 부정'이 "신에게 적용되면서 가장 순수한 형태의 긍정"(TP, 395)이 된다.[30] 필자가 보기에 '부정의 부정'을 통하여 신이 규정될 수 있다는 에카르트의 사상은 후에 니콜라우스에게 영향을 미쳐서 그로 하여금 신을 "다른 것이 아닌 것[non aliud]"으로 규정하기에 이르게 한 것으로 보이는데, 이와 관련한 자세한 내용은 니콜라우스의 사상을 살펴볼 때에 언급하기로 하겠다. 우리는 말머리를 부드럽게 하기 위해 "다름이 아니라 ~[~ (~)]"라는 완곡한 표현을 사용하기도 하고, 어떤 사태를 강조하기 위하여 이중부정{"아닌 게 아니라 ~[~ (~)]"}을 사용하기도 한다. 이러한 사태는 헤겔에 있어서의 두 종류의 동일성의 명제와 관련된다. 그것은 곧, 추상적[지성(知性)의] 동일성[=형식적 동일성=무구별적 동일성]과 구체적[이성(理性)의] 동일성[=실질적 동일성=구별(타자, 부정)이 매개된 동일성=사변적 동일성]이 그것이다. 추상적인, 지성의 동일성은 반성(反省)[Reflexion]의 동일성이다. 이러한 동일성은 사변적 동일성이나 이성개념으로서의 절대적 동일성과는 근본적으로 다르다.

에카르트의 중심문제들 가운데 하나는 바이어발테스의 지적처럼, 신과 피조

---

27 Beierwaltes, ebd., 99 f. 참조.

28 Josef Quint, ebd., 252.

29 길희성, ebd., 78 참조.

30 올리버 데이비스, 『신비신학자 마이스터 엑카르트』, ebd., 130 f. 참조.

물의 연관과 차이라고 하겠다. 그런데 이때 중요한 것은, 연관과 차이라는 이 두 차원이 서로 고립되어 있는 것이 아니라 변증적으로 매개되어 있다는 사실이다. 다시 말하면 연관이라는 차원과 차이라는 차원이 따로따로 고찰되어서는 안 되고, 이 양자(兩者) 자체가 또 연관되어 있다는 점이 고려되어야 한다는 것이다. 구별 즉, '연관과 차이의 연관'이 고찰되어야 하는데, 이것을 헤겔의 말로 표현하자면 '동일과 비동일', '결합과 비결합'의 연관이 고찰되어야 한다는 말이라고 할 수 있다. 연관의 측면을 달리 표현하면, '일자는 만물 속에 존재한다'고 할 수 있고, 차이의 측면을 달리 표현하면, '일자는 만물을 초월해 있다'고 할 수 있다.[31]

플라톤은 "비존재를 존재자의 본질적인 규정으로 제시하려는 관심을"(TW 19, 73) 가지고 있었다. 개별화된 존재자는 부정 없이는 존재하지 않는다. 이를 통해 플라톤은, "비존재는 존재하며, 단순한 것[das Einfache], 자기동일자[das Sichselbstgleiche]는 타재에 관여하며(몫을 가지고 있고), 통일(하나)[Einheit]이나 종합[Synthesis]은 '여럿[다(多)]'에 관여한다"(ebd., 74)는 점을 보이고 있다. 분리할 수 없는, "존재와 비존재의 통일"은 "동시에" (변증적으로) 구별할 수 있는 "비(非)-통일[Nichteinheit]"(ebd., 75), (통일 속에서의 일자의) 긍정적인 보존, 그리고 부정적인 개별화다. 간략히 말하면 규정의 반성(복귀)인데, 이를 통해 "철학적 학문"(ebd., 11)과 철학적 학문의 변증법이 소피스트들과 구별된다(TW 18, 426 f. 참조).

프로클로스에게 있어서도 "부분들의 규정인 여럿[다(多)]은 일자로부터 출발한다"(TW 19, 471). 여럿은 개별화된 "통일"(하나)[Einheit]이나 종합에 관여한다. 그러나 그것은 "일자가 아니다"(ebd., 473). "(신에게 있어서) 자신 속에서 구별되는 지점이, 자기와 유한자 및 세상적인 것과 매개되는 지점이다. 그래서 유한자나 세상적인 것은 신 자신 속에서 시작된다. 유한자와 세상적인 것의 뿌리는, 신이 자기 자신 속에서 구별된다는 사실이다"(ebd., 416). 그러므로 신과 세계의 연관은 "자기 자신 속에 있는 규정"이다. 자기 자신 속에 있는 규정과 더불어 일자의 타재, 이원성[Zweiheit], 부정적인 것이 즉시[auf der Stelle, 그 자리에서] 존재한다. 그러므로 "규정 일반"은 자신 속에서 생각할 수 있는 본질적인 계기이며, 가장 내면적인 성스러운 것 속에서의 밀침(충격)[Ruck]이다.[32]

---

31 Beierwaltes, ebd., 97 참조.

32 Μυστήριον은 알렉산드리아인들에게 있어서는 "일반적으로 사변철학"이다(TW 19, 467).

에카르트는 이러한 사태를 다음과 같이 말하기도 한다: "신은 (모든 피조물과의) 무구별성을 통해 구별되는 무구별자다(Deus indistinctum quoddam est quod sua indistinctione distinguitur)."[33] 이러한 '무구별[indistinctio]'과 '구별[distinctio]'은, 통일성(하나)[Einheit]과 다(多)(여럿)라는 차원에서도 이해할 수 있다.[34] 에카르트가 말하는 일자로서의 절대자의 규정성인 '하나(일)'는 '여럿(다)'을 배제하는 '하나'가 아니다. 여럿에 대립하고 여럿을 배제하는 하나는 상대적 하나이지 절대적 하나가 아니다.[35] 그가 말하는 절대자는 '하나이면서 전체[hen kai pan]'라는 희랍의 절대자처럼, 자신 속에 모든 유한자를 포함하기에 자신의 외부에는 아무것도 존재하지 않는 그러한 절대자이며, 이런 의미에서 그것은 범내재신론에서 말하는 신이라 하겠다.

Comoth, ebd., 25 ff. 참조.

33 Expositio libri Sapientiae n. 154; LW II 490, 7 f. (Koch-Fischer).

34 Beierwaltes, ebd., 97 f. 참조.

35 길희성, ebd., 87 참조.

8

니콜라우스 쿠자누스(Nicolaus Cusanus)

니콜라우스 쿠자누스[Nikolaus Chrypffs (Kryfts) 또는 Krebs, 라틴명 Nicolaus Cusanus][1]는 일반적으로 서양 중세의 철학자 혹은 중세철학으로부터 근대철학으로의 이행과정에서 가교(架橋)역할을 한 사상가로 알려져 있지만, 이 점에 대해서는 재고할 필요가 있다.[2] 그러나 홉킨스 같은 사람은, 니콜라우스에게 있어서는 근대적인 주제들이 충분히 전개되지 않았다고 하면서 이에 반대한다.[3] 니콜라우스는 콘스탄티노플에서 귀향하는 길에 신의 무한성에 대해 체득하게 되고, 그에게는 무한성의 문제가 가장 중요한 것으로 대두된다. 그는 이미 '감성(感性)[sensus, Sinnlichkeit]', '지성(知性)[ratio, Verstand]', 그리고 '이성(理性)[intellectus, Vernunft]'을 구분함으로써, 독일근대철학의 대표자이며 독일철학의 주요개념들을 확립한 칸트(I. Kant)의 철학을 예비한 선구적 철학자일 뿐만 아니라[4] 헤겔의 변증적 사유에 큰 영향을 미친 것으로—비록 그것이 브루노

---

1 '쿠자누스'는 라틴명이고, 독일명은 Kues다. Kues는 니콜라우스가 태어난 트리어(Trier) 근방의 마을 이름이고 현재는 행정구역상으로 Bernkastel-Kues다. 지명(地名)이 성(姓)이므로 앞으로는 '니콜라우스'로 부른다.

2 이 점에 관해서는 이미 〈들어가는 말〉에 밝혀 놓은 바 있다.

3 J. Hopkins, "Nicholaus of Cusa (1401-1464): First Modern Philosopher?," in: *Midwest Studies in Philosophy*. Vol. 26, 2002 (13-29).

4 정달용, 「니콜라우스 쿠사누스의 "神-論"—De docta ignorantia 제1권과 De non-aliud를

(G. Bruno)를 통해서이긴 하지만—알려져 있는 사상가다. 여기서는 니콜라우스의 『다른 것이 아닌 것에 관하여』(*De non aliud*, 1461/62), 『박학한 무지』(*De docta ignorantia*, 1440), 『지혜의 사냥에 관하여』(*De venatione sapientiae*, 1462/63) 등의 저술을 중심으로 그의 사상을 살펴본다.

8.1. 다른 것이 아닌 것[5]

8.1.1. 절대자의 정의와 이름

8.1.1.1. 절대자의 정의

니콜라우스는 자신이 죽기 2년 전인 1462년 초, 로마에서 수도원장인 요하네스 안드레아스 비게비우스 아바스(Joannes 혹은 Johannes Andreas Vigevius abbas), 피사 출신의 페트루스 발부스(Petrus Balbus), 그리고 포르투갈 출신의 훼르디난두스 마팀(Ferdinandus Matim)과 4인의 대화를 갖는데,[6] 이 대화를 책으로 펴낸 것이 『다른 것이 아닌 것』(*De non aliud*)[7]이다. 니콜라우스는 이 저술

중심으로—」, 『중세철학』 Vol.7, 한국중세철학회, 2001 (3-31), 4 참조. 물론 칸트는 니콜라우스와는 달리, 이성의 기능을 추론기능과 규제적 기능에 한정하였다는 점을 덧붙여야 하겠다.

5 '다른 것이 아닌 것'에 관한 서술은 백훈승, 「니콜라우스 쿠자누스와 헤겔의 절대자관」[『동서철학연구』 제70호, 한국동서철학회, 2013.12 (343-373)]을 부분적으로 수정한 것이다.

6 빌퍼트는 여러 정황증거를 들어 이 대화가 1462년 1월 초에 있었다고 추론하고 있다(Nikolaus von Kues, (übers. und mit Einführung und Anmerkungen. hg. von Paul Wilpert), *Vom Nichtanderen* (*De li non aliud*), Hamburg, 1987, XIX 참조). 대화 참가자들에 대해서는 Wilpert, ebd., 99 참조.

7 원래의 제목은 *Directio speculantis seu de li non-aliud* (『사변적 사유를 위한 안내 혹은 다른 것이 아닌 것에 관하여』)이고, 이를 줄여서 de non aliud (『다른 것이 아닌 것에 관하여』)라고 하는데, 여기서는 우리말로는 『다른 것이 아닌 것』으로 부르고 인용할 경우에는 NA로 줄인다. 니콜라우스는, 'non aliud'와 더불어 'li'(=the)를 사용하여, 'non aliud'가 명사표현으로 간주된다는 것을 보여준다(Clyde Lee Miller, *Reading Cusanus: Metaphor and Dialectic in a Conjectural Universe*, Catholic Univ. of America Pr., 2002, 180 참조). 이에 관해서는 다음의 자료들을 참조할 것: J. Hopkins, *Nicolas of Cusa on God as Not-Other: A Translation and an Appraisal of "De li non-aliud"*, 3rd ed., Minneapolis, 1999, 23-25; Wilpert, ebd.; G. Schneider, Gott, *das Nichtandere*, Münster, 1970; P. Bolberitz, *Philosophischer Gottesbegriff bei*

에서, 절대자에 대한 앎을 제공하기 위하여 절대자를 정의하려고 한다. 그 이유를 그는 다음과 같이 말한다: "왜냐하면 정의는 진술 혹은 본질규정이기 때문이다[(…) nam oratio seu ratio est definitio]".[8] 그는 이 저술의 바탕이 된 4인의 대화가 있었던 다음 해인 1463년 초에 쓴[9] 『지혜의 사냥에 관하여』(*De venatione sapientiae*)의 제14장: 「세 번째 마당: '다른 것이 아닌 것'」에서도 이와 같은 맥락에서, "왜냐하면 정의는 지(知)를 산출하기 때문이다. 정의는 정의되는 것의 유(類)와의 일치 및 종(種)과의 차이를 표현한다"[10]고 말하고 있다.

그러면 우리는 신을 어떻게 정의할 수 있겠는가? 니콜라우스가 아리스토텔레스식의 정의방식을 고수하는 한, 신은 정의될 수 없다. 왜냐하면 신은 최고의 유개념이기에 그것의 최근류가 존재하지 않기 때문이다. 그렇다면 우리는 "신은

Nikolaus Cusanus in seinem Werk: "De non aliud", Leipzig, 1989, etc.

8 Nikolaus von Kues, NA, in: *Philosophisch-theologische Schriften*, hg. und eingeführt Leo Gabriel, übers. und kommentiert von Dietlind und Wilhelm Dupré. Sonderausgabe zum Jubiläum Lateinisch-Deutsch (PTS로 줄임), Bd. III. 2. Nachdruck der 1964 erschienenen 1. Aufl., Wien 1989 (443-566), 446.

9 Nikolaus von Kues, PTS Bd. II, XXIX (Aufbau, Text und Übersetzung) 참조. 또한 *De venatione sapientiae* (VS로 줄임), in: PTS Bd. III. (1-190), 66 참조.

10 VS, 62. 여기서 우리는 니콜라우스가 최근류[genus proximum] + 종차[differentia specifica]를 통한 아리스토텔레스의 정의 ― 이른바, 본질적 정의[essential definition] ― 방식을 따르고 있다는 것을 알 수 있다. 아리스토텔레스 이후 이런 정의방식은 가장 모범적인 정의방식으로 받아들여져, 고전적인 중세 스콜라 논리학의 정의방식으로 채택되었다[예) "인간은 이성적 동물이다"]. 그러나 정의를 이처럼 '최근류'와 '종차'를 통해 기술하는 일은 자칫 오도(誤導)하기 쉽고, 완전히 불필요한 존재론적인 연상(聯想)을 불러일으킬 수 있다. 대체 누가 '말'은 유(類)이고 '희다'는 것은 '차이'라고 말할 수 있는가? 이 같은 관계는 바뀔 수 있다. 즉 우리는 백마를 '말 모양의 흰' 어떤 것이라 규정할 수도 있는 것이다. 그러면 이 경우에는 '희다'는 것이 최근류가 되고, '말'이 종차가 될 것이다. 따라서 자이퍼트는, '백마'라는 술어는 '말'과 '희다'라는 동등한 '술어-좌표'의 교점에 놓여 있는 셈이라고 말하는 것이 한층 유의미하고 중립적인 것으로 본다(Helmut Seiffert, 『학의 방법론 입문 I』, 전영삼 역, 교보문고, 1992, 46 참조). 같은 식으로 말하면, '정사각형'의 유개념이 무엇인지를 결정할 수 있는 정해진 기준은 없다: 예) ① 등변의 도형, ② 등각의 도형, 혹은 ③ 직각의 도형 등이 '정사각형'의 유개념이 될 수 있다[Martin Gessman (neu hg. v.), *Philosophisches Wörterbuch*, Stuttgart, 2009, 148 참조]. 이런 정의방식을 따를 경우, 최고의 유(類)[개념]인 'Sein'은 최근류가 없으므로 정의가 불가능하다. Heidegger가 『존재와 시간』(*Sein und Zeit*)에서 'das Sein'을 정의할 수 없기에 정의를 통해서는 그것을 파악할 수 없다고 보고 '현존재'[das Dasein]를 통한 우회로를 택한 것도 바로 이런 이유에서다.

신이다"라고 정의하거나, 신에 대해 내포적인 정의를 시도하는 방법밖에 없을 것이다. 그런데 첫 번째의 방법은 사실은 정의가 아니라 '동어반복[tautology]'에 불과하여 아무것도 정의하는 바가 없다. 후자의 방법 역시 불가능할 것이다. 왜냐하면 절대자·무한자인 신은 실로 무한한 속성을 가지고 있을 것이기에, 그것을 다 나열할 수 없을 것이기 때문이다. 그런데 여기서 전자의 정의방식을 좀 더 구체적으로 살펴보기로 하자.

니콜라우스는 "그렇다면 자네는 모든 것을 정의하는 정의는 정의되는 것과 다른 것이 아니라는 사실을 알고 있지?"(NA, 446)라고 말한다. 그렇다면 정의(정의항)[definiens]와 정의되는 대상(피정의항)[definiendum] 사이에 차이가 없는 그런 정의란 무엇인가? 그것은 바로 동어반복이다. 그러니 이러한 정의방식이 갖고 있는 결정적인 문제점은, 피정의항의 용어가 정의항에 다시 등장하면 안 됨에도 불구하고, 동일한 용어가 정의항에 그대로 등장하고 있다는 점이다. 따라서 사실, 이러한 동어반복은 정의가 아니고, 글자 그대로, 같은 말을 되풀이하는 것에 불과하다. 따라서 그것은 아무것도 말하고 있지 않다. 술어가 주어를 '온전히', 남김 없이 그대로 반복하여 진술하고 있음에도 불구하고, 그것은 형식적이고 공허한 동일성에 불과하여, 주어에 관한 어떤 새로운 정보도 우리에게 제공하지 않는다.

그러나 니콜라우스가 제시하는 정의방식은 이런 것이 아니다. 니콜라우스는 신을 '다른 것이 아닌 것'이라고 정의한다. 이 정의의 형식은 "X = ~ (~X)"다. "X=X"라고 말하면 동어반복에 불과하지만, 이중부정을 통한 긍정은 단순한 동어반복과는 다르다. '다른 것이 아닌 것'이라는 신의 정의는, 일자(一者)의 타자를 매개로 하고 있는 표현이다. 이것을, 이중부정을 포함하지 않은 긍정으로 표현하면, '동일자(同一者) 자체[idem ipsum]'[11]로 된다. 우리는 일상어에서도 사태를 단도직입적으로 표현하기를 꺼려할 경우에 어조사(語助辭)로, "다름이 아니라~" 혹은 "아닌 게 아니라~" 등의 이중부정의 형태로 말함으로써 좀 더 부드럽게 대화를 이끌어나가려고 한다. '동일자 자체'라고 말하는 것은 단순한 추상적 동일성만을 나타내고 있는 데 반하여, '다른 것이 아닌 것'은 타자를 매개로 한 부정을 통한 긍정을 표현하고 있다는 점에서 〈구체적 동일성〉을 나타낸

---

11 *Dialogus de Genesi* (De Gen으로 줄임), in: PTS Bd. II (387-442), 390: "quomodo idem ipse est omnium causa, quae adeo sunt diversa et adversa[어떻게 동일자(같음) 자체가 상이하고 대립하는 모든 것의 원인인지]".

다. 그는 플라톤처럼 '한정(限定)'을 통해서 정의하고 있다. 즉, 이것은 "이것이며 다른 것이 아니다[non aliud quam ~]"라고 규정한다.[12] 『지혜의 사냥에 관하여』에서도 니콜라우스는 이와 같은 주장을 제시하고 있다: "자신과 모든 것들을 정의하는 것의 사냥이 일어나는 마당[장(場)]을 나는 '다른 것이 아닌 것'이라 부른다. 이 '다른 것이 아닌 것'은 자신과 모든 것들을 정의한다"(VS, 64).

그렇지만 이중부정이 단순한 동어반복으로서의 긍정과는 형식상 다르다고는 하지만, 이러한 정의방식을 통해서도 우리는 어떤 구체적인 내용을 얻을 수는 없다. 예컨대, "하늘은 무엇인가?"라는 질문에 대해, "하늘은 하늘 아닌 것이 아니다"라고 대답한다면, 이러한 대답은, "하늘은 하늘이다"라는 대답과 마찬가지로, 우리에게 하늘에 대한 아무런 정보도 제공해주지 않는다. 그렇다면 "신은 (신과) 다른 것이 아니다"라는 정의도 이와 마찬가지가 아닌가? 이 문제를 논하기 전에 우선 '어떤 것[일자(一者)]'과 '다른 (어떤) 것[타자(他者)]'의 관계에 대해 고찰해보자.

예컨대 A, B, C라는 세 유한자가 존재할 경우, A는 다른 것(B, C)이 아닌 것이고, B나 C도 각각 다른 것이 아닌 그 자신들이다. 각각의 유한자는 자기동일성을 지니고 있기에, 각각의 유한자는 그것 외에 다른 것이 아닌 그 어떤 것이다.[13] 이러한 사태는 너무도 명백하고 당연할 뿐만 아니라, 이런 사태를 그저 진술함에 의해서 우리가 각각의 유한자들에 대한 정의를 내리는 것은 아니다. 그렇다면 '다른 것이 아닌 것'이라는 정의가 신에게 적용될 때 이와는 다른 의미를

12 정달용, ebd., 23 참조. 플라톤에 의하면, "어떤 것을 정의한다"는 것은, "그것이 그것이며, 다른 것이 아니라는 것"을 말한다(Platon, *Sophistes*, 257a). 즉, "다른 것과 구분하는 것[διαίρεσις]"이다(정달용, ebd., 11 참조). 이러한 니콜라우스의 사상은 근대의 네덜란드의 유태계 철학자인 스피노자에게 영향을 미쳐서 "규정은 부정이다(Determinatio est negatio)"라는 주장에 이르게 하였을 뿐만 아니라 "모든 규정은 부정이다(Ominis determinatio est negatio)"라고 하는 헤겔의 변증적 사유의 형성에 영향을 미쳤음을 알 수 있다.

13 이와 관련해서는 헤겔의 다음과 같은 주장을 참고할 것: "1. 어떤 것과 다른 것(타자)은 모두, 첫째로 현존재자 혹은 어떤 것이다. 둘째로, 각자는 마찬가지로 다른 것(타자)이다. 어떤 것이 먼저인가는 상관없고, 단지 그 때문에 어떤 것이라고 불린다[라틴어로, 이 둘이 한 문장에 등장하면, 양자는 다른 것[aliud]이라고 불리거나 혹은 일자[Einer]는 타자에[den Anderen]에 대해 다른 것의 다른 것[alius alium]이라고 불린다. 대립되는 경우에 이 표현은 타자의 타자[alter alterum]와 유사하다]. 만약에 우리가 어떤 현존재를 A라고 부르고 그것의 타자를 B라고 부르면, 우선 B가 타자로 규정된다. 그러나 이와 마찬가지로 A도 B의 타자다. 이 둘은 동일한 방식으로 타자인 것이다. 차이를 그리고 긍정적으로 취해져야 할 어떤 것을 확정하기 위하여 이것이 소용된다. (…)"(TW 5, 125 f.).

갖는 것인가? 그렇다. 이 표현이 신에게 적용되면 다음과 같은 의미가 된다. 즉, 신은 일자인 동시에 모든 것(hen kai pan, Ἓν καὶ Πᾶν)[14]이기 때문에 자신의 외부에 아무것도 존재하지 않는다. 따라서 신의 타자는 존재하지 않는다. 일체의 존재자는 신 안에 존재하므로, 신은 자신(自身)과 구별되는 다른 것이 아닌 것이다. 다시 말하면, 유한자의 경우에는 일자의 타자들이 존재하고, 일자는 타자가 아닌 일자라는 의미를 가지고 있는 데 반하여, 신의 경우에는, 애당초 (신이 전부이기 때문에) 신의 타자가 존재하지 않는다. 그러므로 신은 신일 수밖에 없고 신 이외의 것, 즉 타자가 아닌 것이라는 말이다. 그래서 니콜라우스는 "다른 것이 아닌 것은 다른 것이 아닌 것과 다른 것이 아니다"[15]라고 말한다. 다시 말하면, 유한자의 경우 일자의 타자는 일자와는 별개로, 일자의 외부에 존재하며 서로 구별된다. 그러므로 어떤 일자는 그 자신의 타자와는 다른 것이라고 하는 '배타적 의미'의 구별성을 지니게 된다. 그러나 니콜라우스가 생각하는 신은 자신의 타자인 유한자를 자신의 외부에 가지고 있지 않고 자신 속에 포함하고 있기 때문에 신은 '그 밖의 다른 어떤 것도 아닌' 것인 것이다. 다시 말하면 절대자의 표현은 "X ≡ ~ (~X)"인데, 이때, 술어의 X 속에는 [a · b · c · (···) z]에 이르기까지의 모든 유한자가 포함되어 있다. 그러므로 이 진술의 형식은 단순한 2중 부정이 아니다. 신을 '다른 것이 아닌 것'이라고 할 때에, 신의 밖에는 아무것도 없으며, 모든 것은 신 안에 존재한다는 말이다.

8.1.1.2. 절대자의 이름

그런데 신의 명칭에 대하여 훼르디난두스는 다음과 같은 물음을 제기한다: "다른 모든 사람들이 '제1원리'를 신이라고 부르는 데 반해, 당신은 '다른 것이 아닌 것'으로 표현하시려는 것 같습니다"(NA, 448). 이러한 문제제기에 대해서 니콜라우스는, 그가 자기를 잘 이해하고 있다는 점을 확인하면서 다음과 같이

---

14 니콜라우스 자신도 이에 해당하는 라틴어 표현을 사용하고 있다: "unus et omnia"[De docta ignorantia (DI로 줄이고, 인용된 쪽수만 기입), in: PTS, Bd. I(191-298), 280].

15 "(···) non aliud est non aliud quam non aliud"(NA, 462). 또한 NA, 446의 훼르디난두스의 진술도 참조. 이 진술의 논리적 형식은 "X ≡ ~ (~X)"다. 그롯쯔도 말하듯이 '다른 것이 아닌 것'이라는 표현은 단순히 각각의 대상의 내적인 자기동일성이나 통일과 꼭 같이 이해될, 각각의 대상의 형식적 조건만을 나타내는 동어반복적 정의가 아니다(Stephan Grotz, *Negationen des Absoluten. Meister Eckhart · Cusanus · Hegel*, Hamburg, 2009, 212 f. 참조).

대답한다: "비록 제1원리에 여러 이름들이 속한다고 해도, (…) 그것들 가운데 그 어떤 것도 그것에 적합할 수 없다네"(NA, 450). 니콜라우스는, 제1원리에 대해서 서술하고 있는 다른 모든 설명은 '다른 것이 아닌 것'이라는 개념의 뒤에 머물러 있어서 그것보다 덜 포괄적이라고 말한다(NA, 454 참조). 그래서 모든 신학자들은 실로 신 속에서, 모든 개념적 파악을 넘어서 있는 위대한 것을 보았고, 그 때문에 "현실개체를 넘어서 있는[supersubstantialem]"[16], "모든 이름을 넘어서 있는[supra omne nomen]" 등등이라고 신에 관해 말했다고 한다. 그리고 이때에 "~을 넘어서[super]", "~ 없이[sine]", "비(非)~[in]", "~이 아닌[non]", "~에 앞선[ante]" 등과 함께 쓰인 이 표현들은 그때그때마다 우리에 대해서 신 속에 있는 동일한 특성 내지는 바로 동일자 자체를 가리키며, 이로 말미암아 '다른 것이 아닌 것'이라는 표현이 가지고 있는 우위(優位)와 더 큰 단순함이 해명되므로, 이 표현은 다른 어떤 단어로도 고쳐 쓰거나 표현될 수 없다고 말한다(NA, 454, 456 참조). 여기서 훼르디난두스는 니콜라우스의 주장에 동의하면서도, 다른 한편으로는 어떻게 그것이 가능한지 질문한다. 즉, 그는 어떻게 일자[unum], 존재자[ens], 참된 것[verum], 그리고 선[bonum]이, '다른 것이 아닌 것' 다음에 존재해야 하는지 의아스럽다고 니콜라우스에게 말한다(NA, 456 참조). 이 질문에 대하여 니콜라우스는 다음과 같이 답변한다:

> 일자가 '다른 것이 아닌 것'에 상당히 근접해 있는 것으로 보이지만, 사람들은 모든 사물을 일자 혹은 타자로 명명(표현)한다네. 그리하여 일자는 마치 '다른 것이 아닌 것'으로 보인다네. 그럼에도 불구하고 일자는 일자이고 일자 외에 다른 것이 아니어서, '다른 것이 아닌 것' 자체와는 다른 것이라네. 따라서 '다른 것이 아닌 것'은, 일자보다 더 단순한 것이지. 일자는 그것이 일자라는 점을 바로 '다른 것이 아닌 것'에 힘입고 있으며, 그 반대는 아니라네. 그런데 몇몇 신학자들은 분명히 일자 개념을 '다른 것이 아닌 것'의 자리에 놓은 다음 그들의 고찰에서 대립에 앞선 자리를 일자에 할당하였네. 그리하여 우리는 그것을 플라톤의 파르메니데스 속에서와 아레오파기타의 디오니시우스에게서 읽을 수

---

16 Dionysius는 *De div. nom*. I, 7에서 "ὑπερούσιας"라고, 그리고 I, 36에서 "ὑπερώνύμος"라고 말하고 있다. 신을 "초실체적인(현실개체를 넘어서 있는)[hyperousias]", "모든 이름들 위에 있는[hyperonymos]"이라고 표현하는 것은 전적으로 신플라톤주의 전통에 뿌리박고 있는 위디오니시우스로부터 유래한다.(*De div. nom*. I, 1, 2; V, 2; *Myst. Theol. III* PL 3, 588 A; C; 596 C; 1033 A; *De div. nom*. I, 5, 7 PhG 3, 593 AB; 596 D) (Wilpert, ebd., 127 참조).

있다네(NA, 458).

여기서 니콜라우스는, 일자는 '다른 것이 아닌 것'과 상이하다는 언급과 더불어 자기의 이전(以前)의 직관들을 수정하지는 않지만 이전의 전문용어를 수정한다. 『박학한 무지』에 나타나는 신 개념은 일자라는 개념이다. 이러한 동일(자) 에는 어떠한 대립도 존재하지 않는다. 그래서 "그것은 통일성의 단순함 속에서 모든 것을 포괄하는 최고의 이름이다. 그것은 표현할 수 없는 이름이며 모든 개념파악을 넘어서 있다"(DI, 280). 그러나 이제 말기의 저작인 『다른 것이 아닌 것』에서는 일자의 긍정적인 명명은 불충분한 것으로 보이고, 그것은 더 이상 대립자들을 넘어서는 것으로 간주되지 않는다. 일자 대신에 '다른 것이 아닌 것'이 들어선다. '다른 것이 아닌 것'은 신 개념으로서의 일자의 과제를 떠맡으며, 이제 대립자들을 넘어서는 신을 나타내는 적합한 표현으로 나타난다. 니콜라우스가 이전에는 신플라톤주의자들이 근원적 일자에 덧붙였던 기술(記述)을 일자에로 전이시킨 반면에, 그는 이제 이러한 일자를 신플라톤주의의 일자와 동일한 것으로 정립하며 신플라톤주의자들의 초월적이며 근원적인 일자를 '다른 것이 아닌 것'이라는 개념으로 대치한다.[17]

'다른 것이 아닌 것'은 본질, 이데아, 형상(形相)[혹은 종(種)]에 앞서고, 이것들에 뒤이어 '다른 것'이 따른다(NA, 482 참조). 그리고 플라톤도 존재자를 이런 순서로 자리매김했다(*Timaios* 28a ff.)는 점을 니콜라우스는 인정한다. 그래서 '하나[unum]', '본질[esentiam]', '이데아[ideam]', '형상[formam]', '원형[exemplar]', '종[speciem]'은 '다른 것이 아닌 것'에 이르지 못한다고 주장한다(NA, 484 참조).

니콜라우스는 이런 주장을 하는 이유에 대해 다음과 같이 말한다: "그러나 하

---

17 Wilpert, ebd., 134 참조. 플라쉬(K. Flasch)는 다음과 같이 말한다: "쿠사누스는 '다른 것이 아닌 것'이라는 개념을 만듦으로써, '하나[일자(一者), unum]'라는 이름이 지니고 있는 결핍을 개선한다. (…) 그리하여 더 나아가, '하나'는 '다른 것이 아닌 것' 바로 다음에 오고, 신플라톤주의의 전통에 서 있는 대가(大家)들에게 있어서도 이미, '다른 것이 아닌 것'이라는 의미로 이해된 이름으로 유효하다. 그러므로 '하나'가, 이미 『박학한 무지』 제1부 제24장에서 요구된 것처럼, 절대적인 일자(一者)로, 즉 일(一)과 다(多)의 대립으로부터 이끌어내어진[herausgehobenes] 일자(一者)로서만 이해된다면, 실질적으로는, '다른 것이 아닌 것'을 통해 분명히 드러나는 '하나'의 우위(優位)가 지속된다. 쿠자누스에게 있어서 형이상학은 이러한 일자의 이론 외에 다른 것이 아니다"(Kurt Flasch, *Die Metaphysik des Einen bei Nikolaus von Kues*, Leiden, 1973, 242 참조).

나[일자(一者)]는 하나가 아닌 것[비일자(非一者)]과 상이하기 때문에, 결코 모든 것의 제1원리가 될 수 없다네. 제1원리는 다른 것과 혹은 무(無)와 상이할 수 없으며, 자네가 나중에 보게 되듯이, 어떤 것과도 대립되지 않는다네" 이 주장의 의미는, 제1원리는 자체 내에 모든 것을 포함하고 있어야 하므로, 자신과 대립되는 어떤 것이 존재한다면 그것은 제1원리로서의 자격이 없다는 것이다. 그러므로 '하나'가 아니라, '다른 것이 아닌 것'이 제1원리라고 그는 주장한다. 그리하여 "비록 대립자들이 문제가 된다 할지라도, '다른 것이 아닌 것'의 이후에 보는 것 가운데 그 어떤 것에도 '다른 것이 아닌 것'이 결여될 수 없다"(NA, 458)는 훼르디난두스의 언급을 "참된 것"(ebd.)으로 시인하고 있다. 이 말은, '다른 것이 아닌 것'은, 그것 이후에 전개되어 뒤따라오는 모든 것들[대립자들]을 이미 자신 속에 포함하고 있어서, 그것들은 '다른 것이 아닌 것'이 자기를 전개한 결과물일 뿐이라는 주장이다. 그래서 '다른 것이 아닌 것'은 자기 뒤에 따라 나오는 모든 것에 함께 있다[결여되어 있지 않다]고 니콜라우스는 말하는 것이다. 여기에는 이미 '대립자들의 일치[coincidentia oppositorum]' 사상이 내재되어 있다. 즉, '다른 것이 아닌 것'으로서의 신 속에는 모든 대립자들이 포함되어 있다고 주장하는 것이다. 니콜라우스는, "'다른 것이 아닌 것'은 하늘을 다른 어떤 것으로부터 창조하지 않고, 자신 속에 그것 자체로 존재하는 하늘을 통해 창조하네"(NA, 466)라고 말한다. 즉, 창조란, 신 자신 속에 존재하는 어떤 것을 자기의 밖으로 밀어내는 것, 표출하는 것, 혹은 접혀져 있는 주름을 펴는 것[explicatio]이라고 할 수 있다. 모든 존재자의 존재원리로서의 신의 창조는 무(無)로부터의 창조도 아니고, 데미우르고스가 선재(先在)하는 이데아를 본 따서 이 세계를 창조한 것과도 달리, 신 자신 속에 존재하는 유한자를 자신의 외부로 펼침에 의한 창조라고 니콜라우스는 주장한다. '다른 것이 아닌 것'은 그 자체로 모든 것이기 때문에 그 속에 모든 대립자들이 포함되어 있고, 이 대립자들은 '다른 것이 아닌 것'으로 말미암아 비로소 존재하는 것들이다. 이렇듯 "신은 자신의 단순성 속에서 만물의 총체성을 포함하고 있다. 그러므로 신은 자기의 고유한 이름에 적합하게—이 이름은 우리에 의해 표현될 수 없는데—'하나이면서 모든 것' 혹은 더 잘 말하면, '모든 것을 통일한 자'로 이해되어야 한다. 그 이름은 네 개의 철자로 이루어진 신명4문자(神名四文字)[Tetragrammaton]다. (…)"(DI, 280).[18]

18 *Liber Primus* (erstes Buch), XXIV.

니콜라우스는 그러나 '다른 것이 아닌 것'이 신의 이름은 아니라고 말한다: "(…) '다른 것이 아닌 것'(이라는 이름)이 하늘과 땅 위에 존재하는 모든 이름들에 앞서 존재하는 신의 이름은 아닐지라도, 그것은 마치 순례자를 도시로 인도하는 길이 그 도시의 이름이 아닌 것과 유사하다네"(NA, 450). 이 비유를 통해서 우리가 확인할 수 있는 사항은, '다른 것이 아닌 것'은 신의 이름이 아니라는 것. 그렇지만, '다른 것이 아닌 것'이라는 명칭 내지는 정의를 따라가다 보면 신에게 이를 수 있다는 것이다. 그리하여 니콜라우스는, "'다른 것이 아닌 것'이라는 이름 속에서 신께서는 귀중한(값 비싼) 거울 속에서처럼, 신을 탐구하는 자들을 비춰줄 수 있으실 것이네"[19]라고 말함으로써, '다른 것이 아닌 것'이라는 이름을 통해서 신을 온전히 알 수는 없지만(거울 속에서 보는 것처럼 단지 희미하게만 볼 수 있지만), 대강의 윤곽을 알 수 있을 것이라는 점을 시사하고 있다. 디오니시우스가 말하는 것처럼, "창조주[신]는 명명할 수 없거니와 (…)"[20] '다른 것이 아닌 것'은 신을 가리키는 다른 이름들보다 "더 정확하고[praecisius]" "신에 더 가까운[propinquius]" 이름이라고 주장한다(NA, 450). 즉, '다른 것이 아닌 것'이라는 이름이 "모든 이름들을 초월한 명칭"(NA, 542)이 아니라 "첫째[primo]를 개념화한 이름"(ebd.), 저 명명 불가능한 것에 대한 니콜라우스의 개념(이해)을 표현하는 가장 정확한 이름이라고 말한다(ebd. 참조). 즉, 절대자는 어떤 이름으로도 포착되거나 온전히 표현될 수 없지만, 니콜라우스가 보기에는 '다른 것이 아닌 것'이라는 이름이 그래도 절대자에 가장 근접한 이름이라는 점을 밝힌다.[21]

8.1.2. 존재 및 인식의 원리로서의 '다른 것이 아닌 것'

'다른 것이 아닌 것'은 존재론적으로, 그리고 인식론적으로도 '다른 것'에 선행

---

19 이 구절은 다음과 같은 사도 바울의 말을 연상케 한다: "지금은 우리가 거울을 통해 희미하게 보지만 그때에는 얼굴과 얼굴을 마주볼 것이요, 지금은 내가 부분적으로 아나 그때에는 내가 알려진 것처럼 알게 될 것입니다"(고린도전서 13:12).

20 C.E. Rolt (tr.), *Dionysius the Areopagite: On the Divine Names and the Mystical Theology*, London, 1920, 144. 그리고, 위 디오니시우스, 『위 디오니시우스 전집』, 엄성옥 역, 은성출판사, 2007, 220도 참조.

21 노자(老子)의 "道可道非常道, 名可名非常名"도 이런 의미로 이해할 수 있다.

한다.[22] '다른 것이 아닌 것'은 존재의 원천일 뿐만 아니라 인식의 원천이기도 하다. 그것이 존재의 원천인 까닭은, 모든 것은 '다른 것이 아닌 것'으로서의 신에 의해 존재하고 그로부터 말미암기 때문이며, 그것이 인식의 원천인 까닭은, 모든 것은 '다른 것이 아닌 것'에 근거하여 인식되기 때문이다. 그러나 어떻게 보면 '다른 것'이 '다른 것이 아닌 것'에 선행하는 것으로 생각된다. 왜냐하면 '다른 것이 아닌 것'은 '다른 것'을 이미 전제하고 있는 것으로 생각되기 때문이다. 즉, '다른 것이 아닌 것'은 '다른 것'의 존재를 일단 긍정하고 난 뒤에 그것을 부정함으로써 이루어진 결과이기 때문이다. 그러나 사실은 그와 반대다. '다른 것'이라는 개념 자체가 이미, '동일한 것이 아닌 것', '비동일자'를 의미하는 것으로서, 그것은 이미 '동일한 것[동일자]', 즉 '다른 것이 아닌 것'을 전제하고 있기 때문이다. 그러므로 '다른 것'이 아니라, '다른 것이 아닌 것'이 존재 및 인식의 원리 내지는 원천이 된다.[23]

신은 존재와 인식의 원리가 된다는 사실을 니콜라우스는 빛의 비유로 설명하고 있다: "우리는 감각적인 것을 통하여 정신적으로 인식 가능한 것에로 고양되기 때문에, 신은 빛의 비유 속에서 우리에게 더욱 분명하게 드러난다고 신학자들은 말한다네"(NA, 452). 감각적인 빛 없이 우리는 아무것도 볼 수 없기에, "(…) 감각적인 빛이 가시적·감각적인 것들을 존재하게 하고 인식하게 하는 원리"(ebd.)라고 말한다. 우리는 빛으로 인해 감각적인 물(物)들을 인식할 수 있다. 빛이 없다면 물(物)들을 분간할 수 없을 것이다. 뿐만 아니라 더 근원적으로

22 스피노자도 능산적 자연인 신을 존재 및 인식의 원리라고 주장한다. 그리하여 그는 존재론적으로 독립적일 뿐만 아니라 개념적으로도 독립적인 자인 실체를 철학의 제1원리로 삼고 자신의 철학을 전개해 나갔다: "나는 실체를 그 자체로(즉자적·독자적으로) 존재하며, 자신을 통하여 파악되는 자라고 이해한다. 즉, 그 개념이 그것으로부터 자기가 형성되어야만 할 다른 어떤 것의 개념을 필요로 하지 않는 자라고 이해한다"(Baruch de Spinoza, *Ethik in geometrischer Ordnung dargestellt*. Neu übersetzt, herausgegeben, mit einer Einleitung versehen von Wolfgang Bartuschat. Lateinisch-Deutsch, Hamburg, 2010, 제1부. 정의 3).

23 훼르디난두스도 이 점을 인정하고 있다: "왜냐하면 다른 것은 다른 것 이외의 것이 아니기 때문에, 그것은 분명히 '다른 것이 아닌 것'을 전제하고 있습니다. '다른 것이 아닌 것'이 없다면 다른 것은 다른 것이 아닐 것입니다. 그러므로 '다른 것이 아닌 것'이라는 표현과 다른 모든 표현은 원리[始原]와는 다른 것을 가리킵니다"; "'다른 것이 아닌 것'이라는 표현[명칭]과 다른 모든 표현들은 원리로서의 '다른 것이 아닌 것'을 가리키고 있습니다"(NA, 450). 니콜라우스도 〈다른 것이 아닌 것〉의 의미 있는 힘에 대한 20개의 명제 가운데서 다음과 같이 말한다: "왜냐하면 다른 것은 '다른 것이 아닌 것'에 대립해 있는 것이 아니라 '다른 것이 아닌 것' 속에 존재하기 때문이다. (…)"(NA, 562. Propositiones XVIII).

말하면, 빛은 감각적인 것들을 존재하게 한다. 니콜라우스가 여기서 말하려고 하는 것은, 빛이 없으면 "가시적·감각적인 색(깔)"이 존재할 수 없다는 점이다. 빛이 없어도 감각적인 물(物)들은 존재할 수 있다. 그러나 색(깔)은 존재할 수 없다. 그래서 우리는 색깔을 우리말로 '빛깔'이라고 하지 않는가! 빛깔은 빛이 있어야만 존재할 수 있다.[24] 그는 계속 빛의 비유를 이어가고 있다:

> 왜냐하면 원리(시원)는 (…) 마치 순수한 햇빛으로 표현되듯, 그 자체로는 인간의 눈에 보이지 않지만 가시적인 것 속에서 보려고 하는 빛과 같네. 그러므로 가시적인(可視的) 것 속에서 자기 자신을 드러내는 빛 그 자체를 찾는 일 또한 불필요하네. 왜냐하면 빛은 가시적인 것 밖에서는 파악할 수 없을 것이기 때문이네. 오히려 우리는 빛과 더불어 빛을 찾아야 할 것이네. 즉, 빛은 우리가 파악하는 가시적인 것 속에서 탐구되고, 적어도 근접하게 보이는 것이라네(NA, 454).

여기서는 다시 신(神)과 태양의 유비(類比)가 등장한다. 태양을 우리가 직접 볼 수 없는 것처럼 신도 직접 파악될 수 없다고 말한다. 우리가 결과를 통해 그 것[결과]의 원인을 추론하는 것처럼, (태양)빛 혹은 빛깔[결과]을 통해 태양[원인]을 추론할 수 있다는 것이다. 『다른 것이 아닌 것』의 제11장에서도 니콜라우스는 홍옥(紅玉)을 예로 들어 '다른 것이 아닌 것'과 '다른 것'의 관계를 설명하고 있다. 즉, 홍옥에서 발하는 '빛'[자체]은 신이요, 감각할 수 있는 여러 가지 것들, 예컨대 홍옥의 모양, 크기, 빛깔 등은 '다른 것'으로서의 유한자로 비유된다(NA, 486 ff. 참조).

니콜라우스는 신은 유한자를 초월해 있는 한편, 유한자에 내재한다고 말한다. 신과 유한자의 이러한 관계는 마치 플라톤에서 이데아와 현실개체와의 관계와 유사하다. 이데아는 현실개체를 초월해 있는 한편, 현실개체에 내재(임재)[parousia]하기 때문이다. 따라서 니콜라우스는 로마서의 저자가 말하듯,[25] 일종

---

24 빛깔은 물체에 반사된 빛이 우리의 시각을 자극한 후 우리의 시신경의 흥분상태를 뇌가 해석해낸 결과물이다. 영국의 대표적인 경험주의 철학자인 로크(J. Locke)의 구분에 의하면 빛깔은 객관인 물(物)체에 존재하는 '객관적' 성질[제1성질, the primary quality]이 아니라 객관을 지각하는 인식주관 쪽에 존재하는 제2성질[the secondary quality]이다.

25 "이는 하나님을 알 만한 것이 저희 속에 보임이라. 하나님께서 이를 저희에게 보이셨느니라. 창세로부터 그의 보이지 않는 것들, 곧 그의 영원하신 능력과 신성(神性)이 그 만드신 만

의 목적론적 논증을 통해 신에게로 나아가려고 하는 것이라 할 수 있다. 이것을 그는 "가시적인 것 속에서 비가시적인 것을 봄[videre in visibili invisibile]"(NA, 546)이라고 한다. 그러나 가시적인 것을 통해서 신이 존재한다는 결론에 이를 수 있다 하더라도, 그 신이 어떠한 자인지를 정확히 인식할 수 있다는 주장을 하기는 어렵다. 신의 존재에 대한 앎이 그대로 신에 대한 인식을 보장해주지는 못한다. 이 점에 관하여 니콜라우스는 다음과 같이 말하고 있다: "그러므로 신을 파악하는 일은, 우리가 그것을 인식했을 때 그것에 이름을 부여하는 인식 가능한 것을 파악하는 것과는 다르다. 이성적인 사유는 인식되지 않는 것을 파악할 수는 없고 그것을 열망하여 그것에 일자라는 이름을 부여한다"[26] 이러한 니콜라우스의 입장은 결국 그를 '박학한 무지'라는 사상으로 인도한다:

> 그러므로 진리가 아닌 정신은 결코 진리를 무한히, 보다 더 정확하게 파악할 수 있을 정도까지 정확하게 파악하지는 못할 것인즉, 정신과 진리 사이의 관계는 마치 원에 점점 더 가까울수록 더욱 더 많은 각을 갖게 되는 다각형과 원 사이의 관계와도 같다. 그러나 우리가 다각형의 각을 무한히 늘린다 해도, 그것이 원과 동일한 것으로 바뀌지 않는 한, 그것은 결코 원과 동일한 것이 되지 않을 것이다. (…) 우리가 이런 무지 속에서 더 깊이 알게 되고 더 현명하게 될수록 우리는 진리 자체에 더 가까이 다가갈 것이다(DI, 202).

니콜라우스는 '다른 것이 아닌 것'이나 '하나'라는 이름(표현)으로도 절대자는 정확하게 파악되지 않는다고 말한다. 이 표현은 절대자에 가장 근접한 이름일 뿐, 절대자는 그 어떤 이름으로도 정확하게 지칭될 수 없다. 니콜라우스에 있어서 인간에 의한 절대자 인식은 불가능하다. 이러한 사태를 그는 『신의 봄에 관하여』(*De Visione dei*)라는 저술의 제9장의 끝에서 '담[murus]'의 비유로 설명한다. 그는 대립자들의 일치는, "신이 거주하는 낙원의 담"이며, 신은 담으로 둘러싸인 낙원 같은 정원에 거주한다고 말한다.[27] 여기서 '담'은, 우리에게 있어서 그

물에 분명히 보여 알게 되나니, 그러므로 저희가 핑계치 못할지니라"(로마서 1:19-20). 피조물은 우리를 창조자에게로 인도한다는 주장이다.

26 *De Principio*, in: PTS Bd. II(211-266), 242.

27 "나는 당신을 감추어지지 않은 채로 발견할 수 있는 장소를 찾았습니다. 그 장소는 모순의 일치로 둘러싸여 있습니다. 이 장소는 당신이 거주하고 계신 낙원의 담장입니다. 낙원의 문을 지키고 있는 것은 최고의 지성의 정신입니다. 우리가 지성의 정신을 극복하지 못하면 그 입구

자체로 인식할 수 있는 모든 것과 말할 수 있는 모든 것의 '한계'를 뜻한다.[28] 즉, 절대자는 "인식될 수 있는 것보다 더 위대한 분"(NA, 454)이다. 다각형의 각을 아무리 늘린다 해도 원이 될 수 없듯이 유한한 것들을 아무리 부가한다 해도 무한에 이를 수는 없다. 인간의 지성은 진리를 단지 근사치로밖에는 알지 못한다. 그럼에도 불구하고 유한자들은 그것에 관여한다고 니콜라우스는 생각한다. 여기서 등장하는 것이 바로 '추측[coniectura]'이라는 개념이다.[29]

인간은 신을 파악할 수 없다. 부정신학은 신을 '~이 아닌 것'이라고 부정적인 방식으로 이야기할 수밖에 없다고 주장한다. 그러나 우리가 신이 '~이 아닌 것'이라고 말할 수 있으려면, 신이 무엇인지 알고 있어야만 할 것이다. 즉, 우리는 신에 대한 '긍정적인 인식'을 이미 가지고 있어야만 한다. 그래야만 어떤 사람이 "신은 ~이다"라고 규정할 때, "신은 ~이 아니라"고 말할 수 있을 것이기 때문이다. 그런데 이것은 본래의 부정신학의 입장과 배치되는 것이다. 그러나 인간은 신을 "동경(憧憬)"하면서 그에게 가까워질 수는 있다. 그러나 어떤 방식으로든지—철학적 사유로든지 부정신학으로든지 동경에서든지 신비의 관조에서든지—신을 파악하려는 니콜라우스의 그 모든 노력은 결국 수포로 돌아간다. 만일 인간 편에서의 모든 능동적인 시도가 실패했다면, 유일하게 남은 것은 신 편에서의 능동적인 관여다. 신과 접촉할 수 있는 가능성은 모두 신의 가장 고유한 계시로부터 생겨난다. "만일 숨어 있던 신이 스스로 빛을 밝혀 어둠을 몰아내고 스스로를 드러내지 않는다면, 신은 전혀 알려지지 않은 채 남아 있을 것이다." 이것은 믿음이 모든 인식과 관조 자체보다도 우위에 있다는 것을 의미한다. 궁

는 열리지 않습니다. 모순의 일치의 저편에서 우리는 당신을 볼 수 있으나, 모순의 일치의 이편에서는 당신을 볼 수 없습니다(Et repperi locum, in quo revelate reperieris, cinctum contradictorium coincidentia. Et ista est murus paradisi, in quo habitas; cuius portam custodit spiritus altissimus rationis, qui nisi vincatur non patebit ingressus. Ultra igitur coincidentiam contradictoriorum videri poteris et nequaquam cirta.)"[*De visione Dei*, PTS Bd. III (93-220), 132]. Thomas Schumacher, *Trinität. Zur Interpretation eines Sturukturelements Cusanischen Denkens*, München, 1997, 72 f. 참조.

28 Rudolf Haubst, "Die erkenntnistheoretische und mystische Bedeutung der 'Mauer der Koinzidenz'," in: Haubst (hg), *Das Sehen Gottes nach Nikolaus von Kues* (Akten des Symposions in Trier vom 25.-27. Sep. 1986. Mitteilungen und Forschungsbeiträge der Cusanus-Gesellschaft 18), Trier, 1989 (167-195), 173 참조.

29 에른스트 카시러, 『르네상스 철학에서의 개체와 우주』, 박지형 역, 민음사, 1996, 31 f. 참조. 또한 김형수, 『니콜라우스 쿠자누스의 신 인식과 자기인식』, 누멘, 2012, 57 ff. 참조.

극적으로 철학적 신학은 계시를 위하여 스스로를 포기한다. 신의 인식 가능성에 대한 니콜라우스의 가장 극단적인 예고는 다음과 같다: "신은 그 모든 현자들의 눈에는 가려지고 숨겨져 있지만, 그가 은총을 하사하고 있는 가장 겸손한 자에게는 나타난다."[30]

8.2. 박학한 무지와 신 인식

니콜라우스에 의하면 인간이 진리를 앎에 있어서 정신의 한계를 알고 있는 경우에만 현명하다고 할 수 있다. 우리가 어떤 것을 안다고 말하지만, 엄밀하게 보면 참으로 안다고 자신할 수 있는 것이 얼마나 되는지 회의감을 가질 수밖에 없다. 소크라테스가 아테네에서 가장 현명한 자라는 신탁을 얻게 된 것도 바로, 자신의 무지(無知)를 알고 있기[지(知)] 때문이었다. 우리가 진정 앎을 가지고 있다면, 우리는 우리 자신의 무지를 고백해야만 할 것이다. 지혜는 바로 우리 지식의 한계를 깨닫는 데서 성립한다. 우리가 더 많이 배우고 더 많이 알게 될수록, 우리가 알 수 없는 것이 얼마나 많은지를 점차로 깨닫게 된다. 우리 인간은 완전한 지(知)에 도달할 수는 없고, 단지 그것에 점점 다가갈 수 있을 뿐이다. 그래서 인간의 정신[혹은 지(知)]과 진리의 관계는 다각형과 원 사이의 관계와 같다:

> 그러므로 진리가 아닌 정신은 결코 진리를 무한히, 보다 더 정확하게 파악할 수 있을 정도까지 정확하게 파악하지는 못한다. 정신과 진리의 관계는, 더 많은 각을 갖게 될수록 원을 점점 더 닮아가는 다각형과 원의 관계와 같다. 그러나 우리가 다각형의 각을 무한히 증가시킨다 해도, 그것이 원과 동등한 것으로 해소되지 않는 한, 그것은 결코 원과 동등한 것이 될 수 없을 것이다(DI, 202).

『박학한 무지』(*De docta ignorantia*)에서 니콜라우스는 신플라톤주의의 부정신학(否定神學), 특히 위(僞)디오니시우스에 의해 강조된 부정신학을 지지하는데, 이 부정신학은 신에 대한 모든 긍정적인 진술을 불충분한 것으로, 그리고 그런 한에서 오도(誤導)하는 것이라고 비난한다. 니콜라우스는 신에 대한 지(知)를 요구함으로써 신을 향하지 않고, 자기 자신의 무지에 대한 지에 도달하고 그

30 W. 바이셰델, ebd., 167 f. 참조.

럼으로써 자기 자신에 대한 "박학한 무지"에 도달함으로써 신을 향한다.

대립을 고착시키는 지성과는 달리 이성은 자신 속에 대립자들을 포용할 수 있기는 하지만, 그럼에도 불구하고 이성 역시 인간의 인식능력이기에, 신 자체를 파악할 수는 없다. 그러나 니콜라우스는 여기서 멈추지 않는다. 우리가 신을 앎 속에서 파악할 수 없다면 아마도 무지(無知) 속에서는 파악할 수 있을지도 모른다는 것이다. "따라서 신을 보기 원한다면 이성은 무지의 상태가 되어야 할 것이다." 그러나 그에 의하면 무지는 "박학한 무지", "아는 무지"가 되어야 한다. 무지는 신에게 가까이 가는 정당한 방식이다. "우리는 오직 이 무지의 지를 통해서만, 파악할 수 없는 신에게 이를 수 있다."[31] "그러므로 우리가 이러한 무지 속에서 더 깊이 박학해질수록, 우리는 진리 자체에 더욱 더 가까이 가게 될 것이다"(DI, 202).

니콜라우스는 이성[intellectus]과 지성[ratio]을 구별한다. 그의 전문용어에 의하면 인간의 '지성'으로 그는, 감각인상들을 구별하여 포함시키고 배제함으로써, 즉 부정함으로써 감각인상들을 정돈하는 능력을 뜻하고 있는데, 감각은 이런 일을 할 수 없다. 지성은 자신의 고찰로부터 무한자를 멀리 떼어 놓음으로써 이런 일을 할 수 있다. 모든 지성적인 지는 비교에 근거하고 있고, 따라서 상대적인 것에 관계한다. 그러므로 인간의 지성은 최대의 존재자[das Maximum]나 무한자와 같은 절대자를 파악할 수 없다. 지성에 있어서는 유한자와 무한자 사이에 어떤 비례적 관계(비율)[Proportion]도 존재하지 않는다. 지성은 비교의 경험이 결여된 곳에서는 기능을 발휘하지 못한다. 그러나 인간은 지성을 훨씬 넘어서 있는 이성이라는 추가적인 능력을 갖고 있다. 이성은 지성의 구별하는 부정작용을 부정하여, 그 속에서 대립이 합치되는 무한개념 및 무한한 통일 개념에 이를 수 있고, 무한자에게 정신적으로 다가갈 수 있다. 이 합치개념은 이성의 내용으로서, 지성의 활동으로는 얻을 수 없는 것이다. 지성에 있어서 이 개념은 역설[paradox]이다.[32]

『박학한 무지』에 의하면 이성은 유한하여 지성과 마찬가지로, 모순된 것들을 능가하여 합치에 이를 수 없기는 하지만, 이성은 동시에 "신적인 것"이기도 하므로 신적인 진리를 "볼 수 있고" 신적인 진리에 "접할 수 있다." 나중에 『추측에 관하여』(*De coniecturis*, 1442년경)에서, 그리고 1445-1447년의 기간에 쓴 짧은 저

---

31 바이셰델, ebd., 166 참조.

32 http://de.wikipedia.org/wiki/Coincidentia_oppositorum.

술들에서 니콜라우스는 이성의 가능성에 대한 더욱 낙관적인 평가에 이르게 된다. 이제 그는 이성이 지성의 저항에 맞서서 모순들을 극복함으로써 역설적인 통찰들을 얻을 수 있다고, 예컨대 가장 큰 것과 가장 작은 것을 동일시할 수 있다고 믿는다. 이를 넘어서서 그는 이제 인간의 "신적(神的)" 사유의 가능성을 가정한다.

합치라는 이념의 의미로 보면 긍정과 부정의 대립도 초월된다. 니콜라우스는 이러한 신적 사유는 이성 및 모순적 대립에 대한 이성의 이해도 능가하여, 절대적인 통일과 무한에로 향한다고 주장한다. 신은 대립들의 합치가 아니며, 합치 사상은 인간의 이성이 신에게 가까이 가기에 적합한 방식일 뿐이라고 한다. 그러므로 니콜라우스는 1453년의 『신의 봄에 관하여』에서 합치를, 신을 찾는 자와 신 사이를 가로막고 있는 "담[Mauer]"이라고 표현한다. 그러나 그는 이 담을 원리적으로 극복할 수 없다고 생각하지 않는다.

그의 마지막 저술인 『관조의 정점에 관하여』(*De apice theoriae*)에서 니콜라우스는, 훨씬 더 큰 인식의 확신을 완성했다고 쓰고 있다. 신 인식에 관한 그의 낙관주의는 인간정신이 신을 닮았다는 확신과 결합되어 있다. 『추측에 관하여』에서 그는 인간을 심지어, 창조된 "제2의 신"이라고 표현하는데, 이 표현은 당시의 상황에서는 대담한 진술이다. 그리하여 신의 이성이 현실세계를 창조하듯이 인간의 이성은 개념의 세계를 창조한다.

8.3. 대립의 합치[coincidentia oppositorum]

『박학한 무지』는 니콜라우스의 동시대인들 가운데 첨예한 논쟁들을 야기했다. 니콜라우스는 신과 피조물(유한자)의 관계를 'complicatio'와 'explicatio'라는 용어로 표현하고 있다.[33] 신은 자신 속에 유한자를 주름 잡아 포섭하고 있다가 그것을 펼쳐내서 세계를 만든다. 이런 관점에서 볼 때 니콜라우스는 범신론자[pantheist]가 아니라 범내재신론자[panentheist]라는 것을 알 수 있다. 신과

---

33 예컨대 다음과 같은 구절들을 참고하시오: "그러므로 모든 것이 신 속에 존재한다는 점에서 신은 모든 것을 함축하고 있다. 그리고 신 자신이 모든 것 속에 존재한다는 점에서 그는 모든 것을 전개한다(Deus ergo estomnia complicans in hoc, quod omnia in eo; est omnia explicans in hoc, quia ipse in omnibus)"(DI, 332; 그리고 336도 참조); "무한한 하나는 모든 것의 집약이다(Unitas igitur infinita est omnium complicatio)"(DI, 330).

유한자는 동일하지[범신론] 않고 유한자는 무한자 안에 존재한다. 그러나 니콜라우스의 '대립(자)들의 합치'론은 범신론이라는 오해를 불러일으켰다. 이는, 그의 주장이 신과 세계 사이의 차이도 부정하는 것으로 보였기 때문이다.

당시 하이델베르크의 신학교수였던 벵크(Johannes Wenck)는 1442/43년에 『알려지지 않은 박학함에 관하여』(*De ignota litteratura*)라는 논쟁하는 저술에서 니콜라우스에게 이단(異端), 범신론, 그리고 신학의 파괴라는 책임을 지웠다.[34] 즉, 그는 "모든 것은 신과 일치한다(omnia cum Deo coincidunt)"는 니콜라우스의 주장에 대해, 그것은 "모든 것을 신으로 만들고, 모든 것을 무화함으로써 무화를 신격화(神格化)로 제시한다(omnia deificat, omnia annihilat, et annihilationcm ponit deificationem)"고 하면서 이단(異端)적인 범신론으로 비판하였다.[35] 이에 대해 니콜라우스는 『박학한 무지에 대한 변명』(*Apologia doctae ignorantiae*, 1449)이라는 대응저술을 써서 강력하게 대응했는데, 그는 신과 피조물의 일치를 주장하는 것이 아니라, 대립되는 것들이 신 속에서 종합된다고 주장한다.[36] 벵크의 비판에 대해 니콜라우스는 "오류를 범하는 사람이 아니라 미친 사람"(*Apologia doctae ignorantiae*, in: PTS, Bd. I, 552)이 그런 주장을 할 것이라고 응수하고 있다.[37] 그러므로 그의 주장은 범신론이 아니라 범내재신론이다.[38]

---

34 니콜라우스의 신학 견해에 대해 또 신랄하게 반대한 사람은 카르토우센스 교단의 수도사인 악스바흐(Vinzenz von Aggsbach)였는데, 그는 나중에 「"박학한 무지"에 대한 칭찬에 대한 공격」("Impugnatorium laudatorii doctae ignorantiae")으로 알려진 편지를 1454년에 썼다. 그 편지에서 그는, 1451/52년에 『"박학한 무지"에 대한 칭찬』(ein Laudatorium doctae ignorantiae)을 쓴 니콜라우스의 신봉자인 베네딕트 수도회의 바깅(Bernhard von Waging)에 반대했다. 바깅은 1459년에 「"박학한 무지"에 대한 칭찬을 옹호함」("Defensorium laudatorii doctae ignorantiae")이라는 글로 대답했다. 논쟁은, 『박학한 무지』를 반대하는 주요인물들인 벵크와 악스바흐가 게다가 공의회주의자들이라는 사정으로 인해 더욱 첨예화되었다(http://plato.stanford.edu/entries/cusanus/; http://de.wikipedia.org/wiki/Nikolaus_von_Kues).

35 조규홍, 「니콜라우스와 플로티누스의 절대자 개념 비교 연구」, 『중세철학』 Vol. 10, 한국중세철학회, 2004, (159-205), 169 참조.

36 *Apologia doctae ignorantiae*, in: PTS Bd. I(519-591), 550 ff. 참조.

37 *Apologia doctae ignorantiae*, in: PTS, Bd. I, 552: "Nam dicere imaginem coincidere cum exemplari et causatum cum sua causa potius est insensati hominis quam errantis" 이 저술에 대해 벵크는 다시, 수신(受信)되지 않은 항변으로 대답하였다.

38 "모든 것은 신 안에 있는데, 물(物)의 원형(原型)인 신 안에 있다(Omnia in Deo sunt, sed ibi rerum exemplaria;)"(*idiota de mente*, in: PTS Bd. III (479-610), 504).

신플라톤주의의 전통의 의미에서 니콜라우스는, 모든 됨[Werden]의 출발점이자 근원적인 근거[Urgrund]인 신(神)은, 자신 속에 다양성을 포함하고 있는 단순자라고 생각한다. 왜냐하면 세계의 다양성은 근원적인 근거로부터 나와야 하기 때문이다. 여럿[다자(多者)]이 하나[일자(一者)]와 별도로 존재한다면, 일자는 진정으로 포괄적인 존재자가 아니라 다자에 의해 제한될 것이다. 니콜라우스에게 있어서 일자는 그것이 동시에 다자이기도 함으로써만 무한하다. 신은 세계를 접어놓은 것[complicatio]이고, 세계는 신을 펼쳐 놓은 것[explicatio]이다. 수학적 유비(類比)를 가지고 그가 만드는 표현방식의 의미로 볼 때 중요한 것은, 절대적인 최소[das absolute Minimum]이기도 한 절대적인 최대[ein absolutes Maximum]다. 이러한 최대는 다른 실체들 곁에 존재하는 특수한 실체가 아니라, 실체들의 그리고 모든 개별물들의 구별이 거기에 근거를 두고 있는 그런 것이다. 그것은 모든 것 속에서 현상하고 모든 것을 포괄하며, 또한 철학하고 인식하는 주체를 포함하는 그런 통일체다. 니콜라우스는 자기의 형이상학적 사상을 수학적인 실례들을 가지고 즐겨 상징적으로 예증함으로써, 철학에 대해서 수학적 사유가 지니는 의미를 강조하는 플라톤주의의 전통을 따르고 있다. 그는 무한한 통일을 무한한 직선의 예를 가지고 설명한다. 무한한 직선은 직선일 뿐만 아니라 동시에, 그 밑변이 무한히 길고 그 밑변에 속한 높이가 무한히 짧게 되어버린 삼각형이기도 하다. 그래서 가장 큰 각(180°)은 동시에 가장 작은 각(0°)으로 나타난다. 마찬가지로 직선은 또한 무한히 큰 지름을 가지고 있는 원이기도 하다.[39]

대립자들이 하나로 합치된다는 생각은 신플라톤주의의 전통으로부터 등장했다. 고대 말기의 신플라톤주의자인 위-디오니시우스 아레오파기타의 사상과 마이스터 에카르트의 사상이 동인을 제공했지만, 중요한 것은 니콜라우스에 의해 도입된 갱신(更新)이다. 니콜라우스가 보기에 대립은 신 속에서는 접혀지고, 세상에서는 펼쳐진다. 그는 역설적으로, 아리스토텔레스의 모순율에 따르면 서로를 배제하는 모순적인 대립도 분명히 대립의 통일 속으로 포함시킨다. 니콜라우스는, 추론적 지성의 영역에서는 아리스토텔레스의 모순율의 지배를 받지만, '직관적 이성'은 이 모순율의 지배영역을 벗어난다고 주장한다.[40] 그러나 니콜라

39 http://de.wikipedia.org/wiki/Nikolaus_von_Kues; http://plato.stanford.edu/entries/cusanus/; http://de.wikipedia.org/wiki/Coincidentia_oppositorum.

40 Cusanus, *Apologia doctae ignorantiae*, I, 548 f.; http://de.wikipedia.org/wiki/Coincidentia_oppositorum.

우스가 진실로 모순율이 이성의 영역에서는 적용되지 않는다고 주장한다면, 그의 주장은 잘못이다. 논리적 모순을 인정해야 한다고 주장하는 것은, 그 어떤 주장도 인정하지 말자는 주장과 동일한 것이다.

쿠자누스는 대립의 일치라는 개념을 세계의 여러 종교들에도 적용한다. 그는 대립의 일치라는 이상(理想)이, 상이한 신앙을 가진 사람들 간의 관계 속에서도 실현되는 것을 보고 싶어 한다. 그러므로 그는 상이한 종교들 내지는 종파들의 진리내용에 대한 물음을 거듭 집중적으로 천착함으로써 종교들 간에는 차이점만이 아니라 공통점이 있다고 생각했다. 그런데 그는 각각의 종교가 정당한 관심사를, 그리고 진리에 이르는 특정한 통로를 가지고 있으나, 이 모든 관심사는 기독교 안에서만 실현되고 부분적인 인식이 통일된다고 말한다. 그리하여 유대교는 신을 절대자로, 감각적으로 지각할 수 있는 모든 것으로부터 벗어난 자로 정당하게 인식하였고 존경하였다고 한다. 이와는 반대로 이교도들은 신의 활동을 그의 다양한 가시적인 업적들 속에서 지각함으로써, 신의 다양한 업적들에 따라 그에게 각각 상이한 이름들을 부여했다. 그런데 이것은 외견상의 다신론일 뿐이다. 기독교에서는 양자가 발견된다. 한편으로 신의 초월성이, 그러나 다른 한편으로는 또한 감각적으로 지각할 수 있는 것의 신적(神的)인 위상(位相)이 발견된다. 왜냐하면 인간이자 신인 그리스도는 이 양면을 자신 속에서 통일하였기 때문이다.

종교공동체들[라틴어: sectae] 사이의 통일을 니콜라우스는 기독교 내부에서의 통일을 위한 자신의 노력과 유사하게 추구하는데, 그러나 이러한 통일은 종교공동체들의 모든 가르침들을 동일한 권리를 가진 것으로 병렬시키지 않는다. 오히려 그는, 비기독교인들에게 삼위일체, 신이 인간이 됨, 그리고 성사(聖事)들을 해명함으로써, 다른 신앙을 가진 자들이, 올바로 이해된 그리스도 경배를 자기 자신들의 신앙의 진정한 기초로 인식하도록 하는 것을 옹호한다. 따라서 다른 종교를 숭배하는 사람들은, 그들이 예컨대 니콜라우스가 용인하는 할례와 같은 의식이나 관례를 고수한다 할지라도 실제로 그리스도인이 되어야 한다.

니콜라우스는 심지어 다양한 관례나 의식을 바람직한 것으로 생각한다. 각 민족은 자신들의 특수한 종교적 전통을 가꾸어서 다른 종교적 전통들을 능가해야 한다. 그러한 경쟁은 경건(敬虔)을 촉진할 수 있을 것이다. 니콜라우스는 심지어 자기의 그리스도로 하여금, 다신론에서 여러 신들을 숭배하는 것은, 만물의 근저에 있는 하나의 신성(神性)에 타당하다는 점을 함축하고 있으므로 철폐될 필요가 없다는 점을 설명하도록 만든다. 단지 추가적으로, 다신론자의 종교적 실천 속으로 만물의 유일한 원인에 대한 숭배가 명시적으로 수용되기만 하면 된다. 그렇다면 그들은 기독교인들이 자신들의 성자(聖者)들을 숭배하는 것처럼 계속해서 자신들의 신들을 숭배할 수 있을 것이다. 그러나 그들은 유일한 창조주에 대한 숭배는 보존해야 할 것이다. 그리하여 그들과 일신론자들 사이의 투쟁은 해결될 수 있을 것이다.[41]

이 모든 주장을 종합해보면 니콜라우스는 '종교 포괄주의[religious inclusivism]'의 입장에 서 있는 것으로 보인다. 즉, 사람들은 다양한 종교들을 통해서 다양한 방식으로 신을 만나게 된다고 보는 점에서 그의 입장은 '종교 복수주의[religious pluralism]'와 공통점을 가지고 있다. 그러나 구원은 오직 한 종교 안에서만 이루어질 수 있다고 보는 점에서는 '종교적 배타주의[religious exclusivism]'와 일치한다. 포괄주의는, 한 종교의 절대적인 진리를 옹호하는 배타주의적인 발언을 하더라도 다른 종교의 신봉자들도 그 참된 종교가 규정한 것들로 인하여 구원될 수 있음을 인정한다.

이런 생각은 예컨대 카톨릭 신학자인 라너(Karl Rahner, 1904-1984)의 주장과 일맥상통한다. 그는 특정한 구원사건이 일어났기 때문에 사람들은 구원받을 수 있다고 주장한다. 기독교는 절대적인 종교다. 기독교는 신의 유일한 복음, 즉 모든 사람들을 위해서 십자가에서 죽은 예수 안에서 화신(化身)한 말씀을 우리에게 말하여 줄 뿐만 아니라, 신은 모든 사람이 구원받기를 원한다는 것이다. 그래서 라너는, 예수의 속죄와 구원사역은 객관적이기 때문에 이 구원을 성취하기 위해서 신은 예수의 구원사역의 결과를 모든 인류에게 적용시킬 수 있으며, 심지어 예수와 그의 죽음에 대해서 전혀 들어본 적도 없거나 그의 주권(主權)을 인정하지 않았던 사람들에게도 적용시킬 수 있다고 한다.[42] 이런 식으로 해서 신은 모든 사람들, 심지어 역사적인 기독교의 맥락 속에 들어 있지 않은 사람들조차도 변화되고 신과 화해할 수 있게 해준다고 라너는 생각한다. 기독교의 복음을 듣지 못한 채 아무런 종교도 갖고 있지 않았거나 다른 종교를 가진 사람들이 기독교의 용어로 신의 활동을 깨닫지 못하더라도 신의 정신은 그들의 삶 속에서도 작용한다고 보고, 라너는 이들을 〈익명의 기독교인들〉이라고 불렀다.[43]

---

41 http://de.wikipedia.org/wiki/Nikolaus_von_Kues; http://plato.stanford.edu/entries/cusanus/.

42 이것이 보편구원론, 만인구원론이다.

43 마이클 피터슨 외, 『종교의 철학적 의미』, 하종호 역, 이대출판부, 2006, 428 ff. 참조.

8.4. 니콜라우스와 헤겔 사상의 이동성(異同性)

지금까지 살펴 본 내용을 토대로, 니콜라우스와 헤겔 사상의 공통점과 차이점을 정리해보기로 하자. 헤겔은 자신의 저서들 가운데 그 어디에서도 니콜라우스에 대해 언급하지 않았다. 『철학사 강의』에서도 그의 이름은 발견되지 않는다. 멧츠케(Erwin Metzke)에 의하면 '대립(자)들의 일치'라는 원리도 물론 헤겔에게는 알려지지 않았다. 그러나 니콜라우스의 사상은 브루노를 통하여 헤겔에게 전해진 것으로 알려져 있다.[44]

니콜라우스는 신에게 이름을 붙일 수 있다면, '다른 것이 아닌 것[non-aliud]'이라는 표현이 그래도 신에 가장 근접하는 것이라고 주장한다. 신을 '다른 것이 아닌 것'으로 표현하는 니콜라우스의 사상은 "규정은 부정이다"라는 스피노자에서도 그 유사성을 발견할 수 있고, 이는 헤겔의 경우도 마찬가지라는 사실을 앞에서 살펴보았다. 이러한 신의 규정에서 기본이 되는 것은 긍정이 아니라, 타자를 매개로 한 부정이다. 이 점은 헤겔에 있어서도 마찬가지다. 헤겔에 의하면, 존재하는 것은 모두 타자에 의해 매개되어 있다. 일자는 일자로서 즉자적으로 존재할 뿐만 아니라 타자와 더불어 존재한다. 타자는 일자를 형성하는 본질적인 계기이며, 일자가 타자에 대해 갖는 이러한 관계의 측면이 '대타존재'다. 그러므로 일자를 구성하는 계기들은 '즉자존재'와 '대타존재'라는 두 가지 존재방식이다. 이때에 본질적인 것은, 즉자존재자의 긍정성이 아니라 일자의 대타성과 관련된 부정성이라는 것이 헤겔의 주장의 핵심이다. 즉, 헤겔에 있어서는 동일률보다 모순율이, 긍정보다는 부정이 더욱 본질적이다. 다시 말하면 헤겔은 부정을 포함한 긍정을 1차적인 원리로 본다.[45] 그가 생각하기에 진정한 동일성이란, 차이를 통해 표현되는 일치(통일)다. 헤겔의 용어들 중에서 '부정성'은 동일성의

---

44 Erwin Metzke, "Nicolaus von Cues und Hegel. Ein Beitrag zum Problem der philosophischen Theologie," in: *Kant-Studien* 48, 1956/57 (216-234), 216 참조. 렛싱(Gotthold Ephraim Lessing, 1729-1781)은 니콜라우스를 알고 있었을 뿐만 아니라 『신앙의 평화에 관하여(*De pace fidei*)』를 번역하려고 한 데 반하여, 헤겔은 '대립자들의 일치'라는 원리도 브루노(G. Bruno)의 것으로 알았다(Karl-Hermann Kandler, *Nikolaus von Kues: Denker zwischen Mittelalter und Neuzeit*. 2. Aufl., Göttingen, 1997, 127 f. 참조).

45 "긍정적인 것은 직접적인 동일자가 아니라, 한편으로는 부정적인 것의 대립자며 그것은 오직 이러한 관계 속에서만 의미를 갖는다. 그리하여 부정적인 것 자체는 긍정적인 것의 개념 속에 포함된다. (…) 이와 마찬가지로, 긍정적인 것에 대립해 있는 부정적인 것은 이러한 자기의 타자와의 관계 속에서만 의미를 갖는다"(*Wissenschaft der Logik II*. TW 6, 71).

본질적인 국면이다. 즉, 어떤 사물의 동일성은 그 자신의 타자를 거부함으로써 명백하게 된다. 이에 비해, 형식논리학에서 말하는 동일성은 사물의 자기동등성과 내적 정합성만을 강조하는 것이라 하겠다.[46]

또한 니콜라우스는 신과 피조물(유한자)의 관계를 'complicatio'와 'explicatio'라는 용어로 표현하고 있다.[47] 신은 자신 속에 유한자를 주름 잡아 포섭하고 있다가 그것을 펼쳐내서 세계를 만든다. 헤겔에 있어서 진무한자로부터의 세계 창조도 이와 마찬가지다. 즉 그가 말하는 무한자 역시 자신 속에 유한자를 품고 있다가 그것을 자신 밖으로 전개하는 역동적인 신이라는 점에서 니콜라우스와 공통점을 지니고 있다. 이런 관점에서 볼 때 니콜라우스와 헤겔은 모두 범신론자[pantheist]가 아니라 범내재신론자[panentheist]라는 것을 알 수 있다. 두 사상가 모두에게 있어서 신과 유한자는 동일하지[범신론] 않고 유한자는 무한자 안에 존재한다.

그러나 니콜라우스와 헤겔은 다음과 같은 점들에서 차이를 보인다. 니콜라우스는 '다른 것이 아닌 것'이나 '하나'라는 이름(표현)으로도 절대자는 정확하게 파악되지 않는다고 말한다. 이 표현은 절대자에 가장 근접한 이름일 뿐, 절대자는 그 어떤 이름으로도 정확하게 지칭될 수 없다. 이에 반해 헤겔은 절대자를 '일자[das Sein]', '순수한 일자[das reine Sein]', '절대정신', '절대이념', '무한자' 등으로 표현 가능하다고 주장한다.

또 하나의 차이점은, 니콜라우스에 있어서 인간에 의한 절대자 인식은 불가능하다. 그러나 헤겔은, 인간의 이성은 절대이성인 절대자의 존재를 알 수 있을 뿐만 아니라 절대자를 인식할 수도 있다고 주장한다.[48] 헤겔은 인간이 단지 지성의 수준에서 유한자를 대립·분리된 방식으로 고찰하는 반성적 사유만을 수행하는 것이 아니라 대립 가운데서 통일적인 것을 포착할 수 있고, 마침내는 절대자를 파악할 수 있는 이성적·사변적 사유의 능력을 소유하고 있다고 말한다(GW 4,

---

46 Howard Williams, *Hegel, Heraclitus and Marx's Dialectic*, 1989, 74 참조.

47 예컨대 다음과 같은 구절들을 참고하시오: "그러므로 모든 것이 신 속에 존재한다는 점에서 신은 모든 것을 함축하고 있다. 그리고 신 자신이 모든 것 속에 존재한다는 점에서 그는 모든 것을 전개한다(Deus ergo estomnia complicans in hoc, quod omnia in eo; est omnia explicans in hoc, quia ipse in omnibus)"(DI, 332; 그리고 336도 참조); "무한한 하나는 모든 것의 집약이다(Unitas igitur infinita est omnium complicatio)"(DI, 330).

48 "우리는 신이 존재한다는 사실, 그리고 신을 직접적으로 안다는 사실을 안다"(TW 16, 49).

100 ff. 참조). 분리와 구별을 고수하는 지성은 절대자를 인식할 수 없지만, 대립을 통일하는 원리인 이성을 지닌 인간은 절대자인 신을 인식할 수 있다는 것이다.[49] 신은 "이제 더 이상 미지의 존재자가 아니며,"[50] "더 이상 은폐된 자, 비밀이 아니다"[51] 헤겔에 의하면 "인간의 이성은 (…) 인간 속에 있는 신적인 것"(TW 16, 40)이며, 대자적인 정신, 자기를 외화하는 정신인 신은 자기를 인간에게 드러내므로[52] 인간은 신을 인식할 수 있다고 한다. 이제 마지막으로, 이들의 주장이 지니고 있는 문제점들을 지적하면서 글을 끝맺고자 한다.

부정신학에서와 마찬가지로 니콜라우스는 신을 '다른 것이 아닌 것'으로 정의하는데, 이러한 정의가 실제로 우리에게 제공하는 정보는 과연 무엇인가? 그것은 실질적인 내용은 없이 어떤 일사를 전제한 후, 일자의 타자를 부성하기만 하는 그런 형식적인 부정태만을 지시하는 것이 아닌가? 뿐만 아니라 부정신학은 신을 '~이 아닌 것'이라고 부정적인 방식으로 이야기할 수밖에 없다고 주장한다. 그러나 우리가 신이 '~이 아닌 것'이라고 말할 수 있으려면, 신이 무엇인지 알고 있어야만 할 것이다. 즉, 우리는 신에 대한 '긍정적인 인식'을 이미 가지고 있어야만 한다. 그래야만 어떤 사람이 "신은 ~이다"라고 규정할 때, "신은 ~이 아니라"고 말할 수 있을 것이기 때문이다. 그런데 이것은 본래의 부정신학의 입장과 배치되는 것이다.

니콜라우스에 있어서 '다른 것이 아닌 것'은 자신 속에 유한자인 '다른 것들'을 집약하고 있는 자다. 그런데 그렇다면, 신 안에는 창조될 당시의 모든 피조물들이 선(善)한 상태로 존재했다고 주장하는 것인가? 그렇다면 이 세계에 존재하는 많은 고통과 악은 어디로부터 온 것인가? 이것들은 '다른 것이 아닌 것'을 벗어나서 존재하는 것들인가? 그렇다면 '다른 것이 아닌 것'은 일체의 존재자를 포괄하지 못하는 그런 자가 아닌가?

유한한 인간의 이성으로 (신이 만일 존재한다면) 무한자 혹은 신을 파악할 수 있다는 헤겔의 주장은 하나의 '바람'에 불과할 수 있다. 만약 이런 일이 가능하다면 인간은 유한자가 아닌 무한자일 것이기 때문이다. 만약 헤겔이, 인간이 신

49 헤겔은 이성[Vernunft]의 기능을 "신의 일을 감지하는 것[das Vernehmen des göttlichen Werkes]"(VG, 78)으로 보고 있다.

50 Hegel, ebd., 46.

51 Ebd., 45.

52 신의 자기현시는 정신 자체의 본질에 속하며, 정신은 본성상 자신을 드러낼 수밖에 없다고 헤겔은 말한다(TW 17, 193 참조).

을 인식할 수 있는 까닭은 신이 인간에게 자신을 계시하기 때문이라고 주장한다면, 이는 헤겔이 특정 종교의 교리를 그대로 받아들인다는 점에서, 진정으로 철학적인 사유를 수행하고 있다고 말하기 어렵다.

또한 헤겔에 있어서는 타자가 존재하지 않는 일자 혹은 타자가 존재할지라도 그것에 매개되어 있지 않은 일자는 진정한 존재자가 아니고, 따라서 진무한자 혹은 신일 수가 없다. 진무한자로서의 신은 자신의 타자인 유한자와 더불어 존재해야만 한다는 것이 헤겔의 존재론으로부터 귀결되는 내용이다. 그리하여 헤겔에 있어서의 신의 세계창조도, 무로부터의 창조가 아니라 이미 신이 자신 속에 지니고 있는 유한자를 밖으로 펼쳐서 자기를 표현하는 행위로 이해해야 할 것이다. 그러나 여기서 우리가 헤겔의 종교철학에 근거하여 제기할 수 있는 물음은, 헤겔은 삼위일체로서의 신을 인정하고 있는데, 이러한 신은 이미 '통일 속의 구별', '구별이 아닌 구별'이라는 구체적 보편의 구조를 지니고 있는 구체적 존재자, 생으로서의 존재자인데, 이미 이러한 구체성을 지니고 있는 절대자가 세계를 창조해야만 하는 이유를 설명하기 어렵다는 점이다.

결론적으로 말하자면, 니콜라우스의 "다른 것이 아닌 것"이라는 사상과 "대립의 합치[coincidentia oppositorum]" 사상은 헤겔의 범내재신론 내지 "하나인 동시에 모든 것[hen kai pan]", "구체적 보편[die konkrete Allgemeinheit]", "통일과 구별의 통일[die Einheit der Einheit und der Unterschiede]", 내지는 "동일과 비동일의 동일[die Identität der Identität und der Nichtidentität]", "대립과 관계의 결합[die Verbindung der Entgegensetzung und Beziehung]", 또는 "결합과 비결합의 결합[die Verbindung der Verbindung und der Nichtverbindung]", "통일과 다양의 통일[die Einheit der Einheit und der Verschiedenheit]", "구별이 아닌 구별[Ununterschiedener Unterschied]", "내적인 구별(=무한성) [Innerlicher Unterschied (Unendlichkeit)]" 등으로 표현되는 변증적 사유의 형성에 영향을 미친 것으로 파악된다.

9

뵈메(Jakob Böhme)

뵈메는 보헤미아 왕국의 영역인 상부 루사티아(Lusatia)에 있는 괴얼리쯔(Görlitz) 근처의 한 마을인 옛 자이덴베르크(Seidenberg)(현재의 폴란드의 Stary Zawidów)에서 상당히 부유한 농부이자 루터파 신자인 게오르게 빗센(George Wissen)의 다섯 아이들 가운데 넷째로 태어났다. 그의 첫 번째 직업은 목동이었으며 그 후에 제화공으로 생활한 루터파 기독교 신비주의 신학자이자 철학자다. 현대 영어에서 그의 이름은 Jacob Boehme로 쓸 수 있다. 17세기 영국에서는 Behmen으로 쓰기도 했는데, 그것은 독일어 Böhme의 현대의 영국 발음에 가까운 것이다.

그의 동시대인들은 그를 루터파의 전통 내에 있는 독창적인 사상가로 간주했다. 1612년에 그는 학문적인 예비지식 없이 자기의 주저인 『떠오르는 아침노을』(*Die Morgenröte im Aufgang*)을 썼는데, 그의 한 친구가 이 책에 『극광(極光)』(Aurora)이라는 이름을 붙였다. 그런데 그의 이 첫 번째 책은 큰 스캔들을 야기했다. 즉 간행된 책 가운데 여러 부수(部數)가 많은 사람들의 수중에 들어가자마자 정통교파 특히 시(市)의 주임목사인 루터파 목사장 리히터(Gregor Richter)로부터 증오를 받게 되었다. 뵈메의 주장은 범신론 혹은 적어도 범내재신론으로 간주되었기 때문에, 그는 자기가 따르던 루터교 신앙의 편으로부터 오는 여러 어려움에 부딪히게 된다. 복음의 가르침에 따르자면, 선과 악은 서로를 전적으로 배제해야만 하며, 통일적인 범신론적인 분모로 약분될 수 없다. 또 선과 악, 그리고 기타의 세계도, "모든 것이 하나"라는 가르침이 받아들여야만 하는 것과 같이, 신과 동일할 수가 없다.[1]

이 목사는 설교단에서 그를 이단자로 낙인찍고 시에서 추방할 것을 요구하기까지 했다. 이와 같은 상황에서 결국 집필 금지령이 내려진 뵈메는 수년간 글을 쓸 수 없었다. 그러나 그는 글을 써야겠다는 충동을 이기지 못하고 다시 집필을 시작하여 여러 저술들을 완성했다. 그러나 그가 쓴 글들이 간행되었을 때 그에게는 다시 박해가 가해졌다. 결국 드레스덴의 선제후(選帝侯)의 도움으로 피신처를 마련한 뵈메는 그곳에 있다가 다시 괴얼리쯔로 돌아온 뒤 세상을 떠났다. 한 서민으로서 언제나 독일어를 구사한 뵈메는 어떤 면에서는 마이스터 에카르트를 연상시키는 특유한 언어 창조를 통하여 독일어의 내용을 풍부하게 했다는 평가를 받고 있지만, 철학에 필요한 전문용어를 사용하지 않았기 때문에 그의 글들은 모두 난해하다. 그의 저술들 가운데 몇 가지만 소개하면 다음과 같다: 『신의 본질의 세 가지 원리』(*De tribus principiis, Von den drei Prinzipien göttlichen Wesens*, 1619), 『커다란 신비』(*Mysterium magnum, Erklärung über das erste Buch Mosis*, 1623), 『사물의 징표』(*De signatura rerum, Von der Geburt und der Bezeichnung aller Wesen*, 1622), 『신지학(神智學)의 여섯 가지 요점』(*Sex puncta theosophica, Von sechs Theosophischen Puncten*, 1620).

뵈메는 늘 기독교의 성서를 읽었는데, 그 밖의 어떤 저술들을 그가 읽었는지는 알려져 있지 않다. 그러나 그의 저술들의 많은 곳에서, 그가 특히 신비주의·신지학·연금술에 관한 저술들과, 부분적으로는 파라셀수스의 저술 등 많은 저술들을 읽었다는 것을 알 수 있다. 그는 독일에서보다 네덜란드와 영국에서 더 명망을 얻었고, 거기에서 그의 저술들이 거듭 출간되었다. 그는 독일어로 주로 저술한 최초의 사상가이기도 해, 신봉자들로부터 독일의 철학자[philosophus teutonicus[2]]로 불렸다. 그리고 사실, 그를 통해 독일에서 비로소 독자적인 성격을 지닌 철학이 등장했다.

헤겔은 그를 최초의 독일 철학자이며 그의 철학의 내용은 참으로 독일적이라고 평가한다. 대립하는 힘들의 작용 가운데 절대자가 자기를 실현해간다는 그의 철학은 뵈메 속에 그 원형을 가지고 있다고 말할 수 있다. 그리고 뵈메를 특징짓

---

1 Johannes Hirschberger, *Geschichte der Philosophie. II. Teil. Neuzeit und Gegenwart*, ebd., 30 f. 참조.

2 *Jakob Böhmes Leben und Schriften* (nach seinen Werken, Hamburg 1715.) I, §12-17, S. 8-11; VII, §7-8, S. 85-87.

고 그에게 주목하게 만드는 것은, 지적 세계를 자기의 심정 속으로 들여놓고, 이전에는 피안에 존재했던 모든 것을 자신의 자기의식 속에서 직관하고 알고 느끼는 개신교의 원리라고도 말한다. 그러나 뵈메의 일반적인 생각은 한편으로는 심오하고 철저한 것으로 보이지만, 다른 한편으로는 우주에 대한 그의 신적 직관의 전개에 있어서 규정과 구별에 대한 모든 욕구(필요)[Bedürfnis]와 투쟁에도 불구하고 명석함과 질서에 이르지 못하고, 구별에 있어서 체계적인 연관성이 없고 가장 큰 혼란이 있다고 헤겔은 비판한다(TW 20, 94 참조). 그의 사상을 살펴보기로 하자.

그는 일상적인 지식을 넘어선 곳에 있는 조명(照明)의 길과, 신과 직접적으로 접촉하는 길을 걸어가려고 했는데 그 길은 신지학(神智學)[Theosophie]의 길이자 범지학(汎智學)[Pansophie]의 길이다.[3] 헤겔에 의하면 철학이 자기의 진리를 가지는 곳, 그리고 절대자가 표현될 수 있고 또한 절대자가 그 자체로 존재하는 곳은 오직 개념과 사유인데, 이런 측면에서 보면 뵈메는 완전히 야만인[Barbar]이라고 평가절하한다.[4] 그리고 뵈메는 철학의 방법이나 질서[Ordnung]도 가지고 있지 않기 때문에 그의 철학을 설명하기가 어렵다고 말한다. 그렇지만 그의 조야한 서술방식으로 보면, 구체적이고 심오한 마음을 소유하고 있는 사람이라는 점도 덧붙이고 있다. 그에게 있어서는 한편으로는 전적으로 조야하고 야만적인 서술이 발견되며, 다른 한편으로 우리는 가장 내면적인 것과 교류하면서 자기의 힘을 행사하는 독일적인 심오한 심성[Gemüt]을 인식한다고 헤겔은 말한다(ebd., 91-2, 98 참조).

다시 말하면, 그가 이야기하고자 하는 사변적 진리, 그리고 그 중심에 정신이 존재하는 이러한 통일은, 본질적으로 사유 내지 사유의 형태를 필요로 하고 오직 사유 속에서만 파악될 수 있는데, 그에게는 바로 이러한 사유의 형태가 결여되어 있다는 것이다. 그가 사용하고 있는 형태들은 사유의 규정들이 아니다. 그것들은 한편으로는, 떫고, 달고, 쓰고, 격노한, 등과 같은 성질들 혹은 진노, 사랑 등과 같은 감정들, 그리고 팅크[Tinktur][5], 번개[Blitz], 본질(본체)[Essenz],

3 Johannes Hirschberger, ebd., 29 참조.

4 헤겔은, 그의 서술방식이 사유·개념의 형식이 결여되어 있다는 점에서 야만적이라고 여러 곳에서 말하고 있다(TW 20, 95, 96, 97, 98, 113).

5 팅크[Tinktur]는 16세기에 라틴어의 'tinctura'로부터 독일어로 수용된 단어로, 채색(彩色)을 뜻하나, 연금술의 맥락에서는 순수한 금을 만들어내는 매체로 여겼다[안겔루스 질레지우스, 『방랑하는 천사』, 조원규 역, 2015, 주25) 참조]. 그리고 뵈메에게 있어서는 순수한 것과 불

잘리터(Salitter)[6], 수은(水銀)[Markurius][7] 등과 같은 감각적인 규정들이기 때문이다. 에카르트에게 이러한 감각적인 형태들은 독특한 감각적인 의미를 지니고 있지 않고 그는 그것들을 사유의 규정들로 사용하고 있다(ebd., 95 참조).

9.1. 신비주의적 범신론

뵈메가 전체로서의 존재를 모든 본질적인 앎을 넘어서 있는 본래적인 근원들로부터, 오히려 "비근거들[Ungründe]"로부터 이해하려고 한 이유를 우리는 한 가지의 특별한 체험을 통해서 꿰뚫어볼 수 있다. 이 체험이란, 뵈메의 전기 작가 프랑켄베르크의 보고에 의하면, 뵈메가 한 번 체험했었고, 분명히 그의 사고의 출발점이 되는 그런 체험이다. 즉 어느 날 그가 자기의 일자리에서 일을 하고 있었을 때 한 줄기 햇빛이 주석으로 만든 항아리를 비췄는데, 그 "사랑스럽고 포근한 빛"을 통해, 그의 "별처럼 빛나는 정신"은 갑자기 "만들어진 상징이나 형상, 선(線)이나 색깔"을 넘어서서, 여러 사물들의 가장 깊은 곳을 꿰뚫어볼 수 있었다는 것이다. 뵈메는 이렇게 사물에 "새겨져 있는 내적인 근거"를 특별히 『사물의 징표』(*De signatura rerum*)라는 조그만 책에서 설명하려고 애쓰고 있다. 여기서 우리는, 모든 외적인 것을 단순한 상징으로만 보고, 이 기호들의 배후에 숨겨져 있는 비밀스러운 의미를 알아내는 것이 중요한 신비주의자의 시선을 다시 발견한다. 뵈메의 철학은 사실에 있어서는 상징주의다.

뵈메는 한편으로는 프랑크(Sebastian Franck, 1499-1542)와 바이겔(Valentin

순한 것을 분리하는 물(物)이기도 하며 빛을 비추는 원인이며 모든 피조물로 하여금 살게 하고 보게 한다. 그것은 만물 속에 존재하지만, 그 형태는 다양해서, 가축 속에서와 사람 속에서가 다르고, 돌멩이, 금속 그리고 채소 속에서 다르다. 많은 것들 속에서 그것은 강하지만 다른 것들 속에서는 약하다(http://bottled.de/sephi/jb/jb_04.htm; https://anthroblog.anthroweb.info/2012/jacob-boehme-von-der-tinktur-vom-wurm-und-der-jungfrau/).

6 잘리터(Salitter)는 '잘니터(Salniter)'라고도 하는데, 이것은 뵈메가 자연 속에 있는 세 가지 근원적 에너지를 가리키기 위해 사용한 단어로서, 그가 살던 당시에 연금술 내지 화학분야에서 통상적으로 사용되던 개념이다. '잘니터(Salniter)'는 '소금[sal]'과 '질산[nitrum]'이라는 단어를 결합한 것이다(에른스트 블로흐, 『서양 중세·르네상스철학 강의』, 박설호 역, 열린책들, 2008, 358 참조).

7 라틴어에서 유래한 'Markurius'는 'Merkurius'의 옛말로, 수은 혹은 수성(水星)을 가리키며, 순전한 독일어로는 'Quecksilber'라고 한다.

Weigel, 1533-88)을 거쳐 자기에게까지 영향을 미친 신비주의의 영향과, 다른 한편으로는 파라셀수스를 통해서 신플라톤주의의 영향도 받았다. 모든 신비주의에는, "모든 것이 하나[Alleinheit]"—모든 것이 신이며 신 속에 있다는 것—라는 사상이 존재한다. 이런 의미로 볼 때, 뵈메에게 있어서 신은 자연 속에 존재하며, 자연 속에서는 모든 것들이 〈하나〉로 향해서 함께 흘러가고 있다. 또한 인간은 자신 속에서 신과 세계의 근원적인 일치를 체험할 수 있게 된다. 신은 대우주요, 인간은 소우주다. 즉 인간은 세계 전체다. "나는 하늘에 올라가보지 못했다. 그리고 신의 모든 사업과 창조물을 보지 못했다. 그러나 이 동일한 신이 내 정신 속에 계시되어 있음으로, 나는 나의 정신 속에서 신의 사업과 창조물을 알 수가 있다"고 뵈메는 말한다.[8]

그러나 바로 여기서 그는 그의 사상의 핵심을 이룬다고 할 변신론의 문제에 부딪히게 된다. 즉 일체의 것이 신 속에 있고 신에 의해 이루어진다면, 뵈메 자신도 통감한 악의 요소가 어떻게 그렇게도 큰 힘을 발휘할까? 여기서 우리는 다음과 같은 그의 해답에 접하게 된다: "누구든지 스승을 자처하는 사람이라면 일체의 사물은 긍정과 부정이라는 두 가지 요소에 의해 이루어짐을 깨달아야 한다. 여기서 말하는 사물이란, 갖가지 호칭을 지닐 수 있는 모든 신적인 것과 악마적인 것을 포함한다. 긍정적인 면에서 받아들여질 수 있는 일자는 더없는 힘과 생명을 나타내고 곧 신의 진리이자 신 자체일 뿐이다. 그러나 이것은 그 자체만으로 식별될 수 없다. 나아가 신의 내부에 부정이 또한 깃들여 있지 않고서는 어떤 기쁨이나 앙분(昂奮)이나 감정도 있을 수가 없다. 그러므로 부정이란, 진리가 계시되도록 하기 위하여 반드시 있어야 할 긍정이나 진리의 반격(反擊)을 뜻한다. 이것은 진리 속에 깃든 하나의 대립물이라고 할 수 있다"(뵈메, 전집6. 『신지학적 문제』, 597). 바로 여기서 뵈메는 모든 존재(그리고 그 자신이 이것과 분명하게 구별하고 있지는 않은 사유) 속에 빈틈없이 깔려 있는 대립이야말로 바로 세계를 움직이는 가장 내면적인 힘이라고 하는 위대한 진리를 피력했다. "그 어떤 현상이든 이 모든 것은 반드시 또 다른 하나의 현상과 대립관계를 지니게 마련이다. 이것은 비단 인간의 경우만이 아니라 그 밖의 모든 피조물에게도 해당되는 사실이다." "모든 사물은 반드시 그 자체 내에 독소나 악의를 품고 있게 마련이다. 왜냐하면 그렇지 않고서는 생명이나 활동성이란 있을 수 없고 색채, 도덕, 두껍거나 얇은 것 혹은 그 어떤 감각내용도 있을 수 없으며 다만 무

8 Johannes Hirschberger, ebd., 29 f. 참조.

(無)가 있을 뿐이기 때문이다." 앞서 인용된 글에서도 나타났듯이 여기서 뵈메는 악의 요소가 이미 세계를 형성한 신적 오의(奧義) 자체 내에 깃들여 있었다는 하나의 과감하면서도 일관된 견해를 피력하고 있다. 이렇게 본다면 적어도 가능성에 있어서나마 천국과 지옥은 이미 신의 내면에 다 같이 자리 잡고 있다고 할 수 있을 것이다.

결국 악이라는 것은 선과 악이라는 두 개의 세계 속에서, 즉 뵈메의 말대로 분노와 사랑이라는 두 개의 세계를 통해서 스스로의 입장을 전적으로 자유롭게 결정할 수 있는 인간 자신의 정신 속에서만 비로소 현실성과 구체성을 띠게 마련이다. "왜냐하면 모든 인간은 각자가 자유로운 존재일 뿐만 아니라 또한 신과 동일한 위치에 있을 수도 있으므로 스스로 자기의 삶을 노여움이나 광명의 상태로 바꿔 놓을 수도 있는 존재자이기 때문이다."

이와 같은 뵈메의 말에서 우리는 이미 고대 인도로부터 마이스터 에카르트에 이르기까지 어떤 시대에나 공통되게 받아들여져 온 하나의 본질적이고도 심오한 사상, 즉 인간정신에 담긴 신성(神聖) 혹은 영혼과 신의 일체성에 관한 사상이 움트고 있음을 볼 수 있다. 그는 이렇게 말한다: "정신의 내면적 근원은 신적 천성(天性)에 있다." "신적인 천성은 곧 신의 중심을 이루고 있다." "따라서 신의 영혼은 바로 신 자체의 본질과 같다"(뵈메 전집4. 『은총의 선택』, 563 및 뵈메 전집3. 『신의 본질의 세 가지 원리』, 27).[9]

9.2. 대립의 투쟁과 통일

뵈메에게 있어서 신앙의 계기들, 특히 최고의 계기들은 특수한 형태들로 분리된다. 예컨대 선과 악, 혹은 신과 악마로 분리된다. 신은 존재한다. 그리고 악마 또한 존재한다. 양자 모두 독자적으로 존재한다. 신은 절대자다. 그러나 모든 현실을, 그리고 특히 악을 자신에게서 갖고 있지 않은 이러한 자는 어떤 절대자인가? 뵈메는, 한편으로는 인간의 혼을 삶에로 인도하고 인간의 혼 자체 속에서 신적인 삶을 산출하고, 인간의 혼 자체 속에서 투쟁을 직관하고 그것을 자기의 일과 노력으로 만들고, 그러고 나서 바로 이러한 내용과 관련하여 악을 선 속에서 혹은 악마를 신으로부터 파악하려고 노력한다. 그러나 그는 개념을 가지고

9 H.J. 슈퇴릭히, 『세계철학사. 하권』, 임석진 역, 분도출판사, 1978, 51 f. 참조.

있지 않기 때문에, 이러한 일은 끔찍하고 고통스러운 투쟁으로 제시된다. 왜냐하면 인간은 투쟁의 감정을 가지고 있기 때문이다. 그것은 야만적인 서술형식이자 표현형식이다. 즉 그것은 그의 심정과 의식이 언어와 투쟁하는 것이다.

그리고 투쟁의 내용은 절대적인 대립을 통일하려는 것을 보여주는 가장 심오한 생각이다{그에게 가장 가까이 있는 형태는 그리스도와 삼위일체이며, 그러고 나서는 수은(水銀)[Merkur], 잘리터(Salitter), 유황[Schwefel], 떫은 것[Herbes], 신 것[Saures] 같은 화학적 형태들이다}. 우리는 뵈메 속에서, 이러한 대립자들을 통일하고 결합하려는 투쟁을 본다. 그러나 이러한 일은 사유하는 이성에게 있어서 일어나는 일이 아니다. 그것은 자기의 형태와 형식을 통해서 아주 멀리 분리되어 있는 것을 일괄하려는, 내면의 엄청나고 조야하고 미숙한 노력이다. 그는 자기의 강한 정신 속에서 이 양자를 결합하고, 그 속에서 이 모든 의미를, 그리고 이 양자가 가지고 있는 현실성의 형태를 해체한다. 그러나 이와 동시에, 그가 정신의 이러한 본질인 이러한 운동을 자기 자신 속에서, 즉 내면에서 파악하기 때문에, 이 계기들의 규정은 자기의식의 형식에, 형태 없는 것에, 개념에 더욱 더 접근한다. 우리가 그것을 개괄하고자 한다면, 그는 부정적인 것·악·악마를 신 속에서 파악하는 데에 성공했다(TW 20, 96 f. 참조).

뵈메에 의하면 선과 악은 두 개의 극처럼 서로를 제약한다. 세계 안에 있는 모든 것들은, 그것들이 존재할 수 있기 위해서는, 반대되는 것(대립되는 것)을 필요로 한다. 이렇게 해서, 유일한 존재자를 바탕으로 삼는다고 하더라도, 그가 말하고 있는 두 가지, 즉 두 가지의 〈(성)질〉, 두 가지의 〈힘〉이 받아들여지게 된다. "그리고 모든 피조물은 이 힘을 바탕으로 해서 만들어졌다. (…) 그리고 어머니 뱃속에서처럼, 이 힘 속에서 살아가고 있다." 힘, 어머니—이것들은 파라셀수스의 것이다. 그런데 질(質)은 선과 악이라는 두 가지의 원리와 동일시되고 있는 것 같다. "이 세상의 모든 피조물 안에는 좋은 의지와 좋은 괴로움, 그리고 나쁜 의지와 나쁜 괴로움이 있다. 사람, 짐승, 새, 물고기, 벌레, 그리고 금, 은, 주석, 구리, 쇠, 돌, 물 등의 안에 있는 모든 것들에도, 또 우리들이 연구할 수 있는 모든 것들 안에도 이것들이 다 들어 있다. 자연 속에는, 그 안에 선과 악이 들어 있지 않은 것은 아무것도 없다. 모든 것들은 이 두 가지의 충동 속에서 들끓으며 살아가고 있다." 이렇게 해서 '모든 것이 하나다.' 아버지, 어머니, 질, 선, 그리고 악 등등의 보다 더 자세한 관계에 대한 물음들이 생기게 된다.

우리는 그에게서 이미 동일한 것과 동일하지 않은 것이 같다고 하는 독일관념론의 근본문제를 짐작할 수 있다. 한 분의 살아 있는 신은 바로 자유로운 생이기 때문에, 선과 악 중에서 선택을 하도록 되어 있는 신이며, 또 원죄 안에 있는 '근거가 아닌 것'에서 악을 물리칠 수 있었던 것처럼, 십자가에 못 박혀 죽음으로써, 이 악을 다시 구원받고 은총 받은 것으로서 자기 안에 되돌려 받을 수 있었던 비극적 신이다. 그러나 존재의 '근거가 아닌 것' 안에는 밑에 감춰져 있는(잠재적) 어두움이 깔려 있고, 또 모든 좋은 것과 모든 질서도 그 안에 들어 있다. 이 '근거가 아닌 것'은 생명이요, 활력이요, 자유요, 창조 정신이다.[10]

9.3. 삼중성의 파악[11]

그에게 있어서의 기본이념은 모든 것을 절대적인 통일 속에서 획득하려는 노력이다. 즉 이것은 절대적인 신적 통일이며 신 속에서 모든 대립을 통일하는 것이다. 모든 것을 관통하는 그의 주된 사상이자 그의 유일한 사상은, 모든 것 속에서 거룩한 삼중성[Dreifaltigkeit]을 파악하는 것, 모든 것 속에서 신적인 삼위일체를 파악하는 것이며, 만물을 신의 삼위일체의 전개와 서술로 파악하는 것이다. 그리하여 삼위일체는 그 속에서, 그것을 통해서 만물이 존재하는 보편적인 원리이며, 더욱이 만물은 오직 이러한 삼위일체를 자신 속에 가지고 있는데, 그것을 표상의 삼위일체로서가 아니라 실재하는 삼위일체, 즉 절대적인 이념으로서 가지고 있다. 모든 것은 이러한 삼위일체로서 인식된다. 존재하는 모든 것은 오로지 이러한 삼항성[Dreiheit]일 뿐이다; 이러한 삼중성이 모든 것이다.[12]

이러한 삼중성에 있어서 1) 최초의 것은 성부 하나님이다. 그런데 이 최초의 것은 동시에 자신 속에서 구별되며 그것은 이 양자의 통일이다. 그는 다음과 같이 말한다: "신은 모든 것이다. 그리고 신은 암흑이자 빛이며 사랑이자 진노이며, 불이자 빛이다. 그러나 그는 자기의 사랑의 빛에 따라서 자기를 홀로 하나의 신이라고 부른다.—암흑과 빛 사이에는 영원한 대립(반대)[Contrarium]이 존재한다. 그 어떤 것도 다른 것을 파악하지 못하며 그 어떤 것도 다른 것이 아니다. 그리고 그러나 단 하나의 본체[Wesen]만이 존재한다. 그러나 그것은 고통[Qual]과 구별된다"[고통은 근원이자 질(質)이다. 고통과 더불어, 절대적인 부정

---

10 Hirschberger, ebd., 31 f. 참조.

11 이 항목은 TW 20, 98-116의 핵심내용을 정리한 것이다.

12 *Von Christi Testament der heiligen Taufe II*, 1, §4-5, S. 2653-2654.

성이라고 불리는 것이 표현되는데, 이것은 자기 자신에 관계하는 부정적인 것이요, 그렇기 때문에 절대적인 긍정이다(Qual ist Quelle, Qualität; mit der Qual ist das ausgedrückt, was absolute Negativität heißt, das sich auf sich beziehende Negative, die absolute Affirmation darum)].

뵈메의 모든 노력과 절대적으로 상이한 것들의 통일은 바로 이 점을 중심으로 회전하고 있다. 개념의 원리는 뵈메 속에서 철저히 살아 있다. 그러나 그는 그것을 단지 사유의 형식으로 표현하지 못할 뿐이다. 그는, 저 유일자는 그러나 고통을 통해 구별된다고 말한다. 즉 고통은 바로 자기를 의식하고 있는, 느껴진 부정성이다.

부정적인 것을 단순한 것으로 사유하는 것에 모든 것이 달려 있다. 왜냐하면 그것은 동시에 하나의 대립자이기 때문이다. 따라서 고통은 이러한 내적 분열이다. 그러나 그것은 단순한 것이다. 고통으로부터 그는 근원을 도출한다. 이것은 하나의 훌륭한 말놀이다. 즉 고통, 이러한 부정성은 생동성·활동 속으로 전진한다. 그리고 그는 그렇게 하여 그것을 질(質)과 결합하는데, 질로부터 그는 Quallität[13]을 만든다.[14] 그에게 있어서는 구별의 절대적 동일성이 일관적으로 현존한다.

a) 그리하여 이제 뵈메는 신을 공허한 통일체(하나)[Einheit]로서 표상하지 않고 자기 자신을 분할하는 이러한, 대립자의 통일로서 표상한다. 요컨대 성부 하나님이 최초의 존재자다. 그러나 거기서 전적으로 명확한 구별을 기대해서는 안 된다. 그리하여 그는 단순한 본체[Essenz]에 관해서 말한다. 즉 신은 프로클로스에 있어서처럼 단순한 본체다. 이러한 단순한 본체를 그는 숨겨진 것[das Verborgene]이라고 부르며, 따라서 그것을 "템페라멘툼"(*Temperamentum*[15]), 즉 상이한 것들의 이러한 통일이라고도 규정한다. 모든 것은 그 속에서 조절되어 있다[temperiert].[16]

---

13 뵈메가 사용하고 있는 용어인 'Quallität'은 현대 독일어의 'Qualität'에 'l'이 하나 추가된 형태다.

14 *Von den drei Prinzipien göttlichen Wesens*, Kap. 10, §42, S. 470 참조. '말놀이'라고 하는 것은, 뵈메가 고통을 뜻하는 독일어 'Qual'을, 이와 유사한 단어들인 'Quelle[근원, 원천]'와 'Qualität'[질]과 연관시키는 것을 가리킨다.

15 이것은 근원적(원초적)인 중립의 상태[neutrality]를 가리킨다.

16 *Von der Gnadenwahl*, Kap. 1, §3-10, S. 2408-2410; Kap. 2, §9, S. 2418; §19-20, S. 2420; Schlüssel der vornehmsten Punkte und Wörter, §2, S. 3668; §145-146, S. 3696-3697. 뵈메는 이렇게 말한다: "그 어떤 것도 대립 없이는 자기에게 드러날 수 없다. 왜냐하면 어떤 것

b) 이 실체는 이제 성부 하나님이며, 이 최초의 통일체(하나)[Einheit]다. 그것은 모든 힘을 지니고 있고, 아직 분리되지 않은 질들을 지니고 있다. 그러고 나서 이 잘리터(Salitter)는, 자신 속에 모든 질과 힘을 품고 있는 신의 몸으로서도 나타난다. 신은 모든 실재자들 중의 실재자다.

c) 주요개념은 질이다. 뵈메는 『극광』에서 질로부터 시작한다. 질이라는 규정인 뵈메의 최초의 규정은 상호침투(합일)[Inqualieren], 고통[Qual], 근원[Quelle]이다. 『극광』에서 뵈메는 다음과 같이 말한다: "질은 운동성이며, 물(物)의 고통[Quallen] [근원, Quellen] 혹은 충동이다."

신 속에서는 구별들이 통일된다. 그는 이제, 신이 모든 것이기 때문에 선 속에서 악을, 신 속에서 악마를 파악하고자 했다. 그리고 이러한 투쟁은 그의 저술들이 지닌 모든 성격이며 그의 정신의 고통이다.

2) 최초의 것이 모든 힘들과 질들의 원천이자 싹이었던 것처럼, 두 번째 것이 출현한다. 그에게 있어서 아주 많은 형태들과 형식들로 나타나는 것이 두 번째 원리다.

a) 단순하고 절대적인 본체[Wesen]로서의 신은 전적으로 신이 아니다. 왜냐하면 그의 속에서는 아무것도 인식되지 않기 때문이다. 우리가 인식하는 것은 다른 어떤 것이다. 바로 이 타자가 신 자신 속에 신의 직관과 인식으로서 포함되어 있다. 두 번째 것에 관해서 그는, 이러한 템페라멘트(Temperament) 속에서 분리가 일어나야만 했다고 말한다. 뵈메는 바로 다음과 같이 말한다. "대립[*Widerwärtigkeit*]이 없으면 그 어떤 것도 그 자신에게 드러날 수 없게 된다. 왜냐하면 자기에게 저항하는(대립하는)[widerstehe] 것을 가지고 있지 않으면, 그것은 항상 독자적으로 앞으로 나아가고 다시 자신 속으로 들어가지 않기 때문이다. 그러나 그것이 본래 그것으로부터 나온 자신 속으로 다시 들어가지 않으

이 자기에게 대립하는 것을 갖고 있지 않다면, 그것은 항상 밖으로 나가서 자기에게 되돌아오지 않으며 (…) 따라서 자기의 원천(본래의 상태)에 관해서 아무것도 알지 못하기 때문이다[Kein Ding ohne Wiederwärtigkeit mag ihme selber offenbar werden: Dann so es nichts hat, das ihme wiederstehet, so gehets immerdar vor sich aus, und gehet nicht wieder in sich ein (…) so weiß es nichts von seinem Urstand]"[Jakob Böhme, Sämtliche Schriften, Facsimile of the 1730 edition, begun by A. Faust, new edition by W.-E. Peuckert, 11 vols., Stuttgart-Bad Cannstatt, 1955-61 (=BS), vol. 4: *Von göttlicher Beschaulichkeit*, ch. 1, 8]. 여기서 우리는 'Widerwärtigkeit'를 'Wiederwärtigkeit'로 표현하는 등, 현대 독일어와 다른 몇 가지 표현을 발견하게 된다.

면 그것은 자기의 근원적인 상태에 관해서 아무것도 알지 못한다." 근원적인 상태를 그는 실체라는 의미로 사용한다. "대립이 없다면 생은 아무런 감각성(민감함)[Empfindlichkeit]도, 의욕, 작용도, 지성도 학문도 갖지 못할 것이다." 우리는 뵈메가 최고 존재자의 공허한 추상체 위에로 무한히 고양되어 있음을 보았다.

b) 뵈메는 다음과 같이 말한다: "모든 존재자의 시작은 신의 날숨[das Aushauchen]인 말씀[das *Wort*]이다. 그리고 신은 영원으로부터 영원한 일자였고 또 그렇게 영원히 존속한다. 말씀은 영원한 시작이며 영원히 그렇게 존속한다. 왜냐하면 그것은 신의 힘이 어떤 것[Etwas]의 학문 속으로 옮겨짐으로써, 영원한 일자의 계시이기 때문이다."

말씀(아들)은 "신적인 일자의 유출이며, 그러나" 그것은 "자기의 계시로서의 신 자신이다"[로고스(Λόγος)는 말씀보다 더 특정한 것이다. 그것은 이성인 동시에 말(언어)이라는 희랍어의 아름다운 이중성을 지니고 있다. 왜냐하면 말(언어)은 정신의 순수한 실존이기 때문이다. 즉 그것은 자신 속으로 복귀하여 취해진 것이다]. "유출된 것은 지혜이며, 모든 힘들, 색들, 덕과 특성들의 시작이자 원인이다."[17] 만물은 바로, 피조물로 만들어진, 신의 본체[Wesenheit] 외에 다른 것이 아니다.

c) 『신지학의 문제』(*Quaestionibus theosophicis*)에서 그는 특히 분리자[Separator]에 대해서도, 그리고 이런 대립에 대해서도 긍정과 부정의 형식[die Form von *Ja* und *Nein*]을 사용한다. 그는 다음과 같이 말한다: "독자는, 신적인 것이든 악마적인 것이든 지상의 것이든, 혹은 그 무엇이라 불리든 간에, 모든 것은 긍정과 부정 속에 존립한다는 것을(긍정과 부정으로 구성되어 있다는 것을) 알아야만 한다. 긍정으로서의 일자는 순수한 힘이요 생이다. 그리고 그것은 신의 진리 혹은 신 자신이다. 이러한 신은 그 자신 속에서는 인식될 수 없을 것이고, 부정이 없다면 그 속에서는 아무런 기쁨이나 고양(高揚)[Erheblichkeit]도, 감정[Empfindlichkeit](생)도 존재하지 않을 것이다. (…) 부정은 긍정이나 진리의 반격(反擊)[Gegenwurf]이다"[이러한 부정성은 모든 지(知) 및 이해의 원리다]. 그리고 "긍정은 부정으로부터 분리되어 있어서 이 두 가지 것은 병렬되어 있다고 말할 수 없다. 오히려 그것들은 단지 하나의 것일 뿐이지만, 그 자체가 두 개의 시작(始作)들로 분리되어서 두 개의 중심(中心)을 만든다. 왜냐하면 각각의

17 *Von göttlicher Beschaulichkeit*, Kap. 1, §1-3, S. 1755-1756.

것은 자기 자신 속에서 작용하고 의욕하기 때문이다. 영속적으로 투쟁하는 이 양자가 없다면 만물은 무(無)일 것이며 운동하지 않고 정지해 있을 것이다. ─영원한 의지가 자신으로부터 스스로 흘러나와서 안락함[Annehmlichkeit] 속으로 들어가지 않는다면, 그 어떤 형태나 구별도 존재하지 않을 것이고 모든 힘들은 단 하나의 힘일 것이다. 그리하여 아무런 이해도 존재할 수 없을 것이다. 왜냐하면 이해는 다(多)[Vielheit]의 구별 속에서 발생할 것이기(자기의 실체를 가지기) 때문이다. 거기서 하나의 특성은 다른 특성들을 보고, 시험하고 의욕한다."

이것이 두 번째 것의 주요규정이다. ─이러한 깊이 속에서 뵈메는 계속 투쟁하고 있다. 왜냐하면 그에게 있어서는 개념들이 결여되어 있고 단지 종교적·화학적 형식들만이 존재하기 때문이다. 그리고 그는 자기의 생각들(이념들)을 표현하기 위해서 이러한 형식들을 강력하게 사용하는데, 이로부터 몰이해만이 아니라 표현의 야만성도 발생한다.

3) 마지막으로 세 번째 것은 삼중성의 형식들, 즉 빛, 분리자 그리고 힘의 통일인데, 이것은 이제 정신[*Geist*]이다. 세 번째 것인 정신은 선행하는 것 속에 이미 부분적으로 존재한다. "이제 성자의 밖에 있는 성부의 모든 깊이에서는 단지 성부의 측량할 수 없는 다양한 힘과 성자의 빛만이 존재한다. 성부의 깊이에는 생동적이고 전능하고 전지한, 모든 것을 듣고 모든 것을 보며 모든 냄새를 맡고 모든 것을 맛보며 모든 것을 느끼는 정신이 존재한다. 그리고 이러한 정신 속에는 모든 힘과 광채와 지혜가 성부와 성자 속에서처럼 존재한다."[18] 이것은 빛인 성자로 말미암은 사랑이자 모든 힘들을 부드럽게 하는 것이다.

뵈메는 본질적으로, (세계로서의 영원한 깊이로부터 출현한) "신의 본체"는 "분리된 장소를 가지고 있는, 멀리 떨어져 있는 어떤 것이 아니라"는 생각을 가지고 있다. 왜냐하면 본체, 즉 "자연과 피조물의 심연[무근거, 무저(無底)][Abgrund]은 신 자신이기 때문이다."[19] "─거룩한 삼중성의 탄생은 당신의 마음 속에서도 일어난다. 즉 당신의 마음속에서는 성부, 성자, 성령이라는 모든 삼위(三位)가 탄생한다."[20]

---

18 *Morgenröte*, Kap. 3, §29–30, S. 43.

19 *Von göttlicher Beschaulichkeit*, Kap. 3, §13, S. 1758.

20 *Morgenröte*, Kap. 11, §4, S. 118; Kap. 10, §55, 60, 58, S. 115, 116.

뵈메는 이렇게 말한다: "이 세계 속의 만물은 이러한 삼항성[Dreiheit]의 비유에 따라 형성되었다. 눈먼 유태인, 터키인 그리고 이방인들이여, 마음의 눈을 떠라. 나는 당신들의 몸에, 그리고 자연의 만물에게, 즉 인간, 동물, 새, 벌레뿐만 아니라 목재, 돌, 채소, 이파리와 풀에게 신 속에 있는 거룩한 삼중성의 비유를 보여주어야만 한다. 당신들은 신 속에는 단 하나의 본체만이 존재하며 신은 아들이 없다고 말한다. 이제 눈을 뜨고 당신 자신을 바라보라. 사람은 신의 형상을 따라 신의 능력으로 만들어졌다. 당신의 내면의 인간을 바라보면 당신은 바보도 비이성적인 동물도 아니라는 것을 밝고 순수하게(분명하게) 보게 될 것이다. 그러므로 당신의 마음, 혈관 그리고 두뇌 속에 당신의 정신을 가지고 있다는 것에 주목하라. 당신의 생명이 존재하는 당신의 마음, 혈관 그리고 두뇌 속에서 움직이는 모든 힘들은 성부 하나님을 지시하고 있다는 사실에 주목하라. 이 힘으로부터 당신의 빛이 도약한다(탄생한다). 그리하여 당신은 이 동일한 힘 속에서 당신이 무엇을 해야 하는지를 보고 이해하고 알게 된다. 왜냐하면 동일한 빛이 당신의 모든 몸속에서 깜박거리고 모든 몸이 (빛에 대한) 힘과 인식 속에서 움직이기 때문이다. 이것이 바로 당신 속에서 태어나는 성자인 것이다." 이러한 빛, 이러한 봄, 이해는 두 번째의 규정이다. 그것은 자기 자신에 대한 관계다. "당신의 빛으로부터 동일한 힘, 이성, 지성, 예술, 그리고 모든 몸을 다스리고 몸 밖에 존재하는 모든 것 또한 구별하는 지혜 속으로 들어간다." "이제 다음과 같은 것에 주목하라. 하나의 목재, 돌 그리고 채소 속에는 세 개의 물(物)[Dinge]이 존재하며, 어떤 하나의 물 속에 이 세 가지 것들 가운데 단 하나가 밖에 머무르면, 아무것도 태어날 수도 자랄 수도 없다. 첫 번째로, 목재든 돌이든 풀이든 간에, 그것으로부터 몸이 형성되는 힘이 존재한다. 그 후에 동일한 물 속에는 물의 마음인 즙(汁)[ein Saft]이 존재한다. 세 번째로는 그 속에는 솟아올라오는 힘, 냄새 혹은 맛이 존재한다. 이것은 그것으로부터 물이 성장하고 증가하는 물의 정신이다. 따라서 이제 이 세 가지 것 가운데 하나가 결여되면 물은 존립할 수 없다."[21] 요컨대 뵈메는 모든 것을 이러한 삼항일체[Dreieinigkeit]로 간주한다. 뵈메가 개별적인 것에 이를 경우, 우리는 그가 모호하게 된다는 것을 안다. 특수한 해명으로부터는 길어 올릴 것이 많지 않다.

---

21 *Morgenröte*, Kap. 3, § 36-38, 47, S. 44-46.

10

스피노자(Baruch de Spinoza)

헤겔은 자신의 『철학사 강의』에서, "스피노자는 근대철학의 주요지점이다. 그래서 스피노자주의냐 아니면 전혀 철학이 아니냐 하는 두 길만이 존재한다"[1]고 말한다. 헤겔이 "스피노자주의"를 철학의 길로 간주하는 이유는, 그것이 바로 절대자를 문제 삼는 철학이기 때문이다. 주지하듯, 스피노자는 "신에 취한 사람"[2]이라고 불릴 정도로 신에 대한 탐구에 집중한 철학자다. 그의 대표작 가운데 하나인 『윤리학』은 5부로 구성되어 있는데, '윤리학'이라는 제목을 지니고 있는 이 책 제1부의 제목도 '신에 대하여'로 되어 있을 정도로 그는 신을 자신의 철학의 중심문제로 다루고 있는 철학자인 것이다. 헤겔 역시, "철학사는 철학의 대상인 절대자에 대한 사상(思想)을 발견하는 역사"[3]라고 말한다.

헤겔은 이미 튀빙엔 신학교에서 횔더린 및 다른 학우들과 함께 야코비의 『스피노자의 학설에 관한 편지』(*Über die Lehre des Spinoza in Briefen an den Herrn Moses Mendelsshon*, 1785)를 읽었다. 이 글을 읽고 횔더린은 거기서 논의되고 있는 렛싱의 "하나이자 전체[hen kai pan,"Ἓν καὶ Πᾶν]"라는 범신론의 진술을

---

1 "Spinoza ist Hauptpunkt der modernen Philosophie: entweder Spinozismus oder keine Philosophie"(TW 20, 163-4).

2 Novalis, *Schriften*, hg. von Paul Kluckhohn und Richard Samuel. Nach den Handschriften ergänzte und neugeordnete Ausgabe [Vier Bände], Leipzig/Wien, 1928, Bd. 3, 318.

3 Enz. Vorrede zur zweiten Ausgabe, TW 8, 22.

헤겔의 비망록에 기록한다.[4]

10.1. 스피노자의 실체 형이상학과 그에 대한 헤겔의 비판[5]

그러면 스피노자가 생각하는 절대자는 어떤 존재자인가? 스피노자는 절대자 내지 신을 실체라고 부르며, 오직 신만을 실체라고 부른다. 이러한 실체관은 데카르트의 그것과 크게 다르다. 즉 데카르트는 신을 실체라고 부를 뿐만 아니라 물질과 정신도 실체라고—물론 '유한'이라는 수식어를 붙이고 있긴 하지만—함으로써, 실체에 대한 자신의 정의[6]를 일관적으로 밀고나가지 못하였다. 뿐만 아니라 물질과 정신도 실체라고 인정한 이상, 이 양자(兩者)에 대해 독립성을 부여할 수밖에 없었는데, 실제로는 물질과 정신이 서로 영향을 미치고 있다는 점을 부인할 수 없어서, 결국에는 물질과 정신의 상호작용을 인정할 수밖에 없었고, 상호작용의 메카니즘을 다음과 같이 설명한다: "(영)혼은 온몸과 결합해 있지만, 몸의 다른 모든 부분들보다 자기의 기능을 특히 더 잘 발휘하는 어떤 부분이 있다는 것을 마찬가지로 알아둘 필요가 있다. (…) 그러나 이 문제를 면밀하게 검토해본 후 나는, (영)혼이 자기의 기능을 직접 발휘하는 몸의 부분은 결코 심장이나 뇌 전체가 아니라 뇌의 모든 부분들의 가장 안쪽에 있는 아주 작은 샘[선(腺)]이라는 것을 분명히 확인했다고 생각한다."[7] 그런데 여기서 그가 말하는 "아주 작은 샘"은 곧 송과선(松科腺)[8]을 가리킨다. 데카르트가 이렇게 말

---

4 Düsing, *Hegel und die Geschichte der Philosophie. Ontologie und Dialektik in Antike und Neuzeit*, ebd., 170 참조.

5 이하의 내용은 필자의 『서양근대철학』(전북대학교출판부, 2017)의 〈스피노자〉 부분을 많이 참조하였다.

6 "실체라는 말로 우리는, 그것이 존재하기 위하여 다른 아무것도 필요로 하지 않는 것이라고 이해할 수밖에 없다(Per *substantiam* nihil aliud intelligere possumus, quam rem quae ita existit, ut nulla alia re indigeat ad existendum)"(R. Descartes, *Die Prinzipien der Philosophie*, Lateinisch-Deutsch. Über. und hg.v. Christian Wohlers, Hamburg, 2005, Erster Teil §51).

7 Descartes, "The Passions of the Soul," in: E.S. Haldane and G.R.T. Ross (rendered into English), *The Philosophical Works of Descartes*, in two volumes, Vol. I, Cambridge Univ. Pr., 1979 (329-428), 345. Article XXXI.

8 골윗샘[pineal gland]을 가리킨다. 작은 솔방울 모양이라서 이런 이름이 붙여짐. 저녁이 되면 피곤해지고, 아침에 잠이 깨는 것도 송과선 때문이다. 골밑샘은 뇌하수체(腦下垂體)다.

함으로써, 그가 처음에 주장했던 물질과 정신—인간의 경우에는 육체와 정신—의 2원론은 부정된 것이다.

실체에 대한 스피노자의 정의는 데카르트의 정의—존재론적 정의—에 개념적(인식론적) 정의를 더한 것이다. 스피노자는 실체를 다음과 같이 정의한다: "나는 실체를 그 자체로(즉자적·독자적으로) 존재하며, 자신을 통하여 파악되는 자라고 이해한다. 즉, 그 개념이 그것으로부터 자기가 형성되어야만 할 다른 어떤 것의 개념을 필요로 하지 않는 자라고 이해한다."[9] 이를 통해 스피노자는 실체가 '스스로의 원인[causa sui]'일 뿐만 아니라 다른 모든 것의 원인—실체는 존재론적으로 독립적이다—이라는 점을 말하고 있는 동시에, 개념적으로도 독립적인 자라는 점을 말하고 있다.[10] 데카르트와는 달리 스피노자는 자신의 정의를 철저하게 유지하여, 이 정의에 적합한 존재자를 "신 또는 자연[Deus seu natura]"[11]이라고 부른다. 그런데 이때 '자연', 즉 스피노자가 신 또는 실체와 동일시하고 있는 자연은 "낳는 자연[natura naturans]"을 가리킨다는 점에 유의해야 한다. 이러한 자연은 유한한 정신과 물질, 곧 삼라만상을 존재하게 하는, 그것들을 산출하는 자연이다. 낳는 자연으로부터 유래한 자연이 "낳아진 자연[natura naturata]"이다.[12] 낳아진 자연은 실체가 아니라 실체의 양태(樣態)

9 제1부. 정의 3: "Per substantiam intelligo id, quod in se est et per se concipitur; hoc est id, cujus conceptus non indiget conceptu alterius rei, a quo formari debeat (Unter Substanz verstehe ich das, was in sich ist, und durch sich begriffen wird, das heisst das, dessen Begriff, um gebildet werden zu können, den Begriff eines anderen Dinges nicht bedarf)" [Otto Baensch, *Ethik in geometrischer Ordnung dargestellt, übers. v.* Otto Baensch, Nachdruck mit erneut ergänztem Literaturverzeichnis, Hamburg, 1976(1905)].

10 이러한 정의와 비교하여, 실체에 대한 데카르트의 정의는 존재론적 정의다.

11 "신 또는 자연"이라는 표현은 제4부의 머리말과 정리4의 증명에서 발견되는데, '신'과 '자연'을 연결하는 단어는 주로 'seu'이고, 'sive'는 "바로 신 혹은 자연의 능력(ipsa Dei sive Naturae potentia)"(정리4의 증명)에서만 사용되고 있다.

12 natura naturans와 natura naturata라는 용어의 사용은 아리스토텔레스의 텍스트를 아베로이스와 스코투스(Michael Scottus)가 라틴어로 번역하고 주석을 단 일에로 소급된다. 본래의 구별은, 발전의 원천을 자신 속에 지니고 있는 자연산물과, 그것의 발생이 다른 원인들을 통해 설명되어야만 하는 인공산물의 구별에 관계된다. 그런데 이 짝개념은 신과 세계의 관계를 나타내기 위하여 이미 스코투스가 사용하였다. 스콜라철학에서는 이미 보바이(Vincent von Beauvais)가 이 용어들을 사용했고, 토마스 아퀴나스도 신학대전에서 신은 natura naturans로 불릴 수 있을 것이라고 말하고 있다(S. Theol. I/II, 85-6). 스콜라적인 전통에서 논의되었던 문제는 무엇보다도, 이 짝개념이 기독교적·삼위일체적인 창조사건에 적용될 수 있는가 하는

[modi] 혹은 변용(變容)[affectio]이다. 실체는 정신과 물질이라는 두 가지 모습으로 나타난다고 스피노자는 말한다. 양태에 대해서 스피노자는, "양태를 나는 실체의 변용, 즉 다른 것 속에 존재하며, 그 다른 무엇을 통해서 이해되는 것이라고 파악한다"[13]고 말한다. 여기서 '다른 것 속에'라는 것은, 물론 '신 속에'라는 것을 뜻하는데, 이때의 '~ 속에'는, 공간적인 내부(內部)를 뜻하지 않고 존재론적 '의존(依存)'을 뜻한다. 즉 낳아진 자연은 독립적인 존재자 즉 실체가 아니라, '신에 의존하여, 신을 통하여' 존재하게 된, 실체의 양태라는 말이다.[14]: "그것들이 신 속에 존재하고 있어서 신 없이는 존재할 수도 파악될 수도 없는 것들로 간주되는 한에서, 신의 속성들의 모든 양태들"[15]이다.

그런데 스피노자는 실체인 신으로부터 양태인 유한한 정신과 물질의 발생을

문제였다. 알버투스 마그누스와 토마스 아퀴나스는 제한적으로만 이것을 허용하는 데 반하여, 에카르트와 룰루스(Raymundus Lullus)는 이 개념들을 창조과정을 해석하는 데 사용하고 있다(Joachim Ritter und Karlfried Gründer (hg.), *Historisches Wörterbuch der Philosophie*, Bd. 6, Basel/Stuttgart, 1984, 504 ff. 참조. 또한 Holm Bräuer, http://www.philosophie-woerterbuch.de/online-woerterbuch/?tx_gbwbphilosophie_main%5Bentry%5D=586&tx_gbwbphilosophie_main%5Baction%5D=show&tx_gbwbphilosophie_main%5Bcontroller%5D=Lexicon&cHash=645905602a939b036a3e1b3d8cdf2305 참조). 쿠자누스와 브루노도 이 표현을 사용했는데, 스피노자는 이들로부터 이 표현을 가져왔다(W. Windelband, *Lehrbuch der Geschichte der Philosophie*. Siebente, unveränderte Auflage, Tübingen, 1916, 343 그리고 Frederick Copleston, S.J., *A History of Philosophy. Vol. IV. Descartes to Leibniz*, NY. u.a., 1971, 209 참조).

13 "Per modum intelligo substantiae affectiones, sive id, quod in alio est, per quod etiam concipitur"(제1부 정의5). 변용(變容)[affectio]이란, 어떤 것이 자극되거나 촉발됨으로써 원래의 상태와 다르게 나타난 것을 의미한다.

14 이러한 사상은 사도 바울이 기독교의 경전 중에서 다음과 같이 인간이 신에 의존하고 있다고 말하고 있는 바와도 일맥상통한다: "우리는 그 분 안에서(그 분을 힘입어) 살고 움직이고 존재합니다"(사도행전 17:28). 이것은 또한 하이데거가 인간의 존재방식을 "세계 내 존재[das In-der-Welt-Sein]"라고 하는 경우에 있어서의 "내(內)[in]"와도 마찬가지다. 즉 인간이 세계 속에 있다는 것은, 옷장 속에 옷이 들어 있듯이 인간이 세계 속에 있다는 것이 아니다. 옷장과 옷의 경우는, 이 두 사물이 갖는 공간에서의 위치관계를 나타낼 뿐이다. 그러므로 옷이 없어져도 옷장은 옷장대로 있고 또 옷장이 없다고 옷이 있을 수 없는 것도 아니다. 그러나 인간은 본래부터 '세계 속에 있다'는 방식으로만 존재하며, 따라서 세계 없이 인간만 있다는 것은 생각할 수 없는 일이다. 인간은 '세계 의존적 존재자'인 것이다.

15 "(…) alle Modi der Attribute Gottes, insofern sie als Dinge angesehen werden, die in Gott sind und ohne Gott weder sein noch begriffen werden können"(제1부 정리29 주석).

어떻게 설명하고 있는가? 신의 양태인 세계는 실체인 신에 의해 창조된 것이 아니다. 스피노자의 신은 지성이나 의지를 가지고 있지 않으므로 어떤 특정한 목적을 가지고 세계를 창조하지 않는다. 신으로부터의 만물의 산출은 신의 본성으로부터의 필연적인 유출(流出)이다. 그것은 마치 "3각형의 기본개념에서 그것에 대한 정리(定理)들과 계(系)들이 저절로 도출되는 것"[16]과 같다. 세계는 신의 능동적인 활동에 의해 발생한 것이 아니라 신의 본성으로부터 자연히 흘러나온 것이라고 하는 스피노자의 주장에서 헤겔은 문제점을 발견한다. 『정신현상학』〈서문〉[Vorrede]의 다음 구절은 바로 이에 대한 헤겔의 입장을 아주 잘 보여준다: "체계 자체의 서술을 통해서만 정당화되어야 하는 나의 통찰에 따라 볼 때, 모든 것은, 참된 것을 **실체로서가** 아니라(실체로서만이 아니라) 마찬가지로 **주체로서**(도) 파악하고 표명하는 것에 달려 있다"(PhG, 19 f., §17). 이러한 헤겔의 주장에 의하면, 실체로서만 존재하는 것은 참된 존재자가 될 수 없고, 따라서 절대자

---

16 스털링 P., 램프레히트, 『서양철학사』, 을유문화사, 2002, 336. "이에 반하여 나는, 신의 최고능력 또는 신의 무한한 본성으로부터 무한히 많은 것이 무한히 많은 방식으로 즉, 무릇 모든 것이 필연적으로 유출되었다는 것, 혹은 항상 동일한 필연성을 지니고 동일한 방식으로 따라 나온다는 것, 그리고 이것은 삼각형의 본성으로부터 그 세 각의 합은 2직각과 같다는 것이 영원에서 영원에 걸쳐 따라 나오는 것과 결국 같다는 것, 이러한 점을 충분히 명료하게 제시했다고 믿는다(Verum ego me satis clare ostendisse puto (vid. prop. 16) a summa Dei potentia sive infinita natura infinita infinitis modis, hoc est omnia, necessario effluxisse vel semper eadem necessitate sequi, eodem modo ac ex natura trianguli ab aeterno et in aeternum sequitur ejus tres angulos aequari duobus rectis)"(제1부 정리17의 주석). 이 인용문에서의 "effluxisse [유출되었다]"라는 용어는 신으로부터 세계의 유출을 분명히 지시하고 있다. 또한 제1부 정리16에서도 이렇게 말한다: "신의 본성의 필연성으로부터 무한히 많은 것들이(즉, 하나의 무한한 지성에 속할 수 있는 모든 것들이) 무한히 많은 방식으로 따라 나오는 것이 분명하다(Ex neccessitate divinae naturae infinita infinitis modis (hoc est omnia, quae sub intellectum infinitum cadere possunt) sequi debent)". 신의 본성의 완전함으로부터 다양한 것들이 흘러나온다는 스피노자의 설명은, 애이어스(Ayers)가 말하는 것처럼 바로 또 하나의 신플라톤주의적 신학으로 보일 수 있다[Michael Ayers, "Spinoza, Platonism and Naturalism," in: *Rationalism, Platonism and God*, ed., by Michael Ayers, Oxford/NY., 2007 (53-78), 63 참조]. 이러한 스피노자의 실체1원론은 신플라톤주의의 유출철학[philosophy of emanation]이라고도 해석될 수 있고, "표현의 철학"(G. Deleuze, *Spinoza et le problème de l'expression*, Paris, 1968)이라고 해석되어왔는데, 이 철학에서는 개별적인 힘의 역량(力量)[quanta]이 하나의 포괄적인 잠재력[potentia]이나 실체를 표현한다[Robert Schnepf, "The One Substance and Finite Things (1P16-28)," in: *Spinoza's Ethics. A Collective Commentary*, ed. by Michael Hampe, Ursula Renz & Robert Schnepf, Leiden·Boston, 2011 (37-56), 37 참조].

의 자격이 없는 것이다. 그런데 스피노자의 신은 자기동일적인 실체로만 존재할 뿐이고, 그 어떤 인식활동이나 실천적 활동도 하지 않는 존재자이므로, 진정한 의미의 신의 자격이 없는 것이라고 헤겔은 판단한다. 스피노자의 신이 물질적 존재자인 동시에 정신적 존재자라고 한다면, 반드시 운동해야 한다. 왜냐하면 정신의 본질은 바로 운동성에 있기 때문이다.

그래서 헤겔은 스피노자의 신을 "실체의 심연(深淵)[der Abgrund der Substanz]"(TW 20, 167)이라고 부른다. 그런데 여기서 Abgrund라는 용어는 에카르트에게서 유래하는 것이며 또한 그것은 뵈메의 '무근거[무저(無低), Ungrund]'라는 개념의 원형(原型)이 된다. 그리고 실제로 뵈메는 그의 텍스트의 몇몇 곳에서 '심연[Abgrund]'이라는 용어를 사용하고 있다. 헤겔이 여기서 사용하고 있는 Abgrund[심연]라는 용어의 의미는 뵈메가 말한 Ungrund가 지니고 있는, 드러나지 않고 전개되지 않은 잠재력과 동의어인 것이 분명하다. 헤겔이 이 용어를 동의어로 사용하고 있다는 것은 다음 구절에서 드러난다[17]: "스피노자의 철학은 경직된 실체일 뿐이며 아직 정신이 아니다. 이러한 실체 속에서 우리는 우리 곁에 존재하지 않는다. 신은 여기서 정신이 아니다. 왜냐하면 그는 삼위일체[der dreieinige]인 정신이 아니기 때문이다. 실체는 뵈메의 원천들[Quellen] 없이 경직되고 화석화된 채로 머물러 있다. 지성의 규정들의 형태를 띤 개별적인 규정들은, 서로에게 동력(動力)을 부여하고 서로에게로 확장하는 뵈메의 '근원적 정신들[Quellgeister]'이 아니기 때문이다"(TW 20, 166).

헤겔이 생각하는 정신으로서의 절대자는 "결코 쉬지 않는 무한한 운동, 에너지, 활동이며, 최초의 것을 떠나서 타자에로 계속 이행하는 그러한 자"(VG, 161)인 것이다. 절대자는 자기를 부정하여 자기의 타자로 이행하고 다시 그러한 타자로서의 자기를 부정하는 과정을 통해 자기 자신으로 복귀하는 변증적 운동을 통해 존재하는 역동적인 존재자다. 그러므로 스피노자가 가지고 있는, 실체로서의 절대자관은 헤겔에 의해 부정된다. 이렇게 볼 때, 스피노자의 절대자관은 헤겔로 하여금 그것을 부정하고 자신의 절대자관을 더욱 확고히 하게 되는 자극을 주었다고 평가할 수 있다.

그러나 스피노자의 절대자관이 헤겔에게 부정적인 영향만을 준 것은 아니다.

---

17 Magee, *Hegel and the Hermetic Tradition*, ebd., 163 참조; Neil O'Donnell, *Böhme and Hegel: A Study of their intellectual development and shared reading of two christian theologoumena*, submitted with a view to obtain the degree of M. Litt., National Univ. of Ireland, Maynooth, October 2008, 116 참조.

많은 사람들이 그의 견해를 잘못 평가하는 것과는 달리, 스피노자의 신관은 범신론(汎神論)[pantheism]이 아니라 범내재신론(汎內在神論)[panentheism]이다. 다시 말하면, 스피노자는 모든 것을 신이라고 부르지 않고, 오직 '낳는 자연'만을 신이라고 주장한다. '낳아진 자연'으로서의 정신과 물질은 신이 아니라 신의 양태로서, 신 속에, 즉 신에 의존하여 존재한다. 따라서 그의 신관은 범내재신론인 것이다. 헤겔에 있어서도 사정은 이와 유사하다. 헤겔에 있어서의 유한한 정신과 물질, 즉 유한자는 무한자로부터 벗어난 채로 고립되어 존재하지 않고 무한자 속에 존재한다. 그리고 진무한자는 자신 속에 유한자를 포섭하고 있고, 유한자의 운동과 전개를 통해서 자기를 전개해 나간다. 앞서 말했듯, 이러한 무한자가 진무한자이며, 이러한 보편자야말로 구체적 보편자인 것이다. 결론적으로 말해 스피노자와 헤겔 모두 범신론자가 아니라 범내재신론자인 것이다.

10.2. "규정은 부정이다."

헤겔은 스피노자를 따라서, "모든 규정은 부정이다(omnis determinatio est negatio)"라고 말한다.[18] 따라서 동일성의 명제 혹은 동일률 (A＝A)은 'A＝~(~A)'로, 즉 부정의 부정, 이중부정의 형식으로 표현된다. 전자의 동일성은 지성의 동일성으로서 아무런 구별이 매개되지 않은 순수한 형식적 동일성만을 나타내고 있다. 이것은 그 자체로서는 옳으나, 세계에 관해서 아무런 정보

18 "규정성은 긍정적인 것으로 정립된 부정이며, '모든 규정은 부정이다'라는 스피노자의 명제다. 이 명제는 무한한 중요성을 지니고 있다. (…)[Die Bestimmtheit ist die Negation als affirmativ gesetzt, ist der Satz des Spinoza: 'Omins determinatio est negatio.' Dieser Satz ist von unendlicher Wichtigkeit (…)]"(TW 5, 122). 스피노자는 "규정은 부정"이라고 말한다: "그러므로 도형은 규정 외에 다른 것이 아니고, 규정은 부정이기 때문입니다(Quia ergo figura non aliud, quam determinatio, et determinatio negatio est)"(1674년 6월 2일에 친구인 Jarig Jelles에게 보내는 편지, in: *Baruch de Spinoza, Briefwechsel*, übers. v. Carl Gebhardt, Hamburg, 1986[3], 210; 또한 Spinoza, *The Letters*, tr. Samuel Shirley, Cambridge, 1995, 260; Benedictus de Spinoza, *Opera Philosophica Omnia*, edidit et praefationem adjecit by August Friedrich Gfrörer, 1830, 626). 헤겔은 이런 스피노자의 사상을 받아들여 『논리학』에서는 스피노자의 표현을 그대로 인용하고 있고(GW 11, 76), 『철학사 강의』에서는 "모든 규정은 부정이다(Omnis determinatio est negatio)"라고 표현하고 있다(TW 18, 288).

도 제공하지 않는, 하나 마나 한[meaningless, sinnlos] 말이다. 후자의 동일성은 일자에 타자가 부정으로서 매개된 구체적이며 실질적인 이성적·사변적 동일성이다. 이러한 동일성의 명제에서는 의식이 일자로부터 타자에로 나아갔다가 다시 일자에로 복귀하는 운동이 나타난다. 이것은 긍정을 부정과의 연관 속에서, 일자를 타자와의 연관 속에서 고찰하는 사변적 사유방식이며, 변증적 사유방식이다.[19] 사변적인 사유란, 이렇게 대립된 규정 가운데서 일면적인 규정만을 고집하는 사유·이원론적이고 양극적인 반성적 사유를 지양한 사유형태다.[20] 그리고 사변적 진술은 "주어와 술어의 변증적 이행운동"[21]이라고 파악될 수 있다. 이렇듯, "고착화된 이러한 대립을 지양하는 것이 이성의 유일한 관심사다"(*Differenzschrift*. TW 2, 21).

절대자의 구조도 이렇게 동일과 비동일의 동일이라는 구조로 되어 있을 뿐만 아니라,[22] 절대자를 인식하기 위한 우리의 의식작용도 이러한 방식으로 전개된다. 이것이 바로 반성적 사유로부터 사변적 사유에로의 이행이다. 유한한 반성규정은 대립을 지니고 있고, 이 대립의 지양을 통해 사변적 사유에로 나아간다. 헤겔은 이러한 유한한 반성규정들의 지양을 통해 이성적 인식 내지는 사변적 사유에 이르는 도정을 그의 『논리학』에서 보여주고 있으며, 이러한 과정이 바로 변증법인 것이다. 헤겔은 "사유의 본성 자체가 변증법"(Enz §11, TW 8, 5)이어서, 지성의 반성이 필연적으로 초래하는 대립규정들이 변증법에 의해 극복되어야만 하며, 변증법은 구별들 속에 있는 통일을 진리로 파악함으로써, 지성은 "지성적 이성 혹은 이성적 지성[verständige Vernunft oder vernünftiger Ver-

---

19 "이와는 반대로 진정한 것, 사변적인 것은 그러한 일면적인 규정을 지니고 있지 않고 (…) 총체로서, 독단주의에게는 분리된 채 확고한 것, 참된 것으로 여겨지는 그러한 규정들을 자신 속에 통일한 채로 포함하고 있는 바로 이러한 것이다 (…) 그러나 사실 일면적인 것이란 고정된 것이나 독자적으로 존립하는 것이 아니라, 전체 속에 지양된 채로 포함되어 있다. 지성의 형이상학의 독단론은 일면적인 사유규정들을 고립시켜서 고수하는 데에 존립하는 반면, 사변철학의 관념론은 총체성의 원리를 가지며, 추상적인 지성규정들의 일면성을 포괄하는 것으로서 입증된다"(Enz §32 Zus., TW 8, 99).

20 Werner Hartkopf, "Die Kritik am Reflexionsdenken", in: *Hegel-Jahrbuch*, Bd. 11, 1979 (210-225), 211 참조.

21 Günter Wohlfart, *Der spekulative Satz. Bemerkungen zum Begriff der Spekulation bei Hegel*, Berlin/NY., 1981, 233.

22 진무한으로서의 절대자는, 자신 속에 유한을 포함하고 있는 무한, 혹은 '악무한+유한'이므로, 바로 동일과 비동일의 동일이라는 구조를 보여주고 있다.

stand]"(TW 5, 17)인 이성임이, 그리고 정신[Geist]임이 궁극적으로 입증된다는 것을 분명히 밝히고자 한다.[23]

그런데 절대자가 자신 속에 포함하고 있는 유한자를 전개하여 우주를 창조했다고 가정해보자. 우주를 창조하기 전에 신 밖에는 아무것도 없었을 것이다. 유한자가 존재하고 있다 하더라도 그것은 신 안에 있는 것이므로 신 이외에는 아무것도 없고 신만 홀로 존재하고 있었을 것이다. 즉, '하나'만이 존재하고 있었다. 이런 신은 '하나'이면서 '전체(모든 것)'다. 그런데 신 밖에는 아무것도 존재하지 않으므로 우리는 이러한 신에게 구체적인 규정을 부여할 수 없다. 왜냐하면 헤겔에 있어서 모든 규정은 부정이며, 부정이 존재하기 위해서는 일자만이 아니라 일자의 타자가 존재해야 하는데, 우주창조 이전의 신은 자신의 타자를 가지고 있지 않기 때문이다. 따라서 '신은 신'이라고 동어반복적인 진술을 하거나, 아니면 '하나'라는 가장 추상적이고 공허한 규정만을 부여할 수 있다. 그러나 이런 규정은 사실상 아무런 구체적인 내용을 지니고 있지 않기 때문에 헤겔은 그것을 '무(無)[Nichts]' 혹은 '순수무(純粹無)[das reine Nichts]'라고 부르기도 한다. 헤겔에 있어서의 절대정신인 절대자는 스피노자의 신처럼 아무것도 의욕하지 않는 부동(不動)의 실체로 존재하지 않는다. 물론 헤겔이 말하는 신 역시 자기동일성을 지니고 있는 실체[Substanz]이기도 하지만, 단지 그것으로 머물러 있지 않고 부단한 자기외화와 부정의 운동을 통해 새로운 것을 산출해내는 주체[Subjekt]이기도 하다.[24]

---

23 Martin Götze, "G.W.F. Hegel: Motiv und Programm einer spekulativen Philosophie," in: *http://www.sicetnon.cogito.de/artikel/historie/hegel.htm*. 백훈승, 「헤겔에서의 반성(反省)과 사변(思辨)」, 『범한철학』 제34집, 범한철학회, 2004.09. (225-246), 239-240에서 가져옴.

24 TW 16, 78 f. 참조. 헤겔은 이미 1807년의 『정신현상학』에서 "진정한 것은 실체일 뿐만이 아니라 주체로서도 이해되고 표현되어야 한다"(PhG, 19)고 말하고 있다. 주체로서의 정신은 자기 자신을 대상으로 타자화하고 이 타자의 특수성과 제한성을 부정함으로써 자기에게로 복귀한다(ebd., 20 참조). 주체는 자신 속에 목적을 지니고, 이 목적을 실현하기 위하여 활동하고 노력한다. 찰스 테일러는 헤겔의 주체론을 자기실현론으로 보면서, 헤겔의 절대자관에는 아리스토텔레스의 목적론이라는 범주와, 헤르더 등에 의해 전개된 표현주의적 이론이 함께 포함되어 있다고 주장한다. 즉, 테일러는 자기실현이라는 개념은 아리스토텔레스의 "형상"과 근대의 "표현"의 합일을 통해 얻어진 것으로 본다(Charles Taylor, *Hegel and Modern Society*, NY., 1979, 16 참조) [이상, 백훈승, 「니콜라우스 쿠자누스와 헤겔의 절대자관」, 『동서철학연구』 제70호, 한국동서철학회, 2013.12 (343-373), 357 ff. 참조].

10.3. 헤겔은 스피노자를 오해했는가?

파킨슨에 의하면 헤겔은 스피노자의 이론을 무우주론으로 잘못 해석하고 있다. 즉 헤겔은 "규정은 부정이다"라는 명제로부터 부당하게 유한자와 이 세계의 비실재성과 단순한 현상적 성격을 끌어내고 있다는 것이다. 그러나 스피노자에게서 유한자나 세계는 방법적으로 우연적일 뿐이지 본래 실재적이라고 파킨슨은 주장한다. 더구나 헤겔은 스피노자와 동양의 신비적 학설을 억지로 함께 엮고 있다는 것이다.[25] 그러나 나는 파킨슨의 이러한 해석에 이의를 제기하고자 한다. 즉 헤겔이 스피노자의 이론을 무우주론(무세계주의)[Akosmismus][26]라고 부른 것은, 실제로(액면 그대로) "우주가 존재하지 않는다"고 하는 주장이 아니라, 우주는 독립적인 존재자, 즉 실재자가 아니라는 점을 주장하는 것이라는 말이다. 이러한 사정은 예컨대 우리가 'materialism'을 '물질주의'라고 표현할 수도 있지만 '유물론(唯物論)'이라고 번역할 때와 유사하다고 할 수 있다. '유물론(唯物論)'이라는 표현을 글자 그대로 해석하면 '오직 물질만이 존재한다는 주장'으로 이해된다. 그러나 사실 이 표현은 '실재하는 것, 진정으로 존재하는 것은 오직 물질이다'라는 주장으로 이해되어야 한다. 올바로 이해된 이 주장에 의하면, 이 세계를 구성하고 있는 것은 물질 내지는 물질적인 것과 정신 내지는 정신적인 것이라는 두 종류의 존재자인데, 이것들 가운데 물질 내지 물질적인 것이 본질적·1차적인[primary] 것이고, 정신 내지는 정신적인 것은 전자로부터 파생된 비본질적·2차적인 것이다.

이러한 사태는 또한 '부자유친(父子有親)', '군신유의(君臣有義)', '부부유별(夫婦有別)', '장유유서(長幼有序)', 그리고 '붕우유신(朋友有信)'이라는 '오륜(五倫)'[=오상(五常)=오전(五典)](『孟子』)의 경우에도 해당된다. 즉 예컨대

---

25 G.R.H. Parkinson, "Hegel, Pantheism, and Spinoza," in: *Journal of the History of Ideas 38*, 1977, 449-459 참조. 이후의 논의에 대해서는 K. Cramer, "Kritische Betrachtungen über einige Formen der Spinozainterpretation," in: *Zeitschrift für philosophische Forschung 31*, 1977, 527-544 참조. K. Cramer, "Eine Kritische Bemerkung zu Hegels Spinoza-Interpretation," in: *Lo Spinozismo hieri e oggi*. *Archivio de Filosofia*, Padova, 1978, 259-265 참조. K. Cramer, "Über die Voraussetzungen von Spinozas Beweis für die Einzigkeit der Substanz," in: *Neue Hefte für Philosophie*, Heft 12, 1977, 1-78 참조. 이상, Düsing, *Hegel und die Geschichte der Philosophie. Ontologie und Dialektik in Antike und Neuzeit*, ebd., 168 f. 참조.

26 TW 20, 162 ff., 195 참조. 그리고 TW 8, 133 f., §50 및 TW 16. 99 참조. 스피노자의 체계에서는 세계가 진정한 실재성을 결여한 현상으로 간주되기 때문에 무세계론이라는 것이다.

'부자유친(父子有親)'은 어떻게 해석되어야 하는가? 글자 그대로 보면, "아버지와 자식 사이에는 친밀함이 있다"라는 의미일 터인데, 실제로는 아버지와 자식 사이에 친밀함이 없는 경우도 많이 있다. 따라서 이 말은, "진정한 부자관계에 있어서는 친밀함이 있다"는 것으로 해석되어야 한다는 말이다.

따라서 스피노자의 형이상학을 "무우주론"이라고 표현한 헤겔의 주장 역시, "오직 신만이 진정한 자요 독립적으로 존재하는 자"라는 의미로 이해되어야 할 것이다.

11

외팅어(Friedrich Christoph Oetinger)

영어권 학자들에게는 실제로 알려지지 않은 외팅어는 벵엘(Johann Albrecht Bengel, 1687-1752) 이후의 뷔르템베르크 경건주의의 가장 중요한 인물이다.[1] 뷔르템베르크의 본당교구의 목사이자, 그의 대중적인(인기 있는) 설교(1753년에 *Evangelische Rauchwerk*로 출간됨)로만이 아니라 기도서(祈禱書)와 유토피아에 관련된 저술들(예컨대 *Die güldene Zeit*, 1759)로 알려진 외팅어에 대해 슈퇴플러(Stoeffler)는 다음과 같이 말한다: "대부분의 평가에 의하면 외팅어는 사실상, 18세기 뷔르템베르크와 아마도 전 독일에서 가장 독창적인 신학자였을 것이다."[2]

1721년에 회심의 경험을 한 후에 외팅어는 법학, 의학 혹은 신학에 종사해야 하는지의 여부는 우선 결정하지 않은 채로, 헤겔이 67년 후에 공부하게 될 튀빙엔 신학교에 입학했다. 외팅어는 그 당시에 유행하던 볼프의 이성주의 및 기계주의 철학에 의해 감명받지 못한 것이 분명하다. 그래서 그 이상의 것을 그리워

---

1 영어권 학자들이 외팅어를 만날 만한 곳은 가다머(Hans Georg Gadamer, 1900-2002)의 『진실과 방법』(*Wahrheit und Methode*)인데, 거기서 공통감각에 대한 외팅어의 학설이 간략하게 논의된다. 확신컨대 가다머는 외팅어를 자기 자신의 목적 때문에 사용하며, 외팅어의 뵈메적인 신지학에서 공통감각이 하는 역할에 관해서는 아무 말도 하지 않는다[H.G. Gadamer, *Wahrheit und Methode*, Tübingern, 1986[5] (1960), 24 ff. 참조].

2 Stoeffler, *German Pietism during the Eighteenth Century*, Leiden, 1973, 107.

했다. 자기의 지적인 좌절을 튀빙엔의 화약공장의 소유자인 오버베르거(Johann Kaspar Oberberger)와 논의했는데, 그는 외팅어에게 뵈메의 저작들을 주었다. 이렇게 하여 외팅어는 뵈메의 저술들을 알게 되었고, 계속해서 그 저술들을 집중적으로 공부했다. 외팅어의 첫 번째 책은 뵈메에 대한 주석이었다[『야콥 뵈메의 저술들을 읽기를 격려하는 이유들』(*Aufmunternde Gründe zur Lesung der Schriften Jacob Böhmens*, 1731)]. 실로 그의 사상은 뵈메의 신지학에로 확장하여 그것을 체계화하려는 시도로 이해될 수 있는데, 그는 이러한 일을 카발라주의와 연금술적 요소들을 강하게 융합함으로써 성취하였다. 외팅어의 모범은 벵엘이었는데, 벵엘은 뵈메의 가장 중요한 제자였고 성서를 존경함에 있어서 외팅어에게 결정적으로 영향을 미쳤다. 그리하여 외팅어가 자기가 뵈메의 제자라고 선언하게 되기까지는 오랜 시간이 걸리지 않았다.[3]

공부를 마친 후 외팅어는 독일을 두루 여행할 계획을 세웠는데, 그로부터 그는 새로운 많은 지식을 얻었다. 또한 프랑크푸르트(암 마인)의 유대인 카발리스트들의 단체를 방문한 것으로 알려져 있는데, 그들은 외팅어에게 로젠로트(Christian Knorr von Rosenroth, 1636-1689)의 『드러난 카발라』(*Cabala Denudata*, Sulzbach, 1677-78)만이 아니라 루리아(Isaac Luria, 1534-1572)의 메시아 카발라주의도 소개하였다. 외팅어를 통해서 루리아의 카발라는 독일관념론에 간접적인 영향을 행사하게 된다. 카발라주의에 대한 친숙함은 외팅어로 하여금 뵈메의 저술 속의 "카발라(주의)적인[cabalistic]"이란 말이 무엇인지를 평가할 수 있게 해주었고, 뵈메와 카발라주의를 종합하는 시도를 하도록 해주었다. 이런 경향은 외팅어의 가장 중요한 저술들 가운데 하나인 『(카발라주의) 교리표의 공적인 기념물』(*Öffentliches Denckmal der Lehrtafel*, 1763)에 반영되어 있다. 외팅어는 또한 스베덴보리(Emanuel Swedenborg, 1688-1772)와 서신을 교환했다. 1765년에 그는 『스베덴보리 그리고 다른 지상 및 하늘의 철학. 최고를 검사하기 위하여』(*Swedenborg und anderer irdische und himmlische Philosophie, zur Prüfung des Bestens*, Frankfurt/Leipzig, 1765)라는 제목으로 두 권의 저술을 간행했다. 그런데 이 저술은 뷔르템베르크에서 나중에 금지되었다.

외팅어는 또한 능숙한 과학자였고 당대의 이론들을 상당히 많이 배웠다. 그럼

---

3 Magee, *Hegel and the Hermetic Tradition*, ebd., 64 f. 참조; Magee, "Hegel and Mysticism," ebd., 274 참조; Kipton E. Jensen, "The Theological Foundations of the Hegelian System: Beyond the Corpse of Faith and Reason," in: *The Heythrop Journal*, 2009 (215-227), 223 참조.

에도 불구하고 그는 데카르트, 라이프니쯔, 볼프의 기계적 유물론과 이성주의를 맹렬하게 반대했다. 뵈메의 생기론(生氣論)[vitalism]의 정신에서 그는 "전기(電氣)의 신학"["Theologie der Elektrizität"][4]을 썼다. 연금술의 큰 영향을 받아서 1749년에 그는 "화학과 신학은 나에게 있어서 두 개의 것이 아니라 하나다"[5]라고 말한다. 어떤 주석가는 다음과 같이 말한다: "헤르메스주의, 그리고 브루노와 파라셀수스, 카발라, 장미십자회의 전통이 지닌 범생기론적 체계, 그리고 가장 중요한 것인, 야콥 뵈메의 모호한 사변을 포함하는 다양한 신지학적 경향들이 외팅어와 그의 학파에 의해 슈바벤 경건주의의 부흥 속으로 통합되었다."[6] 외팅어가 1782년 2월 10일에 사망했을 때 그는 100권이 넘는 저술을 남겼다.[7]

11.1 헤겔은 외팅어의 저술들을 읽고 그것들로부터 영향을 받았는가?

슈투트가르트에서 보낸 헤겔의 유년기는 신비주의의 영향에 대한 많은 증거를 제공하지 않는다. 이 시기에 헤겔의 고향인 뷔르템베르크주(州)는 신비주의에 대한 관심만이 아니라 연금술과 같은 "헤르메스주의[Hermetic]"에 대한 관심의 온상(溫床)이었다. 신비주의 및 헤르메스주의의 문헌이 뷔르템베르크에 풍부했고, 파라셀수스와 뵈메의 저작들이 광범위하게 유포되었다. 슈바벤의 문예문화에서 아주 영향력 있는 간행물인 『슈바벤 잡지』(*Schwäbisches Magazin*)는 연금술 및 신지학의 저작들을 출판했다.

헤겔의 종교적인 교육은 넓게 말하면 경건주의 교육이었던 것으로 보인다. 지도적인 슈바벤 경건주의의 주창자인 벵엘과 외팅어는 독일신비주의 전통, 특히 에카르트와 뵈메로부터 큰 영향을 받았다. 이런 사실로 인하여 몇몇 학자들은, 헤겔이 일찍부터 신비주의의 원천들로부터 간접적이기는 하지만 어떤 영향을

---

4 Ernst Benz, *The Theology of Electricity*, tr. Wolfgang Taraba, Allison Park, 1989 참조.

5 Albrecht Ritschl, *Geschichte des Pietismus in der lutherischen Kirche des 17. und 18. Jahrhunderts*, vol. 3, Bonn, 1880-86, 140. Glenn Alexander Magee, *Hegel and the Hermetic Tradition*, ebd., 65에서 재인용.

6 Gerald Hanratty, "Hegel and the Gnostic Tradition: II", in: *Philosophical Studies*. Vol. 31, 1986/87 (301-325), 314.

7 Magee, *Hegel and the Hermetic Tradition*, ebd., 65 참조. http://www.kirche-fuer-alle-web.de/Oetinger_3%20Copy.pdf 참조; Jensen, "The Theological Foundations of the Hegelian System: Beyond the Corpse of Faith and Reason," ebd., 223 참조.

받았을 것이라고 추측하게 되었다. 비트만(Franz Wiedmann)은 다음과 같이 쓰고 있다: "헤겔의 가정(家庭)은, 우리 세기의 초에 이르기까지 슈투트가르트에서 확립된 모든 옛 가정처럼 개신교 경건주의의 흔적을 지니고 있었고, 헤겔은 유년기부터 신지학과 신비주의에 깊이 빠져 있었다."[8] 또한 튀빙엔 신학교에서의 헤겔의 연구들(1788-1793)은 신비주의가 헤겔의 발전에 기여했다는 값진 작은 증거를 제공한다. 신학교에서 헤겔은 조금 진부한 신학자들로 구성된 교수진과 공부했고 플라톤, 칸트, 쉴러, 야코비, 헴스터후이스(François Hemsterhuis, 1721-1790), 몽테스키외, 루소, 헤르더의 저작을 읽었다. 헤겔의 교사들의 언급은, 당시에 헤겔이 신비주의는 말할 것도 없고 형이상학에 별로 관심이 없었다는 점을 가리키고 있다.[9]

1793년부터 1801년까지 헤겔은 베른에서, 그러고 나서는 프랑크푸르트에서 가정교사로 일했다. 헤겔의 전기작가인 로젠크란쯔는 이것을 헤겔의 발전에 있어서의 "신지학적 국면"이라고 언급했다. 그의 주장은 헤겔 연구자들 사이에서 논쟁의 여지가 있는 것으로 입증되었다. 그러나 이 시기 동안 헤겔은 뵈메, 에카르트, 타울러(Johannes Tauler, 1300-61) 그리고 아마도 또한 바더의 저작들을 공부하기 시작한 것으로 보인다. 그에게 가장 큰 인상을 준 사람은 뵈메였다.

헤겔은 왜 갑자기 독일의 위대한 여러 신비주의자들의 저술들을 손에 잡았는가? 헤겔이 그렇게 했다는 것은, 신비주의자들이 헤겔의 소년기에 영향을 미쳤다는 테제를 그럴듯한 것으로 만든다. 신비주의에 대한 헤겔의 관심은 예나(1801-1807)에서 강화된 것 같다. 헤겔은 뵈메, 외팅어, 그리고 환상가인 스베덴보리의 저술들에 열렬한 관심을 가진 쉘링과 다시 한번 교제하게 되었다.[10]

1938년에 슈나이더(Robert Schneider)는, 비록 쉘링의 저작이 외팅어의 사상의 연속으로 더 기꺼이 이해될 수 있긴 하지만, 슈바벤의 경건주의가 헤겔에게 영향을 미쳤고, 헤겔에서도 주제들이나 구조적인 원리들과 같은 외팅어의 생각들을 발견할 수 있다는 테제를 제시했다.[11] 슈나이더는 무엇보다도, 외팅어와 헤

---

8 Franz Wiedmann, *Hegel: An Illustrated Biography*, tr. by Joachim Neugroschel, NY., 1968, 14. 성인으로서의 헤겔은 경건주의에 대해 비판적이었다. 그러나 헤겔주의와 경건주의를 융합하려고 한 괴셀(Karl Friedrich Göschel, 1784-1862)의 저작에 대한 헤겔의 후기의 지지는, 헤겔이 경건주의에 대해 전적으로 비호감적인 것은 아니었다는 점을 나타낸다[G.A. Magee, "Hegel and Mysticism," ebd., 254 참조].

9 Johannes Hoffmeister, *Dokumente zu Hegels Entwicklung*, Stuttgart, 1936, 430.

10 Magee, "Hegel and Mysticism," ebd., 255 f. 참조.

겔의 관계를 확인할 수 있다고 생각하며 다음과 같은 결론에 이른다: "헤겔의 마지막 저술들에 이르기까지 (…) 외팅어의 생각들이 주제들과 구조적인 원리들을 제공한다. (…)"[12] 벤쯔(E. Benz)는 다음과 같은 견해를 갖게 된다: "독일관념론 철학에 있어서 그리고 더욱이 셸링, 헤겔, 바더에 있어서 벵엘의 조직적인 이념들의 대부분이 독특하게 변화된 방식으로 다시 생동적으로 되었다."[13] 벤쯔도 외팅어를 여러 번 지시한다.[14] 볼프도 슈나이더의 연구와 연결하여 "슈바벤의 신지학의 영향의 추측"[15]에 이른다. 이와 마찬가지로 슈나이더의 자극에 따라서, 무엇보다도 로모저는 뷔르템베르크의 경건주의와 헤겔의 관계를 탐구하여 다음과 같은 결론에 이른다: "헤겔은 역사로서의 체계에 이르는 도정에서 뷔르템베르크의 신학에 존재하는 단초를 따랐고, 그 단초를 생의 범주와 사랑의 범주를 통한 매개에 의해 (…) 완수하였다."[16] 로모저 역시 무엇보다도 벵엘의 역사사상과 외팅어의 "사랑"과 "생" 개념을 지시하고 있다.[17] 핍마이어 역시, 셸링과 헤겔의 철학은 본질적으로, 그리고 그 근본에 있어서 슈바벤의 신지학, 특히 외팅어의 신지학으로부터, 고향의 지반으로부터 성장한 것으로 보고 있다.[18] 그러나 우리는 분명히 흥미로운 이 모든 추측들에 맞서서 무엇보다도 두 가지 방법적인 이의제기를 유효한 것으로 만들어야만 한다. 아래에서는 브레히트(Martin Brecht)와 잔트베르거(Jörg Sandberger)의 이의제기를 소개하고자 한다. 그 내용을 추려보면 다음과 같다.

---

11 Robert Schneider, *Schellings und Hegels schwäbische Geistesahnen*, Wiinburg-Anmuhle, 1938. [Martin Brecht und Jörg Sandberger, "Hegels Begegnung mit der Theologie im Tübinger Stift. Eine neue Quelle für die Studienzeit Hegels," in: *Hegel-Studien*, Bd. 5, 1969 (47-81), 47에서 재인용].

12 Schneider, ebd., 153. Martin Brecht und Jörg Sandberger, ebd., 48에서 재인용.

13 E. Benz, "Johann Albrecht Bengel und die Philosophie des deutschen Idealismus," in: *Deutsche Vierteljahrschrift für Literaturwissenschaft und Geistesgeschichte*, 27, 1953 (528-554), 529.

14 Ebd., 535 ff. 참조.

15 K. Wolff, *Die Religionsphilosophe des jungen Hegel*, München, Phil. Diss., 1960, 1.

16 G. Rohmoser, "Zur Vorgeschichte der Jugendschriften Hegels," in: *Zeitschrift für philosophische Forschung*. Bd. 14, H. 2, 1960 (182-208), 208.

17 Ebd., 195 ff. 참조.

18 Rainer Piepmeier, *Aporien des Lebensbegriffs seit Oetinger*, Freiburt/München, 1978, 20 참조.

1) 위에 언급한 저자들 가운데 그 누구도 헤겔 텍스트에 대한 개별적인 해석에 있어서 슈바벤의 경건주의의 직접적인 영향을 입증할 수 없었다. 무엇보다도 슈나이더가 제공한 충만한 명목상의 증거들도 그 점에 대해서 기만할 수 없다. 공통성은 단지 그렇게 보일 뿐이다. 왜냐하면 겉보기에 공통적인 개념들·진술들과 동기가 그때그때마다의 콘텍스트에서 전혀 다른 의미와 기능을 갖고 있는 것이 아닌가 하는 점을 묻는 일이 슈나이더에게 있어서 보다 개별적인 사례에서 훨씬 더 자세히 존재할 것이기 때문이다. 따라서 브레히트와 잔트베르거는, 무엇보다도 프랑크푸르트 시절의 헤겔에게 아주 중요한 개념들인 "생"과 "사랑"이 외팅어에게도 하나의 역할을 하고 있다는, 논쟁할 수 없이 아주 현저한 사실도 직접적인 관계의 가정을 정당화하지 못한다고 주장한다.[19]

더욱이, 헤겔이 경건주의의 유산에 뿌리박고 있다고 주장되는 것이 정당한 것으로 생각되지만, 그 유산의 영향은 프랑크푸르트 시절에서야 비로소 나타난다고 할 수 있다는 것이다. 왜냐하면 슈투트가르트, 튀빙엔 그리고 베른 시절의 텍스트들에서는 위에 언급한 사람들 가운데 그 누구도 경건주의의 직접적인 영향의 흔적도 발견할 수 없기 때문이다.

2) 언제 그리고 어디서 헤겔이 경건주의자들의 저술들, 요컨대 무엇보다도 벵엘과 외팅어의 저술들을 다룰 수 있었는지에 대한 증거를 제시하는 데 아무도 지금까지 성공하지 못했다. 헤겔의 경건주의 교육에 관한 슈나이더의 테제는 그 어떤 것을 통해서도 입증되지 않은 주장이다. 경건주의의 유산을 "자명한 것"(Schneider, ebd., 6)으로 전제하는 것은 불가능한 절차다. 18세기 말의 뷔르템베르크에서 경건주의는 하나의 작은, 이의가 제기된 그룹에 불과했다. 그러므로 헤겔이 경건주의의 분위기 속에서 성장했다는 것을 자명한 사실로 받아들여서는 결코 안 된다. 경건주의 사상의 직접적인 영향을 우리는 빨라야 튀빙엔과 신학교에서 신학공부를 하던 해 동안에 고대할 수 있을 것이다. 그리하여 슈나이더는, "거기 신학교에서 (…) 고향의 근원적인 정신이 작용했다"는 점에는 의심할 바가 없을 것이라고 말한다(Schneider, ebd., 16). 그러나 이것도 역사적인

19 18세기 초의 종교적 언어에서 "생"과 "사랑"이 가졌던 의미는 다음과 같은 저서에서 알 수 있다: M.D.J. Cleß, *Allgemeines geistliches Magazin von Wörtern und Redensarten, deren richtige Erklärung und Gebrauch zum tätigen Christentum nützlich und nötig ist*,. Theil 3. Tübingen, 1780. Art. "Leben", 71 ff; Art. "Liebe", 155 ff.[Brecht und Sandberger, ebd., 48에서 재인용].

근거가 없는 주장일 뿐이라고 브레히트와 잔트베르거는 말한다.

그러나 이들은, 이런 측면에서 가장 유혹적인 생각들이 전기적(傳記的) 자료들로부터의 증거에 의해 지지되어야 하는데, 외팅어와 헤겔의 관계 문제에 있어서 이러한 증거가 계속해서 나오지 않고 있기 때문에, 슈나이더의 견해는 기껏해야 하나의 가설이라는 점을 강조한다.[20]

헤겔이 생애의 어느 시기에도 외팅어를 연구했다는 기록은 없다. 브레히트와 잔트베르거도 헤겔이 뷔르템베르크의 경건주의와 관계를 가졌을 가능성을 부정하고 싶어 하지는 않는다. 그러나 헤겔이 성장한 상황 내에서는 분명히 경건주의자들의 생각은 근거가 없는 것이었다. 특히 브레히트가 강조하고 싶은 것은 단지, 헤겔의 사상에 경건주의가 영향을 미친 증거가 존재하는 않는다는 점이다.[21]

그렇지만 비록 헤겔이 당시에 외팅어의 가르침에 노출되지 않았을 수도 있지만, 외팅어는 헤겔과 쉘링이 신학과 철학을 공부한 튀빙엔 신학교에도 영향을 미친 것은 사실이다. 그리고 헤겔이 튀빙엔에서 외팅어의 저술들을 만나지 않았다 해도, 그가—적어도 휠더린이나 쉘링을 통해 간접적으로—『정신현상학』을 쓸 무렵에는 외팅어의 가르침을 알고 있었을 것이라고 보아야 할 것이다. 헤겔이 외팅어의 글을 직접 읽지 않았다 하더라도 거의 확실한 것은, 그가 외팅어에 대한 쉘링의 관심에 관해서 알고 있었으며 적어도 외팅어의 사상의 대략적인 개요에 관해서 알고 있었다는 것이다. 또한 휠더린도 외팅어의 영향을 받았다는 강한 증거가 존재한다는 점이 언급되어야만 한다. 다시 말하면, 튀빙엔에서 같은 방을 썼던 가장 가까운 두 친구들이 외팅어의 영향을 강하게 받았을 때 아마도 헤겔은 외팅어를 전적으로 무시할 수 있었던 것 같지 않은 것으로 보인다.[22]

---

20 Brecht und Sandberger, ebd., 47 ff. 참조.

21 M. Brecht, "Vom Pietismus zur Erweckungsbewegung," in: *Blätter für württemberische Kirchengeschichte 68/69* (1968/1969), 370 참조(Frederick Herzog, *European Pietism Reviewed*, Pickwick Publications, 2003, 37에서 재인용).

22 Priscilla A. Hayden-Roy, *"A Foretaste of Heaven": Friedrich Hölderlin in the Context of Württemberg Pietism*, Amsterdam, 1994 참조; Ulrich Gaier, *Der gesetzliche Kalkül: Hölderlins Dichtungslehre*, Tübingen, 1962 참조; Walter Dierauer, *Hölderlin und der Speculative Pietismus Württembergs: Gemeinsame Anshauungshorizonte im Werk Oetingers und Hölderlins*, Zürich, 1986 참조; Kipton E. Jensen, "The Theological Foundations of the Hegelian System: Beyond the Corpse of Faith and Reason," ebd., 223 참조; Kipton E. Jensen, *Hegel: Hovering Over the Corpse of Faith and Reason*, Newcastle upon Tyne, 2012, 20 참조; Magee, "Hegel and Mysti-

매기는, 아마도 헤겔은 외팅어의 생각들에 친숙했고 적어도 외팅어의 저술 중 어떤 것을 읽었을 것이라고 추측한다. 헤겔은 결코 외팅어를 언급하지 않는다. 그런데 외팅어가 쉘링에게도 중요했다는 사실을 우리가 독립적인 원천들로부터 알고 있지만, 쉘링도 외팅어를 언급하지 않는다. 매기에 의하면 이런 침묵의 이유는 분명하다. 외팅어를 언급하거나 그의 생각에 대해 공감을 표현한 학자나 성직자는 일반적으로 조롱당했고 심지어는 때때로 그들의 직에서 해고되었기 때문이라는 것이다.[23]

헤겔은 『정신현상학』 서문에서 외팅어를 암시하려고 하는데, 우리는 쉘링과 헤겔의 논쟁이라는 맥락에서 그 암시를 이해해야만 한다고 매기는 본다. 헤겔은 쉘링에게, 대립의 일치 혹은 무차별점으로서의 절대자에 대한 쉘링의 교설의 막다른 길을 빠져나갈 수 있는 열쇠를 주고 있다는 것이다. 열쇠는 상이한 신비주의적 전통인 뵈메-외팅어의 전통에서 발견될 수 있는 발전적·유기적 신 개념이다. "참된 것은 완전한 것이다"라는 명제를 쓰고 나서 곧바로 헤겔은 다음과 같이 쓴다: "참된 것은 완전한 것이다. 그러나 완전한 것이란, 자기를 전개함으로써 자기를 완성하는 실재자일 뿐이다"(PG, 21. §20).[24] 절대자의 본성에 대한 발전적·유기적 이해는 헤겔 및 다른 관념론자들이 알고 있는 한, 뵈메와 그의 학파에 독창적인 것이었다. 그러므로 헤겔은 서문에서의 쉘링과의 은밀한 대화의 정점(頂点)을, 뵈메의 영향을 받은 외팅어의 사변적 경건주의의 권위에 호소함으로써 쉘링을 비판하는 데에 관련시킨다. 쉘링은 외견상으로는 헤겔의 메시지를 포착한 것 같다. 그는 계속해서 공적(公的)으로 헤겔이 뵈메로부터 자기 철학의 많은 부분을 표절했다고 비난하려고 했다.[25]

---

cism," ebd., 275 참조.

23 Hayden-Roy, ebd., 69 참조; Robert Schneider, ebd., 47 참조.

24 Jensen, "The Theological Foundations of the Hegelian System: Beyond the Corpse of Faith and Reason," ebd., 224 참조.

25 예컨대 1827년의 『근대(현대)철학사』에서 쉘링은 경멸적으로 다음과 같이 언급한다: "야콥 뵈메는 다음과 같이 말한다: 신의 자유는 자기를 자연으로 산출한다. 헤겔은 다음과 같이 말한다: 신의 이념은 자연을 방면한다. 이러한 '방면' 개념에 관하여 우리가 무엇을 생각해야 할 것인가? 다음과 같은 정도의 사실은 분명하다. 즉, 자연에 대한 이러한 설명을 우리가 '신지학적'이라고 부른다면 그 설명은 가장 큰 영예를 얻을 것이다"[F.W.J. Schelling, *Zur Geschichte der neueren Philosophie* (1827), in: *Schriften von 1813-1830. Schelling, Ausgewählte Werke V*, Darmstadt, 1989 (283-482), 435; G.A. Magee, "Hegel and Mysticism," ebd., 276 참조].

11.2. 정신의 물체화[육체화, 구체화(具體化), 체현(體現)]

외팅어는 계몽주의에 전형적인 기계적 유물론과 이성주의에 반대하여 뵈메의 생기론의 한 형태를 지지했는데, 이러한 생기론에서 "신은 자기를 계시하려는 영원한 욕망[eine ewige Begierde sich zu offenbaren]"[26]이라고 주장한다. 그는 한 곳에서 다음과 같이 쓴다: "고대인들은 신을, 그 속에서 신이 그 자신으로부터 출현하여 자신에게로 돌아가는 영원한 과정으로 보았다. 이것이 신 및 신의 영광이라는 진정한 개념이다. 그것은 복된 삼위일체 속에서 시작하는 신의 무한한 생 및 힘의 진정한 개념이다."[27] 외팅어는 온전히 실현된 신을 정신과 동일시하며 정신을, 자기가 'Intensum'[28]이라고 부르는 것으로서 다룬다.[29]

그러나 그는, 정신은 그것이 세계 속에 구체적으로 물체화(육체화, 체현)될 때에만 활동적이라고 주장한다. 그는 "육체성(신체성)은 신의 활동의 목적이다(Leiblichkeit ist das Ende der Werke Gottes)"(BEW, 407)라고 진술한다. 육체(물체)로부터 분리되면 정신은 유령일 뿐이다. 뵈메를 따르면서 외팅어는 이런 물체화(육체화)[corporealization]를, 힘들의 투쟁과 대립을 통해 초래되는 것으로 이해한다. 이들 가운데 주요한 것은 확장(擴張)[Ausbreitung]과 응축(凝縮)[Stärke]인데, 그는 이 개념들을 카발라로부터 물려받았다. 그는 확장을, 카발라주의자가 말하는 네 번째의 세피라(Sephirah)인 헤세드(Hesed)[외팅어가 또한 사용하는 이름인 게둘라(Gedulah)로 알려진 "자비(慈悲)"]와 동일시하고, 응축을 다섯 번째의 세피라인 게부라(Gevurah)[판단]와 동일시한다.[30] 외팅어는 이 개념들을 괴테의 자연철학에 유산으로 물려준다{거기에서 그것들은 심장확장[diastole]과 심장수축[systole]으로 나타난다}.[31]

---

26 Oetinger, 『성서 및 상징 사전』(*Biblisches und emblematishces Woerterbuch*, 1776), reprinted, Hildesheim, 1969, 536. 앞으로 BEW로 줄임.

27 Hanratty, "Hegel and the Gnostic Tradition: II", 314.

28 '열망하는 것', '강(렬)한 것'(https://latina.bab2min.pe.kr/xe/lk/intensus).

29 Glenn Alexander Magee, *Hegel and the Hermetic Tradition*, ebd., 65 참조; http://www.kirche-fuer-alle-web.de/Oetinger_3%20Copy.pdf 참조; Kipton E. Jensen, "The Theological Foundations of the Hegelian System: Beyond the Corpse of Faith and Reason," ebd., 223 참조.

30 Magee, "Hegel and Mysticism," ebd., 274 f. 참조; Magee, *Hegel and the Hermetic Tradition*, ebd., 65 f. 참조.

31 Rolf Christian Zimmerman, *Das Weltbild des jungen Goethe, Studien zur hermetischen*

신의 "계기들"은, 자연과 역사 속에서의 그의 물체화(육체화)나 구체화[embodiment]인, 세계 속에서의 신의 실현을 초래하는 "힘들"을 표현한다. "물체화(육체화)되지 않은" 정신은 존재하지 않는다는 뵈메의 주장은 외팅어의 사유의 요체(要諦)다.

외팅어의 철학에서 육체성은 핵심개념이 된다. 그는 육체 없는 혼이나 정신을 상상할 수 없다. 혼은 육체 없이는 살아갈 수 없을 뿐만 아니라, 육체 없이는 생각될 수조차 없다.[32] 그는 정신은 분리된 채로, 자기의 물체화와 별도로 존재하지 않는다고 주장함으로써 관념론의 모든 초기 철학전통에서 이탈한다. 오히려 정신은 물체성(육체성)을 통해서 점진적으로 더욱 정확한 표현에 이른다. 이것이 바로 외팅어가 정신육체성(정신신체성)[Geistleiblichkeit]이라고 부르는 것이다. 신지학적 전통에서의 영속적인 관념인 정신육체성은, 아마도 그 기원을 슈벵크펠트(Caspar Schwenkfeld, 1490-1561)에서 가지고 있을 것이다. 뵈메에게 육체성(신체성)[Leiblichkeit]은 신의 자기전개의 마지막 단계였다. 여전히 정신육체성은 아주 불명료한 개념인데, 그것은 아마도 (신적인) 형상과 질료의 완전한 결합인 아리스토텔레스의 엔텔레케이아(entelecheia)의 노선을 따라서 가장 잘 이해될 것이다.

11.3. 라이프니쯔와의 대결로부터의 생 개념의 출현

외팅어는 다음과 같이 말한다: "나는 라이프니쯔 철학을 빌핑어(Georg Bernhard Bilfinger, 1693-1750)의 지도 아래 공부했다. 나는 이 철학을 신 앞에서, 종교 자체의 유형으로서 마찬가지로 진지하게 여러 가지 방식으로 탐구했다."[33] 그럼에도 불구하고 외팅어는 라이프니쯔 철학에 반대한다. 왜냐하면 그에게 모나드론은 불충분한 것으로 나타나기 때문이다. 모나드론을 통해서는 물질이 무엇인가에 대한 파악은 성공하지 못하고, 여기로부터는 기독교의 근본적인 신앙

Tradition des deutschen 18. Jahrhunderts, 2 vols, Munich, 1969, 1979, vol. 1, 187 참조.

32 Brecht, "Vom Pietismus zur Erweckungsbewegung," ebd., 370 참조(Herzog, *European Pietism Reviewed*, ebd., 37에서 재인용).

33 Oetinger, *Die Theologie aus der Idee des Lebens abgeleitet und auf sechs Hauptstücke zurückgeführt*. Dt. Übers. Einleitung und Erläuterungen J. Hamberger, Stuttgart, 1853, 37(앞으로 Th로 줄임).

의 명제들이 위협받는다고 그는 생각했다.

데카르트와 대결하는 맥락에서 라이프니쯔에게서는 생 개념이 발견된다. 데카르트에게 반대하면서 라이프니쯔는 이렇게 말한다: "나는 연장(延長)만으로 실체를 이루고 있다고 믿지 않는다. 왜냐하면 연장이라는 개념은 불완전하기 때문이다. (…) 그러므로 나는 우리의 사유가 연장 개념 속에서가 아니라 힘 개념 속에서 비로소 완성 및 안정에 이른다고 생각한다"(*Hauptschrifte*, hg. E. Cassirer, 2, 289). 데카르트를 이 방향에서 완성하려고 시도하면서 라이프니쯔는 '생'에로 소급한다. "저 근원적이고 활동적인 힘을 (…) 생이라고 부를 수 있을 것이다."[34] 피히테(I. H. Fichte)는 "통일성과 다양성의 상호침투를 제시하는 생 개념"을 가진 라이프니쯔의 위대한 공적에 관해 언급했다.[35]

외팅어는 세계의 근본구조에 관한 견해에 있어서 자기의 입장과 라이프니쯔의 입장 사이의 결정적인 차이를 보았다. 라이프니쯔는 궁극적으로 모든 것을 단순한 실체인 모나드로 환원했다. 그러나 외팅어에 있어서는 단순한 실체와 생은 섞일 수 없다. "자신 속에 생을 포함할 단일한 단순체가 존재해야만 한다"[36]는 것은 그에게는 전적으로 거짓된 견해다. 외팅어에게 핵심적인 것은 생 자체이며 생의 구조다.

외팅어는 『성서 및 상징 사전(辭典)』에서 다음과 같이 말한다: "혼은 모나드가 아니고, 분할할 수 없는 점이 아니며, 자기에 속해 있는 도구들의 힘을 통해 다른 모든 것 속으로 작용하는 존재자다. 그중에, 힘을 가진 생, 관통할 수 있는 존재자[Ens penetrabile] 혹은 팅크투어(Tinctur)[37]가 가장 고상한 것이다. 혼은 다양한 힘들과 본질들[Essentien]로 이루어진 복합체인데, 처음에는 떫고, 가연적(可燃的)이고 휘발성(揮發性)을 띠며, 그것이 진행되면서 달고, 맛있게 되고

34 Oetinger, *Sämmtliche Schriften*, hg.v. K. Ch. E. Ehmann. 2. Abt., Bd. 1, Stuttgart, 1858-64, 346(앞으로 외팅어의 이 전집은 SS로 줄이고 뒤에 쪽수를 병기한다).

35 *Beiträge zur Charakteristik der neueren Philosophie zu Vermmittlung ihrer Gegensätze*, Sulzbach, 1829, XXIII. Piepmeier, ebd., 71 f. 참조.

36 Elisabeth Zinn, *Die Theologie des Friedrich Christoph Oetinger*, Gütersloh, 1932, 12.

37 "관통할 수 있는 존재자[Ens penetrabile]" 혹은 "팅크투어(Tinctur)"라는 용어는 뵈메로부터 온 것이다. 그것은 촉진(促進)하고 변형하는 것, "자연의 혼[anima mundi]"이며, 연금술에서의 수은(水銀)[Mercurius]이다. 그것은 만물 속에 있는, 생기를 불어넣는 원리다[Sean J. McGrath, "Retrieving the Schellingian Tradition. Friedrich Christoph Oetinger's Speculative Pietism," in: *Kabiri*. The Official Journal of the North American Schelling Society, Vol. 1, 2018 (175-192), 185 참조].

부드럽게 되며 항구적인 것이 된다. 모나드는 순간적으로 발생하지만 혼은 연속적으로 발생한다"(BEW, 555). 또한 혼은 외부의 자극을 배우지 않는다. 혼은 그러나 이미 완성된 실체처럼 폐쇄되어 있지 않고 발전하며, 고양될 수 있는 고유한 힘이다(BEW, 556 참조).[38]

외팅어는 모나드를 "엔텔레키"로 기술하면서 시작한다. 엔텔레키를, '안에 목적을 가지고 있는[enteles echon]' 것으로부터 도출하는 라이프니쯔에 반대하면서 외팅어는 "아리스토텔레스의 점진적(누진적·단계적)인 힘[die progressive Kraft des Aristoteles]"인 "엔델레키(Endelechie)"[39]를 지시한다(Th, 55). 멜란히톤(Philip Melanchthon, 1497-1560)을 지시함과 더불어, "Endelechie"는 'endelechein'에로 소급된다. 이것은 "돌멩이 위로 떨어지는 물방울의 운동처럼 거듭해서 반복되는 계속된 운동을 나타내는 것"(Th, 50)이다.[40] 이로써 외팅어는 자기의 교설의 근본원리를 얻는다. 외팅어에게 있어서 "어떤 목표를 향한 추구의 전진이나 운동 없이는"(Th, 55) 어떤 것도 존재할 수 없다. 그리하여 외팅어는 실체에 관한 새로운 규정에 이른다: "요컨대 모든 실체는 활동하는 원리다(Also ist alle Substanz ein principium activum)"(SS 2, 267). 여기에서, 역사와 더불어 그리고 역사 속에서 일어나는 신의 과정, 점진적인 계시라는 이념, 그리고—이

---

38 "혼은 자기 자신 속으로 순환하는 불인데, 이 불은 말씀의 고차적인 빛으로 인해 고양된다(Die Seele ist ein umlaufendes in sich selbst laufendes Feuer, das durch höheres Licht des Wortes erhöhet wird)"(BEW, 556)[Jürgen Oelkers, "Das Konzept der Bildung in Deutschland im 18. Jahrhundert," in: Jürgen Oelkers, Fritz Osterwalder, Hein Rhyn (hg.), *Bildung, Öffentlichkeit und Demokratie*, Zeitschrift für Pädagogik, Beiheft 38 (45-70), 61 참조].

39 Endelechie [희랍어 엔델레케이아(ἐνδελέχεια)]는, '중단되지 않음', '지속'을 뜻한다. 희랍 철학에서 중요하지 않은 이 표현은 키케로에 의해서 인용되었는데, 그는—아마도 제5의 실체인 에테르에 관한 아리스토텔레스의 교설에 의해 야기되었을 것인데—다음과 같이 생각했다. 즉, 아리스토텔레스가 정신의 활동 및 감정의 원인으로, 잘 알려진 네 가지 원인들 외에 다섯 번째 원인을 덧붙였으며, 그것을 특별히 명명하지 않고, 그 대신에 혼(魂) 자체에 새로운 이름인 Endelechie를 부여하여 혼을 지속적이고 영원한 운동으로 특징지었다는 것이다. 이와 동시에 키케로는 첫째로, ἐνδελέχεια를 ἐντελέχεια와 혼동하였고(이런 일은 계속해서 자주 일어났다), 두 번째로는, 부분적으로는 분명한 플라톤의 혼 이론을 아리스토텔레스의 것으로 잘못 간주하였다[Konstantin Georgulis, "Endelechie," in: *Historisches Wörterbuch der Philosophie*, hg.v. Joachim Ritter, Bd. 2, Basel/Stuttgart, 1972, 480-81].

40 W. Theiler in Anm., zu "Über die Seele" 402, 1, 26 참조: ἐντελέχεια "von Ar. nach ἐνδελέχεια, Fortdauer, gebildet"(Aristoteles, *Über die Seele*, Übers. W. Theiler. Werke in dt. Übers. hg. E. Grumach, Darmstadt, 1966, Bd. 13, 89).

양자와 결합되어 있는—자연과 피조물의 완성에 대한 희망이 존재론적 정초를 얻게 된다. 결과는 바로, 외팅어는 단순한 것인 모나드에 반대한다는 사실이다. 그것은, 그 속에서 외팅어가 세계를 위한 충분한 정초를 자연과 역사로 보고, 그것이 그에게는 "생"인 그러한 원리와 상충하는 것이다. "모든 개념은 단순한 것으로부터 전진해야만 한다. (…) 단순한 것은 살아 있지 않으며, 운동하지 않으며, 실체 없는 이념이다."[41]

우리가 단순한 것으로부터 이런 식으로 출발한다면, 사물의 원리인 "생"을 무시하는 것이며 그로 말미암아 참된 인식을 제거하는 것이다. 사물을 해석하기 위해서 "생"이 단순한 것 대신에 들어선다. 모나드론으로부터 사유되는 존재[Sein]에 맞서서, 외팅어는 자기의 가르침의 근본적인 명제를 말한다: "존재[Sein]가 최초의 것이 아니라 생과 운동이 최초의 것이다"(SS 1, 124; 425 참조). 생과 운동으로서의 현실은 그러나 혼돈과 무규정적인 것에 이르지 않는다. 한편으로 실로 "불규칙적인 것으로부터 규칙적인 것에로의" 운동이 존재하지만, 다른 한편으로 외팅어는 통일 개념을 포기하지 않는다. 단지 그는 통일 개념을 단순성 개념과 결합해서 알려고 하지 않을 뿐이다. "참된 일자[Das wahre Eins]"는 "외적으로는 하나[monas]"이지만 내적으로는 "셀 수 없이 많다[myrias (μυριάς)]"(BEW, 119. 또한 105도 참조).

외팅어가 단자론에 대해 비난하는 가장 큰 결함, 그리고 라이프니쯔에게 관념론이라는 비난을 가져오는 가장 큰 결함은, 세계가 "단자들의 한갓된 규칙적인 현상[Phaenomenon regulatum]"이라는 것이다(BW, 83). 라이프니쯔에 의하면 단자들만이 참된 실체들을 나타내고, 물질은 "실체가 아니며" 따라서 "참된 존재자가 아니다"(SS 6, 234). 물체는 단순한 것들로부터 합성된다는 주장, 그리고 물체적인 물[körperlichen Dinge]을 "단순한 현상"(Th, 55)으로 해석하는 것은 치명적인 결과와 극복할 수 없는 어려움으로 인도한다. 외팅어는 이 점과 관련하여 다음과 같이 말한다: "마침내 나는 논리적인 이유로 인하여, 적어도 모나드와 물질과 관련해서는 라이프니쯔의 철학을 포기할 수밖에 없었다. 그리고 후자에 관해서는 그것이 무지개와 같은 현상에 불과할 것이라는 주장을 확신할 수 없다"(Th, 37).

자연에서 물(物)들은 단일한 형태에서 다양한 형태로 운동하지 않고, 복합적

---

41 K. Ch. E. Ehmann (hg.), *Friedrich Christoph Oetingers Leben und Briefe, als urkundlicher Commentar zu dessen Schriften*, Stuttgart, 1859, 660 f.

인 것에서 단순한 것에로 운동한다. 그리하여 외팅어는 단일성(통일체)[unity]을, 원초적인 원리[primordial principle]인 "이중성[binity]"으로 대체한다. 생 속에서 발견되는 이중성은 극(極)이다. 대립자들의 투쟁 속에서, 대립된 증오를 통해서[per nisus contrarios] 생이 발생한다. 이 다양한 대조나 대립은 외팅어에서 정신과 물질 사이의 극성(極性)으로 가장 적절하게 파악되는데, 정신과 물질은 무수한 방식으로 서로 싸운다. 투쟁은 항상, 그가 야고보서 3:6의 "생멸(生滅)의 바퀴[ton trochon tēs geneseōs, τὸν τροχὸν τῆς γενέσεως]"로 가장 아름답게 표현된다고 보는 순환운동을 야기한다. 대립하는 중심적인 힘들은 "생멸의 바퀴"의 시작이며 사물의 운동을 산출한다.

외팅어가 전개하는 많은 내용들은 우리로 하여금 특히 헤라클레이토스를 연상케 하지만, 중요한 영향은 뵈메다. 뵈메는 그에게 생 관념에 대한 최초의 통찰을 제공했는데, 이 통찰에 의하면 생은 대립자에 의해 산출된다. 뵈메에게는 선과 악의 대조가 지배적이었는 데 반하여, 외팅어는 그것에 관심이 없다. 그의 기본적인 초점은, 정신과 물질의 대립 속에서의 생의 발생인데, 이것에 의해 그는 라이프니쯔의 모나드를 극복하고자 한다. 외팅어는 단순한 것에 대한 모든 개념을 포기한다. 왜냐하면 그에게 있어서 단순한 것이란, 생명이 없는 정적(靜的)인 것이기 때문이다. 생은 오직 운동할 뿐이다. 그 결과, 존재자라는 개념은 받아들일 수 없는 것이다. 됨으로부터 분리된 존재는 없다.[42]

11.4. 외팅어의 생 사상과, 완전한 것(체계, 전체)으로서의 참(진실, 진리)

외팅어는 실현된 정신—혹은 정신신체성[Geistleiblichkeit]—을, 그 속에서 전체가 각 부분에 내재하는 유기적 전체(혹은 그의 용어로는 Intensum)로 이해한다. 외팅어는 우리가 그러한 전체를 명확하게 표현하도록 허락할 새로운 유형의 사상을 추구했다. 그는 공통감각[sensus communis]으로부터 중심적 인식[cognitio centralis, Zentralerkenntnis]으로 움직임으로써, 마지막 결과는 중심적 인식일 것이라고 믿는다. 중심적 인식은 단순히 이성에만 속한 것이 아니라 전인(全人)에 속한 능력이며 그것은 무엇보다, 생 전체를 파악하는 능력이다. 한 인간은 전체로부터만 상세한 것으로 움직일 수 있다고 외팅어는 믿는다.

42 Piepmeier, ebd., 73 f. 참조 그리고 Herzog, ebd., 36 참조.

외팅어의 사상의 핵심적 기준은 다양성과 통일성 속에 있는 생이다. 이 중심적 인식 속에서 우리는 전체에 대한 통찰을 갖게 될 것이다. 외팅어는 중심적 인식을 주관과 객관의 이원성을 넘어서는 지식으로 이해한다. 따라서 그의 개념은 헤겔의 절대지(絶對知)와의 비교를 초래한다. 외팅어는 이에 관해서 다음과 같이 쓰고 있다: "참(진실, 진리)은 완전한 것이다(die Wahrheit ist ein Ganzes). 우리가 최종적으로 참(진실, 진리)에 대한 총체적이고 개관적인 통찰력을 마침내 얻게 될 때에는, 우리가 이 부분을 고찰함으로써 시작하는가 아니면 저 부분을 고찰함으로써 시작하는가의 여부는 중요하지 않다"(SS 5, 45). 이것은 외팅어에서 좀 잘 알려진 구절이었다. 우리는 이러한 중심적인 인식이 헤겔의 청년기의 이상(理想)에 기여했다고 말할 수도 있을 것이다.[43] 그래서 헤겔이 『정신현상학』 〈서문〉에서 약간만 변형된 말로, 동일한 생각을 전달하는, "참된 것은 완전한 것이다(Das Wahre ist das Ganze)"라고 말할 때에, 그는 적어도 그의 독자들 가운데 한 명 — 쉘링 — 은 출전(出典)을 알 것이라고 생각했다.[44] 헤겔은 다음과 같이 말하고 있다.[45]

> 참된 것은 완전한 것이다. 그러나 완전한 것이란, 자기를 전개함으로써 자기를 완성하는 실재자일 뿐이다. 절대자에 관해서 우리는 '절대자는 본질적으로 결과(성과)다' 라고, 즉 '절대자는 종국에 가서야 비로소 자기의 참된 모습이 드러난다' 라고 말해야 하며, 바로 이 점에 진정한 것, 주체, 자기 자신으로 됨이라고 하는 절대자의 본성이 존재한다. 절대자는 본질적으로 결과로서 파악되어야 한다는 것이 아무리 모순되는 것처럼 보일지라도, 그러나 조금만 숙고해보면 이러한 모순의 외관(外觀)은 바로잡힌다(PG, 21. §20).

---

43 헤겔은 1800년 11월에 쉘링에게 보내는 편지에서 다음과 같이 쓰고 있다: "인간의 부차적인(저급한) 욕구들로부터 시작한 나의 학문적인 도야에서, 나는 학문에로 추동되어야 했고, 청년기의 이상(理想)은 반성형식으로, 그리고 이와 동시에 하나의 체계로 전환되어야 했다"(*Briefe von und an Hegel I*, 59). 대부분의 학자들은 이 구절을 "하나이자 전체[hen kai pan]"라는 사상에 대한 암시로 이해하고 있다.

44 Brecht, "Vom Pietismus zur Erweckungsbewegung," ebd., 370 참조; Herzog, ebd., 37 참조; Magee, "Hegel and Mysticism," ebd., 275 참조.

45 Jensen, *Hegel: Hovering Over the Corpse of Faith and Reason*, ebd., 18 ff. 참조; Jensen, "The Theological Foundations of the Hegelian System: Beyond the Corpse of Faith and Reason," ebd., 224 참조.

뿐만 아니라 외팅어는 성서가 “진정한 체계[reelles System]”(SS 2, 157)로 구성되어 있다고 생각하여 그것을 “Intensum”이라고 표현한다. 그런데 “Intensum”은 “생”의 본질적인 규정이다. “Intensum”은 “분할할 수 없는 존재자[untheilbares Wesen]”(Th, 56)다. 그것은 운동하는 다수의 힘들로 구성되어 있고 서로를 추구하며, 그것으로부터 그것들이 서로를 추구하는 중심 속으로 다시 되돌아가는 폐쇄된 통일체다(Th, 56 f., 63, 82 f. 참조).

생은 체계적인 개념이라고 선언된다. “이것만큼 체계적인 개념은 존재하지 않는다. 왜냐하면 모든 것은 각각의 것을 통해서 그리고 각각의 것은 모든 것을 통해서 파악되기 때문이다. 그래서 그것은 비로소 체계적이다”(SS 6, 114). 생에 대한 해명으로서의 외팅어의 가르침은 생이 “참된 체계”이어야 한다는 요구와 더불어 등장한다. 그는 자기의 신학의 예를 통해 다음과 같이 설명한다: “(…) 왜냐하면 완전한 것은 완전한 것 속에 존재하고 자기의 부분들의 각각 속에 존재하기 때문이다. 신 개념은 인간 개념, 법 개념, 죄 개념, 은총 개념, 교회 개념, 그리고 마지막 것들[die letzten Dinge][46]이라는 개념에 개입한다. 그리고 각각의 개별적인 개념이나 항목은 자신 속에 모든 것을 함께(동시에)지니고 있다”(Th, 66).

참된 체계로서의 생은 완전한 것(전체)[Ganzes]으로서 비로소 구성되며, 오직 전체로부터만 시작될 수 있고 설명될 수 있다. “왜냐하면 모든 것은 각각의 것을 통해서 그리고 각각의 것은 모든 것을 통해서 파악되기 때문이다”(SS 6, 114). 그리하여 생은 완전한 것(전체)이다.

사상(事象)[Sache]의 참 및 개념의 참은 생으로부터 존재한다. 즉 “신의 생 및 운동”으로부터 존재한다(SS 1, 124). 따라서 생이 참(진실, 진리)이다. “참(진실, 진리)은 완전한 것(전체)이다”(SS 5, 44; SS 5, 47). 이것이 “생의 이념”으로부터 나온 철학인, 외팅어의 “거룩한 철학”(SS 2, 232)을 형성한다.[47]

헤겔은 “참된 것이란 완전한 것이다”라고 쓰고 있다. 매기에 의하면, 대부분의 헤겔 학자들은 이것이 슈바벤의 “사변적 경건주의자”인 외팅어로부터 거의 인용한 것(그리고 외팅어를 분명히 암시한 것)이라는 사실을 놓치고 있다. 폰둥(Klaus Vondung)은, 쉘링과 헤겔 모두에게 ‘범지학(汎知學)[pansophia]’이라는

---

46 ‘네 가지 마지막 것들[Die vier letzten Dinge]’은 라틴어로는 ‘quattuor novissima’라고 하는데, 기독교의 종말론의 대상들로서, 그 속으로 들어가는 순서에 따라, “죽음-심판-천국 혹은 지옥”으로 불린다(https://de.wikipedia.org/wiki/Die_vier_letzten_Dinge 참조).

47 Piepmeier, ebd., 98 f. 참조.

이상, 혹은 모든 것을 포괄하는 총체적인 지(知)를 유산으로 물려준 사람은 외팅어였다고 믿는다.[48]

외팅어는 또한 자연과 성서 모두를 그것들의 "발생적 질서"에 따라서, 식물이 자기의 씨로부터 전개되듯 전개되는 유기적 체계로 이해하는, "발생적 방법"에 관해서 말한다.[49] 공통감각[sensus communis]보다 더 높은 것은 외팅어가 중심적 인식이라고 부르는 것인데, 그것은 정신이 그 속에서 신의 눈을 통해서 곧바로 실존을 보는, 매개되지 않은 개요적 통찰력이다. 외팅어는 중심인식이, "참(진실, 진리)은 완전한 것이다"라는 깨달음으로 인도한다고 쓴다. 슈나이더가 지적하듯이, 완전한 것으로서의 참이라는 주제는 슈바벤의 사변적 경건주의의 영속적인 주제다. 바로 이런 이유로 칸트철학의 회의적인 계기가 뷔르템베르크에서 거의 보편적으로 거부되었고 매도되었다고 슈나이더는 시사한다.[50] 슈나이더는 이렇게 쓴다: "계몽주의에 의해 자극되고 풍요롭게 된 (튀빙엔) 신학교에서는 오로지 완전한 것 속에서 참(진실, 진리)을 찾는 (슈바벤의) 고향의 본래적인 정신이 작동하고 있었다는 점은 더 이상 의심의 여지가 있을 수 없다."[51]

앞서 말했듯 절대자의 정신, 혹은 절대정신은 외팅어가 Intensum이라고 부른 것인데, 그것은 '자기의 구성요소들로 분열될 때 해체되는 복합적인 전체'다. 전체를 분할하고, 그렇게 함으로써 전체의 본성을 유기체로부터 비유기체로, 그리고 살아 있는 것으로부터 죽어 있지는 않지만 왜곡된 것으로 변화시키지 않고 어떻게 이해할 수 있는가 하는 문제가 바로 헤겔의 체계와 방법의 과제였다. 뵈메에 있어서와 마찬가지로 외팅어에 있어서도, 무한자에 대한 유한자의 관계는 신의 '영원한 자기운동[ewige Selbstbewegung]'의 견지에서, 즉 신의 '움츠림[*Zusammenziehung*]'과 '다시 펼침[*Wiederausdehnung*]'의 견지에서 설명될 수 있다.[52]

우리는 이러한 복합적인 전체를 어떻게 이해하는가, 우리는 전체인 참(진실,

48 Klaus Vondung, "Millenarianism, Hermeticism, and the Search for a Universal Science," in: *Science, Pseudo-Science, and Utopianism in Early Modern Thought*, ed. by Stephen McKnight, Columbia, 1992, 132, 126 [Magee, "Hegel and Mysticism," ebd., 273에서 인용].

49 Hayden-Roy, ebd., 42.

50 Robert Schneider, ebd., 56.

51 Robert Schneider, ebd., 54. 이상, Magee, *Hegel and the Hermetic Tradition*, ebd., 67 참조.

52 Oetinger, *Die Lehrtafel der Prinzessin Antonia, Texte zur Geschichte des Pietismus*, Berlin/NY., 1977, 128 참조.

진리)을 어떻게 파악하는가? 외팅어는 다음과 같이 제안하고 헤겔은 그의 인도(引導)를 따른다. 즉, 선호하는 방법은 발생적인 것이며 그것은 '식물이 씨앗에서 출현하는 것처럼' 발전단계들이 그것에 의해 출현하는 생기론적(활력론적) 혹은 목적론적 논리뿐만 아니라 그러한 유기체가 전개되는 다양한 단계들을—친숙함[familiarity]을 통해서—파악하는 데에 있다.[53]

11.5. 인텐숨(Intensum)과 유기적 생 및 유기적 사유

외팅어가 말하는 Intensum은, 분리될 수 있는 조각들로 나누어질 수 없는 복합적인 전체다. 그의 『성서 및 상징 사전』에서 외팅어는 아는 것[지(知), Wissen]을 "사물을 그것의 모든 부분에 따라서 보는 것"이라고 정의한다(BEW, 689). 신앙(믿음)은 "사유의 연역논증적 질서를 무화하는 데에 있는 것이 아니라, 그것을 생동적으로 만드는 데에 있다"고 생각된다(BEW, 282). 두 개의 정의를 한데 모으면, 외팅어가 추구하는 것은 유기적으로 진행하는 혹은 유기적 전체의 표현과 파악을 목표로 하는 사유의 일종이라는 점을 알 수 있다. 그러므로 외팅어는 이성 자체를 거부하지 않는다. 그는 단지 "살아 있는" 이성을 위해 "죽어 있는" 이성을 반대할 뿐이다. 우리는 분리될 수 있는 조각들로서 파악되지 않는 신의 다양한 면모들을 통해서 신(神)의 과정을 알게 된다. 외팅어는 헤겔과 동일한 방식으로, 정신과 같은 Intensum의 경우에는, 전체가 각 부분들에 내재해 있다고 주장한다. 우리로 하여금 전체의 점진적인 표현에 있어서 하나의 계기로부터 다른 하나의 계기로 전진할 수 있도록 하는 것은 바로 이러한 내재인 것이다.[54]

외팅어는 이러한 단순화·강렬화 그리고 응축의 산물을 Intensum이라고 부른다. 이 Intensum에 관하여 그는 다음과 같이 말한다: "Intensum은 복합체가 아니라, 영원한 말씀에 의해 최고로 본질화되고 단순화된 것이다. 왜냐하면 전체는 하나이고, 모든 것은 각자 속에 그리고 각자는 모든 것 속에 있기 때문이다."[55]

---

53 Magee, *Hegel and the Hermetic Tradition*, ebd., 67; Hayden-Roy, ebd., 45.

54 Robert Schneider, ebd., 114 참조.

55 *Swedenborg und anderer irdische und himmlische Philosophie, zur Prüfung des Bestens*, Frankfurt/Leipzig, 1765, II, 335.

그런데 Intensum의 본질은, 에스겔의 신의 환상 속에 나타난 바퀴들 속의 바퀴들이라는 예에 의해 명료화된다. 에스겔서 제1장과 제10장으로부터 분명히 알 수 있는 것은, 다른 바퀴들 가운데에 있는 바퀴처럼, 다른 동물들 가운데에 있는 동물처럼, 힘들은 다른 힘들 가운데에 있는 것이라는 점이다. 그것들은 단순한 모나드처럼 분리되어 있지 않고, 신에 의해 서로의 속에 존재하도록 고양된다. 즉 집중되도록 고양된다. 힘들의 이러한 유대(紐帶)가 신의 생이며 피조물 자신의 생이다. 그것은 신 속에서 해체될 수 없다. 결국 Intensum이라는 용어는, 외팅어가 자기의 체계의 대상은 "모든 것을 포괄하는 영적이며 살아 있는 유기체"라는 점을 강조하기 위해 선택한 용어다. 이런 유기적 체계 개념은 살아 있는 신과 그의 창조를 설명하려고 시도하는 사유체계에 의해 요구된다.[56]

11.6. 외팅어와 헤겔의 유사성: 정신의 물질화, 정신의 전개

외팅어의 사상과 헤겔의 사상 사이에는 많은 유사점이 있다. 외팅어의 "사랑"과—다양성과 통일성 속에 있는—"생" 개념이 그의 사상에서 중요한 역할을 하듯이 헤겔철학에서도 이 개념들은 핵심개념들 가운데 하나다. "참(진실, 진리)은 완전한 것이다(die Wahrheit ist ein Ganzes)"라는 외팅어의 사상은, "참된 것은 완전한 것이다(Das Wahre ist das Ganze)"라는 표현으로 헤겔의 『정신현상학』에 등장한다.

외팅어가 모든 실체를 "활동하는 원리"로 보듯, 헤겔도 실체를 부동(不動)의 점으로 보지 않고 자기를 부단히 부정하면서 발전하는 주체로 이해하고 있다. 외팅어에 있어서 "참된 일자"는 겉으로 보기에는 하나[monas]로서의 통일체이지만 내적으로는 구별이 존재하며, 이러한 구별들이 밖으로 펼쳐진 것이 세계라 할 수 있듯이, 헤겔의 절대자(무한자) 또한 자신 속에 유한자를 포함하고 있고 그것을 외화(外化)한 것이 세계라는 점에서 양자의 사상의 공통점을 발견할 수 있다. 이런 관점에서 외팅어는 "신은 자기를 계시하려는 영원한 욕망"으로 이해하는 한편, 신을 그 자신으로부터 출현하여 자신에게로 돌아가는 정신으로 파악

56 Ernst Benz, "Theogony and the Transformation of Man in F.W.J. Schelling (1954)," in: Joseph Campbell (ed.), *Papers from the Eranos Yearbooks: Man and Trasformation, Eranos 5*, (203-249), 237 참조; Bruce Matthews, *Schelling's Organic Form of Philosophy: Life as the Schema of Freedom*, NY., 2011, 48 참조.

함으로써, 자연을 신의 자기-특수화로 보고 있다. 외팅어의 사상에는 정신의 중심성이 존재하고, 정신육체성 혹은 정신의 육체화(물체화)라는 그의 이상(理想)이 존재하는데, 헤겔의 신 혹은 절대이념도 자연화·물체화된다. 자연에서 정신은 미성숙한 형태로 존재한다. 그러나 그것은 인간의 기획들, 제도들, 예술, 그리고 종교 속에서 더욱 적절한 실현을 발견한다. 그리고 마침내 이상적인 매개체 속에서 완전에 이르는데, 그것은 바로 사변철학에서 실현되는 사유의 순수한 에테르라 할 수 있다.[57]

---

57 Glenn Alexander Magee, *Hegel and the Hermetic Tradition*, ebd., 68 참조.

12

칸트(Immanuel Kant)

이제부터는, 경험주의 철학과 이성주의 철학의 종합을 시도한 독일의 칸트, 그리고 칸트로부터 헤겔에 이르는 과정에서 주요한 역할을 한 피히테와 쉘링의 철학에서 나타나는 변증적 사유를 살펴보고자 한다. 그런데 칸트 이후의 독일 관념론의 발전과정은, 칸트의 이원론적 사유 및 인식론적 주관주의(구성주의)를 극복하려는 과정이라고 할 수 있다. 이러한 시도들에 있어서 과연 그러한 극복이 이루어졌는가 하는 데에는 의문을 제기할 수 있을 것이지만, 적어도 이러한 노력이 헤겔에 이르기까지 계속되었다는 점만은 부정할 수 없을 것이다. 즉 헤겔철학의 목표 역시 바로 이러한 분열, 곧 주관과 객관, 인간과 세계, 인간과 신, 관념과 현실, 보편과 특수의 분리를 통합하려는 것이었다.

12.1. 선험적 종합판단과 칸트의 변증적 사유

주지하듯 칸트는 자신에 앞서 등장한 경험주의 철학과 이성주의 철학의 주장을 종합하려고 하였다. 경험주의와 이성주의는 각각 일면적인 진리를 지니고 있다. 그러나 바로 그렇기에 칸트는 그것들이 온전한 진리를 갖지 못하므로 이 양자의 장점을 취하고 단점을 버림으로써 양자를 종합하려고 한다. 즉 경험주의에서 말하는 인식은 경험적 실재성[empirische Realität]은 지니고 있지만, 필연성[Notwendigkeit]과 보편타당성[Allgemeingültigkeit]은 지니고 있지 않은 것으로 칸트는 생각했고, 이성주의자들이 말하는 인식은 이와는 반대로, 필연성과 보편타당성은 가지고 있지만 경험적 실재성이 반드시 확보되는 것은 아니라고 생각했다. 그러나 칸트는, 인식이 필연성과 보편타당성뿐만 아니라 경험적 실재성도 지녀야 한다고 생각한다. 따라서 칸트는, 인식은 한편으로는 필연성과 보편타당성을 지녀야 하므로 '선험적 판단[Urteil a priori]'이어야 하고, 또 다른 한편으로는 경험적 실재성을 지녀야 하므로 우리의 인식을 확장시켜주는 '종합판단[synthetisches Urteil]'이 되어야 한다고 생각했다. 그리하여 칸트에 있어서는 '선험적 종합판단'의 성립 여부 문제가 중요한 문제로 대두되게 되며, 그는 이러한 문제를, "선험적 종합판단은 어떻게 가능한가?(Wie sind synthetische Urteile a priori möglich?)"라는 물음으로 제기한다. 그리고 선험적 종합판단은 실제로 존재한다고 주장하는데, 이러한 주장을 그대로 받아들이기에는 여러 문제점들이 존재한다. 우선 분석판단과 종합판단에 관한 그의 주장을 살펴보자.

『순수이성비판』에서 칸트는 모든 판단은 분석판단과 종합판단의 두 종류로 분류된다고 주장한다(KrV,[1] B 10 f.).[2]

1) 분석판단[analytisches Urteil]

분석판단은 술어개념이 이미 주어개념 속에 포함되어 있는 판단을 가리킨다. 술어개념이 주어개념을 풀어서 설명해주기 때문에 이 판단을 해명판단[Erläuterungsurteil]이라고도 부른다. 칸트가 이에 대한 예로 들고 있는 판단은 예컨대 "(…) 모든 물체는 연장(延長)을 가진다[(…) alle Körper sind ausgedehnt]"(KrV, A 7, B 11)라는 판단이다. 그에 의하면 물체라는 개념은 그 정의상, '연장

---

1 KrV는 *Kritik der reinen Vernunft*(『순수이성비판』)의 약자이며, A는 초판을 B는 재판을 가리킨다. 앞으로 칸트의 인식론에 관한 서술에서는 KrV도 생략하고, 초판과 재판만을 구별하여 쪽수를 기입한다.

2 일반적으로는 개념(概念)[concept, Begriff]이 언표된 것이 명사(名辭)[term, Terminus]이고, 판단(判斷)[judgment, Urteil]이 언표된 것이 진술(陳述)[statement, Satz]이며, 추론(推論)[inference, reasoning, Schluß]이 언표되면 논증(論證)[argument, Argument]이 된다. 그러나 칸트는 여기서 판단과 진술을 구별하여 사용하고 있지 않다. 프레게가 말하듯, 분석판단과 종합판단의 구별은 '정당화'와 관련되어 있다: "따라서 우리가 어떻게 판단에 도달했는가 하는 물음은, 그 주장의 정당성을 우리가 어디에서 이끌어냈는가 하는 물음과는 일반적으로 구별되어야 한다"(Frege, *Die Grundlagen der Arithmetik*, 『산수의 기초』, 박준용·최원배 역, 아카넷, 2004, 44).

을 가진다'는 의미를 내포하고 있어서, 이 판단에서의 술어는 주어개념 속에 이미 포함되어 있는 규정을 그저 이끌어내 온 것에 불과한 것이다. 따라서 분석판단은 감각경험의 도움을 빌릴 필요가 전혀 없이 선험적으로 이루어질 수 있다. 그러나 이러한 분석판단으로는 우리의 인식은 조금도 확장되지 않는다.

2) 종합판단[synthetisches Urteil]

종합판단은 술어개념이 주어 속에 포함되어 있지 않은 판단이며, 이 판단이야말로 우리의 지식을 확장해준다. 그러므로 이 판단을 확장판단[Erweiterungsurteil]이라고도 한다. 경험적 판단은 모두 우리의 지식을 확장해주므로 종합판단이라고 할 수 있다. 그러나 경험적 판단은 필연성과 보편성을 가질 수 없다. 왜냐하면 우리의 감각경험이라고 하는 것은, '어떤 특정한 사람이 어떤 특정한 경우에' 하는 경험이기 때문에, 여러 가지 조건의 제약을 받고, 따라서 언제나 동일한 주체가 동일한 조건에서 동일한 경험을 한다고 말할 수 없는 것이다. 건강한 상태에서 마시는 포도주는 달콤할 수 있지만, 몸이 불편한 상태에서는 씁쓸하게 느껴질 수도 있으며, 오늘까지는 태양이 떠올랐지만, 미래의 어느 시점에서는 그렇지 않을 수도 있기 때문이다.

이처럼, 분석판단은 보편성·필연성을 지니고 있기는 하지만 우리의 지식을 확장해주지는 못하는 문제점을 지니고 있고, 종합판단은 우리의 지식을 확장해주기는 하지만, 보편성·필연성을 보장해주지는 못한다. 따라서 칸트는, 진정한 판단이란, 종합판단이면서도 또한 필연성을 가진 판단이며, 이것은 곧, 〈선험적 종합판단〉이어야 한다는 결론에 이르게 된다.

그러나 칸트가 범한 잘못은, 필연성[Notwendigkeit]과 선험성[Apriorität]을 혼동한 것이다. 필연성이나 우연성과 같은 개념은 존재론에 관계된 개념이고, 선험성이나 경험성과 같은 개념은 인식론에 관계된 개념이다. 즉, 어떤 진술이 '필연적으로 참'이라고 해서, 그 진술이 참이라는 것을 반드시 '선험적으로' 알아야 하는 것은 아니다.[3] 그렇다면 칸트의 인식론에 결정적인 결함이 존재하는 것이 아닌가? 어쨌든 이 문제는 일단 그대로 놓아두고 그의 사유를 계속 좇아가 보도록 하자.

칸트는 계속하여, 선험적 종합판단이 과연 성립하는지를 검토한다. 그에 의하

---

3 이 점에 관해서는 C.D. Broad, *Kant. An Introduction*, ed. by C. Lewy, Cambridge Univ. Pr., 1978, Ch. 1. General Introduction의 2 'Kant's notion of the a priori'를 참조할 것.

면 선험적 종합판단은 우선 수학이나 기하학에서 발견된다. 예컨대 "7+5=12"라는 판단이나 "직선은 두 점 간의 최단선(最短線)이다"라는 판단은 모두 필연적으로 옳으며, 따라서 선험적인 것이라고 생각하지 않으면 안 된다고 한다. 그러나 위의 두 경우에, 술어개념은 주어개념 속에 포함되어 있지 않으므로 종합판단이라고 하지 않을 수 없다.[4] 뿐만 아니라 자연과학의 경우에도, "물체계의 모든 변화에 있어서 물질의 양은 불변한 것으로 존속한다"라든가, "운동의 모든 전달에 있어서 작용과 반작용은 항상 서로 동일해야 한다"[5]라는 원리는 선험적 종합판단이라고 하지 않을 수 없다는 것이다.[6]

이처럼 칸트는 수학과 자연과학에서 선험적 종합판단이 존재한다는 것을 인정하고, 그 까닭을 묻고자 한다. 이 문제에 대해 그가 제시한 해답은 말할 것도 없이, 우리의 지성 속에 '선험적인 인식형식'이 존재한다는 것이었다. 칸트에 의하면 인식이 성립하기 위해서는 우선 감성[7]에 의하여 대상이 직관으로서 주어지고, 지성이 그것을 사유하는 일이 필요하다. 감성에 의한 직관이 없다면 인식이 성립하지 않는 것은 당연하지만, 그렇다고 해서 순전히 직관만으로는 인식이 성립하지 않는다. 직관에 의해 주어진 대상을 지성이 개념적으로 사유함으로써 비로소 인식이 성립된다. 칸트의 생각으로는, 우리의 인식은 경험과 더불어[mit der Erfahrung] 시작하지만, 그것이 모두 반드시 경험으로부터[aus der Erfahrung] 발생하는 것은 아니다(B 1). 그는 인식이 성립하기 위해서는 감각경험뿐만 아니라 지성의 작용도 필요하다고 생각했다. 이러한 사태를 칸트는 다음과 같이 표현한다: "(…) 인간의 인식의 두 줄기[幹],—그것은 아마 하나의 공통적인, 그러나 우리에게는 알려지지 않는 뿌리[8]로부터 생겼을 것인데—즉 **감성**(感性)과 **지성**(知性)이 있다. 전자에 의해 대상이 우리에게 주어지고, 후자에 의해 그것이 사유된다"(A 15, B 29). 또는 "감성 없이는 우리에게 어떠한 대상도 주어지지 않을 것이며, 지성 없이는 어떠한 대상도 사유되지 않을 것이다. 내용 없는

4 그러나 논리주의는, 예컨대 "2+3=5"라는 판단은 "(1+1)+(1+1+1)=(1+1+1+1+1)"과 동치인 분석판단으로 간주한다.

5 여기에 든 예들은 B 15-17에 있다.

6 그러나 이들을 '선험적 종합판단'이라고 할 수 있을까? 칸트는 필연적 종합판단이라고 해야 할 것을 선험적 종합판단이라고 잘못 생각한 것 같다.

7 〈감성〉은, "대상에 의하여 촉발되는 방식에 의해 표상을 받아들이는 능력(수용성)"(A 19, B 33)이며, 〈감각〉은 "우리가 대상으로부터 촉발되는 한, 대상이 표상능력에 미치는 결과"(A 19, B 34)를 가리킨다. '촉발(觸發)하다' = affizieren [=affect 〈ad + facere (do), 영향을 미치다].

8 이 뿌리는 '정험적 구상력[transzendentale Einbildungskraft]'이다.

사유는 공허하며, 개념 없는 직관은 맹목(盲目)이다."[9] 이처럼 칸트는 인식이 성립하기 위해서는 감성과 지성 양자(兩者)의 작용이 필요하다고 주장한다. 그리고 선험적 종합판단이 성립하기 위해서는 감성과 지성 모두에 각각 선험적인 형식이 존재해야 한다고 생각하게 된다. 만약 감성적 직관 속에 선험적 형식이 존재하지 않아서 모든 직관이 경험적인 것이라고 한다면, 우리의 종합판단은 경험적 종합판단이 될 것이고, 지성 속에 선험적 형식이 존재하지 않아도 사정은 마찬가지일 것이다. 칸트는 감성의 선험적 형식을 직관형식이라고 부르고, 여기에 〈시간〉과 〈공간〉이라는 두 개의 직관형식을 배정했고, 지성의 선험적인 인식형식 내지 개념을 범주(範疇)[Kategorie][10]라 부르고, 여기에 열두 개의 개념을 배정했다.[11]

12.2. 〈정험적 분석론〉에서의 종합

12.2.1. 범주의 형이상학적 연역에서의 종합: 순수지성의 개념들(범주들)의 종합구조

위에서 언급한 것처럼, 칸트에 의하면 인식은 감성과 지성 양자의 작용에 의해 성립한다. 그런데 칸트는 〈정험적 분석론〉에서, 지성 속에 존재하는 선험적

---

9 "Ohne Sinnlichkeit würde uns kein Gegenstand gegeben, und ohne Verstand keiner gedacht werden. Gedanken ohne Inhalt sind leer, Anschauungen ohne Begriffe sind blind"(A 51, B 75).

10 범주(範疇)라고 번역된 Kategorie는 희랍어 katēgoría(κατηγορία)에 대응하는 독일어인데, 동사형은 katēgorein이며, 본래는 '소송하다'라는 뜻을 가지며 넓게는 '진술하다'라는 의미를 지니고 있다. '카테고리'는 아리스토텔레스가 만든 용어인데, 그는 카테고리라는 표현을, 어떤 것에 대한 언사(言辭)를 표시하기 위해서 즉, 서술을 위해서 사용했다. 나중의 언어사용에 따르면 아리스토텔레스의 카테고리들[lat. praedicamenta]을 아리스토텔레스 자신은 "진술의 도식들"(*Metaphysica* V7, 1017a 23) 혹은 "진술들의 유(類)"(*Topica* I, 9, 103b 20)라고 불렀다. 그리고 완전성을 요구하지 않고 그는 그 가운데서 10개의 카테고리를 구별했다: 실체, 양, 질, 관계, 장소, 시간, 상태, 소유, 능동과 수동[M. Gessmann (hg.), *Philosophisches Wörterbuch*, Darmstadt, 2009, 380]. '범주'라는 용어는 '홍범구주'(洪範九疇)에서 가져온 말인데, 홍범구주란, 중국 하(夏)나라 우왕(禹王)이 남겼다는 정치이념으로서, 홍범은 대법(大法)을 말하고, 구주는 9개 조(條)를 말한다.

11 백훈승, 『서양근대철학』, ebd., 289 ff. 참조.

인 인식형식 내지 개념인 범주에 관해 논하고 있다. 그는 범주를 연역함에 있어서 형이상학적 연역과 정험적 연역이라는 두 가지 방식을 택하고 있다. 먼저, 형이상학적 연역을 개관하고, 거기에서 나타나는 그의 변증적 사유를 살펴보기로 하자. 형이상학적 연역은 존재론적 연역이라고 할 수도 있는데, 그것은 판단표(인식문제임)로부터 범주표(존재문제임)를 연역하기 때문에 그렇게 불리는 것이다. 그는 판단에 있어서의 지성의 논리적 기능을 열거하여 그로부터 범주를 찾아내려고 한다. 칸트에 의하면, "우리가 일반적으로 판단의 내용을 모두 사상(捨象)하고 그 속에 있는 지성의 형식에만 주목한다면, 판단에 있어서의 사유의 기능은 네 가지 항목으로 나누어지고, 그 각각은 세 가지 계기를 그 속에 포함한 것으로 찾아내어진다"(A 70, B 95)고 말한다. 이렇게 얻어진 판단에 있어서의 지성의 논리적 기능을 우리는 다음과 같이 나타낼 수 있다.

1) 분량

- 전칭판단(모든 S는 P다: "모든 사람은 죽는다") universal, allgemein
- 특칭판단(약간의 S는 P다: "약간의 사람은 선생이다") particular, besonder
- 단칭판단(이 S는 P다: "이 사람은 학생이다") singular, einzeln

2) 성질

- 긍정판단(실재성: S는 P다: "이것은 장미다") affirmative, bejahend
- 부정판단(부정성: S는 P가 아니다: "이것은 장미가 아니다") negative, verneinend
- 무한판단[제한성: S는 비(非)P다: "이것은 비(非)장미다"] infinite, unendlich[12]

3) 관계

- 정언판단(S는 P다: "소크라테스는 사람이다") categorical, kategorisch
- 가언판단(만일 X라면 S는 P다: "성공하려면 노력해야 한다") hypothetical, hypothetisch
- 선언판단(S는 P이든가 Q이든가다: "세계는 맹목적인 우연에 의해서 움직이든지 아니면 필연적으로 움직인다") disjunctive, disjunktiv

---

12 '비한정성[indefiniteness, indeterminateness]', 혹은 '제한적 무한'으로 생각해야 함.

4) 양상
- 개연(蓋然)판단 (S는 P일 것이다) problematic, problematisch
- 실연(實然)판단[단정적(斷定的) 판단, S는 P다] assertory/assertive, assertorisch
- 필연(必然)판단[확연(確然)판단] (S는 반드시 P이어야 한다) apodictic, apodiktisch

그리고 칸트는 이 판단표에 대응하여 범주표를 다음과 같이 제시한다.

1) 분량: 단일성[Einheit] / 다수성[Vielheit] / 전체성[Allheit]
2) 성질: 실재성[Realität] / 부정성[Negation] / 제한성[Limitation][13]
3) 관계: 속성[Inhärenz]과 실체성[Subsistenz][14](실체와 우유성)
원인성[Kausalität] 의존성[Dependenz][15](원인과 결과)
상호성[Gemeinschaft](능동자와 수동자의 교호작용)
4) 양상: 가능성[Möglichkeit]과 불가능성[Unmöglichkeit]
현존[Dasein]과 비존재[Nichtsein]
필연성[Notwendigkeit]과 우연성[Zufälligkeit]

판단표의 전칭판단과 대응하는 범주는 단일성이며, 단칭판단과 대응하는 범주는 전체성이다. 이것은 상식과 상반된다. 상식적으로는 전칭판단에는 전체성이, 단칭판단에는 단일성이 대응한다. 그런데 칸트는 『프로레고메나』(*Prolegomena zu einer jeden künftigen Metaphysik, die als Wissenschaft wird auftreten können*, 1783)에서도 이렇게 대응시키고 있는 경우도 있고, 단칭판단에 단일성을 대응시키고 있는 곳도 있다.[16]

그런데 각 범주에서 세 번째 것은 첫 번째와 두 번째 것의 결합에서 생긴다.

13 *Prolegomena*에서는 Einschränkung으로 표현함.

14 *Prolegomena*에서는 Substanz라고 표현함.

15 *Prolegomena*에서는 Ursache라고 표현함.

16 *Prolegomena* §20 Fußnote. IV, S 302. 여기서 칸트는 "(단칭판단에서의) 단일성에서 출발하여 총체성에로 나아갈 때에 (…) [Wenn ich aber von der Einheit (in einzelnen Urteilen) anhebe un so zur Allheit fortgehe, (…)]"라는 표현을 사용하고 있는데, 여기서 그는 단칭판단에 대응하는 범주가 단일성이라는 점을 말하고 있다.

예컨대 분량의 범주에서의 전체성(총체성)은 단일성으로 간주된 다수성이고, 질 범주에서의 제한성은 부정성과 결합된 실재성이며, 관계 범주에서의 상호성은 실체들 상호 간의 인과성을 지시하며, 양상 범주에서의 필연성은 가능성 자체를 통해 주어진 실존이다. 그런데 칸트에 의하면, 그럼에도 불구하고 셋째 것은 첫째와 둘째 것에서 파생한 것이 아니고, 첫째와 둘째 것과 더불어 근원적인 개념이라고 생각해야 한다고 한다(B 111 참조).

헤겔은 『정신현상학』에서 칸트의 범주표에서 발견할 수 있는 이러한 삼중성[Triplizität]의 의미에 관하여 다음과 같이 말하고 있다: "그와 마찬가지로—본능에 의해서 비로소 재발견되었으나 여전히 죽어 있고 여전히 개념적으로 파악되지 않은 칸트의 삼중성이 그것의 절대적 의의에로 고양되고, 그럼으로써 참된 형식이 동시에 그것의 참된 내용 속에 제시되어 학문 개념이 출현한 이후[17],—이 형식의 다음과 같은 사용, 즉 우리가 그러한 사용에 의해 이 형식이 생명 없는 도식(圖式), 즉 본래적인 도식으로, 그리고 학문적 조직이 일람표로 격하되었음을 보는 그러한 사용이 무언가 학문적인 것으로 간주되어서는 안 된다"(PhG, 41, §50).

이와 같은 헤겔의 언급에 대해서는 설명이 필요하다. 삼중성이 칸트에 있어서(아직 겨우) 본능에 의해서 재발견되었다고 하는 것이 무엇을 의미하는가는, 『철학사 강의』(TW 20, 344-5)의 다음 문장에 의하여 명백하다: "삼중성, 피타고라스주의자, 신플라톤주의자, 그리고 기독교의 이러한 옛 형태는, 비록 전적으로 외면적이긴 하지만, 여기서 다시 등장한다. (…) 칸트가, 첫 번째 범주는 긍정적이고 두 번째 범주는 첫 번째 범주의 부정태이며, 세 번째 범주는 양자의 종합이라고 말하는 것은 개념의 위대한 본능이다."[18] 헤겔은 이미 『신앙과 지식』(*Glauben und Wissen*, 1802)에서 칸트철학을 다루면서, 칸트가 범주의 구조에 관해서 지성으로서의 사유도 삼중성이라는 참된 형식을 갖추고 있음을 발견하고, 이로써 사실상 지성을 이성에로 높이어, 사변적인 것의 맹아(萌芽)를 발생

---

17 칸트는 "사유를 지성으로서, 참된 형식으로서, 즉 삼중성[Triplizität]으로서 파악했다" [Hegel, "Glauben und Wissen oder Reflexionsphilosophie der Subjektivität in der Vollständigkeit ihrer Formen als Kantische, Jakobische und Fichtesche Philosophie," in: TW 2 (287-433), 316].

18 "Die Triplizität, diese alte Form der Pythagoreer, Neuplatoniker und der christlichen Religion, kommt hier, wiewohl ganz äußerlich, wieder hervor. (…) Es ist großer Instinkt des Begriffs, daß er (Kant) sagt: Die erste Kategorie ist positiv; die zweite ist das Negative der ersten; das Dritte ist das Synthetische aus beiden."

하게 한 것을 중대한 공적으로 칭찬하고 있다. 즉 삼중성의 원리는 이미 피타고라스 학파, 신플라톤 학파, 기독교의 삼위일체의 교의(敎義) 등에 있던 것인데, 칸트가 범주론에서 예컨대 질 범주가 가지는 실재성-부정성-제한성이라는 구조에 정·반·합의 관계를 인정한 것(KrV, B 109-111)이 〈재발견〉의 의미다.[19] 예컨대 피타고라스에서 발견할 수 있는 삼중성 사상은, '3'은 '모든'이라는 말이 붙을 수 있는 최초의 숫자로 그가 보고 있으며, 모든 일에는 시작과 중간(과정)과 끝이 있다는 것, 생명체에는 탄생과 삶(의 과정)과 죽음이 있고, 인간은 육체와 혼과 영으로 구성되어 있다는 주장, 올림픽 경기장에 운동선수, 장사꾼, 관객이라는 세 부류의 인간이 있는 것처럼, 인생에도 명예를 추구하는 사람, 돈(재물)을 추구하는 사람, 그리고 인생을 관조하는 사람이 있고, 시간은 과거, 현재, 미래로 구성되어 있다고 본 점 등에서 발견된다. 신플라톤학파의 경우, 예컨대 플로티노스가, 존재자가 일자(하나), 정신, 그리고 혼으로 구성되어 있다고 보는 점에서, 그리고 프로클로스에 있어서 '일자-정신-혼[hen-nous-psychē]'의 세 가지 실체, 그리고 갈대아 신탁의 전형적인 삼항성인 '존재(자)-생명-정신[on-zōē-nous]', '실체-타자성-자기정체성[ousia-heterotēs-tautotēs]', '비분리적인것-분리적인것-참여자[amethekton-metechomenon-metechon]', '유한-무한-혼합[peras-apeiron-mikton]', '실체-잠재태-활동태[ousia-dynamis-energeia]' 등의 다양한 존재론적 삼항성과, '머무름-벗어남-돌아옴[monē-proodos-epistrophē]'이라는 과정적이고 변증적인 삼항성의 원리가 드러난다.

그러나 진리의 파악과정을 이러한 삼단계의 생명 없는 도식으로[zum leblosen Schema](PhG, 41, §50) 고착시키는 것은 학문적인 태도나 방법이 아니며, 그로 인하여, 유기적으로 연결된 학문적 조직을 [유기적이지 않은] 일람표(一覽表)로 전락시키게 된다. 헤겔은 결코 그 어디에서도 삼단계 도식[Triade]을 법칙으로 제시하지 않았다. 물론 그의 저술 속의 많은 부분들이 3항1조로 되어 있기는 하지만, 이들이 모두 정명제-반명제-합명제의 관계로 되어 있지는 않다. 오히려 헤겔은 칸트가 "아무 데에서나 정립, 반정립, 종합을 제시했다"(TW 20, 385)고 비판하고 있는 곳에서만 이 용어를 함께 사용하고 있다. 굳이 말하자면, Thesis-Antithesis-Synthesis라는 삼단계 도식은 피히테에게서 발견된다.[20]

---

19 또한 칸트의 비판서도 『순수이성비판』[지(知): 인식, 진(眞)], 『판단력비판』[정(情): 미(美)], 『실천이성비판』[의(意): 실천/윤리: 선(善)]의 3비판서로 되어 있고, 인간의 이성능력도 '감성', '지성', '이성'으로 3분화되어 있는 점을 발견할 수 있다.

20 이 책의 〈들어가는 말〉 참조.

다시 범주의 형이상학적 연역으로 돌아가서 말하면, 칸트가 전통적인 논리학에서 행하는 판단의 분류—칸트는 여기에 약간의 수정을 하고 있지만—를 기초로 하여 거기에서 범주들을 이끌어냈다는 것은 많은 사람들에 의해 비판받고 있다. 즉 칸트는 판단의 기능이 이렇게 분류될 수밖에 없는 필연적인 이유를 제시했어야 했었지만 그렇게 하지는 못했던 것이다. 칸트는 형이상학적 연역에 이어서, 〈범주의 정험적 연역〉에 대한 논의로 넘어가는데, 거기에서는 지성의 선험적 개념인 범주가 과연 대상에 대하여 객관적 타당성을 가질 수 있는가 하는 문제가 다루어진다.[21]

12.2.2. 범주의 정험적 연역에서의 종합: 범주와 정험적 구상력에 의한 인식의 통일

이와 더불어 간략하게 언급하고자 하는 내용은 바로, 『순수이성비판』의 〈원칙의 분석론〉에서 언급되고 있는 '도식(圖式)[Schema]'에 의한, 직관과 개념의 통일의 문제다. 앞서 보았듯이 칸트에 있어서의 인식은 감성[직관]과 지성[개념]의 공동작용에 의해 이루어진다. 즉 인식은, 직관의 다양을 순수지성개념 밑으로 포섭함으로써 이루어지는 것이다. 그렇다면 이때에, 이질적인 이 양자를 결합시켜 주는 제3자가 있어야 할 것이라고 칸트는 생각한다. 즉 한편에는 범주와 다른 편에는 현상과 동종성의 관계가 있는 제3자가 있어야만 한다는 것이다. 다시 말하면 한편에는 지성적[intellektuell]이며, 다른 편에는 감성적인[sinnlich] 매개적 표상이 존재해야만 한다고 생각했는데, 바로 이것을 칸트는 "정험적 도식[transzendentales Schema]"이라고 불렀다. 이 정험적 도식에 의하여 직관과 개념, 감성과 지성이 결합할 수 있는데, 이 정험적 도식은 산출적(생산적) 구상력[produktive Einbildungskraft]의 소산이다. 산출적 구상력의 작용에 의해서 감성은 지성화되고 지성은 감성화된다는 것이다.

그러나 이와 같은 칸트의 도식론은 어떤 측면에서 보면 불필요한 것이라고 할 수 있다. 그 이유는 다음과 같다. 칸트는 처음에는 〈정험적 감성론〉과 「범주의 형이상학적 연역」에 있어서 감성과 지성에 관련하여 이원적 입장에 서 있었다.

21 岩崎武雄, 『西洋哲學史』, 『岩崎武雄著作集』 제3권, 新地書房, 1981, 51 ff. 및 한단석, 『칸트 철학사상의 이해』, 양영각, 1983, 113 ff. 참조.

즉 거기에서는, 직관에 의해 대상이 주어지고 지성이 그것을 사유한다고 생각하였으나, 이후에는 생각을 수정하여, 지성의 선험적 개념인 범주에 의하여 비로소 대상 자체가 성립한다는 입장에 서게 되었다. 직관만에 의하여 대상이 주어지는 것이 아니라, 범주의 작용과 더불어 비로소 대상이 성립한다는 것이다. 다시 말하면, 대상이 주어지는 장면에 이미 직관뿐만이 아니라 지성의 작용이 포함되어 있다는 것이다.[22] 물론 범주는 직관과 결합해야 하지만, 산출적 구상력의 종합작용은 범주에 의한 것이므로, 직관이 성립하는 장면에서 범주는 작용하는 것이다. 즉 구상력이 형상을 산출할 때에 그 근저에 있는 범주는 바로 칸트가 정험적 도식이라고 부른 것이다. 그리고 정험적 도식이란 형상을 산출하는 근저에 있는 것이므로, 범주란 도식 자체인 것이다. 즉 도식이 범주와 직관 사이에 제3자로 존재하는 것이 아니라, 범주와 도식은 동일한 것이며, 도식을 떠난 범주라는 것은 존재하지 않는 것으로 보아야 한다는 말이다. 이렇게 볼 때 칸트의 오류는 도식이라는 것을 범주와 별개의 것으로 생각한 점에 있다. 이런 의미에서 나는, 도식론은 불필요하다고 말할 수 있다고 생각한다고 하는 이와사끼의 주장[23]에 동의한다. 결론적으로 말하자면, 칸트는 도식에 의해 직관과 범주가 변증적으로 통일된다고 주장하지만, 사실은 범주와 정험적 구상력 자체에 의해 직관의 다양이 종합·통일된다고 할 수 있다는 말이다. 이제 우리는 『순수이성 비판』의 〈선험적 변증론〉에서 나타나는 변증적 사유를 살펴보아야 할 단계에 이르렀다.

12.3. 〈선험적 변증론〉에서 나타나는 변증적 사유

칸트의 변증적 사유는 또한 『순수이성비판』의 〈선험적 변증론〉에서 발견된다. 〈선험적 변증론〉은 무제약자[das Unbedingte]에 관계하고 있다. 이러한 '관계'는 이성의 본성으로부터 나오는 것이라고 칸트는 말한다. 왜냐하면 인간의 인식은 결코 단순한 지성적 인식에 만족하지 않으며, 이로부터 더 나아가 이 지성적 인식에 통일을 주려는 작용력이 있기 때문인데, 바로 이것이 이성의 작용이다. "지성이 규칙에 의하여 현상을 통일하는 능력이라면, 이성은 지성의 규칙

22 백훈승, 『서양근대철학』, ebd., 304 참조.

23 岩崎武雄, 『カント 純粋理性批判の研究』. 岩崎武雄著作集 제7권, 東京, 1982, 196. 한단석, 『칸트 『순수이성비판』의 새로운 이해』, 사회문화연구소출판부, 2003, 227에서 인용.

을 원리의 밑에 통일하는 능력이다"(B 359)라고 칸트는 말한다. 즉, 지성은 직관의 다양을 통일하여 경험(인식)을 성립시키는 것인데, 이성은 이 지성적 인식을 간접적으로 통일하고 체계화해 나가는 추리의 능력이다. 그런데 인식의 체계적 통일이 성립되기 위해서는 무엇보다도 먼저, 그 자체가 그 어떤 것에 의해서도 제약되지 않은 무제약자를 구해야만 한다.[24] 왜냐하면, 무엇인가에 의해 제약된 것에 대해서는 우리는 그것을 제약하고 있는 것을 묻지 않으면 안 되며, 따라서 무제약자가 찾아질 때까지 우리는 탐구를 멈출 수 없고, 체계적 통일은 완성되지 않기 때문이다. 그래서 이성은 무제약자를 탐구하지 않을 수 없다. 그러나 이것은 실제로 이성이 이 무제약자를 찾아낼 수 있다는 것을 결코 의미하지 않는다. 무제약자는 단지 이성에 대해 부과(賦課)되어[aufgegeben] 있을 뿐이고, 실제로 주어져[gegeben] 있는 것이 결코 아니다. 그런데 우리는 자칫하면 이 무제약자가 실제로 존재한다고 생각하고, 그것에 의하여 체계적 통일을 완성하려는 경향을 갖게 된다. 그런데 이와 같이 무제약자가 실재한다고 생각하게 되면, 무제약자는 물론 결코 경험의 범위 내에서는 찾아낼 수 없는 것이므로 이성은 여기서 인간의 인식이 갖는 한계를 망각하고, 초경험적인 것을 인식할 수 있다고 잘못 생각하게 되는 것이다. 이것이 바로 '선험적 가상(假象)[der transzendentale Schein]'[25]이라고 칸트는 말한다.

칸트는 이에 대하여 이성의 '통제적 사용[regulativer Gebrauch]'과 '구성적 사용[konstitutiver Gebrauch]'이라는 개념을 사용하여 설명하고 있다(B 672). 통제적 사용이란, 지성의 작용을 통일하고 통제하기 위한 사용이며, 이것은 물론 이성의 올바르고 정당한 사용이다. 이에 대하여 구성적 사용이란, 이성 자신(自身)만에 의하여 대상을 구성하려 하는 것이며, 이것은 이성의 그릇된 사용이다. 형이상학이 빠진 오류는, 본래 통제적으로 사용해야 할 이성을 구성적으로 사용하려는 데에서 생긴 것이다.

칸트에 의하면 이성이 찾는 무제약자에는 세 가지가 있는데, 그것은 사유하는 주관의 절대적 통일, 즉 영혼, 그리고 현상의 제약의 계열의 절대적 통일, 즉 세계, 그리고 사유일반의 모든 대상의 제약의 절대적 통일, 즉 신이다. 칸트는 이런 것들을 이성의 선험적인 개념, 즉 선험적 이념—이 경우의 'transzendental'은 '경험을 구성한다'는 의미는 없다—이라고 부르고 있다. 영혼, 세계, 신은 종

24 이 무제약자가 찾아질 때, 비로소 인식의 최후정초[Letztbegründung]가 이루어진다.

25 cf. 경험적 가상: 곧은 막대기가 물속에서 굽어보이는 현상.

래의 형이상학에서는 극히 중요한 위치를 차지하고 있었으나, 이것은 이성이 필연적으로 무제약자를 구하는 데서 생기는 당연한 귀결이며, 우리의 인식이 필연적으로 저지르게 되는 오류다. 칸트는 이것을 '선험적 가상'(B 352)이라고 부른다. 가상이란, 오류이면서도 보기에 그럴듯한 이유를 갖기 때문에 진리라고 생각하게 되는 오류다. 선험적 변증론은 이러한 선험적 가상이 가상인 이유를 폭로하는 '가상의 논리[Logik des Scheins]'다.[26] 사유하는 주관에 관련된 선험적 가상에 대해서 칸트는 〈선험적 오류추리〉[transzendentaler Paralogismus[27]]에서 다루고 있다. 결론적으로 칸트는 이에 대한 논의에서, "나는 생각한다"라는 것은 단지 〈의식의 가능성의 논리적 제약〉일 뿐이지 결코 〈직관의 대상〉은 아닌데, 이러한 것에 실체라는 범주를 적용하는 것은 전적인 오류라고 주장한다.[28] 그리고 사유일반의 모든 대상의 제약의 절대적 통일인 신에 대한 선험적 가상을 칸트는 〈순수이성의 이상(理想)〉이라고 부른다. 그러나 이러한 이상은 단지 이념으로서만 생각된 것일 뿐, 결코 신이 실재한다고 말할 수는 없다는 점을 전통적인 신 존재 증명인 목적론적 증명, 우주론적 증명, 그리고 존재론적 증명에 대한 분석을 통해 주장한다. 여기서는 지면상, 현상을 제약하는 계열의 절대적 통일인 세계에 관련된 가상인 〈순수이성의 이율배반〉에 관해서만 살펴보기로 한다.

순수이성의 이율배반[Antinomie][29]이란, 세계에 관한 선험적 가상, 즉 가언추리에 의하여 이성이 그 이상 아무것도 전제하지 않는 전제를 구하여, 현상계열의 제약의 절대적 통일을 구하려 할 때 생기는 선험적 가상을 말한다. 선험적 오류추리가 주관의 절대적 통일을 구하려는 데 대하여, 이것은 현상으로서의 객관의 절대적 통일을 구하려 하는 것이다. 그리하여 칸트에 의하면, 이 경우에 이성은 스스로 "자기의 요구를 포기하지 않을 수 없는 그러한 모순에 말려들고 만다"(A 407, B 433)는 특색을 갖게 된다. 즉, 현상의 객관적 종합에 이성을 적용하려고 할 때는, 상호 대립하는 두 주장이 동등한 권리를 가지고 성립하게 되고,

---

26 岩崎武雄, ebd., 96 ff. 및 한단석, ebd., 188 ff. 참조.

27 이때의 'para'는 'ver-', 'miss-'의 뜻, 즉 '부정(否定), 과실(過失), 착오(錯誤)'의 뜻. Paralogismus는 오류추리, 논과(論過), 배리(背理) 등으로 번역된다.

28 岩崎武雄, ebd., 101 ff. 및 한단석, ebd., 193 ff. 참조.

29 정립(定立)과 반정립(反定立) 모두 꼭 같은 정도의 설득력을 지닌 증명들을 산출해낼 수 있는 것처럼 보이는 경우가 이율배반[Antinomie]이다. / 이율배반: "선험적 이념들의 대립"(B 454).

이성은 불가피하게 이율배반에 빠지게 된다는 것이다.[30]

★ 네 가지의 이율배반

① 첫 번째 이율배반

- 정립: 세계는 시간상의 시초가 있고, 공간상의 한계 내에 있다.[31]
- 반정립: 세계는 시초와 공간상의 한계가 없고, 시간에 관해서나 공간에 관해서나 무한하다.[32]

② 두 번째 이율배반

- 정립: 세계 내의 합성된 모든 실체는 단순한 부분들로 구성되어 있고, 단순체와 단순체로 합성된 것 이외에는 아무것도 없다.[33]
- 반정립: 세계 내의 합성물은 단순한 부분들로 구성된 것이 아니며, 세계에는 단순한 것이 전혀 없다.

③ 세 번째 이율배반

- 정립: 자연법칙들에 따른 인과성은, 세계의 현상이 모두 거기서 도출될 수 있는 유일한 인과성이 아니다. 그러나 현상을 설명하기 위해서는 자유로 말미암은 인과성을 인정할 필요가 있다.[34]
- 반정립: 자유는 없고, 세계 내의 모든 것은 오직 자연법칙들에 따라서 일어난다.

④ 네 번째 이율배반

- 정립: 세계에는 그 부분으로서나 혹은 그 원인으로서 절대적으로 필연적인 존재자인 그 무엇이 있다.[35]

---

30 岩崎武雄, ebd., 103 f. 및 한단석, ebd., 195 f. 참조.

31 창조를 인정하는 입장.

32 희랍인의 생각: "우주는 영원하다"

33 모든 종류의 원자(原子)나 단자(單子)의 존재를 주장함.

34 비결정론의 입장(자유를 인정함).

35 신(神)을 인정하는 입장.

- 반정립: 절대 필연적인 존재자[36]는 세계 내에 있어서나 세계의 밖에 있어서나 그 원인으로서 존재하지 않는다.[37]

* 정립의 측: 계열의 제1항을 무제약자로 보는 입장. 계열 속에 무제약적인 제1항이 있다고 생각하므로, 제약의 계열은 완결적이다.
* 반정립의 측: 계열 전체가 무제약자이며, 그 계열 속에 무제약적인 제1항이 있는 것이 아니기 때문에, 그 계열은 아무런 시초도 갖지 않으며, 무한하여 결코 완성되지 않는다.

칸트는 정립을 증명하기 위해 반정립을 참이라고 가정하고 논증하여 모순을 도출함으로써 반정립이 거짓임을 입증하려고 하며, 반정립을 증명하기 위해서도 이와 마찬가지 절차를 밟아나간다. 소위 간접증명 방식, 즉 귀류법[reductio ad absurdum = reduction to absurdity[38]]을 사용한다.

첫 번째와 두 번째의 이율배반을 간단히, 공간적·시간적인 세계의 유한성이나 무한성에 관한 이율배반이라고 말할 수 있다. 중요한 것은 물체계의 시간적·공간적인 연장(延長)이라고 하는 이런 자연철학적인 문제다. 그래서 칸트는 이 문제를 〈수학적인 문제〉라고 한다(수학적 이율배반). 세 번째와 네 번째의 이율배반은 〈역학적(力學的)인〉 물음이다(역학적 이율배반).

칸트는 첫 번째와 두 번째의 이율배반을 정립과 반정립 모두 잘못되었다고 한다. 왜 잘못인가? 시공간적으로 무한한 세계가 있다고 주장하는 사람은, 자기가 아직 보지 못한 어떤 것을 주장하고 있다. 왜냐하면, 이러한 직관은 불가능하기 때문이다. 또한 세계가 시공간적으로 유한하다고 주장하는 사람 역시 어떤 불가능한 것을 주장하고 있다. 왜냐하면, 우리는 시간과 공간을 한계 지을 수 없기 때문이다. 첫 번째 이율배반의 정립과 반정립이 저지르고 있는 근본적인 잘못은, 우리들이 전체로서의 세계를 마치 우리들의 직관에 주어져 있는 하나의 대상처럼 생각하는 것이다. 전체로서의 세계는, 세계 안에 있는 직관적인 대상처럼 우리들의 직관에 주어지지 않는다. 세계는 우리에게 과제로서 주어져 있을 뿐이다.

---

36 다른 것에 의해 제약되지 않는 무제약자.

37 전적으로 필연적이며, 다른 것에 의해 제약되지 않는 무제약자의 존재는 〈자연인과율〉에 위반되므로 불합리하다는 주장.

38 $\sim p \supset (q \cdot \sim q) \therefore p$

두 번째의 이율배반에 대해서도 마찬가지로, 정립이나 반정립이 모두 부정되어야 한다. 우리는 물질이 그 이상 분할될 수 없는 단순한 부분으로 성립하는가의 여부를 결정하지 못한다. 우리가 할 수 있는 것은 오직 물질을 한발 한발 작은 부분으로 분할해가는 것뿐이다.

이처럼 칸트는 첫 번째와 두 번째의 이율배반의 정립과 반정립이 모두 틀렸다고 한다. 즉, 세계는 한정되어 있지도 않고, 한정되어 있지 않은 것도 아니라고 한다. 세계는 단순한 부분으로 이루어져 있는 것도 아니고, 또 합성된 부분으로 이루어져 있는 것도 아니다. 세계는 현존하는 물(物)을 의미하지 않고, 이성이 우리의 지성에 부여하는 단순한 규칙(이념)에 불과하다고 한다. 그러나 칸트의 주장이 과연 옳은가? 좀 더 분석해보자.

모순관계에 있는 진술들은 그들 중 반드시 어느 하나는 옳고 다른 하나는 그르다[$\sim(p \cdot \sim p) \equiv p \vee \sim p$]. 따라서, 첫 번째와 두 번째의 이율배반에서 정립과 반정립 모두가 옳을 수도 없지만, 그렇다고 또 모두가 그를 수도 없다고 할 수 있다. 그런데 서로를 전면적으로 부정하는 관계에 있는 두 진술 모두가 그른 몇 가지 경우가 있다.

㉮ 주어가 지시하고 있는 대상이 존재하지 않는 경우

예) "현재의 한국의 왕은 대머리다(The present king of Korea is bald.)"
vs.
"현재의 한국의 왕은 대머리가 아니다(The present king of Korea is not bald.)"

㉯ 술어가 주어의 속성으로 언급될 수 없는 경우

예) "나의 치통은 빨갛다(My toothache is red.)" vs.
"나의 치통은 빨갛지 않다(My toothache is not red.)"

㉮의 경우, 현재 한국에는 왕이 존재하지 않으므로 '대머리인 왕'이나 '대머리가 아닌 왕'도 당연히 존재할 수 없다. 따라서 긍정진술과 부정진술 모두 그르다.

㉯의 경우, 치통에는 '빨갛다'라든가 '(빨간색이 아닌 다른 색을 가지고 있어서) 빨갛지 않다'든가 하는 술어를 사용할 수 없다. 애당초 '빨갛다', '빨갛지 않다'라고 하는, '색깔에 관한 주장'은 '치통'이라고 하는 통증에는 사용될 수 없는

것이기 때문이다. 이런 술어를 주어에 대해 사용하는 경우 〈범주오류〉[category mistake]를 범하게 된다.

그러나 위의 예문들 가운데, 부정진술은 '옳은 진술'의 의미를 지닌 진술로 사용될 수도 있다. 그러한 경우는 ㉠ "'현재의 한국의 왕은 대머리다'라는 진술은 그르다(It is not true that the present king of Korea is bald)"라는 의미로 사용된 경우, 그리고 ㉡ "'나의 치통은 빨갛다'라는 진술은 그르다(It is false that my toothache is red)"라는 의미로 사용된 경우다. 이 각각의 경우 '현재의 한국의 왕'이나 '나의 치통'은 primary occurrence가 아니라 sencondary occurrence로 사용되고 있기 때문에 옳은 진술이 될 수 있는 것이다.

다시 말하면, 어떤 사람에 대하여 "저 사람은 학생이다"라는 진술과 "저 사람은 학생이 아니다"라는 모순된 진술이 이루어질 수 있는데, 그것은 사람이라는 주어에 '학생임' 혹은 '학생 아님'이라는 술어가 적용될 수 있기 때문이다. 이러한 경우에는 두 진술들 가운데 반드시 하나의 진술은 옳아야 한다. 그러나 위의 ㉮와 ㉯ 각각에 있어서의 긍정진술과 부정진술 모두는 그른 진술이며, 따라서 서로를 전면적으로 부정하는 관계에 있는 두 진술 사이에 〈모순관계〉는 성립하지 않는다.

칸트는 두 개의 이율배반에 대해서도 이런 생각을 한 것 같다. 즉, 무한하다거나 유한하다는 주장, 그리고 단순하다거나 합성체라는 주장들은 〈세계〉라는 주어에 적용될 수 없는 것들이기 때문에, 비록 이들 주장들이 서로를 전면적으로 부정하는 관계에 있기는 하지만 둘 다 그르다고 한 것으로 생각된다. 즉 세계는 현상의 전체이고, 그 누구도 현상의 전체를 직관에서 파악할 수는 없기 때문이다. 그러나 우리는 이와 같은 칸트의 주장에 대해서 다음과 같은 이의를 제기할 수 있다.

ⓐ 현상의 전체로서의 세계를 우리가 인식할 수 없다는 사실로부터, 세계는 유한하지도 무한하지도 않으며, 단순한 부분으로 되어 있지도 합성된 부분으로 되어 있지도 않다고 말해야만 한다는 결론이 도출되는 것은 아니다. 즉 이들과 관련된 '사실'을 우리가 인식할 수 없다는 것은 '인식론적인 문제'이며, '존재론적인 문제'는 아니라는 말이다. 세계가 유한한지 무한한지 우리는 알 수 없지만(인식론적인 문제), 세계는 유한하든지 무한하든지 둘 중의 하나인 것이다(존재론적인 문제).

ⓑ 즉, ㉮ 우리가 그것의 일부분을 지각하고 경험하는 그러한 현상의 전체로서의 세계가 존재하는 것이 분명하고, ㉯ 그러한 세계에 '무한'이나 '유한', 그리

고 '단순한'이나 '복합적인'이라는 술어가 적용될 수 있다면, 세계는 유한하든지 무한하든지 둘 중의 하나이고, 단순한 것으로 구성되어 있든지 아니면 복합적인 것들로 구성되어 있든지 둘 중의 하나이어서, 이들 각 주장들 간에는 모순관계가 성립하고 이율배반은 성립하지 않는다.

ⓒ 칸트는 제1이율배반과 제2이율배반이 해소되는 이유를, 각각의 정립과 반정립은, 우리가 인식할 수 없는 대상에 관련되어 있고, 인식할 수 없는 대상에 대해 왈가왈부하는 것 모두가 그르기 때문이라고 주장하고 있다. 그러나 어떤 대상을 우리가 인식할 수 없는 경우에, 그 대상을 인식하지 못하기 때문에 그 대상에 대해 진술하는 정립과 반정립 중 어떤 것이 옳은지 인식할 수 없다고 말하는 것과, 정립과 반정립 모두 그르다고 말하는 것은 전혀 다르다.

이들 '이율배반'은, 사실은 각각의 정립과 반정립 모두가 그르기에 해소되는 것이 아니라, 각각의 정립과 반정립이 모순관계에 있기 때문에 해소되는 것이며, 따라서 이율배반 역시 성립하지 않는다는 결론이 도출된다.

ⓓ 칸트는 제3이율배반과 제4이율배반의 경우에는, 정립을 물자체계에 대한 주장으로, 반정립을 현상계에 관한 주장으로 생각하면 정립과 반정립 모두 옳을 수 있으므로 이율배반이 해소된다고 주장한다. 그러나 본래의 이율배반이 제기된 취지로 보면, 정립과 반정립 모두 현상으로서의 세계에 관한 진술이므로, 정립과 반정립 둘 중 하나는 옳고 하나는 그르다. 뿐만 아니라, 정립을 물자체계에 대한 주장으로 볼 경우, 우리가 인식할 수 없는 물자체계에 대한 주장이 옳은지 그른지를 어떻게 알 수 있겠는가? 제3이율배반과 제4이율배반은 각각의 정립과 반정립에서의 주어를 '물자체계'와 '현상계'로 달리 설정함으로써 해소되는 것이 아니라, 제1이율배반과 제2이율배반의 경우와 마찬가지로 정립과 반정립이 모순관계에 있는 진술이기 때문에 해소되는 것이다.

ⓔ 근본적인 문제점은 칸트가 세계를 현상계와 물자체계로 구분한 것이다. 인과성이나 자유 모두, 우리가 살고 있는 세계 속에 존재하는 것이지, 이 세계 속에는 인과성만 존재하고 자유는 이 세계를 초월한 어떤 다른 곳에 존재하는 것이 아니다. 또한 우리는 어떤 초월적인 세계에서만이 아니라, 이 세계 속에 신(神)이 존재한다고 혹은 존재하지 않는다고 말할 수 있는 것이다.[39]

---

39 백훈승, 『서양근대철학』, ebd., 312 ff. 참조.

13
횔더린(Johann Christian Friedrich Hölderlin)

13.1. 횔더린과 헤겔의 관계(친근성)

횔더린은 튀빙엔 신학교에 입학한 후 1788년 가을에 헤겔을 만나고, 헤겔·쉘링과 함께 1790년 가을부터 1793년 여름까지 튀빙엔 신학교 기숙사의 한 방을 사용했다.[1] 학교를 졸업하고 헤겔은 우선 스위스 베른에서 가정교사로 지냈는데, 횔더린은 1796년에 헤겔을 자기가 머무르고 있는 프랑크푸르트에 있는 부유한 포도주 상인 고겔(Johann Gogel)가(家)의 가정교사로 일하도록 주선한다. 헤겔의 프랑크푸르트 시절의 주저인 『기독교의 정신과 그 운명』에 나타나는 정신[Geist] 개념, 화해[Versöhnung] 개념, 유기체적 세계관 등의 변증적 사상은 횔더린 및 초기 예나 낭만주의의 영향 아래서 성립한 것이다.[2]

그런데 필자는 횔더린의 사상 가운데서 특히 헤겔의 변증적 사상의 형성에 영향을 미친 것이 그의 '통일철학[Vereinigungsphilosophie]'이라고 생각한다. 횔더린은 1794년 말부터 1795년 봄까지 예나에 머무르면서 피히테의 집에서 이루어지는 강의를 들었다. 이때 청강자들 가운데는 홈부르크(Homburg)의 관리 싱

1 http://www.kloepfer-narr.de/hegel-hoelderlin-schelling-roman-einer-maennerfreundschaft.

2 프레더릭 바이저, 『헤겔. 그의 철학적 주제들』, 이신철 역, 도서출판 b, 2014[2] (2012), 34 f. 참조.

클레어(Isaac von Sinclair, 1775-1815) 및 그 친구인 쯔빌링(Jakob Zwilling, 1776-1809)도 있었다.[3] 피히테는 그의 『전 학문론의 기초』(*Grundlage der gesamten Wissenschaftslehre*, 1794/95)에서 절대적 자아의 근원적인 자기정립을 주장하였다. 그러나 횔더린은 이러한 주장에 반대하여, 자아의 이러한 자기정립 작용은 반성작용[Reflexion]이며, 반성은 주관과 객관의 분리를 전제하므로, 이러한 분리 이전의 통일된 상태가 전제되어야 한다고 주장한다. 그리고 바로 이러한 통일된 상태를 그는 'Sein'이라고 표현하고, 통일이 분열하는 것을 'Urteil'이라고 표현하면서 자기의 단편의 제목을 'Urteil und Sein'이라고 붙였다.

13.2. 횔더린의 통일철학과 단편 "Urteil und Sein"

13.2.1. 횔더린의 문서 "Urteil und Sein"의 발견상황과 의의 및 명칭 문제

원래 제목 없이 쓰인 이 단편은 1930년에 리프만스존(Liepmannssohn)의 경매에 나왔고, 1961년에 간행된 슈투트가르트판(版)의 제4권에 실려 처음 출판되었다. 이때에 이 단편은 예루살렘에 있는 쇼켄(Schocken) 도서관의 소유였는데, 그 동안에 경매를 통해 슈투트가르트에 있는 뷔르템베르크주의 국립도서관의 소유로 넘어갔다. 'Urteil und Sein'이라는 제목은 바이스너(Friedrich Beissner, 1905-1977)가 붙였다. 연도 확인이 올바르고 그것이 횔더린의 고유한 사유의 진행을 포함하고 있다면, 이 문헌은 관념론철학의 발생사에 전적으로 새로운 빛을 던져주는 것으로 볼 수 있다. 바이스너는 이 단편이 횔더린이 1795년 초에 예나에서 그리고 피히테 가까이에서 보낸 몇 달간에 생긴 것이라고 추측했다.[4]

---

3 Otto Pöggeler, "Werk und Wirkung," in: Ders (hg), *Hegel. Einführung in seine Philosophie*, Freiburg/München, 1977 (7-27), 13 f. 참조.

4 Hölderlin, *Sämtliche Werke. Große Stuttgarter Ausgabe*, hg. von Friedrich Beissner, Stuttgart, 1946-85, (이 전집은 StA로 줄이고 뒤에 권수와 쪽수를 병기함), Bd. 4, 402 참조. Dieter Henrich, *Konstellationen: Probleme und Debatten am Ursprung der idealistischen Philosophie (1789-1795)*, Stuttgart, 1991, 55 및 265 참조. 헨리히는 *Konstellationen* 출간 1년 후에 발간한 그의 저서에서 이 문서의 입수와 발간 과정에 대해 좀 더 상세하게 말하고 있다. 즉 이 문서는 1961년에 최초로 출간되었으며, 그것은 최초의 횔더린 전기작가인 슈밥(Christoph Theodor Schwab, 1821-1883)에 의해 수고(手稿) 수집가에게 넘겨졌고 리프만스존의 경매를 거쳐 마침

헨리히(Dieter Henrich, 1927-)는 횔더린의 정서법의 문자사용을 통계적으로 조사한 후, 횔더린이 이 단편을 1795년 4월 20일 이전에, 아마도 4월 초에 썼을 것으로 본다. 그런데 이 날짜는 사변적 관념론의 역사에서 놀랄 정도로 빠른 것이다. 1794년 5월 23일에 피히테는 자기의 최초의 강의를 예나에서 했다. 그의 강령적인 저술인 『학문론 혹은 소위 철학 개념에 대하여』(*Über den Begriff der Wissenschaftslehre oder der sogenannten Philosophie*, 1794)는 조금 더 늦게 나왔고, 그의 주저의 첫 번째 인쇄지[Bogen]는 6월 중순에 나왔다. 횔더린의 텍스트는 피히테의 새로운 가르침이 알려진 지 1년이 되지 않은 때에 성립한 것이다. 횔더린의 텍스트는 『철학의 원리로서의 자아』(*Vom Ich als Prinzip der Philosophie oder über das Unbedingte im menschlichen Wissen*, 1795)라는 셸링의 저술과 동시에, 따라서 그것과 독립적으로 성립한 것이다. 셸링은 위의 저술을 1795년에 인쇄업자에게 넘겼고, 인쇄업자는 그것을 부활절 박람회[Ostermesse]에 내놓았다.[5]

13.2.2. "Urteil und Sein"의 원문 번역

판단(근원분할)과 존재(하나)

내 예루살렘의 쇼켄 도서관으로 가게 되었는데, 1970년에 어떤 경매소[Auktionshaus]의 목록에 새롭게 나타났고, 뷔르템베르크주(州) 도서관이 그것을 경매에서 입수할 수 있었다고 말한다. 그리고 아마도 횔더린이 예나에서의 체류를 끝낼 무렵인 1795년 4월에 쓰인 것으로 보인다고 말하고 있다(Dieter Henrich, *Der Grund im Bewußtsein. Untersuchungen zu Hölderlins Denken* (1794-1795), Stuttgart, 1992, 29 f. 그리고 683 참조.). "이 텍스트는 1960년경에야 알려졌고 1961년에 "Urteil und Sein"이라는 제목이 붙여져 슈투트가르트판[StA]으로 처음으로 출간되었다. 철자법상의 특성에 따라 볼 때 1795년 4월 중순에서 5월 말 사이에 예나에서 쓴 이 텍스트에서 횔더린은 자신의 철학적 근본원리들을, 정의하는 방식으로 간략하게 요약했다"(Friedrich Hölderlin, *Sämtliche Werke und Briefe*. *Bd III*, hg. v. Michael Knaupp, Darmstadt, 1998, 384 f.) [백훈승, 「헤겔에 있어서의 學의 始原의 문제」, 『동서철학연구』, 한국동서철학회, 2013.6 (115-134), 123 f. 참조].

5 셸링의 서문에는 "튀빙엔, 1795년 3월 29일"이라고 서명되어 있다. 이 날은 그 해의 고난주일이었다. 그래서 이 저술은 빨라야 부활주간에 인쇄되고 제본될 수 있었다(Dieter Henrich, *Konstellationen*, ebd., 266 참조).

"판단[Urteil]은 가장 고차적이고 엄밀한 의미로 볼 때, 예지적 직관 속에서 가장 친밀하게 통일된 객관과 주관의 근원적인 분리[die ursprüngliche Trennung]다. 그것을 통해 비로소 객관과 주관이 가능하게 되는 이러한 분리는 근원분할[Ur=Teilung]이다. 분할이라는 개념 속에 이미 객관과 주관의 상호관계라는 개념이 존재하고 있으며, 여기에는 또한 객관과 주관이 그 부분들을 이루는 전체가 필연적으로 전제되어 있다. '나는 나다'는, 이론적인 분할로서의 근원분할이라는 이 개념에 가장 잘 들어맞는 예다. 왜냐하면, 실천적인 근원분할에서는 자아가 비아[Nichtich]에 대립하지, 자기 자신에 대립하지 않기 때문이다.

현실[성]과 가능성은 직접적인 의식과 간접적인 의식처럼 구별된다. 내가 어떤 대상을 가능한 것으로 생각하는 경우, 나는 그것으로 인하여 그 대상이 현실적인 것으로 되는, 지나간 의식만을 반복할 뿐이다. 우리에게는 현실(성)이 아니었던, 사유할 수 있는 가능성은 존재하지 않는다. 그러므로 가능성이라는 개념은 이성의 대상들에 관해서는 또한 결코 타당하지 않다. 왜냐하면 이성의 대상들은 그것들이 존재해야만 하는 것으로서 결코 의식 속에 등장하지 않으며 오직 필연성 개념만이 이성의 대상들에 관해 타당하기 때문이다. 가능성 개념은 지성의 대상들에 관해 타당하고, 현실성 개념은 지각과 직관의 대상들에 관해 타당하다.

존재(하나)는 주관과 객관의 결합을 표현한다.

주관과 객관이 단적으로, 부분적으로만 통일되어 있지 않고, 따라서 분리되어야 하는 것의 본질을 손상시키지 않고는 어떤 분할도 시행될 수 없도록 통일되어 있는 경우에만, 예지적 직관에 있어서 그러하듯이, 존재(하나)에 관해서 단적으로 말할 수 있고, 그 밖의 경우에는 절대 불가능하다. 그러나 이러한 존재(하나)를 동일성과 혼동해서는 안 된다. 내가 '나는 나다'라고 말할 때, 주관(나)과 객관(나)은, 분리되어야 하는 것의 본질을 손상시키지 않고는 어떤 분할도 시행될 수 없도록 통일되어 있는 것이 아니다. 이와는 반대로, 자아는 오직 자아로부터 자아를 분리함으로써만 가능하다. 자기의식 없이 내가 어떻게 '나!'라고 말할 수 있는가? 그런데 자기의식이 어떻게 가능한가? 내가 나를 나 자신에게 대립시킴으로써, 나를 나 자신으로부터 분리함으로써, 그러나 이런 분리에도 불구하고 나를 대립된 내 안에서 동일한 자로 인식함으로써 가능하다. 그러나 어느 정도까지 동일한 자로 인식하는가? 나는 이렇게 물을 수 있고 또 물어야만 한다. 왜냐하면 나는 다른 측면에서 보면 나와 대립해 있기 때문이다. 그러므로 동일성은 단적으로 발생하는, 객관과 주관의 통일이 아니다. 따라서 동일성은 절대적인 존재와 같은 것이 아니다."

13.2.3. 텍스트의 구성과 그 근본의미

이 텍스트는 한 권의 책의 출판면지[Vorsatzblatt]의 앞면과 뒷면에 쓰였고, 앞면에는 'Urtheil'에 대해 쓰였고, 전면의 왼쪽에는 아마도 책표지의 내면이 마주하고 있었을 것이다. 그리고 'Seyn'이 쓰인 면의 오른쪽에는 그 책의 제목이 쓰인 면이 있었을 것이다. 그러나 휠더린이 뒤쪽의 인쇄면에 글을 썼을 가능성도 있다. 그런데 그 경우에는 'Urtheil'이 쓰인 왼편에 책의 마지막 인쇄면이 마주하고 있었을 것이다. 그가 인쇄용 4절지[Blatt]의 양면(兩面)에 글을 썼고 그래서 그가 양면을 더 이상 한 눈에 훑어볼 수 없다는 사실은, 그가 그 인쇄면을 책에서 떼어내서 자기의 원고들(기록들)[Papieren] 속에 넣어두려고 처음부터 생각했다는 데에 대한 근거를 제공할 수 있다. 이로부터 또한, 표지의 내면들이나 책자의 장정(裝幀)의 내면들에 글씨가 잘 쓰일 수 없었다는 사실이 설명될 수 있다.[6]

휠더린은 1794년 11월부터 1795년 봄까지 예나에 머무르면서 피히테의 집에서 이루어지는 강의들을 열광적으로 고무되어 들었다. 이때 청강자들 가운데는 홈부르크의 관리 싱클레어 및 그 친구인 쯔빌링도 있었다.[7] 피히테는 그의 『전 학문론의 기초』(1794/95)에서 절대적 자아의 근원적인 자기정립을 주장하였다. 피히테의 원리, 즉 "나는 나다"라는 명제는 이미 자아와 자아의 분리, 주체로서

---

6 Henrich, *Der Grund im Bewußtsein*, ebd., 683 참조. 프랑크푸르트판(版)에서 이 텍스트는 'Seyn, Urtheil, Möglichkeit'라는 제목으로 편집되었다(FHA 17, 149 ff.). 이 텍스트의 제목과 관련된 문제들에 대해서 프란쯔(M. Franz)는 "Hölderlins Logik," in: *Hölderlin-Jahrbuch* 1986/87, 93 ff.에서 다루고 있다. 이 텍스트의 의미에 대해서는 D. Henrich, "Hölderlin über Urteil und Sein," in: *Hölderlin-Jahrbuch* 14, 1965/66 (73-96), 73 ff.를 참조할 것. 이 논문은 지금은 헨리히의 저서 *Konstellationen*, ebd., 47 ff.에도 실려 있다(Henrich, *Der Grund im Bewußtsein*, ebd., 771 f. 참조).

7 Pöggeler, "Werk und Wirkung," ebd., 13 f. 참조.

의 자아와 객체로서의 자아의 분리를 포함하고 있다. 그런데 이러한 분리 없이는 자기의식도 존재하지 않고 따라서 횔더린에 의하면 자아도 불가능하다. 그러므로 자아는 근원적이고 분리 불가능한 통일을 포함하고 있지 않기 때문에 (철학의) 최고의 원리가 될 수 없다. 최고의 원리는 오히려, 근원적인 통일(체)[Einheit]로서의 순수한 Sein이다.[8]

횔더린은 통일[Einheit], 존재(하나)[Sein] 그리고 생에 대한 이러한 입장으로부터 피히테철학을 일관적으로 비판하고 있다. 횔더린은 1795년 초에 이미 「판단과 존재」에 대한 (편집자인 바이스너에 의해 그렇게 명명된) 메모에서 자기의 숙고를 알린다. 그는 거기에서 — 아마도 피히테의 정확하지 않은, 어원에 대한 언급[9]과 관련하여 — (어떤 것을 서술하는 것으로서의) 모든 판단을 "근원분할[Ur-Teilung]"의 결과로서, "예지적 직관 속에서 내적으로 통일된 객관과 주관의 근원적인 분할"이라고 설명한다: 즉, 근원적으로 단순한 어떤 것은, 이 두 개의 상관자, 즉 이전의 통일을 감추는 동시에 드러내는 주관과 객관 내지 술어로 분열된다. 그런데 이러한 일은, 이 두 개의 상관자가 하나의 사태에 대한 하나의 판단으로 결합됨으로써 가능하다. 요컨대 모든 판단은 판단작용[Beurteilen]의 통일을 파괴하지만, 이와 동시에 판단작용의 통일을 전제하고 있다.

"나는 나다"는 "근원분할[Urtheilung]"이 행렬을 이룬 경우[Paradefall]다. 자기의식의 판단에서 형식(두 개의 분리된 상관자)은 내용(단순한 자아)에 대립한다. 횔더린은, 다음과 같은 점을 보임으로써 피히테의 '반성법칙'에 의존한다: 나는 내가 나의 자아에 비아를 대립시킬 때 자아에 관한 특정한 개념을 비로소 얻는다. 자아의 모든 규정은 자아의 동일성과 단순성을 의식주관과 의식객관으로 분열시킨다. 그리하여 횔더린은 반성 이전의 "절대적 존재"의 필요(필연성)를 요청한다.

"주관과 객관이 단적으로, 부분적으로만 통일되어 있지 않고, 따라서 분리되어야 하는 것의 본질을 손상시키지 않고는 어떤 분할도 시행될 수 없도록 통일되어 있는 경우에만, 예지적 직관에 있어서 그러하듯이, 존재(하나)에 관해서

---

8 Klaus Düsing, "Jugendschriften," in: Otto Pöggeler (hg), *Hegel. Einführung in seine Philosophie*, Freiburg/München, 1977 (28-42), 34-5 참조.

9 "Aphorismen," Fichte, GA II, 4/1, 182 참조: "*Urtheilen, ursprünglich theilen*; (…) es liegt ein ursprüngliches Theilen ihm zum Grunde"; Violetta Waibel, "Wechselbestimmung. Zum Verhältnis von Hölderlin, Schiller und Fichte in Jena," in: *Fichte-Studien* Vol. 12. *Fichte und die Romantik*, 1997 (43-69), 60 f. 참조.

단적으로 말할 수 있고, 그 밖의 경우에는 절대 불가능하다." 이러한 근원적이고 직접적이며 비이원론적인 Sein은 (필연적으로 반성적이고 분화하고 분리하는) 의식의 시선에 의해서는 도달될 수 없다. 절대적 Sein은 사유되거나 인식될 수 없고 전제되어야 한다. 왜냐하면 그렇지 않으면 나는 나의 실제의 자아동일성(내가 존재한다는 명증적인 경험)을 설명할 수 없기 때문이다. 횔더린의 견해에 의하면 피히테는 이 점을 원리적으로 이미 스스로 인식하였다.[10]

이 단편의 반성과정에 기여하는 것은 바로 다음과 같은 생각들이다: 인식의 전통적인 기본개념들인 판단과 존재는 종래의 관계들과는 전적으로 다른 관계인 대립이라는 관계로 전환된다. 즉, 판단은 주관과 객관의 분리요, 존재는 주관과 객관의 결합이라는 것이다. 이러한 단초는 우리로 하여금 'Urteil'이라는 단어의 의미를 주관과 객관이라는 계기들로의 '근원적인 분할'로 이해하도록 허락한다. 이러한 단초는 인식의 대상과 '존재'라고 불릴 수 있는 것을 구별하도록 강요한다. '존재'는 그 어떤 대상들에 대한 주관의 모든 관계에 앞서 존재하고 따라서 결코 인식의 대상으로 될 수 없는 그런 것이다.

그것이 주관과 객관의 근원적인 통일인 한에서, 우리는 그것을 인식의 한계개념을 통해서 기술할 수 있다. 즉 예지적 직관으로서의 한계개념을 통해서 기술할 수 있다. 그런데 그러한 직관은 자기의식의 지(知)의 형태와는 전적으로 다르다. 왜냐하면 거기서는 자기의식이 주관과 객관으로 나타나는 동일자라 할지라도, 주관과 객관은 서로 아주 잘 구별되기 때문이다. 그것이 객관이라면, 그것은 바로 그런 한에서 자기 자신으로부터 분리되어 있는 것이다. 또한 우리는 자기의식을 더 근원적인 자아와 구별해서도 안 되고, 이 근원적인 자아가 예지적 직관이고 Sein이라고 생각해서는 안 된다. 동일성의 명제는 자기의식으로부터 획득된다. 그러므로 자기의식 속에서도 주관과 객관의 단적인 통일은 사유될 수 없다. 그러므로 Sein도 동일성이라고 정의될 수 없다.

---

10 『전 학문론의 기초』에서 피히테는 실로 다음과 같은 물음을 제기한다: "내가 자기의식에 이르기 전에 나는 무엇이었는가? 이에 대한 자연스러운 대답은, '나는 전혀 아무것도 아니었다'라는 것이다. 왜냐하면 나는 내가 아니었기 때문이다. 자아는 자기를 의식하는 한에서만, 그리고 그런 정도로만 존재한다.—저 물음의 가능성은 주관(주체)으로서의 자아와 절대적 주관(주체)의 반성의 대상(객관)으로서의 자아를 혼동하는 데에 근거해 있다. 그런데 이것은 그 자체로 전적으로 부당한 것이다"(GdgWL, in: GA I/2, 260; SW I, 97). Düsing, "Jugendschriften," ebd., 34 f. 참조. 그리고 Bernward Loheide, *Fichte und Novalis. Transzendentalphilosophisches Denken im romantisierenden Diskurs, Fichte-Studien Supplementa*, Amsterdam/Atlanta, 2000, 95-6 참조. Henrich, *Der Grund im Bewußtsein*, ebd., 687 참조.

횔더린의 단편은 이러한 생각들을 잇달아 전개한다. 이 단편은 우선, 'Urteil'의 어원을 예지적 직관의 근원분할[Urteilung]로부터 제공하며, 그리하여 "나는 나다"라는 의식을 그러한 근원적인 분리의 모범적인 예로 묘사한다(StA IV, 216, 1-11). 이에 이어서 그것들의 의미가 이 문맥에서는 더 이상 밝혀지지 않는 양상규정들에 대한 반성이 뒤따른다(StA IV, 216, 12-21). 텍스트의 두 번째 부분에서는, 모든 근원분할에 앞서 존재하는 것은 동일성으로서도 자아로서도 적절하게 기술되지 않는다는 점이 확언된다.[11] 그것은 'Sein'으로 불러야만 하며 오직 예지적 직관으로서만 사유될 수 있다.

이 텍스트는 피히테, 스피노자 그리고 칸트라는 세 명의 철학자들의 권위에 대한 경의를 입증하고, 그들의 근본사상을 서로 결합하고자 시도한다. 피히테의 현재성이 가장 눈에 띈다. 피히테에 있어서는 자아와 비아가 서로 구별되고 동일성의 명제는 "나는 나다"라는 명제로부터 획득된다. 이 텍스트는 분명히 피히테에 대한 관계 속에서 쓰인 동시에 비판적인 관점에서 쓰였다. 스피노자는 모든 대립의 근거가 '단적으로 Sein' 속에서 찾아질 수 있다는 생각에 대해 책임이 있다. Sein 속에서의 운동은 그것의 변양(變樣)들[변용(變容)들]의 '분리'와 '통일'로서만 생각될 수 있다. '분리'와 '통일'은 물론, 헴스터후이스(François Hemsterhuis, 1721-1790)와 더불어 스피노자의 교설의 의미영역 속으로 전승된 플라톤적 개념이다.[12]

13.2.4. "Urteil und Sein"의 내용 분석

횔더린이 이 짧은 글을 통해서 말하려고 하는 바는 무엇인가? 내용을 분석하기 전에 우선 우리는 이 글이 두 차원, 즉 존재론적 차원과 인식론적(논리적) 차원에서 이해되어야 한다는 점을 밝히고자 한다. 이것은 곧, Urteil이 인식론적(논리적)으로는 '판단(判斷)'을 뜻하지만, 존재론적으로는 원초적으로 하나로 통일되어 있던 것이 그 '근원으로부터 분할됨[Ur-teil]'을 뜻할 수 있으며, Sein이 인식론적(논리적)으로는 주어와 술어를 결합하는 계사(繫辭)[Kopula]로서

11 아마도 이 텍스트의 두 번째 부분으로 인쇄된 부분은 사실은 첫 번째 부분이었을 것이다. 헨리히의 이 책 63 참조(*Konstellationen*, 267).

12 Henrich, *Konstellationen*, ebd., 56 ff. 참조.

기능하지만, 존재론적으로는 원초적인 것이 분할되기 이전의 상태, 즉 '하나' 내지 '통일'의 상태를 가리킨다는 말이다.

이 글은 크게 두 부분으로 나누어져 있는데, 그 첫 부분은 판단과 분리·분할에 관해서 말한다. 우리가 어떤 존재자에 대해서 판단하고 진술하기 이전에 그 존재자는 그대로 존재하고 있거나 변화하며, 그것이 분리되지는 않는다. 그러나 우리가 그 존재자에 대해 판단하게 되면 그것은 주어와 술어로 분할된다. 예컨대 내 앞에 피어 있는 장미꽃은 내가 그것에 대해 판단하기 전에는 그냥 장미꽃인 채로 존재한다. 그런데 예컨대 내가 "이 장미꽃은 향기롭다"라고 판단할 경우, 그것은 '이 장미꽃'이라는 주어와 '향기롭다'라는 술어로 분리·분할된다. 그래서 '판단(判斷)[Urteil]'은, 근원적 존재자—이 경우에는 장미꽃—가 주어와 술어로 분할됨[Ur-teil]을 뜻하는 것으로 해석될 수 있는 여지가 있다. 우리말 혹은 한자(漢字) '판단(判斷)' 또한 이러한 분할이라는 사태를 지시하고 있다.

횔더린도 다음과 같이 말함으로써 이러한 견해를 표명한다: "판단[Urteil]은 가장 고차적이고 엄밀한 의미로 볼 때, 예지적 직관 속에서 가장 친밀하게 통일된 객관과 주관의 근원적인 분리[die ursprüngliche Trennung]다. 그것을 통해 비로소 객관과 주관이 가능하게 되는 이러한 분리는 근원분할[Ur=Teilung]이다."[13] 그런데 Urteil(-en)을 이런 의미로 해석한 것은 횔더린에 앞서 피히테다. 즉, 이렇게 어원을 밝히는 단어놀이[Wortspiel]는 피히테가 예나의 강의들에서 사용한 것이 분명한 것으로 보인다. 이 점은, 플라트너(Ernst Platner)의 『철학적 잠언들』(*Philosophische Aphorismen*)을 기초로 한 논리학 및 형이상학 강의로 입증될 수 있는데, 피히테는 이 강의를 1794/95년 겨울학기에 저녁 6시부터 7시까지 했다(Fichte AA 2, 4, 182 참조). 그리고 횔더린이 이 강의를 들었을 개연성이 아주 높다[1795년 1월 19일에 노이퍼(Christian Ludwig Neuffer, 1769-1839)에게 보내는 그의 편지에서 자기는 "저녁때에만 피히테의 강의에 간다"고 한 그의 언급[14]을 참조할 것].[15]

---

13 Friedrich Hölderlin, *Sämtliche Werke und Briefe. Bd II*, hg. v. Michael Knaupp, Darmstadt, 1998, 50.

14 Hölderlin, ebd., 565 참조.

15 Friedrich Hölderlin, *Sämtliche Werke und Briefe. Bd III*, hg. v. Michael Knaupp, Darmstadt, 1998, 385 참조. 헤겔도 이들과 기본적인 인식을 공유하고 있다. 다음의 구절들을 참고할 것: "우리말의 판단이라는 말의 어원학적 의미는 더욱 심오하여, 최초의 것인 개념의 통일과, 근원적인 분할인 개념의 구별을 표현하는데, 이것이 판단의 참뜻이다"(Enz §166, TW 8,

그러나 독일어 Urteil (-en)을 이런 의미로 해석하는 것은 비판받는다. 인우드(M.J. Inwood)에 의하면 'urteilen'에서의 'ur-'는 '근원적인, 원초적인'을 뜻하지 않고, 'erteilen[주다, 나누어주다, award]'에서와 같이 'er-'에 해당한다고 말한다. 그리하여 urteilen은 본래, '주다, 할당하다[allot]'라는 말이고, 'Urteil'은 주어진 것 혹은 할당된 것을 가리켰다는 것이다.[16] 가브리엘과 짠트바읻도 같은 의견을 제시한다. 즉, 이 단어는 '(Recht) erteilen [(권리를) 부여하다]'에서 도출되었다는 것이다.[17] 만약 이 견해가 옳은 것이라면, 횔더린은 이 단어에 자기 자신의 의도가 포함된 의미를 부여했다고 할 수 있을 것이다. 그러나 이 견해가 옳을 경우에도 우리는, 판단을 내릴 때에 우리가 어떤 존재자를 '주어와 술어에 할당하여 나누어 준다'고 해석할 수 있을 것이므로, 이 경우에도 마찬가지로 urteilen에 '분리'나 '분할'의 의미를 부여할 수 있다고 생각한다.

횔더린의 글의 첫 단락에서의 Urteil은, 일차적으로는 '존재론'과 관계되어 있다. 즉, Urteil은 어떤 근원적 존재자가 '주관'과 '객관'이라는 두 존재자로 분할됨을 가리키는 것으로 해석되고 있기 때문이다. 예컨대 일자 내지 절대자로서의 신이 유한한 정신으로서의 주관과 자연으로서의 객관으로 분할되는 경우를 생각해보면 될 것이다. 그러나 이러한 사태는 인식론·논리적으로 해석되면 위에서 예를 든 것처럼, 어떤 존재자가 주어와 술어로 분할되는 사태를 지시한다. 횔더린이 여기서 든 예를 사용하여 말하면, "나는 나다"라는 판단에는, '나'라고 하는 존재자가 '주관으로서의 나'와 '객관으로서의 나'로 분리·분할된 사태를 지시하기도 하고(존재론적 측면), 다른 한편으로는, '나'라고 하는 존재자가 '주어인 나'와 '술어인 나'로 분리·분할되는 사태를 지시하기도 한다. 그리고 이와 동시에 횔더린은, 피히테의 이론철학과 실천철학의 구별을 염두에 두면서, 이러한 근원분할은 '비아(非我)[Nichtich]'가 개입된 실천적인 근원분할에서가 아니라 오로지 자아가 자아에만 관계하는 이론적인 근원분할 개념에 가장 잘 들어맞는

---

316); "판단은 개념의 자기 자신을 통한 분열이다"(GW 12, 55); "판단은 (…) 근원적인 일자[Einen]의 근원적인 분할이다"(ebd.)[백훈승, 「헤겔에 있어서의 學의 始原의 문제」, 『동서철학연구』, 한국동서철학회, 2013.6 (115-134), 124 참조].

16 M.J. Inwood, *Hegel*, London, etc., 1983, 151 참조.

17 J. Ritter u.a. (hg.), *Historisches Wörterbuch der Philosophie*. Bd. 11, Basel, 2001, 443 참조. *Etymologisches Wörterbuch des Deutschen*. Q-Z (erarbeitet von einem Artorenkollektiv des Zentralinstituts für Sprachwissenschaft unter der Leitung von Wolfgang Pfeifer), Berlin, 1989, 1881 f.)에서도 대체로 이 같은 견해를 취하고 있다.

다고 말한다.

이에 이어서 'Urtheil'에 대해 쓰인 면의 두 번째 단락에서는 양상규정들[Modalbestimmungen]에 대한 반성이 뒤따르고, 이 양상규정들은 인식의 세 능력에 대응하도록 배열되어 있는데, 그것들의 정확한 의미는 이 문맥에서는 더 이상 밝혀지지 않으며(StA IV, 216, 12-21), 그것들이 'Urtheil'에 대해 쓰인 면의 첫 번째 단락과 어떤 관계에 있는지는 쉽게 알 수 없다. 또한 횔더린이 Seyn-면과 Urtheil-면 가운데 어떤 면을 먼저 썼는지 알 수 없으나, 다만 구상(構想) 내지 사상(思想)에서의 형이상학·존재론적 순서와 인식론적 정초(定礎)의 순서는 구별할 수 있으며, 존재론적으로는 '분할·분리'에 '통일·하나'가 앞서므로, 당연히 Seyn-면이 선행하는 것으로 이해할 수 있다.[18]

그러면 두 번째 부분을 살펴보자. 이 부분의 핵심내용은, Sein은 "주관과 객관의 결합을" 표현하며, 그것은 "예지적 직관"을 통해서 파악할 수 있다는 것이며, (피히테가 말하는) '나는 나다'라는 자기의식의 원리는 그 안에 이미 (주관과 객관의) 분리를 포함하고 있기 때문에 제1원리가 될 수 없다는 것이다. 그리고 마지막으로, 횔더린 자신이 말하고 있는 "동일성[Identität]"은, '나는 나다'라는, "객관과 주관의 통일"이 아니며, 따라서 "동일성은 절대적인 존재(하나)"와 같은 것이 아니라는 주장이다. 이러한 주장을 조금 더 검토해보자.

첫 단락의 해석에서와 마찬가지로 이 단락의 핵심 단어인 Sein은 일차적으로 존재론적으로는 분리·분할되기 이전의 '근원적 존재자[das ursprüngliche Sein]' 내지 '절대적 존재자[das absolute Sein]'를 가리킨다[독일어로는 'Sein'으로 표현되지만, 우리말로는 '존재자'로 옮기는 것이 적절함]. 그러기에 이러한 'Sein'은 사실 우리말로는 '하나' 내지 '일자(一者)'로 번역되는 것이 적절할 것이다. 횔더린이 말하고 있는 바는, 존재론적으로는 근원적 일자가 분열하여 주관과 객관으로 되는 사태다. 그러면 이러한 사태는 인식론·논리적으로는 어떻게 설명될 수 있는가? 어떻게 해서 Sein은 '하나', '일자', 그리고 '근원적 통일'을 의미하는가? 그것은 우리의 '판단'을 생각해보면 알 수 있다. 즉, 판단은 주어와 술어로 구성되는데, 이때 주어와 술어를 결합하는 역할, 즉 계사(繫辭)의 역할을 하는 것이 바로 sein 동사다. 이 점을 명확히 가리키고 있는 헤겔의 말을 들어보자: "Sein은 그 속에서 주관과 객관이 자신들의 대립을 잃어버린, 그러한 주관과

---

18 Henrich, *Konstellationen*, ebd., 57 참조. 그리고 Henrich, *Der Grund im Bewußtsein*, ebd., 684 f. 참조.

객관의 종합이다”(ThJ, 268). “통합과 Sein은 같은 의미를 지니고 있다; 계사 ‘이다(ist)’는 모든 명제에서 주어와 술어의 통일, 곧 Sein을 나타낸다”(ThJ, 383).

그런데 피히테가 말하는 자아의 자기정립(‘나는 나다’) 작용은 반성작용[Reflexion]이며, 반성은 주관과 객관의 분리를 전제하므로, 이러한 ‘자기의식’은 근원적인 제1원리가 되지 못한다고 비판한다. 혹은, 자기의식은 객관의식(대상의식)의 상관자[Korrelat]로서만 생각될 수 있기 때문에 모든 대립을 넘어서 추구되는 통일적인 근거[Einheitsgrund]로서는 결코 생각될 수 없다.[19] Sein은 모든 의식과 자기의식 그리고 자아의 동일성에 앞서 존재하는 근원적인 일자인 것이다. 즉, 피히테의 원리, 즉 “나는 나다”라는 명제는 이미 자아와 자아의 분리, 주체로서의 자아와 객체로서의 자아의 분리를 포함하고 있다. 그런데 이러한 분리 없이는 자기의식도 존재하지 않고 따라서 횔더린에 의하면 자아도 불가능하다. 그러므로 자아는 근원적이고 분리 불가능한 통일을 포함하고 있지 않기 때문에 최고의 원리가 될 수 없다. 최고의 원리는 오히려, 근원적인 통일(체)[Einheit]로서의 순수한 Sein이다.[20]

13.3. 횔더린의 문서 “Urteil und Sein”이 헤겔에게 미친 영향

헨리히의 견해에 의하면, 헤겔 사상의 성립사를 규명하기 위해서는 칸트에 의해 시작된 철학을 변형하는 단계에서 횔더린이 택한 길의 재구성과 함께하는 사유가 이루어져야만 한다.[21] 이 문서에 나타난 횔더린의 사상, 즉 근원적 통일(하나)과 그로부터의 분리·분할이라는 사상, 그리고 이러한 통일이 내포하고 있는 ‘하나인 동시에 모든 것[hen kai pan]’이라는 사상이 헤겔에게 영향을 준 것은 분명하다. 여기서는 이 영향에 대해 간략하게 소개하고 자세한 내용은 헤겔의 변증적 사상의 전개를 논하는 부분에서 언급하고자 한다.

우선 존재론적인 측면에서 뚜렷하게 발견할 수 있는 영향은 헤겔의 『논리학』 〈서론〉에서 나타나는 ‘시원(始原)[Anfang]’에 대한 언급에서 발견된다. 주지하듯 헤겔 『논리학』은 “자연과 유한한 정신의 창조 이전에 자기의 영원한 본체로

---

19 Dieter Henrich, “Hegel und Hölderlin,” in: Ders., *Hegel im Kontext*, Ffm., 1971 (9-40), 21 참조.

20 Düsing, “Jugendschriften,” ebd., 34 f. 참조.

21 Henrich, *Der Grund im Bewußtsein*, ebd., 26 참조.

존재하는 신의 서술"(TW 5, 44)인데, 이러한 창조 이전에 존재하는 로고스로서의 신은 "(순수한) 하나(일자)[das (reine) Sein]"로 표현된다. 이러한 일자는 장차 유한한 정신과 자연으로, 혹은 주관과 객관으로 분열될 싹(단초)을 내포하고 있는 통일체인 것이다. 이런 맥락에서 헤겔은, "Sein은 그 속에서 주관과 객관이 자신들의 대립을 잃어버린, 그러한 주관과 객관의 종합이다"(ThJ, 268)라고 말하고 있는 것이다.

또한 횔더린이 말하고 있는 단초로서의 Sein은 주관과 객관의 합일을 가리킨다는 점에서, 헤겔에 있어서도 Sein이라는 개념으로 표현될 뿐만 아니라, 사랑[Liebe]이라는 개념, 그리고 생(生)[Leben] 개념, 그리고 청년기 시절 이후에는 특히 정신[Geist] 개념으로도 표현되고 있음을 알 수 있다.[22]

두 번째로, 헤겔의 판단론[Urteilslehre] 내지 명제론[Satzlehre]에 미친 영향을 들 수 있다. 헤겔은 판단을 다음과 같이 정의하고 있다. "판단이란, 개념의 자기 자신을 통한 분열[die Diremtion des Begriffs durch sich selbst]"이며, "근원적 일자의 근원적 분할[die ursprüngliche Teilung des ursprünglichen Einen]이다"(TW 6, 304). 헤겔은 이처럼 '판단[Urteil]'을 '근원적인[Ur]' '분할[teil]'로 이해하고 있다: "우리말의 판단이라는 말의 어원학적 의미는 더욱 심오하여, 최초의 것인 개념의 통일과, 근원적인 분할인 개념의 구별을 표현하는데, 이것이 판단의 참뜻이다"(TW 8, 316. §166).

또한 앞서 말했듯 헤겔은 sein 동사가 문법적·논리적으로 주어와 술어를 결합하는 계사의 역할을 한다는 점과 관련하여 다음과 같이 말한다: "통합과 Sein은 같은 의미를 지니고 있다. 계사 'ist'는 모든 명제에서 주어와 술어의 통일, 곧 Sein을 나타낸다"(ThJ, 383).

22 Dieter Henrich, "Hegel und Hölderlin," ebd., 26 ff. 그리고 38 참조.

14

피히테(Johann Gottlieb Fichte)

피히테의 변증적 사상을 그의 이론철학, 특히 그의 인식론과 실천철학을 통해 살펴보겠다. 이와 관련하여 우리가 주로 고찰할 텍스트는 바로 그의 『전 학문론의 기초』(*Grundlage der gesamten Wissenschaftslehre*, 1794/95)와 『자연법의 기초』(*Grundlage des Naturrechts nach Prinzipien der Wissenschaftslehre*, 1796/97)다.

14.1. 『전 학문론의 기초』에 나타난 변증적 사상

피히테는 『전 학문론의 기초』에서 정립, 반정립, 종합의 도식에 상응하는 세 가지 원리를 다음과 같이 제시한다.[1]

1) 제1원칙(정립): "자아는 근원적이고 전적으로 자기 자신의 존재를 정립한다."[2]

1 이하의 내용은 백훈승, 『서양근대철학』, ebd., 360 ff.를 참조하여 정리한 것이다.

2 "*Das Ich setzt ursprünglich schlechthin sein eingenes Seyn*"(GA I/2, 261; SW I, 98).

① 절대적 자기의식의 정립

피히테는 이 제1원칙이 칸트에 있어서 지성사용의 최상의 원리로서의 '통각의 종합적 통일의 원칙'에 연관됨을 알고 있었다.[3] 그러나 칸트가 이 원칙을 선험적 원칙들의 체계 내지는 범주들—이것에 의해 소여가 정돈되어 경험이 산출된다—의 체계의 정점에 두었던 것에 비하여, 피히테는 자아로부터 독립된 소여가 전제됨을 거부했고, 그리하여 경험의 내용적 측면 또한 자아로부터, 주관의 순수한 활동으로부터 도출되지 않으면 안 된다고 했다. 그러므로 그는 대상(비아)이 자아에 대하여 근원적인 활동 안에서 자아에 의해 반정립된다고 주장한 것이다. 이 제1원칙은 직접성의 단계로서, 자아는 규정 속에서 아직 완전히 공허한 상태로 있으며,[4] 즉자적으로는 최초로 충만함을 나타낸다. 그것은 아직 추상적인 단계에 머물러 있어서, 구체성 속에서 자신을 드러내야 한다.

여기에 나타난, "자아는 자아다"라는 원리에서, 주어의 자아는 활동적 자아요, 술어의 자아는 발견(자각)된 자아다. 이것은 추상적인 자기의식의 원리이며, 논리적으로는 동일률[A=A]을 나타내고 있다. 이때의 자아는 사물처럼 그저 존재하는 것이 아니라, 자기를 정립하려고 활동함으로써 비로소 자아로서 존재하는 것이다. 따라서 자아에 있어서는 정립하는 행위[Handlung]와 정립행위의 결과[Tat]는 동일한 것이다. 그리하여 그는 이것을 '실행(實行)[Tathandlung]'이라고 불렀다. 이러한 선험적 자아·절대적 자아의 실행은 "우리의 의식의 경험적 규정하에 출현하거나, 출현할 수 있는 것이 아니라 오히려 모든 의식의 근저에 있어 그것을 가능케 하는 것"[5]으로서, 이러한 실행을 우리는 절대적 자기의식·선험적 자기의식·추상적 자기의식이라 부를 수 있을 것이다.

"나는 나다"라는 절대적 자기의식을 전제하고 나서야, 자아에 의한 비아의 (반)정립도 가능하다: "따라서 절대적 자아는, 그것이 모든 표상의 최종근거이고 비아가 그런 한에서 절대적 자아에 의해 야기된 것인 한, 비아의 원인이어야 한다."[6] 다시 말하면 절대적 자아는 경험적 자아, 즉 비아에 매개된 자아를 가능케 하는 원인이다.

---

3 GdgWL, in: GA I/2, 261 f.; SW I, 99 참조.

4 GdgWL, in: GA I/2, 270 f. 276 f.; SW I, 109, 116 참조.

5 GdgWL, in: GA I/2, 255; SW I, 91.

6 GdgWL, in: GA I/2, 388; SW I, 250.

② "나는 나다"라는 것은 절대적 자기의식 및 자유의 표현이다.

"나는 나다"라는 것은 대자존재 혹은 자기의식을 나타낸다. 그런데 이것은 절대적인 자기의식이다. 왜 절대적이냐 하면, 이 경우 나 혹은 자아 외에는 아무것도 존재하지 않기 때문이다. 즉 여기에는 나만 있고 나의 타자인 너, 그것이 존재하지 않는다. 그러므로 자아에 대립해 있는 것이 없으므로 이 자아는 대립이 없는(절대: 絶對, 대립이 끊어진, 대립으로부터 해방된) 자아요, 따라서 이때의 자기의식은 절대적인 자기의식이다. 자기의식은 반성적인 성격 내지는 구조를 가지고 있다. 아니, 자기의식은 반성적인 활동이다. 그러므로 그것은 주객관계, 주관과 객관이라는 구조를 가질 수밖에 없다. 그렇다면 자기의식은 이미 상대적인 의식이 아닌가? 즉, 자기의식은 주관 혹은 주체로서의 나와 객관 혹은 객체로서의 나라는 두 개의 나로 분리되지 않는가? 그러나 그렇지 않다. 이것은 형식적으로만 그렇게 구분될 뿐, 주관으로서의 '나'와 객관으로서의 '나'는 동일한 '나'인 것이다. 그러므로 제1원칙에 등장하는 정립하는 자아와 정립된 자아는 동일한 자아이고, 이러한 자기의식은 절대적 자기의식이다. 이러한 절대적 자기의식에 대하여 피히테는 다음과 같이 말한다.

그런데 자기의 외부에 존재하는 모든 것으로부터의 자신의 자립성 및 독립성을 의식하게 되는 자—그리고 우리는 자기를 모든 것으로부터 독립적인 자로 만들고, 자기 자신을 통해 자기를 어떤 것으로 만듦으로써만 이렇게 된다—는 자기 자신을 지탱하기 위해 물(物)을 필요로 하지 않고 그것을 필요로 할 수도 없다. 왜냐하면 그것은 저 자립성을 폐기하고, 공허한 가상으로 변화시키기 때문이다.[7]

이렇듯 피히테의 '자아'는 자기를 모든 것으로부터 독립적인 자로 만드는 자유로운 존재자로서, 바로 '자유'라는 범주적 형태 속에서 이해된다.[8]

2) 제2원칙(반정립): "(…) 자아에 대하여 비아가 전적으로 반정립된다."[9]

---

7 *Erste Einleitung in die Wissenschaftslehre* (EEWL로 줄임), in: GA I/4, 194; SW I, 433 f.

8 Gerhard Gamm, *Der Deutsche Idealismus. Eine Einführung in die Philosophie von Fichte, Hegel und Schelling*, Stuttgart, 1997, 50 f. 참조.

9 "(…) wird dem Ich schlechthin entgegengesetzt ein Nicht-Ich"(GdgWL, in: GA I/2, 266;

① 자아에 의한 비아의 정립: 대상의식의 발생

이 두 번째의 단계는 매개 혹은 부정의 단계로서, 자아가 주체와 객체의 대립으로, 내적으로 나누어지는 것을 나타내며, 자아가 비아를 자신에 맞세워 정립한다는 것을 뜻한다. 모든 비아는 자아에 내해서만 존재하는 것이다. 비아는 자아의 활동에 의해서만 존재하므로, 자아가 없는 비아는 없다. 비아는 독립해 있는 것이 아니라 자아에 의해 정립된 것이요, 그런 한에서 자아(주관) 속에 있는 것이다.

피히테는 자아의 이러한 외부관계 혹은 존재관계[Seinsbeziehung]가 두 번째의 근본적인 활동 속에서, 즉 '반정립' 속에서 보증되는 것을 본다. 따라서 자아는 자신에게 '비아'를 필연적으로 반정립한다. 자아는 자기를 자기 자신으로부터 구별하고, 그럼으로써 대상세계가 열리고 주제화되는 공간을 연다. 이와는 반대로 자아는 비아로부터의 이러한 구별 속에서 비로소 자기[Selbst]로서의 자신에 관계할 수 있다. 따라서 두 번째 원칙은, 서로 함축하고 전제하는, 주체[Subjektivität]의 자기연관과 타자연관의 내적 관계를 지시한다. 즉, 자기 없이는 세계가 없고 세계 없이는 자기도 없다.[10]

② 자아와 비아

피히테에 의하면 이러한 사태는 선험적 관점에서 보면 다음과 같이 말할 수 있다: "비아는 (…) 자아의 다른 모습에 불과하다."[11] 즉, 정지, 저지됨이라는 성격을 띤 자아의 다른 모습에 불과하다. 피히테에 있어서는 여기에, 존재[Sein]를 도출할 논리적인 장소가 있다.[12]: "Sein은 직접적인 개념이 아니라 (…), 활동이 최초의 것이고 직접적인 것이다. 이것(활동: 필자 주)은 설명될 수 없다. 이에 반해서 Sein은 도출해낼 수 있다."[13]

그런데 여기서 피히테가 말하는 '존재[Sein]'는 과연 무엇인가? 앞에서도 말

SW I, 104).

10 Gamm, ebd., 52 참조.

11 *Wissenschaftslehre nova methodo* (WLnm로 줄임), in: GA IV/2, 40 참조.

12 Alois K. Soller, *Trieb und Reflexion in Fichtes Jenaer Philosophie*, Würzburg, 1984, 42 참조.

13 WLnm, in: GA IV/2, 38; Vorlesung über Logik und (…), in: GA IV/1, 203 참조.

했듯이 Sein이라는 용어는 다양한 의미로 사용된다. 그런데 여기에서는 '활동[Tätigkeit]'[14]이라는 용어와 대비되어 사용되고 있다. 활동이란 물론 자아의 활동을 뜻한다. 그러면 Sein이란 무엇이겠는가? 그것은 바로 대상의 존재, 비아의 존재를 말한다. 독일철학에서 흔히 '사유와 존재[Denken und Sein]', 이렇게 말할 때의 존재가 바로 여기에 해당된다. 이것을 '주관과 객관', '주체와 객체', '사유와 대상', 혹은 '자아와 타자', 혹은 피히테처럼 '자아와 비아'로 표현해도 마찬가지다. 위의 문장은, 자아에 의한 자아의 정립이 1차적·근원적이고, 자아에 의한 비아의 정립 내지는 반정립은 이에 비해 볼 때 2차적이라는 사실을 말하고 있다. 그러므로 비아는 직접적인 개념이 아닌 것이다. 피히테는 그러므로 다음과 같이 말한다: "존재는 그러므로 비아의 성격이며," 하나의 "부정적인 개념이다."[15] 그렇다. 존재는 자아의 성격이 아닌 비아의 성격이다. 자아는 그저 존재하는 것이 아니라 부단한 활동으로서만 존재한다. 그러므로 피히테는 자아가 활동 혹은 행위[Handlung]라는 것을 강조해서 말한다. 또한 존재는 긍정적인 개념이 아니라 부정적인 개념이다. 즉 비아라는 표현은 '자아가 아닌 것'이라는 부정적인 형태의 표현이다. 자아가 있고 나서 비아가 있는 것이지 비아가 있고 난 후에 자아가 있는 것이 아니다.

3) 제3원칙(종합): "나는 내 속에, 가분적 자아에 대립해서 가분적 비아를 반정립한다."[16]

---

14 'Tätigkeit'와 'Aktivität'은 '활동'으로, 'Handlung'은 '행위'로, 그리고 'Tun'은 행동으로 각각 옮긴다.

15 WLnm, in: GA IV/2, 39. 그리고 Brief von Fichte an Schiller v. 27.06.1795, in: GA III/2, 338 참조.

16 "*Ich setze im Ich dem teilbaren Ich ein teilbares Nicht-Ich entgegen*"(GdgWL, in: GA I/2, 272; SW I, 110). 주의 깊게 피히테의 글을 읽은 독자는 감지했겠지만, 학문론의 제1원칙은 "*Das Ich setzt ursprünglich schlechthin sein eigenes Sein*"이라고 되어 있다. 이 경우의 Ich는 일반명사인 '자아'라는 뜻이며, 따라서 동사도 일인칭 단수 대명사에 해당하는 'setze'가 아니라 3인칭 단수에 해당하는 'setzt'가 사용되었다. 그러나 피히테는 3인칭 단수로서의 '자아'만을 주어로 삼은 것이 아니라 여기 제3원칙에서는 1인칭 단수의 '나'도 주어로 사용하고 있는 것을 알 수 있다. 즉, 이 인용문에서 피히테는 "Das Ich setzt"라고 표현하지 않고 "Ich setze"라는 표현을 사용하고 있다. 따라서 나는 이 명제를, "자아는 자아 속에서 (…) 반정립한다"라고 옮기지 않고, "나는 내 속에서 (…) 반정립한다"라고 옮겼다. 전자의 주어는 일반명사로서 모든 개인의 자아를 총칭하는 표현으로 사용되는 반면에, 후자의 주어는 어떤 특정한 개인의 자아를 가리키는 표현으로 사용될 수 있다. 그러나 이러한 구별이 항상 이루어지는 것은 아니다. 왜냐

여기에는 대상의식이 매개된 구체적 자기의식이 표현되고 있다. 첫째 원칙과 둘째 원칙은 서로 대립한다. 즉 자아와 비아는 서로 대립한다. 이 셋째 원칙은 두 원칙의 종합이다. 세 번째의 원칙은 자아와 비아, 자기와 대상의 종합을, 그리고 관계의 상관자들로부터 분석적으로 도출될 수 없는 통일을 떠맡아야 하는 논리적 형태를 규정한다. 피히테는 '제한적'[limitativ]이라는, 양(量) 범주[17]들 가운데 하나의 범주를 다시 수용하면서 이 형태를 규정한다. 즉, 자아와 비아는 가분적이고 상호 제한하는, 관계연속체의 계기들로서 정립된다.[18] 그는 이렇게 말하고 있다: "나는 내 속에 가분적인 자아에 대하여 가분적인 비아를 반정립한다. 이 인식을 어떤 철학도 넘어서지 못한다. 그런데 모든 철저한 철학은 이러한 인식에까지 되돌아가야 한다. 그리고 모든 철저한 철학이 그렇게 하는 대로, 그것은 학문론으로 된다. 지금부터 인간정신의 체계 속에 등장해야 하는 모든 것은, 제시된 내용으로부터 도출되어야 한다."[19]

이렇게, 유한한 자아와 유한한 비아는 상호 제한하며 규정한다. 즉 피히테에 의하면, 자아에 의한 비아의 반정립을 통해 성립된 가분적 자아와 가분적 비아가 상호 관계하는 두 가지 방식이 있는데, 그 하나는 ① "(…) 자아는 자기 자신을, 비아에 의해 제한된 것으로 정립한다"[20]고 하는 이론적 방식이고(이 명제는 이론적 학문론의 기초를 이룬다. 그리고 초기 학문론의 제2부 전체는, '이론지(理論知)의 기초'라는 제목으로 이 분석에 바쳐진다), 다른 하나는 ② "자아는 비아를, 자아에 의해 제한된 것으로 정립한다"[21]고 하는 실천적 방식이다(이 명제는 실천적 학문론의 기초를 이룬다). 전자의 경우는 자아가 비아에 의해서 수동적으로 활동하는 인식의 면이요, 둘째는 자아가 비아에 대해서 능동적으로 활

하면 1인칭 단수인 '나'도 각각의 모든 자아가 자기 자신을 가리켜 말하는 경우에는 '나 일반'으로서의 '자아'와 동일한 의미를 지니게 되기 때문이다.

17 칸트에 있어서는 질(質) 범주임.

18 Gamm, ebd., 52 참조.

19 GdgWL, in: GA I/2, 272; SW I, 110.

20 "(…) das Ich setzt sich selbst, als beschränkt durch das Nicht-Ich"(GdgWL, in: GA I/2, 285; SW I, 126). 피히테는 이것을 또한 "자아는 자신을 비아를 통해 규정된 자로 정립한다(Das Ich setzt sich, als bestimmt durch das Nicht-Ich)"(GdgWL, in: GA I/2, 287과 385; SW I, 127과 246)라고도 표현한다.

21 "Das Ich setzt das Nicht-Ich, als beschränkt durch das Ich"(ebd.). 피히테는 이것을 또한, "(…) 자아는 비아를 규정하는 자로 자신을 정립한다[(…) das Ich setzt sich als bestimmend das Nicht-Ich]" (GdgWL, in: GA I/2, 385, 386; SW I, 246, 247, 248)라고도 표현하고 있다.

동하는 실천의 면이다. 여기에, 전자를 다루는 이론적 학문론과, 후자를 다루는 실천적 학문론의 구별이 생긴다.

제3원칙은 반정립된 자아와 비아 간의 종합을 표현한다. 모든 종합은 반정립을 전제하며 이 양자는 정립을 전제한다. 왜냐하면 정립이 없이는 반정립[Entgegensetzen]도 합-정립[Zusammensetzen]도 불가능하기 때문이다. "종합 없는 반정립이 불가능하고 반정립 없는 종합이 불가능하듯, 종합과 반정립은 정립 없이는 불가능하다"(SW I, 115).

피히테의 후기철학에서 일과 다의 변증법으로 전개되는 것은 『전 학문론의 기초』에서는 다음의 인용에서와 같이 우선 주관적인 것과 객관적인 것의 변증법으로 규정되었다. 즉 "종합적 통일로서의 활동은 가장 간단히 말해서 대립된 것들—주관적인 것과 객관적인 것—을 절대적으로 총괄하고 고수하는 활동이라고 기술된다"(SW I, 205)는 것이다. 그러나 분명히 피히테는 처음부터 주관적인 것을 경험의 통일이라는 계기와, 객관적인 것을 경험된 다양성의 계기와 동일시했다.

피히테는 『선험적 논리학』(*Transzendentale Logik*, 1812)에서 "변증법"에 관해서 몇 차례 언급했는데, 그것은 곧 자기가 발생적인 절차를 밟고 있으며 "변증적인 전개술(展開術)[dialektische Kunst der Entwicklung]"(SW IX, 184)을 사용하고 있다고 설명한 경우, 혹은 변증적 기술은 "안출(案出)[Aus- und Erdenken]의 변증법이 아니며, 사유는 우리 자신에게 있어서 행해진다. (우리가 명증성을 만들어내는 것이 아니라) 명증성이 우리를 붙든다"라고 설명한 경우다. 피히테에 의하면 "참된 변증법은 (…) 이 명증성에 이르는 합법칙적인 방법이다"(SW IX, 188).[22]

14.2. 『자연법의 기초』에 나타난 변증적 사상[23]

앞서 살펴보았듯, 가분적 자아와 가분적 비아가 서로 관련할 때, 자아가 비아를, 자아에 의해 제한된 것으로 정립한다는 실천적 방식(실천철학)이 전개되고 있는 주요 텍스트들 가운데 하나가 바로 『자연법의 기초』(*Grundlage des Natur-*

22 Wolfgang Röd, *Dialektische Philosophie der Neuzeit I*, München, 1974, 92 ff. 참조.

23 이하의 내용은 백훈승, 『서양근대철학』, ebd., 369 ff.를 참조하여 정리한 것이다.

rechts nach Prinzipien der Wissenschaftslehre, 1796/97)[24]라고 하는 저술이다. 이 텍스트를 통해서 전개되는 피히테의 실천철학을 살펴보면, 이론철학에서의 자아[주체]의 추구[Streben]에 맞서는 객체의 반대추구[Gegenstreben] 내지 저지[Anstoß][25]에 해당하는 개념은 바로 촉구(促求)[Aufforderung][26]라는 개념이다. 자아의 추구(작용)는 비아를 전제하며, 비아는 자아의 추구작용에 대해 반대추구 내지는 저지로서 작용하며, 다른 말로 하면, 무한한 추구로서의 절대자아는 극복이라는 작용을 포함하고 있으며, 이러한 극복작용은 극복해야 할 장애나 저항을 필요로 한다고 하겠다.

학문론에 의하면 자아는 자유로운 행위에 대한 자극으로서 외부에 존재하는 어떤 것으로부터 오는 충격 혹은 반발인, 저지에 의존해 있다. 그러나 『학문론의 원리들에 의한 자연법의 기초』에서 저지는, 자유롭고 책임 있는 행위에 대한 촉구라고 해석된다.[27]

『전 학문론의 기초』에서처럼 비아로서의 사물이 자아의 인식의 대상이나 의욕의 대상이 될 경우에는 자아의 추구가 비아로 나아가 거기에 부딪히고

---

24 GN으로 줄임.

25 'Anstoß'는 'anstossen'이라는 동사의 명사로서, '~에 부딪힘', '~와 충돌함'을 뜻한다. 글자 그대로의 의미에 따르면 '충돌'이라고 번역하는 것이 적절하겠으나, 피히테는 이 용어를, 자아의 추구가 비아에 충돌하여 발생한 상태인 '저지(沮止)'라는 의미로 사용하고 있으므로 앞으로 이렇게 번역하기로 한다.

26 'Aufforderung'은 촉구(促求), 요구(要求), 요청(要請), 부름, 소환(召喚), 재촉, 명령(命令), 권유(勸誘), 초청(招請) 등의 의미를 지니고 있는 용어다. 예컨대, "eine Dame (zum Tanzen) auffordern"이라고 하면, "어떤 부인에게 춤추기를 청하다"라는 뜻이고, "jn. zur nochmaligen Überlegung [Erwägung] auffordern"은 "재고하기를 권하다"라는 뜻이며, "jn. auffordern zu bezahlen"라고 하면, "지불을 청구하다"라는 뜻이다. 독일의 작곡가 베버(Carl Maria von Weber, 1786~1826)의 작품인 Aufforderung zum Tanzen은 『무도(회)[舞蹈(會)]에의 권유』로 보통 번역되고 있지만, 사실 이것은 "춤추기를 청함"이라는 뜻이다. 이에 대한 영어 번역어로는 invitation, prompt request, challenge, injunction, summons, incitement, instigation, call, demand, affordance 등이 사용될 수 있으나, 실제로 대부분의 철학자들은 'summon'을 사용하고, 때로는 'elicitation'[예컨대 Douglas Moggach, "Reciprocity, Elicitation, Recognition: The Thematics of Intersubjectivity in the Early Fichte," in: *Dialogue* 38, 1999 (271-96)]이 채택되기도 한다. 피히테가 말하는 요점은, 타인은 자기 자신의 존재에 의해서 나의 자유에 대하여 주장을 함으로써, 나로 하여금 자유로운 행위, 책임 있는 행위 등을 하도록 요청하거나 명령한다는 것이다(Robert R. Williams, *Recognition. Fichte and Hegel on the Other*, Albany, 1992, 67 참조).

27 Robert R. Williams, ebd., 56 참조.

[anstoßen], 자기 자신과 비아의 구별(차이)을 인지하고 비아를 인식하든지 혹은 비아를 부정하여 자기 것으로 삼음으로써 자기의 충동이나 욕망을 충족시킨다. 그러나 비아가 사물이 아닌 다른 하나의 자아일 경우에 사정은 이와 다르게 된다.[28] 타아 혹은 타인으로서의 비아는 자아에 의해 부정되거나 절멸되어야 할 대상이 아니라 함께 공동체를 이루어나가야 할 협력자요 공동체의 구성원인 것이다. 이러한 사유의 변화에 따라, 학문론에서 '저지', '충돌' 혹은 '반대추구'로 표현된 용어가 『자연권의 기초』에서는 (자유롭고 책임 있는 행위에 대한) '촉구'라는 개념으로 바뀌게 된다.[29] 이러한 타인으로서의 비아는 자아에 의해 부정되어야 할 대상이 아니라 인정[30]되어야 할 존재자다.[31]

---

28 피히테가 타아에 대한 선험적 논증들을 『자연법의 기초』(1796/97)에서 전개하기 시작했지만, 그는 이미 『전 학문론의 기초』에서 "너 없이는 내가 없고, 나 없이는 네가 없다"(SW1, 189)고 선언하고 있다. 뿐만 아니라, 『전 학문론의 기초』와 같은 해(1794년)에 쓰인 『학자의 사명에 대한 몇 차례의 강의』(*Einige Vorlesungen über die Bestimmung des Gelehrten*)에서도 피히테는 "인간의 외부에 자기와 같은 이성적 존재자가 주어져 있다(daß vernünftige Wesen seines Gleichen außer ihm gegeben seyen)"(I/3, 36)는 것은 "인간의 필요[seine Bedürfnisse]"에 속하며, 또한 그렇게 가정할 수 있는 것은 "인간의 근본충동"(ebd., 37)에 속한다고 말하기는 하지만, 그가 본격적으로 실천철학에 관해 발표하기 이전부터 사물로서의 비아뿐만 아니라 타인으로서의 비아도 늘 염두에 두고 있음을 생각할 때, 자아가 스스로 자신을 단적으로 정립한다고 표현되어 있는 피히테의 『학문론』(1794)의 변증법이 고독한 반성이라는 관계에 결합되어 있다고 보는 하버마스의 주장(Jürgen Habermas, "Arbeit und Interaktion. Bemerkungen zu Hegels Jenenser Philosophie des Geistes," in: *Technik und Wissenschaft als Ideologie*, Ffm., 1969 (9-47), 13 ff. 참조)은 적절하지 않다.

29 촉구는 이런 의미에서, "주체로부터 실천적인 응답을 야기하는 실천적인 '저지'"(James Alexander Clarke, *Fichte's theory of Intersubjectivity*, Durham theses, Durham University, 2004, 138)라고 할 수 있다.

30 Anerkennung은 인정(認定) 혹은 승인(承認)으로 번역되고 있다. 독일어 erkennen은 '어떤 대상을 인식한다'는 뜻을 지니고 있고, anerkennen은 '어떤 대상을 존중하고 소중하게 생각하고 어떤 가치를 용인한다'는 의미를 지니고 있다. 이 경우 전철(前綴) 혹은 접두사 an은 '~에 다가간다'라는 의미를 지니고 있다. 독일어에 대응하는 영어에는 두 용어가 있는데, recognize는 '인식한다'와 '인정한다'라는 두 의미를 모두 지니고 있으며—명사는 recognition이다—acknowledge는 후자의 의미로 사용된다(명사는 acknowledgement이며, 접두어 'ac'도 독일어의 'an'과 같은 의미를 지니고 있다). 필자는 이 책에서 anerkennen을 '인정하다'로, Anerkennung을 '인정'으로, Anerkennungskampf를 '인정투쟁'으로 옮겨 사용한다. 왜냐하면 '승인'은 법적인 의미를 내포할 수 있어서, 예컨대 어떤 나라를 '독립국가로 승인한다'는 식의 표현이 자연스러운 반면, 예컨대 인간과 인간 사이에서, '내가 당신을 나의 스승(친구)으로 승인한다'라는 표현보다는 '내가 당신을 나의 스승(친구)으로 인정한다'라는 표현이 적합한 것으로

『자연권의 기초』에서 나타나는 저지는 자기의식을 지닌 이성적이고 인격적인 타아를 통한 촉구다. 타아의 촉구를 통하여 주체는 자기 자신을 자유롭게 활동할 수 있는 능력으로 파악하는 동시에, 규정된 어떤 것을 하기로 구체적으로 결단한다. 이로써 촉구는 그 주체에게 순전히 그에게 속한 자유로운 활동에 대한 전망을 열어준다.[32] 자기의식과 자유는 상호주관적으로 매개되어 있다. 그리고 자유에 대한 명백한 자기의식은 자아가 자기 자신에게 줄 수 있는 것이 아니라, 나에 대한 타인의 주장(촉구)으로부터 발생한다. 나를 자유롭고 책임 있는 자가 되라고 촉구하는 타인은 또한 나로 하여금 그를 자유로운 자로 인정할 것을 요구한다.[33]

『전 학문론의 기초』에서의 자아(주관)와 비아(객관)의 대립은 자아에 의한 비아의 부정을 통하여 통일에 이르렀지만, 『자연법의 기초』에서의 자아(주관으로서의 하나의 인간)와 비아(주관으로서의 또 하나의 인간) 간의 대립은 일방에 의한 타방의 부정을 통해서가 아니라 이들 양자 간의 상호인정을 통해서 극복되어 양자는 변증적 통일에 이를 수 있는 것으로 피히테는 보고 있다. 이러한 통일의 상태는 상호존중 내지 상호인정을 통하여 이루어지는바, 상호인정의 구체적인 내용은 바로 피히테가 "법의 명제"라고 부르는 다음과 같은 진술을 통해 표현된다: "나는 나의 외부의 자유로운 존재자를 자유로운 존재자로 모든 경우에 인정해야 한다. 즉, 나는 나의 자유를 나의 외부의 자유로운 존재자의 자유의 가능성이라는 개념을 통해 제한해야 한다."[34] 또는 이렇게도 말한다: "(…) 너 이외의 다른 모든 사람들도 자유로울 수 있도록 너의 자유를 제한하라."[35] "네가 관계를

생각되기 때문이다. 김준수는 '승인'에는 '받듦', '받아들임'의 의미가 '인정'에서보다 더 선명하게 부각되기 때문에 대체로 '승인'으로 번역한다고 일리 있는 주장을 제기한 바 있다(김준수, 『승인이론. 독일관념론의 상호주관성 이론 연구』, 용의 숲, 2015, 12 참조). 그러나 '인정'의 '인(認)'에도 '허락(허가)한다'라는 의미가 포함되어 있음을 감안할 때, 필자는 법적인 의미와 일상적인 의미 모두를 아우를 수 있는 '인정'을 번역어로 사용하고자 한다.

31 Hirschberger, *Geschichte der Philosophie. II. Teil. Neuzeit und Gegenwart*. Zweite Auflage, Freiburg, 1955, 340 참조.

32 Edith Düsing, *Intersubjektivität und Selbstbewußtsein. Behavioristische, phänomenologische und idealistische Begründungstheorien bei Mead, Schütz, Fichte und Hegel*, Köln, 1986, 251 f. 참조.

33 Williams, ebd., 68 참조.

34 GN. GA I/3, 358; SW III, 52.

35 GN. GA I/3, 387; SW III, 89. 또는 이렇게도 말한다: "나는 분할되지 않는 동일한 행위

맺는 다른 모든 사람들의 자유개념을 통해 너의 자유를 제한하라."[36]

14.3. 후기 종교론에 나타난, 자아와 절대자의 통일 사상

피히테의 후기 철학의 시작으로 간주되는 1800년경에 피히테에 있어서, 신에 대한 사유의 변화가 생긴다. 그리하여 그는 학문론의 후기원고들에서는, 자아와 비아의 분열을 넘어서 (신적인) 절대자 속에 있는 통일의 원리에 이르고자 한다.[37] 이때의 절대적 자아는 곧 절대자·신을 뜻하기도 한다. 즉, 피히테는 학문론에서와 같이, 모든 경험적 의식의 근저에 있으면서 경험을 가능케 하는 선험적 의식으로서의 절대적 자아를 이야기하고 있는 것이 분명하지만, 다른 한편으로는 절대자·신이라는 의미로 '절대적 자아'를 사용하고 있다. 왜냐하면, 절대적 자아는 유한한 자아·경험적 자아에게 있어서 하나의 이념이 될 수 있기 때문이다. 즉, "나는 나"라고 하는 절대적인 통일에 이를 수 있는 것은 오직 신적인 경지에서만 가능한 것이고, 유한한 인간에게 있어서 그것은 도달할 수 없는 하나의 이상(理想)에 불과한 것이다. 다시 말하면, 유한자인 인간의 자아에 있어서 비아는 궁극적으로는 부정될 수 없는 한계로서 남게 된다. 그러므로 엄밀한 의미에서의 절대적 자아는 신의 자아일 수밖에 없다. 그리하여 피히테는 자신의 후기철학에서, 비아의 절멸을 향한 무한한 추구라는 사상을 지양하여, 추구의 방향을 절대자와의 합일이라는 곳으로 돌린다. 그리하여 피히테는 1806년에 베를린에서 행한 열한 편의 강의에 기초한 『복된 삶에로의 안내 혹은 또한 종교론』(*Die Anweisung zum seligen Leben oder auch die Religionslehre*. ASL로 줄임)에서 다음과 같이 말한다: "불변자와 하나가 되고자 하고 융해되고자 하는 이 충동은 모든 유한한 현존재자의 가장 내밀한 뿌리다"(ASL 1. Vorlesung. SW V, 407). 그리고 이러한 절대자와의 합일에 의하여 복된 삶[seliges Leben]을 얻을

속에서, 다른 자유로운 존재자들을 동시에 정립한다. 따라서 나는 나의 구상력을 통하여, 여러 존재자들이 분할되는 자유를 위한 영역을 기술한다. 나는 내가 정립한 모든 자유를 나 자신에게 귀속시키는 것은 아니다. 왜냐하면 나는 다른 자유로운 존재자들도 정립하고, 그들에게도 자유의 부분을 귀속시켜야 하기 때문이다. 나는 다른 존재자들을 위해서도 자유를 남겨 놓음으로써, 자유를 전유(專有)함에 있어서 나 자신을 제한한다"(GN. GA I/3, 319; SW III, 8).

36 GN. GA I/3, 320; SW III, 10.

37 Peter Kunzmann u.a., *dtv-Atlas zur Philosophie*, München, 1995, 149 참조.

수 있다고 그는 말한다. 이 삶의 특징은, 신에 대한 사랑에 있다. 왜냐하면 사랑이야말로 삶의 핵심이기 때문이다. 종교적 입장에서 보면, 도덕적 행위는 신에 대한 사랑이며, 신의 의지를 수행하는 것으로, 그 행위는 신에 대한 신앙과 신뢰에 의해 지탱되고 있는 것이다. 피히테는 인간이 그 속에서 신적인 것과 합일될 수 있는 사랑이 무엇보다도 중요하며, 사랑 속에서 이성의 한계가 극복된다고 말한다. 일찍이 신을 도덕질서와 동일시함으로써 '무신론 논쟁'에 휘말리게 되어 예나대학 교수직을 사임할 수밖에 없었던 피히테는 이제 신을, 우리가 우리의 지(知)와 추구에 있어서 향해야 하는 절대자로 파악하게 된다.

피히테는 칸트를 따라서 종교를 도덕성에로 환원했다. 그러나 이로써 동시에 도덕을 종교로 고양한 것이다.[38] 그는 『신의 세계통치에 대한 우리의 믿음에 대하여』(*Über den Grund unseres Glaubens an eine göttliche Weltregierung*, 1798)라는 글에서 다음과 같이 말한다: "이것이 참된 신앙이다. 즉 이 도덕적 질서가 바로 우리가 가정하는[annehmen] 신적인 것"[39]이라고 말한다. 종교는 사람을 살리는 역할을 해야 한다. 그러나 역사 속에서, 그리고 오늘날도 여전히 종교라는 이름으로 많은 폭력과 파괴와 살상행위가 자행되고 있다. 신의 이름을 부르면서 자신과 타인을 해친다. 과연 이들에게 신은 존재하는 것일까? 악을 행하면서 신의 이름을 부르고 기도하는 것은 이율배반이 아닐까? 일찍이 예수는 위선자들을 꾸짖으며 올바른 삶을 살 것을 요구했다.[40] 악을 행하면서 자신을 신의 자녀라고 말하는 것은 어불성설이다. 오히려 예수는 자기를 둘러싼 사람들이, 자기의 어머니와 형제들이 찾아왔다고 말할 때에, "누가 내 어머니이며 내 형제들이냐? (…) 누구든지 하나님의 뜻을 행하는 사람이 곧 내 형제요 자매요 어머니다"(마가복음 3:33-35)라고 그들에게 말했다. 신의 뜻이란, 신을 사랑하고, 또 이웃을 사랑하는 것이다. 교회나 성당이나 절에 다닌다고 해서, 그리고 종교를 가지고 있다고 해서 진정한 종교인은 아닌 것이다. 특정한 종교를 가지고 있지 않더라도 사랑을 실천하는 사람, 그러한 자가 곧 신의 뜻을 행하는 사람이며,

---

38 Helmut Seidel, *Johann Gottlieb Fichte zur Einführung*, Hamburg, 1997, 114 참조.

39 *Über den Grund unseres Glaubens an eine göttliche Weltregierung*, in: SW V(177-189), 185.

40 그는 이렇게 말한다: "그날에 많은 사람이 나더러 이르되 '주여, 주여, 우리가 주의 이름으로 선지자 노릇하며 주의 이름으로 귀신을 쫓아내며 주의 이름으로 많은 권능을 행치 아니하였나이까?' 하리니 그때에 내가 저희에게 밝히 말하되 불법을 행하는 자들아 내게서 떠나가라 하리라"(마태복음 7:22-23).

그 사람이 바로 참된 종교인이요, 유신론자다.

이런 관점에서 볼 때, 자신들의 종교가 참된 종교라고 서로 주장하면서 살인까지도 서슴지 않는 유신론자들—이들은 실은 무신론자라고 해야 할 것이다—에게 이미 오래전에 렛싱이 전하는 메시지를 우리의 마음에 새겨야 할 것이다.[41] 자신들이 가진 반지가 진짜라고 떠드는 것은 아무런 소용이 없고, 삶과 실천으로 그것을 보여야 할 것이다. 진짜 반지를 가지고 있는 사람의 삶은 '신과 인간의 사랑을 받게 되고', 많은 선한 결과들을 산출할 것이다. 기독교 신약성서에서 "그 열매로 나무를 알 것"(마태복음 7:20; 그리고 누가복음 6:44 참조)이라고 한 것과 같은 말이다. 즉, 종교의 본질들 가운데 하나, 혹은 종교의 핵심은 '사랑'이라는 말이다. 어쨌든 피히테는 자신의 후기철학에서 자아와 절대자와의 합일을 추구하였고, 이 합일의 핵심에 있는 사상이 바로 '사랑'이라는 점을 확인할 수 있다.[42]

41 고트홀트 에프라임 레싱, 『현자 나탄』, 윤도중 역, 지식을 만드는 지식, 2011, 119 ff. 참조.

42 백훈승, 『서양근대철학』, ebd., 369 ff. 참조.

15

쉘링(Friedrich Wilhelm Joseph Schelling)

15.1. 피히테와 쉘링의 차이

쉘링이 피히테주의자로 추정되는 시기의 저작에는 『철학일반의 형식의 가능성에 대하여』(*Über die Möglichkeit einer Form der Philosophie überhaupt*, 1794), 그리고 피히테의 『전 학문론의 기초』(1794/95)가 발표된 직후에 출간된 『철학의 원리로서의 자아에 관하여, 혹은 인간의 지(知) 속의 무제약자에 대하여』(*Vom Ich als Prinzip der Philosophie oder über das Unbedingte im menschlichen Wissen*, 1795, 1809), 『독단주의 및 비판주의에 대한 철학적 서한들』(*Philosophische Briefe über Dogmatismus und Kritizismus*, 1795, 1809), 그리고 『학문론의 관념론을 해명하기 위한 논문들』(*Abhandlungen zur Erläuterung des Idealismus der Wissenschaftslehre*, 1796/97) 등이 있다. 특히 『철학의 원리로서의 자아에 관하여, 혹은 인간의 지(知) 속의 무제약자에 대하여』는 피히테 자신도 자기 저서의 주석서라고까지 생각해서, 라인홀트(Karl Leonhard Reinhold, 1757-1823)에게 다음과 같은 내용의 편지를 보낸 바 있다: "쉘링의 저서는 제가 다 읽어 본 한에서는, 전적으로 저의 저서의 주석서입니다. 그런데 그는 문제를 극히 잘 파악하고 있으며, 저를 이해하지 못했던 많은 사람들도 그의 저서는 명쾌한 것으로 생각하고 있습니다"(1795.7.2.의 편지).[1] 그런데 쉘링은 『자연철학을 위한 이념들』(*Ideen zu einer Philosophie der Natur*, 1797)을 시작으로 하여 자연철학을 전개하면서 피히테의 사상으로부터 멀어지게 되고, 1801년 『나의 철학체계의 서술』(*Darstellung meines Systems der Philosophie*, 1801)로부터 '동일철학'을 전개하기 시작하는데, 동일철학에 관련된 저술에는 『브루노, 혹은 사물의 자연적·신적 원리에 대하여』(*Bruno, oder über das natürliche und göttliche Prinzip der Dinge*, 1802), 『학문연구의 방법에 대한 강의』(*Vorlesungen über die Methode des akademischen Studiums*, 1803)가 있다. 여기서는 근거를 부여하는 절대자의 토대가 서술되는데, 절대자라는 이러한 토대는 자연과 정신을 서로 수렴하는 관계로 해석할 수 있게 해준다.[2] 이처럼 쉘링은 '경험적인 자아'로부터 직접적으로, 모든 존재와 사건의 형이상학적인 원근거(原根據)[Urgrund]나 배후의 근거[Hintergrund]인 '절대적인 자아' 내지 '절대자'에로 되돌아감으로써 존재와 사건에 대해 의식 및 자기의식이 갖게 되는 모범이 되는 성격을 피히테의 경우보다 더 선명하게 드러나게 한다.[3]

그렇다면 피히테와 쉘링을 구별하게 해주는 근본적인 차이점은 과연 무엇인가? 피히테와 쉘링 모두 절대적 자아를 주장한다. 그러나 피히테에 있어서는 절대적 자아가 자아의 근저에 존재하면서 모든 경험을 가능하게 하는 인간의 정험적 자아인 데 반하여, 쉘링이 말하는 절대적 자아는 자아와 비아 모두의 근저에 존재하는 신적(神的) 자아로 생각되고 있다. 따라서 피히테에 있어서는 오로지 자아의 철학만이 존재하며 자연철학은 생각될 수 없는 것이다. 비아로서의 자연은 자아에 의해 구성된 구성물로서, 자아의 구성물로서의 자연을 고찰한다는 것은 자연을 성립시키는 자아의 작용을 고찰하는 것 이외의 다른 것이 아니기 때문에, 학문론과 별도로 자연철학이 성립할 여지는 존재하지 않는다. 그러나 쉘링에게 있어서 절대적 자아란 무한한 신적 자아로서, 자신 속에 모든 실재성을 지니고 있는 것이다. 따라서 비아로서의 자연도 이러한 무한한 신적 자아에 의해 성립되는 것이다. 결국 절대적 자아는 유한한 자아와 유한한 비아 양자 모두의 근저에 자기동일적으로 존재하는 것으로 생각된다. 그러므로 쉘링에게 있어서는, 학문론만이 성립할 수 있었던 피히테와는 달리 자연철학이 성립할 수 있는 것이다. 그리하여 우리는 (피히테에 있어서처럼) 유한한 자아를 그 근저에 존

1 이와사끼 다께오, 『칸트에서 헤겔까지』, 한단석 역, 신아출판사, 2005, 124에서 재인용.

2 Reinhard Hiltscher, *Einführung in die Philosophie des deutschen Idealismus*, Darmstadt, 2016, 102 참조.

3 Werner Hartkopf, *Dialektik — Heuristik — Logik. Nachgelassene Studien*, hg.v. H. Baum u.a., Ffm., 1987, 95 참조.

재하는 절대적 자아와의 관계 속에서 고찰해야 하는 것과 마찬가지로, 비아로서의 자연을 그 근저에 존재하는 절대적 자아와의 관계 속에서 고찰해야만 할 것이다. 쉘링에게 있어서는 자연을 구성하는 것은 주관-객관의 대립을 넘어선 절대적 자아이므로, 자연 자체는 자아 내지 정신에 대립할 수 있는 것이 된다. 그리하여 자연은 우리의 유한한 자아로부터 전적으로 독립하여 존재할 수 있으며, 객관은 주관에 맞서 동등한 권리를 가질 수 있다.[4]

이처럼 쉘링에게 있어서는, 대립된 존재자들인 정신과 자연이 절대적 자아 속에서 변증적으로 통일될 수 있는 것들로 파악되며 이에 따라, 전자를 다루는 정험철학과 후자를 다루는 자연철학은 학문과 존재자의 토대를 놓는 전체적인 반성의 영역 내에서 동일한 권리를 지니고 각각 포기할 수 없는 지체로서 이해되고 있다.[5] 쉘링은 정험철학과 자연철학이 서로 보충한다는 견해에 머무르지 않고 그들의 관계에 대한 견해를 개념적으로 포착했다. 이 견해에 의하면, 그들 각각은 서로 상대편으로 전개된다. 그리하여 그는 자연철학이 모든 자연법칙의 정신화를 향한 경향을 통해 특징지어지고, 정험철학은 주관적인 것으로부터 객관적인 것을, 정신으로부터 자연을 성립시키는 경향을 통해 특징지어지는 것으로 보았다. 쉘링에 의하면 이 두 방향은 하나의 동일한 철학을 나타낸다. "철학의 전 체계는 (…) 원리와 방향에서 서로 상반되며 상호 보충하는 두 개의 근본학문을 통해서 완성된다."[6] 그러나 이로부터는, 주관과 객관이 하나의 무차별점에 관계해야 하며 근본에 있어서 동일한 것으로서 파악되어야 한다는 견해에 상응하는, 정험철학과 자연철학의 종합의 사상에 이르는 일보(一步)만이 존재할 뿐이었다. 따라서 무차별성의 철학은 주관의 철학과 객관(자연)의 철학을 그 부분들로 포함한다. 이 부분들 속에서는 유일한 현실의 상이한 국면들만이 고찰될 뿐이다. 1801년의 쉘링 자신의 증언에 의하면, 그가 철학의 이 두 부분의 변증적인 관계에 관한 이러한 견해에 이르렀다는 것을 알 수 있다.

> 나는 내가 자연철학과 정험철학이라고 불렀던 것들을 항상 철학함의 두 대립된 극으로 소개해왔다. 그러나 나는 지금의 서술과 더불어, 전적으로 대립된 두

---

4 이와사끼 다께오, ebd., 126 ff. 참조.

5 Hiltscher, ebd., 103 참조.

6 *System des transzendentalen Idealismus*(『정험적 관념론의 체계』), Sämtliche Werke, hg. v. K.F.A. Schelling, 14 Bde., Stuttgart (1856-1861), III, 1800 (327-634), 342. 쉘링의 인용은 이 전집에 의거하며, 로마숫자로 표기된 전집의 권수와 쪽수로 인용한다.

방향들로부터 이 무차별점을 앞서 구성한 자만이 정말로 확고하고 안전하게 스스로를 정립할 수 있는 이 무차별점 속에 존재한다.[7]

여기에서도 주도적인 물음은 경험이론적인 성격을 지니고 있다는 점이 주목할 만하다. 즉 우리는 어떻게 "주관적인 것과 객관적인 것의 총체적인 무차별"로서의 이성에 이르게 되는가 하는 것이다. 쉘링은 이에 대하여, "철학에서 주관적인 것과 객관적인 것 사이로 놓여지는 것, 그리고 분명히 이 양자에 대하여 무차별적으로 관계하는 자이어야만 하는 것에 대한 반성을 통해서"(III, 10)라고 대답한다.[8] 그러면 이제 이처럼 정신과 자연을 둘러싸고 전개되는 쉘링의 변증적 사상을 살펴보기로 하자.

15.2. 절대자 안의 동일성: 동일철학

쉘링에 의하면 주관적인 것(정신)과 객관적인 것(자연), 관념적인 것과 현실적인 것은 절대자 안에서는 하나다. 정신과 자연은 모두 절대자로부터 유래하므로, 양자의 질적 차이는 존재하지 않고 다만 양적 차이만 존재한다. 쉘링은 이렇게 말한다: "철학에로 나아가는 첫걸음, 그리고 그것 없이는 우리가 결코 철학 속으로 들어갈 수 없는 조건은, 전적으로 관념적인 것이 전적으로 실재적인 것이기도 하다는 통찰이다"[9] 즉, 쉘링에게 있어서 자연은 "눈에 보이는 정신"이며, 정신은 "눈에 보이지 않는 자연"(II, 56)이다. 따라서, 자연과 정신은 무차별[Indifferenz] 내지 절대적 동일성[absolute Identität]을 지니는 것이며, 그래서 쉘링의 철학을 동일철학[Identitätsphilosophie]이라고 부른다. 쉘링은 『사변적 자연학 잡지』(*Zeitschrift für spekulative Physik*, 1800/01)를 발행하는데, 이 잡지에서 『나의 철학체계의 서술』(1801)이 출간된다(또한 IV, 105-212에 인쇄되었다). 이것이 그의 동일철학의 최초의 원고다.[10]

---

7 *Darstellung meines Systems der Philosophie*, 1801, IV (105-212), 108.

8 Wolfgang Röd, *Dialektische Philosophie der Neuzeit 1. Von Kant bis Hegel*, München, 1974, 112 f. 참조.

9 *Ideen zu einer Philosophie der Natur als Einleitung in das Studium dieser Wissenschaften* (『이러한 학문들의 연구의 입문으로서의 자연철학을 위한 이념들』), 1797, 1803, II (1-73), 58.

10 로타 엘라이, 『피히테, 쉘링, 헤겔. 독일관념론의 수행적 사유방식들』, 백훈승 역, 인간사

이처럼 쉘링에 있어서 대립된 것들의 무차별성이라는 사상은 주관적인 주관-객관의 이념도 아니며, 객관적인 주관-객관의 이념도 아니고, "이성"의 이념이라고 정의된다. 그는 이성을 다음과 같이 정의한다: "나는 이성을 그것이 주관적인 것과 객관적인 것의 총체적인 무차별성으로서 생각되는 한에서, 절대적 이성 혹은 이성이라고 부른다"(III, 10).[11]

그러나 절대자가 이와 같이 완전한 무차별자라고 한다면, 어떻게 차별을 지니고 있어 서로 대립하는 유한자인 정신과 자연이 거기로부터 생겨날 수 있는 것인가? 그래서 쉘링은 유한자가 가지고 있는 차별은 질적인 것이 아니라 양적 차별에 불과한 것으로 생각한다. 즉, 정신 속에도 자연적 요소가 존재하지만 단지 정신적 요소가 우세할 뿐이고, 자연 속에도 정신적 요소가 존재하지만 단지 자연적 요소가 우세할 뿐이라는 것이다. 그러나 절대자는 주관과 객관의 순수한 동일성이기 때문에, 양적인 차별은 이 동일성의 외부, 즉 유한자에게만 속하는 것이다. 만일 우리가 존재하는 것 일체를 한꺼번에 직관할 수만 있다면, 우리는 '주관-객관의 총체적 무차별' 또는 '관념적인 것과 현실적인 것의 절대적 동일성'을 인정하게 될 것이다. 그러나 개개의 유한자를 놓고 볼 때는 어느 한쪽이 우세하여 양적 차별을 낳게 되는 것이다. 이렇게 볼 때 절대자의 근본형식은 A=A가 되며, 유한한 것의 도식은 A=B (A=주관, B=객관)로 표현할 수가 있으며, 정신은 +A=B, 즉 주관적인 것의 우세로, 자연은 A=+B, 즉 객관적인 것의 우세로 각각 표현될 수가 있는 것이다.[12]

물 자체의 존재를 전적으로 제거한 피히테에 의하면, '자연'이란 독립적인 존재자가 아니라 활동적 자아의 산물로서, 자아가 자기 자신에게 가해지는 저지(沮止)[장애]를 극복함으로써 자기 자신을 실현하는 과정의 결과로 나타난다. 그러나 쉘링은 관계를 반전시켜, 자연이 정신의 산물이 아니라 정신이 자연의 산물이라고 말한다. 그리하여 피히테에 있어서 과소평가되었던 자연 및 자연과학에 대한 관심이 쉘링에게서는 두드러지게 나타난다. 그리하여 쉘링은, 어떻게 해서 자연으로부터 혹은 자연 속에서 자아나 정신의 존재가 성립하는가를 묻는다. 이에 대한 해답은, 자연 자체도 근원에 있어서는 정신이어서 우리의 정신을

랑, 2008, 157.

11 Röd, ebd., 106 참조.

12 IV (105-212), 137 ff (§46 ff.) 참조; 서울대학교교양교재편찬위원회 철학개론분과위원회, 『철학개론』, 서울대출판부, 1977, 481 참조; 岩崎武雄, 岩崎武雄著作集 제3권, 『西洋哲學史』, 新地書房, 1981, 212 ff. 참조.

낳는다는 것이다. 자연과 정신, 현존하는 것과 관념적인 것은 근본에 있어서 '동일'하다. 절대자가 자기의 모습을 드러내는 모든 개개의 현상에는, 객관적이며 현실적인 것이 우위를 점하는 하나의 계열(즉 협의의 자연)과 주관적이며 관념적인 것이 우위를 점하는 또 하나의 계열(정신과 역사)이 형성되어 있어, 이 두 계열의 한쪽 끝에는 무생명체로서의 물질이 있고, 이와 반대되는 계열의 끝에는 철학과 예술을 통한 정신의 완벽한 자기 현현(顯現)이 이루어져 있다. 그러나 이 모든 개별현상 중의 어디에도 이 두 계열 중의 한 편만이 존재할 수는 없다. 왜냐하면 이 양자는 대립적인 근거 위에 있는 것이 아니라 동일성을 지니고 있기 때문이다. 그러므로 여기서는 오직 양의 많고 적음만이 문제가 된다.

이와 같이 정신을 진적으로 자연으로부터 발생하게 하며 자연 속에서 정신의 무의식적 행위를, 그리고 정신 속에서 자연의 자기의식화 작용을 포착하려 한 쉘링의 사상은 자연과학만이 아닌 예술분야에까지 큰 영향을 미쳤다.[13]

15.3. 쉘링 변증법의 전개

쉘링은 피히테를 무조건적으로 추종하지 않고 피히테철학의 전(全)기획을 자기철학의 내용 속으로 수용했을 뿐만 아니라 피히테의 변증적 사유도 받아들이고, 정험적 관념론의 단초를 일관되게 계속 수행하면서 자기의 체계 속으로 자연현상들을 포함시키려는 시도를 하는데, 이렇게 함으로써 자연도 무리하게 변증적으로 해석하게 된다. 즉, 그는 변증법을 추가적인 대상영역들로 옮겨 놓고 마침내 소위 동일철학의 체계 속에서 철학의 변증적 전(全)체계를 기획한다. 이로 말미암아 쉘링은 한편으로는 의심의 여지없이 변증적 사유를 확장하는 데에 그리고 변증법 자체에 대한 광범위한 신뢰를 갖게 하는 데 기여하지만, 다른 한편으로는 무엇보다도 자연철학에서 변증법을 여러 면에서 무비판적으로 그리고 최고로 사변적으로 확대함으로써,—이런 일은 자연과학의 연구가 계속되면서 지지할 수 없는 것으로 입증되었다—마침내, 우리가 나중에 바로 엄밀학의 측면으로부터 광범위한 영역에 있는 변증법에 가져왔고 오늘날에도 아직 일반적으로 극복되지 않은 불신(不信)의 책임을 지고 있다.[14]

---

13 H.J. 슈퇴릭히, 『세계철학사. 하권』, 임석진 역, 분도출판사, 1978, 218 f. 참조.

14 Werner Hartkopf, "Die Dialektik in Schellings Frühschriften. Studien zur Entwicklungsge-

쉘링으로 하여금 칸트와 피히테로부터 계속 나아가게 하는 결정적인 걸음은, 스피노자에게 무의식적으로 연결되어 있으면서 시도되는, 형이상학의 부활이다. 피히테의 변증적 자아는 형이상학화된다. 다시 말하면 절대화된다. 그리하여 피히테의 변증적 자아는 절대적 자아로 된다. 즉 그것은 실로 절대자 자체라고 개석(改釋)된다.

『철학의 원리로서의 자아에 관하여, 혹은 인간의 지식 속의 무제약자에 대하여』라는 저술의 단초는 이미, 처녀작에서의 단초와 대립하여, 형이상학을 향한 원칙적인 방향을 명백하게 인식하게끔 한다. 처녀작에서의 단초는 철학의 최고원칙을 발견하는 것이었다. 그러므로 그 목표는 사유적(思惟的)인 것의 수준에 있었다. 그런데 여기서의 단초는 무제약자이며, 무제약자를 발견하는 일에 노력이 향하고 있다. 쉘링은 여기서도 지(知)로부터, 요컨대 사유적인 것으로부터 출발하기는 하지만, 지(知)는 실재성[Realität]을 가져야 한다고 요구하며 이 요구로부터 모든 지(知)의 실재성의 최종근거를 추론한다. 최고의 것이자 모든 인식의 원리가 될 이러한 최종근거에서 그의 존재 및 인식의 원리가 일치해야만 할 것이다. 이러한 최고의 것은, 그것이 존재한다는 그 이유 때문만으로 사유되어야만 할 것이고, 그것 자체가 사유되기 때문에 그것은 존재해야만 할 것이다. 그리고 그것의 긍정은 그것에 대한 사유 속에 포함되어 있어야 할 것이고, 그것은 그것에 대한 사유 자체를 통해서 산출되어야만 할 것이다.

지(知) 속에 있는 이 최종적 존재자는 무제약자이어야만 할 것이다. 왜냐하면 무제약자는 자기 자신에게 자기의 실재성을 규정하며, 객관과 주관은 대립 속에서만, 그러나 상호관계 속에서만 규정되고 사유될 수 있기 때문이다. 즉, 주관과 객관은 서로를 통해 규정될 수 있기 때문이다. 그러므로 그것을 통해 주관과 객관 양자가 제약되는 어떤 더 높은 규정근거가 전제되어야만 할 것이다. 이제, 피히테의 학문론에서 이미 큰 역할을 한 주관-객관 변증법이 등장하는데, 여기서는 본질적으로 다른 국면 속에서 등장한다.

여기서 주관과 객관은 서로 관계하고 서로 규정하는 두 개의 개념으로 나타난다는 것, 즉 이 양자는 서로에 대해 변증적 관계에 있지만, 여기서 양자는 인식하는 의식에 의해 분리되어 있다는 것이다. 피히테에 있어서 주관-객관 변증법을 지탱하고 있는 의식 대신 쉘링은 이제 그것을 대체할 수 있는 것, 즉 양자에

---

schichte der Dialektik II," in: *Zeitschrift füur philosophische Forschung*, Bd. 23, H. 1 (Jan.-Mar., 1969) (3-23), 4 참조.

대한 "더 높은 규정근거"를 추구한다. 그리고 그것을 단적으로 물(物)로서 사유될 수 없는 것 속에서 추구한다. 즉, 무제약자는—이제 쉘링은 더 이상 지(知) 속에 있는 무제약자에 관해서가 아니라 무제약자 일반에 관해서 말한다—"그러므로 물(物) 일반 속에서도 아니고, 물(物)이 될 수 있는 것 속에서도 아니라, 주관 속에서, 요컨대 결코 물(物)이 될 수 없는 것 속에서만," 그리고 여기에 다음과 같이 덧붙인다: "즉, 하나의 절대적인 자아[ICH]가 존재한다면, 절대적인 자아 속에서만[nur im absoluten Ich] 존재할 수 있다"

강조점이 결정적으로 바뀌긴 했지만 피히테철학의 중심개념인 활동하는 자아가 쉘링에게 있어서도 중심개념이 됨으로써, 쉘링은 피히테철학에의 연결점을 발견한 것이다. 즉 주관-객관 변증법은 더 이상 단순히 인식론적 혹은 방법론적 변증법이 아니라 이제는 절대화된 존재론적 변증법인 것이다. 주관-객관 변증법은 인간의 의식 속에서나 무의식 속에서, 그리고 피히테가 말하는 자아 속에서가 아니라 절대적인 형이상학적 자아 속에서 작용한다. 피히테의 단초는 총체적으로 절대화되고 형이상학화되었다. 즉 피히테가 말하는 자아는, "절대화되다"라는 단어의 진정한 의미에 있어서 절대적인 자아로 고양된 것이다.

여기서 쉘링이, 피히테의 자아를 절대적인 자아로 절대화하고 형이상학화함으로써 피히테에게도 아주 밀접하게 연결되는 것처럼 보이지만, 피히테의 자아철학은 전혀 다른 성격을 얻으며, 이와 더불어 쉘링이 절대자에 대해 취하는 변증법 역시 전혀 다른 성격을 얻게 된다. 우리는 이제 다음과 같은 사실도 알게 된다. 즉 앞선 저술의 한 주석에서 등장하는 절대적 자아에 관한 표현이, 스피노자에 대한 의존에 도달한 것이 분명한 형이상학에로 되돌아가는 이러한 의미심장한 걸음을 암시하는 것으로 해석될 수 있다는 점이다. 자아에 관한 저술은 피히테의 자아를 절대적인 자아 내지 절대자 자체로 개석(改釋)함으로써 피히테의 단초를 스피노자의 형이상학과 결합하려는 시도다.

쉘링이 이러한 결과에 이르기까지 가져온 사유발전의 근본노선은 다음과 같다. 즉 그는 우선 지(知) 속의 무제약자를 추구하고, 그 후에는 무제약자 자체를 추구하는데, 그것을 자기의 존재와 사유의 원리들의 동등성을 통해 특징짓고, 그러한 동등성을 피히테의 "자아" 속에서 발견하며 유비(類比)를 통해 다음과 같이 결론 내린다: 무제약자는 "자아"와 유사해야만 할 것이다. 그래서 그는 그것을 "절대적 자아"로 부른다. 요컨대 그는 절대자·현상적인 것의 형이상학적 근원근거[Urgrund]를 피히테가 노력하여 얻어낸 것처럼 "자아"의 모델을 따라 파악한다. 피히테의 "자아"가 근본적으로 변증적이기 때문에 절대자 내지 절대적 자아도 근본적으로 변증적인 것으로 이해되어야만 한다.

여기서 쉘링은 우선 절대적 자아를 비(非)변증적인 것으로 기술한다. 즉, 자기의 영역 외부에 존재하는 것을 통해서가 아니라 오로지 자기 자신을 통해서 실재성[Realität]을 유지하는 어떤 것이라고 기술한다. 이러한 절대적 자아의 근원적인 형태는 순수한 동일성[die reine Identität]일 것이다. 즉 그것은 그것인 바로서 단적으로 존재할 것이다. 그리고 이러한 절대자 내지 절대적 자아 속에서만, 존재하는 모든 것은 자기의 본질의 통일에 이를 수 있을 것이며, 오직 그것 속에서만 혹은 그것으로부터나 그것을 통해서 정립된 것 속에서 동일성·하나(통일) 그리고 지속성이 존재할 수 있을 것이다. 그리고 그것이 자아[Ich] 속에서 정립되는 한에서만 그렇게 될 수 있을 것이다. 절대적 자아의 본질은 자유일 것이며, 절대적 자아는 예지적 직관(叡智的 直觀)[intellektuelle Anschauung, intellektuale Anschauung]을 통해서 파악될 것이다. 절대적 자아를 전제하지 않고서는 경험적 자아는 단적으로 파악될 수 없다. 절대적 자아는 무한성·불가분성·불변성과 같은 모든 실재성을 포함하고 있을 것이다. 즉 그것은 유일한 실체다. 모든 존재자는 자아[Ich]의 우유적(偶有的)인 것이다. 그것이 자아[Ich] 속에서만 그리고 절대적 자아를 통해서만 존재하기 때문에 그러하다. 이러한 절대적 자아 자신은 내재적인 원인이다.[15]

피히테에 있어서 변증적 방법론이 산출적 자아의 변증법과 밀접하게 결합되어 있는 것처럼, 쉘링에게 있어서 변증적 사유는 절대자의 변증적 형이상학 속에서 그것의 정초를 발견한다. 『독단주의 및 비판주의에 대한 철학적 서한들』(1795)에서의 방법적 진행은 명백한 변증적 성격을 지니고 있다. 쉘링은 서로를 배제하는 독단론 내지 실재론의 체계와 칸트의 비판주의나 관념론의 체계를 대립시키고, 그것으로부터 자기의 견해에 의하면 절대자에 관련된 정험적 내지 변증적 관념론의 진정하고 유일한 철학의 종합에 이른다. 변증적 형이상학을 가정함으로써, "절대자 속에서 대립하는 원리들의 모든 대립의 사라짐"을 가정함으로써 정당화되는 이러한 변증적 방법을 우리는 나중에 쉘링에게 있어서 다른 곳에서도, 예컨대 그의 자연철학에서도 발견한다. 또 하나의 추가적인 계기가 쉘링의 근본적으로 변증적인 사유를 아주 명백하게 보여주는데, 그것은 바로 이론철학만으로부터는 철학 일반의 확고한 토대가 마련될 수 없다는 것이다.

쉘링은, 철학은 인간정신의 진행 자체를 단지 개인의 진행으로 서술해서는 안

---

15 Hartkopf, ebd., 7 ff. 참조.

된다고 철학에 요구함으로써 인간정신의 실용적 역사에 관한 피히테의 사상 역시 수용한다. 이로써 쉘링은 개인주체의 정신의 발전에 대한 피히테의 목표설정을 일반화하고, 헤겔『정신현상학』의 의도를 예비한다. 쉘링은 독단주의와 비판주의의 대립, 철학자들의 대립을 우연한 것으로 생각하지 않고, 인간정신의 이러한 발전에서 필요한 국면으로 생각한다. 왜냐하면 우리가 절대자에게만 관계한다면, 다양한 철학체계들의 투쟁은 존재하지 않을 것이기 때문이다. "우리가 절대자로부터 벗어남으로써만 동일한 것[Dasselbe]에 맞선 투쟁이 발생하고, 인간정신 자신 속의 이러한 근원적인 투쟁을 통해서만 철학자들의 투쟁이 발생한다." 이러한 투쟁을 조정하기 위해서 우리는, 철학자들 자신의 투쟁이나 인간정신 속의 근원적인 투쟁이 출발하는 지점으로부터 벗어나야 할 것이다. 그런데 이러한 지점은 바로 절대자로부터의 나옴(출현함)[Heraustreten] 외에 다른 것이 아닐 것이다. 이로써 독단주의와 비판주의의 대립, "철학자들의 대립"이 우선은 이미 피히테가 얻어낸 인간정신의 내적 변증법에로 환원된다. 그리고 나선 이러한 내적 변증법은 "절대자로부터의 인간의 나옴(출현함)" 속에, 즉『자아에 관하여』에서 기획된 변증적 형이상학 속에 더욱 깊이 닻을 내린다. 절대자 내지 경험적 자아가 관계하는 절대적 자아에로의 이러한 소급은 이제 쉘링으로 하여금 문제되는 철학체계들의 투쟁을 이해하도록 만들 뿐만 아니라, 그에게 이제 응용된 변증적 방법과 더불어, 이러한 투쟁을 결단할 수 있는 단초를 제공한다. 이로써 동시에 이 방법을 위한 정초가 절대자의 변증법으로부터 주어진다.[16]

15.4. 자연철학과 정신철학(정험철학)

15.4.1. 자연철학

『정험적 관념론의 체계』(*System des transzendentalen Idealismus*, 1800)의 서론에서 쉘링은 철학체계가 "두 개의 근본학문들[*zwei* Grundwissenschaften]" (III, 340)로 이루어진다고 생각했다. 그것은 당시의 쉘링에게는 단 두 개의 가능한 철학의 방향이었는데, 그것은 곧 "객관적인 것이 처음의 것으로 되든가"(III, 340), "아니면 주관적인 것이 처음의 것으로 되든가"(III, 341)이다. 전자

16 Hartkopf, ebd., 17 ff. 참조.

의 경우에는 객관적인 것으로부터 주관적인 것에로 이행하는 자연철학이 성립하고, 후자의 경우에는 주관적인 것으로부터 객관적인 것에로 이행하는 정험철학이 성립한다. 자연철학이 의식적인 자아의 발생에 이르기까지의 세계의 전개를 모사해야 한다면, 정험철학은 어떻게 해서 의식적인 자아가 세계의 인식에 이르게 되는지를 설명해야 한다. 이 두 철학은 서로 전적으로 대립해 있긴 하지만 서로를 찾고 상호 보완한다.

좀 더 구체적으로 말하면, 쉘링은 철학의 두 근본학인 자연철학과 정험철학의 과제들을 지(知)[Wissen] 개념으로부터 시작하면서 규정한다(III, 339 ff. 참조). 지 속에 존재하는, "주관적인 것"과 "객관적인 것"의 일치(III, 339)라는 관점에서 볼 때 자연철학의 과제는, 자연이라 불리는 순전히 객관적인 것에서 시작하여 그것으로부터 주관적인 것, 지성을 도출하는 것이다(III, 342). 정험철학은 이와는 반대의 절차를 밟아야 한다. 즉, 그것은 주관적인 것으로부터 객관적인 것이 성립하도록 해야 한다(III, 342). 이때에 정험철학은 "자기의식의 역사"(III, 331, 399 등)로 수행된 정험적 관념론이며, 이 정험적 관념론은 "모든 지가 자아로부터 도출되어야만 한다"는 것을 증명할 뿐만 아니라, "어떻게 지의 전 체계가 (즉, 자기의 모든 규정들을 지닌 객관세계, 역사 등이) 자아를 통해 정립되는가"(III, 378) 하는 물음에 대답해야 한다.[17]

쉘링의 자연철학의 토대가 되는 것은 바로 그의 동일철학이다. 쉘링의 자연철학은 '사변적 자연철학'이다. 그는 자연을 하나의 거대한 유기체로 간주한다.[18] 자연에는 비생명체(무생물)는 존재하지 않는다. 생명이 없는 것처럼 보이는 물질도 사실은 '잠자는 정신'이요, 목적을 향해 활동하는 활력을 갖추고 있다. 그리고 이 유기체에는 단계가 있어서, 자연은 정신적 요소가 아주 약한 단계로부터 점점 더 강해져가는 단계로 상승해가는 계열을 이루고 있는 통일체다. 자연은 생동하는 원초적인 세위(勢位)[Potenz][19]를 지니고 있다. 모든 단계에는 활력

---

17 엘라이, ebd., 163-4; Franz Josef Wetz, *Friedrich W.J. Schelling zur Einführung*, Hamburg, 1996, 73; Frederick Copleston S.J., *A History of Philosophy. Vol.7: Fichte to Nietzsche*, London, 1965, 114; Ulrich Claesges, *Geschichte des Selbstbewusstseins. Der Ursprung des spekulativen Problems in Fichtes Wissenschaftslehre von 1794-95*, Den Haag, 1974, 185 참조.

18 헤겔은 쉘링이 말하는 자연에 대해 다음과 같이 말한다. "그러나 자연은 단지 즉자적인 이념이다. 그러므로 쉘링은 그것을 경직된(화석화된)[versteinerte] 지성이라고 불렀고, 다른 사람들은 심지어 얼어붙은 지성이라고까지 불렀던 것이다"(Enz §247 Zus., TW 9, 25).

19 이 용어는 '가능태', '잠재태', '잠재력', '힘' 등을 뜻하는 라틴어 potentia에서 유래한 것으로, 힘, 전상(展相), 혹은 활력(活力)(김계숙, 『서양철학사』, 일조각, 1996, 351)이라고도 번역

이 발현되는데, 각 단계에서 나타나는 활력의 세위의 양(量)에서 차이를 보인다. 세위는 자연과 정신의 전 세계에 통하는 특성이다. 주관(관념)과 객관(현실)의 양극 중에서 어느 것이 우세하냐 하는 것은, 오로지 저 세위의 차이에 기인하는 것이다. 일반적으로 정신계에는 주관(정신의 성질)이, 자연계에는 객관(자연의 성질)이 우세를 차지한다. 주관을 A, 객관을 B로 표시한다면, 절대자는 무차별이기 때문에 A=B라는 식이 성립한다. 그리고 정신에 있어서는 주관이 우세하기에 A+=B, 자연에 있어서는 객관이 우세하기에 A=B+라고 표시될 것이다(+는 우세의 부호다).

그는 자연계를 세 세위로 대별한다. 첫째로 하세(下勢)는 가장 약한 것으로, 중력(重力)이요, 이것은 물질로 발현한다. 둘째는 중세(中勢)로서의 빛이요, 이것은 자기(磁氣)·전기·화학작용으로 발현한다. 여기서 빛이란 눈에 보이는 것이 아니라 전기의 일종이다. 셋째가 상세(上勢)로서의 유기체(빛과 중력의 공동의 산물)다. 이러한 자연은 두 개의 상반된 힘, 즉 확장력과 견인력의 산물이며, 이 상반된 두 개의 힘의 작용이 지양되어 하나의 높은 차원에서 통합된다. 이것은 하나의 변증적 진전이다. 그리고 자연의 이러한 발전은 시간적인 것이 아니라 단지 이념적인 관계에 불과하다.

쉘링은 정신철학에서도 정신의 세위를 세 가지로 구별한다. 즉 이론적 활동, 실천적 활동, 그리고 미적 활동이 그것이다. 여기서 이론적 활동과 실천적 활동에 관한 이론은 피히테의 학문론의 입장을 거의 그대로 받아들인 것이지만, 미적 활동을 정신발전의 최상위에 놓은 것은 낭만주의철학자로서의 쉘링의 특징을 잘 나타내주는 것이라고 하겠다.[20] 그러면 이제 정험철학을 살펴보자.[21]

15.4.2. 정신철학(정험철학)

쉘링의 자연철학은 그가 피히테로부터 벗어나 있다는 것을 보여주지만, 그는 1794년의 『철학 일반의 형식의 가능성에 대하여』로부터 1800년의 『정험적 관념론의 체계』에 이르기까지, 자연철학에 대비되는 정신철학을 본격적으로 전개하

한다.

20 정진일, 『철학』, 형설출판사, 1991, 244 f. 참조; 최재희, 『서양철학사상』, 박영사, 1984, 203 f. 참조; 서울대학교교양교재편찬위원회 철학개론분과위원회, 『철학개론』, ebd., 482 f. 참조.

21 백훈승, 『서양근대철학』, ebd., 413 ff. 참조.

고 있는데, 특히 자신의 정험철학을 『정험적 관념론의 체계』에서 상세하게 서술하고 있다. 그는 이 저술에서 절대적 자아로부터 세계가 출현하는 여러 단계, 자아가 세계를 창조하는 방식, 그리고 자아가 자기 자신을 의식하는 과정 등을 서술하고 있는데 그는 자기의 이러한 상세한 논구를 "자기의식의 역사[Geschichte des Selbstbewußtseins]"(III, 399)의 서술이라고 부른다. 그리고 정험철학의 과제는 이 역사를 서술하는 것이다. 즉, "자아를 자기직관의 단계로부터 다른 단계를 거쳐, 자기의식의 자유롭고 의식적인 작용 속에 포함된 모든 규정들과 더불어 정립되는 그곳까지 이르게 하는 것"(III, 450)이다.[22] 혹은 이렇게도 말할 수 있다. 즉, 정험철학의 과제는 "객체와 그 개념, 대상과 그 표상이 근원적이고 단적으로 그리고 아무런 매개 없이 하나인 한 점을 발견하는 것"(III, 364)인데, 이것은 곧, 지식의 전 체계를 정초하는 것 혹은 어떻게 주체와 객체의 일치에 이를 수 있는가를 해명하는 것[23]이라고 하겠다.

쉘링에게 있어서 의식의 본질은 지(知)다. 그런데 의식된 지(知) 속에서 통일된 다양한 측면들은 쉘링에 의해 다음과 같이 특징지어진다: 지(知)에 대해서 존재하는 객체적인 것의 총체는 자연이다. 자연은 그 자체로서, 단지 표상될 수 있는 것이다. 주체적인 것의 총체를 그는 자아 혹은 지성[Intelligenz]이라고 부른다. 그것은 단지 표상하는 자이며, 그 자체로서 의식된 것(III, 339 참조)이다. 서로 대립된 이 두 측면들은 이제 지(知) 속에서 등가적(等價的)으로 통일된다: "지(知) 자체 속에서—자아가 무엇을 앎으로써—객체적인 것과 주체적인 것은 그것들 중 어떤 것이 우위를 가지고 있는지 말할 수 없을 정도로 통일되어 있다. 여기서는 첫 번째 것도 두 번째 것도 없고, 이 둘 모두 동시에 하나로 존재한다"(III, 339) 즉, 경험적 의식의 근저에 놓여 있는 자기의식의 작용들이 정험철학자에게 완전히 의식되었다면, 탐구되는 자기의식은 탐구하는 자기의식과 일치한다. 순수한 의식은 더 이상 의식 속의 객체로서만 존재하는 것이 아니라 동시에 주체로서의 의식과 일치한다.[24]

쉘링은 피히테와 마찬가지로 자아를 "모든 실재성의 근거개념이자 총괄[Grund- und Inbegriff aller Realität]"(III, 50)로 파악한다. 자기 자신에 대한 의식의 주체로서의 자아가 자신에 대한 반성 속에서 자기를 자아로서 명백히 파악

---

22 Wetz, ebd., 76 참조.

23 『정험적 관념론의 체계』의 서론을 참조할 것.

24 Klaus Wellner, *Das Bewußtsein. Beschreibung und Kritik der Transzendentalphilosophie bei Kant, Fichte und Schelling*, Ffm. u.a., 1990, 216 ff. 참조.

함으로써—이것이 쉘링의 결정적인 테제다—자아는 자아가 아닌 것의 부정적이고 무한한 영역을 자신의 이 개념으로부터 배제한다. 그리고 그리하여 "정립이라는 개념 속에는 반드시 반정립 개념도 사유된다. 요컨대 자아의 자기정립의 행위 속에는 자아에 대립해 있는 어떤 것을 정립하는 행위도"(III, 381) 포함되어 있다. 이 속에서 자아는 "자기 자신에게 어떤 것으로" 된다. "즉, 자아는 자기 자신을 정립한다"(III, 51). 여기서 우리는 첫 번째의 그리고 가장 중요한 피히테 비판의 요소를 발견할 수 있다.[25] 그뿐만 아니라 전체 지식의 체계를 정초하기 위해서는, 피히테에게서 너무 간략하게 다루어진 자연, 그리고 무엇보다도 예술이 이제 실천철학 외에도 이론의 중심부분이 되어야 한다. 자기의식을 가지고 쉘링이 궁극적으로 목표로 하고 있는 것은, 세계를 산출하는 절대적인 원리를 수립하는 것이다. 이렇게 볼 때 『정험적 관념론의 체계』는 정험철학적 관점과 실체형이상학적 관점이라는 두 관점을 서로 화해시키려는 새로운 시도로 간주될 수 있다.[26]

---

25 Jürgen Stolzenberg, "'Geschichte des Selbstbewußtseins' Reinhold-Fichte-Schelling," in: Karl Ameriks und Jürgen Stolzenberg (hg.) *Internationales Jahrbuch des Deutschen Idealismus 1·2003, Konzepte der Rationalität*, Berlin/NY., 2003 (93-114), 107 참조.

26 Robert J. Berg, *Objektiver Idealismus und Voluntarismus in der Metaphysik Schellings und Schopenhauers*, Würzburg, 2003, 86 참조.

III

헤겔의 변증적 사유의 전개

우리는 이제 헤겔에 있어서 변증적 사유가 실제로 어떻게 전개되고 있는지를 살펴볼 터인데, 이를 위하여 우리는 헤겔의 청년기의 저술들에 대한 고찰로부터 출발하고자 한다. 고찰의 방식은, 헤겔의 여러 저작들의 핵심개념들을 중심으로 하여 거기에 나타나는 변증적 사유방식을 서술하는 것이다. 여기에 등장하는 핵심개념들은, 생, 동일과 비동일[차이], 반성(反省)과 사변(思辨), 지성(知性)과 이성(理性), 사랑, 정신, 실체와 주체, 주인[지배]과 노예[예속], 이성과 정열, 시원(始原), 존재[유(有), 있음]—무(無)[없음]—성(成)[됨] 등의 개념이다. 그러면 이 개념들 가운데 생이라는 개념부터 우선 살펴보자.

1
생[Leben]

앞의 〈I.2.1. 헤겔철학의 과제〉에서, 헤겔철학의 유일한 대상은 신(神)인데, 그가 말하는 신은 정신이며 생(生), 그것도 무한한 생이라는 점, 따라서 헤겔철학의 과제는 바로 정신과 생을 파악하는 것이라고 할 수 있다는 점을 설명하였다. 또한 헤겔이 말하고 있는 신은 삼위일체(三位一體)인 신이며, 삼위일체로서의 신이란, 세 분의 신이 있다는 것이 아니라 한 분이신 신이 성부·성자·성령(성신)이라는 세 위(位)를 가지고 있다는 뜻이며, 이러한 신의 존재방식 내지는 존재구조가 바로 생의 구조를 보여주고 있다는 점도 이미 밝힌 바 있다.

신은 한편으로 보면 하나의 통일체이자 일자이지만, 다른 한편으로 보면 그 속에 구별을 포함하고 있는 그런 신이다. 헤겔은 프랑크푸르트 시절(1798-1801)에 저술한 「체계단편」("Systemfragment", 1800)에서 절대자의 구조에 관해 언급하면서 "생은 결합과 비결합의 결합[die Verbindung der Verbindung und der Nichtverbindung]"[1], "대립과 관계의 결합[die Verbindung der Entgegensetzung und Beziehung]"[2]이라고 표현하고 있고, 예나시절에 완성한 『차이저술』에 의하면 절대자는 "동일과 비동일의 동일[die Identität der Identität und der Nichtidentität]"(TW 2, 96 또한 TW 5, 74)이라고 표현하고 있다. 또한

1 "Systemfragment von 1800," in: *Frühe Schriften*, TW 1 (419-427), 422 = ThJ, 348.
2 Ebd.

헤겔은 이를, "구별과 비구별의 통일[Einheit des Unterschieden- und des Nichtunterschieden-seins]" 혹은 "존재와 비존재의 통일[Einheit des Seins und des Nichtseins]"(TW 5, 74)이라고도 표현한다. 이를 다른 말로, "유한자를 무한자 안에 생으로서 정립하는 것"(TW 2, 25)이라고 할 수 있다고 말하는데, 『정신현상학』의 표현을 빌리면, 이것은 또한 "구별이 아닌 구별[Unterschied, der keiner ist]"(PhG, 125; 또한 Enz §423, TW 10, 211), "내적 구별[*innerer* Unterschied]"(PhG, 118) 등을 나타낸다고 할 수 있는바, 이것을 헤겔은 "이 단순한 무한성[Diese einfache Unendlichkeit]", "절대적 개념[der absolute Begriff]", "생의 단순한 본질[das einfache Wesen des Lebens]", "세계의 혼(魂)[die Seele der Welt]", 혹은 "보편적인 피[das allgemeine Blut]"라고 부르기도 한다(PhG, 125). 이처럼 우리는 절대자로서의 신을 '생'으로 파악하는 헤겔의 사상 속에서 변증적인 입장을 발견할 수 있다.[3]

뿐만 아니라, 변증적 구조를 보여주는 이러한 '생'에 관한 헤겔의 사상은 청년기를 지난 1807년에 발표된 『정신현상학』에서도 발견할 수 있다. 『정신현상학』에서의 '생'은 우선 생동적(生動的)인 것[Leben als Lebendiges]으로서의 생, 생명과정으로서의 생[Leben als Lebensprozeß], 유(類)로서의 생[Leben als Gattung], 삶(목숨)으로서의 생[Leben als Leben] 등의 의미로 나타난다.[4] 우선 '생동적인 것' 혹은 '살아 있는 것'으로서의 생 개념에 대해 살펴보자.

1.1. 생동적(生動的)인 것으로서의 생[Leben als Lebendiges]

헤겔은 "그런데 자기의식에 대해 부정적인 것인 대상은, 의식의 경우에도 그러했듯이 우리에 대해서 또는 그 자체로 자신 속으로 복귀하였다. 자신 속으로의 이러한 복귀(반성)[5]를 통해 대상은 생이 되었다"[6]라고 말한다. 헤겔이 이 문

---

3 백훈승, 『서양근대철학』, ebd., 385 ff. 그리고 446 ff. 참조.

4 이후의 서술은 백훈승, 「헤겔 『정신현상학』의 생 개념」, 『헤겔연구』 제12권, 2002.12, 53-77와 『칸트와 독일관념론의 자아의식 이론』, 서광사, 2013, 320 ff.를 참조함.

5 Reflexion의 역어다. 이것은 '되돌아옴[복귀(復歸)]', '반성(反省)' 등으로 옮길 수 있는 용어인데, 의식작용을 갖고 있지 않은 어떤 것에 대해서는 '반성'이라고 옮겨서는 안 된다. 반성이란, '돌이켜 살피는' 것을 가리키기 때문이다. 거울에 비추인 빛은 되돌아오는 것이지, 반성되는 것이 아니다.

장에서 말하고 있는 '생'이란, 생동적(生動的)인 것[Lebendiges]을 가리킨다. 왜냐하면, 바로 조금 뒤의 문장에서 그는, "직접적인 욕망의 대상은 생동적인 것이다"[7]라고 말하고 있기 때문이다. 위의 문장은 이해하기 어렵다. 왜냐하면 우리의 욕망의 대상들 가운데는 생명을 가지고 있는 것들도 있지만 생명이 없는 것들도 있기 때문이다. 욕망의 대상이 관념이나 이념 혹은 인공물인 경우에는 말할 것도 없겠지만 자연물인 경우에도, 그 가운데에는 무생물도 포함되어 있기 때문이다. 그렇다면 헤겔이 여기서 말하는 욕망의 대상이란, 생명체인 인간이 자신을 생명체로서 유지하기 위하여 자신의 음식물로 섭취해야 하는, 생명체로서의 대상만을 뜻하는 것인가? 그러나 우리의 욕망의 대상은 단지 이러한 생명체에만 국한된 것도 아닐뿐더러, 만약에 우리의 욕망의 대상을 생명체에 국한한다 하더라도 여기에는 여전히 큰 문제점이 남게 된다. 그것은, 자연 속의 생명체가 과연 자기 자신 속으로 복귀할 수 있으며 자신을 반성할 수 있는가 하는 문제다. 그렇다면 과연 위의 문장은 무엇을 뜻하고 있는 것일까?

여기서 헤겔이 말하고 있는 '생동적(生動的)인 것[Lebendiges]'이란, 대부분의 해석가들이 오해하고 있는 것과 같은 생명체(생물) 내지 유기체가 아니다. 헤겔은 여기서 'ein Lebewesen'이 아니라 'ein Lebendiges'라는 용어를 사용하고 있는데, 물론 후자가 일상어에서는 전자와 마찬가지로 생명체, 즉 생물을 가리키기도 하지만, 적어도 여기 헤겔의 텍스트에서 말하는 의미는 그것이 아니다. 우리가 여기서 주의해야 할 사항은, 의식은 여기서 대상의식의 차원에 있는 것이 아니라 자기의식의 수준에 있다는 점이다. 대상의식에 있어서 의식의 대상은 의식과는 다른 어떤 것이었지만, 자기의식에 있어서 의식의 대상은 바로 의식 자신인 것이다. 만약 많은 사람들의 해석대로 'ein Lebendiges'를 외계의 물(物) 내지 생명체로 본다면, 예컨대 의식(意識)을 갖고 있지 않은 식물이 어떻게 자신 속으로 복귀하여 생이 될 수 있는가? 의식을 갖고 있지 않은 존재자에게는 '자신 속으로의 복귀' 내지 '반성'이라는 능력이 주어져 있지 않다. 따라서 위에 인용한 헤겔의 진술은 다음과 같이 이해되어야 한다.

자기의식에 대해 부정적인 관계에 있는 대상(대상의식으로서의 의식)은, 의

---

6 "Der Gegenstand, welcher für das Selbstbewußtsein das Negative ist, ist aber seinerseits *für uns oder an sich* ebenso in sich zurückgegangen als das Bewußtsein anderseits. Er ist durch diese Reflexion in sich *Leben* geworden"(PhG, 135).

7 "(…) der Gegenstand der unmittelbaren Begierde ist ein Lebendiges"(ebd.).

식(자기의식으로서의 의식)의 경우에도 그러했듯이 우리에 대해서 또는 그 자체로 자신 속으로(대상의식으로서의 의식 속으로) 복귀했으며, 자신 속으로의 이러한 반성(복귀)을 통해 대상(대상의식으로서의 의식)은 생이 되었다.

『정신현상학』에서 〈자기의식〉장의 전단계인 〈의식〉장에서의 '이것'이 감성적 확신의 대상으로 나타나고, '물(物)'이 지각의 대상으로, 그리고 '현상'과 '초감각적 세계'가 지성의 대상으로 나타난 것처럼, 이제 '생'이 자기의식의 대상으로 나타난다.[8] 그렇다면 "대상이 자신 속으로의 이러한 반성을 통해 생이 되었다"는 것은 과연 어떤 사태를 지시하는가? 대상의식이란 의식과 대상의 상호작용을 통해 이루어진 결과다. 칸트식으로 말하면 대상의식은 인식주관의 범주들에 의해 감각소여의 다양(多樣)[잡다(雜多), das Mannigfaltige]이 정돈됨으로써 이루어지는 것이다. 대상의식[대상인식]은 의식이 대상에로 나아갔다가 자신 속으로 복귀함으로써 이루어지는 것이다. 그러므로 대상은 더 이상 의식의 '외부'에 존재하지 않고 의식 속에 존재하게 된다. 이러한 사태를 헤겔은 다음과 같이 표현하고 있다:

(…) 나는 대상을 나에게 속한 것으로 알고 있다(대상은 나의 표상이다). 그러므로 나는 대상 속에서 나에 관하여 알고 있다.[9]

자기의식의 대상으로서의 대상의식은 주체로서의 자아와 대상으로서의 표상들로 구성되어 있다. 그러나 표상들 역시 "나의 표상"이다. 표상이 따로 있고 자아가 따로 있는 것이 아니다. 그러므로 사실은 표상도 자아인 것이다. 그렇기 때문에, 한편으로 보면 표상은 '나'와 구별되지만, 다른 한편으로 보면 양자는 구별되지 않는다. 그러므로 이 의식의 구조는 이미 우리가 앞에서 살펴본 '결합과 비결합의 결합', '동일과 비동일의 동일', '결합과 비결합의 결합', '통일과 다양의 통일' 또는 '구별이 아닌 구별', '내적인 구별(=무한성)' 등을 나타내고 있는바, 헤겔은 바로 이러한 사태를 가리켜 '생'이라고 말하고 있는 것이다.[10]

---

8 Herbert Marcuse, *Hegels Ontologie und die Grundlegung einer Theorie der Geschichtlichkeit*, Ffm., 1932, 272 참조.

9 "(…) ich weiß von dem Gegenstande als dem meinigen (er ist meine Vorstellung), ich weiß daher darin von mir"(Enz §424, TW 10, 213).

10 백훈승, 『칸트와 독일관념론의 자아의식 이론』, ebd., 320 ff. 참조.

1.2. 생명과정으로서의 생[Leben als Lebensprozeß]

헤겔은 생을 다음과 같이 규정하고 있다.

> (생의: 필자 첨가) 본질은, 모든 구별의 지양태로서의 무한성이며 축을 감싸고도는 순수한 운동이며, 절대적으로 불안한 무한성으로서의 그 자신의 평온이다. 그뿐만 아니라 본질은 또한 그 속에서 운동의 모든 구별들이 해소된 자립성 자체이며, 이러한 자기동일성 속에서 견고한 공간형태를 지니고 있는, 시간의 단순한 본질이다(PhG, 136).

> 이러한 전체의 순환이 생을 형성하는데, 이러한 생은 (…) 자기의 본질의 직접적인 연속이나 견고함도 아니고, 영속적인 형태나 독자적으로 존재하는 고립자도 아닐 뿐더러, 영속적인 형태가 움직여 가는 순수한 과정이나 더 나아가서는 이러한 과정상의 제계기를 단순히 결집시켜 놓은 것만도 아니며, 오히려 이것은 자기전개를 이루면서도 그 전개상을 해소시키는 가운데 바로 이와 같은 운동 속에서 자신을 단적으로 보존하는 전체다(PhG, 138).

위의 인용문을 통해 헤겔이 말하고 있는 것은 바로 '생명과정으로서의 생'이다. 생명체의 생명과정에는 실체로서의 생명체의 측면과 주체로서의 생명체의 측면이 함께 나타난다. 즉, 하나의 생명체는 실체인 동시에 주체로서 생각될 수 있다(PhG, 20 참조). 이러한 두 측면을 염두에 두면서, 위의 인용문들의 의미를 분석해보겠다.

하나의 생명체는 자기 자신을 유지·보존하기 위해서 자기의 타자를 필요로 한다. 생명체는 자기의 타자를 섭취하여 그것을 자기의 몸으로 만듦으로써, —이것은 생명체의 동화(同化)작용[Assimilation]이다—이전(以前)의 자기와는 다른 자기로 변화해 나간다. 이러한 과정은 그가 죽음에 이르기까지 계속된다[이러한 사태를 이해하기 위해서, 예컨대 하나의 생명체로서의 한 인간이 자기 자신을 보존·유지하기 위하여 자기의 타자인 음식물을 섭취하여 그것을 자기로 만들고 그 나머지는 배설(排泄)하는 과정—이것이 생명체의 이화(異化)과정[Dissimilation/Sekretion]이다—을 생각해보자].

1) 실체로서의 생명체

하나의 생명체는 시간에 따라 변화함에도 불구하고 자기동일성을 유지하고 있는 실체다. 한 인간이 아기에서 초등학생, 중학생을 거쳐 성인이 되고 또 노인이 됨에도 불구하고 우리가 그 사람을 그 사람으로 인정하고 또 같은 이름으로 부르는 것은, 그 사람의 양적·질적인 변화의 배후에 있는 그 사람의 동일성을 인정하기 때문이다. 즉 한 인간은 그 자신 속에 자기의 타자들인 계기들(구별의 계기들)을 지니고 있을 뿐만이 아니라 동일성의 계기를 지니고 있다. 그러면 위의 인용문의 "모든 구별의 지양태로서의 무한성"이란 어떻게 해석될 수 있을까? 그것은 두 가지 측면에서 해석될 수 있을 것이다. 즉, 생명체는 그때그때마다 자기에게 타자로 나타나는 모든 대상들(모든 구별들)을 부정하여 자기의 음식물로 섭취함으로써 자기의 몸(구별의 지양태)으로 만드는 과정을 계속하여 반복한다(무한성)는 뜻으로 이해할 수 있을 것이고, 두 번째로는, 어떤 생명체가 "그때그때마다인 것과 그때그때마다 지향하는 것과의 사이에 존재하는 구별"[11]을 지속적으로 지양한다는 의미로도 해석될 수 있으며, 세 번째로는, 하나의 생명체는 여러 부분들·지체들로 구성되어 있는바, 이러한 구별들은 사실은 앞에서도 보았듯이 '구별 아닌 구별', '내적 구별'이며, '무한성'이다. 따라서 생명체는 "모든 구별의 지양태로서의 무한성"이라는 성격을 지녔다고 할 수 있다. 그런데 이 세 번째의 해석은 지금의 본문에는 적합하지 않다. 왜냐하면, 여기서는 생명체로서의 생에 관해 이야기하고 있는 것이 아니라 생명과정으로서의 생에 관해 말하고 있기 때문이다.

생명체에 타자가 대립될 때, 그에게는 '분열·대립'이라는 계기가 주어지며, 그러한 타자를 지양하여 자기화(동화)함으로써 그에게는 '통일'이라는 계기가 형성된다. 그리고 이러한 과정은 생명체가 살아 있는 동안은 계속되는 것이므로 생명체의 생명과정은 "모든 구별의 지양태로서의 무한성"이다. 이때의 생명체는 모든 다양한 구별들을 감싸 안고 자기(自己)의 주위를 회전하는 자기 자신의 운동의 축(軸)[12]이며 "보편적인 매개체"(PhG, 136)이며 "자기 자신 속에서 순수하

---

11 Marcuse, ebd., 271.

12 헤겔은 생명체의 이러한 운동의 중심으로서의 '축'을 'Selbst'라고 이름 붙이고 있다. 그리고 "이런 뜻에서 헤겔은 〈지성〉장을 끝내는 문단에서(PhG, 125) 생을 하나의 'Seele [Seele der Welt]'라고 부르는데, Seele란 '중심임'을 뜻한다"(Werner Marx, *Das Selbstbewußtsein in Hegels Phänomenologie des Geistes*, Ffm., 1986, 40).

게 운동하는 유동적 실체"(ebd.)다. 그것은 자기 자신과의 동일성을 지니고 있으므로 "그 자신의 평온"이며 "그 속에서 모든 구별이 해소되는 자립성 자체"이며, "이러한 자기동일성 속에서 견고한 공간형태를 보유하고 있는, 시간의 단순한 본질"이라고 할 수 있다. 여기서, 한 생명체의 생명과정에서 나타나는 실체의 자기동일적 측면을 헤겔은, "모든 구별의 지양태", "축", "그 자신의 평온", "운동의 모든 구별들이 해소된 자립성 자체", "자기동일성", "견고한 공간형태", "자기의 본질의 직접적인 연속이나 견고함", "영속적인 형태나 독자적으로 존재하는 고립자", "자신을 단적으로 보존하는 전체", "자기동일적인 자립성[die sichselbstgleiche Selbständigkeit]"(ebd.) 또는 "세계의 혼[Seele der Welt]"(ebd., 125) 등으로 표현하고 있다.

2) 주체로서의 생명체

하나의 생명체는 자기동일성을 유지하면서도, 다른 한편으로는 자기 자신 및 타자에 관계하는 운동으로서, 끊임없이 변화하는 점에서, 주체이기도 하다.[13] 생명체가 지니고 있는 이러한 주체의 측면을 표현하고 있는 용어는 "무한성", "축을 감싸고도는 순수한 운동", "절대적으로 불안한 무한성", "시간", "이러한 전체의 순환", "과정", "자기전개", "보편적인 유동성"(ebd., 136 및 137)[14] 또는 "보편적인 피"(ebd., 125) 등이다.

위의 두 인용문에서 생명체가 지닌 실체의 측면과 주체의 측면이 대비적으로 표현된 부분은, "절대적으로 불안한 무한성으로서의 그 자신의 평온", "모든 구

---

13 이런 뜻에서 Marcuse는, "생이란, 실체가 주체로서 파악되는 최초의 형식이며, 따라서 자유의 최초의 구체화다. 그것은 대립물의 현실적 통일의 최초의 형태이며, 따라서 변증법의 최초의 구체화다"(*Reason and Revolution. Hegel and The Rise of Social Theory*, Boston, 1960, 38)라고 말하고 있다.

14 그런데 헤겔은 왜 생을 '유동체'라고 표현했을까? 그 이유는 아마도, 첫째로 유동체가 생명체의 '운동성' 및 '운동의 연속성'을 잘 나타내고 있으며, 두 번째로 유동체는 그때그때마다 (시간의 변화에 따라) 어떤 특정한 형태를 지니고 있기 때문일 것이다. 생명체도, 시간에 따라 변화하지만 역시 그때그때마다 어떤 특정한 형태를 지니고 있다. 반면에 기체는 활발하게 운동하기는 하지만 특정한 형태를 지니고 있지 않고, 고체는 특정한 형태를 지니고 있긴 하지만 변화가 거의 없기—물론 고체 내의 전자의 운동은 있지만—때문이다. 유동체는 이와는 달리, 그때그때마다 어떤 특정한 형태를 지니고 있으면서 운동·변화하는 것이며, 분열했다가도 다시 쉽게 결합할 수 있는 것이므로, 이것은 생의 성격을 잘 나타내주는 것이라 하겠다.

별이 해소되는 자립성 자체", "자기동일성 속에서 견고한 공간형태를 지니고 있는, 시간의 단순한 본질", "자기전개를 이루면서도 그 자신의 전개상을 해소시키는", "이와 같은 운동 속에서 자신을 단적으로 보존하는" 등이다. 실로, 생명체의 생명과정에는 실체의 측면과 주체의 측면이라는 이 두 요소가 포함되어 있다. 그러므로 헤겔이 말하는 것은, 그것은 실체의 측면만도 주체의 측면만도 아닌, 양자의 종합으로서 생각되어야만 한다는 점이다. 바로 이러한 점이 잘 나타나 있는 곳이 위의 두 번째 인용문이다. 따라서 "절대적으로 불안한 (…) 평온"이라는 표현은 모순된 표현이 아니다. 왜냐하면 여기서 "불안"은 생명체의 끊임없는 운동과정, 즉 생명체의 주체적 측면을 가리키는 표현이고, "평온"은 자기의 모든 변화에도 불구하고 자기동일성을 유지하고 있는 생명체의 실체적 측면을 가리키는 표현이기 때문이다. 다시 말하면, 하나의 생명체는 자기 자신을 유지하기 위하여 자기의 타자를 음식물로 섭취하여 자기의 몸으로 만들고(동화작용) 나머지의 것들은 자기의 외부로 내보낸다(이화작용, 분비). 이럼으로써 생명체는 자기의 성장·발전을 가져오는 동시에 전체로서의 자기 자신을 보존하며,[15] 이를 통해 자신과 타자의 동일성을 확증한다.[16]

만약 어떤 존재자가 운동하지 않는다면 그것은 생명체라고 할 수 없을 것이다. 헤겔에 의하면, 존재자가 운동하지 않는 이유는 그것이 자신 속에 결핍, 부정성, 분열 또는 모순을 지니고 있지 않기 때문이고, 따라서 그것은 생명체라고

---

15 생명체의 이러한 동화작용은 대상과 자기의 동일성을 확증하는 행위라고 해석될 수 있는데, 헤겔은 『종교철학강의』에서도 생명체로서의 인간의 동일성 확증행위에 관해 다음과 같이 언급하고 있다: "인간은 비유기적인 자연을 사용하고 그것을 동화시킴으로써 자기를 보존하며, 그것을 부정하고 자신을 그것과 동일하게 정립하며, 그러나 그 속에서 자기를 보존한다"(TW 17, 39). 또한 헤겔은 『정신현상학』의 이후의 체계인 『철학강요』에서, 생명과정으로서의 생을 'Sensibilität [감수성]', 'Irritabilität [반응성]' 그리고 'Reproduktion [재생산]'으로 특징짓고 있는데(Enz §§353 f., TW 9, 437 ff.), 감수성이란, 생명체가 외부의 객체를 감각하거나 지각하는 능력이 아니라 자기의 온몸을 감각하는 능력을 말하며, 반응성은 자극에 대한 반응성, 그리고 동물의 경우에는 근육의 반작용을 가리키며, 재생산은 같은 종(種)인 다른 유기체를 생산하는 것이 아니라, 자기의 기관들을 생리적으로 재생산함으로써 단일한 유기체가 스스로를 유지하는 것을 말하는데, 이들 세 기능은 다음과 같이 연관된다: 감수성에서는 유기체가 자기 자신과 하나인 상태이고 반응성에서는 유기체가 분열되며, 재생산에서는 유기체가 자기의 통일을 회복한다(Inwood, *A Hegel Dictionary*, ebd., 176 참조).

16 J. Hyppolite, *Studies on Marx and Hegel*, tr., with an Introduction, Notes, and Bibliography, by John O'Neill, NY., 1969, 3 참조.

할 수 없다.[17] 생명체가 자기의 타자를 섭취함으로써 그것을 자기로(자기의 몸으로) 만드는 행위는 주체에 의한, 주체와 객체의 동일화작용, "동화"(Enz §357, TW 9, 464)다. 생명체의 이러한 생명과정에서 주체로서의 생명체는 진리(본질)의 측면이고, 타자는 현상(가상)이라고 할 수 있다. 생의 운동 속에는 타자가 구별[18]로서 존재하기는 하지만, 이것은 "구별의 가상"[19]에 불과하다. 그리하여 이러한 타자의 가상은 생명체의 통일성 속으로 해소된다.[20]

이러한 생명과정, 즉 생명체가 "필요한 것을 외계로부터 찾아 먹어치우는, 즉 그것을 자기에게 동화시키는 사실"에서 드러나는 것은 바로 "통합을 향한 생명체의 충동"[21]이다. 생명체는 그저 그것으로서 존재하는 것이 아니라 오로지 "자기를 스스로 현존하는 것으로 만듦으로써, 즉 생명과정의 성과로서 존재하는"(Enz §352, TW 9, 435) 것이다. 다시 말하면, 생명체는 점의 형태로 존재하는 것이 아니라[22] 운동으로 존재한다.[23]

1.3. 유(類)로서의 생[Leben als Gattung]

헤겔에 의하면 무한성이란, 통일이 구별로 분열되고 이 구별이 다시 통일로

17 이 점과 관련하여 헤겔은 다음과 같이 말한다: "자기 자신과의 추상적 동일성은 아직 생명성이 아니다. 오히려 긍정적인 것 그 자체는 부정성을 지니고 있어서, 이로 인해 그것은 자신을 벗어나 변화한다. 요컨대, 어떤 것은 자신 속에 모순을 지니고 있는 한에서만, 그리고 더욱이 자신 속에서 이 모순을 파악하고 견뎌낼 수 있는 힘인 한에서만 살아 있는 것이다"(GW 11, 287). 그런데 헤겔이 여기서 말하는 '모순'은 '대립'으로 이해되어야 한다.

18 생이 그때그때마다의 것과 생이 그때그때마다 지향하는 것과의 구별. 다시 말하면, 현재의 생명체와 그것의 타자인 욕구대상과의 구별, 혹은 현재의 생명체 A_1과 그것이 타자를 자기에 동화시켜 형성된 미래의 생명체 A_2와의 구별.

19 Marcuse, *Hegels Ontologie und die Grundlegung einer Theorie der Geschichtlichkeit*, ebd., 271.

20 Hyppolite, 『헤겔의 정신현상학』, ebd., 191 참조. 또한 Hyppolite, *Studies on Marx and Hegel*, ebd.도 참조.

21 Ch. Taylor, *Hegel*, Cambridge u.a., 1977, 150.

22 Gadamer, *"Hegels Dialektik des Selbstbewußtseins,"* in: H. F. Fulda u. D. Henrich, *Materialien zu Hegels 『Phänomenologie des Geistes』*, Ffm., 1973 (217-242), 222 참조.

23 따라서 헤겔은, 생은 "본질적으로 자기분열[Selbstentzweiung]과 재통일[Wiedereinigung]을 통해서만 실현되는 개념이다"라고 말하고 있다(*Heidelberger Enzyklopädie*, 1817, 203, §268).

복귀하는 과정을 뜻하는데, 이 무한성은 단지 '무한성으로 머물러 있는 경우' 또는 '통일 자체'에 지나지 않는 경우, 즉 즉자적 무한성의 경우와, '자기가 무한성임을 자각하는 경우'(그에 대해 구별의 무한한 통일이 존재하는 경우), 즉 대자적 무한성이라는 두 경우로 나누어진다. 전자가 생이요 후자가 자기의식이다.[24] 여기서의 '생'은 인간을 제외한 다른 '생명체로서의 생'(PhG, 137), '생명과정으로서의 생'(ebd.), '유(類)[Gattung]로서의 생'(ebd., 138), 그리고 '육체적 생명으로서의 생'(ebd., 143, 144 등) 모두를 가리키는 것으로 보아야 할 것이다. 이러한 생은 생에 대해 있는 것이 아니다. 즉 자신을 자각하지 못한다. 이에 비해 자기의식은 자기의식에 대해 존재한다.[25]

그런데 생의 과정에서 나타나는 하나의 생명체로서의 생은 "그 모든 계기들을 자신 속에 지양해 버린 일반적 통일체"(ebd., 138)이며, 헤겔은 이를 가리켜 "이러한 통일체는 또한 단순한 유다"(ebd.)라고 말하고 있다. 이로써 우리는 〈자기의식〉장에서 나타나는 세 번째의 생 개념인 '유로서의 생'이라는 개념을 얻게 되는데, 이와 동시에 우리는 『정신현상학』의 세 가지 생 개념이 『논리학』(*Wissenschaft der Logik*)의 생 개념과 일치함을 알 수 있다.[26]

유는 "구체적 보편자"(Enz § 366, TW 9, 497)라고도 불리는데, 이것은 자기의 타자와 관계해야 하지만, 자기 자신을 의식하지는 못한다. 그런데 우리는 유를 세 가지 측면에서 고찰할 수 있다. 첫 번째로, 그것은 일반적으로 사용되는 의미처럼, 예컨대 개체로서의 말에 대립하여 '말'이라고 불릴 수 있는 것들의 '전체(집합)'를 뜻한다. 두 번째로는, 개체로서의 말에 대립하는, '개념으로서의 말'을 뜻한다.[27] 세 번째로는, 하나의 생명체가 "그 개체의 특수성을 지양하여 마침내

---

24 "이러한 통일은 바로 통일 자체로부터 자기를 밀쳐내 버리는 것이므로 결국 이 개념은 자기의식과 생이라는 두 갈래의 대립으로 양분된다. 결국 여기서 자기의식이 이룩하는 통일은 구별을 절대적으로 통일한다는 의미로 받아들여지는 데 반하여, 생이란 한낱 그러한 통일 자체에 지나지 않으므로 이것은 결코 대자적인 것으로 볼 수가 없다"(PhG, 135)

25 푀겔러의 말 대로, "만약에 말[馬]이 자기가 말이라는 것을 안다면, 자기의 유가 자기에 대해 존재한다는 것을 안다면, 말도 자기의식인 것"(Otto Pöggeler, *Hegels Idee einer Phänomenologie des Geistes*, Freiburg/München, 1973, 244 f.)이다.

26 『논리학』에서는 생이 ① 살아 있는 개체로서의 생[Leben als lebendiges Individuum], ② 생명과정으로서의 생[Leben als Lebensprozeß], ③ 유의 과정으로서의 생[Leben als der Prozeß der Gattung]으로 구분된다(GW 12, 182 f. 참조.). 그런데 ③ 유의 과정으로서의 생은 바로 ①과 ②의 종합인 것으로 생각된다.

27 개체로서의 말과 개념으로서의 말의 관계는, 아리스토텔레스식으로 말하면 제1실체와 제2

보편성으로까지 고양되는 것 (…) 외면적인 생명과정을 통하여 실재적이며 보편적인 것으로 된 생명"(GW 12, 189)이다. 즉 "생명력을 지닌 개체가 (…) 대립의 지양을 통해서 획득하게 되는, (…) 자기와 자기가 이전에 지녔던 무관심적인 타재와의 동일성"(ebd., 190)인데, 개체로서의 이러한 유는 "즉자적인 유이기는 하나, 대자적인 유는 아니다"(ebd.).[28] 유로서의 전체의 말들 속에 이 말, 저 말 등이 속해 있듯이, 개체로서의 생명체는 자기의 운동과정 속에서 여러 계기들을 자신 속에 지니고 있는 보편자로서 드러난다. 즉, A라는 생명체 속에는 자신과 구별된 계기들로서 (그러나 어떤 의미에서는 전혀 구별이 아닌) a_1, a_2, (…) 등을 지니고 있기 때문이다. 그러나 (인간을 제외한) 생명체는 이런 사실을 알지 못하고 있다. 즉, 그것은 즉자적이며 대타적인 유에 불과할 뿐이다. 그런데 생만이 즉자·대타적인 유인 것이 아니라 자기의식도 유다. 왜냐하면, 자기의식은 그 자체가 (대상으로서의) 의식에 대해 존재하는 (주체로서의) 의식이며, 자기의 타자(대상의식)로부터 자기(대상의식에 대한 의식)에게로 복귀한 의식이며, 최초의 즉자적 통일로부터 반성을 거쳐 도달한 두 번째의 통일(PhG, 138 참조), 즉 대자적 통일이기 때문이다. 자기의식은 유인데, 그것은 즉자적인 유인 생과는 달리 대자적인 유다. 다시 말하면 그것은 '유의 유'다. 유로서의 자기의식은 그 자체가 또한 생의 구조를 지니고 있는 것이므로 헤겔은 자기의식을 가리켜, "그것에 대해 유 자체가 존재하고(유 자체이고) 자기 자신에 대해서 유인 이 다른 생"(ebd.)이라고 부르고 있다. "생은 보편적 자기의식 속에서 자신의 완전한 실현을 발견"하며 "자기의식으로서의 인간은 전체의 생으로부터 구별된 자로서만, 그리고 그것에 속해 있는 자로서만, 그리고 보편적인 자기의식으로서만

실체와의 관계다. 아리스토텔레스의 『범주론』의 입장에서는 개체로서의 말이 제1실체[prōtē ousia, πρώτη οὐσία]이고 개념으로서의 말은 제2실체[deutera ousia, δευτέρα οὐσία]에 해당하는데, 『형이상학』에서는 이와는 반대로 개념으로서의 말이 제1실체이고 개체로서의 말은 제2실체다.

28 헤겔은 이러한 유에 대해 『정신현상학』에서 다음과 같이 말하고 있다: "이상과 같이 우리가 단초적이고 직접적인 통일에서 출발하여 규정된 형태와 전개과정이라는 계기를 거치고 나서 (…) 이러한 통일은 단순한 유라고 할 수 있으니 (…)"(PhG, 138). 이 점과 관련하여 맑스(Werner Marx)는, "철학은 예로부터, 모든 구별 속에서 자기동일적으로 머물러 있을 뿐만이 아니라 자기를 그러한 자기동일자로 새롭게 만들어내는 그러한 Sein을 '유(類)'라고 규정했다"(ebd., 42)고 말하고 있는데, '유[Gattung]'는 어원적으로 '발생[Generation]'이나 '생산[Erzeugung]' 개념과 연관되어 있다(Inwood, ebd., 176 참조).

하나의 개인인"[29] 것이다.

1.4. 삶(목숨)으로서의 생[Leben als Leben]

『정신현상학』에서는 계속하여, 하나의 자기의식이 또 하나의 자기의식을 만나는 과정에서 겪게 되는, 인정을 위한 "생사를 건 투쟁[Kampf auf Leben und Tod]"(PhG, 144)이 서술되고 있는데 이때의 '생'은 '목숨'을, 그 가운데서도 '육체의 목숨'을 뜻한다. 인정투쟁에서 양자 모두 죽는 경우를 제외하면, 승자와 패자가 발생하는데, 승자는 패자의 주인이 되고 패자는 승자의 노예가 된다. 그러면 이러한 투쟁을 생이라는 관점에서는 어떻게 서술할 수 있을까? 인정투쟁에서 서로가 '육체의 생'을 거는 이유는, 그들 각자가 처음에는 상대방에게, 육체의 생에 침잠한 의식(ebd., 143 참조)으로 나타나기 때문에, "대자적으로 존재한다는 확신을 서로 타자에게, 그리고 자기 자신에게 객관적인 진리로 고양시켜야"(ebd., 144) 하기 때문이다. 헤겔에 의하면 하나의 이들 각자가 대자존재자임을, 즉 자유로운 자임을 입증할 수 있는 것은 오직 생사를 건 투쟁에 의해서만 가능하다. "나는 자유롭다"고 하는 자기주장만으로는 자유를 획득하기에 불충분하다.[30] 목숨을 건 이러한 투쟁의 결과 발생하는 승리자인 주인은, 목숨(육체의 생)을 잃어버릴 것을 각오하고 승리를 쟁취함으로써 결국 자유를 획득한 것이고, 그에게는 육체의 생보다는 정신의 생이 더욱 귀한 가치로 여겨졌기 때문에 이러한 자유획득이 가능했던 것이라고 할 수 있다. 이에 반해 투쟁에서 패해 승자의 노예로 전락하고 만 사람은 '정신의 생'이나 '자유'보다는 '육체의 생'을 택한 자라고 할 수 있다. 따라서 헤겔은 정신의 생과 죽음에 대하여 『정신현상학』 서문[Vorrede]에서 다음과 같이 말하고 있다: "죽음이란 (…) 가장 무서운 것이다. (…) 그러나 죽음이 두려워 회피하려 하며 파멸로부터 온전히 자신을 지키려고 하는 대신, 죽음을 감내하고 또 죽음 속에서 자기를 보존하려고 하는 생이야말로 정신의 생이다"(PhG, 29).

이상에서 우리는, 헤겔의 『정신현상학』에서 나타나는 여러 가지 의미들을 지

---

29 Marx, ebd., 40.

30 "요컨대, 투쟁을 통해서만 자유가 획득될 수 있다. 자유롭다는 확언만으로는 충분치 않다. 인간이 타인만이 아니라 자기 자신을 죽음의 위험 속으로 가져감으로써만, 그는 이러한 입장 위에서 자유에 대한 자기의 능력을 입증하는 것이다"(Enz §431 Zus., TW 10, 220).

닌 생 개념 즉, 생명체로서의 생, 생명과정으로서의 생, 유로서의 생, 그리고 목숨으로서의 생 개념을 통해 전개되는 변증적 사유를 살펴볼 수 있었다. 그리고 절대자는 삼위일체로서, 통일 속의 구별이라는 역동적인 생의 구조를 지니고 있을 뿐만 아니라, 자신을 부정하고 타자화하는 정신으로서, 자신의 또 다른 타자인 유한자(세계)를 포함하면서, 그것의 전개를 통해 자신을 전개·실현시켜 나가는, 실체이자 주체로서의 생동적인 정신이요 이념이요 생인 것이다.

2
사랑[Liebe]

사랑 속에서 드러나는 변증적 사유를 헤겔은 「사랑」("Liebe", 1797)이라는 단편에서, 쉐익스피어의 『로미오와 줄리엣』이라는 작품을 통해 아주 간명하고 설득력 있게 표현하고 있다. 남녀 간의 (진정한) 사랑에서는 남자(일방)와 여자(타방) 서로 간에 자기동일성이 유지되는 동시에, 다른 한편으로는 서로가 상대방에게 자기(自己)를 잃어버린다. 즉 서로 사랑하는 사람들의 결합이 그들 사이의 구별(차이)을 제거하는 것이 아니다. 로미오와 줄리엣이 서로 사랑한다고 해서, 로미오와 줄리엣이 사라지는 것은 아니다. 로미오는 로미오대로 존재하고 줄리엣은 줄리엣대로 존재하면서 그들이 사랑 가운데 '하나'가 되는 것이다. 이러한 사태를 가리켜 헤겔은 다음과 같이 말하고 있다: "사랑받는 사람은 우리에게 대립되어 있는 것이 아니라 우리의 본질과 하나다. 우리는 그의 안에서 우리만을 본다. 그럼에도 불구하고 그는 우리가 아니다. 이것은 우리가 이해할 수 없는 기적이다"(ThJ, 244).

헤겔은 사랑을 "서로 주고받음[ein gegenseitiges Nehmen und Geben]"이라고 규정하고, 로미오에게 하는 줄리엣의 말, 즉 "당신께 드리면 드릴수록 저는 더 많이 갖게 돼요"라는 말을 통해서 이러한 사랑의 상호성 및 이중의미를 보여준다. 이것은 헤겔에 있어서 이후의 저술들에서 등장하는 '상호인정[ein gegenseitiges Anerkennen]'의 최초의 원형이라고 할 수 있다. 즉 우리는, 다른 하나의 자기의식 속에서, 그리고 그러한 자기의식을 통해서 존재하는 자기의식 개념이 이미 여기에 존재함을 알 수 있다. 이와 관련된 구절들을 좀 더 인용하면 다음과 같다: "(…) 사실 무제약적인 것은 아무것도 없다. 그리고 어떤 것도 자신 속에 그 자신의 존재의 뿌리를 지니고 있지 않다. (…) 사랑 속에서만 우리는 대상과 하나가 되고, 대상을 지배하지도 대상에 의해 지배되지도 않는다. (…) 사랑은 서로 주고받는 것이다. (…) 사랑을 받는 쪽은 사랑을 받음으로써, 사랑을 주는 쪽보다 더 풍요롭게 되지 않는다. 그는 실로 풍요롭게 되지만, 그것은 주는 쪽이 풍요롭게 되는 것만큼만 풍요롭게 된다. 그리하여 주는 쪽도 (줌으로 말미암아) 자신을 더 빈곤하게 만드는 것이 아니다. 그는 상대편에게 줌으로써, 그와 동시에, 그리고 같은 정도로, 자기 자신의 보물을 늘리는 것이다."[1]

헤겔은 이러한 사랑이나 우정 속에서 우리는 진정한 자유를 느낄 수 있다고 말한다. 즉, 사랑이나 우정 속에서 "우리는 일면적으로 자신 속에만 머물러 있지 않고, 타자와의 관계 속에서 기꺼이 자신을 제한하면서도 이러한 제한 속에서 자기를 자기 자신으로 안다." 다시 말하면, 이때 인간은 "피규정성 속에서 스스로가 규정되어 있다고 느끼는 것이 아니라 오히려 우리는 타자를 타자로 간주하는 가운데 비로소 우리의 자기감정[Selbstgefühl]을 갖는다. 그러므로 결국 자유는 무규정성이나 규정성 그 어느 한 쪽에 존재하는 것이 아니라 이 양자가 합쳐진 것이다"(PdR §7 Zus., TW 7, 57). 예컨대 우리가 어떤 사람을 사랑한다고 할 때에 자기 자신만을 고집하고 상대방을 인정하지 않는다면, 상대방을 사랑한다고 할 수 없는 것이다. 상대방을 사랑한다면 우리는 우리 자신을 상대방과의 관계 속에서 제한해야 한다. 무제한적 자기주장은 결코 사랑이 될 수 없다. 그런데 중요한 것은, 우리가 이러한 '자기제한' 속에서도 그것을 부자유나 제한으로 느끼지 않고 상대방을 위한 배려나 사랑으로 느낀다는 사실이다. 이렇게 상대방을 나의 사랑과 존중의 대상인 타자로 간주하는 가운데 우리는 '사랑의 감정'을 갖게 된다. 아니 이것이 바로 사랑의 감정이다. 이때의 타인은 '나의 것'으로 포섭되거나 용해되는 것이 아니라 독립된 하나의 인격체인 '타인'으로 존재한다. 이것이 바로 헤겔이 『법철학』에서 "타자를 타자로 간주한다"(PdR, ebd.)는 말로 뜻하는 바다.[2]

---

1 "Entwürfe über Religion und Liebe," in: TW 1, 242 ff. 이상, 백훈승, 「윤리공동체의 성립 조건으로서의 상호인정과 자유」, 『철학연구』 제72집, 대한철학회, 1999.11.1. (265-292), 277 f. 참조.

2 백훈승, 「헤겔의 의지개념」, 『범한철학』 제56집, 범한철학회, 2010.03 (135-163), 148 f. 참조.

이처럼, 헤겔의 청년기 저작에 등장하는 '사랑' 개념이 '인정' 개념과 밀접하게 연관되어 있다는 사실을 알 수 있는데, '인정'과 관련된 헤겔의 변증적 사유에 대해서는 나중에 이어지는 논의에서 좀 더 구체적으로 다루기로 하겠다.

3

정신[Geist]

정신[Geist] 개념은 『정신현상학』 이전의 청년기의 저술 속에서는 '사랑[Liebe]'이라는 개념으로 등장했던 것이 '생[Leben]'이라고 하는 더욱 풍부한 구조를 가진 개념으로 대치되고 난 후에 최종적으로 나타나는 개념이라고 할 수 있다.[1] 그런데 헤겔에 있어서의 정신 개념은 다의적(多義的)으로 사용되고 있음을 알 수 있다. 예컨대 『철학강요』에서 정신은 주관적 정신, 객관적 정신, 그리고 절대적 정신으로 나누어지는가 하면, 『정신현상학』이라는 제목에서 가리키는 '정신'은, 넓은 의미의 '의식(意識)'과 같은 의미로 사용되고 있다. 즉 『정신현상학』은 의식이 어떻게 나타나는가를 다루고 있는 저술로서, 그 부제(副題)가 바로 〈의식의 경험의 학〉[Wissenschaft der Erfahrung des Bewußtseins]이다. 그러므로 이때의 '의식'은 '정신'의 모든 형태를 가리킨다. 그러나 이와 동시에, 『정신현상학』의 여섯 개의 큰 장(章)은 〈의식〉, 〈자기의식〉, 〈이성〉, 〈정신〉, 〈종교〉, 〈절대지〉로 구성되어 있는바, 좁은 의미의 '정신'은 의식의 전(全)경험의 네 번째 단계를 가리키며, 이때의 '정신'은 객관적 정신을 가리킨다.

한편, 일상어에서 정신을 뜻하기도 하는 독일어 Geist는 '마음[mind]'이라는

---

1 이 점에 관해서는 W. Dilthey, *Die Jugendgeschichte Hegels*, Stuttgart, 1963, 141 ff.; R. Kroner, *Von Kant bis Hegel*, Tübingen, 1961, 145 그리고 D. Henrich, *Hegel im Kontext*, Ffm., 1967, 27 참조.

의미로 사용되기도 하고 '영(靈)'[spirit]이라는 의미로 사용되기도 한다. 예컨대 라일(Gilbert Ryle)의 저서 *The Concept of Mind*를 독일어로 보통 *Der Begriff des Geistes*라고 번역한다. 그러나 기독교에서 '성령(聖靈)'을 뜻하는 The Holy Ghost 내지 The Holy Spirit에 대한 독일어는 Der Heilige Geist로서, 이 경우의 Geist는 '영(靈)'이라는 의미를 지니고 있다. 예컨대 기독교의 신약성서에서 "하나님은 영이시니, 예배드리는 자는 영과 진실로 예배드려야 한다"[2]고 말할 때의 '영'에 해당하는 원어인 'pneuma(πνεῦμα)'에 해당한다. 헤겔에 있어서의 '정신' 개념만을 서술하는 데에도 많은 분량이 필요하므로, 여기서는 헤겔의 몇몇 텍스트에 등장하는 정신 개념을 예로 들면서 '정신'이 지니고 있는 변증적 특성을 드러내고자 한다.

3.1. "나는 우리, 우리는 나"로서의 정신

『정신현상학』에서 우선, '정신'은 인간 상호 간에 서로가 자유로운 존재자라는 것을 상대방으로부터 인정받기 위해 목숨을 건 투쟁을 거친 후에 마침내 상호인정이 실현된 상태에서 인간이 갖게 되는 의식의 상태를 가리킨다.

즉 상호인정이 이루어진 상태에서 우리에게는 이미, 상이한 대자적 자기의식들의 통일인, "우리는 나, 나는 우리"(PhG, 140)라고 하는 "정신 개념이 현존해 있는"(ebd.) 것이라고 헤겔은 말한다.[3] 그런데 이러한 '정신' 개념은 인정이 실현

---

2 "πνεῦμα ὁ θεός, καὶ τοὺς προσκυνοῦντας αὐτὸν ἐν πνεύματι καὶ ἀληθείᾳ δεῖ προσκυνεῖν"(요한복음 4:24).

3 헤겔에 있어서 정신 개념은 『청년기 신학저술들』(*Theologische Jugendschriften*)에서는 '생' 개념에 대응한다. 따라서 '생'이 '동일과 비동일의 동일', '통일과 구별의 통일', '결합과 비결합의 결합'이듯이 정신 역시 그러하다. 즉 정신이란, 하나의 자기의식과 다른 자기의식들의 통일을, 구별되는 여러 자기의식들이 하나로 통일되어 조화를 이루고 있는 상태를 가리키는 것이다. 정신의 공동성 속에서 나는 나로서, 그리고 너는 너로서 존재하는 동시에, 나와 너는 하나가 된 상태로 존재한다. 하버마스(Jürgen Habermas)는 이러한 '정신'을, "보편자의 매개 속에서 이루어지는 개별자들의 의사소통"["Arbeit und Interaktion. Bemerkungen zu Hegels Jenenser Philosophie des Geistes," ebd., 15 및 23 참조]으로 간주하며, "이런 보편자의 매개 속에서 (…) 개별자들은 서로 동일함을 확인할 수 있는 동시에 서로 동일하지 않은 자들로서 확인할 수 있다"(ebd., 15)고 말한다. 그런데 헤겔은 『논리학』 〈개념론〉의 서론에서, 개념으로서의 자아를 설명하고 있는데(GW 12, 17), 여기서 우리는 바로 구체적인 자아 (자기의식)의 모습, 정신의

된 상태, 혹은 순수 인정 개념과 동일하다. 우선 헤겔은, "자기의식은 그것이 다른 자기의식에 대해서 즉자대자적으로 존재하는 가운데, 그리고 그러한 사실을 통해서 즉자대자적으로 존재한다. 즉 자기의식은 오로지 인정된 것으로서만 존재한다"(PhG, 141)고 말한다.[4] 이렇듯, 하나의 자기의식은 다른 하나의 자기의식에 대해서만 존재한다는 것은, 자기의식은 자기의 타자를 자기와 대등한 자기의식으로서 인정하고 또 자기 자신도 타자에 의해 자기의식으로서 인정받음으로써만 진정한 자기의식으로서 존재할 수 있다는 것을 뜻한다.[5] 이러한 자기의식의 상호인정을 헤겔은, "이중화 속에 있는 자기의식의 통일 개념"(ebd.), "이중

경지, 자아의 반성운동 및 상호인정운동의 형태를 찾아낼 수 있다. 헤겔에 의하면 자아는 개별자인 동시에 보편자다. 자아는 그 자체로만 보면 개별자이지만 이러한 자아는 추상적인 자아에 불과하며, 진정한(구체적인) 자아란 타아를 매개로 하여 타아로부터 자기에게로 복귀한 자아이며, 하나가 된, 보편자와 특수자다.

4 우리는 '인정'이라는 용어를, 약간 다른 두 가지 의미로 사용하는데, 첫 번째는 '어떤 것을 올바로 확인한다'라는 의미이고, 두 번째로는 '존중하고 소중히 하고 어떤 가치를 용인한다'는 의미인데, 헤겔은 이 용어를 항상 이 두 번째의 의미로 사용하고 있다(Merold Westphal, *History and truth in Hegel's Phenomenology*, Atlantic Highlands, 1979, 133. 그리고 Ernst Tugendhat, *Selbstbewußtsein und Selbstbestimmung. Sprachanalytische Interpretationen*, Ffm, 1979, 337 참조). 그런데 결국 헤겔이 말하는 인정이란, 하나의 개인이 다른 개인을 '자유로운 자로서' 인정함을 뜻한다. 이러한 의미의 상호인정 개념을 헤겔에 앞서 이미 Fichte는 그의 『자연법의 기초』에서 철저하게 Kant적인 방식으로 서술하고 있는데, 거기에서 그는 다음 세 개의 명제를 제시한다: "I. 나는 나 자신이 어떤 특정한 이성적 존재자를 이성적 존재자로 대하는 한에서만, 나를 이성적 존재자로 인정해 줄 것을 그에게 요구할 수 있다(I. *Ich kann einem bestimmten Vernunftwesen nur insofern anmuten, mich für ein vernünftiges Wesen anzuerkennen, inwiefern ich selbst es als ein solches behandle*)"(GN. GA I/3, 351; SW III, 44). "II. 그런데 나는 가능한 모든 경우에 있어서, 나의 외부에 존재하는 모든 이성적 존재자가 나를 이성적 존재자로 인정해 줄 것을 요구해야만 한다(II. *Aber ich muß allen vernünftigen Wesen außer mir, in allen möglichen Fällen anmuten, mich für ein vernünftiges Wesen anzuerkennen*)"(GN. GA I/3, 353; SW III, 45). "III. 이제 결론은 분명하다.—나는 모든 경우에, 나의 외부에 존재하는 자유로운 존재자를 자유로운 존재자로 인정해야 한다. 즉, 나는 그의 자유의 가능성이라는 개념을 통하여 나의 자유를 제한해야 한다(III. Die Schlußfolge hat sich schon ergeben.—*Ich muß das freie Wesen außer mir in allen Fällen anerkennen als ein solches, d. h. meine Freiheit durch den Begriff der Möglichkeit seiner Freiheit beschränken*)"(GN. GA I/3, 358; SW III, 52).

5 인간의 '대자존재'는 대타존재를 함축하고 있다. 자아는 타아가 아님으로써, 즉 타아를 배제함으로써만 대사적일 뿐만 아니라 동시에, 타아에 의존함으로써만 대사적인 것이다. Leibniz의 monad가 '추상적인 동일성'에 해당한다면, 헤겔이 말하는 '대자존재'는 동일성과 차이를 동시에 포함하고 있는 '구체적 동일성'을 가리키고 있다(Williams, ebd., 150 f. 및 166 참조).

화 속에 나타나는 이러한 정신적 통일 개념"(ebd.)이라고 부르고 있으며, 이러한 "이중화"는 또한 "다면적이고 다의적인 교차"(ebd.)라고 표현하고 있다.

그런데 여기서 말하는 '이중화', '다면적이고 다의적인 교차'란 과연 무엇을 뜻하는가? 그것은 정확히 말하면 '중복된 이중화[gedoppelte Doppelheit]'라고 할 수 있다. 그러면 '중복된 이중화'란 무엇인가? 중복된 이중화라는 표현은 하나의 자기의식에 대한 다른 하나의 자기의식의 관계를 잘 드러내 주는 용어라 하겠다. 이미 하나의 자기의식(자기의식1)은 자신의 내부에 있어서 이중화되어 있다. 즉, 사유하는 자아와 사유된 자아로, 자기의식과 대상의식이라는 두 측면으로 구성되어 있다. 여기에 다른 하나의 자기의식(자기의식2)이 등장하게 된다. 그도 첫 번째의 자기의식과 마찬가지로 자기의 내부에서 이중화되어 있다. 그런데 상호인정운동이라고 하는 것은, 이미 이중화되어 있는 각각의 두 자기의식들 사이에서 이루어지는 이중화된 운동이므로, 그것은 결국 '중복된 이중화'라는 구조를 갖고 있는 것이다. 이것을 가리켜 헤겔은 "다면적이고 다의적인 교차"라고 부른 것이다.

헤겔은 인정된 자기의식이라는 개념을, "이중화 속에 있는 자기의식의 통일 개념, 자기의식 속에서 실현되는 무한성 개념"(ebd.)이라고 말하고 있는데, 왜 이렇게 말하고 있는가? 본래, 하나의 자기의식은 무한성을 그 본질로 갖고 있다. 그런데 무한성이란, 내적 구별, 즉 구별자들의 통일이다. 그런 점에서 자기의식은 생(生)이고 유(類)다. 이제 이러한, 하나의 자기의식 내부에 존재하는 통일은, 다른 하나의 자기의식 속에 존재하는 통일과 통일되어야 한다. 즉, '우리'는 '나=나'와 또 다른 '나=나'의 통일이며, 여기에서도 무한성이 존재하는 것이다. 이것을 가리켜 헤겔은 "나는 우리, 우리는 나", 즉 정신이라고 불렀던 것인데, 이것은 바로 상호인정이 실현된 상태다.[6] 전자의 무한성을, 하나의 자기의식 내부에 존재하는 '내적 무한성'이라고 부른다면, 후자의 무한성은 자기의식 상호 간에 존재하는 '외적 무한성'이라고 부를 수 있을 것이며, 여기서 우리가 말하는 무한성이란, 진무한을 가리키며, 진무한의 본질은 바로 '자기 내 복귀'다. 진무한은 바로 자기의식의 본질을 이루고 있다. 헤겔에 있어서 구체적인 자기의식은, 자아가 외부의 대상을 매개로 하여 그것을 부정하고 자기 자신에로 복귀

---

6 가다머는 이에 관하여, "자기의식 속에 존재하는, 자아에 대한 자아의 내적 구별이 이제 밖으로 나타난 것이며, 나와 너, 실재하는 나와 실재하는 다른 너인 우리의 진정한 구별로 된다"고 말한다("Hegels Dialektik des Selbstbewußtseins," ebd., 228).

함으로써 성립한다. 그런데 이제는 이러한 진무한의 운동이 인간과 보통의 외적 대상 사이에서 일어나는 것이 아니라 인간과 또 하나의 인간 사이에서 일어나야 하는데, 이것이 바로 상호인정운동이다.[7] 이러한 자기의식들 간의 상호인정운동은 자기의식1과 자기의식2 상호 간에 일어나는 행위로서, 자기의식1이 자기의식2에 대해 행할 뿐만이 아니라 자기의식2도 자기의식1에 대해 행한다. 따라서 "일자(一者)의 이러한 행위는 그 자체가 자기의 행위이면서 또한 타자(他者)의 행위라는 이중의미를 지닌다"(ebd., 142). 이러한 이중의미의 성립은 자기의식의 대타성으로부터 나오는 필연적인 귀결이다. 인정이란, 완벽한 상호성 속에서만 실현되는 것이다. 즉 "일방적인 행위는 무용(無用)할 것이다"(ebd.). 따라서 하나의 자기의식의 대자성과 대타성이 또 하나의 자기의식의 대자성과 대타성에 관련되는 '상호존재[Füreinandersein]'라는 규정, 이 양자가 서로 매개되는 '정신적인 통일' 개념이 중요한 것이다.[8] 자기의식1과 자기의식2는 "서로를 인정하는 자들로서의 서로를"(ebd., 143) 인정함으로써, 두 자기의식의 이중화 속에서의 통일인 정신 개념이 형성된다.[9]

3.2. 절대정신으로서의 신의 변증적 전개

헤겔은 『철학강요』의 §384(TW 10, 29)에서 다음과 같이 말하고 있다: "절대자는 정신이다. 그런데 이것은 절대자에 대한 최고의 정의다—이 정의를 발견하고 그 의미와 내용을 개념적으로 파악하는 것이야말로 모든 교양 및 철학의 절대적 경향이었으며, 모든 종교와 학문은 이 지점으로 돌진해왔다고 말할 수 있다. 세계사는 이러한 갈망으로부터만 개념적으로 파악될 수 있다.—정신이라

---

7 이 글의 성격상, 상호인정운동의 구체적인 진행과정의 자세한 분석은 많은 지면을 요구하므로 생략하기로 한다.

8 Marx, ebd., 60. 그리고 L. Siep, *Anerkennung als Prinzip der praktischen Philosophie*, Freiburg/München, 1979, 137 f. 참조. 헤겔은 이미 『예나실재철학』에서, 이러한 정신적인 통일이 이루어지기 위한 상호인정운동을, "타인 속에서 자기 자신으로 되는, 그리고 자기 자신 속에서 다르게 되는 영원한 운동[die ewige Bewegung des Zusichselbstwerdens in einem Andern und des Sichanderswerdens in sich selbst]"(JR I, 232)이라고 서술하고 있다.

9 헤겔은, 이로 인해 "(…) 개별성이 절대적으로 구원된다[(…) dadurch ist die Einzelheit absolut gerettet]"(JR I, 230)고 말하고 있다. 이상, 백훈승, 「윤리공동체의 성립조건으로서의 상호인정과 자유」, ebd., 272 ff. 참조.

는 말과 그 표상(관념)은 일찍이 발견되었으며, 기독교의 내용은 신을 정신으로서 인식하도록 해주는 것이다." 이 점과 관련하여 메츠케(Erwin Metzke)는 기독교의 정신 개념에서 헤겔에게 있어 중요하게 된, 다음과 같은 두 개의 사변적 계기를 강조한다: 1) (절대자를 자신 속에서 정지해 있는 실체로 파악하는 입장과는 대립되게) 신의 생으로서의 삼중성[Dreifaltigkeit] 속에서 전개되는 "자신 속에서 살아 있는 운동"의 계기[이것은 이미 『청년기 신학저술들』(ThJ, 318 f.)에서 그러하다]. 2) 분열을 극복하고 "무한한 고통"을 견디고 화해하는 가운데 부정적인 것 속에서 "긍정적으로 관계하는" 신과 인간 사이의 매개라는 계기(헤겔의 『세계사의 철학에 대한 강의』 중 「기독교」 장을 참조).[10] 이러한 절대자는 자유를 그 본성으로 지니고 있다. 이러한 절대자는 무한자, 정신, 생, 사랑과 자유가 지니고 있는 구조와 동일한 구조를 가지고 있다.

헤겔에 있어서의 신은 정신[11]이요, 그것도 '절대정신[der absolute Geist]'이다(TW 16, 94).[12] 또한 신은 절대자[das Absolute], 무한자[das Unendliche], 절대이념[die absolute Idee], 절대이성[die absolute Vernunft] 등으로 표현되기도 한다.[13] 그런데 정신의 본질은 운동[Bewegung]이며 자유[Freiheit]다. 즉 정신은 고정된 점으로 존재하는 것이 아니라 부단히 운동하는 존재자요, 이러한 운동 속에서 자기를 부정하고 자기를 새롭게 만들어가는 역동적인 대자적 존재자다. 그러나 정신은 이러한 운동·변화하는 주체[Subjekt]이지만, 이와 동시에 이러한 변화 속에서도 자기동일성을 유지하는 실체[Substanz]이기도 하다. 그렇다면 절대정신으로서의 신의 운동은 어떻게 나타나는가?

부정(성)을 본질로 지니고 있는 정신은 자기를 부정하고 밖으로 나아가야 한다. 즉 외화(外化)[entäußern]해야 한다.[14] 이렇게 절대자가 밖으로 드러난 것이

---

10 Erwin Metzke, *Hegels Vorreden. Mit Kommentar zur Einführung in seine Philosophie*, Heidelberg, 1949, 174 참조.

11 "절대자는 정신이다; 이것이 절대자의 최고의 정의다"(Enz §384, TW 10, 29).

12 헤겔은 이를, "무한한 정신"(TW 17, 188 참조), "절대이성[die absolute Vernunft]"(TW 16, 263) 혹은 "절대이념[die absolute Idee]"(ebd., 205)이라고도 하며 보통, 신[Gott]이라고 말한다. 그런데 헤겔철학의 중심개념인 정신 — 이 경우에는 절대정신을 말함 — 은 기독교의 신, 삼위일체의 신을 가리킨다: "신은 삼위일체의 신이다"(TW 17, 298 및 308); "신은 영원한 삼위일체다"(TW 17, 222). 이 점과 관련해선 *Vorlesungen über die Philosophie der Religion* II의 제3부: 〈절대종교〉 중의 〈삼위일체〉 항목 참조(TW 17, 221-240).

13 백훈승, 「헤겔과 절대자」, 『범한철학』 제32집, 범한철학회, 2004.03 (269-289), 270 ff. 참조.

14 절대자의 이러한 '외화'는 절대자가 자기를 표현(表現)하는 일[Ausdrücken], 즉 '자기를 밖

바로 유한한 정신과 물질로서의 세계 내지 우주다. 이러한 사태를 종교적으로 표현하면 '신에 의한 세계창조'가 된다. 여기서 생각해볼 또 하나의 문제는, 예컨대 고전적 유신론에서는 신의 세계창조의 필연성 내지 필요성을 설명하기 곤란하다는 점이다. 왜냐하면 전지·전능·전선한 신, 곧 완전한 신은 아무런 결핍을 지니고 있지 않기에 아무런 목적을 지닐 수 없기 때문이다. 즉 "신이 ~을 위하여 우주를 창조하고 인간을 만들었다"는 식의 주장은 설득력을 갖지 못한다는 말이다. 그래서 신플라톤주의에 있어서나 스피노자에 있어서 발견될 수 있는 '유출설(流出說)[Emanationstheorie]'이 등장하는 것이다. 그런데 헤겔에 있어서의 절대정신의 자기외화 행위로서의 우주창조 행위는 그의 정신관 및 그의 기본적인 전제로부터 따라 나오는 결론일 수 있다. 즉 고정된 점으로 존재하는 것은 정신의 자격이 없고, 정신은 운동을 그 본질로 지니고 있다는 그의 정신관이 하나의 축이 된다. 또 하나의 근거는, 헤겔에 있어서의 존재자의 진정한 존재방식에 관련된 사상으로서, '추상적'인 것은 참된 것이 아니라 오직 '구체적'인 것만이 참된 것이라는 주장이다. 그러므로 홀로 존재하는 '신'은 참된 신이 아니다: "세계가 없다면 신은 신이 아니다(Ohne Welt ist Gott nicht Gott)"(TW 16, 192). 그리하여 신은 자기의 타자로서의 세계를 창조할 수밖에 없는 것이다. 헤겔에 있어서의 이러한 신(무한자/절대자)과 그의 외화태로서의 세계(유한자) 사이에 존재하는 변증적 관계를 좀 더 자세히 살펴보자.

3.2.1. 헤겔 신론의 관심사

여기서는 헤겔의 신론, 특히 『종교철학 강의』(*Vorlesungen über die Philosophie der Religion*, 1821) 제3부 〈절대종교〉[die absolute Religion]에 서술된 신의 변증적 전개과정을 다룬다. 그에 앞서 우선 헤겔 신론의 근본사상을 언급하고자 한다.

헤겔 신론의 관심은 지성으로 인해 분리된 신과 인간, 무한자와 유한자를 통일하는 것이라 할 수 있다. 그런데 이러한 통일은 사변적 방법을 통해 성취될 수 있다. 헤겔에 있어서 진실(참)이란, 분리된 어느 한 편에 있는 것이 아니라 양편의 화해에 존재한다. 철학과 종교는 동일한 대상을 가진다. 그러나 그들은 동

으로[aus] 밀어내는 일[drücken]'이라고 할 수 있다.

일한 대상인 신에 대해 다른 방식으로 관계한다. 종교는 신을 표상하는 반면, 철학은 신을 개념적으로 파악한다. 헤겔철학의 목표는 절대자·절대정신·진무한, 즉 신을 파악하는 것이다. 그러므로 헤겔에 있어서 철학은 신학이다.

신은 정신이요, 그것도 절대정신이다. 그런데 정신의 본질은 사유이고 운동이기에, 정신은 자신을 자신으로부터 구별하고 자기의 타자로 삼는다. 그러나 정신은 자기를 자기의 타자로 만드는 것에 그치지 않고 자기의 타자로부터 자기 자신에게로 복귀한다. '통일'로부터 '분열'로 이행하고 마침내 '재통일'에 이르는 이러한 과정이 바로 정신의 운동과정이다. 이러한 세 계기는 신 속에 이미 존재하고 있다. 그러므로 절대종교에서의 절대정신은 삼위일체인 신이며, 신은 세계창조 이전에도, 그리고 세계의 밖에서도 삼위일체로 존재한다. 즉, 신은 '내재적 삼위일체[immanente Trinität]'의 신인 것이다.

그러나 신은 내재적 삼위일체로서만 존재하는 것이 아니라, 자기를 시간과 공간 속으로 전개한다. 바로 여기에 '경륜적 삼위일체[ökumenische Trinität]'가 등장한다. 즉, 신은 자기를 자연과 유한한 정신으로 전개한다. 그런데 내재적 삼위일체가 전개되어야 할 필연성은 어디에 존재하는가? 헤겔은, 신이 정신이요 운동이요 생이요 사랑이라는 사실 속에서 그 근거를 발견한다. 헤겔의 견해에 의하면 자기를 계시하지 않는 정신은 정신이 아니다. 즉, 신은 자기 자신을 시간과 공간 속에 외화(外化)해야만 한다. 그러나 신이 이미 내재적 삼위일체로 존재한다면, 왜 신은 서로를 사랑할 수 없으며 서로에 대해 만족할 수 없는 것일까? 헤겔은, 이러한 내적 구별은 추상적이며, 따라서 진정한 구별이 아니라고 주장한다. 그러나 신은 왜 구체적이고 현실적으로 존재해야만 하는 것일까? 이것은 이해하기 어려운 문제이며 헤겔의 철학적 전제를 토대로 해서만 받아들일 수 있는 문제다. 이런 관점에서 우리는, 헤겔이 기독교 신학 내지 기독교를 철학화했다고 말할 수 있을 것이다. 경륜적 삼위일체의 전개 역시 그의 변증적 사유의 삼박자[Dreitakt]에 따라 설명된다.

그런데 신이 세계창조 이전에 이미 삼위일체 신으로 존재했다면, 이로부터, 인간의 타락이 이미 정해져 있다는 결론이 나온다. 왜냐하면 성자인 신은 인간의 타락과 구원과 관계해서만 그 의미를 지닐 수 있기 때문이다. 그렇다면 성자인 신은 인간의 타락사건과 더불어 혹은 그 이후에야 존재한다고 주장되는 것이 옳지 않을까?

3.2.2. 헤겔철학의 신학적 성격: 헤겔에 있어서의 종교, 신학, 그리고 철학

헤겔에 있어서 철학의 독특한 대상들에 속하는 것은 "신, 자연, 정신"(TW 18, 29) 등이라 하겠는데, 이 모든 대상을 하나로 압축하면서, "철학의 유일한 대상은 신"(GW 17, 6)이라고 말한다. 즉, 헤겔에 의하면 철학은 "세상의 지혜가 아니라 비(非)세계적인 것의 인식이며, 외면적인 양(量)의 인식이나 경험적 현존 및 생의 인식이 아니라 영원한 것의 인식, 즉 신이 무엇이며 신의 본성으로부터 무엇이 흘러나오는가에 대한 인식이다. 왜냐하면 신의 본성은 계시되어야 하고 전개되어야 하기 때문"(TW 16, 28)이다. 이렇게 보면 헤겔에 있어서 철학은 신학이라고 할 수 있다. 그래서 우리는 슈미트와 더불어 "헤겔의 철학은 하나의 종교철학이다. 그것은 기독교 철학이고자 한다. 그리고 그것은 그 핵심에 있어서 신학이다"[15]라고 말할 수 있다.

그러면 헤겔에 있어서의 종교(기독교)와 철학의 관계에 대해, 양자의 공통점과 차이점의 관점에서 살펴보자. 헤겔은 종교와 철학은 신이라는 같은 대상에 관계한다고 주장하면서 다음과 같이 말한다: "종교의 대상은 철학의 대상과 마찬가지로 자기의 객체성 자체 속에 있는 영원한 진리와 신이며, 신 및 신의 해명[Explikation] 외에 다른 것이 아니다. (…) 그러므로 철학은 종교를 해명함(전개함)[expliziert]으로써만 자기를 해명하며, 철학이 해명됨으로써 철학은 종교를 해명한다. (…) 따라서 종교와 철학은 하나로 합치한다. 사실상 철학 자체가 예배이며 종교다. (…) 그러므로 철학은 종교와 동일하다"(TW 16, 28). 또한 이렇게도 말한다: "철학이 다루는 유일한 대상은 신이다. 즉, 신을 다루고, 신 안에서 모든 것을 인식하고, 신에게로 모든 것을 소급시키며, 또한 신으로부터 모든 특수자를 도출하는 것이 철학의 유일한 대상이다. 그리고 모든 것이 신으로부터 나오고, 신과 연관되어 자신을 유지하고, 신으로부터 오는 광채에 의해 살고 신의 영혼을 갖게 되는 한에서만 모든 것을 정당화하는 것이 철학의 유일한 대상이다"(GW 17, 6).

위의 진술에 따르면 종교와 신학과 철학은 동일한 대상에 관계한다. 철학은 자신의 내용을 전개함으로써 곧 신학의 내용을 전개해 나간다. "그러므로 철학은 신학이다. 그리고 철학을 하는 것은 그 자체로 예배다. 아니, 철학 속에 예배

---

15 Erik Schmidt, *Hegels Lehre von Gott: Eine kritische Darstellung*, Gütersloh, 1952, 17.

가 있다"(GW 17, 6)고 헤겔은 말한다. 이렇게 볼 때 철학은 단지 그 형식에 있어서 종교와 상이할 뿐이며, 내용에 있어서는 종교와 일치한다. 그러므로 철학의 임무는, 종교의 내용을 다치지 않으면서 종교의 완전한 정당성을 인정하는 데 있으며, 철학은 또한 그러한 능력이 있는 것으로 헤겔은 본다. 따라서 철학은 종교적 표상의 형식보다는 상위에 있지만, 종교적 내용의 상위에 있는 것은 아니다. 즉, 종교인이 표상의 형식으로 믿고 아는 것을 철학은 단지 개념적·범주적으로 사고할 뿐이라는 것이다.[16] 요약해 말하면, 종교는 표상이라는 방식으로 신과 관계하는 반면,[17] 철학은 (종교가 표상하는 것인) 신을 사유하고 개념적으로 파악한다. 철학은 기독교와 적대되지 않고 기독교의 표상들을 개념적으로 파악한다고 헤겔은 말한다.

3.2.3. 절대종교에서의 신과 절대정신

3.2.3.1. 종교의 발전과정을 통한 신의 드러남

종교의 중심이 되는 신은 종교의 다양한 발전과정을 통해 해명된다. 각 단계의 신은 아직 진정한 신의 완전한 모습은 아니다. 왜냐하면 헤겔의 신은 변증적 발전의 전(全)체계적 성격을 갖고 있기 때문이다. 정신의 변증적 발전에서 종교적 정신은 종교의 단계적 형태로 나타난다. 첫 번째는 감정의 형태[Die Form des Gefühls](TW 16, 117 ff.) 두 번째로는 예술에 있어서의 직관[Anschauung](ebd., 135 ff.), 그리고 마지막으로는 표상[Vorstellung](ebd., 139 ff.)이다. 신은 이러한 종교적 단계에 따라 표현된다. 변증적 발전의 제1단계인 의식의 단계 곧 자연종교에서의 〈자연신〉, 제2단계인 자기의식의 단계, 곧 예술종교에서의 〈형상신〉, 제3단계인 이성의 통일단계, 곧 절대종교인 기독교에서의 〈표상의 신〉이 바로 그것이다(PhG, 480 참조).

---

16 Erik Schmidt, *Hegels System der Theologie*, Berlin, 1974, 54 참조.

17 "신은 아주 잘 알려진, 그러나 학문적으로는 아직 전개되지 않고 인식되지 않은 표상이다(Gott ist diese sehr wohl bekannte, aber eine wissenschaftlich noch nicht entwickelte, erkannte Vorstellung)"(TW 16, 92).

3.2.3.2. 절대종교에서의 신

기독교 성서에서 "하나님은 영이시다"라고 말할 때의 "영"으로 번역된 원어는 프뉴마(pneuma, πνεῦμα)다. 프뉴마는 '숨(호흡)[breath]'을 뜻하는 고대 희랍어인데, 종교적인 맥락에서는 '영(靈)'이나 '혼(魂)'을 뜻한다. 고전철학에서 프뉴마는, 원래 '생명의 숨'을 뜻했던 프쉬케(psychē, ψυχή)와 구별된다. 예컨대 '움직이는 공기, 숨, 바람' 등을 뜻하는 프뉴마는, 아낙시메네스(Anaximenes)의 물질 일원론에서 그 밖의 모든 것을 발생시키는 공기(空氣)[aer, ἀήρ]와 같은 것이다. 유대·기독교에서 프뉴마는 '영(靈)'을 뜻하는 통상적인 단어다.[18] 이에 대응하는 영어는 spirit인데, spirit을 영(靈)과 동일시하는 이런 입장은, 기독교에서 말하는 삼위일체 신의 한 위(位)인 '성령(聖靈)'을 'Holy Spirit'으로 표현하는 데에서도 마찬가지로 발견된다. 이에 대응하는 독일어 표현은 'der Heilige Geist'로서, 이때의 Geist는 Spirit과 마찬가지로 '영(靈)'을 가리킨다.[19]

그런데 우리는 통상적으로, 헤겔이 신을 가리켜 사용하는 "der absolute Geist"를 "절대영(絶對靈)"이라고 번역하지 않고 "절대정신"으로 옮긴다. 헤겔이 절대자를 "정신" 혹은 "절대정신"으로 표현할 때, 이 용어가 기독교적인 의미를 함축하고 있음을 알 수 있다. 이런 맥락에서 헤겔은 다음과 같이 말한다: "절대자는 정신이다. 이것이 절대자에 관한 최고의 정의(定義)다. 이 정의를 발견하고 그 의미와 내용을 파악하는 것이 모든 교양과 철학의 절대적인 경향이었고, 모든 종교와 학문은 이 지점으로 돌진했으며, 이 충동으로써만 세계사가 파악되어야 한다. 정신이라는 단어와 관념은 일찍부터 발견되었다. 그리고 기독교의 내용은 신을 정신(영)으로 인식할 것을 요구하는 것이다. 여기에서 이 관념에 주어진 것과 그 자체로 본질을 이루는 이것을 그 고유한 요소와 개념 속에서 파악하는 것이 (…) 철학의 과제다"(Enz §384, TW 9, 29 f.).

다시 말하면, 헤겔이 말하는 절대종교인 기독교에서의 신은 절대정신이요 무한한 정신(TW 17, 188 참조)[20] 혹은 "절대이념[die absolute Idee]"(TW 17, 205)이다. 바이쉐델(Wilhelm Weischedel)이 말하듯, 절대정신이라는 개념은 "신의 특징을 나타내기 위한 본질적인 표현"이자 "헤겔의 철학적 신학 일반의 중

---

18 https://en.wikipedia.org/wiki/Pneuma 참조.

19 백훈승, 『철학입문』, ebd., 218 ff. 참조.

20 "신은 정신, 무한한 정신이다. (…)"(TW 16, 94).

심개념"[21]이다. "순수한 정신으로 존재하는 신의 본성이 기독교에서는 인간에게 계시"(TW 12, 391)되는데, "정신은 본질적으로 그의 타자로부터 그리고 이 타재의 극복을 통해, 즉 부정의 부정을 통해 자신에게로 돌아오는 것이다"(TW 16, 407).

3.2.4. 절대정신의 구체적 내용: 삼위일체인 신

슈바이쩌에 의하면 "헤겔의 사유 전체, 실로 많이 비난받고 있는 그의 '체계'는 기독교의 삼위일체 신앙으로 각인되어"[22] 있으며, 자기 이전과 이후의 그 어떤 신학자보다도 더 분명하게 헤겔은 삼위일체 안에서 정신(성령)의 현실성을 강조한다.[23] 이와 더불어 슈바이쩌는 헤겔 변증법의 3박자[Dreitakt]는 궁극적으로는 신에 대한 내재적 삼위일체 신앙의 표현이라고 주장한다.[24] 슈미트 역시 신의 삼위일체는 절대정신 속에서 완성되었고, 따라서 그것은 헤겔의 전(全)체계의 토대이자 실현인 것으로 보고 있다.[25]

헤겔은 정신으로서의 신을 철저하게 삼위일체의 신으로 이해한다(VG, 58).[26]: "(…) 그것은 신 자신이요, 영원한 삼위일체 신이다"(TW 17, 222). "신은 삼위일체인 신으로 알려짐으로써만 정신으로 인식된다"(TW 12, 386; TW 16, 343 참조). 헤겔은 "삼위일체라는 이 규정이 없다면 신은 정신이 아닐 것이며, 정신은 빈 말이 될 것"(TW 16, 38)이라고 말한다: "그런데 이 영원한 이념은 기독교에서 거룩한 삼위일체로 불리는 것으로 언표되었다. 그것은 영원한 삼위일체인 신 자신이다"(TW 17, 222).

헤겔의 생각에 의하면, 기독교가 말하는 삼위일체론은 아직은 "사상(思想)으로 정립되지 않았고" "감각적인 것으로부터 전적으로 해방되지 못한" 종교적 표

---

21 Wilhelm Weischedel, *Der Gott der Philosophen*. Grundlegung einer philosophischen Theologie im Zeitalter des Nihilismus. Zwei Bände in einem Band, Reprographischer Nachdruck 1998 der 1975 in dritter Auflage erschienenen zweibändigen Ausgabe (Bd. I: 1. Aufl. 1971, Bd. II: 1. Aufl. 1972), Darmstadt, 1983, 302.

22 Schweitzer, "Geist bei Hegel und Heiliger Geist," ebd., 319.

23 Ebd., 321 참조.

24 Schweitzer, "Die Glaubensgrundlagen des Hegelschen Denkens," ebd., 237 참조.

25 Schmidt, "Hegel und die kirchliche Trinitätslehre," ebd., 259 참조.

26 "신은 삼위일체로 알려짐으로써만 정신이라고 인식된다"(TW 12, 386).

상이다. 즉 아버지라든지 아들 등의 표현은 진리의 내용 자체가 아니라 이 내용을 표현하기 위한 "감각적인 것이자 이미지"(TW 16, 140)라는 것이다.

지금까지 말했듯이 절대정신인 신은 삼위일체로 존재하는데, 아버지로서의 신은 자기로부터 자기를 구별하여 자기의 타자인 아들을 정립한다. 그런데 이렇게 정립된 타자 속에서 아버지로서의 신은 오로지 자기 자신 곁에 머무른다. 그러나 그는 자기의 타자를 지양하고 자기 자신에로 복귀하여 자기와 하나가 된다. 이렇게 양자가 하나로 되는 것을 헤겔은 성령이요 사랑이라고 부른다.[27]

이와 같이 기독교의 신을 의미하는 "정신의 이 발전과정과 현실적인 형성"을 헤겔은 세계사로 이해한다(TW 12, 540). 즉 신의 자기발전과 형성의 과정이 곧 세계사를 이룬다는 것이다. 따라서 세계사는 "삼위일체론적인 역사"라고 말할 수 있다. 『역사 속의 이성』에서도 헤겔은 역사의 주체인 정신을 삼위일체인 신으로 표현한다:

> 그런데 기독교에서 신은 정신으로 계시되었다. 더욱이 신은 우선, 아직 은폐되어 있는 아버지·힘(위력)·추상적 보편자로 계시되었으며, 두 번째로 신은 자기 자신에게 대상·자기 자신의 타자·자기를 분열시키는 자·아들로서 계시되었다. 자기 자신의 이러한 타자는 그런데 바로 직접적으로 그 자신이다. 신은 이 타자 속에서 자기 자신을 알고 직관한다. 그리고 세 번째로, 바로 이러한 자기지(自己知)와 자기직관은 정신 자신이다. 즉 어떤 일자나 타자가 정신이 아니라, 이 전체가 정신이다. 신은 (…) 이것, 자기의 타자를 자기 자신의 것으로 갖는 영원한 사랑이다. 이러한 삼중성[Dreifaltigkeit]은 그로 말미암아 기독교가 다른 종교들보다 고차적인 것으로 존재하는 그런 것이다. 삼중성은 그 속에 존재하는 사변적인 것이며, 이것이 바로, 그로 말미암아 철학이 또한 이성의 이념을 그 속에서 발견하는 것이다(VG, 58 f.).

신이 삼위일체의 존재자로 인식되는 "이 새로운 원리는 세계사가 그 주위를 도는 기축(基軸)이다. 역사는 여기까지 진행되어왔고 또 거기로부터 시작한다"[28]는 헤겔의 말은 바로 이것을 두고 하는 말이다. 헤겔에 의하면 "역사는 특수하게

---

27 "성령은 영원한 사랑이다"(TW 17, 221). 헤겔은 "사랑이란 서로 전적으로 구별되지는 않는 양자를 구별하는 것"(ebd.)이라고 말한다.

28 "(…) Dieses neue Prinzip ist die Angel, um welche sich die Weltgeschichte dreht. Bis *hierher* und von *daher* geht die Geschichte"(TW 12, 386).

정해진(규정된) 지반 속에서 신의 본성이 전개된 것이다"(VG, 48). 따라서 세계사에 대한 고찰, 곧 그의 역사철학은 "역사 속의 신을 정당화하는" 일종의 "신의론(神義論)"(TW 12, 540; 또한 ebd., 28 참조)이라 할 수 있으며, 이것을 그는 그의 『역사철학 강의』 마지막에 이르기까지 관철시켰던 것이다. 그리하여 헤겔은 이 강의를 다음의 문장으로 끝내고 있다: "이미 발생했으며 그리고 매일 발생하는 것이 신 없이는 발생하지 않으며, 본질적으로 신 자신의 작업이라는 것"(TW 12, 540)이다.

3.2.5. 헤겔의 〈절대종교(계시종교)〉에서의 삼위일체론의 전개

헤겔이 말하는 "절대종교는 계시종교다"(TW 17, 189). 그리고 "절대종교는 완성된 종교며, 대자적인 정신의 존재인 종교이고, 그 속에서 종교 자체가 객관적으로 되어버린 그러한 종교로서, 이것이 바로 기독교다"(ebd.). 또한 "기독교 속에서는 보편적 정신과 개별적 정신이, 그리고 무한한 정신과 유한한 정신이 불가분리적으로 결합된다. 그들의 절대적 동일성이 바로 기독교이며 또 기독교의 내용이다"(ebd.). 헤겔은 삼위일체로서의 신이 아버지의 나라, 아들의 나라, 정신(영)의 나라라는 세 형태로 전개된다고 주장한다.

3.2.5.1. 아버지의 나라

아버지 신으로서의 "절대적이고 영원한 이념은 I. 세계창조 이전에, 세계 밖에서, 자기의 영원성 속에서 즉자대자적으로 존재하는 신이다"(TW 17, 213). 그런데 이때의 이념은 추상적인 이념이며 "아직은 순수한 관념성 속에서만"(ebd., 216) 존재한다. 이러한 이념으로서의 신은 "세계창조 이전 혹은 세계창조 밖에"(ebd., 218, 그리고 213 참조) 존재하는 신이다. 따라서 이러한 신은 "아직 자기의 현실성 속에 정립되지 못한 영원한 이념이며, 그 자체로는 단지 추상적인 이념에 불과"(ebd., 218)하며 "그 속에서 모든 어둠과 암흑이 사라지는, 자기 자신과의 순수한 통일"(ebd., 219)이다. 아버지의 나라는 정신의 최초 형태로, '영원히 자신 속에, 자신 곁에 머무름이요, 보편성의 형태'를 띤다. 그러나 이 보편성은 추상적 보편성이요, 악무한이요 추상적 동일성[die abstrakte Identität]이다. 왜냐하면 정신은 아직 시간과 공간 속으로 자기를 드러내지 않았기 때문이다. 그러므로 이러한 순수사유로서의 정신은 자기 자신에 대한 직접적인 관계만을 가지고 그 속에는 아무런 구별[*Unterschied*]이 존재하지 않기 때문에 "순수한 직관[*reine Anschauung*]"(ebd., 219)이요, "순수한 맥박질(고동침)[*das reine Pulsieren*]"(ebd., 220)만이 존재한다고 말할 수 있다. 그것이 "순수한 직관"인 것은, 자기 외에 타자가 존재하지 않으므로 직관할 것이 자기 자신밖에 없기 때문이요, 이와 마찬가지로 타자 없이 정신 자신만이 살아 있으므로 홀로 '생명의 맥박(脈搏)[고동(鼓動)]'이 치기 때문이다.

그러나 절대자는 정신이므로 자기를 부정·외화하여 자기를 시공간 속에서 전개해나가야 한다. 정신은 "과정"이며 "운동"이고 "생"이다(ebd., 221). 절대정신이 자기를 시공간 속에 드러내는 행위가 바로 "자기-계시[sich Offenbaren]"다. 이것을 종교철학의 언어로 표현하면 다음과 같다: "한갓된 아버지로서의 신은 아직 참된 것이 아니다"(ebd., 223). 이런 관점에서 보면 유대교에서는 아들 없이 신이 알려지기 때문에 유대교의 신은 참된 신이 아닌 것이 된다(ebd. 참조). 신이 자기를 계시하지 않는다면 신이 아니라고 헤겔은 주장한다. 신은 더 이상 감추어진 신[deus absconditus]이 아니라 계시된 신[deus revelatus]이다. 신은 자기 자신을 자연과 유한한 정신 속에, 그리고 마침내는 그리스도 안에서 계시한다. 이런 사태를 철학의 언어로 표현하면 다음과 같다. 타자와 고립되어 존재하는 것은 추상적인 것이요, 이것은 참되지 않은 존재방식이다. 헤겔에 있어서 진정한 존재자의 존재방식은 '구체적'이어야 한다. 자기의 타자 없이 홀로 존재하는 신은 진정한 신이 아닌 것이다. 신은 반드시 자기를 외화해야만 한다. 전체적으로 보면, 절대정신은 "신적인 역사요, 자기를 구별하고 분화하고 이렇게 자신 속으로 복귀하는 과정이다"(ebd., 214).

3.2.5.2. 아들의 나라

이렇게 절대정신은 자신을 시공간 속으로 전개하여 자연과 유한한 정신으로, 그리고 마침내 아들인 그리스도로 드러낸다. '아들의 나라'는 이 모두를 포함한다. 그리고 이 나라에서 정점(頂点)을 이루는 것이 그리스도다. 즉, 절대정신은 자연과 유한한 정신으로서의 세계 내지 "현상의 총체[*Totalität der Erscheinung*]"(ebd., 247)로 자기 자신을 타재화·대상화·계시하지만, 이러한 계시의 정점에 있는 것이 바로 '신의 인간화'의 결과로서의 그리스도라는 말이다.

> II. 세계의 창조. 이렇게 창조된 것, 이러한 타재는 자기 자신에게 있어서 물리적 자연과 유한한 정신이라는 이 두 측면으로 분열된다. 이렇게 창조된 이것은 그리하여 타자이며, 우선은 신 밖에 정립된다. 그러나 신은 본질적으로 이러한 외타적 존재자, 이러한 특수자, 자기로부터 분리되어 정립된 것을 화해시키며, 이와 마찬가지로 이념은 자기를 분열시키고, 자기 자신으로부터 타락하고[abgefallen], 이런 타락을 자기의 진실[Wahrheit]로 되돌린다(TW 17, 213 f.).

아버지가 아들로 외화함으로써 신성과 인간성의 화해가 시작된다고 헤겔은 말한다. 헤겔은 신의 아들로서의 그리스도 출현의 필요에 대해 다음과 같이 말한다.

> (…) 즉, 인간이 이념을 사유하고 이 이념의 필연성을 통찰하고 인식하는 것이 아니라, 그 이념이 인간에게 확실한 것이 되는 것이, 즉 신의 본성과 인간의 본성의 통일이라는 이 이념이 확실하게 되는 것이 중요하다. 다시 말하면 이념이 인간에 대해서 직접적이고 감각적인 직관의 형식, 그리고 외적 현존재의 형식을 얻는 것이 중요하다. 간단히 말하면, 이 이념이 세계 속에서 보이고 경험된 것으로 나타나는 것이 중요하다. 따라서 이 통일은 전적으로 시간적이고 완전히 통상적인 현실의 현상 속에서, 그리고 이 한 사람 속에서 의식에 대해 드러나야만 한다. 즉 이 통일은 신적 이념으로서 더 높은 자(者) 일반일 뿐만 아니라 최고의 이념, 절대이념, 신의 아들로 의식되는 바로 이 자(者) 속에서 의식에 대해 드러나야만 한다(ebd., 274).

아들의 나라는 '현상의 형태, 특수화의 형태, 타자에 대한 존재'라고 할 수 있다. 이것은 첫 번째인 아버지의 나라와 비교해보면, '특수성', '유한성', '비동일성'의 형태이며, 구체적으로는 (물리적 자연과 유한한 정신으로서의) 세계로, 그리고 또한 아들[성자(聖子)]로 나타난다. 신의 아들[성자(聖子)]로서의 그리스도는 아버지 신[성부(聖父)]의 부정태다. 절대정신인 성부에게는 육체가 없으나 성자는 육체를 지니고 있으며, 성부는 시공간 이전에, 그리고 시공간을 벗어나서 존재하지만 성자는 시공간 속에 존재한다.

성부는 세상과의 화해를 위해 육체를 입고 세상에 왔으며, 화해의 완성은 성자의 죽음을 통해 이루어진다. 다시 말하면 절대정신으로서의 신은 죽을 수 없기 때문에, 성부인 신은 죽기 위해서 육체를 입은 것이다. 그리하여 "신은 죽었으며, 또 죽어 있다(Gott ist gestorben, Gott ist tot)"(TW 17, 291)고 헤겔은 말한다.[29] 그런데 신은 본성상 불사자(不死者)이므로 죽을 수 없는데, 신이 죽을 수 있는 것은 성자로서의 신이 육체를 입고 있기 때문이다. 즉, "그리스도에서 죽은 것, 죽어야만 하는 것은 그의 인간성", 즉 그의 신성(神性)에 대해 "부정적인 다른 반쪽"[30]인 것이다. 그러므로 성부로부터 성자에로의 이행 자체가 부정의 활동인데, 성자의 죽음은 다시 이러한 부정(유한한 것)의 부정인 것이다.

그러나 "죽음은 사랑 자체다"(TW 17, 295). 왜냐하면, 죽음을 통해 신은 세상의 죄를 용서하고 세상과 화해함과 동시에 자기를 다시 무한한 것으로 고양하기 때문이다: "신이 자기에게 외타적인 것과 자기를 동일한 것으로 정립해서 그것을 죽인 것은 무한한 사랑이다. 이것이 그리스도의 죽음의 의미다. 흔히 말하는 것처럼 그리스도는 세상의 죄를 짊어졌고 신을 세상과 화해시켰다"(ebd., 292). "신이 유한자 속에서 자기 자신의 곁에 존재하며 죽음 속에 있는 이런 유한자 자체가 신의 규정이라는 사실은 신적인 것과 인간적인 것의 동일성을 뜻한다. 신은 죽음을 통해 세계와 화해하였고 세계를 영원히 자기 자신과 화해시킨다. 소외로부터의 이러한 복귀는 신이 자기 자신에게로 복귀하는 것이며, 이를 통하여 신은 정신인 것이며, 따라서 이 제삼자[dies Dritte]는, 그리스도가 부활했다는 사실이다. 이로써 부정은 극복되었고, 부정의 부정이 신적 본성의 계기가 된다"(ebd., 295). 여기서 "부정의 부정"이 의미하는 것은, 육신을 지닌 그리스도는 성부의 부정태인데, 그리스도의 죽음이란, 성부의 부정태인 그리스도의 육신을 부정함을 뜻한다. 그렇다면 그리스도의 부활은, 이것을 다시 부정하는 것이므로, 원초적인 상태에서 보면 부활은 '부정의 부정의 부정'이라고 할 수 있다.

즉, 상태는 "여기에 머물러 있지 않고 **반전**(反轉)[**전회**(轉回)]이 이루어진다. 즉, 신은 이러한 과정에서 자기를 **보존하고**, 이 과정은 단지 **죽음의 죽음**일 뿐이다. 신은 다시 삶에로 일어선다. 따라서 반대로의 전향이 이루어진다. ―부활은 마찬가지로 본질적으로 신앙에 속한다"(ebd., 291). 이렇게 자신을 아들로 대상화한 신은 또 다시 자신의 대상을 지양하여(그리스도의 죽음) 자신으로 되돌아간다(부활·승천). 따라서 헤겔에 있어서 예수 그리스도라는 표상은 신의 철저한 자기부정, 즉 자기현시를 뜻함과 동시에 대상성의 부정(죽음)을 통한 자기에로

29 헤겔은 "신 스스로가 죽었다"는 루터교 찬미를 17세기 루터교 목사 요한 리스트의 종교시 「슬픈 만가(挽歌)」(Ein trauriger Grabgesang)를 통해 알았다.

30 이부현, 『이성과 종교: 헤겔 종교철학 연구』, 서광사, 1995, 171.

의 복귀(부활)을 뜻하는 표상적인 언어이며, 이러한 대상성의 지양을 통한 신의 자기복귀의 세계 내적 현재성이 바로 교단(教團)[Gemeinde]이라는 표상으로 대변된다.

3.2.5.3. 교단의 지반(地盤) 속에 있는 이념: 정신의 나라(성령의 나라)

성령의 나라는 "화해[*Versöhnung*]의 길이요 과정인데, 이 길과 과정을 통해서 정신은 자기의 분열·근원분할[Urteil] 속에서 자기와 구별되고 자기와 통일되며, 그리하여 성령은 자기의 교단[*Gemeinde*] 속에 있는 정신"(TW 17, 214)인 것이다.

성령의 나라는 두 번째 나라인 아들의 나라로서의 현상으로부터 성부의 나라 속으로 복귀한 형태를 띠며, '절대적인 개별성[die absolute Einzelheit]'을 지닌다. 그리고 그것은 '구체적 보편성', '진무한', '동일과 비동일의 구별'이라는 규정성을 지닌다. 이것을 의식과 자기의식의 수준에서 설명하면, 아버지의 나라는 '추상적 자기의식'의 단계에, 아들의 나라는 '대상의식'의 단계에, 그리고 성령의 나라는 추상적 자기의식이 대상의식에 매개된 후 자기에게로 복귀한 '구체적 자기의식'의 단계에 해당한다.

신인(神人)[Gott-Mesnch] 예수의 출현은 "신성과 인성의 통일을 드러내 보이는 사건"[31]이다. 신은 피안에 숨어 있는 신이 아니고 자기를 계시하는 신이다. 그러나 신성과 인성의 통일은 예수를 직접 따른 제자들의 의식(意識)에 "하나의 감성적인 타자라고 하는 (…) 형식"(PhG, 530)으로 직관되는 것에 불과하다. 제자들의 직접적 의식에 나타났던 감성적 존재자인 예수가 죽어서 교단의 보편적 자기의식으로 부활한 것이다. 헤겔에 의하면 그리스도 교단은 그리스도의 삶을 통해서가 아니라 그의 죽음과 부활을 통해 창건된 것이다.[32]

신인의 '행적'에 있어서 신성과 인성의 통일이라는 표상은 절대자가 즉자적인 통일로부터 타자에로 나아가고 자신에게로 복귀하는 정신의 자기운동, 즉 신의 이념의 역사이지만, 이것은 빵을 그리스도의 몸으로서 "포착하는[Ergreifen]"(PhG, 545) 형태로 개별적인 인간주체에 향수(享受)되고 내면화된다. 즉, 성찬의 거행은 "교회[Kirche]의 성원들 속에서 그리스도의 생애와 수난과 부활

31 이부현, ebd., 175.

32 Ebd., 176 참조.

이 영원히 반복되는 것"(TW 17, 327)이다. 즉 신인은 "자기의 교단 속에서 살고, 그 속에서 날마다 죽음과 더불어 부활하는 정신의 보편성으로 변용되고 있다"(PhG, 545). 보편적 자기의식이 교단 속에서 내면화된다.

4
진무한과 위(악)무한

앞에서 말한 것처럼, 헤겔이 말하는 절대정신으로서의 절대자·신은 '무한자' 이기도 한데, 헤겔에 의하면 무한자는 진정한 무한자, 곧 진무한자와 거짓된 무한자, 즉 위(악)무한자로 나뉜다. 그런데 헤겔에 있어서 '진정한' 것 혹은 '참된' 것은, '구체적'인 것과 연관되어 있는 개념이고, '거짓된' 것은 '추상적'인 것과 관련된 개념이므로, 헤겔의 무한자 개념을 구체적으로 살펴보기 전에 먼저 그가 말하는 '추상'과 '구체'에 관해서 알아보기로 하겠다.

4.1. 추상(抽象)과 구체(具體)

'추상(抽象)'이라는 것은, 어떤 '대상[상(象)]'을 '추출(抽出)해내는 것'을 의미한다. 어떤 것이 다른 어떤 것들과 더불어 있는 상태에서 어떤 것을 '뽑아낸다'든가, 아니면 아예 처음부터 어떤 것 홀로 고립하여 존재하는 것을 가리킨다. 영어로 '추상적'인 것은, 'abstract'인데 이 단어는 'ab'(from) + 'tract'(draw)로 이루어져 있고, 그것은 '어떤 것으로부터 끌어냄', '타자로부터의 이탈'을 뜻한다. 이 경우에는 이미 타자(의 존재)를 전제하고 있다. 그러나 타자와 통일되지 못하고 분리된 채로 존재하는 상태를 가리킨다. 나의 머리카락이 다른 머리카락들과 더불어 나의 두피에 존재하다가 빠지게 되면, 즉 다른 머리카락들로부터 이탈하게 되면, 그것은 추상된 것, 추상적인 것이다. 예컨대 우리가 논문을 쓰고 논문의 전체 내용 중 핵심적인 내용을 추출해서 정리해 놓은 것을 '논문초록(論文抄錄)'이라고 하는데, 이것도 영어로 'abstract'다. 이에 반해, '구체적'인 것은 영어로 'concrete'라 하는데, 이 말은 'con'(together) + 'crescere' (grow)로 구성되었다. 이것은 '타자와 더불어 성장함'을 의미한다. 헤겔은 '추상적인 것'이 아니라 '구체적인 것'을 진정한 존재방식으로 본다. 따라서 '동일성[Identittät]' 역시 추상적인 동일성이 아닌 구체적인 동일성이 참된 동일성이다.

4.2. 추상적 동일성과 구체적 동일성, 추상적 자기의식과 구체적 자기의식(의 명제)

"A = A" / "나 = 나"

① 동어반복[Tautology]: 그르지는 않지만, 세계에 대해 아무런 정보도 제공해주지 않는 의미 없는 말, 하나 마나 한 말[meaningless / sinnlos]이다. 이러한 동일성은 추상적 동일성, 공허한 동일성, 절대적 동일성이다.

② 구체적 동일성의 명제: 자신 속에 차이를 내포한 동일성의 명제를 나타낸다: "A = (B, C, D, ... Z가 아닌) A" / "나 = (너, 그, 그녀, ... 가 아닌) 나"

"규정은 부정이다(Determinatio est negatio)"라는 스피노자의 진술을 헤겔은 『논리학』에서 "모든 규정은 부정이다(Omnis determinatio est negatio)"로 바꾸어서 표현하고 있다. 일자는 타자에 매개되어 있다.

우리는 어떤 것을 언급할 때 '부정의 부정 = 이중부정'을 사용하여 강조하기도 한다: 예) "아닌 게 아니라 ~"[~ (~)] / "다름이 아니라 ~"[~ (~)].

헤겔은 이렇게 말한다: "여기서 취해지는 이러한 변증적인 것 속에, 그리고 대립자를 그 통일성 속에서 파악하는 데에 혹은 긍정적인 것을 부정적인 것 속에서 파악하는 데에 사변적인 것이 존립한다. 이것은 가장 중요한, 그러나 능숙하지 못하고 부자유로운 사유력에게는 가장 어려운 측면이다."[1] 이 진술이 뜻하는 바를, 다음과 같은 예를 통해 살펴보자. 헤겔에 있어서 동일성의 명제는 두 가지로 나누어진다. 즉 첫째로, 추상적[지성(知性)의] 동일성[=형식적 동일성

---

1 TW 5, 52. 그리고 TW 5, 168도 참조.

=무구별적 동일성], 그리고 둘째로, 구체적[이성(理性)의] 동일성[=실질적 동일성=구별[타자, 부정]이 매개된 동일성=사변적 동일성]이 그것이다. 추상적인, 지성의 동일성은 반성(反省)[Reflexion]의 동일성이다. 이러한 동일성은 사변적 동일성이나 이성개념으로서의 절대적 동일성과는 근본적으로 다르다.[2] 예컨대, "나는 나다"라는 진술 내지는 판단의 경우, "대립자를 그 통일성 속에서 파악하는" 것이란, '나'에 '나의 타자인 대립자'가 매개되어 있는 것으로 생각하고 이 양자를 통일적으로 파악하는 것을 의미하며, 그리고 "긍정적인 것을 부정적인 것 속에서 파악하는" 것이란 마찬가지로, '나'를 '나의 부정태로서의 나의 타자' 속에서 파악하는 것을 의미한다. 이렇게 함으로써 비로소 구체적 동일성[die konkrete Identität]이 파악되며, 이것이 바로 사변적 사유의 작용이다. 또한, "애들은 애들이다(Kids are kids)"라는 진술을 생각해보자. 이것을 헤겔이 말한 논리적인 것의 삼단계에 적용시켜 보면, 제1단계: 추상적 지성적 측면—"애들은 애들이다" 이 단계는, 애들의 타자가 매개되어 있지 않고 단지 추상적 동일성만을 언급하는 단계다. 제2단계: 변증적 혹은 부정적 이성적 측면—"애들은 어른이 아니다" 이 단계는, 제1단계의 추상성을 부정하는 단계다. 제3단계: 사변적 혹은 긍정적 이성적 측면—"애들은 (어른이 아닌) 애들이다" 이 단계는 제1단계와 제2단계를 종합한 단계다. 이러한 사변적 단계 혹은 사변적인 것은 "지성이 머물러 있는 저 대립을(그러므로 따라서 주관적인 것과 객관적인 것의 대립도) 지양하여 자신 속에 포함하고, 바로 그럼으로써 구체적인 것, 그리고 총체임이 입증되는 것"[3]이다.

헤겔에 있어서 참된 것은 추상적인 것이 아닌 구체적인 것, 즉 '매개된 것[das Vermittelte]'이라는 점, 그리고 참된 것은 부분적인 것이 아닌 '완전한 것[das Ganze]'이라는 점이다. 이 점을 '절대자'에 적용해보면, 만약에 절대자가 점(點)인 상태로 존재하여 전혀 자기를 전개하지 않는다면, 그리고 자기의 타자를 만들어내지 않고 자기 자신만으로 고립해서 존재한다면, 그것은 추상적인 절대자요, 사실은 절대자가 아닌 것이다. 이 점과 관련하여 우리는 『신의 현존 증명에

---

2 쉘링은 이에 대해, 잠정적인 동일성[die vorläufige Identität]은 "헤겔이 아주 잘 표현한 것처럼 추상적인, 지성의 동일성이다"라고 말한다[*Kritisches Journal der Philosophie* (hg.v. F.W.J. Schelling und G.W.F. Hegel), Ersten Bandes Erstes Stück, Tübingen 1802, "Über das absolute Identitäts-system und sein Verhältniss zu dem Neuesten (Reinholdischen) Dualismus. Ein Gespräch zwischen dem Verfasser und einem Freund," in: GW 4 (129-173), 147].

3 Enz §82, Zus., TW 8, 178.

관한 강의』(*Vorlesungen über die Beweise vom Dasein Gottes*, 1821, 1824)에 서술된 헤겔의 주장에 주목할 필요가 있다. 여기서 그는 "하늘에서나 땅 위에서나 그리고 땅 아래에서도, 직접성이라는 규정만이 아니라 매개라는 규정을 자신 속에 지니지 않은 그 어떤 자연의 대상이나 정신의 대상도 존재하지 않을 뿐만 아니라, 매개되지 않거나 매개하지 않는 지(知), 감각, 표상, 의욕 등 정신에 귀속되는 그 어떤 활동도 존재하지 않는다"[4]라고 말하고 있다. 따라서 만약에 그 자체로서만 존재하는 것으로 생각되는 신은 헤겔에 의하면 신이 아니다. 신은 자기의 피조물이면서 타자인 세계(인간을 포함한 넓은 의미의)에 매개됨으로써만, 추상적이고 관념적인 신이 아닌 진정한 신일 수 있는 것이다. 이로써 헤겔은 '신에 의한 세계창조의 필연성'을 설명하고 있는 셈이다. 그에 의하면, 신 없는 세계는 세계가 아니듯이, 세계 없는 신도 신이 아니다. 『신의 현존 증명에 관한 강의』의 본문에서 헤겔은, "신은 활동, 즉 자기 자신에 관계하며 자기 자신에 머무르는 자유로운 활동"[5]이라고 말하는데, 활동 역시 타자를 통해 매개된 것이며 "구별된 것에 대한 관계"[6]이므로, 신에게는 신의 타자가 필요한 것이다. "나=나"라고 하는 추상적인 자기의식이 "운동 없는 동어반복"(PhG, 134)인 것처럼, "신=신"이라고 하는 추상적인 신은 아무런 활동이 없는 것이고 죽은 것이요, 따라서 신이 아니다.

따라서, 신은 자기를 전개해 나가야 한다. 그래서 '절대자는 종국에 가서야 비로소 자기의 참된 모습이 드러난다'고 말할 수 있는 것이다. 신이 지니고 있는 최초의 통일의 상태는 '전개되지 않은 통일'이어서 참된 통일이 아니다. 이제 신이 자기를 온전히 전개하고 난 뒤 자기 자신에게로 돌아옴으로써 이루어지는 통일은 '완성된 통일[die vollendete Vereinigung]'이다. 절대자가 돌아오는 지점은 동일한 지점이지만, 그것이 지니고 있는 내용은 상이하다. 탕자는 집을 나갔다가 다시 집으로 돌아오지만, 그는 '아픈 만큼 성숙해진' 내용을 안고 복귀한다.[7]

---

4 *Vorlesungen über die Beweise vom Dasein Gottes*, hg.v. Georg Lasson, Leipzig, 1930, 3. Vorlesung, 26. 이와 유사한 내용이 TW 5, 66에도 서술되어 있다.

5 "Gott ist die Tätigkeit, freie, sich auf sich selbst beziehende, bei sich bleibende Tätigkeit; (…)"(ebd., 27. 또한 27의 Nachschrift 참조).

6 Ebd., 27, Nachschrift.

7 백훈승, 『서양근대철학』, ebd., 466 ff. 참조.

5

실체(實體)[Substanz]와 주체(主體)[Subjekt]로서의 절대자

5.1. 『정신현상학』 〈서문〉에서의 자기(自己)[Selbst]

헤겔은 『정신현상학』 〈서문〉에서 다음과 같이 말한다: "체계 자체의 서술을 통해서만 정당화되어야 하는 나의 통찰에 따라 볼 때, 모든 것은, 참된(진정한) 것을 실체로서가 아니라(실체로서만이 아니라) 마찬가지로 주체로서(도) 파악하고 표명하는 것에 달려 있다."[1] 헤겔이 '실체[Substanz]'와 '주체[Subjekt]'를 한 문장에서 함께 말하고 있는 것은 『정신현상학』의 바로 이 단락(PhG, 19 f., §17)에서가 처음이다.[2] 위의 인용문에서 헤겔은 "nicht als Substanz, sondern ebensosehr als Subjekt"라고 말하고 있다. 관련된 문장 전체를 그대로 번역하면, "모든 것은, 진정한 것을 실체로서가 아니라 마찬가지로 주체로서(도) 파악하고 표명하는 것에 달려 있다"가 된다. 그러나 이 문장은 올바르게 구성되지 않았다.

---

1 "Es kömmt nach meiner Einsicht, welche sich durch die Darstellung des Systems selbst rechtfertigen muß, alles darauf an, das Wahre nicht als *Substanz*, sondern ebensosehr als *Subjekt* aufzufassen und auszudrücken"(PhG, 19 f., §17).

2 물론, 이에 앞서 실체[Substanz]라는 용어만 등장하는 곳은 다음과 같다: "실체의 폐쇄성[die Verschlossenheit der Substanz]"(PhG, 13, §7), "실체의 풍부한 내용[des Reichtums der Substanz]"(ebd.), 그리고 "실체의 연장(延長)[eine Extension der Substanz]"(PhG, 15, §10), "실체의 제어되지 않은 발효(흥분)[dem ungebändigten Gären der Substanz]"(ebd.).

이것을 올바른 문장으로 바꾸어 쓰면, "모든 것은, 진정한 것을 실체로서만이 아니라 마찬가지로 주체로서(도) 파악하고 표명하는 것에 달려 있다"라고 해야 할 것이다. 그런데 헤겔이 이렇게 쓰지 않은 것은 헤겔의 실수인가? 그럴 수 있다. 그러나 다른 하나의 실수 가능성이 있다. 즉, 우리는 헤겔이 원래는 "모든 것은, 참된 것을 실체로서가 아니라 주체로(서) 파악하고 표명하는 것에 달려 있다"고 말하려고 했는데, 실수로 'ebensosehr'라는 접속사를 삽입한 것이라고 의심해볼 수 있다.

첫 번째의 실수가능성에 대해 검토해보자. 이런 맥락에서 뢰트게스(H. Röttges)는 헤겔의 본문에 'nur'를 첨가하여 해석하고 있다. "왜냐하면 그렇게 하지 않으면 뒤에 나오는 'ebensosehr'라는 단어를 이해할 수 없기 때문이다"[3] 가네꼬 다께조[金子武蔵][4]와 밀러(A.V. Miller)[5], 솔로몬(R. C., Solomon)[6], 핑카드(T. Pinkard)[7]도 뢰트게스와 마찬가지로 '실체로서만이 아니라'라는 표현을 첨가하여 번역하고 있다. 만약에 우리가 이런 입장을 취한다면 헤겔이 'ebensosehr'라는 접속사를 사용한 의미를 살려서, 그가 사용한 "nicht als Substanz"라는 표현을 "nicht bloß als Substanz"나 "nicht nur als Substanz"로 대치하는 것이 적절할 것이다.

이제 두 번째 실수의 가능성을 검토해보자. 헤겔이 본래 말하고자 한 것은, "모든 것은, 참된 것을 실체로서가 아니라 주체로(서) 파악하고 표명하는 것에 달려 있다"라는 것인데, '뿐만 아니라' 혹은 '이와 마찬가지로'라는 의미를 지닌 'ebensosehr'라는 단어를 실수로 집어넣은 것이 아닌가 라는 말이다. 즉, 헤겔은 실체는 참된 것의 자격이 없고 오로지 주체만이 참된 것이라는 주장을 하려고

---

3 Heinz Röttges, *Der Begriff der Methode in der Philosophie Hegels*, Meisenheim am Glan, 1981, 29.

4 "(…) 眞なるものをただ單に實體として把握し且つ表現するだけではなく, 全く同様に主體としても把握し表現するということである"(『精神の現象學 上巻』, 金子武蔵 역, 岩波書店, 1981, 16).

5 "(…) not only as *Substance*, but equally as *Subject*, (…)"(*Hegel's Phenomenology of Spirit*, tr. by A.V. Miller with Analysis of the text and foreword by J.N. Findlay, Oxford, u.a., 1977, 10).

6 "(…) not only as *Substance*, but equally as *Subject*"(Robert C., Solomon, *In the Spirit of Hegel. A Study of G. W. F. Hegel's Phenomenology of Spirit*, Oxford, 1983, 255).

7 "(…) not just as *substance*, but just as much as *subject*"[Terry Pinkard (tr. and ed.), *Georg Wilhelm Freidrich Hegel. The Phenomenology of Spirit*, Cambridge Univ. Pr., 2018, 12].

했던 것인가? 만약에 이것이 사실이라면, 이것이 헤겔의 근본사상과 양립할 수 있는 것인가를 따져보아야 할 것이다. 그런데 나는 이런 입장을 취해도, 그것이 결코 헤겔의 근본사상과 모순되지 않는다는 점을 뒤에 드러내고자 한다. 이런 두 가지 입장과는 달리, 배일리(J.B. Baillie)[8]는 헤겔의 원문을 가감 없이 그대로 번역함으로써, 이 점에 대해 아무런 문제의식을 가지고 있지 않은 것으로 보이며, 글록크너(H. Glockner)와 뤼터휄츠(W. Lütterfelds)[9]는 헤겔의 원문에 "nur"를 괄호 속에 삽입하여 "nicht [nur] als Substanz"[10]라고 인용함으로써 절충적인 입장을 취하고 있다.

그렇다면 과연 헤겔의 진의(眞意)는 무엇인가? 진정한 것, 참된 것은 주체라는 것인가, 아니면 그것은 실체인 것만도 주체인 것만도 아니고, 실체인 동시에 주체이기도 하다는 것이며, 또 우리는 그것을 그렇게 파악하고 표명해야만 한다는 것인가? 우리가 헤겔의 진의를 정확히 파악하기 위해서는 '실체'와 '주체'의 의미를 우선 이해해야만 할 것이다.

5.2. 실체와 주체의 의미

5.2.1. 실체의 의미

'실체(實體)'라는 의미로 헤겔이 사용한 용어는 Substanz인데, 이를 어원적으로 살펴보면 다음과 같다. Substanz는 라틴어 substantia를 번역한 용어이며, 'substantia'는, '~의 아래에[sub]' '서 있는 것[stantia 〈 stare]'이라는 의미를 가지고 있다. 그런데 'substantia'는 희랍어 'ousia (οὐσία)'를 번역한 것이다. 그런데 '우시아(ousia)'는 '존재'를 뜻하는 희랍어 'einai(εἶναι)'의 여성 현재분사형으

---

8 "(…) not as *Substance*, but as *Subject* as well, (…)"(*The Phenomenology of Mind*, tr. with an Introduction and Notes by J.B. Baillie, NY. u.a., 1967, 80).

9 Wilhelm Lütterfelds, "Hegels Identitätsthese von der Substanz als Subjekt und die dialektische Selsbtauflösung begrifflicher Bestimmungen," in: *Synthesis Philosophica* 43 (1/2007) (59-85), 59.

10 Hermann Glockner, *Hegel. Zweites Band. Entwicklung und Schicksal der Hegelschen Philosophie. Georg Wilhelm Friedrich Hegel. Sämtliche Werke*. Bd. 22., hg. v. H. Glockner, Stuttgart, 1940, 431.

로서, 일상어에서는 소유나 재산을 뜻하지만,[11] 철학에서는, '참으로[진정으로] 존재하고 있는 것', 즉 ― 진실존재자라는 의미에서의 ― '실재자(實在者)' 혹은 '실체(實體)'라는 의미를 갖게 되고, 두 번째로는, '본질(本質)'이라는 의미를 갖는다. 왜냐하면 시시각각 변화하는 우연적 성질들은 '참으로' 존재한다고 말하기 어렵기 때문이다. '질(質)'의 측면에서 보면, 어떤 것을 어떤 것이라고 부를 수 있는 이유인 '본질(本質)'은 자기동일적으로 존속하는 데 반하여, 어떤 개체에 부차적으로 속해 있는 우연한 성질들은 시시각각 변한다. 따라서 이러한 우유적 성질들과의 관계에서 보면 '본질'이 실체라고 할 수 있다. 그래서 'ousia'는 본질이라는 의미도 갖게 된다. 또한 우시아의 세 번째 의미는, 첫 번째 의미로부터 따라 나오는 것으로서, '독립적으로 존재하는 것'이라는 의미다. 왜냐하면 '참으로[진정으로] 존재하는 것'이란, '독립적으로 존재하는 것'이기 때문이다. 예컨대 진짜 돈과 가짜 돈[위조지폐]을 생각해보자. 진짜 돈은 독립적으로 존재하는 것이지만, 가짜 돈은 진짜 돈을 모방해서, 그것에 의존하여 존재하는 것이다. 이것이 바로 'real being[진실존재자]'이라는, 우시아의 세 번째 의미다.

물론 'real'은, '현실적'이라는 의미, 즉 '물리적인 시공간의 제약을 받고 있다'라는 의미도 가지고 있지만, 지금의 경우는 '진정한[참된]'이라는 의미를 지닌 'real'이다. 예컨대 플라톤에 있어서 이데아계(界)는 물리적인 시공간의 제약을 벗어나 있는 비현실적인 세계, 즉 이상세계다. 그렇다면 현실계와 이데아계 둘 중에 어떤 것이 real world인가? 둘 다 real world이기도 하고, 둘 다 아니기도 하다. 그것은 real이 지닌 이중적인 의미 때문에 그러하다. 즉, 'real'을 '현실적인'이라는 의미로 사용하면, 현실세계가 real world이고 이데아의 세계는 unreal world[비현실적 세계]다. 그러나 'real'을 '진정한[진짜의]'이라는 의미로 사용하면, 이데아의 세계가 real world[진짜세계]이고, 현실세계는 unreal world, 즉 가짜세계다. 왜냐하면 현실세계는 본래 독립적으로 존재하는 이데아들을 본따서 데미우르고스라고 하는 우주제작자가 만든 것이기 때문이다. 그러므로 이데아의 세계가 진짜세계이고, 현실세계는 이데아의 세계에 의존하여 존재하는 가짜세계인 것이다.[12]

우시아가 지닌 이 여러 의미들을 살펴볼 때, 희랍의 철학자들로부터 현재에 이르기까지 '실체'가 지니고 있는 가장 중요한 의미 가운데 하나는 바로, '자기동

11 Martin Gessmann (hg.), *Philosophisches Wörterbuch*, Stuttgart, 2009, 535 참조.

12 백훈승, 『철학입문』, ebd., 163 ff. 및 189 f. 참조.

일적인 존재자', 내지 '독립적인 존재자'라는 것이다. 이런 맥락에서 데카르트는 '실체'를 다음과 같이 정의한다: "실체라는 말로 우리는, 그것이 존재하기 위하여 다른 아무것도 필요로 하지 않는 것이라고 이해할 수밖에 없다"[13] 스피노자 역시 실체를 다음과 같이 정의한다: "나는 실체를 그 자체로[즉자적·독자적으로] 존재하며, 자신을 통하여 파악되는 자라고 이해한다. 즉, 그 개념이 그것으로부터 자기가 형성되어야만 할 다른 어떤 것의 개념을 필요로 하지 않는 자라고 이해한다."[14] 이를 통해 스피노자는 실체가 존재론적으로 독립적일 뿐만 아니라, 개념적으로도 독립적인 자라는 점을 말하고 있다.[15] 라이프니쯔는 정신적 존재자인 '단자(單子)[monad]'를 실체라고 했는데, 그는 분할 불가능성(分割 不可能性)을 실체의 조건으로 보았기 때문이다. 따라서, 연장물(延長物)[res extensa]인 물질은 분할 가능하므로 실체가 될 수 없다는 것이다. 이로써 그는 데카르트와 스피노자의 주장을 비판하고 있다. 그런데 라이프니쯔가 실체의 자격조건으로 내세운 분할 불가능성 역시, 실체의 고전적인 정의의 핵심내용인 '자기동일성' 내지 '불변성'과 일맥상통한다.

이렇게 볼 때, 그 어떤 내외의 상황변화에도 불구하고 변치 않고 동일하게 존속하는 존재자, 그것이 바로 실체라 하겠다. 이런 의미에서 볼 때 실체는 운동·변화하지 않는 존재자다. 헤겔이 스피노자의 실체 형이상학을 비판하는 이유가 바로 이것이다. 부동(不動)하는 점으로 존재하는 신으로부터는 신의 양태인 정신과 물질이 도출될 수 없다는 것이다. 신이 고정 불변하는 실체가 아니라 활동하는 주체일 때에만 자기로부터 자기의 타자인 세계를 산출할 수 있는 것으로 헤겔은 본다. 그런데 헤겔에 있어서 물질은 스스로를 부정하고 타자로 변화할 수 없기 때문에 주체일 수 없고, 정신만이 주체일 수 있다.

---

13 "Per *substantiam* nihil aliud intelligere possumus, quam rem quae ita existit, ut nulla alia re indigeat ad existendum"(R. Descartes, *Die Prinzipien der Philosophie*, ebd., Erster Teil § 51).

14 "Per substantiam intelligo id, quod in se est et per se concipitur; hoc est id, cujus conceptus non indiget conceptu alterius rei, a quo formari debeat"(Baruch de Spinoza, *Ethik in geometrischer Ordnung dargestellt*. Neu übersetzt, herausgegeben, mit einer Einleitung versehen von Wolfgang Bartuschat. Lateinisch-Deutsch, Hamburg, 2010, 제1부. 정의 3).

15 이러한 정의와 비교하여, 실체에 대한 데카르트의 정의는 존재론적 정의다:

5.2.2. 주체의 의미

'주체(主體)'란 무엇인가? 이 번역어에 대응하는 독일어는 Subjekt인데, 경우에 따라서 이 용어는 '주관(主觀)'으로 번역되기도 하고, 문법적으로는 술어(述語)[Prädikat]에 대응하는 '주어(主語)'를 뜻하기도 한다. 우선, 『정신현상학』 〈서문〉에서 Subjekt가 '주어'라는 의미로 사용된 경우들은 예컨대 다음과 같다: "주어는 그것을 자신들의 거점(據點)으로 하여 술어들이 부착되어 있는 고정(固定)된 점으로 간주된다."[16] "주어의 술어들"[17] 그런데 '주관'과 '주체'는 동일한 의미로 사용되기도 하지만, 구별하여 사용할 경우에는, 전자는 인식론적으로 사용되고—'본다'는 뜻의 '관(觀)'이 들어 있다—후자는 실천적인 의미로 사용된다는—'(몸으로) 행위한다'는 의미를 내포하고 있는 '체(體)'가 들어 있다—것이다. 〈서문〉에서 '주관'이라는 의미로 번역될 수 있는 경우들은 예컨대 "아는 주관의 부동(不動)의 형태"[18], "주관과 객관, 유한자와 무한자, 존재와 사유 등의 통일"[19] 등이다. 그러나 헤겔이 Selbst를 Substanz와 Subjekt의 통일체라고 말할 때의 'Subjekt'는 인식하는 주관, 혹은 성찰하는 주관이라는 의미가 아니라 '활동하는 주체'라는 의미라는 점을 잊지 말아야 한다.[20]

그런데 Subjekt는 라틴어 'subicere' 혹은 'subiicere'라는 동사의 과거분사형인 'subiectum'을 번역한 것인데, 이것은 '~의 아래에 놓인(던져진) 것'이라는 의미다.[21] 그리고 'subiectum'은 보에티우스(Boethius)가—문자적으로는 '아래에

---

16 "Das Subjekt ist als fester Punkt angenommen, an den als ihren Halt die Prädikate geheftet sind, (…)"(PhG, 23, §23).

17 "Prädikate des Subjekts"(§60. PhG, 50). 이외에도 다음과 같은 여러 곳에서 이러한 용법이 발견된다(PhG, 50, §60; PhG, 51, §61; PhG, 51, §62; PhG, 52, §63 등).

18 "Die eine unbewegte Form vom wissenden Subjekte"(PhG, 18, §15).

19 "der *Einheit* des Subjekts und Objekts, des Endlichen und Unendlichen, des Seins und Denkens u.s.f."(PhG, 34, §39).

20 특히 Subjekt의 활동(성)을 가리키는 용어로 'Subjektivität'을 사용하기도 한다. 헤겔의 프랑크푸르트 시절과 예나시절에서의 Subjekt 개념의 의미에 대하여 홍상철은 다음의 저술에서 상세히 서술하고 있다. Hong, Sang-Chul, *ABSOLUTES UND SUBJEKT BEI HEGEL: Zur Methode des phänomenologischen Erkennens des Wahren in ihrem Entstehungskontext*. Inaugural-Dissertation. Univ. Kassel, 2004, 22-91.

21 http://www.etymonline.com/index.php?term=subject. subject와 대비되는 용어인 object라는 단어는 obicere라는 동사의 과거분사형이며, obicere라는 동사는 '~에 맞서서', '~의 앞에'[ob=against] '던지다'[iacere=to throw]라는 의미를 지니고 있다(http://www.etymonline.

[hypo]' '놓인 것[keimenon]'이라는 의미를 지닌—희랍어 'hypokeimenon(ὑποκείμενον)'을 번역한 용어다.[22] 그러나 'hypokeimenon'은 'subiectum'으로만 번역된 것이 아니라 라틴어 'substratum'[영: substratum, 독: Substrat]으로도 번역되었다. 왜냐하면 라틴어 'subiectum'은 '~의 아래에 놓인[던져진] 것'을, 'substratum'은 '~의 아래에' '놓인 것[퍼져 있는 것]'(stratum < sternere)이라는 대동소이한 의미를 지니고 있기 때문이다.[23] 그러나 전자는 '인식활동이나 실천활동의' 주관 내지 주체라는 의미로 사용되고 있고, 후자는 '물질의 성질이나 상태의 기초로서, 이 성질이나 상태를 받쳐주고 있다고 생각되는 것'이라는 의미를 지닌 '기체(基體)'의 의미로 사용되고 있다. 그러면 〈서문〉에 등장하는 인용문을 통해서 헤겔이 말하는 '주체[Subjekt]'의 의미를 좀 더 자세히 살펴보자.

> 생동하는 실체는 더 나아가서, 오로지 실체가 자기 자신을 정립하는 운동인 한에서만, 또는 자기가 자기 자신과 더불어 타자로 되는 매개인 한에서만 참으로 주체인 존재요, 또는 같은 말이지만 참으로 현실적인 존재다. 생동하는 실체는 주체로서 순수하고 단순한 부정성을 지니고 있고, 바로 그것 때문에 단순한 것을 이분(二分)[Entzweiung]한다. 혹은 다시 이 무관심한 상이성과 상이성의 대립의 부정인, 대립하는 이중화 작용[Verdopplung]을 한다. 자기를 회복하는 이 동등성 혹은 타재 속에서 자기 자신으로의 반성(복귀)만이—근원적인 통일 자체나 직접적인 통일 자체가 아니라—참된 것이다. 참된 것은 자기 자신이 됨[das Werden]이요, 자신의 종말을 자신의 목적으로서 전제하고 시작(단초)으로 삼고 그리고 [목적의: 필자 첨가] 실현과 자신의 종말을 통해서만 현실적인(현실성을 갖게 되는) 원환(圓環)이다(PhG, 20, § 18).

여기서, "생동하는 실체"라는, 일견 모순되는 것으로 보이는 표현 자체가 이미 "주체로서의 실체"를 가리키고 있다.[24] '실체'는 불변의 자기동일자라는 의미를

com/index.php?l=o&p=1&allowed_in_frame=0).

22 Jürgen Stolzenberg, "Subjekt," in: Joachim Ritter u. a. (hg.), *Historisches Wörterbuch der Philosophie, Band 10*, Basel, 1998 (373-399), 374 참조.

23 뿐만 아니라 앞서 말한 substantia [Substanz] 역시, '~의 아래에 있는 것'이라는 의미를 지니고 있으므로, 'substantia'[실체], 'subiectum'[주체(주관)], 'substratum'[기체]이라는 단어는, 그 문자적 의미만으로는 전혀 구별되지 않는다.

24 그래서 뤼터헬츠가 지적하는 대로, 실체는 그 구조에 있어서 주체와 같은 본질적인 규정들

지니고 있고, '주체'는 활동하는 자라는 의미를 지니고 있다. 한 사람을 생각해 보자. 그는 시간과 공간의 변화 속에서도 자기동일성을 지니고 있다. 외모와 체격, 관심과 가치관이 바뀌어도 그에게 변치 않고 유지되는 어떤 것이 있다. 그것이 바로 그 사람이 지닌 '실체의 측면'이다. 그런가 하면, 한 사람은 끊임없이 운동·변화하면서 하루하루를 살아간다. 이것이 그의 '주체의 측면'이다. 이러한 생동하는 실체는 어떤 목적이나 대상으로서의 타자를 정립하고 그것을 부정하고 다시 자기 자신에게로 돌아온다. 예컨대 나는 나 아닌 것을 정립하고 그것을 부정하고 다시 나 자신으로 되돌아옴으로써 나 자신을 회복한다. 이것은 대립[분열]의 정립과 그것의 해소과정이다. 이런 과정을 거쳐 회복된 나의 동일성은 나의 원초적[근원적]인 동일성과는 다르다. 내가 나로서 본래 존재할 때 내가 지니고 있는 통일은 근원적·직접적 동일성[통일]이지만, 내가 타자를 정립함으로써 분열의 상태가 발생하고, 이 분열의 상태를 부정·극복·지양하고 나 자신을 회복함으로써 성취되는 동일성은 매개된 동일성, 회복된 동일성이다. 다시 말하면 이 과정은, 통일[Vereinigung]로부터 분열[Entzweiung] 혹은 소외[Entfremdung]를 거쳐 재통일[귀일(歸一), Wiedervereinigung]에 이르는 과정이다.

이처럼, 참된 것은 점(點)으로 고정되어 있는 것이 아니라 부단(不斷)한 자기부정과 자기회복의 과정을 통해 자기 자신을 만들어 가는 그런 존재자다. 즉, 그렇게 "자기 자신이 되는 것[das Werden]"[25]이다. 또한 이러한 과정은 계속 타자에로 향해 나아가기만 하는 악무한적 직선운동이 아니라, 종말에 실현할 자신의 목적을 앞에 두고 그것을 성취함으로써 자기를 완성해 나가는 원환의 교양[도야(陶冶), Bildung]과정이다. 헤겔에 있어 참된 것의 표상[이미지]은 언제나 '원환[Kreis]'으로 나타난다. 이어서 헤겔은 이렇게 말한다:

> 결과가 시작과 동일한 것은, 다만 시작이 목적이기 때문이다. 혹은, 활동태가

을 지니고 있고, 그런 한에서 주체와 동일하다고 말할 수 있다(Lütterfelds, ebd., 60 참조). 즉, 활동성을 지니고 있지 않은 '실체'는 진정한 실체라고 할 수 없고, 이와 마찬가지로, 자기동일성을 지니고 있지 않은 '주체'는 진정한 주체라고 할 수 없다는 말이다.

25 헤겔이 『논리학』에서 말하고 있는 'Werden'은 세 가지 의미로 사용되고 있다: ① 사유의 이행으로서의 '됨[Werden]', ② 생성과 소멸의 상위개념으로서의 '됨[Werden]', 그리고 ③ '변화(變化)[Veränderung]'의 동의어로서의 '됨[Werden]'이 그것이다. 이 세 가지의 'Werden' 모두에 들어맞는 번역어는 '됨[성(成)]'이다. 이에 관해서는 〈10.2. 있음-없음-됨[유-무-성, Sein-Nichts-Werden]: 세 종류의 '됨[Werden]'〉에서 자세히 이야기할 것이다.

> 활동태의 개념인 것은, 다만 목적인 직접적인 것이 자기(自己) 혹은 순수한 활동성을 자기 자신 속에 가지고 있기 때문이다. 실현된 목적 혹은 현존하는 현실적인 것은 운동이고 전개된 '됨'이다. 그런데 바로 이러한 불안이 자기다. 그리고 시작의 저 직접성과 단순성에게 자기는 동등하거니와 그것은 자기가 자신에게로 복귀한 결과이기 때문이다. ― 그런데 자신 속으로 복귀한 것은 바로 자기요, 그리고 자기는 자신과 관계하는 동등성이요 단순성이기 때문이다.[26]

여기서 말하듯, "결과가 시작과 동일한 것은, 다만 시작이 목적이기 때문"인데, 그러기 위해서 전체의 과정은 '직선'의 구조가 아니라 '원환'의 구조를 지녀야 한다. 그런데 여기서 '자기(自己)[das Selbst]'에 대한 규정이 등장한다. 이러한 헤겔의 서술에 대해 좀 더 상세히 살펴보기로 하자. 예컨대 하나의 생명체로서의 어떤 학생이 물리학자가 되겠다는 목적을 설정한다고 해보자. 이 목적은 아직 성취되지 않은 것이기 때문에 아직은 '가능성'으로 존재한다. 그런데 시간이 지나 이 목적이 성취되었을 때, 시작에 가졌던 목적이 이루어진 것이므로 시작과 결과는 동일한 것이라고 할 수 있다. 다만 그것은 어떤 사람의 내면에 존재했던 것이 밖으로 드러났다는 차이, 가능성이 현실성으로 바뀌었다는 차이밖에 없다. 헤겔은 이러한 목적은 생명체의 내면에 존재하는 것이므로 '직접적인 것[das Unmittelbare]'이라고 말하며, 그것을 의인화하여, "자기 혹은 순수한 활동성을 자기 자신 속에 가지고" 있다고 말한다. 엄밀하게 말하면, "자기 혹은 순수한 활동성"을 가지고 있는 것은 '목적'이 아니라 '생명체' 자신이다. 어쨌든, 이러한 목적이 실현되었을 때, 가능태로부터 현실태로의 이행이 이루어진 것이며, 따라서 이것은 "운동이고 전개된 됨[die Bewegung und das entfaltete Werden]"이다. 즉, 학생 내부에 있던 물리학자로서의 가능성이 현실화되어 물리학자로 변화하고 전개된 것이다. 헤겔은, '자기'란, "시작의 저 직접성과 단순성에게" 동등한 자인데, 그 이유는, "자기가 자신에게로 복귀한 결과이기 때문"이라고 말한

---

26 "Das Resultat ist nur darum dasselbe, was der Anfang, weil der *Anfang Zweck* ist; — oder das Wirkliche ist nur darum dasselbe, was sein Begriff, weil das Unmittelbare als Zweck das Selbst oder die reine Wirklichkeit in ihm selbst hat. Der ausgeführte Zweck oder das daseiende Wirkliche ist die Bewegung und das entfaltete Werden; eben diese Unruhe aber ist das Selbst; und jener Unmittelbarkeit und Einfachheit des Anfangs ist es darum gleich, weil es das Resultat, das in sich Zurückgekehrte, — das in sich Zurückgekehrte aber eben das Selbst, und das Selbst die sich auf sich beziehende Gleichheit und Einfachheit ist"(PhG, 22, § 22).

다. 여기서 헤겔은 '자기'란 생명체의 모든 변화에도 불구하고 동일자로 존속하는 자라는 점을 말하고 있다. 학생이 물리학자가 되었다고 해서, 학생이 지니고 있던 모든 성질이 변화하는 것이 아니라 고정 불변하는 성질이 여전히 존재하는 것이다. 이것을 보통 우리는 '본질(本質)'이라고 부르기도 한다. 즉, 현존재가 자기의 타자로 이행한다고 해서 자신의 정체성(正體性)[Identität]을 잃어버리는 것은 아니고, 단지 자신의 규정성만이 변화될 뿐이다. 즉, A1 ⇨ A2 ⇨ (…) ⇨ An으로의 이행에 있어서 A라는 점은 변하지 않고, 단지 A가 지닌 규정들인 1, 2, (…), n만이 바뀔 뿐이다. 변치 않는 A가 바로 '실체'의 측면이고, A가 여러 규정들을 지니면서 변화하는 측면이 바로 A가 지닌 '주체'의 측면이다. A가 이처럼 여러 규정들을 지닌다는 것은 그것이 고정되어 있지 않고 부단히 변화·운동한다는 것을 뜻하며, 이로써 A는 자신의 타자로 이행하는 것이다. 그러나 이내 A는 자기에게로 되돌아온다. 그리하여, 변화하는 여러 규정들에도 불구하고 A라는 자신의 실체의 측면은 보지(保持)된다. 생명체는 타자와 관계하는 동시에 자신(自身)과 관계한다. 가다머가 말하듯 생명체는 하나의 "자기[das Selbst]"다. 그런데 "자기는 자신과의 동일성으로서의 어떠한 비구별성 속에서도 자신을 자신과 구별하는 행위"이자 "자기 자신에 관계하는 자"를 뜻한다.[27] 가다머는 이러한 생명체의 자기관계를 플라톤이 사용한 'αὐτοκινούν'[28]['스스로 운동하는 자': 필자 첨가]이라는 용어로 특징짓는다.

그런데 헤겔은, '자기'는 "자신 속으로 복귀한 것"이며, "자신과 관계하는 동등성이요 단순성"일 뿐만 아니라 "이러한 불안"이라고도 말한다. "불안(不安)[Unruhe]"이라는 것은 무엇을 가리키는가? '불안'이라는 표현은 주체가 지닌 부정(否定)의 운동을 지시하는 용어다.[29] 'Unruhe'는 'Ruhe[정지(停止)]'의 반대말로서, '가만히 멈추어있지 않음'을 의미한다. 헤겔이 '자기'라고 말하는 것은 부동성(不動性)·자기동일성(自己同一性)만이 아니라, 바로 이러한 운동성을 그 본질로 지니고 있는 것이다.[30] 여기서 우리는, 헤겔이 말하는 '자기'란, 실체의

---

27 H.G. Gadamer, "Die verkehrte Welt," in: H. F. Fulda und D. Henrich (hg.), *Materialien zu Hegels Phänomenologie des Geistes*, Ffm., 1979 (106-130), 128.

28 Gadamer, ebd., 129.

29 슈텍마이어(Werner Stegmaier)는 주체의 이러한 상태를 "동요(動搖)[Fluktuanz]"라고 표현하고 있다["Die Substanz muß Fluktuanz werden. Nietzsches Aufhebung der Hegelschen Dialektik," in: *Berliner Debatte Initial 12* (2001) 4 (3-12)].

30 이런 의미에서 헤겔은, "그런 까닭에 몇몇 고대인들은 허공을 운동을 일으키는 것으로 파

측면과 주체의 측면을 아울러 지니고 있는 통일체를 가리키는 표현이라는 사실을 알 수 있다.

이제 이런 관점에서, 앞에 인용한 "모든 것은, 진정한 것을 실체로서가 아니라 (실체로서만이 아니라) 마찬가지로 주체로서(도) 파악하고 표명하는 것에 달려 있다"는 주장을 다시 고찰해보자. 헤겔이 정확한 문장을 쓰려고 했다면, 'nicht'를 'nicht nur'로 쓰면 아무 문제가 없었을 것이다. 혹은 'ebensosehr'를 삭제하는 것도 하나의 방법이 될 수 있다. 후자의 경우 위의 문장은 "모든 것은, 진정한 것을 실체로서가 아니라 주체로서 파악하고 표명하는 것에 달려 있다"로 될 것이다. 그런데 변용된 후자의 문장은 잘못된 것이라는 반론이 제기될 수 있다. 왜냐하면 진정한 것은 주체이기만 해서는 안 되고 실체의 측면도 지니고 있어야 하기 때문이다. 그러나 우리는 '주체'가 이미 자신 속에 '실체'의 측면을 지니고 있다고 생각할 수 있다. 예컨대 우리 자신을 살펴보자. 우리는 하나의 주체다. 하나의 주체로서 우리는 하루하루 많은 변화를 겪으며 생활하고, 이러한 변화는 사는 동안 계속된다. 그러나 그렇다고 해서 우리는 아무런 동일성도 없이 변화만 겪는 유동적인 존재자인가? 그렇지 않다. 우리가 드러내 보이는 변화는 동일성을 기반으로 한 변화다. 만약에 동일성이 없다면 변화를 변화로 인지하지 못할 것이다. 따라서 주체라는 표현에 이미 실체의 의미가 포함되어 있다고 할 수 있을 것이다.

5.3. 자기(自己)와 정신(精神)[Geist]

헤겔은 또한 다음과 같이 말한다:

> 참된 것은 체계로서만 현실적으로 존재한다는 것, 혹은 실체는 본질적으로 주체라는 것은 절대자를 **정신**으로 표현하는 표상 속에 표현되어 있는데, 정신은 근대(현대) 및 근대(현대)의 종교에 속하는 가장 숭고한 개념이다. 정신적인 것만이 **진정한** 것이다. 정신적인 것은 실체(본체) 혹은 **즉자적으로 존재하는** 것

악하였다. 그러나 그들은 운동을 일으키는 것을 부정적인 것으로 파악하기는 하였으나, 이것(부정적인 것: 필자 첨가)을 아직은 자기(自己)[Selbst]로서 파악하지는 못했다"(PhG, 32 f., §37)고 말하고 있다. 여기서 헤겔은 레우키포스와 데모크리토스의 원자론을 염두에 두고 있다.

> 이고, 자기와 관계하는 것 혹은 규정된 것, 즉 타재이자 대자존재이며, 그리고 이러한 규정 속이나 자기의 타재 속에서 자기 자신 속에 머물러 있는 것이며, 혹은 정신적인 것은 즉자대자적으로 존재한다.[31]

"참된 것은 체계로서만 현실적으로 존재한다"는 주장은 이에 앞서 헤겔이 말한 "참된 것은 완전한 것이다"[32]라는 주장과 일맥상통한다. 왜냐하면 '체계[System]'라는 말 자체가 '완전한 것', '전체'를 뜻하기 때문이다. 그런데 "실체는 본질적으로 주체"[33]라는 것은, 잘못된 주장이 아닌가? 실체는 실체이고 주체는 주체이지, 어떻게 실체가 주체라는 말인가? 실체(부동자)와 주체(운동자)는 다른 것이 아닌가? 그러나 헤겔이 말하고자 하는 것은, 진정한 실체는 주체이기도 해야 한다는 것이다. 바로 이런 관점에서 헤겔은 스피노자의 실체관을 비판하고 있는 것이다. 그리고 헤겔은 위와 같은 사상은 "절대자를 정신으로 표현하는 표상 속에 표현되어" 있으며, "정신적인 것만이 진정한 것"이고, "즉자대자적으로 존재"하는 것이라고 말한다.

그런데 헤겔이 말하는 정신이란 무엇인가? 헤겔이 말하는 절대자는 정신[34]이요, 그것도 절대정신이다. 그런데 정신이란 무엇인가? 정신이란, 대자적 존재자다. 즉 정신은 자기를 대상화[객관화, 외화]하고, 대상화된 자기를 부정하여 마침내는 자기에로 되돌아오는 운동으로 존재한다. 정신의 절대성은, 단순히 자기 자신의 외화에 머무르는 것이 아니라 이러한 자기외화로부터 자기에로 복귀하는 것이다. 정신의 본질은 자기를 표현하는 것, 외화하는 것이며,[35] 그 결과는 바

---

31 "Daß das Wahre nur als System wirklich, oder daß die Substanz wesentlich Subjekt ist, ist in der Vorstellung ausgedrückt, welche das Absolute als Geist ausspricht,—der erhabenste Begriff, und der der neuern Zeit und ihrer Religion angehört. Das Geistige allein ist das *Wirkliche*; es ist das Wesen oder *An-sich-seiende*,—das sich *Verhaltende* oder *Bestimmte*, das *Anderssein* und *Für-sich-sein*—und [das] in dieser Bestimmtheit oder seinem Außer-sich-sein in sich selbst Bleibende;—oder es ist *an und für sich*"(PhG, 24, §25).

32 "Das Wahre ist das Ganze"(PhG, 21, §20).

33 또한 PhG, 45, §54에서도 "실체는 그 자체에 있어서 주체[(…) die Substanz an ihr selbst Subjekt ist, (…)]"라고 말하고 있다.

34 "절대자는 정신이다; 이것이 절대자의 최고의 정의다"(Enz §384, TW 10, 29).

35 이런 의미로 헤겔은, "정신의 힘은 자기의 외화의 정도만큼 크며, 정신의 깊이는 정신이 자기를 분열시킬 때 자기를 확장하는 만큼, 그리고 감히 자기를 잃어버리는 만큼 깊다"(PhG, 15)고 말하며, "정신의 힘은 오히려, 자기를 외화(外化)하면서 자기 자신과 동일하게 머무르는

로 자기의 타자다. 이처럼, 정신으로서의 절대자는 고정된 점이나 무매개적인 존재자가 아니라, 부단한 자기부정·자기산출의 운동으로 존재한다. 만약 절대자가 이러한 운동으로서 존재하지 않는다면, 그것은 단지 실체에 불과할 것이다. 그러므로 절대자는 주체다(TW 16, 78 f. 참조). 이러한 그의 견해는 물론 스피노자가 말하는, 실체로서의 절대자관을 부정하는 것이다.[36] 즉, 스피노자에게 있어서는 실체가 "자기 자신을 구별하는 자로서, 주체로서 규정되지 않았다"(TW 5, 455). 그리하여 실체의 완성은 "더 이상 실체 자체가 아니라, 더 고차적인 것, 즉 개념, 주체다"(TW 6, 249).

정신은 오직 활동으로서만 존재한다. 이러한 활동은, 정신이 자기를 부정하여 자기의 타자로 이행하고 다시 그러한 타자로서의 자기를 부정하는 그런 방식으로 진행된다.[37] 그러므로 절대자로서의 정신은, 변화와 운동 속에서도 자기동일성을 보지(保持)하고 있는 자기(自己)이므로, "자기의 밖에 존재하면서도 자기 자신 속에 머물러 있는 것"이라고 말할 수 있는 것이다. 이때에, "자기의 밖에 존재하면서도"라는 표현은 절대자로서의 정신의 운동을 가리키는 표현이며, "자기 자신 속에 머물러 있는 것"이라는 표현은 정신의 자기동일성을 지시하는 표현이다. 즉, 헤겔이 말하는 정신은 "단순하게 존립하는 자기동일성"을 지니고 있는 것이 아니라 "타자 속에서 자기를 동일화하는[확인하는] 활동"이다.[38] 또한 절대자로서의 정신에 대한 이러한 규정은 바로 '진정한 자유의 규정' 외에 다른 것이 아니다. 왜냐하면 헤겔에 있어서 구체적이며 진정한 자유의 규정은 바로 "자기의 타자 속에서 자기 자신 곁에 있음"[39]이기 때문이다. 그러나 이때의 '자기 자신

것이며, 즉자대자존재자로서, 즉자존재와 마찬가지로 대자존재를 단지 계기로서만 정립하는 것"(PhG, 561)이라고 말한다. 여기서 우리는 '즉자존재'를 '실체'에, '대자존재'를 '주체'에, 그리고 '즉자대자존재'를 '자기'에 대응시킬 수 있다.

36 백훈승, 「헤겔과 절대자」, 『범한철학』 제32집, 범한철학회, 2004, 271 ff. 참조.

37 절대자는 "결코 쉬지 않는 무한한 운동, 에너지, 활동이며, 최초의 것을 떠나서 타자에로 계속 이행하는 그러한 자다"(VG, 161). 헤겔에 의하면, 주체로서의 절대자의 운동은 구체적으로 세계창조, 그리고 창조된 세계(타자)로부터의 자신에로의 복귀운동으로 나타난다. 왜냐하면, 헤겔이 볼 때 참된 것이란 타자와 더불어 존재하는 것, 즉 구체적인 것이기 때문이다.

38 Klaus Düsing, "Idealistische Substanzmetaphysik. Probleme der Systementwicklung bei Schelling und Hegel in Jena," in: *Hegel in Jena. Hegel-Studien* Beiheft 20, Bonn, 1980 (25-44), 42.

39 "In seinem Anderen bei sich selbst zu sein"(Enz §24 Zus. 2, TW 8, 84 그리고 PdR §7. Zus., TW 7, 57도 참조).

곁에 있음' 혹은 '자기 곁에 머무름'은, 아무런 운동도 없는 단순한 머무름이 아니다. 그것은 정신이 자기의 외화 내지는 타재에 머물러 있지 않고 그것을 부정하고 자기 자신에로 되돌아옴을 의미한다. '자기'는 실체인 동시에 주체로 드러남으로써, 정신은 자신의 본질을 완전히 드러내게 된다.

이상에서 우리는 헤겔이 말하는 '자기[Selbst]'는 '자아[Ich]', 혹은 '나[ich]'와 동일한 의미를 갖고 있는 용어가 아니라 실체[Substanz]와 주체[Subjekt]라는 두 의미를 함께 지니고 있는 용어라는 사실을 알 수 있었다. 진정한 존재자인 실체는 독립적으로 존재하지만, 그것은 현실을 떠난 피안에 고립해서 정지해 있는 점(點)으로 존재하지 않고, 자기를 부정·외화하여 현실에 드러내는, 운동하는 주체로 존재해야만 한다. 이것이 바로 헤겔이 "참된(진정한) 것을 실체로서가 아니라(실체로서만이 아니라) 마찬가지로 주체로서(도)" 파악하고 표명해야 한다는 주장의 참 뜻이다.

헤겔이 말한 대로 참된 것은 실체일 뿐만 아니라 동시에 주체이기도 하다. 왜냐하면 '참된 것은 완전한 것'이기 때문이다.[40] 우리말 '참'은 이 사태를 정확하게 지시하고 있다. '참'은 '차 있는 상태[fullness]'를 뜻한다. 어느 한 부분이라도 '비어 있어서' 가득 차 있지 않은 상태는 '참'이 아니며 '완전한 것'이 아니다. 따라서 '실체'인 것만으로도, '주체'인 것만으로도 참된 것, 완전한 것이 될 수 없다. 참된 것은 부동의 자기동일자로 존재하는 실체의 측면을 지니고 있을 뿐만 아니라, 다른 한편으로는 부단히 운동·변화하는 주체의 측면도 지니고 있어야 하는 것이며, 헤겔은 이러한 존재자를 한마디로 '자기[Selbst]'라고 부르고 있는 것이다. 그리고 헤겔이 말하는 절대자 역시 이러한 '자기'라 할 수 있다. 그래서 실체는 주체이기도 하다는 헤겔의 주장은, 절대자를 가리키는 프랑크푸르트 시절의 「체계단편」의 표현을 빌면 "결합과 비결합의 결합"[41]이며, 예나시절의 진술을 빌려 표현하자면 "동일과 비동일의 동일"(*Differenzschrift*. TW 2, 96)이라 할 수 있는데, 이 진술들을 여기에 적용하면, 참된 것[절대자]은 실체[결합/동일]와 주체[비결합/비동일]의 결합[동일]이라고 표현할 수 있다. 이렇듯 "절대자 속에는 대립과 하나임[Einssein]이 동시에 존재한다."[42] 즉, 참된 것[절대자] 속의 실체와 주체라는 측면은 대립되는 것이지만, 이와 동시에 그들의 통일[하나임]이 존

40 자이첵(Hans Otto Seitschek)도 다음 글에서 이 점을 밝히고 있다: "Hegel und die Kyoto-Schule," in: *XXII. Deutscher Kongress für Philosophie*, München, 12. Dezember 2011, 5.

41 "Systemfragment von 1800," in: TW1 (419-427), 422.

42 Ebd.

재하는 것이다.[43]

헤겔의 자기 개념은 스피노자의 실체로서의 신 개념에 대한 비판이기도 하다. 스피노자의 신은 아무것도 의욕하지 않고, 어떤 목적도 갖고 있지 않는 자기동일자로 존재한다. 그에게는 아무런 결여(缺如)가 없기 때문에 보름달처럼 꽉 차 있는 즉자존재자일 뿐이다. 즉, 그는 생동적인 신이 아니다. 헤겔이 보기에 이러한 신에게는 주체의 측면이 결여되어 있기 때문에 진정한 신이 아니다. 참된 것은 실체로서만이 아니라, 동시에 주체로서도 존재해야 하기 때문이다. 이런 의미에서 헤겔은 『정신현상학』 출간 2-3년 전의 예나시절의 저술인 『논리학, 형이상학, 자연철학』에서 실체와 주체의 통일체를 "혼(魂)[die Seele]"이라고 부르고 있다.[44] 따라서 헤겔에 있어서 '혼'은 '자기'를 부르는 다른 말이라고 할 수 있다. 그도 그럴 것이, 고대 희랍철학에서부터 '혼'에 해당하는 '프쉬케(psychē, ψυχή)'는, 그것이 빠져버리면 더 이상 어떤 것을 어떤 것이라고 할 수 없는 생명과도 같은 것, '생명(력)'을 뜻했기 때문이다. 그리고 이것은 바로 우리가 '자기'라고 부를 수 있는 그것이다.[45]

43 이 점에 관해서 Dieter Henrich, "Hegels Logik der Reflexion. Neue Fassung," in: *Die Wissenschaft der Logik und die Logik der Reflexion*, hg.v. Dieter Henrich. *Hegel-Studien* Beiheft 18, Bonn, 1978 (203-324), 220 참조.

44 "그러므로 혼은 실체성과 주체성의 통일체다(Die Seele ist also das Eins der Substantialität und Subjectivität;)"(*Jenaer Systementwürfe II. Logik, Metaphysik, Naturphilosophie. Fragment einer Reinschrift (1804/05)*, hg.v. R.-P. Horstmann und J. H. Trede, GW 7, 140).

45 백훈승, 「헤겔 『정신현상학』에 있어서의 자기[Selbst]의 의미에 관한 연구」, 『동서철학연구』 제83호, 한국동서철학회, 2017.03.31. (409-430), 411 ff. 참조.

6

대상의식과 자기의식의 변증법

6.1. 대상의식과 자기의식

대상의식은 대상에 대한 의식, 즉 자아가 아닌 모든 타자에 관한 의식이며, 자기의식은 자아 자신에 대한 의식이다. 우리는 우리 자신을 의식하기 전에 먼저 대상을 의식한다. 이것은 자연스러운 일로서, 우리의 시선은 우리의 내부보다는 외부로 먼저 향하기 때문이다.[1] 무엇인가를 의식하고 있는 자아를 다시 의식할 때 그 의식은 자기의식인데, 근대철학의 원리인 '자아', 데카르트의 '코기토'는 여기에서 성립하는 것이다. 헤겔은 이에 대해, "자기의식은 감성적 세계와 지각된 세계의 존재로부터 벗어나려는 반성이다. 그것은 본질적으로 타재로부터의 자기 내 복귀다"(PhG, 134)라고 말하고 있는데, 헤겔에 있어서 자아의 반성은 타재로부터 출발하며, 바로 이 점이 자기의식의 본질이다. 따라서 자기의식의 본질은 오직 이러한 복귀와 운동에 의해서만 존립가능하다. 결국 "자기의식으로 볼 때 이것(자기의식: 필자 첨가)은 곧 운동"(ebd.)이다. 이처럼, 자기의식이 성

---

1 우리가 어렸을 때를 생각해보면 이런 사실을 잘 알 수 있다. 어린아이들은 계속해서 묻는다. "이건 뭐야? 또 이건? 그리고 저건 또 뭐야? (…) 등등" 그리고 "이건 ~이다" 등의 진술도 한다. 이러한 모든 물음과 진술은 대상의식에 관계된 것이다. 그리고 "엄마, 나는 누구야?, 나는 어떻게 해서 생겨났어? (…)"라는 물음, 또 "나는 ~이다"라는 진술, 등 이른바 자기의식에 관계된 물음과 진술은 대상의식에 관계된 그것들의 한참 뒤에야 비로소 발생한다.

립하기 위해서는 자아 아닌 대상 또는 대상의식이 필요하며, 대상의식은 자기의식의 계기로서 자기의식 속으로 지양된다. 만약에 대상의식이 자기의식의 한 계기로서 보존되지 않는다면, 의식의 최종적인 형태는, 단지 "나는 나다"라는 동어반복에 지나지 않을 것이다. 자기의식은 그 본질상, 중복된 대상을 갖는다.[2]

6.2. 의식의 진리로서의 자기의식

『정신현상학』이 서술하고 있는 대상의식의 다양한 형태들은 모두 자기의식의 '자기[Selbst]'와는 다른 타자를 대상으로 갖고 있긴 하지만, 자기의식이 없다면 이러한 대상의식은 존재할 수 없다. 이것은 곧, 대상의 대상성을 형성하고 있는 규정, 사상규정[Gedankenbestimmungen]이 바로 자아의 규정, 사유규정[Denkbestimmungen]이라는 사실을 뜻한다. 자기의식의 본질에 관한 헤겔의 견해는 자기의식의 정험적 통일의 구조 및 기능에 대한 칸트의 통찰, 즉 "통각의 정험적이고 근원적인 통일"(KrV, A 107)에 대한 그의 통찰에로 소급된다. 즉, "나는 생각한다"라고 하는 자기의식의 정험적 통일이 없으면 어떤 표상도 나의 표상으로 의식될 수 없는 것이다. 헤겔은 의식의 기저(基底)로서의 이러한 자기의식을 『철학강요』에서 잘 서술하고 있다.[3] 대상에 대한 확신은 어떤 타자에 대한 확신이 아니라 의식 자체에 대한 확신이다. 의식은 대상 자체의 인식 속에서 자신을 경험하며, 자아는 경험연관의 내용일 뿐만 아니라 관계 자체다. 헤겔이 자기의식을, "우리가 들어간 진리의 고유영역"(PhG, 134)이라고 말할 때 그가 의미하는 바는, 진리는 의식이 침투해 들어가려고 하는 타재의 외타적 영역(이것은 의식의 입장이었다)과 더 이상 같은 것이 아니라, 의식은 자기의식으로서 진리의 영역에 속하고 자기의식을 그 고향으로 한다는 것이다. 즉 의식은 모든 진리를 자신 속에서 발견한다.[4]

---

2 뒤에 서술되듯이, (구체적인) 자기의식은 ① 추상적인 자기의식으로서의 자기 자신과 ② 대상의식이라는 중복된 대상을 갖는다.

3 "의식의 진리는 자기의식이며, 이 자기의식이 의식의 근거다. 따라서 어떤 다른 대상에 대한 의식은 그 실존에 있어서 자기의식이다. 즉, 나는 나의 것으로서의 대상에 관하여 알며(대상은 나의 표상이다.), 따라서 대상 속에서 나는 나에 관해 안다"(Enz §424, TW 10, 213).

4 Gadamer, "Hegels Dialektik des Selbstbewußtseins," ebd., 223 참조.

6.3. 추상적인 자기의식과 구체적인 자기의식

추상적인 자기의식의 원리는 '나=나(Ich=Ich)'다. 그러나 이 추상적인 자기의식의 '나'는 전혀 실재성이 없는, 형식적이고 공허한 자아에 불과하다. 헤겔은 이에 대해 다음과 같이 말하고 있다.

> 자기의식으로서의 자아는 자기 자신을 직관한다. 순수하게 이 의식을 언표하면, '자아=자아', 또는 '나=나'다. 이와 같은 자기의식의 명제는 아무런 내용도 갖고 있지 않다(TW 4, 117. §§22, 23).

자기의식의 표현은, '자아=자아'로서 추상적 자유, 순수한 관념성이다. 따라서 이 자기의식은 실재성이 없다. 왜냐하면, 자신의 대상인 자기 자신은, 이 대상과 자기 자신 사이에 아무런 구별도 현전하지 않으므로, 실은 대상일 수가 없기 때문이다(Enz §424, TW 10, 213). 이러한 자기의식은 "구별이 아님", "구별이 아닌 구별"로서, 이것은 단순한 자기관련성이 지니는 운동 없는 동어반복이며, 이런 점에서 사변적인 구별개념을 만족시키는 구별이 아니다. 즉, 이러한 자기의식은 실체에 불과할 뿐이며, 주체는 될 수 없다.

위에서 언급한 것처럼, 자기의식은 '나는 나다'로 표현할 수 있는데, 이 진술은 두 가지로 분석될 수 있다. 이것은 'A는 A다'라는 형식의 진술로서, 첫째로 이것은, 형식논리학의 입장에서 보면, 세계에 관해 아무런 새로운 정보도 우리에게 가져다주지 않는 항진명제, 즉 공허한 동어반복에 불과하다. A 대신 다른 어느 것을 바꿔 넣어도 그 진리치엔 변화가 없는 동일률을 표현하고 있다. 여기에는 A의 타자가 매개되지 않았으므로, 이러한 동일성을 우리는 추상적 동일성, 형식적 동일성이라고 할 수 있다. 따라서 '나는 나다.'는 추상적 자기의식, 형식적 자기의식이라 할 수 있으며, 이러한 추상적 자기의식에서는 자기의 타자와의 아무런 매개(구별)가 없으므로 '차이의 감정'이나 '결핍의 감정'을 갖지 않게 되고, 따라서 욕망도 발생하지 않게 된다. 이에 반해, A에 A의 타자가 매개되어 있다[5]고 생각하면—이것은 변증적 해석의 입장인데—우리는 새로운 사실을 발

---

5 "긍정적인 것은 직접적인 동일자가 아니라, 한편으로는 부정적인 것의 대립자며 그것은 오직 이러한 관계 속에서만 의미를 갖는다. 그리하여 부정적인 것 자체는 긍정적인 것의 개념 속에 포함된다. … 이와 마찬가지로, 긍정적인 것에 대립해 있는 부정적인 것은 이러한 자기의 타자와의 관계 속에서만 의미를 갖는다"(TW 6, 71).

견할 수 있다. 즉, 'A는 A다'라는 진술은 'A는 [B가 아닌, C가 아닌, (…) X가 아닌] A다'라는 식의 내용을 가지고 있는 것으로서, 이것은 A의 타자가 매개된 동일성으로 구체적 동일성, 실질적 동일성[6]이라고 할 수 있다. 이때, 앞의 A와 뒤의 A는 그 내용이 전적으로 동일한 것은 아니고, 차이가 개입된 동일성을 지니고 있다. 즉, 뒤의 A는 앞의 A로부터 출발하여 A의 타자를 거쳐 다시 A로 돌아온 것으로서, 처음의 A와 비교할 때 훨씬 더 풍부한 내용과 규정을 갖는 A인 것이다. 따라서 '나는 나다.'라는 자기의식도 이러한 입장에서 보면 구체적 자기의식, 실질적 자기의식으로서, 뒤의 '나'는 앞의 '나'보다 훨씬 더 풍부한 내용을 갖고 있으며, 이러한 관점에서 볼 때 헤겔은 '구체적' 자기의식을 운동으로 보고 있다.

6.4. 욕망의 발생과 욕망의 변증법

대상만을 의식하는 대상의식에 있어서나, '나=나'라는 추상적인 자기의식, 절대적인 자기의식, 정험적인 자기의식에 있어서는 대상과 자아가 구별되지 않지만, 구체적인 자기의식은 대상에로 나아갔다가 자아 자신에게로 복귀한 의식이므로 이때, 대상과 자아 사이에 그리고 대상의식과 추상적인 자기의식 사이에는 구별 및 구별의 감정이 생기고, 자기의식은 이러한 구별을 철폐하려고 하는데, 이러한 자기의식의 운동이 바로 헤겔에 있어서는 욕망이다. 다시 말해 욕망이란, 자기의식과 대상의식 사이의 분열, 자기의식의 그 자신과의 내적 대립, 또는 자아와 세계의 대립을 지양하려는 자기의식의 운동이다.

앞서 말했듯, 자아가 자기 자신을 의식하지 못하고 자신의 대상만을 의식하는 대상의식에 있어서나, 대상 혹은 대상의식에 매개되지 않고 단지 '나=나'라는 동어반복에 머물러 있는 추상적인 자기의식, 절대적인 자기의식, 선험적인 자기의식에 있어서는 대상과 자아가 구별되지 않는다. 그러나 현실적·구체적인 자기의식은 자아가 자신의 대상에로 나아갔다가 자기 자신에게로 복귀한 의식이므로 이러한 자기의식은 구별되는 두 계기, 즉 대상(타자)과 자기 자신이라는

6 헤겔이 생각하기에 진정한 동일성이란, 차이를 통해 표현되는 일치(통일)다. 헤겔의 용어들 중에서 '부정성'은 동일성의 본질적인 국면이다. 즉, 어떤 사물의 동일성은 그 자신의 타자를 거부함으로써 명백하게 된다. 형식논리학에서 말하는 동일성은 사물의 자기동등성과 내적 일관성(정합성)만을 강조하는 것이다(Williams, ebd., 74 참조).

두 계기를 지니고 있다. 이러한 자기의식은 자기의 존재와 비존재를 동시에 의식하고 있으며, 그것은 통일성으로서의 자기의 존재에 대한 의식과 결핍의식·비존재의식 사이의 대립으로서 존재한다.[7] 자아는 자신과 대상 사이의 차이 내지 구별을 의식하게 되고, 대상과 자아 사이에 그리고 대상의식과 추상적인 자기의식 사이에는 구별 및 구별의 감정이 생기게 된다. 그리하여 자아는 이 두 계기 사이의 구별을 지양하려고 한다. 왜냐하면 그것은 자기동일성의 감정에 배치되기 때문이다.[8] 다시 말하면, 자아는 자신의 대상을 부정하여 자아와 대상 사이의 구별을 철폐함으로써 자아 자신의 동일성을 회복하려고 하는데, 이러한 자기의식의 운동이 바로 헤겔에 있어서는 욕망이다. 다시 말해 욕망이란, 자아와 대상 사이의 차이, 자기의식과 대상의식 사이의 분열 및 대립, 자기의식의 그 자신과의 내적 대립, 또는 자아와 세계의 대립을 지양함으로써 자기의식이 자기 자신과의 통일을 이루려는 운동이다. 그런데 헤겔은 욕망으로서의 자기의식이 궁극적으로 추구하는 것은 욕망의 대상의 소유가 아니라, 바로 자기의식의 자기 자신과의 통일이라고 주장한다. 예컨대 우리가 정신적인 대상이든 물질적인 대상이든, 그 어떤 대상을 욕망하는 경우, 욕망의 1차적인 대상은 직접적인 대상이라고 할 수 있지만, 욕망의 궁극적 대상 내지 목표는, 1차적인 대상을 소유함으로써 얻게 되는 자아의 통일이다. 사실, 우리가 어떤 욕망을 가지고 있을 때의 마음의 상태는 분열된 상태다. 즉, 욕망이 충족되지 않은 현재의 상태(자아1 혹은 자기의식1)와 장래에 욕망이 충족될 경우 획득하게 될 마음의 상태(자아2 혹은 자기의식2)로 우리의 마음은 분열된다. 그런데 언젠가 욕망의 대상을 우리가 소유하게 될 경우 혹은 소유한 것으로 믿는 경우, 마음의 이러한 분열상태는 사라지고 마음은 자기동일의 감정, 통일의 감정 내지는 안정된 감정을 갖게 된다. 다음의 헤겔의 주장을 좀 상세히 검토해보자.

> 따라서 자기의식에게는 타재가 하나의 *Sein*으로서, 혹은 구별된 계기로서 있는 것이지만, 자기의식에게는 또한 이러한 구별과 자기 자신과의 통일이 두 번째의 구별된 계기로서 존재한다. 저 첫 번째의 계기에서 자기의식은 의식으로 존재하는 것이며, 이러한 의식에게서는 감각적 세계에 펼쳐진 모든 것들이 보존되어 있다. 그러나 동시에 그것은 두 번째의 계기, 즉 자기의식의 자기 자신과의

7 Marx, ebd., 27 f. 참조.

8 Claus Daniel, *Hegel verstehen. Einführung in sein Denken*, Ffm./NY., 1983, 114 참조.

통일이라는 계기와 관계되는 한에서만 보존되는 것이다. 이렇게 볼 때, 감성적 세계에 펼쳐진 모든 것들은 자기의식에 대해서 존립해 있는 것이지만, 이것은 현상에 불과한 것, 또는 그 자체로는 아무런 Sein도 지니지 못한 구별이다. 그러나 자기의식의 현상과 진리의 이러한 대립은, 자기의식의 지기 자신과의 통일이라는 진리만을 자기의 본질로 삼고 있고, 이러한 통일이 자기의식에 있어서 본질적인 것으로 되어야 하는데, 이것이 곧 욕망 일반이다. 자기의식으로서의 의식은 이제부터 이중적(二重的)인 대상을 갖게 되는데, 그 하나는 직접적인 성격을 지닌, 감각적 확신과 지각의 대상으로서, 이러한 대상은 의식에 대해 부정적인 성격을 지닌 것으로 표현된다. 다음 두 번째 대상은 자기 자신으로서, 이것은 참된 본질인데 처음에는 첫 번째의 대상과 대립된 상태로만 비로소 나타난다. 이때에 자기의식은 운동으로서 나타나며, 이 운동 속에서는 이러한 대립이 지양되며 자기의식에 있어서는 자기 자신과의 동등성이 형성된다.[9]

위의 인용문은 과연 무엇을 뜻하고 있는가? 이해를 돕기 위하여 자기의식의 구조를 다음과 같이 나타내 보겠다: "① 나 = ② 나[③ 나+(대상=관념)]" 우리가 "나는 나다"라고 말할 때, 이것이 순수한 자기의식이나 선험적인 자기의식일 경우에는, 세계에 관해서 아무런 정보도 알려주지 않는 공허한 동어반복에 불과하지만, 이것이 구체적·현실적인 자기의식일 경우에는, '나' 이외의 대상, 내가 아닌 타자가 여기에 매개되어 있으므로 ② 나의 내용을 ③으로 풀어서 쓸

---

9 "Es ist hiemit für es das Anderssein als *ein Sein* oder als *unterschiedenes Moment*; aber es ist für es auch die Einheit seiner selbst mit diesem Unterschiede als *zweites unterschiedenes* Moment. Mit jenem ersten Momente ist das Selbstbewußtsein *als Bewußtsein*, und für es die ganze Ausbreitung der sinnlichen Welt erhalten, aber zugleich nur als auf das zweite Moment, die Einheit des Selbstbewußtseins mit sich selbst, bezogen; und sie ist hiemit für es ein Bestehen, welches aber nur *Erscheinung*, oder Unterschied ist, der *an sich* kein Sein hat. Dieser Gegensatz seiner Erscheinung und seiner Wahrheit hat aber nur die Wahrheit, nämlich die Einheit des Selbstbewußtseins mit sich selbst, zu seinem Wesen; diese muß ihm wesentlich werden, d.h. es ist *Begierde* überhaupt. Das Bewußtsein hat als Selbstbewußtsein nunmehr einen gedoppelten Gegenstand, den einen, den unmittelbaren, den Gegenstand der sinnlichen Gewißheit und Wahrnehmens, der aber *für es* mit dem *Charakter des Negativen* bezeichnet ist, und den zweiten, nämlich *sich selbst*, welcher das wahre *Wesen* und zunächst nur erst im Gegensatze des ersten vorhanden ist. Das Selbstbewußtsein stellt sich hierin als die Bewegung dar, worin dieser Gegensatz aufgehoben und ihm die Gleichheit seiner selbst mit sich wird" (PhG, 134 f.).

수 있다. 헤겔이 위에서 말하고 있는, 자기의식의 구별된 두 계기 중, 첫 번째의 구별된 계기가 바로 의식(대상의식을 말한다)으로서의 자기의식의 계기로서, 이것은 ② 또는 구체적으로는 ③을 가리킨다. 따라서 여기에는 "감각적 세계에 펼쳐진 모든 것들이 보존되어" 있는 것이다. 그러나, 그것들은 그 자체로서는 아무런 Sein도 지니지 못하며, 오직 의식 또는 자아에 의해서, 자아에 대해서만 존재할 수 있는 것이다. 대상 또는 관념은 '나의 대상'이요 '나의 관념'인 것이다. 두 번째의 구별된 계기는 바로, 이러한 구별(즉, 첫 번째의 구별된 계기: ② 혹은 구체적으로는 ③)과 자기 자신(①)과의 통일인데, 헤겔은 첫 번째의 계기는 현상이요 비본질적인 것이고, 두 번째의 계기를 진리 또는 본질이라고 말한다. 그리고 이 두 계기의 통일, 즉 대상의식과 자기의식의 통일이 자기의식에 있어서 본질적인 것으로 되어야 하는데, 이것이 바로 욕망 일반이라고 말한다. 즉, 욕망 일반은, "나는 나"를 궁극적으로 실현하려는 욕망이다.[10] 그런데 이러한 실현은 '나' 속에 있는 타자를 제거함으로써 가능하다. 이러한 제거, 부정을 통해 다다르는 상태가 바로 대립이 지양되어 "자기 자신과의 동등성이" 형성되는 상태, 즉 욕망 일반이 충족된 상태다.[11]

『철학강요』에서도 이와 동일한 사태를 표현을 달리하여 서술하고 있다. 『정신현상학』에서 첫 번째 계기와 두 번째 계기의 대립은 여기서는 "자기의식으로서의 자기와 의식으로서의 자기와의 모순"(Enz §425, TW 10, 213)이며, 또는 "아직까지 서로 동등하게 되지 못한" 추상적 자기의식과 의식 간의 대립 또는 "자기의식과 의식 사이의 분열" 및 "자기의식의 자기 자신과의 내적인 모순"으로 표현되고 있다. 그리하여 '자기의식의 운동'은 바로 이 양자의 대립을 지양·통일하여 자신의 동일성을 회복하려고 하는 자기의식의 운동으로서, 이것이 바로 욕망 일반이다. 이때, 『정신현상학』과 『철학강요』에서 서술된, "자기의식과 자기 자신과의 모순" 또는 "자기의식과 자기 자신과의 통일"에서의 두 자기의식들 즉 자기

---

10 헤겔에 있어서의 욕망 일반, 즉 "나=나"를 궁극적으로 실현하려는 욕망은 피히테에 있어서는 "무한성을 충족시키려는 노력[ein Streben die Unendlichkeit auszufüllen]"(GdgW, in: GA I/2, 421 f.; SW I, 291)으로 표현되고 있다. 즉, 무한성을 충족시키려는 노력은, 객체 또는 비아(非我)로 인해 분열된 자아(경험적 자아)가 다시 "나=나"(절대자아)로 되돌아감으로써, 잃어버렸던 자기동일성을 회복하려고 하는 자아의 노력이요 분투다. 그러나 이러한 노력은 언제나 계속되며(악무한적 반복), 무한성의 충족은 하나의 이상(理想)으로 남겨질 뿐이다.

11 백훈승, 「헤겔에 있어서 구별되어야 할 세 가지 종류의 욕구」, 『대동철학』 제3집, 대동철학회, 1999.03. (115-135), 119 f. 참조.

의식1과 자기의식2는 두 측면에서 생각될 수 있다. 즉, 한편으로는 자기의식1은 자기의식으로서 자기의식(즉 추상적인 자기의식)이고 자기의식2는 대상의식으로서의 자기의식으로 생각될 수 있고, 다른 한편으로는, 자기의식1은 즉자적인 자기의식, 결핍을 갖고 있지 않은, 따라서 만족한 상태에 있는 자기의식이며 자기의식2는 대타적인 자기의식, 즉 결핍을 느끼고 있고 따라서 불만족 상태에 있고, 대상의식에 매개되어 있는 자기의식으로서 생각될 수 있는데, 결국 욕망 일반을 충족시킨다는 것은, 자기의식1과 자기의식2를 통일하여 "나는 나다"라는 상태에 이르는 것을 말하는데, 이런 사태를 생물학의 용어로 표현하면, 항류성(恒流性)[homeorhesis]의 상태로부터 항상성(恒常性)[homeostasis][12]의 상태에 이르는 것, 즉, 불안한 동요상태로부터 안정에 이른 상태, 운동이 일단 멈춘 상태에 이르는 것이라고 할 수 있다.

이러한, 대상의식과 자기의식의 동일화를 추구하는 욕망 일반은 "자기에 관한 추상적인 지(知)에 내용과 객체성을 부여하며 또한 이와는 반대로 자신을 자기의 감성으로부터 해방시키며, 주어진 객체성을 지양하여 자신과 동일한 것으로 정립하려고 하는 (…) 충동[Trieb]"[13]인데, 이 양자는 동일한 것이라고 헤겔은 말한다. 즉, 객체성을 지양하여 주체성과 통일하는 작용(객체의 주체화)과, 추상적인 주체성을 지양하여 그것에 객체성을 부여하는 작용(주체의 객체화)을 동일한 것으로 보고 있다. 전자는 "대상의 타재를 지양하여 대상을 자신에게 동화시키는 것"[14]이고, 후자는 "자기 자신을 외화하고, 그럼으로써 자기에게 대상성과 현존재를 부여하는 것"[15]이며, 이로 말미암아 자기의식(혹은 자아)은 "자기의 개념을 실현시키고 모든 것 속에 자기의 의식을 부여한다."[16]

헤겔의 『정신현상학』에서 '결핍'은 '타재'로 표현되고 있다. 그런데 이 '타재'는 두 가지로 해석될 수 있다. 즉, 첫 번째로 그것은, '나'에게 결핍되어 있는 어떤 것(의 존재)이며, 두 번째로는, 결핍된 어떤 것이 나에게 채워져서 욕망이 충족된 상태의 '나'(의 존재)가 그것이다. 이 둘 모두, 현재의 나와는 다른 것, 즉 나의 타자이며 이들의 존재방식이 곧 타재이며 결핍이다. 여기서 전자가 바로,

---

12 평형상태(平衡狀態)라고도 한다.

13 Enz §425, TW 10, 213 f.; "Bewußtseinslehre für die Mittelklasse (1809 ff.)," in: §TW 4, 117, §23 참조.

14 "Bewußtseinslehre für die Mittelklasse (1809 ff.)," ebd.

15 Ebd.

16 Ebd. 백훈승, 「헤겔에 있어서 구별되어야 할 세 가지 종류의 욕구」, ebd., 120 f. 참조.

헤겔이 말한 첫 번째의 구별된 계기이며 후자가 두 번째의 구별된 계기다. 이러한 타재, 결핍이 바로 욕망의 단초가 된다고 헤겔은 이야기하고 있다. 자기의식은 욕망을 발생하게 하는 결핍의 감정으로 인하여, 욕망이 충족되지 않은 상태(욕구불만)의 자기의식1과 미래에 욕망이 충족된 상태의 자기의식2로 양분(兩分)된다. 욕망이란 바로, 이러한 자기의식1과 자기의식2를 통일하여 하나인 자아를 회복하려는 의식의 운동이다.

자기의식이 둘로 분열됨으로써 자기의식이 가지고 있는 안정된 상태, 균형 잡힌 상태, 평형상태가 깨어지고 자기의식은 불안정한 상태, 불균형상태로 빠져들게 된다. 우리가 욕망을 가질 때의 상태는 바로 이러한 상태며, 욕망이란 바로 이러한 불안정한 상태, 불균형상태로부터 안정되고 균형 잡힌 상태에로 나아가려는 의식의 운동이다. 즉, 욕망과 그 충족의 과정은 자기동일의 상태 ⇨ 자기분열의 상태 ⇨ 자기동일의 상태의 과정이라고 하겠다. 의식의 운동의 마지막 단계에서는, 양분된 자아1[자기의식1]과 미래에 욕망이 충족된 상태의 자아2[자기의식2] 사이의 대립이 지양되어 자기의식 자기 자신과의 동등성이 형성되는 것이다. 그런데, 이러한 욕망과 충족의 과정, 자기의식의 부등화와 동등화의 과정은 인간이 살아 있는 한 끊임없이 계속된다.[17]

---

17 백훈승, 「헤에겔 〈정신현상학〉을 중심으로 한 욕구의 의미·발생·구조의 분석」, 오봉(五鳳) 송현주교수 정년기념논문집간행위원회, 1994 (515-560), 543, 550 참조. 그리고 백훈승, 『칸트와 독일관념론의 자아의식 이론』, ebd., 271 ff. 참조.

7
인정의 변증법

7.1. 욕망의 좌절과 새로운 욕망대상의 등장

헤겔은 자기의식이 자신의 욕망의 자립성에 대한 경험 및 그로 인한 새로운 욕망대상의 출현의 필연성에 대해 다음과 같이 기술하고 있다:

> (…) 그리하여 자기의식은 자기에게 자립적인 생으로 나타나는 이 타자를 지양함으로써만 자기 자신을 확신할 수 있는바, 자기의식은 바로 욕망이다. (…) 그러나 이와 같은 충족 속에서 자기의식은 자기 대상의 자립성을 경험한다. 욕망 및 욕망의 충족 속에서 얻는 자기 자신의 확신은 대상에 의해 제약된다. 왜냐하면 이러한 확신은 이 타자의 지양을 통해서 존재하고 이러한 지양이 존재하기 위해서는 이 타자가 존재해야 하기 때문이다. 그러므로 자기의식은 자기의 부정적 관계를 통해서는 대상을 지양할 수 없고, 오히려 욕망과 마찬가지로 대상을 거듭 산출한다. 실로 욕망된 대상은 자기의식과는 다른 것, 즉 욕망의 본질인데, 이런 경험을 통해 자기의식 자신에게는 이런 진리가 형성된 것이다. (…) 그러므로 자기의식이 대상의 자립성으로 인해 만족을 얻는다고 한다면, 이것은 오직 이 대상 자체가 스스로 자기에 있어서 부정(否定)을 수행할 때에만 가능하다. (…) 대상이 자기 자신에 있어서의 부정(否定)이며 그와 동시에 자립적이기도 함으로써, 대상은 곧 의식이다. 욕망의 대상인 생에 있어서 부정(否定)은 어떤

> 타자, 즉 욕망에 존재하는가 하면, 또한 그것은 생에 대해 무관심한 그 어떤 개별적 형태에 반립(反立)하는 규정성이거나, 더 나아가서는 생의 비유기적인 일반적 본성으로서 나타나기도 한다. 그런데 부정이 절대적 부정으로서의 구실을 하는 바로 이와 같은 일반적인 자립적 본성은 다름 아닌 그 자체로서나 아니면 자기의식으로서의 유(類)일 뿐이다. 자기의식은 오직 다른 또 하나의 자기의식 속에서만 스스로의 만족을 얻는다.[1]

욕망이 발생하는 까닭은 바로, 자아의 타자 혹은 자기의식의 타자가 존재한다는 사실에 있다. 만약에 (외계의) 대상이 존재하지 않는다면 이 대상에 대한 의식이 존재할 수 없고, 대상의식이 존재하지 않는다면 자기의식은 단지 "나=나"라는 동어반복적이고 추상적인 자기의식에 불과할 것이고, 따라서 여기서는 아무런 욕망도 발생할 수 없기 때문이다.

그런데 문제는, 자기의식이 '욕망'으로 특징지어지는 한, 욕망의 대상은 궁극적으로 충족될 수 없다는 점이다. 왜냐하면, 욕망대상 없는 욕망이란 존재하지 않기 때문이다. 따라서 "욕망의 본질"은 "자기의식과는 다른 어떤 것"(ebd.), 즉 욕망된 대상이다. 욕망의 경험은 항상 주객관계 속에서 정립되므로 대상이 궁극적으로 지양될 수는 없기 때문에, 욕망으로서의 자기의식은 이러한 경험 속에서

---

1 "(…) und das Selbstbewußtsein hiemit seiner selbst nur gewiß durch das Aufheben dieses Andern, das sich ihm als selbständiges Leben darstellt; es ist *Begierde*. (…) In dieser Befriedigung aber macht es die Erfahrung von der Selbständigkeit seines Gegenstandes. Die Begierde und die in ihrer Befriedigung erreichte Gewißheit seiner selbst ist bedingt durch ihn, denn sie ist durch Aufheben dieses Andern; daß dies Aufheben sei, muß dies Andere sein. Das Selbstbewußtsein vermag also durch seine negative Beziehung ihn nicht aufzuheben; es erzeugt ihn darum vielmehr wieder, so wie die Begierde. Es ist in der Tat ein Anderes als das Selbstbewußtsein, das Wesen der Begierde; und durch diese Erfahrung ist ihm selbst diese Wahrheit geworden. (…) Um der Selbständigkeit des Gegenstandes willen kann es daher zur Befriedigung nur gelangen, indem dieser selbst die Negation an ihm vollzieht. (…) Indem er die Negation an sich selbst ist und darin zugleich selbständig ist, ist er Bewußtsein. An dem Leben, welches der Gegenstand der Begierde ist, ist die *Negation* entweder *an einem Andern*, nämlich an der Begierde, oder als *Bestimmtheit* gegen eine andere gleichgültige Gestalt, oder als seine *unorganische allgemeine Natur*. Diese allgemeine selbständige Natur aber, an der die Negation als absolute ist, ist die Gattung als solche, oder als *Selbstbewußtsein*. *Das Selbstbewußtsein erreicht seine Befriedigung nur in einem andern Selbstbewußtsein*"(PhG, 139).

대상의 자립성을 경험하게 된다. 자기의식은 욕망의 경험 속에서, 대상이 궁극적으로 부정될 수 없다는 사실을 깨닫게 되었으므로, 헤겔은 '주체에 의한 대상의 부정'을 '대상의 자기부정'으로 대치하려고 한다. 그러므로 자기의식의 만족은 "대상 자체가 스스로 자기에 있어서 부정을 수행할"[2] 때에만 가능하며, 이러한 "대상은 자기 자신에 있어서의 부정이며 그와 동시에 자립적이기도 함으로써 대상은 곧 의식"[3]인 것이다. 따라서 "자기의식은 오직 다른 또 하나의 자기의식 속에서만 스스로의 만족을 누리며"[4], 그리하여 "하나의 자기의식을 대하는 또 하나의 자기의식이 존재하는"[5] 것이다. 이로써 헤겔은 하나의 자기의식에 대립하는 또 하나의 자기의식을 내세우고 있다.

이로써 헤겔은 하나의 자기의식에 대립하는 또 하나의 자기의식을 내세우며 이 양자 간의 관계를 '인정(認定)'이라는 문제를 중심으로 고찰하면서, 그러한 과정 속에서 자기의식의 자립성과 비자립성이 어떻게 발생하는지를 탐구하고 있다. 그런데 우리가 인정의 문제를 다루기에 앞서서, 하나의 자기의식의 욕망의 대상이 외적 사물로부터 또 하나의 자기의식에로 이행함에 있어, 헤겔의 주장에 내포된 몇 가지 문제점을 지적하지 않을 수 없다. 그것은 첫째로, 욕망의 대상이 또 하나의 자기의식이 된다고 할지라도, 이러한 자기의식이 항상 자기를 부정하는 것은 아니므로, 욕망은 역시 궁극적인 충족에 이르지는 못할 것이라는 점이다. 두 번째로, 욕망의 대상인 또 하나의 자기의식이 자기 자신을 부정하는 작용이 어떻게 하여 '타자의 인정'과 동일시될 수 있는가 하는 문제다. 세 번째는, "욕망은 또 하나의 자기의식 속에서 진정으로 충족된다"는 주장으로부터 '그러한 자기의식이 실제로 존재한다'는 결론을 어떻게 이끌어낼 수 있는가 하는 문제 등이다. 우선은 이러한 문제점들을 제기하고, 이것들에 대한 대답은 '인정과 자기의식'의 문제를 다루면서 제시하기로 하겠다.

2 "(…) dieser selbst die Negation an ihm vollzieht"(PhG, 139).

3 "(…) indem er die Negation an sich selbst ist und darin zugleich selbständig ist, ist er Bewußtsein"(ebd.).

4 "Das Selbstbewußtsein erreicht seine Befriedigung nur in einem andern Selbstbewußtsein"(ebd.).

5 "(…) es ist ein Selbstbewußtsein für ein Selbstbewußtsein"(PhG, 140).

7.2. 대타적 자기의식과 인정

우리가 앞에서 제기한 문제들은 이 장(章)의 끝부분에서 고찰하기로 하고 우선 헤겔 자신의 논의를 따라가 보도록 하자. 헤겔에 의하면 하나의 자기의식에 대한 다른 하나의 자기의식의 존재는 이미 전제되어 있으며, 욕망의 대상은 자기의식에 의하여 궁극적으로 부정될 수 없으므로, 대상이 궁극적으로 부정되기 위해서는 이 대상 자체가 자기부정을 수행해야만 하는데, 이렇게 자기부정을 수행할 수 있는 자는 결국 자기의식을 지니고 있는 인간이므로, 하나의 자기의식으로서의 인간은 오직 다른 하나의 자기의식으로서의 인간 속에서만 만족을 얻을 수 있다는 것이 헤겔의 주장이다.

헤겔은 지금까지의 자기의식 개념의 형성과정을 세 단계로 나누어 서술하고 있다(PhG, 139 f. 참조). 그것은 1) 순수한 무구별적 자아를 대상으로 가지고 있는 추상적인 자기의식의 단계, 2) 자신과 구별된 자기를 대상으로 갖고 있으면서 그것을 지양함으로써 자신의 동일성을 회복하려고 하는 구체적인 자기의식 혹은 욕망으로서의 자기의식의 단계, 그리고 3) 자립적인 대상을 가지고 있는 자기의식의 단계, 즉 중복된 반성 속에 있는 자기의식, 즉 인정하는 자기의식의 단계다.[6] 이 세 번째 단계에서 하나의 자기의식은 "자아인 동시에 대상이기도 한"(PhG, 140) 것이다.[7] 이제 대상은 "단순한 자립적인 존립"(PhG, 134)으로부터 "생동적인 자기의식"(PhG, 140)으로 변화한다. 그리하여 "하나의 자기의식은 하나의 자기의식에 대하여 존재한다."[8] 자기의식은 형식적 자유와 '나=나'라는 동어반복[9]이나 "자기 자신에 대한 확신으로서의 주관적 관계"[10] 혹은 "우리의 자기의식의 단순한 뿌리"[11]와 의식의 측면, 외부의 대상에 대한 (욕망으로서의) 관

---

6 백훈승, 「윤리공동체의 성립조건으로서의 상호인정과 자유」, ebd., 272 참조.

7 이와는 달리, 『철학강요』에서는 자기의식을 1) 욕망, 2) 인정하는 자기의식, 3) 보편적 자기의식(Enz. §§426-437)의 세 단계로 나누고 있는데, 『정신현상학』의 삼단계 구분 중 1) 추상적인 자기의식과 2) 욕망의 두 단계가 『철학강요』에서는 1) 욕망이라는 하나의 단계로 집약되었고 『정신현상학』에서는 3) 인정의 단계까지만을 언급한 데 반하여 『철학강요』에서는 인정이 국가 속에서 실현된 상태인 3) 보편적 자기의식을 언급하고 있는 점이 다르다.

8 "(…) es ist ein Selbstbewußtsein für ein Selbstbewußtsein"(ebd.).

9 *Vorlesungen über die Philosophie des Geistes (1827/28)*. Vorlesung 13, hg. F. Hespe/B. Tuschling (1994), 161 참조.

10 Enz §413, TW 10, 199.

11 *Vorlesungen über die Philosophie des Geistes (1827/28)*. Vorlesung 13, ebd., 139.

계뿐만이 아니라 다른 자기의식에 대한 (인정의 과정으로서의) 관계도 포괄하는, 타자에 대한 관계 사이의 긴장을 통해 규정된다. 자기의식은 그것의 전개된 개념에 따라 볼 때, 자기 자신에 대한 자아의 내적 관계가 아니라 감성의 부정을 통해, 그리고 사회적 인정이라는 상호주관적 과정을 통해 매개된다.[12]

우리는 지금까지 자기의식의 성립을 의식의 경험으로 설명하기 위해서, 마치 자기의식이 즉자대자적으로만 존재하는 것으로 서술해왔지만, 실제로 자기의식은 다른 자기의식에 대해서, 다른 자기의식과 더불어 비로소 존재하는 것이다. '나=나'라고 하는 자기의식의 확신은 주관적인 확신에 불과하고 아직까지 객관성을 획득한 것은 아니다. 따라서 이러한 주관적인 확신은 객관적인 진리에로 고양되어야만 한다.[13] 그리고 또한 이를 통해 비로소 자기의식은 현실적으로 존재할 뿐만 아니라 진정으로 자유로운 자로 존재할 수 있다. "왜냐하면 오직 이러한 상태에서만 자기의식에게는 자기의 타재 속에서의 자기 자신의 통일이 이루어지기 때문이다. (…)"[14] 헤겔은 이렇게 자기의식은 오직 공동성 속에서만 존재한다고 주장한다.[15] 이로써 우리에게는 상이한 대자적 자기의식들의 통일인 "우리는 나, 나는 우리"(Ich, das Wir, und Wir, das Ich ist)(ebd.)[16]라고 하는 "정신

12 구체적인 자기의식은 타자 속에서 자기 자신을 의식하는 것이라는 사상에 대하여 헤겔은 괴테의 『고린도의 신부』(*Die Braut von Corinth*): "일자는 오로지 타자 속에서만 자기를 의식한다"[*Vorlesungen über die Philosophie der Religion*, Teil 3. Vorles. 5, hg. W. Jaeschke, 1984, 126; J.W. Goethe, Soph. Ausg. (1887-1919) I/1, 223 (Vers 123)]는 말을 지시한다(*Historisches Wörterbuch der Philosophie*, Bd. 9, hg. v. Joachim Ritter und Karlfried Gründer, Basel, 1995, 361 참조).

13 그리하여 헤겔은 예컨대, 인간의 주관성에 관한 칸트의 설명은 단지 의식의 관점에 제한되어 있어서 '정신[Geist]'과 같은 주관성을 이해하지 못하고 있다고 비판한다. 헤겔은 자아에 관한 데카르트 이후의 모든 주장을 실제로 공격하면서, 의식이 단지 '사적(私的)이고' '내적(內的)이며' 혹은 자신과 세계를 '관찰하는 자'일 뿐이라는 것을 부인하며, 의식이 '공동체적이고', '공적(公的)이며' 사회적으로 상호작용한다고 주장하면서, 주관성 개념 자체를 다시 진술하고자 한다(Pippin, ebd., 35 ff. 참조).

14 "(…) erst hierin wird für es die Einheit seiner selbst in seinem Anderssein. (…)"(ebd.).

15 부버(Martin Buber, 1878-1965)에 의하면 '나 자체(즉자적인 나)'는 존재하지 않고, 근원어 '나-너'의 '나', 그리고 근원어 '나-그것'의 '나'만 존재한다(Martin Buber, *Ich und Du*, Köln, 1966, 10 참조).

16 앞에서 언급했듯이, 헤겔에 있어서 정신[Geist] 개념은 『청년기 신학저술들』에서는 생(Leben)이라고 표현한 것에 대응한다. 따라서 생이 동일과 구별(비동일)의 동일, 통일과 구별의 통일, 결합과 비결합의 결합이듯이 정신 역시 그러하다. 즉, 정신이란, 하나의 자기의식과 다른 자기의식들의 통일, 즉 구별되는 여러 자기의식들이 하나로 통일되어 조화를 이루고 있

개념[der Begriff des Geistes]"(ebd.)이 현존하게 된다. 이렇듯, 하나의 자기의식은 다른 하나의 자기의식에 대해서만 존재한다는 것은, 자기의식은 자기의 타자를 자기와 대등한 자기의식으로 인정하고 또 자기 자신도 타자에 의해 자기의식으로 인정받음으로써만 진정한 자기의식으로서 존재할 수 있다는 것을 뜻한다.[17]

헤겔은 "자기의식은 그것이 다른 자기의식에 대해 즉자대자적으로 존재하는 가운데, 그리고 그러한 사실을 통해서 즉자대자적으로 존재한다. 즉, 자기의식은 오직 인정된 것으로만 존재한다"[18]고 말한다.[19] 자기의식은 사회적인 인정을 통해서, 즉 타인에 의해 인격체로 존중됨으로써 성립하는 것이며,[20] 인간은 자신을 자기의식으로서, 순수한 동물적 생의 너머로 고양된 것으로 인정받으려는 강렬한 욕망을 지니고 있다. 그리고 자신이 인정받고자 하는 이 욕망은 반대로, 또 다른 자기의식에 대한 인정을 요청한다.[21] 따라서 인정행위는 완전한 상호성 속에서만 타당성을 갖는다.[22]

는 상태를 가리킨다. 정신의 공동성 속에서 나는 나로서, 그리고 너는 너로서 존재하는 동시에 나와 너는 하나가 된 상태로 존재한다.

17 백훈승, 「윤리공동체의 성립조건으로서의 상호인정과 자유」, ebd., 272 f. 참조. 인간의 '대자존재'는 대타존재를 함축하고 있다. 자아는 타아가 아님으로써, 즉 타아를 배제함으로써만 대자적일 뿐만 아니라 동시에, 타아에 의존함으로써만 대자적인 것이다. 라이프니쯔의 모나드가 '추상적인 동일성'에 해당한다면, 헤겔이 말하는 '대자존재'는 동일성과 차이를 동시에 포함하고 있는 '구체적 동일성'을 가리키고 있다(Robert R. Williams, ebd., 150 f. 및 166 참조).

18 "Das Selbstbewußtsein ist an und für sich, indem und dadurch, daß es für ein anderes an und für sich ist; d.h. es ist nur als ein Anerkanntes"(PhG, 141).

19 Bewußtseinslehre 2 §29, TW 4, 119 참조. 사르뜨르(J.P. Sartre)는 이 점과 관련하여, "헤겔이 대타존재라고 부르는 계기는 자기의식의 발전의 필연적인 한 단계다. 내면성의 길은 타인을 경유한다. (…) 타인에 의한 나의 인정의 가치는 나에 의한 타인의 인정의 가치에 의존한다. (…) 그러므로 헤겔의 탁월한 직관은, 나를 나의 존재에 있어서 타인에 의존시키고 있는 점이다. 그의 말에 의하면, 나는 하나의 타인에 의해서만 대자적으로 존재하는 하나의 대자존재다"라고 말하고 있다(Sartre, *Being and Nothingness*, London, 1989, 236 f.)

20 Hanno Kesting, *Herrschaft und Knechtschaft. Die Soziale Frage und ihre Lösungen*, Freiburg, 1973, 37 참조.

21 Hyppolite, ebd., 212 참조.

22 Gadamer, "Hegels Dialektik des Selbstbewußtseins," ebd., 229 참조. 가다머는 이것을, 인정의 사소한 형태인 인사(人事)의 예를 들어 설명하고 있다.

7.3. 인정과 욕망

지금까지 언급한 것처럼, 자기의식은 다른 자기의식으로부터의 인정을 욕망한다. 그런데 과연 '인정에의 욕망[Begierde nach Anerkennung]'이 성립할 수 있는가 하는 문제에 관해 논란이 있을 수 있다.[23] 예컨대 가다머는 코제프(A. Kojève)와 이뽈리뜨가, Begierde로부터 인정된 자기의식에로의 이행을 여전히 하나의 타인의 욕망에 대한 욕망[désir du désir d'un autre], 즉 사랑이라고 주장하는데, 이것은 잘못이며, 그들은 독일어 Begierde를 Verlangen과 혼동하고 있다고 주장한다.[24] 필자 역시, 진정한 욕망은 욕망에 대한 욕망이라고 하는 코제프나 이뽈리뜨의 주장에는 동의하지 않는다. 그러나 '인정에의 욕망'은 성립할 수 있다고 생각한다. 왜냐하면, 첫째로, Begierde는 Verlangen과 마찬가지로 정신적인 대상에 대해서도 사용될 수 있는 용어이기 때문이어서 그러하고, 두 번째로는 헤겔 자신이 "자기의식은 오직 다른 또 하나의 자기의식 속에서만 스스로의 만족을 얻는다"[25]라고 분명히 말하고 있기 때문이다. 여기서 '만족'이란 과연 무엇의 만족인가? 그것은 바로 욕망의 만족 외에 다른 것이 아니다. 즉, 욕망으로서의 자기의식은, 대상의 자립성으로 인해 대상이 궁극적으로 부정될 수 없고, 따라서 자신의 욕망의 궁극적인 만족에 이르지 못하므로, 자기 자신을 스스로 부정할 수 있는 자립적인 대상인 또 하나의 자기의식으로서의 인간 속에서만 만족을 얻을 수 있다고 말하고 있다. 자기의식은 다른 자기의식에 의한 인정을 욕망하며, 인정을 얻기 위한 투쟁은 "나=나"라는 것을 객관적으로 인정받으려는 자기의식들의 욕망의 대립으로 인해 발생하는 것이다.

---

23 이 문제에 관해선 Kunio Kozu, *Das Bedüfnis der Philosophie, Ein Überblick über die Entwicklung des Begriffskomplexes "Bedürfnis", "Trieb", "Streben" und "Begierde" bei Hegel*, Bonn, 1988, 172 ff.를 참조할 것.

24 H.G. Gadamer, "Hegels Dialektik des Selbstbewußtseins,"ebd., 241 Anm. 4 참조. 가다머는 여기서 Alexandre Kojève, *Hegel: Eine Vergegenwärtigung seines Denkens*, hg. v. Iring Fetscher, Ffm., 1975, 12 ff.와 Hyppolite, ebd., 162 f.에 관해 언급하고 있다.

25 "Das Selbstbewußtsein erreicht seine Befriedigung nur in einem andern Selbstbewußtsein" (PhG, 139).

7.4. 순수 인정 개념과 정신 개념의 형성: 두 자기의식의 이론적 통일

자기의식이 다른 자기의식에 대해서만 존재한다는 것은, 자기의식은 자신의 타자를 자기와 대등한 자기의식으로 인정하고 또 자기도 타자에 의해 자기의식으로 인정받음으로써만 진정한 자기의식으로 존재할 수 있다는 것을 뜻한다. 자기의식들 간의 이러한 상호인정을 헤겔은 "이중화 속에 있는 자기의식의 통일 개념[Begriff dieser seiner Einheit in seiner Verdopplung]"(PhG, 141), "이중화 속에 나타나는 이러한 정신적 통일 개념[dieser geistigen Einheit in ihrer Verdopplung]"(ebd.) 혹은 "다면적이고 다의적인 교차[eine vielseitige und vieldeutige Verschränkung]"(ebd.)라고 부른다. 그런데 여기서의 이중화, 다면적이고 다의적인 교차란 무엇을 말하는가? 그것은 정확히 말하면 '중복된 이중화[gedoppelte Doppelheit]'라고 할 수 있다. 그런데 중복된 이중화란 무엇인가? '중복된 이중화'라는 표현은 자기의식에 대한 자기의식의 관계를 잘 드러내 주는 용어라고 할 수 있다.

이미 하나의 자기의식(자기의식1)은 자신의 내부에서 이중화되어 있다. 즉, 사유하는 자아와 사유되는 자아로, 혹은 자기의식과 대상의식이라는 두 측면으로 구성되어 있다. 여기에 다른 하나의 자기의식(자기의식2)이 등장하게 된다. 그도 첫 번째의 자기의식과 마찬가지로 자신의 내부에서 이중화되어 있다. 그런데 상호인정운동이라고 하는 것은, 이미 이중화되어 있는 각각의 두 자기의식들 간에서 이루어지는 이중화운동이므로, 그것은 결국 '중복된 이중화'의 구조를 갖고 있는 것이다. 이것을 가리켜 헤겔은 "다면적이고 다의적인 교차"라고 부른 것이다. 헤겔은, 인정된 자기의식 개념을 "이중화 속에 있는 자기의식의 통일 개념, 자기의식 속에서 실현되는 무한성 개념[Begriff dieser seiner Einheit in seiner Verdopplung, der sich im Selbstbewußtsein realisierenden Unendlichkeit]"(ebd.)이라고 말하고 있는데, 왜 그런가? 본래 하나의 자기의식은 무한성을 그 본질로 갖고 있다. 무한성이란 내적 구별의 상태, 즉 구별자들이 통일된 상태에 붙여지는 명칭이다. 그런 점에서 자기의식은 생이고 유(類)다. 하나의 자기의식 내부에 존재하는 이러한 통일은, 다른 하나의 자기의식 속에 존재하는 통일과 통일되어야 한다. 즉, '우리'는 '나=나'와 또 다른 '나=나'의 통일이며, 여기에서도 무한성이 존재한다. 이것을 가리켜 헤겔은 "나=우리, 우리=나", 즉 '정신[Geist]'이라고 불렀던 것이다. 그런데 이러한 '정신' 개념은 인정이 실현된 상태, 혹은 순수 인정 개념과 동일하다. 이것은 바로 상호인정이 실현된 상태를 가리킨다.[26] 전자의 무한성을 하나의 자기의식 내부에 존재하는 '내적 무한성'이라고 부른다면, 후자의 무한성은 자기의식 상호 간에 존재하는 '외적 무한성'이라고 부를 수 있을 것이며, 물론 여기서 우리가 말하는 무한성이란, '진무한[die wahrhafte Unendlichkeit]'을 가리키는 것이며, 진무한의 본질은 바로 '자기 내로의 복귀[Rückkehr in sich]'다. 진무한은 바로 자기의식의 본질을 이루고 있는 것이다. 헤겔에 있어서 구체적인 자기의식은 자아가 외부의 대상을 매개로 하여 그것을 부정하고 자기 자신에게로 복귀함으로써 성립하는 것이다. 그렇기 때문에, 자기가 아닌 타자에로만 뻗어나가는 욕망은 악무한의 성격을 지닌 것이다. 그런데 이제는 진무한의 운동이 인간과 보통의 외적 대상 사이에서 일어나는 것이 아니라, 인간과 또 하나의 인간 사이에서 일어나야 한다. 이것이 바로 상호인정운동이다.

이러한 자기의식들 간의 상호인정운동은 자기의식1과 자기의식2 상호 간에 일어나는 행위로서, 자기의식1이 자기의식2에 대해 행할 뿐만이 아니라 자기의식2도 자기의식1에 대해 행한다. 따라서 "일자(一者)의 이러한 행위는 그 자체가 자기의 행위이면서 또한 타자(他者)의 행위라는 이중의미를 지닌다"[27] 이러한 이중의미의 성립은 자기의식의 대타성으로부터 나오는 필연적인 귀결이다. 인정이란, 완벽한 상호성 속에서만 실현되는 것이다. 즉 "일방적인 행위는 무용(無用)할 것이다[(…) das einseitige Tun wäre unnütz, (…)]"(ebd.). 따라서 하나의 자기의식의 대자성과 대타성이 또 하나의 자기의식의 대자성과 대타성에 관련되는 '상호존재[Füreinandersein]'라는 규정, 이 양자가 서로 매개되는 '정신적인 통일' 개념이 중요한 것이다.[28] 자기의식1과 자기의식2는 "서로를 인정하는 자들로서의 서로를[(…) sich, als gegenseitig sich anerkennend]"(ebd., 143) 인정함으로써, 두 자기의식의 이중화 속에서의 통일인 정신 개념이 형성된다.[29]

---

26 가다머는 이에 관하여, "자기의식 속에 존재하는, 자아에 대한 자아의 내적 구별이 이제 (밖으로) 나타난 것이며, 나와 너, 실재하는 나와 실재하는 다른 너인 우리의 진정한 구별로 된다"(Gadamer, 1979, ebd., 228)고 말한다.

27 "dieses Tun des Einen hat selbst die gedoppelte Bedeutung, ebensowohl *sein Tun*, als *das Tun des Andern* zu sein"(ebd., 142).

28 Marx, ebd., 60, 그리고 Siep, *Anerkennung als Prinzip der praktischen Philosophie*, ebd., 137 f. 참조. 헤겔은 이미 『예나실재철학』에서, 이러한 정신적인 통일이 이루어지기 위한 상호인정운동을, "타인 속에서 자기 자신으로 되는, 그리고 자기 자신 속에서 다르게 되는 영원한 운동"(JR I, 232)이라고 서술하고 있다.

29 백훈승, 「윤리공동체의 성립조건으로서의 상호인정과 자유」, ebd., 272 ff. 참조. 헤겔은,

7.5. 인정과 사랑

이러한 상호인정은 투겐트핫(E. Tugendhat)의 지적대로, "상호적인 주객관계"[30]다. 즉, 자기의식1이 자기의식2를 인정하는 경우, 자기의식1은 객체가 되고 자기의식2는 주체가 되며, 이와 반대로 자기의식2가 자기의식1을 인정하는 경우 자기의식2는 객체가 되고 자기의식1이 주체로 된다. 상호인정의 경우 이러한 피규정성은 반대극에로 이행한다. 그런데 헤겔의 이러한 서술은 우리로 하여금 칸트의 '목적들의 왕국'[31]을 생각하게끔 만든다. 이 나라에서는 모든 개인이 목적으로 존재하며 서로가 서로를 목적으로 대하기 때문에 개인은 그 어떤 다른 목적을 위한 수단이 될 수 없다.

그리하여 타자인정은 자기인정이고 타자부정은 자기부정인 것이다. 그리고 이는, 자기가 타자에 의해 인정받기 위해서는 자기도 타자를 인정해야 한다는 것을 뜻한다. 예수도 이웃사랑을 가르치면서 "남에게 대접받고자 하는 대로 너희도 남을 대접하라"(누가복음 6:31)고 이야기하고 있는데, 이렇게 남을 인정함으로써 그것에 의해 자기가 낮아지는 것이 아니라, 남으로부터 인정받을 수 있고 또 높아지는 것이다. 하버마스에 의하면, 이러한 상호인정의 상태는 "대립하는 주체들을 상호보완적으로 통일시키는 대화적 관계"이며 "화해로서의 사랑"[32]

이로 인해 "개별성이 전적으로 구원된다"(JR I, 230)고 말하고 있다.

30 Tugendhat, ebd., 337.

31 "너는 너의 인격뿐만이 아니라 다른 모든 사람의 인격 속의 인간성을 언제나 동시에 목적으로 필요로 해야 하며, 결코 단순한 수단으로 필요하도록 행위해서는 안 된다"(Kant, *Grundlegung zur Metaphysik der Sitten*, Stuttgart, 1967, 79)고 하는 정언명법의 제3정칙(定則)[Formel]으로부터 나오는 사상.

32 Habermas, ebd., 17. 하버마스(Jürgen Habermas)는, 자아가 스스로 자신을 단적으로 정립한다고 표현되어 있는 Fichte의 『학문론』(*Wissenschaftslehre* 1794)의 변증법은 고독한 반성이라는 관계에 결합되어 있지만 헤겔의 변증법은 고독한 반성의 관계를 넘어서서, 자신을 인식하는 개인들의 상보적인 관계를 설정하고 있으며, 헤겔에 있어서 자기의식의 경험은 다른 주체의 눈으로 내가 나를 보게 되는 상호작용의 경험으로부터 발생하는 것으로 보고 있다. 내 자신의 의식은 전망들의 교차로부터 파생된 것이며 자기의식은 상호인정의 기반 위에서 비로소 형성되며, 다른 하나의 주체의 의식 속에서의 나 자신의 반영에 고정되어 있음에 틀림없다고 하면서, 정신이란, 보편자를 매개로 하여 개별자들 사이에서 이루어지는 의사소통으로 간주함으로써 상호인정행위를 의사소통행위로 설명하고 있다(ebd., 13-15 참조). 그리고 하버마스에 앞서 이미 리브룩스도, 자기의식은 자기의 실존에 있어서 두 사람 사이의 언어에 의존해 있으며, 두 자기의식 간의 다면적이고 다의적인 교차는 언어의 궤도 위를 달린다고 말하고 있다

이다.

헤겔에 있어서 인정이라는 범주는 『인륜의 체계』(*System der Sittlichkeit*, 1802/03)에서 최초로 간략하게 나타나지만, 그것이 중심적인 위치를 차지하게 된 것은 『예나실재철학』(JR II, 1805/06)에 와서이며, 이 인정범주와 사랑의 결합은 다음과 같은 구절에서 분명히 드러나 있다: "그것(사랑: 필자 첨가)이란, 자신을 알고 있는 모든 정신적인 인정 자체다"[33] 헤겔은 사랑을 "서로 주고받음[ein gegenseitiges Nehmen und Geben]"이라고 규정하고 로미오에게 하는 줄리엣의 말, 즉 "(…) 당신께 드리면 드릴수록 저는 더 많이 갖게 돼요[(…) je mehr ich gebe, desto mehr habe ich usw.]"(TW 1, 242 ff.)라는 말을 인용하여 이러한 사랑의 상호성 및 이중의미를 보여준다. 이것은 헤겔에 있어서 상호인정의 최초의 원형이라고 할 수 있다. 우리는, 다른 하나의 자기의식 속에서, 그리고 그러한 자기의식을 통해서 존재하는 자기의식 개념이 이미 여기에 존재함을 알 수 있다. 그런데 헤겔은, 서로 사랑하는 사람들의 결합[통일]이 그들의 구별[차이]을 제거하지 않는다는 점을 밝히고 있다: "사랑받는 사람은 우리에게 대립되어 있는 것이 아니라 우리의 본질과 하나다. 우리는 그의 안에서 우리만을 본다. 그럼에도 불구하고 그는 우리가 아니다. 이것은 우리가 이해할 수 없는 기적이다"[34] 헤겔은 1800년의 『체계단편』에서, 이러한 관계를 표현하는 공식으로 "결합과 비결합의 결합[Verbindung der Verbindung und der Nichtverbindung]"[35]이라는 표현을 제시하고 있다. 사랑은 모든 대립을 지양하는 통일작용이며, 자신 속에 모든 구별을 받아들일 수 있는 능력을 지니고 있다. 헤겔에 의하면 "사랑 속에서 생(生)은 아직 전개되지 않은 (직접적인: 필자가 첨가) 통일의 상태에서 시작하여 형성과정[교양]을 거쳐 다시 완성된 통일에 이르는 원을 그리는 것"[36]인데, 이러한 전개과정 속에서 반성이 대립자를 산출하며 이러한 대

(Bruno Liebrucks, *Sprache und Bewußtsein Bd. 5. die zweite Revolution der Denkart. Hegel: Phänomenologie des Geistes*, Ffm, 1970, 83 참조).

33 "Es ist jedes [das] geistige Anerkennen selbst, welches sich selbst weiß"(JR II, 204).

34 "Der Geliebte ist uns nicht entgegengesetzt, er ist eins mit unserem Wesen; wir sehen nur uns in ihm, und dann ist er doch wieder nicht wir—ein Wunder, das wir nicht zu fassen vermögen"(ebd., 244).

35 "Systemfragment" in: *Frühe Schriften*, TW 1, 422. 물론 여기서 반성의 직접적인 주체는 생이지만, 이것은 사랑에도 해당되는 술어다(Westphal, ebd., 131 참조).

36 "(…) von der unentwickelten Einigkeit aus, durch die Bildung den Kreis zu einer vollendeten Einigkeit durchlaufen"(TW 1, 246).

립은, 생이 대립들 속에서 자기의 사랑을 느끼는 사랑 속에서 통일된다.[37] 그런데 헤겔에 의하면 사랑은 본래적인 통일로부터 분리된 상태로부터 재통일을 향한 충동이므로, 사랑은 외타적인 것의 통일이 아니라, 소원하게 된 것들의 재통일이라고 기술될 수 있다. 소외는 본래적인 하나를 전제하고 있는 것이다.[38] 이러한 사랑은 "인륜에 대한 예감과 같은 것[die Ahnung derselben]"(JR II, 202), 즉 "현실 속의 이상(理想)에 대한 예감[Ahnung des Ideals in der Wirklichkeit]"(ebd.)이라고 하는데, 이것은 헤겔이 사랑을, 인간으로 하여금 서로 대립하는 주체들이 단결할 수 있는 가능성을 믿게 하는 원초적인 경험맥락으로 간주한다는 것을 뜻한다고 할 수 있다.[39]

7.6. 인정운동의 현실적 전개

앞에서 우리는 순수 인정 개념이 어떻게 전개되는지를 살펴보았다. 그러나 이 개념은 우리에 대해서 전개된 것이지, 자기의식에 대해서 전개된 것은 아니다.[40] 그리하여 헤겔은 순수 인정 개념의 현실적인 전개과정을, 즉 이중화 속에서의 자기의식의 통일의 과정이 자기의식에 대해서 실제로는 어떻게 전개되는가를 서술하고 있다(PhG, 143 참조). 즉, 앞에서 전개된 내용은 순수 인정 개념의 이

37 "사랑하는 자들에게는 어떠한 질료도 없다. 이들은 하나의 살아 있는 전체다"(ebd.). 이러한 사랑의 상태는 바로 상호인정이 실현된 상태, 즉 자기의 이중화 속에서의 정신적 통일의 상태, "나=우리, 우리=나"인 상태다. 또한 1803/04의 Entwurf에서 헤겔은 사랑을, "양자의 절대적인 대자존재 속에서 양자가 하나로 됨"(JR I, 221)이라고 서술하고 있는데, 이 구절도 역시 이러한 통일의 상태를 나타내고 있다.

38 P. Tillich, *Love, power, justice — ontological analysis and ethical application*, London u. a., 1968, 25.

39 백훈승, 「윤리공동체의 성립조건으로서의 상호인정과 자유」, ebd., 276 ff. 참조. A. Honneth, *Kampf um Anerkennung: zur moralischen Grammatik sozialer Konflikte*, Ffm, 1994, 66; 헤겔의 이러한 사랑 개념은 생이라고 하는 더욱 풍부한 구조로, 그리고 후에는 정신 개념으로 대치된다. 이에 관해서는 Wilhelm Dilthey, *Die Jugendgeschichte Hegels*, Stuttgart, 1963, 141 ff., Richard Kroner, *Von Kant bis Hegel*, Tübingen, 1961, 145 그리고 Henrich, *Hegel im Kontext*, ebd., 27 참조.

40 '우리에 대해서'라는 표현에서의 '우리'는 현상학적 경험을 인도하는 현상학자를 가리킨다. 순수 인정 개념의 전개는 현상학자에 의해 전개된 것이며, 자연적 의식으로서의 자기의식은 이를 아직 알지 못한다.

론적 설명이지, 그것이 결코 처음부터 실현되어 있는 것은 아니다. 현실 속에서 두 자기의식이 어떻게 관계하는지에 대해 헤겔은 "이 과정은 우선 양자 간의 불평등한 측면을 나타내거나 혹은 중심이 양극으로 분화되는 것을 나타낼 것인데, 이 중심은 양극으로 대립되며, 따라서 일자(一者)는 오직 인정되는 자이고 타자(他者)는 오직 인정하는 자다"[41]라고 말한다. 그러면 헤겔은 왜 이렇게 처음에는 일방적이고 불평등한 인정이 이루어진다고 말하고 있는가? 이에 대해 그는, "자기의식은 최초에는 단순한 대자존재이고 자신으로부터 모든 타자를 배제함으로써 자기동일적으로 존재한다. (…) 그러나 이러한 타자 역시 자기의식이므로, 한 개인에 대립되는 한 개인이 등장한다"[42]라고 말함으로써 답변을 시작하고 있다. 그는 여기서, 〈자기확신의 진리〉의 앞부분에서 자기의식을 '욕망'으로 특징지은 입장을 견지하고 있다. 즉, 자기의식의 본질은 자기의 타자를 부정하고 자기 자신만을 진리로 확신하는 것이었고, 바로 이것은 욕망 일반으로 나타났었다. 이러한 자기의식에 있어서 타자는 "비본질적인 것, 부정적인 성격으로 표현되는 대상"이며, 그의 자아가 바로 "본질이며 절대적인 대상"인 것이다. 그리고 이러한 욕망으로서의 자기의식은 바로 "개별자[개인]"로 나타나는 것이다. 그런데 이 경우에 있어서의 타자 역시 또 하나의 자기의식이므로, 결국 "하나의 개인과 다른 하나의 개인"이 대립되는 것이다. 따라서 최초의 상태는 하나의 욕망이 다른 하나의 욕망과 대립되는 상태를 형성한다. 자기의식들이 최초에 이렇게 욕망으로 나타남으로써 자기의식들 상호 간에 대립 및 부정(否定), 투쟁이 불가피한 것으로 드러난다고 헤겔은 보고 있다. 이렇게 직접적으로 등장하는 자기의식으로서의 개인은 의식만을 소유하고 있는 것이 아니라 신체도 소유하고 있는 자로서, 각기 자기 자신은 대자적 존재자라고 주관적으로 확신하고 있으나, 타자는 이러한 신체성, "생의 존재 속으로 침잠한 의식[in das Sein des Lebens versenkte Bewußtsein(e)]"(ebd.)[43]이라고 간주한다. 그런데 이것은, 자기의식이 최

---

41 "Er wird zuerst die Seite der Ungleichheit beider darstellen oder das Heraustreten der Mitte in die Extreme, welche als Extreme sich entgegengesetzt, und das eine nur Anerkanntes, der andre nur Anerkennendes ist"(PhG, 143).

42 "Das Selbstbewußtsein ist zunächst einfaches Fürsichsein, sichselbstgleich durch das Ausschließen alles *andern aus sich*; (…) Aber das Andere ist auch ein Selbstbewußtsein; es tritt ein Individuum einem Individuum gegenüber auf"(ebd.).

43 헤겔에 있어서 '생[das Leben]'은 여러 가지 뜻으로 쓰이고 있으나, 여기서는 '육체적 생'을 뜻한다.

초에는, 타자에 대해 외적(外的)으로만 관계하기 때문에 타자가 단지 "통속적인 대상들의 양상을 띠고[in der Weise gemeiner Gegenstände]"(ebd.) 나타나기 때문이다. 따라서 최초의 자아-타아 관계는, 각각의 개인 스스로는 자기의식이라고 확신하고 있지만, 다른 개인에 대해서는 '생' 또는 '물(物)'로서 나타나는 관계다. 따라서 한 개인의 이러한 자기확신은 주관적인 것에 불과한 것이며, 객관화된 확신, 인정된 확신, 참된 확신이 아니다. 따라서 그들은 "대자적으로 존재한다는 확신을 서로 타자에게, 그리고 자기 자신에게 객관적인 진리로 고양시켜야 한다."[44]

그러면 각 개인이 절대적인 추상화과정을 완수하려면, 즉 자기의식으로서 대자존재자라는 것을 객관적으로 입증하려면 어떻게 해야 하는가? 그러기 위해선 자기의식이 "자기의 대상적인 양식의 순수한 부정으로서 자기를"[45] 보이거나 혹은 "어떤 특정한 **현존재**에 얽매여 있지도 않으며 현존재에 일반화되어 있는 개별성에도, 생에도 얽매여 있지 않다는 것을"[46] 보여주어야 하는 것이다. 즉 "자기의식이 자기를 **자유로운** 자로 여겨지게 하고 인정받기 위해서 자기의식은 **자연적 현존재로부터 자유로운 자로 타인에게 나타나야** 한다."[47] 한 개인은 우선 타인의 생에 얽매여 있지 않다는 것을 입증하기 위해서 타인의 목숨을 빼앗고자 하며, 또한 자기 자신의 생에 얽매여 있지 않다는 것을 보여주기 위해서 자기 자신의 생을 거는 것이다.[48] 그런데 하나의 자기의식의 타자 역시 하나의 자기의식이며, 따라서 여기서 일어나는 행위는 "이중적인 행위, 즉 타인의 행위인 동시에 자신으로 말미암은 행위"[49]이기도 하므로 여기서 인정을 위한, 생사를 건 투쟁이 발생하는 것이다. 그리고 이러한 투쟁은, 자기의 외부에 존재하는 것은 무엇이나 부정하려고 하는, 욕망으로서의 자기의식이 지닌 일반적인 성격으로부터 발생하는 직접적인 결과라고도 하겠으며[50] 자기를 "순수한 추상"으로서 나타내려

---

44 "die Gewißheit ihrer selbst, für sich zu sein, zur Wahrheit an dem andern und an ihnen selbst erheben"(ebd., 144).

45 "sich als reine Negation seiner gegenständlichen Weise"(ebd.).

46 "an kein bestimmtes *Dasein* geknüpft, an die allgemeine Einzelheit des Daseins überhaupt nicht, nicht an das Leben geknüpft zu sein"(ebd.).

47 "um sich als *freies* geltend zu machen und anerkannt zu werden, muß das Selbstbewußtsein sich für ein anderes *als frei vom natürlichen Dasein darstellen*"(TW 4, 119, §32).

48 P. Singer, *Hegel*, Oxford, 1983, 60.

49 "das gedoppelte Tun: Tun des andern und Tun durch sich selbst"(ebd.).

50 I. Soll, *An Introduction to Hegel's Metaphysics*, Chicago, 1969, 17 참조.

는 자기의식의 욕망, 자기의 대자존재를 타인으로부터 인정받으려는 욕망으로부터 발생하는 결과라고도 하겠다. 이러한 욕망은 결국, 자기의식 자신이 자유로운 존재자임을 타인으로부터 인정받고자 하는 욕망이다. 왜냐하면, 헤겔에 있어서 자유란, 그 첫 번째의 형식적인 규정에 따라 보면, "모든 외면적인 것, 자기 자신의 외면성, 자기의 현존재 자체로부터 자기를 추상할 수 있는"(Enz. §382, TW 10, 25 f.) 능력이기 때문이다. 『철학강요』에서 헤겔은, "자기의식의 표현은 '자아=자아'로서, 이것은 **추상적인 자유**이며 (…)"[51]라고 말하고 있는데, 이러한 추상적인 자유가 구체적인 자유로 고양되어 그것에 객관적 진리성이 부여되기 위해서는 이러한 자유가 타인에게 드러나야만 하는 것이다.

자기의식으로서의 한 개인은 의식만을 가지고 있는 것이 아니라 피와 살, 즉 신체를 갖고 있는, 살아 있는 개체다. 이러한 자기의식의 신체성은 직접성인데, 자기의식은 이러한 자기의 직접성을 지양함으로써만 자기의 자유에 현존[Dasein]을 부여할 수 있는 것이다. 왜냐하면, 타인이 자아에 대해 신체(직접적인 현존재)로서 나타나는 한 자아는 타자 속의 자기를 자기 자신으로 알 수 없으며 자기 자신도 직접적인 것으로서는 인정될 수 없기 때문이다(Enz. §431, TW 10, 219 f. 참조). 따라서, 개인들이 서로 상대방 속에서 자신을 재발견하고 자유로운 자로서 인정되기 위해서는 그들의 직접성, 자연성, 즉 신체성을 부정해야 하는바, 이것은 곧 그들이 "자유의 쟁취를 위하여 자신들의 생명과 타인의 생명을 걸 것을"[52] 요구한다.

우리는 이상의 서술을 통해, 『정신현상학』의 〈자기의식〉장(章) 속의 '인정'과 '투쟁'이 과연 무엇의 인정이며 무엇을 위한 투쟁인가를 알 수 있다. 인정은 자신 및 타인을 대자적이고 자유로운 존재자로 인정하는 것을 뜻하며, 투쟁은 이를 얻기 위한 투쟁인 것이다. 하나의 자기의식이 다른 하나의 자기의식을 인정한다는 것은 그가 그를 자유로운 자로서, 그리고 이성적인 인격체로서 인정한다는 것을 뜻하며, 따라서 헤겔의 인정 개념은 칸트의 존경 개념과 유사함을 알 수 있다.[53]

---

51 "Der Ausdruck vom Selbstbewußtsein ist Ich=Ich;—*abstrakte Freiheit*, reine Idealität" (Enz §424).

52 "das eigene und das fremde Leben für die Erringung der Freiheit auf das Spiel setze"(Enz §431 Zus., TW 10, 220).

53 백훈승, 「윤리공동체의 성립조건으로서의 상호인정과 자유」, ebd., 279 ff. 참조. Tugendhat, ebd., 339 f. 참조.

7.7. 인정투쟁과 자유의 실현

헤겔의 정의(定義)에 따르면 자유란 "자기 자신의 곁에 있는 것[das Bei-sich-selbst-Sein]"(TW 12, 30), 곧 자기의식이다. 즉, 자아가 타자에 의존하지 않고 타자에 의해 규정되지 않으며 자기규정적이고 자율적일 때 그 자아는 자유롭다고 한다. 우선 이 자유를 표현한다면 그것은 "자아=자아"인데, 이것은 사실은 추상적인 자아다. 여기서 자아는 오로지 자기 자신에만 관계하고 있기는 하지만, 그의 타자는 존재하지 않기 때문이다. 이것은 추상적인 자기의식, 추상적인 동일성, 공허한 자기관계에 불과하다. 이러한 자유는 단지 자신의 사유 속에서만 자기 곁에 존재하는 자유이며 자기 자신과의 추상적인 동일성에 불과하다. 따라서, 자기의식의 구체적인 자유, 현실적인 자유는 타자를 부정하고 자신 속으로 복귀함으로써 가능하며, 이것은 '타자 속에서 자기 곁에 있음[das Beisich-sein im Anderssein]'이라고 표현할 수 있다. 그런데 헤겔은, 투쟁을 통해서만 이러한 자유가 획득될 수 있다고 주장한다. "나는 나다", "나는 자유롭다"라고 하는 자기주장만으로는 자유를 획득하기에 불충분하다.[54]

그런데 헤겔은, 이러한 생사를 건 인정투쟁은 "인간이 단지 개별자로서만 존재하는 자연상태 속에서만 발생할"[55] 수 있다고 말하는데, 우리는 헤겔에 있어서 적어도 세 가지 의미의 '자연상태'를 구별해야만 한다. 첫째로는 위의 인용문의 경우에서처럼, 그것은 "인간이 단지 개별자로서만 존재하는" 상태로서, 이러한 상태는 각 개인이 자기의 타자에 대해 대립·투쟁하는 관계에 있는 상태로서, 이것은 홉스(Thomas Hobbes, 1588-1679)가 말하고 있는 "만인에 대한 만인의 투쟁[Krieg aller gegen alle]"[56]의 상태다. 이러한 의미의 자연상태는 "조야함, 폭력, 불의의 상태[der Stand der Roheit, Gewalt und Ungerechtigkeit]"[57]이며 "정

---

54 "투쟁을 통해서만 자유가 획득될 수 있다. 자유롭다는 확언만으론 충분치 않다. 인간이 타인뿐만이 아니라 자기 자신을 죽음의 위험 속으로 가져감으로써만, 그는 이러한 입장 위에서 자유에 대한 자기의 능력을 입증하는 것이다"(Enz § 431 Zus., TW 10, 220).

55 "bloß im *Naturzustande*, wo die Menschen nur als *Einzelne* sind, stattfinden"(Enz § 432 Zus., TW 10, 221).

56 헤겔은 홉스와 마찬가지로 "만인에 대한 만인의 투쟁"(TW 19, 108)을 "진정한 자연상태"(ebd.)라고 부르고 있다. 이러한 의미의 자연상태는 바로 『정신현상학』에서 서술되고 있는, '생사를 건 인정투쟁'의 상태다.

57 Rechts-, Pflichten- und Religionslehre für die Unterklasse (1810 ff.) § 25 (=TW 4, 247); PdG, 58 f., 129; TW 19, 107 f. 참조.

신의 상태, 이성적 의지의 상태가 아니라 서로에게 동물인 상태"[58]인데, 인간은 이러한 자연상태로부터 "국가사회 속으로 들어가야 한다. 왜냐하면, 국가사회 속에서만 법적 관계가 현실성을 갖기 때문이다"[59] 그런데 『예나실재철학』에서 헤겔은, 이러한 자연상태와는 달리, 가족과 가족이 대립해 있는 상태를 '자연상태'라고 부르고 있다: "가족은 전체로서 다른 완결된 전체와 대립한다. 바꾸어 말하면, 자유롭고 완전한 개체들이 상호존재하고 있다. (…) 통상 이러한 관계가 자연상태라고 불린다."[60] 이뿐만 아니라 헤겔은 앞의 두 자연상태, 즉 투쟁으로서의 자연상태와는 정반대의 의미를 지닌 자연상태를 말하고 있기도 한데, 그것은 그에 의하면 바로 노아의 홍수 이전의, 인간과 자연이 분열되지 않고 조화 속에서 살고 있던 것으로 생각되는 상태다(ThJ, 274 참조).[61]

7.8. 인정투쟁의 결과: 불평등한 인정의 성립(자립적인 자기의식과 비자립적인 자기의식)

그러면 이러한, 생사를 건 인정투쟁의 결과는 어떤 것인가? 인정투쟁의 결과 승자와 패자가 생기게 된다.[62] 먼저, 승자 쪽의 입장부터 살펴보면, 승자는 패자의 생명을 살려두고자 한다. 왜냐하면, 패자가 죽어버리면 자기가 그로부터 승자로서 인정받아야 할 대상을 잃어버리기 때문이다. 즉, 인정받을 수 없기 때문

58 "kein Zustand des Geistes, des vernünftigen Willens, sondern der Tiere untereinander ist"(TW 19, 108).

59 "(…) in die Staatsgesellschaft treten, weil nur in ihr das rechtliche Verhältnis Wirklichkeit hat"(TW 4, 247, § 25).

60 "Die Familie ist als *Ganzes* einem andern in sich geschlossenen Ganzen gegenübergetreten, oder es sind vollständige, freie Individualitäten füreinander, (…) Dies Verhältnis ist es gewöhnlich, was der *Naturzustand* genannt wird"(JR II, 205).

61 그러나 만약에 우리가 유대·기독교의 성서를 인용하여 말한다면, 노아 이전에 이미 아담과 이브가 신(神)에게 범죄함으로써 신과 인간의 분열, 인간과 자연의 분열, 그리고 인간과 인간의 분열이 발생했다고 보는 것이 옳을 것이다. 즉,—비록 신이 노아의 홍수 이후에야 인간에게 육식을 허락하지만(창 9:3 ff.)—대홍수(大洪水) 이전에 이미 사람은 동물을 잡아 그 고기를 먹었으며, 가인은 동생 아벨을 돌로 쳐서 죽였던 것이다.

62 패자가 죽게 되는 경우는 고려에서 제외된다. 왜냐하면, 패자의 죽음을 가져올 때까지 이 투쟁을 수행한다면, 자기의식의 필수적인 조건(즉, 인정하는 또 하나의 자기의식)이 제거되기 때문이다[J. Findlay, *Hegel. A Re-examination*, London and NY., 1970^3 (1958), 96 참조].

이다.[63] 곧, "마치 생이 의식의 자연적인 긍정, 다시 말하면 절대적인 부정성이 결여된 자립성인 것과 마찬가지로, 그것(죽음: 필자 첨가)은 의식의 자연적인 부정, 즉, 자립성이 결여된 부정이고, 이러한 부정은 또한 요구되는 인정의 의미마저도 지니지 못하기 때문"[64]이다. 그러므로 투쟁에서의 타인의 부정은 "철폐된 것을 보존하고 유지하는 방식으로 지양하는"[65] 변증적 부정·지양이어야 하며, 자연적 부정이어서는 안 된다. 즉, 자기의식은 생의 직접성을 부정해야 하지만, 또한 이와 동시에 생명성을 보존해야 한다.[66] 이리하여 승자는 패자를 자기의 희생자로 만드는 대신에 노예로 만든다.[67] 죽이려는 충동을 대신하는 관계인 이러한 지배는, 생이라는 상황 내에서 절멸하려는 노력이라고 이해될 수 있을 것이다. 그러면 패자는 어떻게 될까? 패자 가운데는, 죽음[자유]보다는 육체적 생을 택하는 사람이 생기게 된다. 그리하여 이러한 자는 결국 승자의 노예로 전락해 버리고 마는 것이다. 이제 노예는 죽음을 통해 규정된 무(無)가 되기보다는 오히려 그 자신의 죽음을 살아야 한다.[68] 카우프만(W. Kaufmann)은, 생사를 건 투쟁이 주노관계를 초래하는 이유를 "패자가 죽음보다는 예속을 원하기"[69] 때문이라고 말하며, 솔(I. Soll)은, 오히려 그보다는 "승자가 시체보다는 노예를 원하기"[70] 때문이라고 말하는데, 여기서는 어느 한 쪽의 이유만이 존재하는 것이 아니라, 이 두 가지 이유가 동시에 존재한다고 할 수 있다. 여기서 주인은 육체적인 생보다는 정신적인 생[자유]을 택한 사람이고, 노예는 그 반대의 사람이라고 할 수 있다.

결국 이러한 경험을 통하여 자기의식은 "생 또한 순수한 자기의식과 마찬가지

---

63 Iring Fetscher, *Hegels Lehre vom Menschen*, Stuttgart, 1970, 113 참조.

64 "denn wie das Leben die *natürliche* Position des Bewußtseins, die Selbständigkeit ohne die absolute Negativität ist, so ist er die *natürliche* Negation desselben, die Negation ohne die Selbständigkeit, welche also ohne die geforderte Bedeutung des Anerkennens bleibt"(ebd., 145).

65 "welches so *aufhebt*, daß es das Aufgehobene *aufbewahrt* und *erhält*"(ebd.).

66 O. Pöggeler, "G.W.F. Hegel. Philosophie als System," in: *Grundprobleme der großen Philosophen. Philosophie der Neuzeit II*, hg. v. J. Speck, Göttingen, 1976, (145-183), 172 참조.

67 Soll, ebd., 20.

68 J. Butler, *Recovery and Invention: The project of desire in Hegel, Kojève, Hyppolite, and Sartre*, Michigan, 1984, 61 참조.

69 W. Kaufmann, *Hegel. A Reinterpretation*, Notre Dame, 1978, 137.

70 Soll, ebd., 20.

로 자기에게 본질적이라는 것을"[71] 알게 된다. 이 문장은 무엇을 뜻하는가? 자기의식으로서의 하나의 인간은 정신[자기의식]만으로 존재하는 것도 아니고 신체[육체적 생]만으로 존재하는 것도 아니다. 만약에 신체 없이 자기의식만이 존재할 수 있다면, 그것은 인간이 아니라 유령이라고 불릴 것이다. 만약에 자기의식 없이 신체만이 존재한다면, 그것 또한 인간이라고 할 수 없을 것이다. 하나의 인간은 자기의식[정신]과 육체의 통일체로서 존재한다. 따라서 이 둘 중 어느 하나라도 존재하지 않으면 인간이라고 불릴 수 없으므로, 인간으로서의 자기의식(또는 자기의식으로서의 인간)에게는 자기의식[정신]과 생[육체] 모두가 본질적인 것이다. 이에 따라, 인간의 생은 정신의 생과 육체의 생이라는 두 가지의 생으로 구성되어 있다. 인정을 위한 생사를 건 투쟁에서 정신의 생을 고수한 사람은 죽음[자유]을 택하든지 아니면 패자의 주인(정신의 생이나 자유를 소유한 자)이 되고, 죽음을 두려워하여 육체의 생에 집착한 사람은 승자의 노예가 된다.[72]

그러면 과연 인정을 위한, 생사를 건 투쟁을 통해, 타인으로부터 인정받고자 하는 자기의식의 목표는 성취되었는가? 우선 노예의 입장부터 살펴보자. 헤겔의 인정 개념에 따르면 인정이란, 자기의식이 즉자대자적으로 존재함을 대타적으로 보증받는 것(PhG, 141)인데, 노예는 이러한 보증을 받지 못하기 때문에 인정받지 못한 것이다. 즉, 여기서 헤겔이 '즉자대자적으로 존재함'이라고 할 때의 '대자적'이라는 말은 '자립적', '자유로운'이라는 의미로 이해되어야 하기 때문이다. 노예는, '자기 자신을 의식한다'는 의미에서는 대자적 의식이지만, 자립적이라는 의미에서의 대자적 의식인 것은 아니다. 실로 헤겔이 말하고 있는 인정이란, 진정한 인간으로, 자유로운 존재자로 인정하는 것을 말하는 것이지, 비자립적인 노예로 인정한다는 의미는 아닌 것이다. 따라서 노예는 인정받지 못하고, 오직 주인을 인정하기만 한다. 그러면 주인은 인정이라는 목표를 성취했는가? 헤겔에 의하면 주인은 '주인 ⇨ 물(物) ⇨노예'에 있어서는 '지배', '주인 ⇨ 노예 ⇨물'에 있어서는 '향유(享有)'라는 두 계기 속에서, 자기가 다른 또 하나의 자기의식인 노예로부터 인정받고 있다는 것을 의식한다고 말한다(PhG, 147 참조).

---

71 "ihm das Leben so wesentlich als das reine Selbstbewußtsein ist"(ebd.).

72 정신의 생과 죽음에 대하여 헤겔은 다음과 같이 기술하고 있다: "죽음이란 (…) 가장 무서운 것이다. (…) 그러나 죽음이 두려워 회피하려 하며 파멸로부터 온전히 자신을 지키려고 하는 대신, 죽음을 감내하고 또 죽음 속에서 자기를 보존하려고 하는 생이야말로 정신의 생이다"(PhG, 29).

그러나 여기에는, "진정한 인정을 위하여, 주인이 자기에게 행하는 것을 타자에게도 행하며, 노예가 자기에게 행하는 것을 타자에게도 행하는 계기가 결여되어 있다"(Ebd.; PhG, 143도 참조). 즉, 주인은 노예를 노예로 규정하지만 자신을 노예로 규정하지는 않는다. 그리고 노예는 타자를 주인으로 규정하지만 자신을 주인으로 규정하지는 않는다. 이 관계는 상호성이 결여된 불평등한 관계다(Ebd., 147 참조). 그리고 주인의, 대자존재로서의 자기확신의 진리를 보증하고 있는 것은 비본질적인 노예의 의식인데(ebd., 147), 노예에 의한 이러한 인정은 진정한 인정이라고 할 수 없다. 코제프[73]나 훼처(I. Fetscher)[74] 등도 주장하듯이, 주인의 인정은 자유로운 자가 아닌 노예에 의해 이루어지므로 진정한 인정이 아니며, "정복당한 자가 정복한 자를 어쩔 수 없이 인정하는 것"[75]은 진정한 인정, 사랑이 아니다.[76] 인정은 하나의 자유로운 인격체가 다른 하나의 자유로운 인격체의 가치를 인정하고 존중하는 것이며, 따라서 상호성 속에서만 그 의미를 갖는다. 그렇다면, 주인은 인정을 성취하지 못하고 마는 것일까? 플라메나츠(J. Plamenatz)는, 주인이 인정이라는 목표를 달성하지 못한다는 주장은, 단지 한 사람의 주인이 있는 경우에만, 혹은 한 사람 이상의 주인이 있다고 해도 그들이 하나의 공동체를 이루고 있지 않은 경우에만 타당하다고 하면서, (그에 의하면) 헤겔도 또한 시민들이 그 구성원이 되는 공동체(예컨대 희랍의 폴리스)를 이야기하고 있으므로, 그 곳에는 주인과 노예가 함께 있고 그 주인들끼리 서로 인정하고 있기 때문에 인정이 이루어질 수 있다고 하며, 사회가 한 사람의 주인과 한 사람의 노예로 성립되는 것으로 본 헤겔의 생각에 잘못이 있다고 주장한다.[77]

---

73 Kojève, ebd., 64.

74 Fetscher, ebd., 115.

75 Westphal, ebd., 134.

76 『철학강요』에서는, 주인은 "부자유로운 의식에 의하여 형식적으로 인정받는"(Enz § 435 Zus., TW 10, 224 f.)다고 말한다.

77 백훈승, 「윤리공동체의 성립조건으로서의 상호인정과 자유」, ebd., 282 ff. 참조; J. Plamenatz, *Man & Society. Political and Social Theories from Machiavelli to Marx. Vol. 3, Hegel, Marx and Engels, and the Idea of Progress*, London and NY., 1993, 97 f. 참조; G. A. Kelly, "Notes on Hegels 'Lordship and Bondage'," in: *Hegel. a collection of critical essays*, hg. v. Alasdair MacIntyre, Notre Dame, 1976 (189-218), 193 참조.

7.9. 자립적인 자기의식[주인]과 비자립적인 자기의식[노예]

주인은 두 계기, 즉 욕망의 대상인 물(物)과, 그리고 물성(物性)을 자기의 본질적 요소로 삼는 노예와 관계한다. 주인은 이 두 계기를 통해서만 자기의 물질적 토대와 주인으로서의 사회적 지위를 유지할 수 있으므로 이 두 계기와 관계를 끊을 수 없다. 우선 그는 물(物)과 노예의 소유자이므로 이런 소유관계를 통해서 이 양자와 직접적으로 관계하고, 둘째, 물(物)을 매개로 하여 노예와 관계하고[지배], 노예를 매개로 하여 물(物)과 관계한다[향유(享有)].[78] 주인은 정신적 생[자유]에의 욕망이 육체적 생에의 욕망보다 더 강한 자이며, 노예는 그 반대라고 하겠다.

헤겔에 의하면, 주인은 노예에 의해 가공된 물(物)을 순전히 소비함으로써 자기의 욕망을 충족시킨다. 그러나 이러한 충족은 단지 아욕적(我慾的)인 욕망의 충족이고 "순수한 소멸"(PhG, 149)에 불과하다. 그러나 노예는 주인의 명령에 따라 주인의 욕망을 충족시키기 위해 노동해야 한다. 그런데 이러한 노동, 물(物)의 가공은 물의 무화(無化), 전면적인 부정이 아닌, 물의 일면만을 부정하는 규정적(規定的)[제한적(制限的)] 부정이며, 내용의 산출이고 형성작용이다. 이에 반해 주인에 의한, 욕망대상의 소비·향유로서의 욕망충족은 대상의 전면적인 부정이다. 이러한 욕망충족은 동물적인 것으로서, 덧없는 것, 일시적인 것이다.

헤겔은 노동을 "저지된 욕망[gehemmte Begierde]"(PhG, 149)이라고 하는데, 이것은 무슨 뜻인가? 노동은 대상의 순수한 부정으로서의 욕망(PhG, 148 참조)이 아니라, 이러한 순수한 부정이 저지된 욕망이라는 뜻을 지닌다. 즉, 노동은 대상을 무화시키지 않고 그것을 가공하여 다른 물(物)[작품]로 만들어내는 창조적인 행위이므로, 순수한 부정으로서의 욕망이나, 소멸에 불과한 욕망충족(PhG, 149 참조)이 아니다. 헤겔에 의하면, 욕망의 무화작용은 저지되어야 하는데, 바로 욕망과 대상 사이에서 욕망의 직접성을 지양하여, 욕망을 매개된 욕망에로 고양시키는 중심으로서 이러한 저지의 역할을 하는 것이 노동이다. 동물은 자기의 욕망과 대상을 모두 직접성 속에서 무화시킴으로써 욕망의 악무한에 빠진다. 그러나 인간에게 있어서는 욕망의 직접성이 지양됨으로써 대상 또한 무화·소멸되지 않고 지양되어 존속하게 된다. 만약에 이러한 노동이 없다면, 그리

---

78 Hun-Seung Paek, *Selbstbewußtsein und Begierde. Eine Untersuchung zur Sturktur, Entstehung und Entwicklung der Begierde bei Hegel*, Ffm., 2002, 111 참조.

고 도구 및 기계 속에서 분명하게 드러나는, 욕망의 저지가 없다면, 자연의 사슬로부터의 해방도, 객체를 동물적으로 무화시키는 일로부터의 세계의 형성도 존재하지 않을 것이다. 그런데, 노동 속에서 노예의 욕망은 무화되지 않고 존속하며, 노동 속에서 단지 자기의 욕망만이 아니라 타인[주인]의 욕망까지도 포함하고 있으므로, 이기심에 사로잡혀 있는 주인보다 우월하며, 노예의 이기심의 극복은 인간의 진정한 자유의 시초를 형성한다. 노동하는 의식은 자기의 실천적 생산행위인 노동을 통하여 새로운 대상세계를 창조하는 동시에 자기 자신도 창조한다. 이때, 노동을 통해 변화·창조된 자연[세계]은 제2의 자연 또는 문화세계라고 할 수 있다.[79]

〈지배-예속〉장에서 나타나는 노동은 고대의 노예제나 중세봉건제 속에서의 노예의 노동으로 이해될 수 있을 것이다. 이러한 노동은 노예에 의해서만 수행된다. 예컨대 헤겔에 의하면 희랍 세계에서 "필요(욕구)에 속한 특수성은 아직 자유 속으로 취해지지 않고 노예계층에게 떠맡겨졌다."[80] 고전적 사유에서는 노예의 노동 속에서 자유의 계기가 인정되지 않은 반면에 헤겔은 그 속에서 자유의 계기를 포착하고 있다. 노예를 통해 산출된 노동의 산물을 순전히 부정하고 향유함으로써 순수한 자기감정을 보존하고 노예를 지배함으로써 개별적인 대자존재의 자유를 향유하는 주인과는 달리, 노동하는 의식은 주인에 대한 공포 속에서, 자기가 노동하여 형성한 노동산물 속에서, "자립적인 존재로서의 자기 자신을 직관하게"(PhG, 149) 된다. 헤겔은, 노예는 다음과 같은 관점에서 주인보다 우월하다고 주장한다: 주인은 자기의 아욕에 사로잡혀 노예 속에서 단지 자기의 직접적인 의지만을 직관하며, 부자유로운 의식에 의하여 형식적인 방식으로 인정받는 데 반하여—그러나 그러한 인정은 진정한 인정이 아니다—노예의 욕망은, 노예가 자기의 "개별적이고 고유한 의지(개별적 의지와 아집)를 없애버림으로써", "이 한 사람의 욕망만이 아니라, 동시에 자신 속에 다른 한 사람이 욕망도 포함하는 넓이"(Enz §435 Zus., TW 10, 224)를 갖는다. 이로 말미암아 노예는 "보편적인 자기의식으로의 이행"(Enz §435, TW 10, 224)을 이룬다(그러나 헤겔에 의하면 보편적인 자기의식은 시민사회를 거쳐서 국가 속에서 비로소 실현된다). 진정한 자유는 타인을 부정함으로써가 아니라 오히려 타인을 위해

---

79 Paek, ebd., 114 f. 참조. 그리고 백훈승, 『칸트와 독일관념론의 자아의식 이론』, ebd., 334 ff. 참조.

80 "die dem Bedürfnisse angehörige Besonderheit noch nicht in die Freiheit aufgenommen, sondern an einen Sklavenstand ausgeschlossen"(PdR §356, TW 7, 510).

봉사함으로써 획득된다.[81]

자기에게 "외타적인 의미"(PhG, 149), 즉 주인의 의미가 아니라 자기의 "고유한 의미"(ebd.)가 생성(확립)된, 노동하는 의식(노예)은, 물(物)에 대한 자기의 힘(위력)[Macht]을 발견함과 더불어 물(物)에 대한 공포를 극복함으로써 자유를 얻는다.[82] 노예의 노동과정의 완성 후에 얻은 자유는 추상적인 자유일 뿐, 구체적이고 진정한 자유는 아니다.

"노예의 아욕의 저 종속"이 "인간의 진정한 자유의 시초"(Enz §435 Zus., TW 10, 225)를 이루기는 하지만, 이것이 자유의 완성을 뜻하는 것은 아니다. "왜냐하면 이때에 자기의식의 자연적 개별성이 굴복하는 대상은, 즉자대자적으로 존재하는 참으로 보편적이고 이성적인 의지가 아니라, 다른 하나의 주체의 개별적이고 우연적인 의지이어서 여기서는 단순히 자유의 한 계기, 즉 이기적인 개별성의 부정성만이 등장할 뿐이기 때문이다."

실로, "아집을 파괴하는 훈육"(ebd.)은 자유롭고 이성적으로 되기 위한 조건이다. 그러나 노예의 순종(복종) 및 아욕의 종속은 자유의 시초를 이룰 뿐이다. 그러므로 헤겔에 의하면, 노예의 자기의식은 주인의 개별성만이 아니라 자기 자신의 개별성도 극복하여 "주체의 특수성으로부터 독립해 있는 보편성 속에 있는 즉자대자적으로 이성적인 것"(ebd.)을 포착해야 한다. 이로써 자유의 긍정적인 측면이 현실성을 얻을 수 있는 것이다. 그러나 주인은 "필요(욕구)의 공동성 및 필요(욕구)를 충족시키기 위한 배려의 공동성"(ebd.)도 인식하고 "직접적·개별적인 것을"(ebd., 225 f.) 지양함으로써, "자기 자신의 아욕적인 의지를, 즉자대자적으로 존재하는 의지의 법(칙)에"(ebd., 226) 종속시켜야 한다.

지배-예속 관계에서는 자기의식의 고유한(본래적인) 목적, 즉 상호인정이 이루어지지 않는다. 노예는 주인에 의해 자립적이고 자유로운 자로 인정받지 못하며, 주인도 마찬가지로 진정한 인정을 얻지 못한다. 그는 "아직 진정으로 자유롭

---

81 이러한 사상은 외견상으로는 모순된 것으로 보이는 루터(Martin Luther, 1483-1546)의 진술에서 발견된다. 그는 진정한 자유는 타인을 위한 봉사 속에 존재한다고 말한다: "기독교인은 만물의 자유로운 주인이어서 누구에게도 종속되지 않는다; 기독교인은 만물의 충실한 노예이어서 모든 이에게 종속된다(Ein Christenmensch ist ein freier Herr über alle Dinge und niemand untertan; Ein Christenmensch ist ein dienstbarer Knecht aller Dinge und jedermann untertan)"(*Von der Freiheit eines Christenmenschen*. Bd. 2 der Calwer Luther-Ausgabe, Stuttgart, 1977, 162).

82 H.H. Holz, *Dialektik und Widerspiegelung*, Köln. 1983, 54 참조.

지 못하다. 왜냐하면 그는 타인 속에서 아직 자기 자신을 온전히 직관하지 않았기 때문"(Enz §436 Zus., TW 10, 226 f.)이다. 루카치(Georg Lukács)가 언급하듯,[83] 인류 발전의 큰 길은—헤겔에 있어서는 정신의 발생사는—노예의 노동을 거쳐 가기는 하지만, 지배-예속 관계에서는 보편적 자기의식, 정신[Geist]은 실현되지 않는다.

불평등하고 일방적인 인정이 사라지고 진정한 상호인정이 성취되어 '나'와 '우리'가 통일되는 보편적인 자기의식은 어느 영역에서 실현되는가? 달리 말하면, 자기의식으로서의 인간이 자기의 개별적인 욕망이나 자기의 고유하고 특수한 필요(욕구)들을 부정하고 하나의 인격체로서 보편적인 필요(욕구) 및 그 충족을 얻을 수 있는 길은 어떻게 열리는가?

자기의 개별적인 필요(욕구)를 충족시키기 위해서만—혹은, 노예의 경우에는 다른 하나의 인간(주인)의 필요(욕구)를 충족시키기 위해서만—수행하는 노동, 이 노동은 아직 온전히 발전하지 않은, 원시적인 형태의 노동이며, 진정한 의미의 노동이 아니다.[84] 본질적으로 특수한 자연적 존재자[Naturexistenz]로서, 직접적인 방식으로 자기의 제한된 필요(욕구)를 충족시키는[85] 동물과는 달리, 인간의 노동은 보편성을 지시한다. 그리고 노동의 이러한 보편성이 등장하는 장소가, 헤겔에 있어서는, 시민사회와 국가다.[86] 우리는 계속해서, 시민사회에서의 필요(욕구)가 무엇을 의미하며 그것이 노동과 관련하여 어떻게 전개되는지 탐

---

83 Georg Lukács, *Der junge Hegel. Bd. II*, Ffm., 1973, 539 참조.

84 Ivan Dubský, "Hegels Arbeitsbegriff und die idealistische Dialektik," in: Iring Fetscher (hg), *Hegel in der Sicht der neueren Forschung*, Darmstadt, 1973, 408-463 참조.

85 Manfred Riedel, *Theorie und Praxis im Denken Hegels*, Ffm. u. a., 1976, 67 ff. 참조.

86 가다머(1973, 239 f.)는, 맑스가 소위 지배와 예속의 변증법을 전혀 다른 맥락에서 사용한 것은 불행한 일이었다는 점을 지적한다. 즉, 가다머는 헤겔이 자신의 지배와 예속의 변증법에서 임금노동자가 아니라, 훨씬 이전의 농노(農奴)와 수공업자를 묘사하고 있으며, 해방을 통해 노예가 평민[tiers état]으로 된다고 주장한다. 그의 맑스 비판은 전적으로 옳다. 왜냐하면 『정신현상학』에서의 지배와 예속의 변증법은 생사를 건 인정투쟁의 결과인 데 반하여, 맑스에게 있어서 자본가-임금노동자 관계는 인정된 상태가 이미 존재하고 있는 사회 속에서의 부(富)의 양에 따라, 그리고 사회구조에 따라 결정되기 때문이다. 그러나 지배와 예속의 관계는 일차적으로는 고대노예제 사회에서 성립하는 관계로 보아야 한다. 왜냐하면 생사를 건 인정투쟁은 사회가 성립하기 이전에 발생하는 투쟁이기 때문이다. 어쨌든 해방된 노예는, 맑스에 의해 기술된 프롤레타리아가 아니라 시민이다. 시민사회에서 주체로서의 시민은 사유재산권자이며, 인격체로서 동일한 권리를 가진다. 그는 더 이상 노예로 일하지 않으며, 따라서 자기의 노동의 산물을 바쳐야 하는 주인을 가지지 않는다.

구해야 하겠다.[87]

7.10. 몇 가지 문제점

우리는 지금까지, 하나의 자기의식에 대해 또 하나의 자기의식이 등장함으로써 발생하는 여러 가지 문제들, 즉 인정에의 욕망의 성립 가능성, 순수 인정 개념 및 그것의 현실적 전개, 실제의 인정운동 속에서 발생하는 인정받기 위한 생사를 건 투쟁으로 인한 주인과 노예의 발생, 그리고 물(物)과 노동의 매개를 통한 주인과 노예의 상호관계 등에 관해 살펴보았는데, 이에 대한 헤겔의 서술에서 나타나는 몇 가지 문제점을 살펴보아야 하겠다.

첫째로, 헤겔은 앞에서 〈A. 자기의식의 자립성과 비자립성: 지배와 예속〉절(節)이 시작되기 전에, 자기의식은 자신의 악무한적 성격으로 인해 좌절할 수밖에 없으며, 자기의식은 오직 자기 자신을 스스로 부정할 수 있는 또 하나의 자기의식 속에서만 스스로의 만족을 얻는다고 주장하는데, 어떻게 해서, "자기의식은 궁극적으로 만족되지 못한다"는 사실로부터 "자기의식은 만족될 수 있다"는 주장으로 비약할 수 있는 것인가? 즉, 어떻게 해서 헤겔은 "자기의식은 오직 다른 하나의 자기의식 속에서만 만족을 얻는다"라는 진술을 가언진술이 아닌 정언진술로 주장하고 있는 것인가?[88] 자기의식의 욕망이 만족되기 위해서는, 자기자신을 부정할 수 있는 다른 하나의 자기의식이 존재해야만 한다는 헤겔의 주장에 우리가 동의한다 하더라도, 이것은 하나의 요청에 불과한 것이지, 사실과는 다른 것이다. 즉 헤겔이 말하고 있는 것은 욕망의 궁극적 충족이 성취되기 위한 조건인 것이다. 다른 하나의 자기의식의 존재는, 욕망의 궁극적 충족이 실현된다는 조건하에서만 이끌어낼 수 있는 결론일 것이다. 그러므로 "자기의식은 다른 하나의 자기의식 속에서만 만족을 얻는다"는 명제는 정언명제가 아니라 가언명제다. 즉 이것은 "만약에 다른 하나의 자기의식이 존재한다면, 자기의식은 오직 그 속에서만 만족을 얻을 수 있다"는 가언명제인 것이다. 그러나 헤겔은 이를 가언명제로 제시하고 있지 않다. 왜냐하면 그는, "자기의식에 대해서 다른 하나의 자기의식이 존재한다"(PhG, 141)고 말함으로써 다른 자기의식의 존재를 기

87 Paek, ebd., 135 ff. 참조.

88 Ebd., 107 f. 참조.

정사실화하고 있기 때문이다. 그러나 다른 하나의 자기의식의 존재는 하나의 존재론적 가정이지, 입증된 사실이 아니다. 우리는 헤겔의 논증을 다음과 같이 구성할 수 있다:

1. 욕망으로서의 자기의식은, 자신에 있어서 자기 자신의 부정을 수행할 수 있는 대상 속에서만 자기의 (궁극적인) 만족을 얻는다.
2. 그런데 그러한 대상은 (다른 하나의) 자기의식이다.
3. 그러한 다른 하나의 자기의식이 실재한다.

욕망으로서의 자기의식은 다른 하나의 자기의식 속에서만 만족을 얻는다.

여기서 위의 전제들의 진위를 검토해보자. 우선, 첫 번째의 전제가 옳은 것으로 입증된 것이 아니다. 왜냐하면, 대상이 자신에게 있어서 자기 자신의 부정을 수행한다 하더라도, 그러한 부정이 1회적으로만 수행된다면 자기의식의 욕망의 충족도 일회적인 것이 될 것이기 때문이다. 욕망이 궁극적으로 충족되기 위해서는 대상이 자기 자신을 끊임없이 부정해야만 할 것이다. 그러나 이러한 일이 실제로 발생할 수 있는가? 또한 세 번째의 전제, 즉 "자기의식에 대해 다른 하나의 자기의식이 존재한다"라는 진술은 헤겔의 형이상학적인 전제에 불과하지, 입증된 사실은 아닌 것이다.[89] 즉, 다른 하나의 자기의식의 존재는 철학적 사유를 통해 입증된 것이 아니라 헤겔에 의해 이미 전제된 것이다.[90] 그러므로 우리는 헤

89 이 점과 관련하여 양케(Wolfgang Janke)는 다음과 같이 주장한다: "다른 자아를 드러냄에 있어서, 그리고 그러한 자아를 자기의식의 구조 속으로 포함시킴에 있어서 단지 가언적인 필연성만이 존재한다. 또한 이러한 사실은, 자기의 고유성을 부정함으로써, 욕망하는 자아에게 만족을 보증해줄 수 있을 정도로 자유로운 다른 하나의 자아가 어디로부터 발생하는가 하는 문제를 야기한다"(Janke, *Historische Dialektik. Destruktion dialektischer Grundformen von Kant bis Marx*, Berlin u.a., 1977, 306 f.). 또한 인우드도, "무엇이 자기의식에 대해 요구되는가?"라는 물음뿐만이 아니라, "사회적 관계가 어떻게 발생했는가?"라는 물음까지도 대답하려고 시도한다고 말하고 있다(Inwood, *A Hegel Dictionary*, ebd., 246).

90 헤겔은 자기의식으로서의 인간을 유적 존재자[Gattungswesen]로 규정하고 있다. 포이어바흐(L. Feuerbach)는 이 개념을 차용했고 슈트라우스(Strauß)는 이 개념을 대중화시켰다. 포이어바흐는 인간을 유적 존재자로 규정했고, 『기독교의 본질』이라는 그의 책이 출간된 후에는 '유'라는 용어를 더 이상 사용하지 않고, 공동체라는 용어로 대체했다. 인간은 자신을 자기의 유의 성원으로서 의식한다는 사실로 인해 동물과 구별된다는 그의 사상을 맑스(Karl Marx)는 『유대인문제』라는 그의 논문 속에서 직접 수용했으며 파리초고에서 상세히 전개했다(David McLellan, *Übers. v. Renate Zauscher, Die Junghegelianer und Karl Marx*, München, 1974,

겔의 이 주장을 가언판단으로 받아들여야만 할 것이다.[91] 또한 이와 더불어, '또 하나의 자기의식의 자기부정'이 어떻게 '또 하나의 자기의식에 의한 다른 하나의 자기의식의 인정'과 동일시될 수 있는가 하는 점이 문제다. 자기부정은 자기부정일 뿐이지, 어떻게 해서 '타자의 인정'이 될 수 있는가? 또 하나 생각해야 할 점은, 헤겔은 인정투쟁을 인간의 자연상태로 보고, 이로부터 국가가 발생한다고 생각하고 있는데, 그가 『청년기 신학저술들』 중 「기독교의 정신과 그의 운명」에서 서술한 평화로운 자연상태로부터 국가에로의 이행은 왜 불가능한 것인가? 인간 개인이 다른 개인에 대해 생사를 건 투쟁을 감행함으로써만 국가가 성립하는 것인가? 그들 서로가 서로를 존중하고 사랑하고 인정할 수도 있지 않은가? 그뿐만 아니라 자기의식은 다른 하나의 자기의식뿐만이 아니라 또 다른 자기의식들을 만나게 되는데, 그때마다 자기의식은 생사를 건 투쟁을 해야 하는가?[92] 덧붙여 생각해야 할 것은, 소위 〈지배와 예속의 변증법〉이라는 표제하에 이루어지는 논의들에 있어서 몇 가지 문제점이 있다는 사실이다.

예컨대 헤겔에 의하면, 노동 속에서 노예의 욕망은 무화되지 않고 존속하며, 노동 속에서 단지 자기의 욕망만이 아니라 타인(주인)의 욕망까지도 포함하고 있으므로, 이기심에 사로잡혀 있는 주인보다 우월하며, 노예의 이기심의 극복은 인간의 진정한 자유의 시초를 형성한다. 노동하는 의식은 자기의 실천적 생산행위인 노동을 통하여 새로운 대상세계를 창조함으로써 그 속에서 자기 자신을 직관하는[자기의식의 형성] 동시에 자기 자신도 창조하기 때문에, 노예의 노동에 의존해 있는 주인보다 우월한 의식이라고 헤겔은 평가한다. 그렇다면 결국 노예는 주인보다 우월하므로 '주인의 주인'이 되고, 주인은 노예보다 열등한 의식으로서 '노예의 노예'가 되는 것인가? 그리하여 주인과 노예의 관계 내지 지위의 역전(逆轉)이 일어나는 것인가? 이런 입장을 견지하는 것이 바로 소위 〈주인과 노예의 변증법〉 혹은 〈지배와 예속의 변증법〉으로 불리는 것인데, 이러한 헤겔의 파악 속에는 우리가 인정할 만한 내용이 있는 것은 사실이다. 그러나 그렇다고 해서 주인과 노예의 지위[social position]가 뒤바뀌는 것은 아니다. 주인은 여전히 노예의 주인으로 존속하고, 노예는 여전히 주인의 노예로 봉사하는 것이다.

101-135 참조).

91 백훈승, 「윤리공동체의 성립조건으로서의 상호인정과 자유」, ebd., 270 f. 참조.

92 Paek, ebd., 109 참조.

헤겔이 이렇게 생각하게 된 이유들 가운데 하나는, 그가 노예의 (육체)노동을 높이 평가한 반면, 주인의 관리노동·정신노동은 상대적으로 과소평가한 것이다. 노예의 노동은 물론 경제를 이끌어가는 주요한 추진력이다. 그것은 그것대로 높이 평가되어야 한다. 그러나 주인도 모든 것을 노예에게 맡겨 놓고 놀기만 하는 것은 아니다. 노예의 노동은 주인의 명령 내지 계획에 따라 수행되는 것이다. 그리고 이러한 계획 및 노예의 관리에는 많은 정신노동과 고뇌가 수반되기 마련이다. 이런 상황을 감안할 때 우리는 과연 주인은 무위도식(無爲徒食)한다고, 그리고 노예에 전적으로 의존한다고 말할 수 있겠는가? 비록 고대와 중세의 주노관계와 동일한 관계는 아니지만, 현대의 노사(勞使)관계에서도 유사한 점은 존재한다. 노동자의 노동에 의해 공장에서 제품들이 생산되지만, 공장 및 노동자 전체를 관리하는 사용자의 노동 없이 노동행위가 이루어지기는 곤란한 것이다. 노사 양자는 상호의존의 관계에 있는 것이지, 결코 어느 한 편만의 노동으로 산업발전이 이루어질 수는 없는 것이다. 우리는 항상 사태의 전체를 보려고 노력해야지, 그 가운데 일부분만을 따로 떼어서 추상적으로 고찰해서는 안 된다.

8
지성(반성)과 이성(사변)의 변증법

주지하듯이 헤겔철학의 목표 내지 과제는 절대자 혹은 무한자의 파악이다(*Differenzschrift*. TW 2, 25 참조). 헤겔철학에 의하면, 진정한 존재자는 유한자가 아니라 무한자로서의 정신, 즉 신이다. 그리고 이러한 입장에 서는 것을 그는 관념론이라고 부른다: "철학의 관념론은 유한자를 참된 존재자로 인정하지 않는 데 있다"(TW 5, 172).[1] 그러면 과연 이러한 무한자를 파악할 수 있는 사유는 어

1 우리는 보통, 관념론을 두 가지 관점에서 이야기한다. 첫째, 인식론적인 관점에서의 관념론은 실재론과 대비되는 개념이다. 이때의 관념론은, 외계의 물리적 대상에 관하여 우리가 알 수 있는 것은 오직 우리의 관념일 뿐이며, 우리의 관념으로부터 독립적으로 존재하는 실재물을 인정하지 않는 입장을 말한다. 이에 반해 실재론은, 외계의 물리적 대상에 대한 우리의 관념으로부터 독립하여 존재하는 실재물이 있다고 주장한다. 이렇게 보면 칸트는 관념론자가 아닌 실재론자다. 물론 칸트가 말하는 물 자체는 물리적인 시공간을 초월해 있는 것이므로, 일반적으로 말하는 실재론과는 차이가 있다. 그러나 실재론의 핵심이, 우리의 관념으로부터 '독립적으로' 존재하는 실재물을 인정한다는 점, 즉 대상의 독립성에 있는 것이라면, 칸트의 입장도 당연히 인식론적 실재론으로 분류해야 할 것이다. 또 한편으로는, 외계의 물리적 대상이 아닌, 보편자 혹은 이데아가 관념적으로 존재하느냐 아니면 실재하느냐 하는 문제를 둘러싸고 나누어지는 견해가 있다. 이 경우에는, 보편자 혹은 이데아가 우리의 머릿속에 관념으로만 존재한다고 보면, 보편자(이데아) 관념론이 되는 것이고, 보편자(이데아)가 우리의 관념으로부터 독립적으로 존재한다고 주장하면 보편자(이데아) 실재론자가 되는 것이다. 두 번째, 존재론적인 관점에서의 관념론이 있을 수 있다. 이 주장은 존재하는 모든 것의 근본적인 성질이 정신적이라는 주장, 즉 정신주의[spiritualism]와 같은 의미로 사용하는 표현인데, 사실 이 표현은 적절

떤 사유인가? 그리고 그것은 유한자를 인식하는 사유와 어떻게 다른 것인가? 헤겔은 후자의 사유를 반성(反省)[Reflexion][2]이라 부르고, 전자의 사유를 사변(思辨)[Spekulation]이라고 부른다. 헤겔에 의하면 헤겔 당대에 이르기까지 관념론의 원리는 일관되게 관철되지 못했는데, 그 이유는 바로 철학이 "유한자는 무한자와 화해할 수 없고 통일될 수 없으며 전적으로 대립될 뿐"(TW 5, 141)이라는 입장을 취해왔기 때문이다. 이러한 입장이 바로 지성(知性)[Verstand]이 취하는 입장이다. 헤겔에 의하면, 지성은 대립자들을 분리시킨 채로 고찰하여 그것들을 통일하지 못한다. 따라서 유한자도 무한자와 대립시켜 고찰하고 양자의 통일에는 이르지 못한다. 지성이 파악하는 무한자는, 유한자와 대립된 무한자인데 사실 이러한 무한자는 헤겔에 의하면 진무한자가 아닌 위(악)무한자, 절대자가 아닌 상대자에 불과하다. 요컨대, 분리를 고착시키는 지성은 진정한 무한자를 파악할 수 없다.[3] 즉 유한자와 무한자는 "상이한 장소로 놓여진다. 유한자는 여기에 있는 현존재자로서, 그런데 무한자는 피안으로서 (…) 아득한, 도달할 수 없이 먼 곳으로 놓여지고, 이 먼 곳의 외부에 유한자가 존재하고 머문다"(TW 5, 153). 따라서, 진무한을 파악하는 사유는 지성의 사유와는 다른 종류의 사유이어야 한다고 헤겔은 생각하며 이러한 사유를 이성의 사유, 즉 사변이라고 부른다.

치 않은 것이다. 왜냐하면 관념이란, 의식을 가진 존재자의 '생각'이라는 뜻이기 때문이다. 어쨌든, 이 경우의 관념론에 반대되는 입장은 물질주의[materialism]로서, 존재자의 근본성질이 물질적이라는 주장이다. 헤겔은 관념론을 다음과 같이 정의한다: "대자존재자 외에 유한한 현존재자는 자립적으로 존속하지 않는 것으로"(TW 5, 178) 보면 관념론이고 그렇지 않으면 실재론이다. "'유한자는 관념적이다'라는 명제가 관념론을 이룬다"(TW 5, 172).

2 Reflexion이란 원래 광선이 거울로 인해 반사되는 것을 표현하기 위해 광학(光學)에서 사용되는 표현이다[Peter Reisinger, "Reflexion und Ichbegriff," in: *Hegel-Studien*, Bd. 6, 1971 (231-266), 231 참조]. 이 용어가 의식을 가진 대상에 사용될 경우에는 '반성'이라는 표현이 적절할 것이나, 의식이 없는 물리적 대상에 적용될 경우에는 (예컨대 힘의 반작용의 경우) '복귀'라는 표현이 적절할 것이다. 왜냐하면, 의식이 없는 대상은 '돌이켜(反)' '살필(省)' 수 없기 때문이다.

3 반성은 대립을 통일하지 못한다. 왜냐하면, 반성에서는 반성하는 자와 반성되는 것의 대립이 전제되기 때문, 즉 반성적인 사유는 "한편으로는 비사유의 대립을, 다른 한편으로는 사유하는 자와 사유되는 것의 대립을 지니고 있기"(ThJ, 348) 때문이다. 달리 말하면, "반성의 산출작용과 산출된 것은 모두 제약된 것들일 뿐"이기 때문이다. 다시 말하면, "절대자는 정립됨으로써 제약되었기 때문에, 이로써 절대자가 정립된 것이 아니라 지양된"(*Differenzschrift*, TW 2, 25) 것이다.

8.1. 헤겔에서의 반성

'반성철학'이라는 표현은 1802년에 출간된 헤겔의 『신앙과 지식』(*Glauben und Wissen*)의 부제(副題)로 등장한다.[4] 이러한 '반성'[5]이라는 표현은 헤겔 당대의 분열된 시대상(*Differenzschrift*. TW 2, 20 ff. 참조)을 반영하는 용어다. 헤겔은 이러한 분열 내지는 대립을 지양하여 통일을 이루고자 하며, 일면성을 고수하고 대립을 고착화하는 반성적 사유를 극복하여 참된 철학에로 나아가고자 한다. 그는 초기저작들, 특히 『차이저술』(*Differenzschrift*)과 『신앙과 지식』에서, 철학의 방법으로서의 반성 및 반성철학에 많은 관심을 갖고 있다. 그가 보기에 반성철학은 칸트, 야코비, 피히테의 사상 속에서 정점에 도달했다. 반성의 특징은 신앙과 이성, 유한자와 무한자, 주관과 객관을 분리시키고자 하는 것이다. 그리하여 반성은 자기 자신 혹은 반성하는 주관을, 자기가 반성하는 객관과 구별되고 그것에 외타적인 것으로 생각한다. 이러한 의미의 반성은 지성과 유사하며, 직관·신앙·사변과 대조된다. 그것은 절대자를 정당하게 다룰 수 없다. 왜냐하면 그것은 유한한 형태의 인식에 제한되어 있기 때문이다.[6]

8.1.1. 지성[Verstand]과 반성[Reflexion]

8.1.1.1. 지성과 유한자 인식

반성은 지성의 사유 혹은 지성의 활동에 대하여 부르는 용어다.[7] 반성은 지성

---

4 부제: 칸트와 야코비와 피히테철학으로 그 형식이 완성된 주체의 반성철학

5 Reflexion은 다음과 같은 세 가지 의미를 가지고 있다: ① 어떤 대상으로부터 광파를 반영함으로써 그 대상을 반영하는 것을 의미한다. 그것은 반성과정과 반성과정의 산물, 즉 반영된 이미지 양자 모두를 뜻한다. ② 어떤 일을 생각하는 것이다. 이런 의미로는, '숙고[nachdenken, überlegen]'와 거의 같은 의미다. ③ 자기의 사유로 되돌아가는 것 혹은 대상으로부터 자기 자신에 주의하는 것[attention], 자기 자신을 반성하는 것을 뜻한다. 로크(J. Locke)와 라이프니쯔(G.W. Leibniz)에서 'reflection'은 자기 자신을 지각하는 것 혹은 '우리 안에' 있는 것에 주의를 기울이는 것을 말한다(Inwood, *A Hegel Dictionary*, ebd., 248 참조).

6 Inwood, ebd., 249 참조.

7 Walther C. Zimmerli, *Die Frage nach der Philosophie*. *Hegel-Studien* Beiheft 12, Bonn, 1974, 95 ff. 참조.

에 내재하는 대립을 나타내 보여준다. 헤겔은 논리적인 것의 세 측면을 다음과 같이 구분한다: ⓐ 추상적 혹은 지성적인 측면[die abstrakte oder verständige Seite] ⓑ 변증적 혹은 부정적-이성적인 측면[dialektische oder negativ-vernünfige Seite] ⓒ 사변적 혹은 긍정적-이성적인 측면[spekulative oder positiv-vernünftige Seite](Enz §79. TW 8, 168 참조). 그런데 첫 번째 단계인 지성의 사유단계는 대상을 "고정된 규정성에 있어서"(Enz §80, TW 8, 169) 고찰하기 때문에 대상의 일면을 확실하게 파악할 수 있기는 하지만, 그것은 어디까지나 일면적인 파악에 불과하고 전체의 파악에 이르지는 못한다.[8] 즉, 지성은 자기의 대상에게 보편성의 형식을 부여하지만, "지성에 의해 정립된 보편은 추상적 보편이다 (…)"(Enz §80 Zus., TW 8, 169). 지성은 "추상적인 이것이냐-저것이냐"(Enz §80 Zus., TW 8, 172.)의 태도로 일면적인 규정만을 고수한다. 둘째로 "변증적 계기는 그와 같은 유한적인 제 규정의 고유한 자기지양이며, 그와 대립되는 제 규정에로의 이행이다"(Enz §81, TW 8, 172). 이 두 번째 단계의 변증적 계기는 일면적인 규정을 부정하기 때문에 이미 지성적 사유가 아닌 이성의 사유다. 세 번째의 단계인 "사변적인 것 혹은 긍정적-이성적인 것은 대립된 규정의 통일을, 즉 대립된 규정의 해소와 이행 가운데 포함된 긍정적인 것을 파악한다"(Enz §82, TW 8, 176. 또한 TW 5, 52 참조). 사변의 계기는 대립항을 무화하거나 배제하지 않고 "이념적인 계기로서 자신 속에 포함하고 있다"(Enz §82, TW 8, 179).

8.1.1.2. 지성의 두 가지 기능

앞에서 언급된 지성의 기능을 다시 구분하면 두 가지로 나누어진다. 그 하나는 대상의 규정이며 또 하나는 규정의 고착화다: "지성은 규정하며, 또한 이 규정들을 고정시킨다"(TW 5, 16; 또한 Enz §80 Zus., TW 8, 169-172 참조). 헤겔은 지성의 첫 번째 기능을 긍정적인 것으로 보고 있다. 왜냐하면, "완전히 규정된 것이 비로소 공개적이며 개념적으로 파악될 수도 있고, 습득되어져 만인의 소유가 될 수" 있고, "학(學)의 지성적 형식은 만인에게 제공되는 길이고, 만인

8 "지성으로서의 사유는 고정된 규정성과 이 규정성이 다른 규정성에 대해 가지는 구별에 머물며, 그러한 제한된 추상적인 것이 독자적으로[für sich] 존립하고 존재하는 것으로 간주한다"(Enz §80, TW 8, 169).

에게 있어서 학에 이르는 평등화된 길"(PhG, 17)이기 때문이다. 이런 의미에서 헤겔은, "분리하는 활동은 지성의 가장 놀랄 만한, 그리고 가장 위대한, 혹은 오히려 절대적인 위력의 작용이며 작업"(PhG, 29)이라고 말한다. 그러나 지성의 두 번째 기능은 지성의 부정적 기능이요, 따라서 지양되어야 할 요소다. 반성적(반성하는) 지성이란, "추상하는, 따라서 분리시키는 지성"(TW 5, 38)이다. 지성의 정합성은 헤겔에 있어서 진리파악의 필요조건이긴 하지만 충분조건은 되지 못한다.[9] 왜냐하면 대립된 규정들을 고착시켜서는 대상 전체를 파악할 수 없기 때문이다. 전체의 파악을 위해서는 대상에 대한 여러 규정들을 그것들의 상호연관성 속에서 살펴보아야만 한다.

8.1.1.3. 반성과 생 – 반성은 생이나 절대자를 파악할 수 없다

이미 『기독교의 정신과 그의 운명』(*Der Geist des Christentums und sein Schicksal*)에서 헤겔은 생 혹은 무한자와 유한자의 관계를 자기 철학의 근본주제로 삼고 있는데,[10] 그에 의하면 반성은 생과 신적인 것에 적합하지 않으며(ThJ, 306 f. 참조) 무한자와 유한자의 관계는 반성에게는 "거룩한 비밀"(ThJ, 304 Anm. 그리고 309 f.)이다. 이러한 비밀에 대해서 우리는 "신비적으로"만 말할 수 있다(ThJ, 308 참조). 다시 말하면, 생은 반성적 사유를 통해 파악될 수 없다는 것이다. 헤겔에 의하면 이러한 생은 살아 있는 전체다. 그런데 헤겔의 견해에 의하면 기독교의 삼위일체 표상이 이러한 생을 표현하고 있다.[11] 즉 이러한 관계는, 한편으로는 양자의 절대적 차이를 뜻하며 다른 한편으로는 가장 친밀한 관계 속에서 이루어진 절대적인 통일성[Einigkeit]을 뜻하는 "연관"의 표현이다(ThJ, 311 참조). 또한 헤겔은 『체계단편』(*Systemfragment*, 1800)에서도 반성이 지니고 있는 결함을 지적하고 있다. 즉, 판단은 타자를 배제함으로써 일자를 정립하는 것이다(ThJ, 348 참조).

---

9 "라이프니쯔가 자랑한 저 정합성은, 수학이나 다른 모든 지성적 학문과 마찬가지로 또한 법학의 본질적 특성이기도 하다. 그러나 이러한 지성의 정합성이란 결코 이성의 요구에 대한 만족이라거나 철학적 학문과는 아무런 관계도 없는 것이다"(PdR §3, TW 7, 41).

10 『차이저술』에서 헤겔은 자기의 체계철학의 유일한 과제를, 절대자를 "의식에 대해"(*Differenzschrift*. TW 2, 25) 구성하는 것이라 말하고 있다.

11 Fujita, *Philosophie und Religion beim jungen Hegel*, *Hegel-Studien* Beiheft 26, 1985, 89 그리고 111 참조.

8.1.1.4. 반성의 두 종류

헤겔은 이미 『차이저술』에서 반성 개념을 두 가지 의미로 사용하고 있고, '반성'이라는 용어 앞에 다양한 수식어를 붙인다. 첫째로, "고립된 반성[isolierte Reflexion]"(*Differenzschrift*. TW 2, 26; 또한 ebd. 30도 참조)[12]은 "대립자를 정립하는 작용"인데, 이것은 곧 "절대자를 지양하는 것"이 될 것이며 또한 단지 "존재의 능력이자 제한의 능력"(ebd., 26)에 불과하다. 그러나 "이성으로서의 반성[Reflexion als Vernunft]"(ebd., 25)[13]은 "절대자와 관계를 가지며, 이러한 반성은 이러한 관계를 통해서만 이성"(ebd., 26)인 것이다. 이러한 이성으로서의 반성은 "부정적인 절대자의 힘" 혹은 "절대적인 부정작용"으로서 "지성으로 하여금 객관적 총체성을 산출하도록"(ebd., 25) 이끌고 간다. 결국 이러한 이성으로서의 반성 속에서는 "유한자의 능력인 반성(고립된 반성: 필자 주)과 이 반성에 대립되는 무한자가 (…) 종합되어 있다"(ebd., 28). 이렇듯 헤겔은 "반성이 절대자와 관계를 가지는 한에서만 이성"(ebd., 30)이라고 말하고 있다. 이러한 헤겔의 주장을 종합해보면 다음과 같다. 넓은 의미의 반성은 두 가지로 구분된다. 그 하나는 고립된 반성이고, 다른 하나는 이성으로서의 반성 혹은 철학적 반성이다. 고립된 반성을 헤겔은 또한 "순수한 반성",[14] "통속적인 반성[gemeinen Reflexion]"[15]이라고도 말하며, 그리고 이 후자의 반성을 헤겔은 "사변적 반성"[16] 혹은 사변이라고도 말하는 것이다. 그리고 전자의 반성을 헤겔은, 인식과정에서의 "대립이라는 규정성들의 존립"을 고립시키는 "악한 반성"[17]이라고도 나중에

---

12 헤겔은 또한 "더 순수한 반성작용[ein reineres Reflektieren]"(ebd., 28)이라는 표현도 사용하고 있다.

13 그리고 "이성으로서의 (…) 반성[Reflexion (…) als Vernunft]"(ebd., 26)이라는 표현도 발견되며, 이를 "철학적 반성[philosophische Reflexion]"(ebd., 31)이라고도 한다.

14 예컨대, 헤겔은 "순수한 반성의 산물들[Produkte der reinen Reflexion]"(*Differenzschrift*. TW 2, 115)이라고 할 때, 이 표현을 사용하고 있다.

15 *Differenzschrift*. TW 2, 115.

16 헤겔은 "사변적 반성의 대립[Die Entgegensetzung der spekulativen Reflexion]"(ebd.)이라고 하면서 이 표현을 사용한다.

17 Ms 2b. 이것은 "Die Idee des absoluten Wesens"라고 하는 헤겔의 단편 가운데 발견되는 표현인데, 이 단편은 『차이저술』이 출간된 직후에 작성되어, '철학입문'이라는 제목으로 행한 1801/02년 겨울학기의 강의에 속하는 내용으로 추측된다. 이 단편은 헤겔 전집(*Gesammelte Werke*)의 제5권에 실려 있고 Ms. (Manuskript의 약자임) 1a-2b의 번호가 매겨져 있다. 여기서

부른다.

헤겔은, 반성이라는 "도구"(ebd., 25)만으로는 절대적 동일성을 파악할 수 없다고 비판하고 있는데, 그의 비판은 반성 일반에 대한 것이 아니라 앞서 말한 고립된 반성, 순수한 반성, 통속적인 반성 내지는 악한 반성에 대한 것이다. 그러나 "대립에로 나아가지 않고서는 대립의 지양이 불가능하다. 대립을 무시하거나 대립을 추상하지 않고 지양하는 것이 절대적 인식이다."[18] 헤겔에 있어서 '대립'의 단계는 절대자의 자기전개과정에 있어서 제2단계에 해당한다. 즉, 세계창조 이전의 절대자는 근원적인 통일상태로 존재하다가 창조의 과정에서 자기와 분열·대립하게 된다. 이러한 대립으로부터 자기에게로 복귀하여 본래의 통일을 회복하는 것, 즉 재통일의 상태 혹은 즉자대자적인 통일의 상태가 절대자의 전개의 최종적인 단계다. 이때에, 제3단계의 '완성된 통일[die vollendete Vereinigung]'이 존재하기 위해서는 대립과 분열이 필수적인 요소다. 이와 마찬가지로 반성도 사변에로 나아가기 위해 필수적인 요소다. 지성이 자기 자신에 부딪히는 자기의 마지막 한계에서 이성으로 되는 것이 바로 지성의 사명이다. 지성이 자기 자신을 이성으로 인식함으로써 지성은 지성으로서의 자신을 지양한 것이며, 지성의 이러한 자기지양은 "총체에 대한 충동[Trieb zur Totalität]"(*Differenzschrift*. TW 2, 15)으로 인해 비로소 가능한 것이다.[19]

8.2. 헤겔에서의 사변[20]

8.2.1. 사변, 반성, 예지적 직관

사변(적 인식)이란, 감각경험에 의존하지 않고 오직 이성의 능력에 의해서만 진리를 파악하려는 방법이다. 헤겔에 앞서 칸트는 이러한 사변적 인식의 가능성을 부정한다: "이론적인 인식이, 우리가 경험에서 도달할 수 없는 대상이나 대상

는 Kurt Reiner Meist, "Hegels Systemkonzetion in der frühen Jenaer Zeit," in: *Hegel-Studien* Beiheft 20, 1980 (59-79), 67에서 재인용함.

18 Ms 2b. Kurt Reiner Meist, ebd., 68에서 재인용함.

19 Zimmerli, ebd., 1974, 75 및 100 f. 참조.

20 '사변'이라는 용어는, 현실적이고 지성적으로 사유하는 사람들 사이에서는 예로부터 별로

개념에 관계하는 경우에 그 인식은 사변적이다. 이 인식은 가능한 경험에서 주어질 수 있는 대상이나 대상의 술어에만 관계하는 자연인식과 대립한다"(KrV, A 634 f., B 662 f.) 이렇게 말함으로써 칸트는, 사변적 인식에 대립하는 반성적 인식을 '자연인식[Naturerkenntnis]'이라고 부르고 있음을 알 수 있는데, 그는 이러한 자연인식의 대상인 경험계를 초월하여 예지계(叡智界) 혹은 가상계(可想界), 물자체를 인식하려고 하는 것은 잘못된 것이라고 주장한다. '사변'이라는 표현에 최초로 엄밀한 의미를 부여한 것은 헤겔의 공로다. 헤겔 논리학에 결정적인 작용을 하도록 한 기초를 제공한 이러한 연관을 상세하게 개진한 내용은 예나시절의 최초의 저술에서 발견된다. 『차이저술』은 시작부분에서 "당대의 철학"에 대한 일반적인 양상을 띤 서론적인 언급을 한 후에, 반성철학의 구조적인 진단 및 치료에 몰두하는 한편,[21] 반성과 사변의 관계를 천착하고 있다.

뒤징(K. Düsing)의 연구에 의하면, 쉘링에 있어서는 사변 개념의 의미에 변화가 있었다. 즉, 『자연철학을 위한 이념들』(*Ideen zu einer Philosophie der*

신뢰받지 못하고 있는 말이다. 자기가 설정한 목표의 실현이 자기 자신의 행위에도, 그리고 어느 정도 확실하게 계산될 수 있는 요소들에도 의존하지 않을 때 우리는 'spekulieren[투기(投機)한다]'고 말한다. 그리고 철학의 영역에서도, 자연과학의 학문이해에 정향된 경험론적 철학이 존재한 이래, 형이상학은 일반적으로 사변이라는 의혹을 받아온 것이 사실이다. 그러나 사변에 대해서 항상 그렇게 생각했던 것은 아니다. 'speculatio'는 보에티우스(Boethius)에 의해 희랍어 'theoria'에 대한 용어로 사용되었다. 아우구스티누스, 스콜라철학자(예컨대 아퀴나스), 그리고 신비주의자[예컨대 소이제(Seuse), 니콜라우스 쿠자누스]는 이것을 speculum (거울)과 결합하고 사도 바울을 따라서(고린도전서 13:12), 하나님은 직접 보이거나 알려질 수 없고, 마치 거울 속에서처럼 그의 일이나 성과 속에서만 보이거나 알려질 수 있다고 논증한다. 그러므로 사변은 감각경험을 초월하여 신적인 것 혹은 초자연적인 것에로 나아간다. 토마스 아퀴나스는 결과—예컨대 우주론적 신 존재 증명에서 나타나는—로부터, 결과를 야기하는 원인에로 소급할 수 있는 가능성과 사변 개념을 연관시킴으로써 이 개념의 의미를 더 정확하게 규정했다(*Summa theol*. II. 2, qu. 180, art. 3. 무엇보다도 여기서 그는 다음과 같이 말한다: "어떤 것을 거울을 통해서 본다는 것은, 결과를 통해서 원인을 보는 것을 뜻한다. 그런데 결과 속에서는 원인과 유사한 것이 다시 발생한다"). 'speculatio'는 현실적으로 주어진 것을 초월하여 그것의 궁극적인 규정근거들에로 고양되는 것을 뜻했다[Inwood, *A Hegel Dictionary*, ebd., 271; Zimmerli, ebd., 99 ff. 그리고 Werner Becker, "Der Begriff der Spekulation und seine Stellung im Rahmen der transzendentalphilosophischen Erkenntnistheorie der Neuzeit," in: Ders., *Selbstbewußtsein und Spekulation. Zur Kritik der Transzendentalphilosophie*, Freiburg, 1972 (45-65), 45 f 참조].

21 Rüdiger Bubner, "Die Metaphysik im Hintergrund der Unterscheidung des Transzendentalen vom Spekulativen," in: *Amicus Plato magis amica veritas. Festschrift für Wolfgang Wieland zum 65. Geburtstag*, hg. v. Rainer Enskat, Berlin/NY., 1998 (48-59), 54 참조.

Natur)의 초판(1799)에서 셸링은 사변 개념을, '분리하고 추상하는 단순한 형식적 사유'라는 의미로 사용한 반면에, 재판에서는 위의 의미에 해당하는 용어로 '반성'을 사용하고 있다. 그리고 사변은 새로운 두 가지 의미를 갖게 되는데, 그것은 첫째로는 "사변적 자연학[spekulative Physik]"에서의 "사변적 인식[spekulative Erkenntiß]"—이 속에는 이론[Theorie]이라는 특수한 개념이 포함되어 있다—이라는 의미이고, 두 번째로는 '절대자에 대한 순수하고 이성적인 인식'이라는 의미다. 그런데 이 후자의 의미를 지닌 사변은 헤겔이 예나시절의 비판적 저술들(Jenaer kritische Schriften)에서 정초하고, 동시대의 철학과 대결하면서 확증하고자 한 개념이다.[22] 그러나 셸링은 사변을, 개념적 사유가 아닌 예지적 직관[intellektuelle (intellektuale) Anschauung]과 동일시하고, 사변에 의해 절대자 파악이 가능하다고 주장하는 반면에, 헤겔에 있어서 사변은 지성의 반성적 사유와 구별되는 동시에, 예지적 직관과도 구별되는 개념적 사유다. 헤겔에 있어서 철학은 표상이나 감정이 아니라 개념적 인식이어야만 한다. 바로 이런 관점에서 헤겔은, 직관에 의해 절대자를 파악할 수 있다고 주장하는 셸링의 절대자관을, "마치 권총에서 총알이 발사되듯이 직접 절대자로부터 출발"(PhG, 26)한다고 비판한다. 즉, 무매개적인 지(知), 직접지는 진정한 지가 아니다. 이러한 지는 "통상적이고 추상적인 지성에 불과"(Enz §70, TW 8, 160)한 것으로서, 매개되어 있는 절대자를 파악할 수 없다. 예나시절에 헤겔은 예지적 직관이 반성으로 인한 분리를 극복하기 위한 진정한 대안이라고 하는 셸링의 주장에 내키지 않는 마음으로 동조했으나, 자기의 교수 시절의 마지막에 『정신현상학』 〈서문〉[Vorrede]과 함께, 셸링에 대한 날카로운 분리선을 긋는다. 『정신현상학』의 저자는, 모든 반성의 두 상관자인 주관과 객관의 영원한 구별을 말소하는 동일성 원리의 빈곤함과 공허함을 논박한다. 셸링이 모든 차이의 피안으로 좇아버린 무차별[Indifferenz]은 형식주의로 끝난다(PhG, 19). 이에 대해 헤겔은 단색(單色)의 형식주의, 절대자의 공허, 순수한 동일성, 형태 없는 백색(白色), 도식(圖式)의 동색(同色), 절대적 동일성(PhG, 43 참조), 혹은 "모든 (암)소가 검게 보이는 (…) 밤[die Nacht (…), worin, (…) alle Kühe schwarz sind, (…)]"(PhG, 19)이라고 비판한다. 요컨대, 절대자의 인식을 대상으로 갖고 있는 철학적 사유, 무한한 인식 내지는 "사변에는 유한한 인식 혹은 반성이 대립해 있

22 Klaus Düsing, "Spekulation und Reflexion. Zur Zusammenarbeit Schellings und Hegels in Jena," in: *Hegel-Studien*, Bd. 5, 95-107 참조.

다."[23] 그런데 사변적인 학은, 반성의 입장에 머물러 있는 지성의 사유에 근거해 있는 기타의 학과는 다르지만, 후자에서 다루고 있는 경험적 내용을 무화하지 않고 지양한다.[24] 이와 관련하여 헤겔은, "단순한 지성논리학은 사변논리학 속에 포함되어 있고, 사변논리학으로부터 곧바로 형성될 수"[25] 있다고 말한다.

8.2.2. 사변과 절대자

추상적인 지성적 사유로서의 반성은 무한배진(無限背進)에 빠지고, 무한배진은 총체성으로서의 진무한을 파악할 수 없다. 『차이저술』에서 헤겔은, 지성은 피제약자로부터, 그때그때마다 그 자체가 다시 제약된 조건들에로 배진하면서 "객관적 총체성"을 산출하려고 노력하며, 이때에 무한배진에 빠지게 된다는 것을 보여주고 있다. 그러나 여기서는 그 어떤 곳에서도, 지성이나 반성은 피제약자와 피제한자의 영역 너머로 고양되지 못한다(*Differenzschrift*. TW 2, 26 참조).[26] 그러나 이성 혹은 사변은 절대자 혹은 물자체를 파악할 수 있다(ebd., 100 ff. 참조). 그런데 절대자는 동일과 구별의 통일 혹은 "동일과 비동일의 동일"(ebd., 96)[27]이라는 구조로 존재한다. 이러한 구조는 생의 구조와 동일하다. 따라서 헤겔은 절대자를 "무한한 생"(ThJ, 347)이라고 말한다. 이러한 구조가 극명하게 드러나는 장소가 바로 기독교의 하나님을 가리키는 삼위일체의 표상이다. 거기에는 통일 속의 구별, 혹은 동일과 비동일의 동일이 존재한다. 이미 헤겔은 『정신현상학』(1807) 이전에도, 예컨대 새로 발견된 텍스트 그룹에 속하는 『정신의 본질』(*Das Wesen des Geistes*, 1803)이라는 단편에서도 정신 개념 속에 함축된 절대적인 자기관계에 관한 이론을 전개하고 있다.[28] 정신은 고정된 점으

---

23 Rosenkranz, *Georg Wilhelm Friedrich Hegels Leben*, ebd., 190.

24 Enz §9. TW 8, 52 f. 참조.

25 Enz §82, TW 8, 177.

26 또한 『체계단편』(*Systemfragment von 1800*, in: ThJ, 348)도 참조(Düsing, ebd., 111 참조).

27 『체계단편』 속의 생 개념(ThJ, 348)과 비교해볼 것. "그러므로 절대자 자신은 동일과 비동일의 동일이다: 절대자 속에는 대립과 하나임이 동시에 존재한다."

28 Kurt Reiner Meist, "Hegels Systemkonzetion in der frühen Jenaer Zeit," in: *Hegel-Studien* Beiheft 20, 1980 (59-79), 69 참조. 이 단편에 대한 서술에 관해서는 Baum/Meist, "Durch Philosophie leben lernen,"in: *Hegel-Studien*, Bd. 12, 1977, 65-73을 참고할 것.

로 존재하지 않고 운동, 활동으로 존재한다. 자신을 부정함으로써 스스로 자기의 타자로 되고, 다시 자기에게로 돌아오는 정신의 부정운동을 통하여 "동일과 비동일의 동일" 혹은 "자기의 타재 속에서의" 정신의 "자기동일"(Ms 14b)이 이루어진다. 헤겔은 바로 이러한 대립 속의 통일, 구체적 동일자로서의 절대자를 파악할 수 있는 사유를 사변이라고 말하고 있다.

8.2.3. 근원적 통일(생)의 회복과 사변

헤겔은 근원적 통일을 회복해야 한다고 주장한다. 그의 이러한 사상은 횔더린의 사상과 공유점을 가진다. 횔더린 역시 그의 『근원분할과 하나』(Urteil und Sein)에서 근원적으로 분할되기 이전의 통일체인 '하나[Sein]'와, 반성에 의해 분할된 존재자의 상태를 표현하고 있다. 헤겔은 이러한 횔더린의 사상을 자기의 것으로 만들어, 대립을 화해시키는 통일의 철학을 주창하며, 이와 동시에 모든 종교의 이상(理想)도 이러해야 한다고 말한다. 그러나 헤겔은 철학을 종교에로 고양함으로써 절대자를 파악할 수 있다고 생각했던 청년기의 저술에서의 생각[29]을 바꾸어서, 절대자를 철학에 의해, 즉 철학적 사변에 의해 파악하고자 한다. 이러한 생각이 잘 나타나 있는 저술이 바로 우리가 이미 여러 번 거론한 바 있는 『차이저술』이다. 헤겔이 비판하고 있는 실정(實定)종교[Positive Religion]는 유한자와 무한자를 대립시키고 분리시킨다. 신은 유한자로부터 분리되어 피안에 존재함으로써 유한자와 무한자 간의 생동적인 관계는 불가능하게 된다. 이러한 결과는 바로 지성의 반성적인 활동으로부터 기인하는 것으로 헤겔은 보고 있다. 이렇게 대립을 고착시키는 지성의 반성적 사유로부터는 결코 절대자와의 통일에 이를 수 없다. 그리하여 헤겔은 "반성의 반성을 통하여 사변에, 무한자에로의 사유하는 고양에"[30]이를 것을 요구한다. 『차이저술』에서 그는, "분열이 철학의 욕구의 원천"(*Differenzschrift*. TW 2, 20)이라고 말한다. 분열과 제한을 극복하고 통일을 이루는 것이 철학의 과제다. 그러나 철학의 도구로서의 반성은 여러 제한들과 분열을 지양하는 것이 아니라 산출한다. 그러므로 반성은 절대자와 관

29 1800년의 단편에서 헤겔은 "철학은 (…) 종교와 더불어 중지되어야 한다"(TW 1, 422 f.)고 말하고 있다.

30 Pöggeler, "G.W.F. Hegel. Philosophie als System," ebd., 156.

계하면서 자기 자신의 제한들을 무화시켜서 이성에로 성숙되어야 한다. 헤겔에 있어서 이성은, 대립이 지양되는 것으로 인식함으로써 대립 속에서 동일성을 인식하는 사변의 본래적인 장소다.[31]

지금까지의 고찰을 통하여 우리는, 지성의 반성적 사유는 동일과 구별의 통일체로서의 절대자를 파악할 수 없고, 사변에 의해서만이 이러한 구체적인 보편자인 절대자를 파악할 수 있다는 헤겔의 주장을 살펴보았다. 그러나 반성은 또한 유한자도 온전하게 파악할 수 없다. 왜냐하면 반성은 추상적이고 일면적이기 때문이다. 사변적 사유방식은 유한자의 파악에도 그대로 적용되어야 하는 사유방식이다. 이러한 사상은 실로 정당한 것으로서, 우리는 대상을 결코 그것의 타자와의 연관성을 무시한 채 고립시켜 파악한다든가, 혹은 그 대상의 일면만을 고찰하고 다른 측면은 간과하는 태도를 취해서는 안 되며, 이와는 반대로 대상을 그것의 타자와의 연관성 속에서 총체적으로 파악하려는 노력을 경주해야 할 것이다. 그러나 헤겔에 있어서 반성과 사변의 문제를 거론하면서 지적해야 할 점은, 모순 및 이율배반을 혼동해서는 안 된다는 점이다. "사유는 의식 없는 직접성을 극복하여 지성적인 반성으로 되며, 대립을 발생"[32]시키는 것이 사실이다. 그러나 이러한 대립규정들은 결코 '모순'은 아니다. 더욱이 괴쩨(Götze)가 말하는 것처럼, "이성의 최고 표현은 이율배반이어야" 하고 "이율배반적인 진술들의 동일성에 대한 의식적인 통찰이야말로 진정한 앎"인 것은 아니다.

예컨대 세계는 유한하든가 무한하든가 하지, 둘 다이거나 둘 다 아닐 수는 없다. 우리가 세계라는 개념의 의미에 대해서 합의만 한다면 이 두 주장들 가운데 반드시 하나는 옳고, 다른 하나는 그르다. 많은 이들은 인식론적 측면과 존재론적 측면을 혼동하고 있다. 즉 세계가 유한한지 무한한지 우리가 알 수 없는 것은 사실일 것이다. 그러나 그렇다고 해서 세계가 무한한 것도 아니고 유한한 것도 아니라는 주장이 옳은 것은 아니다. 세계는 무한하든지 유한하든지 둘 중 하나다. 전자는 인식론에 관계되어 있는 반면에 후자는 존재론에 관계되어 있다. 이와 마찬가지로, 신(절대자, 무한자)—소위 고전적 유신론에서 말하는 신—이 존재하는지 존재하지 않는지 우리가 알 수 없다고 해서, 신은 존재하지도 않고 존재하지 않는 것도 아니라고 말할 수는 없는 것이다. 물론, 예외가 있는 경우는, 칸트의 이율배반론에서 살펴보았듯이 예컨대, 첫 번째로는, 주어가 지시하

31 Götze, ebd. 참조.

32 Götze, ebd.

는 대상이 존재하지 않는 경우, 그리고 두 번째로는, 술어가 주어에 대하여 애초부터 적용될 수 없는 경우다.

그런데 헤겔 역시, 사변적 사유는 두 주장을 통일하고, 따라서 세계를 유한한 동시에 무한한 것으로 간주한다고 그릇된 주장을 제시한다.[33] 그러나 이것은 있을 수 없는 일이다. 헤겔 자신이 용어를 부정확하게 사용하였을 뿐만 아니라, 후대의 많은 사람들도 잘못된 용어를 사용하고 있다. 변증적 사유에 나타나는 일자의 타자는 결코 일자와 '모순관계'에 있는 것이 아니라 단지 그것을 '부정'하는 관계에 있다. "A＝A"라는 진술을 생각해보자. 이것은 앞서 말한 대로, 추상적이며 형식적인 동일성을 표현하는 진술이다. 그러나 이 진술에는 "A＝[B, C, D, (…) Z 등이 아닌] A"라는 의미가 포함되어 있는 것으로 생각할 경우에, 이때 A의 타자인 B, C, D 등은 A와 모순관계에 있는 것이 아니라, 단지 대립관계·A가 부정된 관계에 있을 뿐이다. 많은 헤겔 연구가들조차 이 점을 오해하고 있다. 헤겔은 많은 경우에, 대립이나 부정의 관계를 '모순'이라는 용어로 표현하고 있기 때문에, 독자들이 혼란에 빠지게 되는 것은 당연하다. 그러나 만약에 우리가 이러한 관계를 바로잡는다면, 헤겔의 사변적 사유는 올바른 대상인식을 위해 필요한 것이라고 주장할 수 있다.[34]

---

33 Enz §32 Zus., TW 8, 98 f. 참조.

34 백훈승, 「헤겔에서의 반성(反省)과 사변(思辨)」, ebd., 238 ff. 참조.

9
개념과 현실의 통일로서의 이념(이성)

9.1. 이념[Idee]과 이성[Vernunft]

이념(理念)이란 무엇인가? 예컨대 우리는 "그 정당이 지향하는 이념은 무엇인가?"라고 묻는다. 우리가 통상적으로 사용하는 '이념'의 의미는, '현실에 존재하지 않지만, 우리가 추구해야 할 목표로서의 이상(理想)'이라는 의미일 것이다. 이념이나 이상이라고 하는 것은, 현실을 초월하여 존재하는 어떤 것이다. 즉 '이념'은, '이상적(理想的)인' '생각[念]'으로서, 물리적 시·공간의 제약을 받지 않는 비현실적인 것이다. 이를 그냥 '이상(理想)'이라고도 하는데, 이 첫 번째 의미를 지닌 'Idee'는 영어로는 'ideal' 혹은 (대문자 'I'로 시작하는) 'Idea'라고 한다.[1] 예컨대 완전한 자유, 완전한 평화, 완전한 사랑 등은 모두 현실에서는 존재하지 않는 것들이다. 현실에서도 자유, 평화, 사랑은 존재한다. 그러나 그것들은 모두 불완전한 것들이다. 그것들이 현실 속에 완전히 실현될 수는 없다. 그렇기 때문에 그것들은 이상이라고 한다. 이상은 이상일 뿐, 현실일 수는 없다. 만약에

---

1 '관념'이나 '생각'을 뜻하는 영어 'idea'는 플라톤이 말한 '이데아(ἰδέα)'에서 유래한 용어다. 그러나 'ἰδέα'라는 희랍어를 라틴문자로 그대로 옮겨서 'idea'라고 쓰면 '이데아'나 '이념', '이상'이 아니라 '관념'이라는 뜻이 되어버린다. 이 점에 유의해야 한다. 물론 'ideal'이나 'idea' 모두 플라톤의 이데아에서 유래한 용어이어서 양자는 밀접한 관계가 있다. 즉 우리가 어떤 이데아에 대해 생각하게 될 때, 그것은 우리의 머릿속에 관념으로 존재하게 되기 때문이다.

어떤 이상이 실현된다면, 즉 물리적 시·공간 속에 현실화된다면, 그것은 더 이상(以上) 이상(理想)이 아닌 현실일 것이기 때문이다. 이념이나 이상에 해당하는 서양어 Idee나 Ideal은 주지하듯, 플라톤의 이데아(ἰδέα)에서 유래한 용어다. 그것은 관념[idea]이 아니라 이상(ideal, 혹은 대문자로 시작하는 Idea)이다.

그런데 또한 'Idee'[혹은 'idea']는, '이상적(理想的)인' '생각[念]'이라는 첫 번째 의미에서 '이상적(理想的)인'이라는 의미를 제외한 '생각[念]'이라는 의미로 사용되기도 한다. 독일어 'Gute Idee!'나 영어 'Good idea!'라고 할 때의 Idee나 idea가 이 경우에 해당된다. 그래서 이 문장의 의미는 '좋은(훌륭한) 이념이다!'가 아니라 '좋은(훌륭한) 생각이다!'가 된다. 이 경우, 독일어에서는 'Vorstellung'이라는 단어를 사용할 수도 있고, 영어에서는 'representation'을 사용할 수도 있다. 그런데 첫 번째 의미나 두 번째 의미 모두, 그것들이 '생각[念]'이라는 점에서는 동일하다. 철학에서도 대체로는 이념이라는 용어를 이런 통상적인 의미로 사용한다.[2] 예컨대 칸트는 존재론적 신 존재 증명의 불가능성에 관하여, "절대적으로 필연적인 존재자라는 개념은 순수이성의 개념, 즉 단지 하나의 이념에 불과한 것이어서, 그 객관적 실재성은 이성이 그것을 요구한다 하더라도 아직 증명되는 것이 아니며, 도저히 도달할 수 없는"(KrV, B 620)[3] 것이라고, 존재론적 논증의 성립 불가능성을 결론적으로 제시하면서 그의 논증을 시작한다. 칸트에 의하면 '절대 필연적인 존재자'라는 개념은 순수이성의 개념 혹은 이념에 불과하며, 이 개념이나 이념에 대응하는 존재자가 실재 혹은 현존한다는 것을 보증할 수는 없는 개념인 것이다. 즉, 이러한 이념은 우리의 이성에 부과되어 있는[aufgegeben] 것이지, 우리 앞에 현실적으로 주어져 있는[gegeben] 것이 아니다.[4]

---

2 백훈승, 『피히테의 자아론: 피히테철학 입문』, 신아출판사, 2004, 21 참조; 백훈승, 『헤겔 『법철학 강요』 해설: 〈서문〉과 〈서론〉』, 서광사, 2016, 10 f. 참조.

3 칸트는 또한 존재론적 논증을 제기하는 자들을 다음과 같이 비판한다: "전적으로 자의적(恣意的)으로 기획한 이념으로부터, 그에 상응하는 대상 자체의 현존재를 억지로 끌어내려고 하는 것은 아주 부자연스러운 것이며, 학적 기지(機智)의 단순한 갱신에 불과하다"(KrV, B 631).

4 백훈승, 「존재론적 신 존재 증명에 관한 칸트와 헤겔의 견해」, 『철학논총』 제36집, 새한철학회, 2004.04 (323-338), 327 참조. 이렇게, 이성이 신에 대해 갖는 선험적 가상을 칸트는 순수이성의 이상[Ideal]이라고 한다. 이것은 '실재의 총체[omnitudo realitatis]'—이것은 '최고 실재적인 존재자[ens realissimum]', '최고 존재자[ens summum]', '근원적 존재자[ens originarium]', 혹은 '모든 존재자들의 존재자[ens entium]' 등으로도 불린다—라는 이상이 현실에 실

헤겔 역시 일상언어와 일반 철학에서와 같은 의미로 이념이라는 용어를 사용한다. 그러나 이제 헤겔이 독특하게 사용하는 세 번째 의미의 'Idee'가 있다. 그것은 한마디로 말하면, '개념과 실재(현실, 현존재)의 일치' 혹은 '주관과 객관의 통일'이다.[5] 우리가 통상적으로 말하는 '이상(理想)'이나 '이념(理念)'으로서의 Idee는 현실에 존재하지 않지만, 헤겔이 말하는 세 번째 의미의 Idee는 현실에 존재할 수 있다.[6] 그리고 철학은 그것이 현실에 존재하도록 현실을 개혁할 책임이 있다고 말한다. 즉 어떤 것의 현실이 그것의 개념에 일치하지 않은 채로 현존할 때, 그것은 그저 현실이나 현상에 불과하고 결코 이념은 아니다.[7] 그러나 어떤 것의 현실이 그 개념에 부합할 때, 그것을 바로 이념이라고 말한다. 예컨대 국가를 생각해보자. 현존하는 국가들—현상[Erscheinung], 현존[Existenz]—이 과연 국가라는 개념에 적합한 것인가? 사실은 그렇지 못하다. 다시 말하면, 현존하는 국가들은 국가가 마땅히 지녀야 할 속성 내지 본질을 모두 갖추고 있는 것이 아니라 무언가를 결여하고 있다. 따라서 그것들은 모두 이념으로서의 국가들이 아닌 현존태로서의 국가들에 불과하다. 그리고 물론, 헤겔에 의하면 이념은 이성과 동일한 의미를 지니고 있으므로(예컨대, 절대이념=절대이성),[8] 이념

체로 존재한다고 생각함으로써 생기는 가상이다(KrV, A 576-579, B 604-607 참조).

5 예컨대 헤겔은 『법철학』에서, "철학적 법학은 법 이념을, 즉 법 개념과 그것의 실현을 대상으로 갖고 있다"(PdR §1, TW 7, 29)라고, 그리고 ebd.의 추가(補遺)에서 "현존재와 개념의 통일, 육체와 혼의 통일이 이념이다(Die Einheit des Daseins und des Begriffs, des Körpers und der Seele ist die Idee)"라고 말한다. 즉, '이념[Idee]'은 현실[Realität]이나 현존재[Dasein]가 그것의 개념[Begriff]—이때의 '개념'은 '본질'을 뜻한다—에 합치한 상태를 말한다. 그리고 또한 헤겔은, "자신에 의해 규정된 무한자 속에서는, 개념에 실재가 상응함에 틀림없다. 그리고 이것이 바로 이념, 즉 주관과 객관의 통일이다"(TW 17, 531)라고도 말한다. 헤겔이 말하는 '이념'은 완전한 것, 참된 것, 진정한 것이므로, "진정한 것은 단지 주관적인 것에 불과한 것이 아니다"(TW 20, 361)라고 헤겔은 말하는 것이다. 이 표현은, "참된 것은 완전한 것이다(Das Wahre ist das Ganze)"(PhG, 21)라는 진술과 바로 연결된다.

6 그러므로 헤겔은, "철학은 단지 이념과만 관계한다. 이념은 오직 당위로만 존재하고 현실적[wirklich]이지 않을 정도로 무력하지 않다"(Enz §6, Anm., TW 8, 49)고 말하는 것이다. 플라톤은 이데아를 이상적인 것, 가능태로 생각하여 실현 불가능한 것으로 간주했지만 아리스토텔레스는 그것을 "활동태[energeia]로서, 즉, 단적으로 외부로 나온 내적인 것으로서, 따라서 내적인 것과 외적인 것의 통일로서"(Enz §142 Zus., TW 8, 281) 파악하고 있다는 점이 다른데, 헤겔은 이념, 이성, 진정성의 문제에 있어서 아리스토텔레스의 입장을 따르고 있다.

7 "개념 자체를 통해 정립된 이 진정성[Wirklichkeit]이 아닌 모든 것들은 일시적인 현존재, 외적인 우연, 사념(私念), 본질이 없는 현상, 비진리, 기만 등이다"(PdR §1, TW 7, 29).

8 헤겔은 "이념과 동의어인 이성적인 것은 (…)"(PdR, Vorrede, TW 7, 25)이라고 말한다.

으로서의 국가는 이성적 국가이고, 그것은 곧 진정한 국가다. 헤겔이 말하는 바는 바로 이런 것이다. 지상에 현존했던, 그리고 현존하는 국가들은 모두 이성적인 국가, 진정한 국가가 아니다. 그러므로 헤겔은, 철학은 사람들이 단순히 개념이라고 부르는 것에 관계하는 것이 아니라, 개념의 일면성 혹은 비진리를 지양하여 개념과 실재가 통일된 이념을 다룬다고 말하는 것이다.[9]

9.2. "이성적인 것, 그것은 진정한 것이고, 진정한 것, 그것은 이성적인 것이다."

방금 살펴보았듯 '이성적인 것'은 단순히 어떤 현존재자나 현상을 가리키는 것이 아니라, 자기의 본질에 합치하는 현존재자를 가리킨다. 그런데 바로 이러한 것은, '현실적인 것'이 아니라 '진정한 것'이다. 그러므로 이성적인 것과 현실적인 것이 동치관계에 있는 것이 아니라, 진정한 것과 이성적인 것이 동치관계에 있는 것이 분명하다.[10]

진정한 것, 이성적인 것은, 현존재자가 자기의 본질에 합치하는 것이다. 예컨대 참된 친구, 진정한 친구는 누구를 가리키는가? 그것은 바로 어떤 현존재자인 사람이 '친구의 본질', 곧 '우정(友情)'을 지니고 있는 경우, 다시 말하면, '우정을 지니고 있는 사람'을 가리킨다. friend의 본질은 바로 friendship인 것이다. 우리말의 '~답다'는 표현은 바로 어떤 것의 본질을 가리키고 있다. 유가(儒家)

9 PdR §1, TW 7, 29 참조. 헤겔은 이념을, "현존재[Dasein]와 개념의 통일" 혹은 "몸과 맘의 통일"(PdR §1 Zus., TW 7, 30)이라고도 표현한다. 그리고 이러한 통일은 단지 조화를 이루는 것이 아니라, 완전한 침투 내지는 융합(ebd. 참조)이라고 말한다. 헤겔은 여기서 이념을 하나의 생명체로, 그리고 개념을 (인간의) 영혼으로, 그리고 현존 내지는 현실을 몸으로 각각 비유하여 이들의 상호관계를 설명하고 있다. 이러한 설명은 아리스토텔레스의 질료형상론에 대응한다. 현실개체로서의 우시아는 질료와 형상으로 구성되는데, 이 경우 질료에 해당하는 것이 현존재 내지는 현실이라는 표현으로 나타나고, 형상에 해당하는 것은 바로 개념으로 표현되고 있음을 알 수 있다. 그리고 헤겔이 "진정한 것은 내적인 것과 외적인 것의 통일일 뿐이다[Wirklichkeit ist nur die Einheit des Inneren und Äußeren]"(handschriftliche Notiz zu PdR §1, TW 7, 30)라고 말할 때의 내적인 것은 영혼(개념)을 말하고, 외적인 것은 몸(현존)을 말한다. 백훈승, 『피히테의 자아론: 피히테철학 입문』, ebd., 22 ff. 참조; 백훈승, 『헤겔 『법철학 강요』 해설: 〈서문〉과 〈서론〉』, ebd., 11 f. 참조.

10 백훈승, 『서양근대철학』, ebd., 484 ff. 참조.

의 '정명론(正名論)'은 바로 이 점을 잘 말해주고 있다. 즉 공자(孔子)는 질서 있고 안정된 사회를 이룩하는 데 가장 중요한 것은 정명의 확립이라고 생각했는데, '정명'이란, 우리가 물(物)에 붙인 이름[名]과 그 내실(內實)[實]이 일치해야 한다[명실상부(名實相符)]는 요청인 것이다. 언젠가 "자로(子路)가 공자에게, 정치를 하려면 무엇을 으뜸으로 삼아야 하느냐고 물으니, 공자는 반드시 정명을 해야 한다"(『논어』; 자로)고 대답했고, 제경공(齊景公)이 공자에게 정치하는 도리를 물으니, 공자는 "임금은 임금, 신하는 신하, 아버지는 아버지, 아들은 아들 노릇을 해내야 한다"["군군, 신신, 부부, 자자(君君, 臣臣, 父父, 子子)" 『논어』; 안연]고 대답했다. 즉, 이름마다 모두 어떤 의미를 지니고 있는데, 이것이 그 이름에 해당하는 물(物)의 본질이다. 그러므로 물은 이러한 본질과 일치해야 한다는 것이다. 우리는 어떤 존재자가 자기의 본분이나 기능을 제대로 발휘할 경우, 그것을 참되다거나 좋은 것이라고 말한다.[11]

이런 선이해(先理解)를 가지고 헤겔의 유명한 명제인 "Was vernünftig ist, das ist wirklich; und was wirklich ist, das ist vernünftig"(PdR, Vorrede, TW 7, 24)의 의미를 해석해보자. 이 명제는 당연히, "이성적인 것, 그것은 현실적인 것이고, 현실적인 것, 그것은 이성적인 것이다"가 아니라, "이성적인 것, 그것은 진정한 것이고, 진정한 것, 그것은 이성적인 것이다"로 번역되어야 한다.

헤겔은 『논리학』에서 현존[Existenz], 현존재[Dasein], 현상[Erscheinung]과 진정성[Wirklichkeit]을 구별하고 있다. 헤겔은 이러한 진정한 것[dieses Wirkliche]을 "손에 잡히는 것이나 직접적으로 지각될 수 있는 것들과"[12] 혼동하지 말라고 당부한다. 현실적인 것은 가능적인 것이 물리적인 시·공간 속에 실현되어 있는 것에 불과하며, 그것이 그대로 진정한 것, 참된 것은 아니다. 그것은 그래서 현상, 즉 '우리 앞에 나타나 있는 것'이라고도 한다. 현상, 현존, 혹은 현실은 이성적인 것이 될 때까지 변화되어야 한다. 그렇게 될 때에만 현실은 비로소 참된 것, 이성적인 것이라 말할 수 있게 된다. 그는 또한 "우리가 세계를 주의 깊게 고찰한다면, 광대한 영역의 내적·외적 현존재로부터 현상에 불과한 것, 일시적이고 무의미한 것과, 그 자신 참으로 진정한 것[Wirklichkeit]이라는 이름에 합당한 것을 구별할 수 있다"[13]고 말한다. 요컨대 진정성[Wirklichkeit]은, "본질과

11 백훈승, 「"이성적인 것은 현실적이고, 현실적인 것은 이성적"인가?」, 『범한철학』 제33집, 범한철학회, 2004 (153-171), 163 f. 참조.

12 Enz §142 Zus., TW 8, 281.

13 Enz §6, TW 8, 47. 또한 『법철학』에서도 진정성과 현존 사이에 이와 유사한 구분을 하고

현존의, 혹은 외부와 내부의 직접적으로 이루어진 통일"[14]이다. 존재자는 그것의 현존이 그것의 본질과 조화를 이룰 때에만, 그것의 현존이 그것의 고유한 개념, 기능 혹은 관념과 일치할 때에만 참되다. 이렇게 볼 때, 진정성[Wirklichkeit]은 진리[die Wahrheit], 참된 것[das Wahre]과 관계되어 있음을 알 수 있다.[15]

있다: "철학은 (…) 오직 개념만이 (…) 진정성을 갖고 있다는 것을, 그리고 개념이 자신에게 진정성 자체를 부여한다는 것을 보여준다. 개념 자체를 통해 정립된 이 진정성이 아닌 모든 것은 무상한 현존재, 외적인 우연, 사념(私念), 본질 없는 현상, 비진리, 기만이다"(PdR §1, TW 7, 29).

14 TW 8, 279. 그리고 TW 8, 280, 281 및 284도 참조; 또한 『법철학』(Handschriftliche Notiz zu §1, TW 7, 30); 『논리학』에서 Wirklichkeit는 "본질과 현존의 통일"(GW 11, 369). "내부와 외부의 통일"(ebd.). "내부 혹은 본질과 현상의 동일"(GW 11, 368)이라고도 표현되고 있다. 이때 본질은 내부에, 그리고 현존은 외부에 각각 해당한다. 내부와 외부가 통일될 때, 즉 본질과 현존이 통일될 때, 그것을 참되다[wirklich]고 한다. 이러한 사상은 우리말이 간직하고 있는 사상과 동일하다. 즉, 참된 것은 글자 그대로 '참[fullness]'을 뜻한다. 겉 다르고 속 다른 것도 아니고 겉은 멀쩡한데 속이 텅 비어 있거나 훼손된 것이 아니라 꽉 차 있음을 말한다. 이에 반해 거짓된 것이란—이 말은 '가죽', '거죽', '껍질' 등과 동계어다—겉과 속이 일치하지 않은 것, 거죽만 번드르르한 것을 말한다. 우리말의 참, 거짓은 인식론적 용어이기 이전에 존재론적 용어임을 알 수 있다. 또한 참된 것은 좋은 것이고 거짓된 것은 나쁜 것이다. 좋은 친구란 어떤 친구인가? 그것은 친구[friend]의 본질[우정, friendship]을 잃어버리지 않은 사람인 것이다.

15 백훈승, 『서양근대철학』, ebd., 485 참조. 이렇게 볼 때, "Das Wahre ist das Ganze"(PhG, 21)라는 헤겔의 유명한 진술은 아주 쉽게 이해된다. 이 말은 "참된 것은 완전한 것이다" 혹은 "참된 것은 전체다"로 번역될 수 있다. 이 진술은 사변적 진술로서, 어떤 의미에서는 동어반복이다. 왜냐하면 '빈 곳이 없이 꽉 차 있는 것'이 '완전한 것' 내지는 '전체'이기 때문이다. 또한 참된 것이란, 주관적인 것만이거나 객관적인 것만이 아닌 완전한 것[das Ganze]이다.

10

시원(始原)의 변증법: '있음-없음-됨(유-무-성)[Sein-Nichts-Werden]'

10.1. "(순수)존재는 (순수)무다."

헤겔 『논리학』의 단초(端初)는 '순수한 하나(일자)[das reine Sein]'[1]다. 이것은 "자연과 유한한 정신의 창조 이전에 자기의 영원한 본체로 존재하는 신"(GW 11, 21)을 가리킨다. 우주를 창조하기 전의 신은 홀로 존재하고 있었기에 그것의 타자가 존재하지 않으므로 그 어떤 것에도 매개되어 있지 않은 "단적으로 직접적인 것"(GW 11, 33) 혹은 "직접적인 것 자체"(ebd.)이고, "타자에 대한 아무

---

1 필자가 채택한 '하나'라는 말은 수사(數詞)로서의 '하나'가 아니라 '하나인 (어떤) 것'의 축약어(縮約語)로서의 '하나'다. 여기에 대응하는 한자어는 '일자(一者)'라고 할 수 있다. 그리고 이때의 '일자' 역시, 헤겔이 〈존재론〉 제3장의 〈대자존재〉에서 말하고 있는, 물리적 시공간에서의 '일자'와는 구별되는, 원초적 존재자를 뜻한다. 서양철학사에서 헤라클레이토스나 플로티노스 같은 철학자들은 절대자를 뜻하는 용어로 '일자'("Ev)라는 용어를 사용했다. 그리고 '하나'라는 말에 '님'이라는 어미를 붙이면 종교적인 의미의 절대자를 가리키는 '하나님'이 된다. 그리고 필자가 다른 곳에서도 이미 지적한 바 있듯이[「헤겔과 사변적 진술: 『정신현상학』 서문 §§58-66의 분석과 비판」, 『철학연구』 제118집, 대한철학회, 2011 (123-147), 128], 'Sein'의 앞에 있는 'S'를 맨 뒤로 옮기면 'Eins', 즉 '하나'가 된다. '하나'라는 표현 외에 우리는, 헤겔의 신관을 잘 나타내고 있는 희랍사상의 'hen kai pan("Ev καὶ Πᾶν)'과 같은 의미를 지니고 있는 우리말 '흔'을 사용할 수도 있을 것이다. 'hen'에서 'h'을 취하고, 'pan'에서 'an'을 취하여 둘을 합하면 'han'이라는 단어가 만들어지는데, 이 단어는 '하나이면서 전체'를 뜻한다.

런 규정도 가질 수 없을 뿐만 아니라, 자신 속에 아무런 규정이나 어떤 내용도 지닐 수 없다"(ebd.). 이런 '순수한 하나(일자)'로서의 절대자에 대해 우리가 내리는 규정이 바로 '순수하게 존재함(있음)', '순수존재', 혹은 '순수유(純粹有)'다. 그러므로 우리는 두 가지 용어를 명확히 구별해야 한다. 즉, 논리학의 단초가 되는 우주창조 이전의 신에 대해서는 '순수한 하나(일자)'라고 불러야 하며, 이 '순수한 하나(일자)'가 갖는 규정이 '순수존재', '순수하게 있음', '순수유'인 것이다.

그러므로, '있다'는 동사형을 명사형으로 만든 '있음[有]'이라는 술어형 명사나 '존재(存在)'는 학의 시원으로서의 자격이 없다. 즉, 시원을 가리키는 용어인 'Sein'에 대한 번역어로 '존재(存在)'나 '유(有)' 혹은 '있음'이 채택된다면, "시원이 존재한다"고 우리가 말할 때, 이 진술은 "존재가 존재한다"나 "있음이 있다"라고 하는, 이상한 진술이 되어버린다. 그러나 헤겔이 사용한 독일어 'Sein'은 '있음'이라는 의미로 사용된 것이 아니라, 거기에서 주관과 객관이 온전히 통일되어 '하나를 이루고 있는 절대자'를 가리키는 용어다.

이런 '순수한 하나(일자)'에 대해서 우리는 그것이 '순수하게 존재한다', '그저 있다'는 규정만을 부여할 수 있다. 그러나 어떤 것이 '그저 있다'고 하는 것은—그것에 대한 아무런 추가적인 규정을 결여하고 있기 때문에—없는 것과 마찬가지라는 것이다. 왜냐하면 "규정은 부정(否定)"이며, 일자(一者)의 타자(他者)를 필요로 하는 것인데, 순수한 하나(일자)의 타자는 존재하지 않으므로 부정이 존재하지 않고, 따라서 규정도 존재하지 않기 때문이다.

존재와 무는 각각 두 종류로 구분되어, 우리가 생각할 수 있는 네 가지 경우가 생긴다. 즉, 존재는 ① 단적인 존재(순수존재, 그저 있음)와 ② 규정된 존재[~이 있음(예: "여기에 탁자가 있다"고 할 때의 "탁자의 있음")]로 구별되고, 무는 ③ 단적인 무(순수무, 그저 없음)와 ④ 규정된 무[~이 없음(예: "여기에 탁자가 없다"고 할 때의 "탁자의 없음"]로 구분된다.[2] 헤겔은, "그러므로 순수존재와 순수

2 헤겔은 〈존재론〉 제1장의 주석1에서 무를 두 가지로 구분하고 있다. 즉, 그 하나(일자)는, "어떤 것에 대립되는 무[das dem Etwas entgegengesetzte Nichts]", "그 어떤 것의 무[das Nichts von irgend Etwas]"인데 이것을 그는 "어떤 규정된 무[ein bestimmtes Nichts]"(TW 5, 84)라고 부른다. 그러나 〈존재론〉의 첫 부분에서 헤겔이 다루고 있는 'Sein-Nichts-Werden'의 경우의 '무[Nichts]'는 두 번째의 '무', 즉 "자기의 무규정적인 단순성 속에서 취급된 무[das Nichts in seiner unbestimmten Einfachheit zu nehmen]"(ebd.), "즉자대자적으로 순수한 무[das Nichts rein an und für sich]"(GW 11, 45)다.

무는 동일하다"(TW 5, 83)[3]고 말한다. 이것은 ①과 ③이 동일하다는 말이다. 그러나 어떤 특정한 존재자가 존재하는 것, 즉 ②와 어떤 특정한 존재자가 존재하지 않는 것, 즉 ④는 전혀 다른 것이다. 예컨대, '~이 있다'고 말하는 것이 아니라, 아무런 주어나 주체가 없이 '있다'라고만 말하는 것은 아무런 지시대상이 없기 때문에, 아무것도 없는 것이나 마찬가지라는 것이다. 따라서 순수존재와 순수무, 이 양자는 동일한 것이다.[4] 그러나 양자가 동일하다는 것은, 이 양자의 지시대상의 동일성을 가리키는 것이며, 양자는 전적으로 동일한 것이 아니라 서로 구별되기도 하는 상이성을 지니고 있다. 즉, 이들은 그 외연(外延)은 동일하지만 그 내포(內包), 곧 그 의미는 상이하다. 이에 대해 헤겔은 다음과 같이 말한다:

> 그러므로 '존재와 무는 동일하다'[5]는 명제가 이 규정들(존재라는 규정과 무라는 규정: 필자 첨가)의 동일성을 표현하고 있지만, 사실은 이와 마찬가지로 이 두 규정들을 구별된 것으로 포함하고 있는 한, 이 명제는 그 자체로 모순되어 해체된다. 이것을 좀 더 상세히 검토해보면 요컨대 여기에는 자기 자신으로 말미암아 사라지는 운동을 지니고 있는 명제가 정립되어 있다. 그런데 이로써, 이 명제에는 자기의 본래적인 내용을 이루는 것, 즉 Werden이 발생한다(TW 5, 93).

여기서 헤겔이 말하고자 하는 사태는 분명하다. 그러나 그는 표현에 있어 오류를 범하고 있다. 헤겔이 볼 때 위의 명제는 ① "존재와 무는 동일하다"와 ② "존재와 무는 동일하지 않다"[6]라는 두 개의 명제로 분리된다는 것이다. 그러므로 이들 두 명제는 (만약 두 문장의 주어가 동일하고 동일한 관점에서 주장된 것이라면) 모순되므로 해체된다는 것이다. 우리는 위의 원초적인 명제를 위의 두 명

---

3 앞으로 나는 이 진술을 헤겔의 '원초적 진술'이라고 부르겠다.

4 김옥경은 이러한 순수유의 무규정성은 내용의 공허성 또는 무의 개념을 이미 암시적으로 시사하고 있기 때문에 그 자체로 부정적일 수 있다고 말한다(김옥경, 「헤겔철학에 나타난 존재와 무」, 『철학논집』 제18집, 서강대학교 철학연구소, 2009 (103-132), 111 참조).

5 물론 헤겔이 여기서 말하고 있는 존재와 무는 순수유와 순수무이며, 따라서 나는 이 명제 또한 원초적 명제로 간주한다.

6 헤겔의 원초적 명제에는 이 두 번째의 명제가 이미 포함되어 있다. 원초적 명제에 포함되어 있는 이 명제를 헤겔은 다음 쪽(TW 5, 94)에서 제시한다.

제들로 분석할 수 있다. 그러나 이 두 명제들은 모순관계에 있지 않다. 왜냐하면 그것들의 '관점'이 상이하기 때문이다. 명제 ①은, "존재와 무는 (그들의 지시대상에 있어서) 동일하다"는 것이고, 명제 ②는 "존재와 무는 (그들의 의미에 있어서) 동일하지 않다"는 것을 주장하는 명제이기 때문이다. 이 두 명제들은 그래서 모순관계에 있지 않고 상보적·부연적 관계에 있다.[7] 헤겔 자신이 논리학의 최초의 명제로 제시한 명제를 자체 모순된 명제이기에 해체된다고 하는 주장은 도저히 용인될 수 없는 것이다. 헤겔은 "그러나 그리하여 이 두 명제가 결합될 수 없어서 이율배반 속에서만 그 내용을 드러낸다는 추가적인 결함이 발생한다"[8]고 말하지만, 이 두 명제는 모순관계에 있는 명제가 아니며, 따라서 이율배반도 발생하지 않는다.[9]

이렇게 볼 때, "(순수)존재는 (순수)무다"라는 진술은 불가(佛家)의 『반야심경

---

7 Mctaggart도 이것을 모순관계로 잘못 파악하고 있다(John Ellis Mctaggart, *A Commentary on Hegel's Logic*, NY., 1964, 17). 그가 'contradiction'을 논리적인 모순이 아닌 '대립'이라는 의미로 사용하였다면 그의 주장은 용인될 수 있겠지만, 그는 같은 쪽에서 "contradicitons, which prove its falsity"라고 쓰고 있는 것을 보면, 그가 말하고 있는 contradiction은 "자기의 거짓(오류)을 입증하는 모순"이라는 의미로 보아야 한다. 이렇게 잘못된 견해를 가진 학자들은 무척 많다. Wirtz (Markus Wirtz, *Geschichten des Nichts. Hegel, Nietzsche, Heidegger und das Problem der philosophischen Pluralität*, Freiburg/München, 2006, 190 f. 참조)도 마찬가지이며, Lakebrink의 주장과는 반대로, 존재와 무의 동일성은 "논리적 역설"(Bernhard Lakebrink, *Kommentar zu Hegels Logik. in sener Enzyklopädie von 1830. Band I: Sein und Wesen*, München, 1979, 111)도 아니고, 헤겔의 진술이 "존재와 무의 비동일성에 관한 아리스토텔레스 진술에 대립해 있는"(ebd., 114) 것도 아니다. 이와는 대조적으로 Wieland는 올바른 견해를 표명하고 있다[Wolfgang Wieland, "Bemerkungen zum Anfang von Hegels Logik," in: *Wirklichkeit und Reflexion. Walther Schulz zum 60. Geburtstag*, Pfullingen, 1973 (395-414), 398 참조].

8 "Allein so entsteht der weitere Mangel, daß diese Sätze unverbunden sind, somit den Inhalt nur in der Antinomie darstellen, (…)"(TW 5, 94).

9 Wandschneider도 헤겔의 생각을 그대로 따르면서, 'Werden'으로 범주화된 운동은 사실은 존재로부터 무에로, 그리고 그 역방향에로의 "이율배반적인 전화현상[das Phänomen antinomischen Umschlagen]"(Dieter Wandschneider, *Grunzüge einer Theorie der Dialektik. Rekonstruktion und Revision dialektischer Kategorienentwicklung in Hegels "Wissenschaft der Logik"*, Stuttgart, 1995, 68) 외에 다른 것이 아니라고 주장하는데, 이는 명백한 오류다. Schulz-Seitz도 이런 오류를 범하고 있다[Ruth-Eva Schulz-Seitz, "»Sein« in Hegels Logik: »Einfache Beiziehung auf sich«," in: *Wirklichkeit und Reflexion. Walther Schulz zum 60. Geburtstag*, Pfullingen, 1973 (365-384), 378 참조].

(般若心經)』에서 말하는 "색즉시공. 공즉시색(色卽是空. 空卽是色)"과 동일한 의미를 지니고 있는 것으로 오해되어서는 안 된다. 불가의 이 진술은, 존재하는 것은 모두 유동·변화하는 것으로, 자기동일적인 실체가 아니라는 것을 가리키고 있다. 이 진술은 "제법무아(諸法無我)", "제행무상(諸行無常)"과 대동소이한 의미를 지니고 있으며, 위에 인용된 헤겔의 진술과는 다른 의미를 지니고 있다.

10.2. '있음-없음-됨(유-무-성)[Sein-Nichts-Werden]': 세 종류의 '됨[Werden]'

10.2.1. 사유의 이행으로서의 '됨[Werden]'

존재와 무가 전적으로 동일하여, 양자 사이에 아무런 구별이나 차이가 존재하지 않는다면 존재로부터 무에로의 이행이나 무로부터 존재에로의 이행은 발생하지 않는다.[10] 이행이나 운동이 발생할 수 있는 이유는, 양자 사이에 구별이 존재하기 때문이다. 그래서 많은 사람들이 이러한 운동을 현실세계에서의 특정한 규정적 존재자가 무에로 이행하는 운동과 무로부터 특정한 존재자가 발생하는 운동이라는 두 종류의 운동으로 생각하고, 전자에 대해서 소멸이라는 표현을, 후자에 대해서 발생이라는 표현을 사용한다. 그러나 헤겔이 여기서 말하고 있는 이행 및 운동은 현실세계에서 발생하는 것이 아니라 현존재[Dasein][11]의 발생 이전의 순수유와 순수무 사이에서 이루어지는 운동이다. 그렇다면 어떻게 순수유와 순수무 사이에서 운동이 일어날 수 있는가? 그것은 바로 양자가 (그 지시대상에 있어서는) 동일한 것이지만, (그 의미에 있어서는) 상이한 것이기 때문이다. 이해를 돕기 위하여 "순수유는 순수무다"라는 헤겔의 주장을 다음의 네 진술로 분석해보겠다:

ⓐ 순수유는 순수유다 (A=A).

---

10 물론 이 이행과 운동은 유와 무를 사유하는 인간의 의식 속에서 일어나는 이행과 운동이다.

11 헤겔은 '현존재[das Dasein]'와 '현존재자[das Daseiende]'를 구별하지 않고 사용하고 있다. 여기서의 '현존재'는 '현존재자'라는 의미로 이해해야 한다. 하이데거가 『존재와 시간』(*Sein und Zeit*)에서 인간을 "탁월한 현존재[das ausgezeichnete Dasein]"라고 부르는데, 이것도 마찬가지로 "탁월한 현존재자"로 이해해야 한다.

ⓑ 순수무는 순수무다 (B=B).
ⓒ 순수유는 순수무와 동일하지 않다 (A≠B)
ⓓ 순수유는 순수무와 동일하다 (A=B)

이 네 개의 진술은 모두 옳은 진술이다. ⓐ는 주어의 동일성에 관한 진술이고, ⓑ는 술어의 동일성에 관한 진술이며, ⓒ는 주어와 술어의 의미의 비동일성에 관한 진술이고, ⓓ는 주어와 술어의 지시대상의 동일성에 관한 진술이다. 그런데 여기서 통상적으로 우리는 ⓐ와 ⓑ는 당연한 것으로 전제하기 때문에 논의할 필요가 없고, 다만 ⓒ와 ⓓ만을 살펴보면 될 것이다. 여기서, ⓓ의 경우에는 A와 B가 동일한 것이므로 이 양자 사이에서 이행, 즉 Werden이 발생할 수 없다. 그럼에도 불구하고 Werden이 가능한 것은, 바로 헤겔의 원초적 진술이 지니고 있는 ⓒ의 측면 때문이다. A와 B의 이러한 비동일성 때문에 바로 A로부터 B에로의, 그리고 B로부터 A에로의 이행이 가능한 것이다.

그런데 이러한 이행 혹은 운동이 뜻하는 바는 과연 무엇인가? 헤겔의 이 원초적인 진술의 구조와 의미, 특히 헤겔이 〈존재론〉의 '존재'장(章)에서 말하고 있는 Werden의 올바른 의미는, 『논리학』에 5년 앞서 간행된 『정신현상학』에서 그가 말하고 있는 '사변적 진술'[12]의 의미를 제대로 이해할 때에만 명확히 드러날 수 있을 것이다. 사변적 진술은 "주어와 술어의 내포는 다르지만 외연은 동일하면서 절대자를 서술하는 진술"[13]이라고 할 수 있다. 이러한 기준에 따라서 볼 때, ⓐ와 ⓑ는 절대자에 관한 진술이기는 하지만, 주어와 술어의 외연뿐만이 아니라 내포까지도 동일한 동치진술이고 지성의 동일성의 명제에 불과할 뿐, 결코 사변적 진술이 되지 못한다. 그러나 헤겔의 원초적 진술 속에는 ⓒ와 ⓓ가 함께 포함되어 있으므로, ⓒ에서는 주어와 술어의 내포의 비동일성을, 그리고 ⓓ에서는 주어와 술어의 지시대상의 동일성을 주장하고 있는 동시에, ⓒ와 ⓓ는 절대자에 관한 주장이므로 헤겔의 원초적 진술은 사변적 진술이다.[14] 헤겔이 또한

---

12 헤겔이 『정신현상학』에서 사변적 진술의 예로 제시하고 있는 것은, "신은 Sein[하나님(일자): 필자 첨가]이다"와 "진정한 것은 보편적인 것이다"라는 두 진술이다.

13 백훈승, 「헤겔과 사변적 진술: 『정신현상학』 서문 §§58~66의 분석과 비판」, 『철학연구』 제118집 (123-147), 대한철학회, 2011, 127 f. 참조.

14 헤겔은 "유는 무이며 또한 무는 유다(Das Sein ist Nichts, das Nichts ist Sein)"(GW 11, 54)라고 말한다. 물론 여기서의 유와 무는 순수유와 순수무를 가리킨다. 따라서, "순수유는 순수무다"라는 진술은 동치진술이다. 뿐만 아니라, '순수유'는 헤겔에 있어서 절대자[das

다른 곳에서 제시하고 있는, "신은 하나님(일자)[一者]이다(Gott ist das Sein)"(PhG, 51, §62)나, "절대자는 하나님(일자)이다(*Das Absolute ist das Sein*)"라는 진술(Enz §86 Anm., TW 8, 183[15])도, 술어가 주어와는 다른 표현임에도 불구하고 술어가 주어와의 동일성을 지시하는 절대자에 관한 진술인 사변적 진술이다. 추상적·지성적 동일성의 진술인 ⓐ와 ⓑ는 고정된 점에 관련된 진술이어서 그 속에서는 결코 이행운동이 발생할 수 없다. 그것은 아무런 생명력·활력이 없는 동어반복에 불과하다. 그러나 사변적 진술에서는 주어로부터 술어에로의 이행 및 다시 술어로부터 주어에로의 이행·복귀운동이 존재한다. 'Werden'은 바로 이 운동에 대해 헤겔이 붙인 이름이다. 이 운동이 과연 무엇인지 『정신현상학』의 서술을 통해 구체적으로 알아보자.

사변진술, 즉 절대자에 관한 동치진술에서는 주어에서 술어에로의 이행(운동)만이 존재하는 것이 아니라, 또한 이와 아울러 술어로부터 주어에로의 역방향의 운동이 존재한다. 즉, 그것은 통상적인 판단(判斷)[Urteil]의 경우에서처럼, 주어라는 고정된 한 점으로부터 여러 술어들에로 갈래갈래 뻗어나가는 직선운동이 아니라, 주어로부터 술어로 전진하고 다시 술어로부터 주어로 후진(복귀)하는 원환운동이다. 이러한 사태를 헤겔은 『정신현상학』에서 다음과 같이 표현하고 있다:

> '신은 Sein [하나님(일자)]이다' 라는 진술에서 술어는 'das Sein'이며, 이 술어는 실체적 의미를 가지고 있어서, 이 의미 속에서 주어는 융해된다. 여기서 'Sein'은 술어가 아니라 실체[Wesen]이어야 하는데, 그 때문에 '신'은 진술의 위치에 의해서 결정되어 있는 것, 즉 고정된 주어가 이미 아닌 것 같이 보인다.—사유는 주어로부터 술어에로의 이행에 있어서 앞으로 더 나아가는 대신, 주어가 사라졌기 때문에, 오히려 저지를 당하고 있다고 느끼며, 또 사유는 주어를 잃어버리기 때문에, 주어를 사유하기 위하여 뒤로 물러서야 한다고 느낀다; 다시 말하면, 술어 자신이 주어요, *das* Sein이요, 실체라고 언명되어 있고, 이 실체가 주어의 본성을 남김없이 드러내므로, 사유는 주어가 직접적으로(그대로) 술어 속에도 존재함을 발견한다; 그리하여 이제 사유는 술어에 있어서 자신

Absolute]를 가리키는 또 다른 표현이기도 하다. 아울러 이 진술은 "A=A"라는 동어반복이 아니므로, 이것은 바로 헤겔이 『정신현상학』에서 말하고 있는 사변적 진술에 해당한다.

15 헤겔은 "하나님(일자)은 절대자다(Das Sein ist das Absolute)"(GW 11, 52)라고도 표현하고 있다.

> 속으로 돌아가서 추론의 자유로운 입장을 취하는 대신, 아직 내용에 몰두하고 있는 것이다. 혹은 적어도 내용에 몰두해야 한다는 요구가 존재한다(PhG, 51, §62).

"신은 하나님이다"와 "진정한 것은 보편적인 것이다"라는 사변적 진술의 경우에는 술어인 '하나님'과 '보편적인 것'이 각각, 주어인 '신'과 '진정한 것' 전체를 지시하고 있기 때문에(하나님이 지시하는 대상과 신이 지시하는 대상이 동일하고, 진정한 것이 지시하는 대상과 보편적인 것이 지시하는 대상이 동일하기 때문에) 주어로부터 술어에로의 더 이상의 운동은 존재하지 않으며, 단지 주어로부터 술어에로의 운동과 술어로부터 주어에로의 양방향의 운동만이 존재한다($p \rightleftarrows q$ or $p \equiv q$)고 헤겔은 본다.[16] 이 경우 주어와 술어는 전적으로 동일하기에 [동치관계(同値關係)], 술어가 주어를 완전히 덮어버린다. 그래서 '주어는 술어 속으로 사라진다', 혹은 "주어는 융해된다"(PhG, 51, §62)고 말하는 것이다.[17] 이와 동일한 사태를 헤겔은 바로 『논리학』의 〈C. Werden〉에서 다음과 같이 표현하고 있다:

> 그러므로 순수한 '하나[존재]'와 순수무는 동일하다. 따라서 진리인 것은 존재도 아니고 무도 아니다. 진리인 것은, 존재가 무 속으로, 그리고 무가 존재 속으로 이행한다는 사실이 아니라 이행된 상태에 있다는 사실이다. 그러나 또한 이와 마찬가지로 진리는 이 양자의 무구별성이 아니라, 이들이 동일한 것이 아니고 전적으로 구별되어 있으면서도 동시에 분리되어 있지 않고 분리될 수 없으며 각자가 자기의 대립자 속에서 사라지는 것이다(TW 5, 83)

"진리인 것은 존재도 아니고 무도 아니다"라는 주장은 무엇을 뜻하는가? 이 주장은 다음과 같은 사실을 가리킨다. 즉, "순수한 '하나'[존재]는 순수무다", 혹은 "순수한 '하나'[존재]와 순수무는 동일하다"고 말할 때(A=B), 여기에는 동일성만이 아니라 상이성도 함께 주장되고 있다. 이것은 바로 헤겔이 "동일과 비동일의 동일"이라고 표현한 것인데, 헤겔이 이미 『정신현상학』 서문에서도 "참된

16 그러나 사변적 진술에서 주어가 다른 술어들에로 더 이상 전진할 수 없다는 헤겔의 주장에 대한 비판에 관해서는 백훈승, ebd., 141 ff. 참조.

17 백훈승, ebd., 136 f. 참조.

것은 온전한 것이다"[18]라고 밝혔듯이, 동일성만을 내세워도 온전한 것(진리)이 아니고, 비동일성(차이)만을 주장해도 온전한 것(진리)이 아니다. 존재와 무, 혹은 동일과 비동일은 진리의 한 계기들로서 존재하는 것이 분명하지만, 그것들 각각으로 고립되어서는 진리를 나타내지 못한다. 온전한 것은 동일과 비동일을, 그리고 이와 동시에 이 양자의 통일을 드러낼 때에야 비로소 나타나고, 바로 그 때 진리가 드러나게 된다. 전체의 일부분만을 고수하는 것은 바로 지성의 입장이며, 이러한 입장은 전체를 지향하는 이성의 입장에로 지양되어야 한다. 이와 더불어 헤겔은, "순수유"는 "순수무"와 동일하므로 양자는 이미 서로에게로 "이행된 상태에 있다"[19]고 말한다. 즉, 우리가 '순수유'를 머리에 떠올릴 때, 그와 동시에 '순수무'를 떠올리게 되고("순수유=순수무"), 이와 반대로, '순수무'를 머리에 떠올릴 때, 그와 동시에 '순수유'를 떠올리게 된다("순수무=순수유")는 사실이다. 그렇기 때문에 양자는 이미 이행되어 있는 것이다.[20] 헤겔은 이어서, 우리가 이 양자의 무구별성·동일성만이 아니라, 그들이 구별되면서도 분리해서 생각할 수 없다는 점을 인지해야 하는 동시에, 이 양자가 상대편 속에서 사라진다는 점을 파악해야 한다고 말한다. 이것은 무엇을 말하고 있는가? 앞서 말했듯이 "양자의 무구별성"은 순수유와 순수무의 지시대상이 동일하기에 양자가 구별되지 않는다는 뜻이고, "이들이 구별되어 있다"는 것은, 그 의미가 상이하다는 뜻이요, "서로가 자기의 대립자 속에서 사라진다"는 것은 순수유와 순수무가 동치관계에 있어 양자가 일치하므로 순수유가 순수무 속으로 흡수될 수 있고, 마찬가지로 순수무도 순수유 속으로 흡수되어 완전히 일치된다는 말이다. 따라서 헤겔은, "결국 이 양자의 진리는 한쪽이 다른 한쪽 속에서 직접적으로 사라지는 이 운동, 즉 Werden이다. 다시 말해서 이것은 양자가 구별되면서도 또한 직접적으로 해소된 그러한 구별의 과정을 거쳐 가는 운동이다"(TW 5, 83)라고 한다. 이러한 사태를 헤겔은 『정신현상학』에서 다음과 같이 표현하고 있다:

---

18 PhG, 20.

19 Mure는 헤겔이 현재형 대신에 완료형을 사용한 것은, 존재와 무 사이의 상호진동(상호동요)[reciprocal oscillation]이 시간적인 것이 아니라는 점을 나타내기 위함이라고 말한다(G.R.G. Mure, *A Study of Hegel's Logic*, Oxford, 1967, 35 참조).

20 유헌식과 임재진은 순수유와 순수무에 대하여, 이 양자는 동전의 앞뒷면처럼 동시에 직접적으로 정립되어 있다고 표현하고 있다[유헌식, 「헤겔의 존재논리에 나타난 부정과 타자개념」, 『헤겔연구』 제3집, 한국헤겔학회, 1986 (65-93), 71 참조]; 임재진, 「헤겔 논리학과 시원의 문제」, 『범한철학』 제8집, 범한철학회, 1993 (357-373), 370 참조.

> 마찬가지로 "진정한 것은 보편적인 것이다"라고 말하는 경우에도, 주어인 '진정한 것'은 자신의 술어 속에서 사라진다(필자 강조). '보편적인 것'은 단지 '술어'라는 의미만을 가져야 하는 것이 아니며, 따라서 이 진술은 '진정한 것은 보편적이다'라는 것을 언표하는 것이 아니라, 보편적인 것은 진정한 것의 실체를 표현해야 한다. ―그러므로 사유는 자신이 주어에서 가졌던 자신의 확고한 대상적 지반을 상실할 뿐만 아니라, 술어에 있어서 주어에로 되돌아오게 되며, 술어에 있어서 (추론의 경우에서처럼) 자기에로 복귀하는 것이 아니라, 내용의 주어(주체)에로 복귀하는 것이다(PhG, 51-52, §62)

여기서 우리는 헤겔이 『논리학』과 『정신현상학』 모두에서 똑같이 사용하고 있는, '사라진다[verschwindet]'라는 표현에 주목할 필요가 있다. 사변적 진술에서는 왜 주어가 술어 속에서 사라지는가? (그리고 마찬가지로 왜 또 술어가 주어 속에서 사라지는가?) 앞서 말했듯, 사변적 진술은 동치진술이기에 주어와 술어가 완전히 일치하기 때문이다. 그래서 사변적 진술인 헤겔의 원초적 진술에서도, 주어는 술어를 그리고 동시에 술어도 주어를 함의하고 있기 때문에 각자는 자신의 대립자 속으로 포함되어 사라지는 것이다. Werden은 주어에서 술어로, 그리고 술어에서 주어로 이행하여 주어가 술어 속에서, 그리고 술어가 주어 속에서 사라지는 운동을 뜻하므로 여기서의 Werden[21]을 '생성(生成)'으로 옮기는 것은 옳지 않다. 왜냐하면, 통상적으로나 학문적으로 우리는 '생성'을 '소멸'의 반대개념으로 사용하며, '무 ⇨ 규정된 유'에로의 이행에 대해서 생성(혹은 발생)이라는 표현을 사용하고, 이에 반하여 '규정된 유 ⇨ 무'에로의 이행에 대해서는 소멸이라는 용어를 사용하기 때문이다. 그러나 헤겔이 지금 여기서 말하고 있는 Werden은 '무 ⇨ 규정된 유'에로의 이행이나 '규정된 유 ⇨ 무'에로의 이행이 아니다. 즉 물리적인 시공간 속에서의 운동·변화가 아니라 '순수유 ⇨ 순수무'에로의, 그리고 '순수무 ⇨ 순수유'에로의 이행이다. 이것은 우리의 사유 속에서의 운동일 뿐이며, 어떤 특정한 존재자의 발생이나 소멸을 가리키는 것이 아니기 때문이다. 헤겔 자신도 이 점을 지적하고 있다. 즉, 그는 '무 ⇨ 규정된 유'에로의 이행 및 '규정된 유 ⇨ 무'에로의 이행에서의 존재와 무는 "시간 속에서 서로 분리된 채 시간 속에서 번갈아 나타나는 것으로 표상되는 것이지, 시간이 추상된 상태에서 사유되고 있는 것은 아니다. 그러므로 또한 거기에서는 존재와

---

21 나는 이것을 'Werden$_1$'이라 부르겠다.

무가 전적으로 동일한 것이라고 할 수는 없다"(TW 5, 85)고 말함으로써, 순수유와 순수무 사이의 이행으로서의 Werden (Werden$_1$)과 현실세계에서의 생성과 소멸을 포함하고 있는 상위개념으로서의 Werden[22]을 구별하고 있다. 다시 말하면 Werden$_1$은 "추상적인 논리적 명제"(TW 5, 87), "존재와 무의 순수한 추상"(TW 5, 87)에 관련된 것이고, 여기에 "구체적인 어떤 것에 관한 표상들을 부가함으로써"(ebd.), "규정적 존재와 규정적 무"(ebd.)에 적용된, 혹은 "존재와 무의 실재적인 상이성이 속하는 한낱 규정적 존재나 현존재"(GW 11, 48)에 적용된 Werden$_2$에 관한 명제가 발생하는 것이다.[23]

10.2.2. 생성과 소멸의 상위개념으로서의 '됨[Werden]'

'무로부터 규정된 유'에로의 이행에 대해서 우리는 생성(혹은 발생)이라는 표현을 사용하고, 이에 반하여 '규정된 유로부터 무'에로의 이행에 대해서는 소멸이라는 용어를 사용하여 구별한다.

ⓐ에서 말한 Werden은 순수유로부터 순수무에로의 이행 및 그 역방향의 이행, 즉 우리의 사유 속에서 이루어지는 운동에 해당하는 용어이고, 지금 여기서 말하는 Werden은 물리적인 시·공간 속에서의 구체적인 현존재(자)에게서 일어나는 운동, 즉 '규정적 유로부터 무에로의 이행' 및 '무로부터 규정적 유에로의 이행'을 가리킨다.

이렇게 볼 때, 애당초 헤겔은 지금 말하는 Werden에 대해서만 Werden이라는 용어를 사용하고, 전자에 대해서는 'Übergang [이행]'이나 'Bewegung [운동]'으로만 표현하는 편이 더 나았을 것이다.[24] 그 이유는, "존재와 무는 동일하다"는

---

22 나는 이것을 'Werden$_2$'라 부르겠다.

23 백훈승, 「헤겔 『논리학』 〈존재론〉에서의 'Werden'의 문제」, 『동서철학연구』 第66호, 2012.12. (275-294), 280 ff. 참조. 이 점에 관해서 헤겔은 같은 주석 1)에서 이렇게도 말한다: "(…) 현존재가 비로소 존재와 비존재의 실재적인 구별을 이루는 것이며, 현존재는 어떤 것, 그리고 다른 것이다. 어떤 것과 다른 것의 실재적인 구별이 순수유와 순수무를 대신해서 우리의 표상에 어른거린다(떠오른다, schwebt ~ vor)"(GW 11, 48).

24 반트슈나이더는 전자의 Werden을 빼버리고, 현존재의 범주를 X로 표기할 것을 제안하는데(Wandschneider, ebd., 69 참조), 그의 주장의 앞부분에는 동의할 수 있지만, 현존재를 X로 표기하자는 제안은 받아들이기 곤란하다. X는 오히려, (현존재로서의 어떤 것이 아니라) 시원을 가리키는 '(어떤) 것'(아무런 규정도 지니고 있지 않은 것)을 지시하는 표현으로 사용되는

명제로 정립되는 것은, "자기 자신으로 말미암아 사라지는 운동"(TW 5, 93)이며, "결국 이 양자의 진리는 한쪽이 다른 한쪽 속에서 직접적으로 사라지는 이 운동, 즉 Werden이다. 다시 말해서 이것은 양자가 구별되면서도 또한 직접적으로 해소된 그러한 구별의 과정을 거쳐가는 운동이다"(TW 5, 83)라고 헤겔 자신이 분명히 말하고 있기 때문이다. 그러나 이미 헤겔이 양자를 구별하지 않고, 양자에 동일한 Werden이라는 용어를 사용한 이상, 전자를 '이행', 혹은 '운동'으로 부르는 것이 적절하다고 생각한다.[25] 그리고 후자의 Werden에 대해서는 '됨'이라는 용어가 적절할 것이다.[26]

10.2.3. '변화(變化)[Veränderung]'의 동의어로서의 '됨[Werden]'[27]

헤겔은 『논리학』 〈존재론〉의 제2장 현존재의 B. 규정성 중 '변화'라는 항목에서 다음과 같이 이야기한다:

> 규정성이 규정과 성질이라는 두 측면을 가지고 있는 한, 규정성은 질, 즉 반성(복귀)된 규정성이다. 후자의 측면은 그것이 자기 자신에 있어서의 타재인 한, 규정성이다. 외적 규정들의 존재로서의 한계는 성질을 이룬다. 그런데 이러한 외적 규정들의 존재는 이러한 한계인 규정성 자체다. 그러므로 외면성은 **자기 자신의 고유한 외면성**이다. 그러므로 어떤 것은 자기 자신에 있어서의 자기의 규정성 속에서 자기의 비존재(*非存在*)이기 때문에, 혹은 자기의 규정성은 바로 자기의 타자인 동시에 자기의 규정성이기 때문에, 여기서는 **변화**[*Veränderung*]인 Werden이 정립된다(GW 11, 72).

것이 옳을 것이다.

25 이렇게 볼 때, 헤겔이 여기서 말하는 'Werden'은 『정신현상학』에서 말하고 있는 사변적 진술에서 이루어지는 개념의 통일에 해당한다. 헤겔은 이러한 개념의 통일을 율동[Rhythmus]에 비유한다. 율동은 박자[동일]와 강세[비동일]라는 두 요소를 자신 속에 통일하고 있는 통일체[동일과 비동일의 동일]다. 사변적 동일성 혹은 구체적 동일성은 동일과 비동일의 두 축 내지 두 극단 사이에서 "부동(浮動)하는 중심으로부터, 그리고 양자의 통일로부터 발생한다"(PhG, 51, §61)[백훈승, ebd., 139 참조].

26 백훈승, 『서양근대철학』, ebd., 459 ff. 참조.

27 나는 이것을 'Werden$_3$'이라 부르겠다.

헤겔은 "질[Qualität]은 성상(性狀)[Beschaffenheit]을 통하여 변화(變化)[*Veränderung*]로 이행한다"(GW 11, 67)고 말한다. 헤겔이 논리학에서 말하는 '질'과 '성상'은 어떻게 다른가? 일상언어에서나 학문용어에서도 '질'과 '성상'은 보통 동일한 의미로 사용된다. 그러나 헤겔이 논리학에서 사용하고 있는 두 용어의 의미는 다르다. 이 차이점을 이해하기 위해, 이보다 앞선 곳에서 헤겔이 이 점에 관해 설명하는 내용을 살펴보자: "현존재자로서의 어떤 것은 첫째로, 부정성이라는 자신의 계기를 바로 자기의 한계(限界)[Grenze]로 삼고 자기 자신으로부터 구별한다. 그러나 다음으로는 이 한계가 어떤 것의 본체성인 것으로 드러나며, 한계는 어떤 것의 규정성을 이루는바, 이때 이 규정성은 즉자존재자로서의 규정성, 즉 규정(規定)[본분(本分), 사명(使命), *Bestimmung*]과 그리고 대타존재자로서의 규정성, 즉 성상(性狀)[*Beschaffenheit*]으로 구별된다. 이러한 두 계기의 관계로서의 규정성이 질(質)[Qualität]이다. 그러나 세 번째로, 질은 성질을 통하여 변화(變化)[Veränderung]로 이행한다"(GW 11, 67).

헤겔은 '질'과 '규정성[Bestimmtheit]'을 동의어로 사용한다. 그런데 규정성으로서의 질은 두 측면으로 구분된다. 첫 번째 측면이 '규정(본분, 사명)[Bestimmung]'이고 두 번째 측면이 '성상[Beschaffenheit]'이다. 예컨대 A라는 학생이 자기의 타자들 가운데 하나인 B라는 선생과의 관계에서 갖게 되는 '질'을 생각해보자. 이때 A가 지니고 있는 '학생임'이라는 것이 그의 '규정[Bestimmung]'이고, '선생이 아님'이라는 것이 그의 '성상[Beschaffenheit]'이다. 전자를 또 헤겔은 다른 말로 "즉자존재자로서의 규정성"으로, 후자를 "대타존재자로서의 규정성"이라고도 표현한다. 이때, 전자와 후자의 "관계로서의 규정성이 질(質)[Qualität]"이다. 다시 말하면 '선생이 아닌 학생'이라는 A의 '규정성', 곧 A의 '질'은, ① 즉자존재자로서의 규정성, 즉 규정[*Bestimmung*], 즉 '학생임'이라는 규정과, ② 대타존재자로서의 규정성, 즉 성상[*Beschaffenheit*], 즉 '선생이 아님'(혹은 '선생이 아닌 학생임')으로 구별된다. 이러한 ①과 ②라는 두 계기의 관계로서의 규정성, 다시 말하면 규정과 성상의 관계로서의 규정성이 질(質)[Qualität]이다. 즉, A가 '학생임'이라는 것은 A의 규정이자 본분이다. 그가 학생임에도 불구하고 공부를 하지 않는다면, 자기의 본분을 수행하지 않는 것이며, '학생이라는 자신의 규정'을 잃어버리게 될 것이다. 그러나 A가 학생인 한에 있어서 그는 '선생이 아닌 것'이며, 그는 '선생이 아니라는' '성상'을 지니고 있다. 이처럼, ① A는 학생이며, ② 학생이라는 그 점에서 선생이 아니라는 두 규정성이 바로 A의 '질(質)'을 형성한다.

이제 다시 "질[Qualität]은 성상[Beschaffenheit]을 통하여 변화(變化)[*Veränderung*]로 이행한다"는 명제로 돌아가보자. 이때, '선생이 아닌 학생'이라는 A의 질은, '선생이 아님'이라는 A의 '성상'으로 말미암아, 앞으로 선생—이것은 나의 가능성들 가운데 하나다—이 될 수 있는 것이다. 즉, 선생으로 변화할 수 있는 것이다. 이러한 변화의 가능성은 개방적(開放的)이다. 즉, A는 선생이 아니기만 한 것이 아니라, 상인(商人)이 아니며, 정치가가 아니며, 의사 등이 아니다. 그렇기 때문에 A는 이런 것들로 변화할 수 있는 가능성, 새로운 질(質)들을 얻을 수 있는 가능성이 있는 것이다. 이때 성상의 측면은 '선생임'인데, 이것은 어떤 것의 타재(로서의 규정성)다. 그리고 이것은 아직 어떤 것에 있어서 실현되지 않았으므로 아직은 그의 외면에 있는 것이며, 어떤 것이 지닌 비존재(非存在)의 측면이다. 어떤 것이 자기에게 외타적·외면적인 비존재의 측면을 실현하는 운동이 바로 "변화인 Werden"이다.

여기서 우리는 헤겔이 말하는 세 번째 의미의 'Werden'에 접하게 된다. 이미 살펴본 것처럼 헤겔에 있어서의 'Werden'은 크게 두 가지로 구분되는바, 하나는 순수존재(순수유)로부터의 순수무에로의 이행 내지 순수무로부터 순수존재(순수유)로의 이행을 가리키는데, 이것은 물리적 시공간과는 무관한, 우리의 사유 속에서의 사유의 운동 내지 이행이다. 다른 하나의 'Werden'은 물리적인 시공간 속에서 일어나는 현상으로서, 무로부터 어떤 존재자가 발생하는 경우나, 그 반대로 어떤 존재자가 소멸하는 경우를 가리키는 것으로서, 전자를 생성[Entstehen]이라 부르고, 후자를 소멸[Vergehen]이라고 부르는데, 전자와 후자를 통틀어서 '생멸(生滅)'이라고 하고, 이에 해당하는 용어가 바로 'Werden'인 것이다. 그러나 여기서 헤겔이 말하고 있는 '변화[Veränderung]'란, 무로부터 어떤 존재자가 발생하는 경우나, 그 반대로 어떤 존재자가 소멸하는 경우를 가리키는 것이 아니라, 현존재자가 존재하는 상태에서 자기의 질을 달리하는 것을 말한다. 그런데 헤겔은 이런 의미의 '변화'도 'Werden'이라고 말한다.

결론적으로 말하면, 헤겔에 있어서의 'Werden'은 각각 경우에 따라, 구체적으로는 ① '이행'이나 '운동'과 ② '생멸', 그리고 ③ 변화로 각각 구별하여 번역하는 것이 적절하며, 이 모두를 포괄하는 용어는 '됨'이라고 할 수 있을 것이다.

11

가정—시민사회—국가의 변증법

헤겔이 하이델베르크대학의 교수로 가르치던 1817년에 처음으로 간행한 『철학강요』(*Enzyklopädie der philosophischen Wissenschaften*)[1]의 구분과 서술에 따르면 그의 철학의 전 체계(全 體系)는 논리학, 자연철학, 정신철학으로 구성된다. 그런데 『법철학』은 크게 보면, 헤겔철학체계의 제3부에 해당되는 〈정신철학〉에 속한다. 그런데 〈정신철학〉은 다시 〈주관적 정신〉, 〈객관적 정신〉, 〈절대적 정신〉으로 분화되는바, 『법철학』은 두 번째 단계인 〈객관적 정신〉을 다루고 있고, 〈객관적 정신〉에 대한 서술의 마지막 부분은 역사철학과 연립(聯立)해 있다.

『법철학』의 서술은 〈서문〉[Vorrede]과 〈서론〉[Einleitung]에 이어 〈추상법(抽象法)〉[추상적 권리][das abstrakte Recht], 〈도덕(道德)〉[die Moralität] 그리고 〈인륜(人倫)〉[die Sittlichkeit]의 단계로 진행된다. 우선은, 법이 특정한 '추상적인' 현상방식(소유, 계약, 불법)들로부터 시작하여 칸트의 도덕철학에 대한 비판을 거쳐서 마침내 인륜적인 삶의 형태들(가정[2], 시민사회, 국가)에 대한 이론으

---

1 재판은 헤겔이 베를린대학 교수로 가르치던 1827년에, 제3판은 죽기 한 해 전인 1830년에 간행되었다.

2 아직까지 한국 및 일본 학계에서는 헤겔 『법철학』의 〈인륜〉의 세 형태 중 첫 번째 형태인 Familie를 '가족(家族)'으로 옮기고 있는데, 필자는 이를 '가정(家庭)'으로 옮긴다. 인륜의 세 형태는 die Familie, die bürgerliche Gesellschaft, der Staat이며, 우리말로는 가정, 시민사회, 국가다. 그리고 이들 인륜의 형태들을 형성하는 성원이 각각 Familienglied, Bürger,

로 전개되어 나간다. 이때, 〈인륜〉 속에는 〈추상법〉과 〈도덕〉이 지양(止揚)되어 있고, 〈인륜〉 내에서도 〈가정〉과 〈시민사회〉는 〈국가〉 속으로 지양된다. 결국 객관적 정신의 내용은 인간세계의 문제들, 즉 법과 국가, 경제와 사회, 정치와 역사 등이다. 따라서 객관적 정신의 이론은 인간들 사이에서, 즉 가정·사회·국가 안에서 그 목적과 기초를 지니는 인간의 행위들을 주제로 삼는다.

그런데 헤겔이 '법철학[Philosophie des Rechts]'이라고 할 때의 독일어 'Recht'에는 '권리[right]', '법[law]', 그리고 '정의[justice]'라는 세 가지 의미가 포함되어 있는데, 이 점은 라틴어 ius의 경우와 같다. 그러나 이 세 가지 의미를 모두 지니고 있는 하나의 영어 단어는 없다. 이처럼 헤겔의 이 저술은 '법의 철학', '권리의 철학', '정의의 철학'이라는 의미를 모두 포함하고 있다. 그런데 객관적인 '법'과 주관적인 '권리'는 밀접하게 연관되어 있다. 주관이 가지는 권리는 법—그것이 자연법이든 실정법이든 간에—에 규정되어 있다. 법에 규정된 권리를 보장받지 못할 때 정의(正義)[Recht, justice]가 실현되지 못한 것이고, 이때 우리는 정의를 회복하기 위하여 다시 법 혹은 법정(法庭)에 호소한다. 'Recht'는 또한 인식론적으로 혹은 도덕(윤리)적으로 '옳다'는 의미도 지니고 있다. 예컨대 "Du hast recht!"(소문자 recht를 사용한다)라고 하면 "네가(네 말이) 옳다!"는 뜻이다.

이러한 의미 외에도 헤겔은 'Recht'라는 표제하에 도덕, 인륜 및 세계사까지도 포함하여 다루고 있는데, 이러한 의도를 『법철학』 §33 보유(補遺)에서 언급하고 있다.[3] 이 말은, Recht가 추상법, 즉 사법(私法)으로서의 법 외에도 도덕생활의 법, 인륜생활의 법, 세계사의 법까지도 포함하고 있다는 의미다. 헤겔은 "현존재 일반이 자유로운 의지의 현존재라는 사실, 바로 이것이 법(권리)이

Staatsbürger(Citoyen)이며, 이를 우리말로는 가족, 시민, 국민[혹은 공민(公民)]이라고 한다. '가족'을 우리가 '가정'과 같은 의미로 사용하기도 하지만, 이 둘을 구별하자면, '가족'은 '가정'을 이루는 성원이 된다. 그래서 나는 Familie와 Familenglied를 구별하는 용어로 각각 가정과 가족이라는 용어를 사용한다. 다음의 헤겔의 설명을 참조하라: "법에서의 대상은 인격(체)이고 도덕의 입장에서는 주체이며, 가정에서는 가족이고 시민사회 일반에서는 (부르주아로서의) 시민이다[Im Rechte ist der Gegenstand die *Person*, im moralischen Standpunkt das *Subjekt*, in der Familie das *Familienglied*, in der bürgerlichen Gesellschaft überhaupt der *Bürger* (als *bourgeois*)]"(PdR §190 Anm., TW 7, 348). 그리고 국가를 구성하는 자들은 '국민[Staatsbürger/citoyen]'이다.

3 "우리가 본서에서 Recht라고 말할 때 보통 그 말로 이해하는 시민법(시민권)만이 아니라 도덕, 인륜 및 세계사도 의미한다. (…)"(PdR §33 Zus., TW 7, 90-91).

다. —따라서 법(권리)은 일반적으로 이념으로서의 자유다"[4]라고 말하므로, 위에서 말한 각 영역에는 이념으로서의 자유로운 의지가 스며들어 있는 것이다.[5]

그러면 『법철학』의 내용을 조금 더 자세히 살펴보자. 『법철학』은 〈서문〉과 〈서론〉으로, 그리고 본론은 제1부: 〈추상법〉, 제2부: 〈도덕〉, 제3부: 〈인륜〉으로 구성되고, 〈추상법〉은 다시 〈소유〉, 〈계약〉, 〈불법〉으로, 〈도덕〉은 〈기도(企圖)와 책임〉, 〈의도와 복지〉, 〈선과 양심〉으로, 그리고 〈인륜〉은 〈가정〉, 〈시민사회〉, 〈국가〉로 각각 세 장(章)으로 세분되며, 다시 이 장(章)들은 하위의 구분을 갖는다.

〈서문〉에는 다른 책들의 서문과 마찬가지로, 『법철학』의 집필의도 및 배경, 『법철학』의 서술이 근거하고 있는 철학적 방법, 철학이 파악하고자 하는 대상이자 철학의 수단이기도 한 '이성[Vernunft]'에 대한 상세한 서술 등이 포함되어 있다.

〈서론〉에서는 『법철학』의 기반을 이루고 있는 법·도덕·인륜의 문제를 본격적으로 다루기 위한 예비작업으로, 그것들의 기초가 되는 '정신', '이성', '의지'의 문제를 집중적으로 다루고 있다. 그런데 여기서는 무엇보다도, 실천적 정신인 의지가 과연 무엇인지, 그리고 의지는 어떻게 전개되는지를 상세히 고찰하고 있다. 이러한 고찰은 헤겔 자신의 논리적 방법에 따라서, 즉자적인 의지, 대자적인 의지, 즉자대자적인 의지의 순서로, 혹은 추상적·보편적 의지로부터 특수한 의지를 거쳐 개별적인 의지에 이르는 과정으로 서술되고 있다. 의지에 대한 이러한 고찰은 본론의 전개과정에도 그대로 적용되어, "추상적 혹은 형식적인 법(권리)의 영역을"을 이루는 '직접적이고 외면적인 의지'를 고찰하는 〈추상법〉, "외적 현존재로부터 자신 속으로 복귀한 의지"를 고찰하는 〈도덕〉, 그리고 "이들 추상적인 두 계기의 통일 및 진리이며—사유된 선의 이념이 자신 속으로 복귀한 의지"를 다루는 〈국가〉에 대한 서술로 이어지고 있다.[6] 우리는 이러한 헤겔의 『법철학』 사상 가운데에서, 인륜에 의한 추상법과 도덕의 변증적 지양의 문제를 살펴보고자 한다.

나는 이 문제를 하나의 대표적인 실례를 들어 설명하려고 한다. 그것은 바로 잔트라는 독일 예나대학 신학생에 의한 독일 작가 코쩨부(August von Kotze-

---

4 "Dies, daß ein Dasein überhaupt *Dasein des freien Willens* ist, ist das *Recht*. —Es ist somit überhaupt die Freiheit, als Idee"(PdR §29, TW 7, 80).

5 최재희, 『헤겔의 사회철학—「『법철학』강요」를 중심으로—』, 형설출판사, 1994, 22 참조.

6 백훈승, 『헤겔 『법철학 강요』 해설: 〈서문〉과 〈서론〉』, ebd., 13 ff. 참조.

bue, 1761-1819)[7] 암살사건이다. 나폴레옹체제 붕괴 이후, 독일에서는 해방전쟁에 지원병으로 종군한 대학생들이 대학 강의실로 복귀했다. 그러나 이들은 절대주의적이고 분파적인 독일의 상황에 대해 강한 불만을 표시했다. 이들은 민족의식의 함양이 전적으로 필요하다는 것과 자유주의 토대하에서 독일권이 통합되어야 한다는 인식도 가시게 되었다. 헤겔의 베를린대학의 전임자인 피히테는 프랑스 점령하의 베를린에서 『독일민족에게 고함』(*Reden an die Deutsche Nation*, 1807-08)이라는 연설을 함으로써 독일민족주의를 고취하였다. 이 당시 예나대학의 학생들은 기존의 학생조직으로는 민족의식의 함양 및 독일의 통합을 이행할 수 없다고 판단하였고, 따라서 이들은 새로운 학생조직을 가능한 한 빨리 결성해야 한다는 필요성을 느끼고 있었다. 바로 이러한 때에 얀(Friedrich Ludwig Jahn, 1778-1852)[8]이 이들에게 구체적인 방안을 제시하였고, 이에 따라 1815년 6월 12일 리만(H.A. Riemann, 1793-1872)[9]은 같은 대학에 재학 중인 143명의

---

7 코쩨부는 1761년 바이마르에서 태어났다. 1781년 예나대학을 졸업한 그는 러시아로 가서 기대하지도 않았던 경력을 쌓게 되었다. 즉, 그는 1785년 러시아 황제로부터 귀족작위를 받았을 뿐만 아니라 러시아 귀족 딸과 결혼함으로써 막대한 부도 상속받게 되었다.

8 독일의 교육자로, "체조의 아버지"라고도 불리며 프랑크푸르트 국민의회 회원이다. 더욱이 그는 처음부터 초기의 민족운동과 연관되었던 독일 체조운동의 창시자였다. 독일 체조운동은 무엇보다도 청년들로 하여금 나폴레옹의 점령에 대항하여 프로이센 및 독일의 해방을 이루기 위한 투쟁을 준비시키는 목적을 가지고 성립되었다. 얀에게 있어 체조는 '자유의 적(敵)'을 정복하기 위한 낭만주의적인 민족운동을 표현했는데, 이 적(敵)에는, 프랑스인만이 아니라 더 나아가 독일민족의 통일과 자유를 방해하는 독일의 군주들도 포함되었다. 얀은 소국가주의(小國家主義)[die Kleinstaaterei]에 반대하고 통일독일에 찬성했다(이 때문에 그는 1819년에 체포되어 6년을 감옥에서 보냈다). 그는 자신의 주의(注意)를 청년들에게 돌렸고, 청년들로 하여금 궁극적인 투쟁을 준비시키려고 했다. 1817년 10월 18일과 19일에 얀의 발의에 따라 독일의 체조운동의 정점으로서, 독일어권에서의 최초의 근대의 분서(焚書)사건이 있던 바르트부르크 축제가 거행되었다. 얀 자신이 태워질 책들의 목록을 작성하였고, 그의 제자인 마스만(Hans Ferdinand Maßmann)이 분서행위를 시작하였다. 칼스바트 결의는 체조운동에 가혹한 결과를 초래하였다. 얀은 1819년 7월 13일에 체포되었고, 대학생학우회는 금지되었고, 대학은 국가의 감시를 받아야 했고, 많은 대학생 체조인들과 학우회원들은 경찰의 감시를 받았다. 얀은 그 이후의 5년간은 슈판다우, 퀴스트린과 콜베르크에 구금되었다. 프로이센 전역 및 독일의 다른 국가들에서 체조금지령이 내렸다. 오늘날의 스포츠 종류인 기구체조로 발전된 철봉이나 평행봉 같은 체조기구들은 얀에 의해 도입되었다(https://de.wikipedia.org/wiki/Friedrich_Ludwig_Jahn).

9 리만(Heinrich Arminius Riemann)의 두 번째 이름은 원래 Hermann이었는데 그의 학우들이 Arminius로 번역해서 불렀다. 그러나 리만 자신은 바뀐 이름을 거부했다. 그는 예나에서 개

학생들과 더불어 대학생학우회[Burschenschaften][10]를 결성했다.

1815년 독일대학생학우회 결성 이후 1817년 10월 18일과 19일에 학우회는 루터의 종교개혁 300주년[11] 기념 및 라이프찌히(Leipzig) 전투에서 나폴레옹군에 승리한[12] 4주년을 기념하기 위하여, 루터가 기독교 성서를 독일어로 번역한 작센-바이마르-아이제나흐 대공국(大公國)의 바르트부르크(Wartburg)성(城)에서 축제를 열었다. 십여 개 대학에서 500여 명의 학생들이 참여했고 교수인 지도자들 몇 명이 참여하였다.[13] 이 집회는 정치적인 목적에서만 이루어졌던 것은 아니었으며, 정치적으로는 보수파로부터 급진파에 이르기까지 여러 경향의 학생들이 참여하였다.

이 축제는 독일 대학에서의 '학생의 이의(異義)'를 가장 일찍 표현한 행사 중

신교신학을 공부했고, 루덴(Heinrich Luden)의 영향을 받아 독일 해방전쟁에 참전했고 호른(Carl Horn), 샤이들러(Scheidler)와 함께 예나의 원(原)대학생학우회[Urburschenschaft]를 설립하고 그 대변인이 되었다. 바르트부르크 축제에서 1817년 10월 18일에 그는 500명의 대학생 앞에서 자유와 통일을 호소하는 연설을 했다.(https://de.wikipedia.org/wiki/Heinrich_Arminius_Riemann).

10 Burschenschaft라는 용어를 처음으로 사용한 사람은 얀이며, 그것은 그가 1811년에 베를린의 훔볼트(Humboldt) 대학 총장인 피히테에게 기존의 지방 학생단체[Landmannschaft]를 대신할 새로운 학생단체의 설립을 제안한 데서 비롯되었다[김장수, 「Burschenschaft의 독일개혁 및 통합운동」, 『관동사학』 제7집 제1호, 관동사학회, 1996 (93-120), 93 참조]. 'Burschenschaft'라는 말에서의 Bursche는 Burse의 주민이라는 뜻의 Bursarius에서 나왔는데, 18세기와 19세기 초에 이 단어는 대학생을 가리키는 일반적인 명칭이었다. 그래서 Burschenschaft라는 명칭은 Studentenschaft[학생회, 학우회]와 같은 말이라 할 수 있다. Burschenschaft의 문장(紋章)은 명예[Ehre], 자유[Freiheit] 조국[Vaterland]을 뜻하는 약자인 E, F, 그리고 V를 겹쳐 놓은 모양으로 되어 있다(https://de.wikipedia.org/wiki/Burschenschaft 참조).

11 루터는 1517년 10월 31일에 당시 카톨릭교회의 문제점을 지적하는 95개항의 테제를 비텐베르크 성(城)의 교회[Wittenberger Schloßkirche]의 정문에 붙였고,—95개항의 테제를 교회의 정문에 붙였다는 것은 사실이 아니라는 주장도 있다—이를 기점(起點)으로 하여 종교개혁이 시작되었다.

12 1813년 10월 16일에서 19일까지 이루어진 라이프찌히 전투에서 나폴레옹은 연합군에 패하였다.

13 김장수에 의하면, 축제에 참여한 학생은 모두 468명이었는데, 이는 전체 참석자 500명의 90%가 넘는 비율이었으며, 가장 많은 참석자를 차지한 대학은 역시 예나대학으로, 200여 명에 달한 것으로 보고된다(김장수, 『주제별로 접근한 독일근대사』, 푸른사상사, 2010, 139-143 참조). 그런데 다른 자료에 의하면 축제에는 13개 대학에서 1,300여 명의 학생이 참가했고, 그 중 168명이 예나대학생이었다(마틴 키친, 『사진과 그림으로 보는 케임브리지 독일사』, 유정희 역, 시공사, 2006, 191 참조).

하나였다. 이 축제로 인해 다음 해인 1818년 10월 19일에는 예나에서 '전독일 대학생학우회'가 창립되었는데,[14] 이 연맹의 '원리들'은 독일의 통일, 국민대의제(國民代議制)와 입헌정부를 찬성했고 봉건적 사회조직과 경찰국가를 반대했다. 축제 첫날의 마지막에 급진파에 속한 일부 학생들은 파문장(破門狀)을 소각했던 루터의 고사(古事)를 모방하여, 당시 민족의 적으로 간주되고 있었던 22권의 출판물들을 태워버렸다.[15] 이 22권의 출판물들 가운데 속하는 것이 바로 우리가 지금 이야기하려는 코쩨부라는 작가의 『독일제국사』(*Geschichte des Deutschen Reiches von dessen Ursprunge bis zu dessen Untergange*, 1814/1815)와 같은 '비-독일적인' 서적들이었다.[16]

축제가 열린 다음 해인 1819년 3월 23일, 예나대학의 대학생학우회의 일원이었던 잔트[17]가 극작가인 코쩨부를 만하임(Mannheim)의 그의 집에서 암살한 사건이 벌어진다.[18] 이 당시 잔트는 기독교와 조국을 하나의 융해된 상태로 보았

---

14 여기서는 학우회 간의 관계가 구체적으로 언급되었는데, 각 대학의 학우회는 독자적으로 활동할 수 있고, 극히 제한된 부분만을 '전독일 대학생학우회'에 위임한다는 것이었다. 이 회합에서는 또한 학우회의 상징이었던 '흑-적-황금색'을 독일 전체학생들의 상징색으로 채택했다. 이후 예나대학의 학우회 회원들이 이것을 그들 제복의 색깔로 선택했다. 이 당시 예나대학의 학우회 회원들은 흑색 상의[Schwarzer Rock]에 적색 3줄 레이스[roter Vorstoß]와 금색 단추들[goldene Knöpfen]을 달았다. 그런데 삼색(三色)은 나폴레옹 전쟁에서 큰 공을 세운 뛰어난 자유군단인 뤼쪼프 저격대[Lützower Jäger]가 사용한 색이었고, 1848년 혁명에서는 독일국기의 색이 되었다. 뤼쪼프 자유군단은 1813년에 뤼쪼프 소령[Major Adolf Wilhelm von Lützow]에 의해 창설되었다(김장수, ebd., 147 및 마틴 키친, ebd. 그리고 https://de.wikipedia.org/wiki/L%C3%BCtzowsches_Freikorps 참조).

15 이 분서행위를 촉발하는, 분노에 가득한 연설을 하고, 고별행사에서도 학우회를 대표한 연사로 나선 사람은 바로, 하이델베르크에서부터 예나까지 프리스의 제자로 있었던 뢰디거(Ludwig Rödiger, 178-1866)였다(https://de.wikipedia.org/wiki/Ludwig_Roediger).

16 Adriaan Th. Peperzak, *Philosophy and Politics. A Commentary on the Preface to Hegel's Philosophy of Right*, Dordrecht/Boston/Lancaster, 1987, 17 f. 참조; *Hegel, Elements of the Philosophy of Right*, Edited by Allen W. Wood, tr. by H.B. Nisbet, Cambridge, 2004, 384 f. 참조; 곤자 다케시, 『헤겔과 그의 시대』, 이신철 역, 도서출판b, 2014, 91 ff. 참조; 上妻精 외, 『헤겔 法哲學 입문』, 윤길순 역, 중원문화, 1984, 31 f.; http://www.deutsche-biographie.de/sfz39705.html 참조.

17 이 당시 예나대학에서 신학을 전공하던 잔트는 바르트부르크 축제 때 대회기를 들고 행진할 정도로 대학생학우회 운동에 적극적이었다.

18 잔트는 코쩨부의 가슴에 칼을 꽂으면서 다음과 같이 소리쳤다: "당신은 조국의 적이다" 1308년 요한 공작이 자기의 삼촌인 신성로마제국의 독일왕 알브레히트 1세를 살해한 후 500년

고, 민족이라는 것 역시 신성하기 때문에 사악한 것을 제거하는 명령도 내릴 수 있다는 확신을 가지고 있었다. 따라서 그는 1년 전부터 민족통일을 저해하는 코쩨부를 죽여야 한다는 결심을 하게 되었다. 이후부터 그는 대학에서 해부학 강의를 들었고, 거기서 심장을 쉽게 꿰뚫을 수 있는 방법도 터득하게 되었다. 잔트는 자신의 목적을 실행하기 전에 부모, 스승, 친구들에게 보내는 편지에서 코쩨부를 죽여야 하는 당위성에 대해서 구체적으로 언급했다.[19] 그렇지만 그는 편지에서, 다른 인물이 자기에 앞서 코쩨부를 암살하기를 바라는 나약성도 보였는데, 그러한 성향은 당시 다른 학생들에게서도 발견할 수 있던 일반적인 것이었다. 잔트는 코쩨부의 연구실로 들어가는 허가를 받아, "그가 나의 안에 있는 신적인 것, 나의 신념을 압박하려 하기 때문에"라고 말하며, 네 번의 단도질로 코쩨부를 살해했고, 이듬해 5월 20일 사형될 때까지 자신의 행위를 후회하지 않았다. 폴렌의 사상에 열광했고 바르트부르크 축제에서 의장대(儀仗隊) 중 한 명이었던 잔트는 자신이 가장 신성한 행동을 한 것으로 생각했다.

그러면 잔트는 왜 민족통합을 저해한 인물들 중에서 코쩨부를 살해 대상으로 선정했을까? 이 당시 극작가로 활동했던 코쩨부는 200편이 넘을 정도의 많은 작품을 썼다. 그의 대표작품으로는 1803년에 발표된 『소도시의 독일인』(*Die deutschen Kleinstädter*)을 들 수 있다. 이렇게 연극작가로 활동했던 코쩨부는 1818년부터 정치적 문제를 공식적으로 거론하기 시작했다. 즉 그는 1818년부터 『문예주간지』(*Literarisches Wochenblatt*)를 독자적으로 발간했고, 거기서 루덴의 민족운동을 신랄하게 비판했다. 그의 견해에 따를 경우, 독일민족은 민족운동을 활발하게 전개하더라도 통합국가를 형성할 수 없다는 것이었다. 아울러 프랑스혁명, 얀의 체조연맹[Turnverein]을 중심으로 한 새로운 청소년 운동과 대학생학우회의 활동에 대해서도 비판하였다. 한마디로 말하면 그는 독일대학 내

만에 다시 정치적 암살이 독일에서 자행되었다. 잔트의 암살사건에 관련된 서술 및 그에 따른 각주는 많은 부분을 김장수, ebd., 151-155에서 가져왔다.

19 잔트는 자신의 편지에서 코쩨부를 다음과 같이 평가했다: "코쩨부는 평판이 나쁜 유혹자일 뿐만 아니라 우리 민족을 파멸로 인도하는 인물이다" 만하임으로 떠나기 전에 잔트는 프리스 교수를 만나 그의 조언을 얻고자 했으나 프리스 교수의 급작스런 와병으로 인해 도움을 받지 못했다. 코쩨부 암살사건이 발생한 이후 프리스는 잔트의 잘못된 상황판단에 대해 언급했다. 즉, 그는 잔트가 자신의 행동으로 독일이 혁명의 와중에 빠질 수 있다는 견해에 동의하지 않았던 것이다. 여기서 그는 잔트의 관점에 동조할 수 없는 이유를 밝혔는데, 그것은 그가 혁명이라는 과격한 방법을 원치 않았기 때문이다. 실제로 프리스는 혁명보다는 이성적 발전의 행동양식으로 개혁을 지향해야 한다는 관점을 가지고 있었다(김장수, ebd., 153 참조).

의 '자코뱅주의' 경향을 러시아 정부에 알리는 첩자(諜者)였고, 독일 전역에 퍼지고 있던 모든 개혁안을 드러내 놓고 반대한 사람이었다.[20]

대학생학우회는 코쩨부의 이런 태도에 강한 불만을 표시했고 예나와 기쎈(Gießen)대학의 학우회원들의 불만은 다른 대학의 학우회원들의 그것보다 훨씬 강도가 심했다. 예나대학의 학우회 회원이었던 잔트 역시 이런 범주를 벗어나지 못했다. 더욱이 코쩨부가 독일의 상황을 러시아 황제 알렉산더 1세에게 전달하는 첩자[21]라는 사실이 밝혀지면서 그에 대한 대학생학우회의 반감은 더욱 격렬해졌고, 나아가 제거해야 할 인물로 부각되었다. 점차로 예나와 기쎈대학의 학우회 회원들은 코쩨부를 암살하는 것이 자신들의 소명이라는 인식을 갖게 되었고 그것을 스스로 실천하고자 했다. 잔트 역시 이런 분위기를 거부감 없이 수용했던 것이다. 잔트는 코쩨부를 암살한 직후 자살을 시도했지만 실패했다. 경찰에 인도된 후 잔트는 심한 고문을 받았고 그에 대한 재판은 다음 해 5월까지 계속되었다. 이 기간 동안 잔트에 대한 구명운동이 독일 전역에서 펼쳐졌지만 아무런 성과도 거두지 못했다. 따라서 잔트는 1820년 5월 20일 만하임에서 공개처형되었다.[22]

세인(世人)의 다수는 이 일을 칭찬하고, 그 중에서도 베를린대학의 신학교수인 베테(Wilhelm Martin Leberecht de Wette, 1780–1849)는 잔트의 살인사건이

---

20 Terry Pinkard, *Hegel. A Biography*, Cambridge, 2000, 435 f. 참조; Peperzak, ebd., 18 참조; G. 비더만, 『헤겔』, 강대석 역, 서광사, 1999, 166 참조.

21 실제로 러시아 정부는 1813년 코쩨부를 추밀원 고문관[Staatsrat]으로 임명했다. 1816년부터 이 인물은 독일의 여러 도시를 여행하면서 비밀정보원으로서의 임무를 수행했다. 즉, 그는 러시아 정부로부터 적지 않은 봉급을 받으면서 독일의 상황, 특히 독일 여러 대학의 상황을 아주 자세히 보고했는데, 그것이 그를 신성동맹의 중요한 첩자로 간주하게 하는 결정적인 요인이 되었다.

22 그러나 이러한 구체제의 결정은 잔트를 민족운동의 순교자로 승화시키는 계기가 되었는데, 그것은 당시 훔볼트대학의 베테 교수가 쓴 전단에서 확인할 수 있다: "자, 이런 믿음과 이런 확신을 가진 이 순수하고 경건한 젊은이를 통해 이 행위가 발생하였는데, 이 행위는 시대의 아름다운 상징이다(So, wie die Tat geschehen ist/durch diesen reinen, fromen Jüngling, mit diesem Glauben, dieser Zuversicht/ist sie ein schönes Zeichen der Zeit)"(김장수, ebd., 154에서 재인용). 잔트의 처형은, 그의 행동을 모방하려는 이들에게 경각심을 불러일으키기 위하여 공개적으로 이루어졌는데, 교수대에서 그가 보인 의연한 태도로 인하여 그는 자유주의자들의 우상이 되었으며 1869년에는 그를 기념하는 비석이 세워졌다. 그를 처형한 사람은 잔트가 매달렸던 교수대의 나무로 성물함을 만들어 젊은 순교자에게 경의를 표하려는 애국자들로부터 돈을 받아내기도 했다(마틴 키친, ebd., 188 f. 참조).

발생한 지 8일 후인 1819년 3월 31일에 잔트의 어머니에게 다음과 같은 내용을 포함한 격려와 위로의 편지를 보낸다: "오류는 확신의 견고함과 순수함에 의해 용서되고 어느 정도 폐기됩니다. 그리고 열정(熱情)은, 그로부터 그것이 흘러나오는 선한 원천(源泉)에 의해 성스럽게 됩니다. 경건하고 덕망 있는 당신의 아들에게는 이 두 경우 모두가 해당된다고 저는 확신합니다. 그는 자기의 일을 알고 있었고, 자기가 행한 일을 행하는 것이 옳다고 생각하였고, 그는 그 일을 정당하게 행한 것입니다. 각자가 오직 자기의 최선의 확신에 따라 행동하면 그는 최선을 행할 것입니다."[23]

베테는 결국, 잔트의 살인행위를 변호한 일로 인해 대학에서 해직된다. 학부위원회는, 비록 학부에서 가장 보수적인 인물들로 구성되어 있음에도 불구하고 베테의 해직 처분에 대해 날카롭게 반발했지만, 국왕은, "특정한 조건과 전제하에서는 암살을 정당하다고 생각하는 사람에게 청년의 교육을 계속 맡기려고 한다면 짐의 양심[Gewissen]을 해치게 될 것이다"[24]라는 짧은 의사표명과 더불어 내각칙령을 통해 9월 30일에 베테의 파면을 선언하고, 문부성장관 알텐슈타인(Karl Sigmund Franz Freiherr vom Stein zum Altenstein, 1770-1840)은 이 사실을 10월 2일 자 편지를 통해 베테와 베를린대학 교수평의회에 동시에 알림으로써 파면절차가 마무리된다.

헤겔은 역사의 흐름을 후퇴시키는 보수·반동적인 모든 시도에 대해서도 비판적이었지만, 다른 한편으로, 동기가 순수하다면 행동이 정당화될 수 있다고 주장하면서 잔트의 입장을 옹호한 베테의 입장에도 동의하지 않았다.[25] 여기서 우

---

23 De Wette, "Schreiben des Professors de Wette an die Justizräthin Sand in Wunsiedel, Berlin, den 31. März 1819," in: *Aktensammlung über die Entlassung des Professors D. de Wette vom theologischen Lehramt zu Berlin*, Leipzig, 1820, 3-4. 헤겔도 이 편지 내용의 일부분을 1819년 10월 30일에 크로이쩌(Creuzer)에게 보내는 편지에서 인용하고 있다(*Briefe von und an Hegel II*, 445). 베테는 교수직에서 해임된 다음 해에 자신의 해임과 관련된 서류들을 모아 책으로 발간하였다. 이 속에는 문제의 발단이 된 편지—잔트의 어머니에게 보낸 편지—의 내용과 자신의 의도에 대한 해명, 문부성장관 알텐슈타인과 국왕 프리드리히 3세의 견해, 그리고 베를린대학 교수평의회[Senat]의 입장이 상세하게 나타나 있다. 책의 제목은 『베를린의 신학교직에 있는 신학박사 베테 교수의 파면에 대한 서류모음』이며, 책의 표지 아래에는 '공적인 판단을 바로잡기 위하여, 베테 자신이 간행함(Zur Berichtigung des öffentlichen Urtheils, von ihm selbst herausgegeben)'이라고 쓰여 있고, 1820년 1월 10일에 바이마르에서 본인이 직접 쓴 서문이 첨부되어 있고, 같은 해 라이프찌히에서 간행되었다.

24 1819년 10월 30일에 헤겔이 크로이쩌에게 보낸 편지에서 인용함(*Briefe II*, 446).

리는 잔트의 행위와 베테의 주장에 대한 헤겔의 태도를 통해서도, 『법철학』에 나타난 그의 입장을 다시 한번 확인할 수 있다. 즉, 잔트는 코쩨부를 민족의 반역자로 규정하고, 그런 자를 처단하는 것이 민족을 위한 길이고 옳은 행위라는 자신의 개인적인 '도덕적 확신'에 의해서 그런 일을 저지른 것이다. 그러나 만약에 코쩨부가 실제로 민족의 반역자라 하더라도, 국법에 의해 심판받고 처벌받도록 하는 것이 '인륜'에 합당한 일이지, 개인 스스로가 법의 집행자가 되어 주관적인 확신에 따라 살인행위를 하는 일은 옳지 않다는 것이다. 여기에 바로 도덕이 인륜에로 지양되어야 할 필요와 이유가 있는 것으로 헤겔은 보고 있다. 베테의 편지 중, "확신의 견고함과 순수함", "자기가 행한 일을 행하는 것이 옳다고 생각하였고", 그리고 "자기의 최선의 확신" 등의 표현이 바로 헤겔이 시적하고 있는 형식적인 Gewissen에 해당하는 용어들이다. 그러나 우리들 각자가 자신의 주관적인 도덕적 "확신"에 따라 한 행위가 모두 옳은 행위, 선한 행위는 아닌 것이다. 경우에 따라서 그러한 행위는 큰 범법행위가 될 수도 있는 것이다. 다시 말하면 개인의 주관적인 도덕적 확신—이것은 '도덕'의 차원이다—은 '법'—이것은 '추상법'의 차원이다—에 부합되어야만 하는 것이고, 이렇게 부합된 상태가 바로 '인륜'인 것이다. 인간은 즉자대자적인 보편적인 것을 원리로 삼을 수도 있지만, 이와는 반대로 자기만의 특수성을 원리로 삼고 바로 이 특수성을 자기의 행위를 통해 실현할 수도 있는데, 바로 이 후자는, 악일 수 있는 가능성이라고 헤겔은 말한다. 따라서 Gewissen은 선으로도 악으로도 될 수 있고(『법철학』 §139), 인간의 욕망, 충동, 기호 역시 선으로도 악으로도 될 수 있는 것이다(『법철학』 §139 주해).[26]

---

25 그러나 헤겔은 베테의 경제적인 어려움을 돕기 위하여 매년 연봉에서 일정액을 각출하는 대학 동료들의 움직임에 동조하여 그를 위해 25탈러를 부조(扶助)하였지만, 1819년 11월 13일의 모임에서 베테에 대한 정부의 조치를 시인하는 입장을 표명함으로써 헤겔은 슐라이어마허(Friedrich Ernst Daniel Schleiermacher, 1768-1834)와 대립하게 되었다(Pinkard, *Hegel. A Biography*, ebd., 438 f. 참조).

26 백훈승, 『헤겔 『법철학 강요』 해설: 〈서문〉과 〈서론〉』, ebd., 34 ff. 참조; 백훈승, 『누가 추상적으로 사유하는가?』, 서광사, 2017, 111 ff. 참조.

12

이성(동일)과 정열(구별)의 변증법

12.1. 세계사의 궁극목적과 그 실현수단: 이성(理性)과 정열(情熱)

헤겔에 의하면 세계사의 궁극목적은 자유의 실현인데, 이 목적을 위하여 "지상(地上)의 광대한 제단(祭壇)에서, 또 오랜 시간의 경과 중에서 모든 희생이 바쳐졌다"(TW 12, 33). 그런데 세계사의 목적을 정립한 자는 소위 절대정신인 신이며, 신이 자유를 실현하기 위하여 수단으로 사용하는 것은 바로 인간의 〈의지와 활동〉이다. 역사를 만드는 것은 인간이다. 헤겔은, 인간의 의지와 활동을 통하지 않고서는 세계사의 궁극목적인 자유의 이념이 실현될 수 없다고 한다. 그런데 개별적인 "인간의 행동은 욕망[필요], 정열, 관심[흥미], 성격, 재능 등에서 발현하는"(TW 12, 34) 것인바, 헤겔은 이것을 정열이라는 말로 포섭하여 이 정열이 인간 활동의 근본동기가 되는 것이라고 한다. 정열이란, "사람들이 그것과 동시에 가지고 있고, 또 가질 수 있는 다른 모든 관심과 목적을 무시하고서 개인 전체에 내재한 의욕의 전 혈관(全 血管)[소질(素質), Ader]을 동원해서 하나의 대상에 몰두하고, 그 개인의 모든 욕망과 힘을 이 목적에 집중하는 한, (…) 그러한 관심"(TW 12, 37-8)을 가리킨다.

여기서 헤겔은 다음과 같이 말한다: "세상의 어떤 위대한 일도 정열 없이 이루어진 것은 없다. 여기에 두 계기가 우리의 대상으로 되게 된다. 그 하나는 이념이고 다른 하나는 인간의 정열이다. 한쪽은 우리 앞에 펼쳐져 있는 세계사라는 큰 양탄자의 날실[종사(縱絲)]이고, 다른 한 쪽은 씨실[횡사(橫絲)]이다. 그리고 이 양자의 구체적인 중심이고 통일이 국가에 있어서의 인륜적 자유다"(TW 12, 38). 세계사라는 양탄자는 이념이라는 날실과 정열이라는 씨실이 엮어져 만들어지는 것이라는 말이다. 헤겔은 이미 『논리학』에서도 이와 유사한 언급을 한 바 있다. 즉, 마치 이성이 동일과 구별이라는 날실[종사(縱絲)]과 무늬를 서로 결합하고 엮어서 직물(織物)을 만드는 베틀인 것처럼(GW 11, 261 참조), 이념과 정열의 "한 쪽은 우리의 눈앞에 널리 펼쳐져 있는 세계사라는 거대한 양탄자의 날실이고 다른 한 쪽은 그 무늬"(TW 12, 38)라는 것이다. 즉 역사의 목적은 이념 그 자체만에 의해서 실현될 수 없고 "인간의 욕구[Bedürfnis], 충동[Trieb], 경향[Neigung], 그리고 정열[Leidenschaft]"(TW 12, 36)에 의한 활동을 필요로 한다고 말한다. 이처럼 헤겔은, 이성주의자이기는 하지만 결코 인간의 정서나 감정을 무시하지 않았다. 그는 이성에 비해서 상대적으로 인간의 감정을 경시하는 계몽주의의 견해와, 그런 입장에 반대하는 낭만주의의 견해를 통합하는 입장에 서 있다고 하겠다.

12.2. 이성의 꾀[die List der Vernunft]

"이런 엄청나게 많은 의욕, 관심, 활동은 세계정신이 자기목적을 달성하고 그 목적을 의식에로까지 높여서 실현하기 위한 도구요 수단이다"(TW 12, 40). 즉, 절대자는 개개인으로 하여금 자유롭게 행위하도록 해 놓고, 어떤 일은 실패하게 하고 어떤 일은 성공하게 함으로써 자기의 목적을 실현해 간다. 그런데 인간이 정열을 가지고 자기의 목적을 추구하고 이루는 가운데, 자기가 전혀 의도하지 않은 결과를 초래하기도 한다. 인간은 정열에 의해 움직이며 행동한다. 그러나 그 결과까지도 개인적인 것은 아니다. 인간이 개인적인 요소를 추구하고 만족시켜 나감과 동시에 인간의 행동은 무의식 중에 보다 높은 것, 그 이상(以上)의 것을 향한 수단과 도구가 되어 있다.

인간은 정열에 의해 행동한다. 그리고 많은 사람들의 행동이 모여서 역사가 이루어지는데, 결과로서의 역사는 주관적·개인적인 정열, 욕망, 의도 등과는 별도의 것이다. 실은 배후에 이성—세계정신—이 존재하고 있어서 인간을 조종하고 있다. 인간들끼리는 전력(全力)을 다해 다투고 싸워서 몰락해가는데, 세계정신은 망하지 않고 오히려 그러한 싸움을 통해서 자기를 실현해간다. 그러므로 역사는 개인적·주관적 정열을 통해서는 이해하지 못한다. 역사는 인간의 개인적인 행동과는 독립적인 것이다. 따라서 역사를 이해하려면 독특한 역사적 안목과 식견이 필요하다. 역사는 이와 같은 것인데, 개인은 이성의 꼭두각시[괴뢰(傀儡)]이기는 하지만 무의미한 존재자는 아니다. 개인의 행동도 보다 높은 것을 실현해가므로, 여기에 개인의 가치는 존재하는 것이다.

그렇다면, 세계사의 궁극목적인 자유의 이념도 정열을 수단으로 사용하지 않고서는 실현될 도리가 없음이 분명하다. 그러므로 세계사의 과정에서는 "보편적인 것은 (…) 특수한 목적들 속에 존재하며, 그것들을 통해서 성취된다"(TW 12, 40).[1] 그러면 세계의 궁극목적이 어떻게 특수한 목적들을 수단 삼아서 제 자신을 실현하는 것일까? 헤겔에 의하면, 세계사에 있어서는 일반적으로 인간의 행위에 의해 초래된 것이, 처음에 목적으로 추구된 것 또는 직접 욕구하고 의식하던 것과 전혀 다른 것이다. 헤겔은 이와 관련하여, 여러 가지 재료와 원소를 가지고 집을 짓는 경우와 방화(放火)의 예를 들어 설명하고 있다.

1) 첫 번째 예: "마찬가지로 정열도 제각기 자기의 만족을 구하여 움직이는데, 그의 자연적 성능에 응해서 자기 자신의 역할과 자기의 목적을 완수하여, 그 결과로 인간사회라고 하는 건물을 만들어 올린다. 그러나 그렇게 되면 이번은 또 이 사회 안에서는 법률이라든가 제도로부터 자기가 구속받게 된다. 위에서 든 예는 또 다음과 같은 의미까지도 포함하고 있다. 즉 세계사에서는 인간의 행위를 통해서 생기는 것은 그 인간이 목표로 하여 달성한 것, 인간이 직접적으로 의식하여 의욕하고 있는 것과는 전혀 다른 어떤 것이라고 하는 것이다. 인간은 제각기 자기의 관심을 추구한다. 그러나 그것과 더불어 그 밖에 확실히 그들의 관심 안에 내면적으로 포함되어 있기는 했지만 그들의 의식(意識)과 의도 속에는 나타나 있지 않았던 그 이상의 어떤 것이 이루어진다"(TW 12, 42 f.).

2) 두 번째 예: 헤겔은 여기서, 상대방에 대한 복수심에 불타서 그 사람의 집에 불을 질렀는데, 뜻하지 않게 그 사람과는 관계없는 옆집으로 불이 옮겨붙어 피해를 주게 된 예를 들고 있다. 그런데 이런 결과는 행위자의 의식에도 없었고, 더구나 의지에도 없었던 것이다. 이런 일은, 인간의 행위가 행위자의 의식이나 의지에 없는 그 이상의 큰 결과를 가져온다는 것을, 그리고 특수한 정열이 어떤

1 이것이 바로 〈구체적 보편〉 또는 〈진무한〉의 자기전개다.

보편적인 것의 실현과 불가분적인 것임을 실증하는 것이다. 이것은 개인이 자기의 어떤 특수목적을 실현하기 위하여 온갖 정열을 바쳐서 활동하지만, 그 개인의 활동에서 그가 예기치도 않았던 보편적 이념이 실현된다는 것을 뜻하는 것이다.

그러므로 "정열의 특수한 관심과 보편자(일반자)의 실행은 불가분의 것이다. 왜냐하면 보편자는 특정한 관심과 그것의 부정(否定)에서 생기는 결과이기 때문이다. 특수한 것은 서로 투쟁하여 한쪽이 몰락한다. 보편적 이념은 결코 대립이나 투쟁에 휩쓸려서 위험을 무릅쓰지 않는다. 보편적 이념은 공격을 받지 않고 피해를 입지도 않은 채 배후에 자리 잡고 있다. 그것은 정열로 하여금 스스로 활동하게 하지만, 이 경우에 정열에 의해 존재하게 되는 것이 벌을 받고 피해를 입는다"(TW 12, 49). 헤겔은 이것을 "이성의 꾀"(TW 12, 49)라고 부른다. 다시 말하면 세계정신은, 개인이 자기의 목적을 추구하고 자기의 욕망을 만족시키기 위한 정열을 수단으로 하여 자기를 실현한다. "개인들은 희생되며 또 포기된다. 이념은 삶의 허무함에 대한 공물(貢物)을 스스로 바치지 않고, 개인의 정열로 하여금 지불(支拂)하게 한다"(TW 12, 49). 이로 볼 때 세계정신은 냉혹하고 무자비하다. 왜냐하면, 그것은 개인의 희생을 요구하기 때문이다. 이처럼 자기의 개인적인 목적 속에 세계사적 목적이 깃들어 있는 개인을 헤겔은 "세계사적 개인[die welthistorischen Individuen]"(TW 12, 45, 46) 혹은 "영웅[die Heroen, Held(en)]"(TW 12, 46, 48)이라 부르며, 역사상 이런 인물로 대표적으로 알렉산더(Alexander, BC 356-323), 시이저(Cäsar, BC 100-BC 44), 그리고 나폴레옹(Napoleon, 1769-1821)을 제시한다. 이런 역사적 인물은 역사적 전환기에 처하여 '무엇이 그 시대에 성숙하고 있는가', '무엇이 필연적인 것인가'를 통찰하여 그것을 자기의 목적으로 삼고 그것을 실현하려고 혼신의 정열을 기울이는 사람이다.

그러나 역사 속에서 인간의 행위가 보편자로서의 이념의 도구적인 역할을 한다고 해서 헤겔이 인간 개개인의 자율성을 부인한 것은 아니다. 인간 한 사람 한 사람을 놓고 볼 때 개개의 인간은 분명히 자신의 신념이나 정열, 욕망, 목적에 따라 행동한다. 그러나 이러한 개별적인 행위 속에는 보이지 않는 세계정신의 의도가 내포되어 있다. 단지 인간은 그것을 의식하지 못했을 뿐, 결과적으로는 세계정신의 보편적인 목적을 수행하고 있다는 것이다. 예컨대, 나폴레옹은 자신의 정치적인 야심(野心)에 의해, 그리고 정복욕에 의해 알프스를 넘어 이탈리아를 침공하고 유럽제국을 정복했다. 그러나 이와 같은 나폴레옹의 개인적인 행위 속에는 유럽의 절대왕정체제를 종식시키고 근대 시민사회를 탄생시키려는 세계 정신의 숨은 의도가 내포되어 있다는 것이다. 근대 시민사회의 탄생, 그것이 곧 당시의 시대정신이었다. 물론 나폴레옹 자신은 근대 시민사회를 탄생시키기 위해 이탈리아를 침공하고 유럽제국을 정복한 것은 아니었다. 오히려 자신의 황제의 위치를 더욱 확고히 하기 위해 전쟁을 일으켰다. 그러나 결과적으로는 자기도 모르게, 그리고 자신의 의도와는 달리 그의 행동이 유럽 근대 시민사회를 탄생시킨 하나의 수단적인 역할을 하게 된 것이다.

그러나 이런 세계사적인 인물들의 운명을 주목할 때 그것은 결코 행복한 것은 아니었고, 그들의 전(全)생애는 힘겨운 수고와 노고뿐이었다. 그리고 그들의 목적이 이루어졌을 무렵에는 그들은 열매 없는 껍질처럼 시들어 떨어진다. 그들은 "알렉산더처럼 요절(夭折)하거나 시이저처럼 살해되거나 아니면 나폴레옹처럼 세인트 헬레나[Saint Hellena]로 유배된다"(TW 12, 47).[2]

2 이것은 서양판 '토사구팽(兎死狗烹)'이라 하겠다. 이상, 백훈승, 『서양근대철학』, ebd., 492 ff. 참조.

IV

헤겔 변증법과 헤겔 이후의 변증법의 대결

1

관념변증법과 물질(자연)변증법

1.1. 맑스(Karl Heinrich Marx)의 물질변증법

맑스는 1818년에 독일 라인란트주(州)의 트리어(Trier)시에서 유대인 변호사 아버지의 7남매 중 첫째로 태어났다. 로마제국의 수도 중 하나였던 트리어는 19세기 초, 주민의 95%가 카톨릭이었는데, 부친 하인리히 맑스는 칼 맑스가 태어나기 전에 프로테스탄트로 개종하였고, 맑스는 6살 때 개신교에서 침례를 받았다.

1835년에 트리어의 프리드리히 김나지움을 졸업하고 1835년 본대학 법학부에서 2학기를 수학한 후 베를린대학[1] 법학부에서 수학하였다(1836-41). 이 시기에 헤겔철학 연구에 전념하고(1837) 바우어(Bruno Bauer, 1809-82) 등 헤겔좌파와 교류하였다. 1839년에는 희랍철학에 몰두한다. 박사 논문 『데모크리토스와 에피쿠로스의 자연철학의 차이』를 집필하여 1841년에 예나대학에서 철학박사학위를 취득하였다. 1843년에 파리로 망명하였고, 1844년에 『경제학·철학수고』(*Ökonomisch-philosophische Manuskripte*)(=『파리수고』)를 집필하였다. 1845년, 『신성한 가족』(*Die heilige Familie*), 『포이어바흐에 대한 테제』(*Thesen*

1 베를린 훔볼트대학(Humboldt Universität zu Berllin, 1810년 설립)을 가리킴. 베를린 자유대학(Freie Universität zu Berllin)은 2차 대전 후인 1948년에 설립됨.

über Feuerbach), 『독일이데올로기』(*Deutsche Ideologie*)를 집필하였다. 1848년, 『공산당 선언』(*Manifest der Kommunistischen Partei*)을 간행하고 1849년, 가족과 함께 런던으로 이주하여 죽을 때까지 살았다. 1867년, 함부르크의 마이스너사에서 『자본』(*Das Kapital*) 제1권을 1,000부 출판하였고(9.14). 『자본』 제2권(1885). 『자본』 제3권(1894)이 간행되었다. 1883년, 장녀 제니가 사망한(1.11) 후, 런던에서 사망하였다(3.14).

1.1.1. 맑스의 역사적 물질주의[역사적 유물론]

1.1.1.1. 맑스주의 성립의 세 토대(土臺)

맑스주의의 성립에 결정적인 영향을 미친 사상을 크게 셋으로 구분할 수 있는데, 그 첫 번째는, 소위 독일의 고전철학이다. 여기에 포함되는 두 가지 주요사상은 바로 헤겔의 관념변증법과 포이어바흐의 유물론이다. 맑스는 헤겔의 관념변증법으로부터는 관념론[혹은 정신주의(精神主義)]을 버리고 변증법이라는 방법을 채택하였고, 포이어바흐의 정적(靜的) 유물론으로부터는 정적(靜的)인 요소를 버리고 유물론이라는 존재론을 택함으로써 결국 〈변증적 유물론〉의 입장을 취하였다. 맑스는 이 변증적 유물론을 역사에 적용하여 〈역사적 유물론〉[2] 혹은 〈유물사관〉을 만들었다.

두 번째로는 생시몽(Saint Simon, 1760–1825), 후리에르(F.M. Fourier, 1772–1837), 블랑키(L.A. Blanqui, 1805–81), 프루동(P.J. Proudhon, 1809–1865) 등의 공상적(空想的)[유토피아적] 사회주의 사상이고, 세 번째로는 스미스(Adam Smith, 1723–90), 맬더스(Th. R. Malthus, 1766–1834), 리카르도(David Ricardo, 1772–1823) 등으로 대표되는 영국의 고전 경제학이다.

특히, 헤겔에 있어서 근원적 존재자는 절대이념, 절대정신, 절대이성 혹은 로고스(Logos)이며, 모든 존재자는 그것의 발현(發現) 내지 현현(顯現)에 불과하며, 그의 변증법은 이념 혹은 로고스의 전개(발전)형식인데, 맑스는 이러한 헤겔의 관념(정신)변증법은 전도(顚倒)된 것[das Verkehrte]이라고 생각하고, 그것을 물질변증법으로 되돌려 놓아야 한다고 주장한다. 이에 대해 맑스는 『자본』

---

2 '역사적 유물론[historischer Materialismus]'이라는 표현은 엥엘스가 사용한 것이다.

에서, 헤겔의 변증법은 "머리로 서 있다. 신비적인 외피(外皮)에 싸인 합리적인 핵심을 발견하기 위해서는 그것을 뒤집어야만 한다"[3]고 말한다.

이러한 되돌림에 있어서 결정적인 영향을 미친 사람이 바로 포이어바흐(L. Feuerbach, 1804-72)다. 1841년 11월 포이어바흐는 『기독교의 본질』(*Das Wesen des Christentums*)을 출간했는데, 이 책의 제2판 머리말에서 자기의 철학은 "초인간적인, 즉 반인간적이고 반자연적인 종교나 사변에 의해 부패하고 불구가 된 모든 인간에 반대하는 철학"이며, "스피노자의 실체도 칸트와 피히테의 자아도 아니고 쉘링의 절대적 동일성이나 헤겔의 절대정신도 아니며, 요컨대 단지 사유되거나 공상적(空想的)인 추상적 존재자가 아니라 현실적인 존재자, 혹은 오히려 가장 현실적인 존재자, 가장 현실적인 참된 존재자[das wahre Ens realissimum], 곧 인간을, 즉 가장 긍정적(적극적)인 현실의 원리를 자기의 원리로 갖고 있다"[4]고 말한다. 포이어바흐에 의하면 자연과 인간 외에는 아무것도 존재하지 않는다. 이러한 그의 사상은 절대자와 보편자를 중시한 헤겔철학에 반기(反旗)를 든 것이다. 그는 헤겔철학을 낡은 철학으로, 자신의 철학을 새로운 철학으로 규정하였다: "나는 추상적인, 사유하기만 하는 존재자며, 신체는 나의 본질에 속하지 않는다고 하는 명제를 낡은 철학이 자신의 출발점으로 가지고 있었다면, 새로운 철학은 이와는 반대로 '나는 현실적·감각적(감성적) 존재자며 신체는 나의 본질에 속한다. 실로 신체의 총체가 나의 자아며 나의 본질 자체다'라는 명제와 더불어 시작한다"[5]

그는 헤겔과는 달리, 철학을 신·절대자·이념에서가 아니라 인간·유한자·현실로부터 이끌어냈기 때문에 신도 철저하게 인간적 입장에서 이해하였다. 그는 『기독교의 본질』에서, 기독교인이 믿는 신이나 신앙체계는 따로 존재하는 초월적 존재자나 내세에 대해 말하는 것이 아니고 인간의 소망을 말하고 있는 것이며, 따라서 종교는 인간의 가장 큰 소망을 자기의 외부로 투사(投射)한 것에 불과하다는 이론을 전개했다. 즉, "인간이 신에 관해서 말하는 그것을 사실은 자기

---

3 『자본』 제1권, MEW 제23권, 27. 그럼에도 불구하고 맑스는, 헤겔이 관념론자로서 변증법을 신비화하긴 했지만, "변증법의 일반적인 운동형태들을 최초로 포괄적이고 의식적인 방식으로 서술한"(ebd.) 사람이었다고 평가한다.

4 Ludwig Feuerbach, *Werke in sechs Bänden 5. Das Wesen des Christentums (1841)*, Ffm, 1976, 402.

5 Ludwig Feuerbach, "Grundsätze der Philosophie der Zukunft," in: *Werke in sechs Bänden. 3. Kritiken und Abhandlungen II (1839-1843)*, Ffm., 1975 (247-322), 302.

자신에 관해서 말한다."[6] 인간의 신 개념은 인간소망의 투사에 불과하며 그 소망 너머에는 아무것도 존재하지 않는다는 것이다. 예컨대, 신의 지혜는 인간의 지성과 이해력이 투사된 것이고, 신의 의로움은 인간의 도덕성과 정의감이, 신의 사랑은 인간의 사랑이, 예수의 부활은 영생에 대한 인간의 소망이 투사된 것이라고 주장하였다. 따라서, "감각적인 대상들과 관련해서 대상의식은 자기의식과 잘 구별될 수 있지만, 종교적 대상의 경우에 있어서는 의식은 자기의식과 직접적으로 일치한다"[7] 왜냐하면 감각의 대상은 인간의 외부에 존재하는 데 반해서, 종교적 대상은 인간 속에 존재하는 내면적 대상이기 때문이다. 그리하여 종교적 대상에 있어서 "주체의 대상은 주체 자신의 대상적 본질 외에 다른 것이 아니다. 인간이 자기에게 대상이듯이, 신은 인간에게 대상이다. (…) 인간이 가치를 가지는 그만큼만 그의 신도 가치를 가지며 그 이상의 가치를 갖지 않는다. 신에 대한 의식은 인간의 자기의식이며, 신에 대한 인식은 인간의 자기인식이다. 당신은 인간의 신으로부터 인간을 인식하며, 다시 인간으로부터 인간의 신을 인식한다. 그런데 이 둘은 동일한 것이다. 인간에게 신인 것은 인간의 정신, 인간의 혼이며, 인간의 정신, 인간의 혼, 인간의 마음은 인간의 신이다. 즉 신은 인간의 내면이 드러난 것이고 인간의 자아가 표현된 것이다. 종교란 인간의 숨겨진 보물이 장엄하게 드러난 것이고 인간의 가장 내면적인 생각이 공언(公言)되는 것이며, 인간의 사랑의 비밀이 공적으로 고백된 것이다"[8] 그리하여 그는 다음과 같이 말한다: "신학의 비밀은 인간학이다"[9] 이렇듯 "인간은—이것이 종교의 비밀이다—자기에게 자기의 본질을 대상화한다"[10]

그런데 인간은 "자기가 신 안에 정립하는 것을 자기에 관해서는 부정할 뿐"[11]이다. 다시 말하면, 인간은 모든 것을 할 수 없기 때문에 '전능(全能)'이라는 이상을 가지며, 모든 것을 알지 못하기 때문에 '전지(全知)'에의 소망을 가지고, 또 전적으로 선하지 못하기에 '전선(全善)'의 이념을 갖는 것이며, 이러한 이념들을

6 Feuerbach, *Das Wesen des Christentums (1841)*, ebd., 43.

7 Ebd., 30.

8 Ebd., 30 f.

9 "Das Geheimnis der *Theologie* ist die *Anthropologie*, (...)"[Ludwig Feuerbach, "Vorläufige Thesen zur Reform der Philosophie [1843]," in: *Ludwig Feuerbach. Werke in sechs Bänden. 3. Kritiken und Abhandlungen II (1839-1843)*, Ffm., 1975, (223-243), 223].

10 Feuerbach, *Das Wesen des Christentums (1841)*, ebd., 44.

11 Ebd., 41.

외부로 투사하여 '신'이나 '절대자' 개념을 만들어낸다는 것이다. 그리하여 유대·기독교에서는 신이 자기의 형상(形像)을 따라서 인간을 만든 것으로 보지만, 포이어바흐는 인간이 자신의 소망을 투사하여 신을 만들었다고 주장한다. 따라서 인간에 있어서 신은 바로 인간의 본질을 말하는 것이라 할 수 있다. 그러므로 신이란, 인간이 그렇게 있고 싶어 하는 것이고, 따라서 종교는 인간의 욕구의 산물이며 개체의 환상(幻像)이라는 것이다. 포이어바흐는 유대·기독교에 대한 비판과 유사한 비판을 헤겔철학에 대해서도 행한다.

> 신학의 신적인 본질이 모든 실재성의, 즉 모든 규정들의, 모든 유한성의 이상적(理想的)인 혹은 추상적인 총괄인 것처럼, 헤겔의 논리학도 그러하다. 지상에 존재하는 모든 것은 신학의 하늘에 다시 존재한다—그리하여 자연에 존재하는 모든 것은 또한 신적인 논리학의 하늘에도 존재하는데, 그것은 질, 양, 도량(度量), 본질, 화학론, 역학론, 유기체다. 우리는 모든 것을 신학에서 두 번 갖는데, 한 번은 추상적으로, 또 한 번은 구체적으로 갖는다—그리고 우리는 헤겔철학에서 모든 것을 두 번 갖는데, 한 번은 논리학의 대상으로서, 그리고 나서는 다시 자연철학과 정신철학의 대상으로서 갖는다.[12]

헤겔의 철학에는 신학과 마찬가지의 신비적 요소가 담겨 있다. "신학의 무한한 존재자가 추상적이고 유한한 존재자인 것과 마찬가지로 헤겔의 절대정신도 추상적인, 자기 자신으로부터 분리된, 소위 유한한 정신 외에 다른 것이 아니다"[13]라고 포이어바흐는 주장한다.

맑스는 포이어바흐의 중요성을 다음과 같이 강조한다: "그리고 당신들이 진리와 자유에 이르는 길은 '불의-시내[화-천(火川, Feuer-bach)]'를 통하는 길 외에 다른 길은 없습니다. 포이어바흐는 현대의 연옥(煉獄)입니다."[14] 그러나 포이어바흐에 있어서는 헤겔철학에 있어서와 같은 변증법이 전혀 보이지 않는다. 그래서 그의 철학은 동적인 것이 아니고 정적이다.

---

12 Feuerbach, "Vorläufige Thesen zur Reform der Philosophie [1843]," ebd., 225.

13 Ebd., 226.

14 "Und es gibt keinen andern Weg für euch zur Wahrheit und Freiheit, als durch den Feuer-bach. Der Feuerbach ist das Purgatorium der Gegenwart"[K. Marx: "Luther als Schiedsrichter zwischen Strauß und Feuerbach (1842)," in: MEW Bd. 1, 1974 (26-27), 27].

1.1.1.2. 역사적 유물론(유물사관)[15]

맑스는 엥엘스와 공동 저술한 『독일 이데올로기』(1845-46)[16]에서 처음으로 유물사관의 체계화에 착수한다. 그리고 다음 해인 1847년 『철학의 빈곤. 프루동의 "빈곤의 철학"에 대한 답변』(*Das Elend der Philosophie. Antwort auf Proudhons "Philosophie des Elends"*)[17]에서 맑스는 역사의 진정한 토대와 그의 추진력이 어디에 있는가를 다음과 같이 말함으로써 유물사관의 핵심을 표현하고 있다: "사회적 제 관계는 생산력과 밀접하게 결부되어 있다. 새로운 제 생산력을 획득함과 더불어 인간은 자기의 생산양식(방식)을 변경한다. 그리고 생산양식을, 자기의 생계(生計)를 획득하는 양상을 변경함과 더불어 인간은 자기의 모든 사회적 관계를 변경한다. 손맷돌은 봉건영주를 갖는 사회를 낳고, 증기기관은 산업자본가를 갖는 사회를 낳는다"[18] 그리고 유물사관의 기본원리는 『정치·경제학 비판』(*Zur Kritik der politischen Ökonomie*, 1859)[19]에서 요약된다. 그러면 〈유물사관〉의 내용을 살펴보자.

1.1.1.2.1. 사회구성체론: 토대[Basis]와 상부구조[Überbau]

토대와 상부구조라는 비유는 맑스와 엥엘스에 의해 사회의 경제구조(토대)가 국가의 존재 및 제 형태와 사회의식(상부구조)을 규정한다고 주장됨으로써 사용된다. 이 개념에 대한 최초의 공식적인 언급은, '생산과 상업으로부터 직접적으

---

15 '역사적 유물론'이라는 어휘는 엥엘스가 맑스의 『공상에서 과학으로의 사회주의의 발전』(1892)이라는 저술의 〈서문〉에서 처음 사용했다.

16 Karl Marx · Friedrich Engels, *Die deutsche Ideologie* (1845-46)(DI로 줄임), in: MEW Bd. 3, Berlin/DDR, 1978 (9-77), 46.

17 『철학의 빈곤. 푸르동의 "빈곤의 철학"에 대한 답변』은, 프랑스의 무정부주의자 프루동의 『경제적 제 모순의 체계 또는 빈곤의 철학』에 대한 비판적 저술이다.

18 "Die sozialen Verhältnisse sind eng verknüpft mit den Produktivkräften. Mit der Erwerbung neuer Produktivkräfte verändern die Menschen ihre Produktionsweise, und mit der Veränderung der Produktionsweise, der Art, ihren Lebensunterhalt zu gewinnen, verändern sie alle ihre gesellschaftlichen Verhältnisse. Die Handmühle ergibt eine Gesellschaft mit Feudalherren, die Dampfmühle eine Gesellschaft mit industriellen Kapitalisten"[Karl Marx, *Das Elend der Philosophie. Antwort auf Proudhons "Philosophie des Elends,"* in: MEW Bd. 4, Berlin/DDR, 1972 (63-182), 129].

19 이 저술은 1858년 8월부터 1859년 1월까지 쓰였다.

로 발전해온 사회조직'에 대해 언급하고 있는 『독일 이데올로기』 제1부에 나타나 있으며, 생산과 상업은 모든 단계에서 국가 및 관념적 상부구조의 나머지 부분의 기초를 형성한다.[20]

> 인간은 자기의 삶의 사회적 생산에 있어서 특정하고 필연적인, 자기의 의지로부터 독립한 관계인 생산관계에 들어가는데, 이 생산관계는 그들의 물질적 생산력의 특정한 발전단계에 대응한다. 이러한 생산관계의 총체가 사회의 경제구조를 구성하는데, 이것이 현실의 토대다. 이러한 현실의 토대 위에 법률적·정치적인 상부구조가 서고, 특정한 사회적 의식 형태들은 이 토대에 대응한다. 물질적 생활의 생산양식이 사회적·정치적·정신적인 생활과정 일반을 조건 짓는다. 인간의 의식이 그의 존재를 규정하는 것이 아니라, 반대로 그의 사회적 존재가 그의 의식을 규정한다.[21]

맑스의 이러한 2중 구조론은 인체상의 2중 구조, 가치설정의 기준이 되는 욕망상의 2중 구조, 생활상의 2중 구조, 사회상의 2중 구조, 존재론적인 2중 구조 등으로 구별해서 생각할 수 있다. 이를테면 인간의 신체는 횡격막을 중심으로 하여 상부, 즉 머리와 가슴이 포함되는 부분과, 하부 즉 소화를 통하여 각 부분에 보급될 에너지를 생산하는 소화기 계통과 생식행위를 통하여 종족을 유지시키기 위해 자손을 생산하는 생식기를 포함하는 부분으로 구분되며, 인간의 욕망은 상부, 즉 머리와 가슴이 느끼는 공상적 욕망과 하부, 즉 소화기와 생식기에서 일어나는 욕망으로 구별되며, 생활은 의식(意識)과 생계로 구별되며, 이러한 제 구별은 사회적으로 적용되어 사회에서 의식의 역할을 담당하는 부르주아 계급과 생산을 담당하는 프롤레타리아 계급으로 구별된다. 그리고 이것을 총괄적으로 또는 존재론적 입장에서 말하면, 세계는 정신적 세계와 물질적 세계로 구별

---

20 Tom Bottomore 외, 『마르크스 사상사전』, 임석진 편집 및 책임감수, 청아출판사, 1988, 564 참조.

21 "In der gesellschaftlichen Produktion ihres Lebens gehen die Menschen die bestimmte, notwendige, von ihrem Willen unabhängige Verhältnisse ein, Produktionsverhältnisse, die einer bestimmten Entwicklungsstufe ihrer materiellen Produktivkräfte entsprechen. Die Gesammtheit dieser Produktionsverhältnisse bildet die ökonomische Struktur der Gesellschaft, die reale Basis, worauf sich ein juristischer und politischer Überbau erhebt, und welcher bestimmte gesellschaftliche Bewußtseinsformen entsprechen"[*Zur Kritik der politischen Ökonomie* (KPÖ로 줄임), in: MEW Bd. 13, Berlin/DDR, 1975, Vorwort].

되게 된다.

그런데 이상의 두 가지로 구별되는 구조, 즉 상부구조와 하부구조는 각각 그 본질을 지니게 되는데, 상부구조의 본질은 하부구조에 의해 규정된다. 즉, 신체상의 상부구조의 본질인 의식은 육체적 욕구인 생활에 의해 규정되고, 사회상의 상부구조인 이데올로기는 생산의 제 관계에 의해 규정되며, 부르주아의 운명은 프롤레타리아에 의해 규정되고 궁극적으로 정신세계는 물질적 세계의 반영에 불과하다.

이러한 하부구조 중심의 2원론의 배경에는 맑스의 가치관이 존재한다. 즉, 그에게서 가장 중요한 것으로 간주되는 것들 가운데 하나는, 개인으로서의 인간의 존재[Existenz]인데, 이때의 존재는 데카르트와 같은 철학사가 발하는 cogito의 존재가 아니라 극히 소박하고 육체적인 의미의 존재, 즉 '살아 있다'고 하는 것, 다시 말해서 '생존[Dasein]'을 의미한다. 그러므로 맑스는 『독일 이데올로기』에서 다음과 같이 말한다: "물론 모든 인간사의 첫 번째 전제는 살아 있는 인간 개인의 실존[Existenz]이다. 그러므로 확보되어야 할 첫 번째 사실은, 이러한 개인들의 신체기관과, 이 신체기관을 통해 주어지는, 그 밖의 자연과의 관계다"(DI, 20 f.). 여기서 '자연'이란 '물질', 더 구체적으로 말하면, 인간이 생존하는 데 필요한 의식주의 조건들이다. 그러므로 맑스에 있어 가장 가치 있는 것, 제일 먼저 확보되어야 할 것은 개인들이 생존하기 위해서 신체적으로 요구되는 물질, 즉 의식주의 조건들이다. 이것들이 충족되지 않는 한, 인간 개인들은 존재할 수 없고, 이같이 이들이 생존해 있지 못할 때 역사는 있을 수 없는 것이다. 그러므로 인간이 역사를 만들기 위해서는 먼저, 먹고 마시고 입어야 하고 또 주거를 가져야 하며, 그 때문에 기본적인 생활수단, '물질적 생활 그 자체'의 생산은 제1의 혹은 기본적인 역사적 행위인 것이다.

맑스에 있어서 가치를 규정하는 것은 정신이 아니라 물질이며, 진선미 또는 도덕적 행위나 정의, 그리고 철학적이고 고상한 이상이 아니라, 동물적이고 신체적인 욕망을 충족시키는 일이며, 이를 위해 요구되는 현실적인 경제행위다. 그리고 이 같은 물질적 가치를 추구하는 인간의 행위, 즉 경제적 생산행위와 그로 인해 성립되는 제 생산관계에 의해서 역사는 만들어지는 것이다. 따라서 이러한 물질을 생산하는 자, 이를테면 공상을 자아내는 신체상의 상부구조에 대립되는 위부(胃腑: 위와 오장육부), 즉 신체상의 에너지와 종족을 생산하는 하부구조와, 의식(意識)을 만드는 일을 담당하는 철학자나 신학자나 법률가들의 엘리트로 구성되는 사회의 상부구조에 대립되는 프롤레타리아, 즉 자연물에 효용

가치를 더해주는 노동에 임하는 이들로 구성된 사회적 하부구조가, 그리고 종국적으로 정신에 대립되는 물질이 역사의 주체가 되는 것이다.

모든 사회의 상부구조에 있어서의 지배적인 견해는 지배적인 경제적 계급의 견해다. 맑스는 이에 관해 다음과 같이 말한다: "어느 시대에나 지배계급의 사상이 지배적인 사상이다. 즉 사회의 지배적인 **물질적** 세력인 계급이 동시에 그 사회의 지배적인 **정신적** 세력이다"(DI, 46). 토대와 상부구조의 관계를 다음과 같이 나타낼 수 있다.

상부구조	토대를 간접적으로 반영한 것	"특정한 사회적 의식형태들"(KPÖ, 8) =사회적 의식 / "그밖의 관념적 상부구조"(DI, 36/78-9); "의식, 종교, 철학, 도덕 등등의 모든 다양한 이론적 산물과 형태들"(DI, 37-8/80-1)
	토대를 직접적으로 반영한 것	"법(률)적·정치적 상부구조"(KPÖ, 8) = 사회제도 / 국가(DI, 36/78-9)
(현실의) 토대	생산력의 발전에 의해 구축된 것	생산관계(소유관계, 조직관계, 분배관계). "생산관계 전체가 사회의 경제적 구조·실제적 토대를 이룬다"(KPÖ, 8)

물질적 생산방식의 변화, 즉 생산양식의 변화는 사회의 구조와 제도의 변화를 야기한다. 봉건제적 생산양식에서는 농노를 억압하고 봉건영주의 이익을 옹호하기 위한 법과 제도가 만들어졌다면, 자본주의적 생산양식에서는 노동자를 억압하고 자본가의 이익을 옹호하기 위한 제도가 만들어진다. 경제적 토대가 법률이나 사회제도 같은 상부구조와 도덕, 예술, 종교, 철학 등의 사회적 의식을 결정한다.[22] 그러나 토대가 일방적으로 상부구조에 영향을 미치기만 하는 것이 아니라, 토대가 상부구조에 대해 1차적·근원적으로 작용하고, 상부구조는 토대에 대해 2차적·파생적으로 반작용한다.[23]

22 손철성, 『헤겔&마르크스. 역사를 움직이는 힘』, 김영사, 2008, 157 ff. 참조.

23 상부구조의 적극적 역할을 인정하고 있는 실례는 예컨대 1890년에 슈미트(Schmitt)에게

상부구조에는 정치·법률과 같이 그 관계를 직접적으로 반영하고 있는 것도 있고, 예술·종교·철학과 같이 간접적으로 정치·국가 등 직접적인 것을 매개로 한 것도 있다. 이와 같은 상부구조의 두 가지 영역에 대해서 베터(Wetter)는 정치적·법률적인 것과 이데올로기적인 것의 두 가지를 구별했다.[24]

1.1.1.2.2. 생산양식[Produktionsweise/Produktionsart]

맑스에 의하면 인간의 사회적 연관, 즉 사회생활의 뜻은 '생산'이다. 인간이란 자연에 순응할 뿐만 아니라 자연에 작용해서 자연 및 자연력을 이용하며 지배하려는 합목적적 활동인 사회적 생산, 즉 '노동'에 종사하고 있다. 〈생산=노동〉이 사회생활(사회성)의 기초다.

그런데 인간이 자연에 노동을 투하하여 재화를 생산할 때, 개별적으로 고립해서 생산하는 것이 아니라, 공동으로 사회 속에서 생산한다. 즉, 생산은 언제나 '사회적 생산'이다. 이러한 경향은 특히 근대에 있어서 노동분업에 의해 촉진되고 있다.

생산력[Produktivkraft]에는 ⓐ 생산하는 인간(노동자)과 ⓑ 생산수단(노동수단), 즉 도구, 기계, 장치 등과 노동대상, 즉 원료가 포함된다. 생산관계[Produktionsverhältnis]란, 생산과정에서 〈생산하는 인간 상호 간의 관계〉, 즉 생산수단의 소유형태(소유관계), 다시 말하면 〈누가 생산도구를 가지고 있느냐〉를 의미한다. 그런데 이는 구체적으로는, 생산수단을 갖고 있는 유산계급과 생산수단을

보낸 엥엘스의 서한에서 발견할 수 있다: "정치적·법적·철학적·문예적·예술적 발전은 경제적 발전에 그 기초를 두고 있다. 그러나 이러한 발전은 모두 서로 간에 혹은 경제적 토대에 대해서도 반작용을 한다. 그것은 경제상태가 원인이고 오직 그것만이 능동적이요, 그 밖의 모든 것은 수동적인 결과에 불과한 것은 아니고 궁극적으로 항상 자기를 관철하는 경제적 필연의 기초 위에서의 교호작용이다"(Engels, "To Conrad Schmitt," in: MESW II, 447). 이와 유사한 내용도 보르기우스에게 보내는 엥엘스의 편지에서도 발견된다: "정치, 법률, 철학, 종교, 문예, 예술 등의 발전은 경제적 발전에 그 바탕을 두고 있다. 그러나 이 모두는 서로 경제적 토대에도 반작용을 한다. 다른 모든 것은 단지 수동적 결과이고, 경제적 상황만이 오직 능동적인 원인이라고 할 수는 없다. 오히려 경제적 필연성—그것은 언제나 궁극적으로 자신을 드러낸다—을 토대로 하는 상호작용이 있을 뿐이다"(K. Marx/F. Engels, *Selected Works*. Vol. 3, "Engels to W. Borgius. January 25. 1894," Moscow, 1973, 502).

24 Gustav A. Wetter, *Soviet Ideology Today: Dialectical and Historical Materialism*, Heinemann, Translated by Peter Heath, NY. and Washington, 1966, 169. 신일철, 「토대·상부구조 논쟁의 전개과정과 그 영향—북한 〈주체철학〉 교정(敎程)에 미친 영향—」, 『아세아연구』 26(2), 고려대학교 아세아문제연구소, 1983 (1-30) 14에서 재인용.

갖고 있지 않은 무산계급의 관계를 가리킨다. 생산수단이, 노동하는 생산자가 아닌 사람의 소유일 때의 생산관계는 〈지배와 예속〉 관계가 성립되고, 생산수단이 생산자의 사회적 소유일 때의 생산관계는 〈상호협력〉 관계가 성립된다.

생산력이 발전·변경될 때에는 그에 대응하는 생산관계도 변경되고, 따라서 낡은 생산양식은 새 생산양식으로 교체된다. 예컨대, 봉건사회에서는 간단한 도구를 이용한 수공업으로 물건을 생산하는데, 이때의 생산관계는 한 사람의 주인과 몇 사람의 고용인 간에 한정된다. 자본주의사회에서는 거대한 기계공장에서 상품을 대량생산한다. 이때의 생산관계는 소수의 자본가와 수천·수만의 노동자와의 광범한 관계로 확대되고 그 성질도 중세적 주종관계로부터 근대적 계약관계로 바뀐다. 이러한 생산관계의 총화(總和)가 사회의 경제구조를 형성하고, 이 토대 위에 상부구조가 이루어지고 이 바탕 위에 사회의식이 이룩된다.

상부구조는 그 당시 지배계급의 이익을 반영한 것이다. 따라서 생산력의 변경에 의하여 곧바로 상부구조가 변경되지는 않는다. 왜냐하면, 낡은 생산관계에 의해 이익을 보던 계급은 이것을 그대로 유지하려고 하기 때문이다. 여기에서, 새로운 생산관계의 출현에 의해 이익을 볼 수 있는 계급은 그와 대립·투쟁하여, 마침내 사회혁명이 폭발하고 낡은 경제구조는 무너지고 상부구조도 붕괴한다.

1.1.1.2.3. 인류역사 전개의 5단계설

맑스는 인류의 역사가 다음과 같은 다섯 단계를 거쳐 전개되는 것으로 보고 있다.

① 원시 공산사회(아시아적 사회)
② 고대 노예사회
③ 중세 봉건사회
④ 근대 자본주의사회
⑤ 사회주의 및 공산주의 사회

① 원시 공산사회에서는 모든 사람이 제각기 자기의 도구를 사용하여 생산활동을 한다.

② 고대 노예사회에서는 생산수단이 노예 소유주에 의해 점유되고, 노예 자신이 생산수단이 되어 노동의 열매조차 나눠 갖지 못한다.

③ 중세 봉건사회에서 농노(農奴)는 도구를 일부 소유하고 있는 점에서 고대의 노예보다 향상된 지위에 있으나 아직도 영주를 위해 일해야만 한다.

④ 근대 자본주의사회에서의 노동자는 농노와 같이 땅에 묶이지 않고 노동시장에서 자유경쟁을 통해서 노동력을 처분할 수 있다는 점에서 자유롭지만, 그들도 생산수단을 소유하지 못하기 때문에 살기 위하여 노동력을 자본주에게 팔아야 한다.

⑤ 사회주의 및 공산주의 사회에서는 이러한 사회의 '모순'[25]이 지양되면, 모든 생산수단의 소유가 모든 사람에게 돌아가는 공산주의사회로 필연적으로 넘어가지 않을 수 없다고 한다.

이러한 역사발전은 인간의 사상과 행동에 의하여 유도되는 것이 아니라 생산력의 발전에 따른 〈사회구성체〉[gesellschaftliche Formation]의 변동에 의해 일어나는 것이며, 따라서 현실사회의 '모순'은 도덕적으로 단죄할 당위성의 문제가 아니라 역사법칙으로 극복되어야 할 필연성의 문제로 본다.

맑스는 사회의 '모순'을 해결하기 위하여 제도개혁, 종교적·도덕적 교화와 같은 인간적 노력을 경주하는 것은 역사의 필연적 법칙에 역행하는 것이라고 본다. 그러면 노동계급의 혁명활동은 왜 필요한가? 그것은 "산고(産苦)를 줄이고 덜기 위한 것"이라고 대답한다. 이처럼, 사회혁명의 주원인은 경제적 '모순'이고, 그 보조수단은 폭력혁명이다. 그럼에도 불구하고 소련을 필두로 한 과거 및 현재의 공산주의 체제들은 공산주의 사상으로 무장한 소수집단의 폭력혁명으로 수립된 것이지, 성숙된 자본주의사회의 경제적 '모순'을 겪은 역사의 산물이 아니다.

역사는 사회주의의 출현과, 더 나아가 공산주의의 성립으로 그 목적을 실현하게 된다. 헤겔에 의하면 변증적 발전과정은 자유라는 이상(理想)이 완전히 실현

---

25 유물(물질)변증법 내지 역사적 유물론에서 자주 등장하는 '모순' 개념은 많은 경우, '논리적 모순'이 아니라 '변증적 모순'의 의미로 사용되고 있다. 예컨대 무산자(프롤레타리아)와 유산자(부르주아)의 관계는 '논리적인 모순관계'에 있는 것이 아니다. 유물변증법론자들은 변증적 모순관계를, 예컨대 유산자와 무산자 간에 성립하는 '적대적 모순관계'와, 남성과 여성 간에 성립하는 '비적대적 모순관계'로 구분하고 있는데, 이러한 관계에서 발생하는 것은 '갈등'이나 '대립', '충돌' 등으로 표현하는 것이 적절할 것이다.

될 때 종식된다. 왜냐하면, 이는 모든 투쟁과 갈등의 종식을 의미하기 때문이다. 반면에 맑스는 대립자들 간의 투쟁이 물질적 질서 속에 존재하며, 따라서 계급들 간의 투쟁 속에 존재한다고 생각했기 때문에, 만일 계급들 간의 내적 '모순'들이 해소된다면 운동과 변화의 원리도 사라질 것이며 계급 없는 사회가 출현할 것이라고 예견했다.

※ 사회주의와 공산주의의 차이점

		사회주의	공산주의
경제	생산	생산재-공유 소비재-사유	생산재와 소비재-공유
	분배	노동의 질과 양(성과)	인간의 필요(욕망)
	교환	화폐-있음	화폐-없음
정치	국가	유-프롤레타리아 독재	무-국가 사멸
사회	계급	무계급	무계급

※ 사회주의로 접어든 시기(전 재산 국유화)
소련: 1937년 / 북한: 1958년 / 중공: 1958년[26]

1.1.1.2.4. 계급투쟁설

맑스는 자기가 살던 당시의 자본주의사회가 두 개의 적대적인 계급으로 나누어져 있다고 보았다: "두 개의 거대한 계급이 서로에게 적대하고 있다. 부르주아와 프롤레타리아가 그것이다"(『공산당 선언』). 현실사회에서 역사의 주체 문제는 계급의 문제와 깊이 결부되어 있다. 이에 대해 맑스는 다음과 같이 말한다: "어떤 시대에서나 지배계급의 사상이 지배적인 사상이다. 즉 사회의 지배적인 물질적 세력인 계급이 동시에 그 사회의 지배적인 정신적 세력이다"(DI, 46). 물질적 생산수단을 지배하는 계급은 동시에 정신적 생산수단도 지배하고, 생산수단을 갖지 않은 사람들의 사상과 행동은 지배계급의 사상과 행동에 예속된다. 오늘날 자본이라는 최고의 생산수단을 독점적으로 소유하고 지배하는 계급은 단지 은행과 광산, 공장과 교통기관을 지배할 뿐만 아니라, 신문사, 방송국, 학교, 교회, 잡지사, 출판사, 종이회사, 인쇄소 등(정신적 생산수단)도 지배하기 때

26 노희상 편저, 『공산주의비판노트』, 대왕사, 1989, 23-4.

문에 다수자의 의식, 관념, 욕망, 기호, 사상, 도덕 등도 소수의 힘에 의해서 좌우될 수 있다. 이렇게 한 나라의 경제를 지배하는 자가 정치, 군사, 교육, 사상, 도덕을 지배하고, 그럼으로써 역사에서 주체적인 자로 나타나게 된다.

생산수단이 소수에 의해 점유되고 있는 데 사회의 '모순'이 있고, 이러한 '모순'으로 인해 역사는 계급투쟁을 불가피한 계기로 하여 변증적으로 발전하는 것으로 맑스와 엥엘스는 본다. 그리하여 이들은 다음과 같이 말한다: "지금까지 모든 사회의 역사는 계급투쟁의 역사다. 자유민과 노예, 귀족과 평민, 영주와 농노, 동업조합의 장인(匠人)과 도제(徒弟), 간단히 말해 억압자와 피억압자가 서로 영원한 적대관계에서 때로는 은밀하게, 때로는 공공연하게 끊임없이 투쟁을 전개해왔다. 그리고 이 투쟁은 항상 사회 전체가 혁명적으로 변혁되거나 투쟁하는 계급들이 함께 몰락하는 것으로 끝났다"[27]

1.1.2. 잉여가치(剩餘價値)[Mehrwert, surplus value]설

다음의 예를 통하여 잉여가치의 문제를 살펴보자.

- 자본가는 100원을 투자한다 :

  기계+원료 = 70원 / 노동자 1명 : 30원(10시간 노동/1일)

  ① 불변자본[28] ② 가변자본[29]

- 노동자는 기계로 원료를 가공하여 라면을 생산하고, 자본가는 라면 1개를 120원에 판매한다.

⇨ 상품가치(120원) = 불변자본(C) + 가변자본(V) + 잉여가치(S)

⇨ 노동자가 하루 10시간 일해서 50원의 가치를 만들어내고, 그 50원을 라면의 가치에 첨가한다. 그러나 노동자가 받은 것은 30원의 임금뿐이다. 나머지 20원은 자본가에게 잉여가치로 들어간 것이다. 이것을 노동시간으로 따지면, 30원

---

27 Marx · Engels, "Manifest der Kommunistischen Partei," in: MEW Bd. 4, 6. Auflage, 1972, unveränderter Nachdruck der 1. Auflage 1959, Berlin/DDR (459-493), 462.

28 불변자본[constant capital]: 생산과정에서 자기의 가치를 변화시키지 않고 70원 그대로 상품에 옮겨가므로.

29 가변자본[variable capital]: 노동력의 구입에 투자한 30원은 생산과정에서 자기의 가치를 변화시켜 50원의 가치를 상품에 첨가하므로.

의 임금(또는 노동가치)을 창조하려면 6시간의 노동(시간)이 필요하고, 20원의 잉여가치를 창조하려면 4시간의 노동(시간)이 필요하다. 노동자는 6시간은 〈자기의 임금〉을 창조하기 위해 노동하는데, 이를 〈필요노동〉이라 하고, 자본가를 위해 잉여가치 20원을 만들어주는 공짜노동을 〈잉여노동〉이라고 한다. 그러므로 〈필요노동〉은 지불받는 노동이고, 〈잉여노동〉은 지불받지 못한 노동이다.[30]

1.1.3. 노동과 소외의 문제

1) 노동

맑스에 의하면 노동은 인간이 자신을 실현하는 데 필요한 수단이다. 비코(Giambattista Vico, 1668-1744)를 인용하면서 맑스는 "인간의 역사는 인간이 만든 것이지만 자연의 역사는 인간이 만든 것이 아니라는 점에서 전자와 후자는 구별된다"고 말한다. 맑스는 이 과정을 『자본』에서 다음과 같이 잘 요약하고 있다: "노동은 우선, 인간과 자연 사이에서 일어나는 하나의 과정인데 이러한 과정에서 인간은 자기 자신의 행동을 통하여 자연과의 신진대사를 매개하고 조절하고 통제한다 (…) 인간은 자연의 소재를 자기 자신의 삶을 위해 사용할 수 있는 형태로 취득하기 위하여 자기의 신체에 속한 자연력인 팔과 다리, 머리와 손을 움직인다. 인간이 이러한 운동을 통하여 자기의 외부에 존재하는 자연에 대해 작용하고 그것을 변화시킴으로써, 자기 자신의 본성도 동시에 변화시킨다. 그는 자신 속에 잠자고 있는 역량들을 전개하여 자기의 힘들의 작용을 자기 자신의 지배하에 둔다."[31]

---

30 김수행, 『자본론 공부』, 돌베개, 2016, 69 ff. 참조.

31 "Die Arbeit ist zunächst ein Prozess zwischen Mensch und Natur, ein Prozess, worin der Mensch einen Stoffwechsel mit der Natur durch seine eigne Tat vermittelt, regelt und kontrolliert. (…) Die seiner Leiblichkeit angehörigen Naturkräfte, Arme und Beine, Kopf und Hand, setzt er in Bewegung, um sich den Naturstoff in einer für sein eigenes Leben brauchbaren Form anzueignen. Indem er durch diese Bewegung auf die Natur außer ihm wirkt und sie verändert, verändert er zugleich seine eigene Natur. Er entwickelt die in ihr schlummernden Potenzen und unterwirft das Spiel ihrer Kräfte seiner eigenen Botmäßigkeit"[*Das Kapital*, Dritter Abschnitt: Die Produktion des absoluten Mehrwerts, FÜNFTES KAPITEL [Anfang], Arbeitsprozeß und Verwertungsprozeß, 1. Arbeitsprozeß, in: MEW Bd. 23, "Das Kapital",

이러한 노동개념을 맑스는 적어도 부분적으로는 헤겔로부터 계승한 것인데, 『경제학·철학 수고』의 〈헤겔 변증법 및 철학 일반에 대한 비판〉이라는 장(章)에서 "우리는 헤겔철학의 진정한 탄생지이자 비밀인 헤겔의 『정신현상학』과 더불어 시작해야만 한다"[32]고 말하면서, "그러므로 헤겔은 노동의 본질을 포착하고, 대상적인 인간, 현실적이기 때문에 진정한 인간을 그 자신의 노동의 결과로 파악하고 있다"[33]고 헤겔을 칭찬한다. 그런데 문제는, 맑스만이 아니라 헤겔도—적어도 『정신현상학』의 〈자기의식〉장에 관한 한,—주인의 노동의 가치는 제쳐 놓고 오로지 노예의 노동의 가치만을 인정하고 있다는 점이다. 그러나 맑스는, "헤겔이 오로지 알고 인정하는 노동은 추상적으로 존재하는 정신노동이다"[34]라고 헤겔을 비난하고 있는데, 맑스가 주장하고 있는 것과는 달리 헤겔은 예컨대 『정신현상학』의 〈지배와 예속〉장에서는 이와는 정반대의 주장을 하고 있다는 점을 말하지 않을 수 없다.

그러나 노예의 육체노동 못지않게 중요한 것은 주인의 통치[government] 내지 관리[management]인데, 이 역시 노동이다. 이는, 노동의 본질이 '규칙적[regular]'이고 '의무적[obligatory]'이며, '봉사[service]'라고 할 때에도 마찬가지다. 뿐만 아니라 자유민[the free]이나 억압자[the oppressors] 역시, 예속된 자[the servile]나 피억압자[the oppressed]만큼이나 생산의 향상에 관심을 갖고 있고, 그들만큼이나 그들은 자연과 자기 자신들에 대해 면밀하게 연구하며 창의적이다. 또한 어떤 면에서 보면 그들은 예속된 자들과 피억압자들보다 훨씬 더 지적(知的)이고 성찰적인 계급이라고 할 수 있다.[35]

그런데 맑스는 노동에 대한 분석에서 결정적인 내용을 덧붙이는데, 그것은 바로 노동분업 개념이다. 노동분업이란, 효과적인 생산을 위한 노동의 특수화를 의미한다. 그러나 맑스가 볼 때 이러한 노동의 특수화·분화는 비인간적이고 유해한 결과를 초래하는 것이다. 이 점에 관해 그는 『독일 이데올로기』에서 다음

Bd. I, Berlin/DDR, 1968 (11-802), 192].

32 "Man muß beginnen mit der Hegelschen Phänomenologie, der wahren Geburtsstätte und dem Geheimnis der Hegelschen Philosophie"[K. Marx, *Ökonomisch-philosophische Manuskripte* (1844), in: K. Marx und F. Engels, Werke, Ergänzungsband, 1. Teil, Berlin/DDR, 1968 (465-588), 571].

33 Marx, ebd., 574.

34 Ebd.

35 Plamenatz, ebd., 67 f. 참조.

과 같이 말한다.

> 노동이 할당되자마자 각각의 인간은, 그에게 강요되어 그것으로부터 도망칠 수 없는 특수한 배타적인 활동영역을 갖게 된다. 그는 사냥꾼, 어부, 목동, 또는 비판적 비판가이며, 만일 그의 생존수단을 잃어버리고 싶지 않다면 계속 그렇게 머물러 있어야만 한다(DI, 33).[36]

노동분업은 노동자들을 그들의 생존을 위해 각자의 제한된 특수한 활동에 묶어 놓음으로써 여러 측면에서 소외(疎外)를 야기한다.

2) 소외(疎外)[Entfremdung]

'소외'란 어떤 것과 다른 어떤 것 사이가 '서먹서먹해지는 것', '거리가 멀어지는 것'을 의미한다. 이전에 맑스는 가장 중요한 인간소외의 영역을 종교나 정치라고 생각하고 있었는데, 1844년에 와서야 그는 노동과정이 인간의 근본적인 소외영역을 이루고 있다는 결론에 도달했으며, 그는 이 견해를 그 후 한 번도 버린 적이 없다. 맑스에 있어서 소외는 주로 경제적인 개념으로 사용되고 있다. 『경제학·철학 수고』의 〈소외된 노동〉이라는 절(節)에서 맑스는 자본주의하에서 노동자가 처해 있는 소외된 상황을 네 가지 측면으로 나누어서 고찰한다.

① 노동의 산물로부터의 소외

노동자는 자기가 노동해서 만들어낸 물건을 마치 낯선 물건인 양 대하게 된다(공장에서 생산한 최고급 승용차는 노동자의 것이 아니다!). 그가 생산한 물건이 자기에게 귀속되지 않고 도리어 그를 지배하고, 결국에는 단지 그의 빈곤을 증대시키는 데에만 기여한다. "노동은 부자들을 위해서는 멋진 것을 만들어내지만, 가난한 자들에게는 불행만을 만들어낸다"(『경제학·철학 수고』)

『독일 이데올로기』에서도 맑스는, 노동자들이 자신의 노동의 산물을 '자신들

---

36 이와는 반대로, 사회주의가 완성된 공산주의사회에서의 이상적인 삶을 맑스는 다음과 같이 묘사하고 있다: "사회가 일반적 생산을 규제하며 그렇기 때문에 나는 오늘은 이 일을 하고 내일은 저 일을 하며, 사냥꾼, 어부, 목동 또는 비평가가 되지 않고도 내가 마음먹는 대로 아침에는 사냥을 하고, 오후에는 고기를 잡고, 저녁에는 소를 먹이고, 저녁 후에는 비평을 할 수 있게 될 것이다"(DI, 33).

의 외부에 있는 낯선 것'으로 본다고 말한다.

② 노동과정으로부터의 소외

소외는 생산결과에서만 발생하는 것이 아니라 생산과정과 생산활동 자체에서도 일어난다. 노동자는 자신의 노동을, 단지 다른 욕구를 충족시키는 수단으로서만 보기 때문에 이러한 노동에 안도감(安堵感)을 갖지 못한다.

노동자들은 공장 시스템으로부터, 언제 일하고 어떻게 일할 것인가를 지시받게 되므로 자신들의 노동에서 만족을 얻기가 어렵다. 노동을 통해 자아를 실현하고 행복을 느끼지 못하고, 돈을 벌기 위해 단순노동을 반복한다.

노동분업에 의한 생산과정에서, 각각의 노동자들은 구분된 특화된 생산라인에서 전문성을 가지고 일한다. 각자는 자신에게 할당된 생산영역에서 성과를 내기만 하면 되므로 굳이 다른 생산라인에서의 노동에 간섭하거나 신경 쓸 필요가 없다. 그리하여 각각의 생산영역은 다른 영역과 소외상태에 놓이게 된다.

③ 인류(동료인간)로부터의 소외

소외된 노동은 인간을 인류(동료인간)로부터 소외시키는 데로 나아간다. 유적(類的) 생활, 생산적인 생활, 생명을 창조하는 생활이 단순히 노동자의 개인적 존재(생활)를 유지하기 위한 수단으로 전락하게 되고 인간은 자기의 동료인간들로부터 소원해지게 된다. 소외는, 인간관계(〈나-너〉 관계)가 사물관계(〈나-그것〉 관계)로 대체되었다는 것을 의미한다.

④ 자연 자체로부터의 소외

자연 자체가 인간으로부터 소외됨으로써 인간은 자기의 비유기적인 신체를 상실해버린다. 맑스에 의하면, 자유는 자연과의 실천적 관계 속에서, 즉 자연을 "인간의 비유기적인 신체[der unorganische Leib]"로 삼는 과정에서 생겨난다.

위의 구절은 자본주의사회에서 가장 뚜렷하게 소외된 계층인 노동자들에 관해서 언급하고 있기는 하지만, 맑스는 소외상태가 자본주의사회의 모든 계층에 공통적인 현상이라고 보았다. 『신성한 가족』에서 그는 다음과 같이 말한다: "유산계급과 프롤레타리아계급은 똑같이 인간의 자기소외를 드러내고 있다. 그러나 전자의 계급은 이러한 자기소외 속에서 안락함과 힘을 느낀다. 유산계급은 소외를 자기 자신의 힘으로 알고 있고 그 속에서 인간 실존의 가상(假象)을 소유한다. 그러나 후자의 계급은 소외 속에서 무화(無化)됨(파괴됨)[vernichtet]을 느끼고 그 속에서 자신의 무력함과 비인간적인 실존의 현실을 본다."[37]

즉, 맑스는 자본가들은 최소한 "소외 속에서도 행복하다"고 말한다. 자본가들이 가진 권력과 부와 특권이 진정한 행복을 대신해주기 때문이다. 그러나 이와는 달리 노동자들의 소외는 억압적인 것이다. 노동자들이야말로 소외로 인해 진정으로 고통받는데, 생산수단이나 생산물 그 어느 것도 가진 것이 없기 때문이다. 노동자들이 가진 것은 노동력뿐이다. 노동자 없이는 자본가들이 존재할 수 없음에도 불구하고 오히려 노동자들이 돈과 임금의 위력 때문에 자본가들 없이는 자신들이 존재하지 못한다고 믿는다. 『독일 이데올로기』에서 맑스는 사유재산의 철폐가 어떻게 노동자와 생산물 사이의 소외를 없애고, 노동자들의 삶을 회복시켜 줄 수 있는가를 살핀다. 맑스는 소외에 대한 깨달음이 공산주의를 가져올 혁명으로 가는 첫걸음이라고 보았다.

※ 노동과정에서의 소외를 통해 '전문분야의 바보[Fachidiot]'가 탄생한다.

① 예컨대 자동차 공장에서 노동할 때, 자기의 생산라인의 일만을 반복적으로 하고, 다른 생산라인 내지는 부문에서의 노동(작업공정)에 관해서는 알지 못하고, 또 알 필요도 없다.
② 학문이 세분화된 오늘날, 예컨대 같은 철학전공인데도, 세부영역에 대해선 전혀 모르거나 잘 모르는 현상이 발생한다.

이런 경우에 한 사람의 노동은 다른 사람의 노동으로부터 소외되어 있다고 말할 수 있다. 헤겔식으로 말하면, 욕구의 추상화로부터 노동의 추상화(노동의 분화, 분업)[Arbeitsteilung]가 발생한다고 할 수 있다. 맑스는 『임금노동과 자본』(1849)에서 이와 관련하여 다음과 같이 말하고 있다:

> 더 나아가, 노동의 분화가 증대되는 것과 동일한 정도로 노동은 단순하게 된다. 노동자의 특수한 숙련성은 무가치한 것으로 된다. 노동자는 신체적·정신적 긴장력[Spannkräfte]을 작동할 필요가 없는 단순하고 단조로운 생산력으로 변

---

37 Karl Marx-Friedrich Engels, *Die heilige Familie oder Kritik der kritischen Kritik. gegen Bruno Bauer und Kunsorten*, in: MEW Bd. 2, Berlin/DDR, 1972 (3-223), 37.

화하게 된다. 그의 노동은 누구나 할 수 있는 노동으로 된다. 그러므로 모든 측면에서 경쟁자들이 그에게로 몰려드는데, 더욱이 우리가 기억하는 것은, 노동이 더욱 단순하고 쉽게 배울 수 있는 것일수록, 그리고 노동을 자기 것으로 만들기 위해 필요한 생산비가 더 적게 들수록, 임금(賃金)은 더욱 더 떨어지게 된다는 사실이다. 왜냐하면 다른 모든 상품의 가치와 마찬가지로 임금도 생산비에 의해 정해지기 때문이다.

요컨대, 노동이 더 불만족스럽고 역겨운 고역(苦役)이 되는 것과 동일한 정도로, 경쟁은 심해지고 임금은 줄어든다. (…) 기계류는 이와 동일한 결과들을 훨씬 더 큰 단계로 초래하였다. 즉 기계류는 숙련공과 남자와 성인을 몰아내는데, 숙련공은 비숙련공으로, 남자는 여자로, 성인은 아동으로 대치함으로써 그렇게 한다. 그리고 기계류가 새로 도입되는 곳에서는 수공업자가 무더기로 거리로 쫓겨나고, 기계가 발전되고 개량되고 생산성이 높은 기계들로 대치되는 곳에서는 노동자들이 소규모로 해고된다.[38]

1.1.4 맑스의 유물사관 및 잉여가치설의 문제점들

1) 토대와 상부구조의 문제

• 사회라는 유기적 조직체를 토대와 상부구조로 이분화하는 것은 문제라 할 수 있다. 예컨대 언어, 수학 등은 상부구조나 토대의 어디에도 속하지 않는다(스탈린의 주장).

• 토대의 변화가 반드시 상부구조를 변화시키는 것은 아니다. 예컨대 종교는 고대부터 현재까지, 그리고 자본주의 국가나 사회주의 국가를 막론하고 모두 존재하였다.

• 오늘날의 사회주의 국가에서는 상부구조인 당(黨)이 정치, 사상, 학문, 예술은 물론 토대인 경제까지 지배하고 있다.

• 상부구조에 속한 인간의 의식이나 정신은 생활조건이라는 토대에 의해 일방적으로 그리고 피동적으로 규정되는 것이 아니라 상호작용한다. 어떻게 보면

---

38 Karl Marx, *Lohnarbeit und Kapital*, in: MEW Bd. 6, Berlin/DDR, 1959 (397-423), 420 f.

역사는 상부구조인 인간의 정신이 토대인 물질적 조건을 극복하고자 함으로써 비로소 만들어지는 것이라 할 수 있다. 인간의 정신·의식이 생산력·생산수단 등 경제구조의 변화를 더 많이 가져온다고도 할 수 있다. 즉, 생산력(토대)의 발달은 자연과학의 발달에 의한 것이며, 자연과학은 인간의 정신활동(상부구조)의 결과인 것이다. 아이러니컬한 이야기이지만 맑스는 프롤레타리아가 아닌 고도의 지식인이었으며 무서운 정신력의 소유자였다.

2) 계급투쟁의 문제

• 사회의 변혁이 반드시 계급투쟁이라는 수단에 의해서만 성취되는가? 자본가[使]와 임금노동자[勞] 간의 협의에 의해 의견이 조정될 수도 있고, 혁명이 아닌 (점진적) 개혁—예컨대 교육을 통한 개혁—을 통해 사회의 발전이 이루어질 수도 있다. 그리고 프롤레타리아 혁명이 일어났다고 해도 반드시 사회주의(공산주의)로 나아간다는 보장은 없다.

• 그가 예상한 대로 자본주의 체제가 악화 일로를 걷고 무산대중의 생활이 계속 나빠진 것은 아니다. 그는 자본주의 체제가 노동조합의 발전, 생산기술의 개선, 그리고 국가의 강력한 개입을 통해서 자신을 수정할 것을 내다보지 못했다. 여러 가지 사회개혁 법률이 제정되어 극심한 문제와 고통을 자아내는 행위들이 제거되고 노동조건은 개선되었으며, 자본주의사회의 문제와 결함이 지속되고 있음에도 불구하고 무산계급의 수입과 생활환경은 훨씬 개선되었다.

• 유물사관으로 알려진 맑스의 역사이론은 제대로 적중하지 않았다. 영국과 독일에서 제일 먼저 발생하리라는 사회주의혁명에 대한 예언은 몇 차례 빗나갔고, 100여 년이 지난 지금까지도 실현되지 않고 있다. 반대로 사회주의혁명은 자본주의가 전혀 성숙하지 못했던 몇몇 후진국에서만 성공적으로 이루어졌다. 그것도 노동자와 무산대중의 힘으로만 성취된 것이 아니라, 지식인과 때로는 농민의 도움을 받아야 했다.

• 사회주의혁명을 거치고 맑스의 노선을 따른다는 사회들도 인간을 위해서 자유와 민주주의, 정의와 풍요를 더욱 잘 보장한다는 증거를 아직도 제시하지 못하고 있다. 그들은 인간을 위한다면서 수많은 인간을 고통으로 몰아넣기도 했다. 그들은 분업을 없애지도 못하고 지배와 예속을 근절하지 못했으며, 국가도 사라지지 않고 있다. 자유롭고 계급이 없고 국가도 종교도 없는 이상적인 공산주의사회가 도래할 것이라는 징조가 전혀 보이지 않는다. 이들 안에서 국가의

과도한 힘은 인간의 자유와 창의력을 침해하고 억제하며, 국가와 정당의 일치는 〈국가 자본주의〉를 초래했다. 공산당원 경영자와 관료들은 〈새로운 계급〉을 형성하여 노동자를 지배한다. 1980년대에 들어와서 그들은 자유와 개인의 창의를 확대하고 시장의 기능을 활용하며 자본주의적 요소들을 어느 정도 도입하려고 노력한다.

3) 생산력과 생산관계, 잉여가치의 문제

• 동일한 생산력을 가진 사회들이 상이한 생산관계들을 가질 수 있다(미국: 자본주의사회; 구 소련: 사회주의사회).[39]

• 생산관계가 생산력의 발전을 저해할 때, 사회적 실천인 혁명이 일어난다고 한다. 풀어 말하면, 자본주의사회의 경우 악질 자본가가 잉여가치를 착취하여 노동자가 궁핍의 극에 달하고, 새 자본을 투입하지 않고 노후시설을 그대로 사용해서, 그러한 생산관계 때문에 생산력이 발전은커녕 도리어 퇴보할 때, 생산양식의 변혁이 요구되어 혁명이 일어난다는 뜻일 것이다. 그는 가치에 관하여 노동가치설을 확신하여 가치란 노동량, 즉 노동시간에 의해 결정되는 것이며, 자본가는 노동자의 노동시간의 일부분에 해당하는 가치만을 임금으로 지불하고 나머지 노동시간에 해당하는 가치, 이른바 잉여가치를 착취하고 있다고 주장한다.

그러나 맑스가 스미스와 리카르도로부터 원용하고 있는 노동가치설은 오늘날의 경제학자들에 의해 격렬한 반대에 부딪히고 있다. 이들은, 상품의 가치는 그것을 생산하는 데 필요한 노동량에 의해서가 아니라 수요와 공급에 의해, 또한 노동의 숙련도에 의해 결정된다고 본다. 뿐만 아니라 맑스는 상품의 가치를 계산할 때에, 자본가 자신의 노동(예컨대 관리노동)의 가치는 제외해버리는 오류를 범했다. 자본가가 잉여가치를 착취한 것이라고 보아서는 안 될 것이다. 자본가는 노동자와의 계약에 의해 시간당 혹은 상품의 생산량에 따라 정해진 임금을 지불하기로 하고, 그 결과에 따라 임금을 지불하고 나머지의 이익은 자본가 자신의 노동에 대한 대가로 사용하는 한편, 일부는 다시 생산을 위하여 기계나 장치를 구입한다든가 하는 경비로 사용하는 것이다. 우리가 문제 삼을 점이 있다면, 애당초 자본가가 노동자와 계약을 맺을 때에 적절한 조건으로 계약이 이루

39 노희상 편저, 『공산주의비판노트』, ebd., 52 ff. 참조.

어지는가 하는 것이다.

그러나 자본가가 잉여가치를 착취함으로써 생산관계가 생산력의 발전을 저해할 때 생산양식의 변혁을 요구하는 혁명이 일어난다는 논의를 그대로 시인한다 하더라도, 그것은 자본주의가 성숙했을 때 일어날 수 있는 현상일 것이다. 그러나 프롤레타리아 혁명이 일어난 나라는 자본주의 국가가 아닌, 봉건사회조차 미처 완전히 벗어나지 못한 후진 농본국(農本國) 러시아, 중공, 체코슬로바키아, 폴란드, 몽고 등이었고,[40] 자본주의가 가장 무르익은 영국, 미국에서는 혁명세력의 성숙이 지극히 완만(緩慢)함은 어떻게 설명할 수 있는가? 맑스의 예언과는 달리 자본주의는 파멸하지 않았다. 그는 스스로를 개혁할 수 있는 자본주의의 힘을 과소평가했다. 자본주의는 근대의 자본주의로 머물러 있지 않고, 예컨대 사회주의의 요소를 가미한 〈사회민주주의〉 등의 형태로 발전하고 있다.

4) 경제결정론과 노동의 문제, 그리고 프롤레타리아와 부르주아의 관계

맑스는 인류는 자본주의가 지니고 있는 내적인 문제들로 인해 필연적으로 사회주의로 나아간다고 예언했다. 이것은 인간의 역사를 '경제'라는 단 하나의 요인을 통해 규정짓는 아주 단편적인 사고라 할 수 있다. 이러한 그의 경제결정론적 사고는 바로 역사법칙주의[historicism]와 통하는 것이다. 그러나 인간의 역사를 움직이는 힘은 단지 육체노동 및 그를 통한 물질적 재화의 생산이라고만 볼 수는 없다. 역사는 오히려 철학, 예술, 종교, 그리고 다양한 사상(思想)과 문화, 즉 정신활동을 통해 발전하는 측면이 강하다고 말할 수 있다. 뿐만 아니라, 앞에서도 지적했듯이 맑스는 프롤레타리아의 육체노동의 가치를 지나치게 높게 평가한 반면, 부르주아의 관리노동·정신노동은 평가절하하는 오류를 범했다.

5) 사유재산 소유 금지와 인간의 욕망 및 창의력 억제의 문제

맑스도 루소와 마찬가지로 사적 소유가 인간의 불평등을 초래하는 것으로 보아 사유재산제의 철폐를 주창하였다. 그러나 우리가 여러 사회주의사회에서 보아왔듯이 이러한 제도는 결국 인간의 근본적인 욕망의 억압으로 이어지고 결과적으로는 사회의 발전을 저해하게 된다. 인간의 사적 소유를 제한 내지 금지하

---

40 전두하, 『서양 현대철학의 제유형』, 진영사, 1981(1975), 185 참조.

는 것은 결국 인간의 기본권 내지 자유를 제한하고 억압하는 행위다. 이와 더불어 이러한 제도는 인간의 창의성마저 떨어뜨리게 된다. 애써 머리를 써서 열심히 노력한다 해도 주어지는 빵이 결정되어 있다면, 굳이 새로운 아이디어를 짜내려고 하지 않을 것이다.

1.2. 엥엘스(Friedrich Engels)의 자연변증법

1.2.1. 자연변증법[41]

자연변증법이란, 자연[42]이 변증적으로 변화·발전한다고 하는 주장을 가리킨다. 자연변증법론자들은 모순에는 논리적 모순 외에 변증적 모순도 존재하며, 전자는 인간의 사유 내지는 언어에 존재하는 것이요, 후자는 자연에 존재하는 모순이라고 주장한다. 그러나 사물이나 현상은 그냥 그대로 존재하거나, 아니면 다른 것으로 변화할 뿐이며 그 속에는 아무런 모순도 없다. 자연변증법론자들은, 단지 갈등이나 대립, 알력(軋轢)이나 충돌 혹은 문제점이라고 말하면 될 것을, 모순이라는 용어를 사용함으로써 많은 사태와 논점을 흐리게 만든다.[43]

아래에서는 자연변증법론자의 대표자인 엥엘스의 『자연변증법』(Dialektik der Natur, 1873)[44] 및 『반뒤링』(*Anti-Dühring. Herrn Eugen Dührings Umwälzung der Wissenschaft*, 1878)[45]을 중심으로 하여 그의 모순관, 변증법관, 발전 및 변

41 아래의 내용은 백훈승, 「자연변증법 비판: F. Engels의 〈자연변증법〉과 〈반 뒤링론〉을 중심으로」[『범한철학』 제28집, 범한철학회, 2003.03 (235-255)]의 내용을 부분적으로 수정한 것이다.

42 '자연'은 여러 의미로 사용될 수 있는데, 이들이 말하는 '자연'은 '물질'과 동일한 의미다. 따라서 자연변증법은 물질변증법이라고 말해지기도 하며, 주관적 변증법에 대립된다는 의미에서 객관적 변증법이라고도 하고, 사유의 변증법, 개념변증법[Begriffsdialektik] 내지는 관념변증법과 대비되는 의미로 현실변증법[Realdialektik]이라고도 한다.

43 예컨대 이들은, 우리가 자동차를 몰고 가다가 엔진이 고장 나서 자동차가 멈추게 될 경우, "엔진 내부에 모순이 발생했다"고 말한다. 그러나 이러한 사태는 "엔진이 고장 났다"라는 것을 가리킨다.

44 *Dialektik der Natur*, in: *Marx Engels Werke* (MEW), Bd. 20, Berlin/DDR, 1987(DN으로 줄임), (305-570).

45 *Herrn Eugen Dührings Umwälzung der Wissenschaft* (*"Anti-Dühring"*), in: MEW, Bd. 20,

화에 관한 견해를 비판하는 동시에, 그가 제시하고 있는 세 가지의 법칙들, 즉 '양의 질에로의 변화 및 그 역의 법칙', '대립의 침투법칙' 그리고 '부정의 부정법칙'이 지니고 있는 문제점들을 밝힘으로써, 자연에는 변증법이 존재할 수 없으며 변증법이란, 인간이 어떤 사태를 좀 더 잘 파악하기 위한 사유의 방법일 뿐이라는 점을 드러낸다.

자연변증법론자들은 존재론에 있어서는 물질주의자 혹은 유물론자[46]들로서, 물질과 정신 중에 물질이 일차적이고 본질적인 것으로 보는 입장을 견지하고 있다.[47] 이들은, 헤겔과 포이어바흐의 양(兩) 입장으로부터 취사선택을 통해 자신들의 입장을 만들었는데, 헤겔로부터는 관념주의를 버리고 변증법이라는 요소를 취했으며 포이어바흐로부터는 정적(靜的)인 입장을 버리고 물질주의를 받아들여 '변증적 물질주의'를 만들어낸 것이다. 바로 이러한 변증적 물질주의를 맑스는 주로 역사의 변화에 적용하는바, 이로부터 소위 물질주의적 역사관, 혹은 역사적 물질주의가 성립하게 되었고, 엥엘스는 변증적 물질주의를 주로 자연(물질)의 변화에 적용하여 이른바, '자연변증법'을 주장하기에 이른 것이다. 다음에서 자연변증법론자들의 모순관 및 변증법관을 살펴보고, 엥엘스의 『자연변증법』과 『반뒤링』에 나타난 그의 주장을 살펴본 후에, 이들의 주장의 문제점들을 밝히고자 한다.

Berlin/DDR, 1987(AD로 줄임), (1-303).

46 'materialist'의 번역어인데, 이 용어를 흔히 유물론자 혹은 유물주의자로도 옮길 수 있다. 다만, 이때의 '유(唯)'에 대한 오해가 없어야 한다. 잘못 생각하면 유물론자들이 세계에는 물질과 물질적인 것밖에 존재하지 않는다고 주장하는 것으로 알 수 있다. 그러나 유물론자들의 주장은, 이 세계에는 물질과 정신이라는 두 가지 종류의 것이 존재하는데, 이들 가운데 물질이 본질적·근원적인 것이고, 정신은 파생적·부차적이라는 것이다. 따라서 이때의 '유(唯)'는, '참으로 존재하는 것', 곧 '실재(實在)하는 것'은 오직 물질이라는 의미로 이해되어야 한다.

47 따라서 맑스는, 관념변증법을 주장하는 헤겔에 반대하여 "변증법이 헤겔의 수중에서 겪은 신비화(神秘化)는, 헤겔이 변증법의 일반적인 운동형태를 처음으로 포괄적이고 의식적(意識的)인 방식으로 서술하였음을 결코 부정하게 만드는 것은 아니다. 그에게 있어 변증법은 전도되어 있다. 우리가 신비적인 껍질 속에 있는 합리적인 핵심을 발견하려면, 이것을 뒤집어야 한다"(Marx, *Das Kapital*. Erster Band, in: MEW, 27)라고 말하고 있고, 엥엘스도 "정신, 사상, 이념이 근원적인 것이고 현실세계는 단지 이념의 모사(模寫)라고 하는 헤겔의 출발점"(DN, 334)을 분명히 반대함으로써(ebd., 348 참조) 지기의 〈자연변증법〉을 서술하고 있으며, "소위 객관적 변증법이 전(全)자연을 지배하며, 소위 주관적 변증법, 변증적 사유는 (…) 자연의 삶을 규정하는 (…) 대립물들의 운동의 반영일 뿐이다"(ebd., 481)라고 말함으로써, 객관적 변증법이라고도 불리는 물질변증법이 1차적인 것이고 사유의 변증법은 2차적인 것이라고 말한다.

1.2.1.1. 자연변증법론자들의 모순관 및 변증법관

1.2.1.1.1. 모순관

자연변증법론자들에 의하면 모순에는 크게 두 종류가 있는데, 그 하나는 논리적 모순이고 다른 하나는 변증적 모순이다.[48] 후자는 다시 내부모순과 외부모순, 적대적 모순과 비적대적 모순 그리고 기본모순과 비기본모순 등의 쌍으로 구분된다고 한다.[49] 이들 가운데서 예를 들어 적대적 모순과 비적대적 모순에 대한 이들의 설명을 보면, 전자의 예로는 자본가와 임금노동자 간의 대립·갈등을 들고, 후자의 예로는 남자와 여자 간의 대립·갈등을 들고 있다. 전자와 후자의 차이점은, 전자는 대립하는 양자(兩者)가 서로 투쟁하여 '모순'을 극복할 수 있다고 보는 반면에, 후자의 경우에는 양자가 서로 조화하려고 노력함으로써 '모순'을 해결할 수 있다고 주장하는 점에서 차이가 있다. 이들은, 논리적 모순만을 인정하고 자연에는 모순이 존재하지 않는다고 주장하는 사람들을 바보 취급하며,[50] 우리가 바르게 관찰만 한다면 모순은 자연이나 현상 모두에서 발견할 수 있다고 주장한다.

1.2.1.1.2. 변증법관

앞에서도 말한 것처럼, 자연변증법론자들은, 자연(물질)이 변증적으로 발전한다고 생각한다. 엥엘스는 "변증적 법칙들이 자연의 진정한 발전법칙"(DN, 349)[51]이라고 말함으로써, 변증법이 (의식 속에만이 아니라) 자연 자체에도 내재

---

48 전자를 주관적 모순, 후자를 객관적 모순 혹은 실재적 모순이라고 부르기도 한다.

49 빅토르 아파나셰프, 『변증법적 유물론』, 김성환 역, 1991, 89-104 참조.

50 엥엘스의 『반뒤링』은 바로 자연변증법을 인정하지 않는 뒤링을 어리석은 자로 보고 비판하고 있는 책이다. 이는 마치, 백작이자 수도사인 고닐로(Gaunilo 혹은 Gaunilon)가, 안셀무스의 『프로스로기온』(*Proslogion*)에 나타난 존재론적 신 존재 증명(?)을 비판하며 쓴 『어리석은 자를 위한 책』(*Liber pro insipiente*)의 취지와 유사하다. 즉 고닐로는 유대·기독교의 구약경전인 시편 제14장 제1절에 "어리석은 자는 마음에 이르기를 하느님이 없다 하도다"라는 말을 상기시키면서, '내가 그 어리석은 자들을 변호하겠다'는 뜻으로 그 책을 써서 안셀무스의 존재론적 신 존재 증명을 비판했다. 안셀무스는 이에 대해, 『어리석은 자를 위해 응답하는 자에게 보내는 변론서』(*Liber apologeticus adversus respondentem pro insipiente*)를 썼다.

51 또한 『반뒤링론』에서도 "변증법은 자연, 인간사회 및 사유의 보편적인 운동법칙 및 발전법칙에 관한 과학 이외의 아무것도 아니다"(ebd., 131-132)라고 말함으로써, 변증법이 인간의 사유에서만 일어나는 현상이 아니라 자연과 사회에도 적용될 수 있는 원리라고 주장하고 있을

함을 강조하고 있다. 그리고 물질변증법의 핵심내용을 『자연변증법』에서, "양의 질에로의 전화(轉化) 및 그 역(逆)의 법칙; 대립의 침투의 법칙; 부정의 부정의 법칙"[52]이라는 세 가지 법칙으로 정식화하고 있다.

1) 양의 질에로의 전화 및 그 역의 법칙

"질적인 변화는 오직 물질 또는 운동(소위 에너지)의 양적인 부가 또는 이탈을 통해서만 발생할 수 있다"(ebd.)고 엥엘스는 말하면서, 이 첫 번째의 법칙이 "자기의 가장 위대한 승리를 축하하는 영역은 화학의 영역"(ebd., 351)[53]이라고 한다. 그는 다음과 같은 예를 들고 있다: "산소의 경우, 만약 보통처럼 두 개의 원자 대신에 세 개의 원자가 하나의 분자로 결합되면, 우리는 냄새와 작용이 보통의 산소와 아주 분명히 다른 물체인 오존을 얻게 된다"(ebd.)[54]. 또한 『반뒤링』

뿐만이 아니라, "자연은 변증법의 증거(표본)이며 (…) 형이상학적으로 진행하는 것이 아니라 변증적으로 진행한다"(ebd., 22)고 말하고 있다.

52 "das Gesetz des Umschlagens von Quantität in Qualität und umgekehrt; das Gesetz von der Durchdringung der Gegensätze; das Gesetz von der Negation der Negation"(DN, 348; ebd., 307의 〈계획의 초안〉도 참조). 그런데 엥엘스는 이 "세 가지 법칙 모두는 단순한 사유법칙으로서 관념주의적인 방식으로 헤겔에 의해 발전되었는데, 첫 번째 법칙은 그의 『논리학』의 제1부인 〈존재론〉에서 발전되었고, 두 번째 법칙은 그의 『논리학』의 제2부이자 가장 중요한 부분인 〈본질론〉의 전체를 채우며, 마지막으로 세 번째 법칙은 전 체계를 구축하기 위한 기본법칙으로 나타난다"(ebd.)고 말함으로써, 자신이 주장하는 세 가지 법칙의 출처가 헤겔에 있음을 명시하는 한편, 헤겔의 오류는 이 법칙을 "자연과 역사"의 법칙이 아닌 "사유법칙"(ebd.)으로 파악했다는 점이라고 밝히고 있다. 헤겔은 『논리학』의 제1권의 제3편: 〈도량(度量)[Das Maß]〉 중의 제2장: 〈독립적인 도량들의 비례〉[Das Verhältnis selbständiger Maße]에서 첫 번째의 법칙을 서술하고 있고, 제1권의 제1편: 〈자기 자신 속의 복귀로서의 본질〉[Das Wesen als Reflexion in ihm selbst] 중의 제2장: 〈본체성 혹은 반성규정〉[Die Wesenheiten oder die Reflexionsbestimmungen]에서 두 번째 법칙에 해당하는 내용을 기술하고 있으며, 제2권의 제3편: 〈이념〉(Die Idee)의 제3장: 〈절대적 이념〉[Die absolute Idee] 가운데서 '부정의 부정'에 대해 말하고 있다(GW 11 및 GW 12 참조).

53 엥엘스는 화학을 "변화된 양적 결합의 결과로서의 물체들의 질적 변화에 대한 과학"(DN, 351)이라고 규정하고 있으며, "헤겔 자신도 이 점을 알고 있었다"(ebd.)고 말한다.

54 이 밖에도 엥엘스는 물질의 양의 변화가 질의 변화를 초래하는 예들로, N_2O (아산화질소)가 N_2O_5 (오산화이질소)가 되는 것, N_2O (일산화이질소)가 NO (일산화질소)나 N_2O_3 (삼산화이질소) 혹은 NO_2 (이산화질소)로 변하는 것, 그리고 CH_4 (메탄)이 C_2H_6 (에탄)으로 변화하는 것 등을 예로 들고 있다(ebd.).

에서도, "우리는 거기서, 아주 잘 알려진 예들 가운데 하나—상압 하(常壓 下) 0°C에서 액체가 고체로 변하며, 100°C에서 액체가 기체로 변하는, 물의 응집상태의 변화의 예—를 든 적이 있다. 그런데 이러한 두 전환점에서는 단순한 온도량의 변화가 질적으로 변화된 물의 상태를 초래한다"(AD, 117 f.)[55]고 말한다.

2) 대립의 침투의 법칙

엥엘스는 다음과 같이 말한다: "변증법은, 자연에서의 우리의 경험의 결과로부터 모든 양극적 대립물 일반이 두 대립적인 극들의 서로에 대한 상호작용에 의해 결정되며, 이러한 극들의 분리 대립은 그것들의 통일성과 상호연관 안에서만 존재하며, 역으로 그것들의 상호연관은 그것들의 상호분리 안에서 존재하고, 그것들의 통일성은 그것들의 대립 안에서만 존재한다는 것을 증명하였다"(DN, 356 f.). 예를 들어 말하자면, 자석은 남극과 북극이라는 서로 대립된 극들의 통일체로서 존재하며, 남극과 북극은 다르지만 이 양자 중 하나가 없이는 자석이라고 할 수 없으며 양극은 상호 배척하면서 동시에 서로 연관되어 있어서, 자석을 반 또는 그 이상으로 분할하여도 여전히 남극과 북극은 존재한다. 또한 원자는 양전하(陽電荷)를 띤 핵과 음전하를 띤 전자(電子)로 구성되어 있고, 유기체는 동화(同化)와 이화(異化)라는 신진대사과정을 통해 유지된다는 등의 예를 들 수 있을 것이다.

3) 부정의 부정법칙

이에 대해 엥엘스는, "그러나 (…) 이 무서운 부정의 부정이란 무엇인가?"(AD, 126)라고 물으면서, 이에 대해 다음과 같이 대답하고 있다. 즉, 그것은

> 어디에서나, 언제나 진행되는 아주 단순한 과정인데, 이것은 낡은 관념론철학이 그 아래에서 그 과정을 은폐하고 또 이러한 은폐가 뒤링씨와 같은 타입의

---

55 또한 이 책에서 엥엘스는 탄소화합물의 동족계열의 예로써 이 법칙을 설명하면서 ["CH_2O_2: 개미산, 비등점 100℃, 용해점 1℃ ⇨ $C_2H_4O_2$: 초산, 비등점 118℃, 용해점 170℃ ⇨ $C_3H_6O_2$: 프로피온산, 비등점 140℃, 용해점 170℃ (…)"(ebd., 118 f.)], "제원소의 단순한 양적 증가, 더구나 항상 동일한 비례의 증가에 따라 만들어진, 질적으로 다른 물체들의 전 계열을 본다"(ebd., 119)고 말하고 있다.

곤궁한 형이상학자에게 이익이 되는 신비의 뚜껑을 벗기기만 하면 어린아이라도 이해할 수 있는 것이다. 보리알을 예로 들어보자. 우리는 수 억만 개의 보리알을 벗겨 삶아 먹는다. 그러나 이러한 보리알 중의 하나가 적당한 조건을 만나, 다시 말해서 적합한 지면에 떨어져 온도와 습기의 영향을 받아 그 자체에 독특한 변화가 일어난다. 다시 말해서 싹이 나온다. 보리알 그 자체가 없어진다. 부정된다. 그리고 그 대신에 거기서 보리알의 부정인 하나의 식물이 발생한다. 그러면 이 식물의 정상적인 생애는 어떠한 경로를 밟는가? 이 식물은 성장하고, 개화하고, 결실을 맺어서 결국 다시 보리알을 생산한다. 그리고 이 보리알이 성숙하면 그 줄기는 말라죽는다. 즉 이 식물 자체가 부정된다. 이러한 부정의 부정의 결과로 다시 맨 처음의 보리알이 나오는데, 이번에는 한 알이 아니라 열 배, 스무 배, 서른 배의 보리알이 나온다(ebd., 126 f.).

엥엘스는 이러한 〈부정의 부정〉은, 유기계에서만이 아니라 암석, 토양, 지층과 같은 무생물계에서도 이루어지고 있으며, 수학에서도 a^2은 a의 부정(−a)의 부정(−a)의 결과라고 말하고 있다(ebd., 127 f. 및 131 참조).

1.2.2. 엥엘스의 자연변증법에 대한 비판

1) 모순관 비판

앞서 말한 것처럼, 이들은 모순을 논리적 모순과 변증적 모순이라는 두 가지로 나누었다. 그러나 언어(진술)나 사유의 영역에 존재하는 모순[56]을 존재자의

56 '모순'이라는 용어가 유래한 모순고사에서도 알 수 있는 것처럼, 모순은 현상이나 사물에 존재하는 관계가 아니라, 이러한 현상이나 사물에 관한 판단들이나 진술들 사이에 존재하는 관계다. 이러한 사실은, 이 용어에 해당하는 외국어인 contradiction [Kontradiktion]이나 Widerspruch이라는 표현에 있어서도 발견할 수 있다. contradiction은 대립되게[contra] 말한다[dictare]는 뜻이고 Widerspruch도 대립되게[Wider] 말한다[sprechen]는 뜻을 지닌 단어다. 즉 모순이란 이처럼 언어나 진술과 관련되어 있다. 만약에 자연도 판단작용을 갖고 있다면, 혹은 말할 수 있다면, 자연에도 변증법이 존재할 수 있겠지만, 그렇지 않고서는 자연에 변증법을 귀속시키는 것은 잘못이다. 또한, 엄밀하게 말하면 언어의 영역에 존재하는 모순에도 소위 일상언어에서 말하는 모순과, 논리적 모순이라는 두 가지가 존재한다. 일상언어에서 말하는 모순이란, '양립할 수 없는 진술들 간에 성립하는 관계'라는 넓은 의미로 사용된다. 그리고 이것은

영역에까지 적용하는 것은 잘못이며, 개념들의 의미를 자의적(恣意的)으로 변경하여 사용한다면 학문의 영역에서 큰 혼란을 초래하게 되므로, 이를 피해야 할 것이다. 이들은 모순이라는 용어를 대립이나 갈등과 같은 현상에도 그대로 적용한다.[57] 예컨대, 자석의 같은 극끼리 서로 밀치는 힘 또는 현상에 대해서, 그들 간에 모순이 존재한다고 말하며, 사회의 구조적인 부조리나 문제점이라고 말하면 될 것을, 사회의 구조적인 모순이라고 말한다. 사물이나 현상은 그냥 그대로 존재하거나 변화할 뿐이며, 그들 사이엔 또는 그 내부에는 아무런 모순도 존재하지 않는다. 단지 그들에 대한 우리의 사유나 진술들 사이에서만 모순이 존재할 뿐이다. 또한 엥엘스는 『반뒤링』에서 다음과 같이 말하고 있다:

다시 두 종류로 나눌 수 있는데, 그 하나는, 양립할 수 없다는 성질만을 가진 두 진술들(예컨대, A: 지금은 날씨가 덥다—B: 지금은 날씨가 따뜻하다) 간에 성립하는 관계와, 이 성질 외에도 이 진술들에 포함된 개념들이 그 내포한 성질의 정도에 있어서 대립되게 대칭을 이루는 경우(예컨대 A: 지금은 날씨가 덥다.—B: 지금은 날씨가 춥다.), 즉 논리적 반대관계의 경우라는 두 가지로 나눌 수 있다. 그리고 논리적 모순관계란, 양 진술이 둘 다 동시에 동일한 관점에서 옳을 수도 없고 그를 수도 없는 관계, 즉 둘 중 하나는 반드시 옳고 다른 하나는 반드시 그를 수밖에 없는 관계를 말한다.

57 김광수 교수도 모순을 잘못 이해하고 있다. 그는 『논리와 비판적 사고』(1999)의 19에서 다음과 같이 말하고 있다: "물론 벼랑 끝에서, 죽고 싶기도 하고, 죽고 싶지 않기도 한 모순된 지향적 태도를 가진 사람의 경우는 발을 내디딜 수도 있고 그렇지 않을 수도 있다. 모순된 지향적 태도를 포함하고 있는 그의 마음은 모순된 행위 중 어느 것이라도 도출시킬 수 있는 것이다. (…)" 결론부터 말해보자. 우리는 현실에서 위와 같은 상황에 처할 수 있다. 이것이 하나의 상황, 현상, 사실인 이상 모순일 수가 없다. 이러한 상황은 하나의 갈등상황 내지는 문제상황일 수는 있으나 결코 모순일 수는 없다. 사업을 하다가 부도가 난 사장은 도저히 위기를 극복할 가능성이 없다고 생각한다. 여기저기서 빚 독촉으로 마음이 답답하고, 직원들의 월급을 줄 수도 없다. 죽는 것이 가장 좋은 해결책일 것 같다. 아니 이대로 살아서는 도저히 고통을 견딜 수 없다. 그러니 차라리 죽고 싶다. 그래서 벼랑 아래로 몸을 던져 모든 것을 끝내려고 한다. 그러나 잠시 후 가족들의 얼굴이 하나 둘 떠오른다. 사랑하는 아내의 얼굴, 지금도 집에서 아빠가 돌아오실 것을 기다리는 두 딸들. 별안간, 살고 싶다는 생각, 아니 살아서 위기를 반드시 극복하고 한 가정의 가장으로 다시 꿋꿋이 서야겠다는 생각이, 희망이 가슴속에서 벅차오른다. 그는 갈등을 극복한 것이다. 아니 실제로는 이러한 갈등과 어려움을 이기지 못하고 죽음을 택할 수도 있다. 이러한 상황은 모순이 아니다. 만약에 다음과 같은 상황이 존재할 수만 있다면 그것은 모순된 상황이라고 말할 수 있을 것이다: "나는 죽고 싶다는 바로 그 점에서 죽고 싶지 않다" 혹은 "나는 살고 싶지만, 살고 싶다는 바로 그 점에서 살고 싶지 않기도 하다." 그러나 이와 같은 상황은 일어날 수 없다. 모순은 그 어떤 가능세계에서도 허용될 수 없다. 이에 비해 신비(神祕)[mystery]는, 지금은 우리의 이성이나 과학으로 이해할 수 없으나 언젠가 우리의 지식이나 과학이 발전하면 이해될 수도 있는 그런 것이다.

형이상학자는 사물과 그것의 사유적 모사(思惟的 模寫)인 개념을 분리시켜 따로따로 고찰되는 고정적이고 불변적인 연구대상으로 본다. 그들은 양자를 전혀 무매개적인 대립으로 생각한다. 그는 옳은 것은 옳은 것이고, 그른 것은 그른 것이고, 옳고 그름을 초월한 것은 악이라고 말한다. 그는 사물을 존재하거나 존재하지 않거나 둘 중의 하나로 보고, 그 자체인 동시에 다른 것으로는 보지 않는다. 긍정과 부정은 절대적으로 서로 배제하고, 원인과 결과 역시 고정되어 서로 대립한다. (…) 이 사유방식은 편협하고 일면적이며 추상적인 것이 되고 해결할 수 없는 모순에 빠지게 된다. 왜냐하면 이 사유방식은 개개의 사물은 보지만 그 연관은 보지 못하기 때문이요, 나무는 보지만 숲은 보지 못하기 때문이다. 예컨대 우리는 한 동물이 살아 있는가 아닌가를 늘 잘 알고 있으며, 또 그렇다고 단언할 수 있다. 그러나 이것을 좀 더 세밀히 탐구해보면 이 문제가 매우 복잡한 것임을 알게 된다. (…) 죽음이라는 것이 일회적인 순간적 사실이 아니라 대단히 오랜 과정임을 생리학이 증명하고 있기 때문에, 죽음의 순간을 확정하는 것은 불가능하다. 이와 마찬가지로, 모든 유기체는 어느 순간에나 그 자체인 동시에 또한 그 자체가 아니다. 유기체는 어느 순간에나 그 체세포가 사멸하고 새로운 체세포가 생성된다. 따라서 이 체세포는 완전히 갱신되고 다른 물질원자와 교체된다. 그러므로 모든 유기물은 언제나 유기물이나, 동시에 그 유기물은 아니다. 또 좀 더 세밀히 관찰하면 우리는 긍정과 부정과 같은 대립의 양극이 한편에서는 상호불가분의 관계에 있다는 것, 그리고 또 이 양극이 그 대립에도 불구하고 상호침투하고 있다는 것, 또한 이와 마찬가지로 원인과 결과도 개별적인 경우에 적용할 때만 타당성을 갖는 관념이라는 것, 그러나 우리가 이 개별적인 경우를 세계 전체와의 보편적인 연관에서 고찰하면 원인과 결과가 합치되어 일반적인 교호작용에 귀착됨으로써 원인과 결과가 부단히 그 위치를 바꾸어, 지금 여기서 결과인 것이 나중에 거기서는 원인이 되고, 또 그 반대로 원인이 결과가 된다는 것을 알 것이다(ebd., 21; ebd., 112 f. 참조).

위의 인용문에 나타난 문제점을 다음과 같이 정리할 수 있다.

2) 모순·발전·변화에 대한 오해

변증법론자들만이 운동이나 변화를 인정하고, 논리학자나 형이상학자는 그것을 부정하는 것이 결코 아니다. 논리학자는, A가 동시에 동일한 관점에서 A인 동시에 ~A일 수 없다는 사실만을 말하는 것이지, A가 시간과 상황이 바뀌어서 A 아닌 것[58]으로 변화할 수 있다는 점을 부정하는 것이 아니다. 변증법론자들은, '동시에 동일한 관점에서'라는 점을 놓치고 있다. 어떤 사물은, "존재하거나 존재하지 않거나 둘 중의 하나"이지, 존재하는 동시에 존재하지 않을 수는 없으며, 사물이 "그 자체인 동시에 다른 것"일 수는 결코 없는 것이다.[59]

또한 엥엘스는 운동(변화)을 오해하고 있다. 그는 운동에 대해 다음과 같이 말한다: "운동 그 자체가 벌써 하나의 모순이다. 단순한 역학적 장소이동 그 자체까지도, 한 물체가 동일한 순간에 한 곳에 존재하는 동시에 다른 곳에서도 존재하는, 바꿔 말하면 동일한 장소에 존재하지 않는 데서 이루어지는 것이다"(ebd., 112).[60] 앞에서 나는 자연이나 현상에는 모순이 존재하지 않는다고 이미 말한 바 있는데, 여기서 엥엘스는 운동을 오해하고 있다. 한 물체는 동일한 순간에 다른 장소에 존재할 수 없다. 물체의 운동이라는 것은 T_1이라는 시점에 B라는 물체가 P_1이라는 장소에 있다가 T_2라는 시점에 P_2라는 장소로 이동하는 것을 말한다. 물체가 다른 공간을 차지하게 될 때는 이미 시간의 경과가 존재하게 되며, 이는 결코 동일한 시점에 이루어질 수 없는 것이다.

3) 용어를 일관적으로 적용하지 않고, 애매어(曖昧語)의 오류를 범하고 있다.

위의 인용문 가운데서 "죽음이라는 것이 일회적인 순간적 사실이 아니라 대단히 오랜 과정임을 생리학이 증명하고 있기 때문에, 죽음의 순간을 확정하는 것은 불가능하다"고 하는 엥엘스의 주장은 그 자체로는 옳을 수도 있다. 물론 이것

---

58 여기서 우리가 주의해야 할 점은, 예를 들어 하나의 생명체인 A가 시간이 지나 성장·변화·발전한 경우, A가 ~A로 변한 것이 아니라 '~A의 일부'로 변한다는 사실이다. 이것을 ~A라고 잘못 말하게 되면, A가 A 아닌 존재자들의 전체로 되어버렸다는 괴상한 주장을 하게 되는 것이다. 이 점은 우리가 뒤에 변증적 사유를 올바로 이해하기 위한 핵심적인 조건들 중의 하나를 이루는 사실이다.

59 자연변증법론자들은 동일률 및 모순율을 오해하고 있다. A가 시간이 지나면 A 아닌 것, 예컨대 B나 C 등으로 변화할 수 있기 때문에 A는 고정된 A가 아니라, A인 동시에 A 아니기도 하다고 주장한다. 이는, 모순율을 위반한 주장으로서 결코 인정될 수 없는 주장이다. "A가 A 아닌 것으로 된다[to become]"고 말할 수는 있지만 "A는 A 아닌 것이기도 하다[to be]"라고 말하는 것은 분명한 오류다.

60 엥엘스에 앞서 이미 헤겔도 "운동은 현존하는 모순 자체[der *daseiende* Widerspruch selbst]" (GW 11, 287)라는 잘못된 주장을 하고 있다.

도, 학문적으로 약속하여 정의하면, 죽음의 순간을 확정하는 일이 불가능하지 않을 수도 있을 것이다. 그러나 여기서 필자가 문제 삼는 것은 죽음의 정의 문제가 아니라, 어떤 개념이나 용어의 일관적인 적용의 문제다. 흔히 말하듯, 우리는 하루하루를 살아가고 있을 뿐만이 아니라 하루하루 죽어가고 있다. 그러나 이렇게 말함으로써 과연 우리는 삶이 곧 죽음이라고 주장하고 있는 것이며, 또 그렇게 주장하는 것이 옳은 것인가?[61] 우리는 여기서, 삶과 죽음의 의미를 한 번 정리할 필요가 있다. 삶은 넓은 의미와 좁은 의미로 사용된다. 넓은 의미의 삶에는 좁은 의미의 삶과 죽음이 함께 포함되어 있다. 우리의 몸속에는 수많은 세포들이 살아 활동하고 있으며, 한편에서는 새로운 세포들이 생성되고 다른 한편에서는 노화된 세포들이 죽어가고 있다. 이러한 세포들의 생성(生)과 소멸(命)의 끊임없는 교체·반복의 과정이 바로 삶의 과정, 생명과정으로서의 삶(생)인 것이다. 그러나 그렇다고 하여, 광의의 삶이 곧 협의의 삶이나 죽음과 동일한 것은 결코 아니며, 협의의 삶이 곧 죽음을 뜻하는 것도 아니다. 우리는 결코 이 점을 혼동해서는 안 될 것이다. 죽음이라는 현상에서, 세포의 죽음이 일순간에 일어나는 것이 아니라 노화과정을 거쳐 점진적으로 일어나는 것은 사실이지만, 그렇다고 해서 삶이 곧 죽음이고 죽음이 삶으로 변하는 것은 아니다. 우리가 어떤 시점을 죽음의 시점으로 정할 것인지 약속을 하기만 하면, 이 약속 또는 정의대로 용어를 적용하기만 하면 되는 것이지, 삶과 죽음이 뒤바뀔 수는 없는 것이고, 만약 그런 일이 일어난다면, 그것은 용어를 일관성 있게 사용하지 못한 데서 발생하는 오류인 것이다.

4) 엥엘스는 변증법[62]을 오해하고 있다.

---

61 엥엘스는 이와 관련하여 『자연변증법』에서 다음과 같이 말하고 있다: "죽음은 생 자체에 본질적으로 포함된 것으로서 생의 부정이어서, 생은 항상 그 필연적인 결과, 즉 생 안의 싹 속에 항상 존재하는 죽음과 관련하여 사유된다. 생의 변증적 파악은 이 외에 더 이상은 없다. (…) 삶은 죽음을 의미한다"(ebd., 554).

62 변증법이라는 말은 '변증적 기술(技術)[hē dialektikē technē]', '변증적 방법[hē dialektikē methodos]', 혹은 '변증적 인식[hē dialektikē epistēmē]'이라는 표현으로부터 나온 것으로서, '변증적'이라는 형용사의 동사형은 'dialegesthai'인데 이것은 한마디로 말한다면 '대화하다'라는 뜻이다. 앞에 설명한 '모순'의 경우와도 매우 유사하게, 자연에는 변증법이 존재하지 않는다고 말할 수 있다. 만약에 자연도 의식이 있어서 어떤 사태를, "그것이 아니다"라고 부정할 수 있다면, 그리고 자연 속의 생물들이나 무생물들이 서로 대화할 수 있다면, 자연도 변증적으로 변화한다고 말할 수 있겠으나, 사태는 그런 것 같지 않다.

위의 인용문에서 그는, 아리스토텔레스가 일찍이 말한 바, 모순성립의 필요조건으로 제시한, 동일한 주어·동일한 관점을 이해하지 못함으로써 오류를 범했다. 위에서 이미 말한 것처럼, 유기체의 내부에서는 끊임없는 신진대사와 세포의 생성·소멸현상이 일어난다. 그러나 그렇다고 해서 "모든 유기체는 언제나 유기체인 동시에 그 유기체는 아니다"라고 말하는 것은 큰 잘못이다. 즉 A는 동시에 동일한 관점에서 A이기도 하고 A 아니기도 할 수는 없다. 물론 엥엘스가 잘못을 범하긴 했지만 우리는 그가 이러한 표현으로써 주장하려고 하는 내용을 이해할 수는 있다. 만약 위의 주장이, "어떤 유기체가 동일한 것으로 존재하는 바로 그 관점에서 동시에 부단히 변화하고 있다"는 것을 가리킨다면, 이 진술은 자체 모순된 진술이다. 그러나 이 경우에 있어서도 모순은 진술들 간에 존재하는 것이지, 어떤 유기체 속에 존재하는 것은 아니다. 유기체는 그냥 그대로 존재하거나 혹은 시간의 흐름에 따라 운동·변화할 뿐이다. 마치 모순고사의 경우에 모순은 창에 관한 진술과 방패에 관한 진술 사이에 성립하며, 장사꾼의 어떠한 진술에도 불구하고 창과 방패는 그대로 존재하는 것과 마찬가지다. 진술의 차원이 아닌 현실에서 어떤 사물이 동일한 것으로 존재하면서(동시에 바로 그 관점에서) 부단히 변화할 수는 없다. 즉, 현실에서는 이런 모순된 상황은 도대체 존재할 수가 없는 것이다. 그런데 만약, '동시에'라는 표현이, '그와 아울러 다른 측면에서는'이라는 뜻으로 사용된 것이라면, 이 진술은 자체 모순된 표현이 아니며, 이것은 바로 우리의 사고가 부분적인·편협한 사고가 되어서는 안 되고, 부분적인 것으로부터 전체적인 것에로 나아가야 한다는 사실을 가리키고 있다고 하겠다. 우리는 우리의 시선 및 관심을 어느 한 부분에만 국한하여 집중시켜서는 안 되고, 그것과 동시에 다른 부분들도 잘 살펴보아야 하며, 이것이 바로 본래의 변증적인 사유방식인 것이다. 그런데 엥엘스는 위의 인용문의 끝부분에서, "그러나 우리가 이 개별적인 경우를 세계 전체와의 보편적 연관에서 고찰하면 원인과 결과가 합치되어 일반적인 교호작용에 귀착됨으로서 원인과 결과가 부단히 그 위치를 바꾸어, 지금 여기서 결과인 것이 나중에 거기서는 원인이 되고 또 그 반대로 원인이 결과가 된다는 것을 알 것이다"라고 말함으로써, 자신의 앞의 진술의 오류를 스스로 시인한 셈이 되어버렸다. 즉 이 부분에서는, 원인이 결과가 되고 결과가 원인이 되는 것이, 동시에 동일한 관점에서가 아니라, "나중에 거기서는"이라고 바르게 말하고 있다. 예컨대, 나의 부모와 나 그리고 나의 자식이라는 삼대(三代)의 경우를 가지고 생각해보자. 나라고 하는 개체는 발생 면에서 보면, 나의 부모가 원인으로 작용하여 생긴 결과다. 그러나 나는 나의 자식과의 관계에서 보면, 그들의 발생원인이다. 엥엘스가 말하려고 한 것은 아마도 이런 경우일 것이다. 이런 경우에 있어서 우리는 "나는 부모의 결과인 동시에 자식의 원인이다"라고 말할 수 있다. 그러나 이때의 '동시에' 라는 용어는, '그것뿐만이 아니라 아울러 다른 한편으로는'이라는 뜻으로 사용된 표현으로서, 동일한 관점이 아닌 다른 관점을 가리키고 있다. 나는 결코 발생에 있어서 나의 부모의 결과인 동시에 그들의 원인일 수는 없으며, 나의 자식의 발생원인인 동시에 그들의 결과일 수는 없다. 나라고 하는 하나의 개체는 실로 여러 측면 내지는 기능·역할들을 지니고 있다. 나인 A는 1, 2, 3, (…), n이라는 측면들로 구성되어 있다. 이때, A는 1의 속성을 지닌 동시에 2, 3, (…), n이라는 속성을 가지고 있다고 말할 수 있다. 그러나 그렇다고 해도 1은 2가 아니며, 3은 또 1이나 2와는 다른 것이다. 그렇다면, A를 온전히 파악하는 방법은 무엇일까? 그것은 바로, 1부터 n까지를 모두 파악하는 것이다. 이러한 사유방식이 바로 변증적인 사유다. 우리는 어떤 사람의 한 면 또는 몇몇 측면만을 보고 "그 사람은 이런 사람이다"라고 속단해서는 안 된다. 어떤 물체의 경우에도, 그것의 모양을 한마디로 '원통형'이나 '직육면체' 등으로 표현할 수도 있지만, 그것을 어떤 관점이나 시각에서 보느냐에 따라 천차만별의 모습이 가능하다. 이때, 이들 중 어느 하나 또는 몇 개의 관점에서 본 물체의 모습만이 옳은 것은 아니고 각각 모두가 다 옳을 수 있고, 그 물체는 그렇게 보일 수 있는 면을 자체 내에 포함하고 있다. 그러므로 어떤 물체의 모양이라고 하는 것은, 가능한 모든 관점에서 본 모습의 집합 내지는 체계·총화(總和)라고 말할 수 있다.[63]

---

63 석가모니 부처가 장님과 코끼리에 관해 한 다음과 같은 이야기를 우리는 잘 알고 있다. "선남자여, 어떤 임금이 대신에게 분부하되 '너는 코끼리를 한 마리 가져다가 소경들에게 보여라' 하였다. 대신은 임금의 명령을 받고, 여러 소경을 모아놓고 코끼리를 보였더니, 소경들은 제각기 손으로 만져 보았다. 대신은 돌아가서 임금에게 여쭈기를, 신이 코끼리를 보였나이다. 그때에 임금은 여러 소경들을 불러서 각각 묻기를 '너희들은 코끼리를 보았느냐?' 소경들은 제각기 보았다고 대답하였다. 임금은 코끼리가 무엇과 같더냐고 물었다. 상아를 만져 본 사람은 코끼리 모양이 무와 같더라 하고, 귀를 만져 본 사람은 코끼리가 키와 같더라 하고, 머리를 만진 사람은 코끼리가 돌과 같더라 하고, 코를 만진 사람은 코끼리가 절굿공이와 같더라 하고, 다리를 만진 사람은 코끼리가 나무절구와 같더라 하고, 등을 만진 사람은 코끼리가 평상과 같더라 하고, 배를 만진 사람은 코끼리가 독과 같다 하고, 꼬리를 만진 사람은 코끼리가 동아줄과 같더라고 여쭈었다. 선남자여, 저 소경들이 코끼리의 전체를 말하지 못하였으나 말하지 않은 것도 아니니, 만일 그 여러 모양이 모두 코끼리가 아니라면 그것을 떠나서는 따로 코끼리가 없느니라"[이운허·김달진 역, 『大般涅槃經 ② 外』, 동국대학교부설 동국역경원, 1995^{3}(1990), 80]. 원문

5) '양의 질에로의 전화 및 그 역의 법칙'[64]이 지니고 있는 문제점

이에 대해 엥엘스가 들고 있는 예들 가운데서, 우선 화학의 영역에서의 예를 살펴보면, 산소의 경우, 하나나 두 개의 원자로 있을 때는 산소지만, 세 개의 원자가 하나의 분자로 결합되면 "냄새와 작용이 보통의 산소와 아주 분명히 다른 물체인 오존"으로 변하는 예 등은 그의 이론에 적합한 예들이다. 그러나, 액체인 물이 상압 하(常壓 下) 0° C에서 고체로 변하고, 100° C에서 기체로 변하는 경우에는 예의 적용이 잘못된 것으로 생각된다. 그의 이론대로라면, 〈X의 양의 변화 ⇨ X의 질의 변화〉라는 현상이 일어나야 하는데, 이 경우는 〈물(액체로서의)의 양의 변화 ⇨ 물(액체로서의)의 질의 변화(즉, 고체나 기체로서의 얼음이나 수증기)〉라는 현상이 발생한 것이 아니라 〈물의 온도량 혹은 물분자의 운동량의 변화(X의 양의 변화가 아닌 X의 α의 양의 변화) ⇨ X의 질의 변화〉라는 현상이 일어나기 때문이다. 더욱이 이러한 '법칙'을 사회현상에 적용하는 것은 더욱 문제다. 예컨대, 자본주의사회 내의 모순이 누적되어 일정한 한계에 이르면 사회혁

의 정확한 내용파악을 위해 번역문을 그대로 인용하였으나, 어색한 번역에 대해 언급할 필요가 있다. 즉, 임금이 대신들로 하여금 소경들에게 코끼리를 보이라고 할 때의 '보이라'는 것은 '제시하라'는 의미로 이해되어야 하고, 임금이 소경들에게 코끼리를 '보았느냐'고 묻고 그들이 '보았다고' 대답할 때의 '보았다'는 것은 '확인했다'는 의미로 이해되어야 한다는 점이다. 그런데 이 경우 장님들의 잘못은, 부분을 전체로 착각한 점이다. 즉, "코끼리는 전체 모습이 무 같은 모습이다"라는 식으로 주장한 것이 잘못이다. 그러나 만약에 그들이, 코끼리라는 동물은 무 같이 생긴 측면도 있고, 키 같이 생긴 측면, 돌처럼 보이는 측면 혹은 절굿공이 같은 측면도 있다는 식으로 말했다면 아무런 문제가 없었을 것이다. 이론적으로는, 한 사람의 장님 또는 여러 명의 장님들이 코끼리 전체를 그 부분을 나누어 순차적으로 살펴보고 그 모양을 순차적으로 부가·종합해나간다면, 마침내 코끼리의 온전한 모습을 파악할 수도 있을 것이다. 이러한 대상 파악 방법이야말로 본래의 변증적인 사유방식이며, 이는 바로 우리의 인식이 부분적·저차적인 단계로부터 점차로 고차적 내지는 온전한 인식에로 이르는 과정이며 방법인 것이다. 이 경우, 그 각각의 모습인 1, 2, (…), n은 프레게의 지시론적 의미론으로 말하면 의미[Sinn]에, 그리고 A라는 물체는 지시대상[Bedeutung]에 해당하는 것으로 볼 수 있다.

64 이것은 마치 아리스토텔레스의 〈질료형상론〉에서 질료와 형상은 개방적이나, 무한히 개방적인 것은 아니라는 사태와 마찬가지다. 예컨대, 나무로 이쑤시개를 만드는 경우, 어느 한도까지는 나무의 양의 변화가 허용되지만, 어떤 한도를 넘는 경우(양의 변화) 그것은 더 이상 이쑤시개가 아닌 다른 것으로 변화한다(질의 변화). 아리스토텔레스에 있어서 실체(현실적인 개체라는 의미의)의 형상(기능이나 본질이라는 의미에서가 아니라 형태나 모습이라는 의미에서의 형상)이 어떤 범위 안에서는 변화해도 그 형상(기능·본질)이 변하지 않으나, 어떤 한도를 넘게 되면 그 형상(기능·본질)을 달리하는 것과 마찬가지다.

명이 발생하여 사회의 급격한 질의 변화가 생긴다고 하는 주장도 이 법칙에 들어맞지 않는다. 이들의 주장대로라면, 〈자본주의사회의 양의 증가 ⇨ 자본주의사회의 질의 변화(사회주의 혹은 공산주의사회)〉로 되어야 할 텐데, 이것을 〈자본주의사회 내의 모순양의 증가〉로 이해하고 있는 것이 문제다.

6) '대립의 침투법칙'의 문제점

자연 속에는 대립물의 통일이 존재하기도 하지만(남극과 북극이라는 대립된 극이 통일되어 있는 자석처럼), 대립이나 갈등·투쟁이 존재하지 않고, 서로 다른 것들이 그냥 공존하는 경우가 더 많다. 하나의 무생물이나 유기체는 과연 〈대립의 통일체〉로 간주되어야 하는가, 아니면 〈서로 다른 부분들로 구성된 통일체〉로 이해되는 것이 타당한가? 〈서로 다른 것〉과 〈대립된 것〉은 그 의미가 전혀 다른 것이다.

7) '부정의 부정법칙'의 문제점

① 〈부정〉은 의식작용 내지는 정신작용이다. 따라서, 보리알과 같은 식물을 하나의 물질로 보는 엥엘스와 같은 사람이 보리알에 의식작용을 귀속시키는 것은 잘못이다.[65] 하나의 보리알이 싹, 줄기 그리고 또 많은 보리알로 변화할 때, 각각의 이후 단계가 이전 단계를 부정함으로써 성립한 것이라는 그의 주장은 잘못된 것이다. 보리알은 자체 내에 있는 내적인 생명력에 의해, 혹은 자연에 의해 프로그램화된 대로 변화할 뿐이다. 때로는 외적·내적 장애에 의해 이러한 변화가 일어나지 않고, 즉 유전적으로 결함 있는 인자를 가지고 있다든지 혹은 외부의 토양이나 습도, 햇빛 등의 조건이 적합하지 않아 열매 맺지 못하고 썩어버릴 수도 있는 것이다. 그런데 마치 보리알이 의식을 가지고 있어서, "그래, 이제 내가 알 상태를 부정하고 싹을 틔워야지!"라고 생각하면서 성장·발전하는 것으로 간주하는 것은 잘못이다. 만약 그렇지 않고 엥엘스가 〈부정〉이라는 용어를 비유적으로 또는 의인화하여 사용하고 있다면, 그러한 사실을 적시(摘示)해야 함에도 불구하고 그가 그렇게 하지 않고 있는 것으로 보아, 그가 오류를 범했다고 필

65 만약에 정신주의자[spiritualist] 혹은 물활론[hylozoism]이나 애니미즘(animism)을 옹호하는 사람이라면 이러한 주장이 가능할는지도 모르겠다.

자는 생각한다.

② 우리는 '부정작용'으로서의 부정과 '부정에 의해 이루어진 결과'로서의 부정, 즉 부정태를 우선 구별해야 하며, 두 번째로는 이 '결과'인 부정태가 어떤 사물인 경우와 진술인 경우를 구별해야만 한다. 바로 앞에서 말한 것처럼, 우리는 보리알이 의식 내지는 정신작용이 없으므로 무엇을 부정할 수 없다는 것을 보았다. 그러나 만약에 보리알이 자신의 현재의 상태를 부정하고 다른 상태에로 변화할 수 있다고 가정해보자. 그러면 이 경우, 보리알이라고 하는 하나의 물체는 부정작용으로서의 부정이 아니라 부정된 결과로서의 부정, 즉 하나의 부정태라고 해야 할 것이다. 그렇다면 이러한 부정태로서의 〈싹, 그리고 그것이 성장하여 이루어진 줄기〉와 이러한 부정태를 부정한 결과인 〈많은 보리알들〉이 〈최초의 보리알〉과 갖는 관계를 흔히 말하듯이 정-반-합의 관계라고 할 수 있을까? 아니다. 정-반-합은 결코 사물로서의 부정태에 사용할 수 없는 용어다. 왜냐하면 이것은 정명제-반명제-합명제의 준말이기 때문이다. 그러므로 사물로서의 부정태는, 반명제나 합명제로 표현된 인간의식의 부정작용에 의해 발생한 결과라고만 이야기해야 한다.[66]

③ 엥엘스는, a의 부정은 -a이고 -a의 부정, 즉 최초의 a의 부정의 부정이 a^2이라고 주장하고 있는데, a의 부정태는 a가 아닌 어떤 것이며, 또 -a의 부정도 -a가 아닌 어떤 것이지 a^2이 아니다.[67]

66 이러한 사정은 맑스가 인류의 사회의 발전과정을 5단계로 나누고 있는 경우에도 마찬가지다. 즉, '중세 봉건주의사회 ⇨ 근대 자본주의사회 ⇨ 사회주의 및 그것의 완성태인 공산주의 사회'라는 도식에서, 제1단계를 These, 제2단계를 Antithese 그리고 제3단계를 Synthese로 이해하는 것은 잘못이다. 'These'라는 용어는 희랍어 'tithēmi (τίθημι)'라는 동사에서 나온 명사형으로서, 이 동사는 '물건을 어디에 두다·놓다'{예컨대 독일어의 Apotheke [약국], Bibliothek [도서관] 또는 영어의 discotheque 같은 경우}, 혹은 '진술하다'라는 뜻을 지니고 있는데, 지금 우리가 말하는 경우는 후자에 해당된다. 맑스의 견해를 따라 설명하자면, 근대 자본주의는 중세 봉건주의를 부정하는 인간의 의식에 의해 성립된 부정태다. 이때의 부정작용으로서의 부정은 인간의 의식작용이고, 이러한 부정작용에 의해 이루어진 진술이 바로 진술로서의 부정태인 Antithese, 즉 반명제인 것이다.

67 사실 a의 부정태가 될 수 있는 조건은, a가 아닌 것들 가운데 어느 하나면 된다. 부정태는 모순개념과 구별되어야 한다. a의 모순개념은 -a (~a 혹은 $\bar{a}$로도 표현되는 not-a)이며, 이는 a가 아닌 것들의 전체집합을 가리킨다. 그러나 a의 부정태, 즉 a가 아닌 것은, a가 아닌 것들의 전체(즉, a의 모순개념) 가운데 어느 하나의 원소이면 된다. 이 점은 바로 헤겔의 변증적 사유에서 '부정'의 단계에서도 마찬가지로 적용되어야 할 사항이다. 즉, 이 경우의 부정도 사태의 전면적인 부정[allseitige Negation]이 아닌 규정적(제한적) 부정[bestimmte Negation]이다. 사태

④ 만약에 우리가 한 발 양보하여, 식물에게도 〈부정작용〉이 있다고 인정해보자. 그렇다면 이 경우에 그냥 〈부정의 법칙〉이라고 하면 될 것을 왜 〈부정의 부정법칙〉이라고 했는가? 부정작용은 단지 2회로 끝나는 것이 아니고 더 많은 단계가 있을 수 있다. 그렇다면, 〈부정의 부정법칙〉이 아니라 〈부정의 부정의 부정법칙〉 등으로 계속 표현되어야 할 것이다.[68]

1.2.3. 맺는 말

이상에서 자연변증법론자들의 모순관 및 변증법관을 살펴보고, 특히 자연변증법을 주장하는 대표적인 인물인 엥엘스의 저작들인 『자연변증법』과 『반뒤링』에서 전개된 그의 주장을 중심으로 하여, 그의 주장이 지니고 있는 문제점들을 지적했다. 그는 모순개념, 변증법 개념을 오해하고 있으며, 자기의 논증에 있어서 다의어의 오류도 범하고 있다. 그리고 『자연변증법』에서 제시하고 있는 세 가지 법칙들을 살펴본 결과, 첫 번째의 '양의 질에로의 변화 및 그 역의 법칙'은 자연의 모든 영역에 적용될 수 없다는 점이 밝혀졌고, 두 번째의 '대립물 상호침투의 법칙'도 일부 적용되는 부분이 있으나, 단지 '서로 다른 것들의 상호작용 및 통일'로 이해되어야 할 부분이 더 많은 것으로 생각된다. 마지막으로 '부정의 부정법칙'에서 엥엘스는 '부정'의 의미를 올바로 이해하지 못하고 있어서 이를 자연 및 수학의 영역에 잘못 적용하고 있음을 알 수 있다.

이와 같은 고찰에 의하면, 자연에는 모순이 존재하는 것도 아니고 변증법도 있을 수 없다는 결론을 내릴 수 있다. 모순은 판단들이나 진술들 사이에서 존재

의 전면적인 부정이란, 그로 말미암아 사태와 모순관계에 빠지게 되는 부정이다.

더욱이 엥엘스의 주장은 황당하기 그지없다. a (플러스 a)의 부정(태)은 -a (마이너스 a)라는 주장은 어떤 근거에서 나온 것인지 알 수 없다. 만약에 우리가 그의 주장을 인정한다면, 그 다음의 주장도 받아들일 수가 없게 된다. 즉 그는 -a의 부정, 즉 최초의 a의 부정의 부정은 a^2이라고 하는데, 그의 주장대로라면 -a의 부정은 다시 a가 되어야 하기 때문이다. 포퍼(K.R. Popper)도 「변증법이란 무엇인가?」라는 논문에서["What is Dialectic?," in: *Conjectures and Refutations*, London and NY., 2000 (1963)] 필자와 같은 생각을 전개하고 있다.

68 이것은 앞서 인용된 헤겔의 『논리학』에서 사용된 용어를 그대로 차용한 것이라 생각되며, 많은 사람들이 오해하듯이 엥엘스 역시 소위 헤겔의 변증적 사유를 Triade도식으로 이해함으로써 이러한 표현이 나오지 않았나 생각된다. 그러나 헤겔은 결코 그 어디에서도 Triade를 법칙으로 제시하지 않았다.

하며 변증법도, 의식을 가지고 대화할 수 있는 존재자들 사이에서만 성립할 수 있는 것이다. 자연변증법은 성립할 수 없다.

2

키에르케고르(Søren Aabye Kierkegaard)의 실존변증법[1]

나는 키에르케고르와 헤겔의 변증적 사상의 유사성과 차이점을 다음과 같은 몇 개의 항목 아래에서 살펴보려고 한다.

2.1. 헤겔의 변증법은 양적 변증법이고 키에르케고르의 변증법은 질적 변증법인가?

예컨대 키에르케고르는 『공포와 전율』에서, 현실(불합리·부조리한 것)을 신앙에 의해 부정(극복)하는 실례를 들고 있는데, 그것은 바로, 아브라함이 100세에 얻은 외아들 이삭을 모리아산(山)에서 제물로 바치라는 여호와의 명령에 복종한 경우를 가리킨다. 이것은, 신앙에는 이성으로부터의 〈도약(跳躍)〉[비약(飛躍)]이 필요하다는 점을 강력하게 주장하는 예다.[2] 이러한 단절의 사상, 예컨대 이성과 단절해야만 신앙을 가질 수 있다는 사상[3]으로 인해 그의 변증적 사유를

---

1 본문에 나오는 키에르케고르의 텍스트는 덴마크어 키에르케고르 일기 유고 전집[Papirer]에서 인용된 것들로서, 일기 유고는 그 내용에 따라 A (일기), B (저작의 초고), C (연구, 독서 노트)로 분류된다. 예컨대 Pap. X3 A 180은, 일기 유고 전집 제10권 3분책 일기 180번을 의미한다(샤를 르 블랑, 『키에르케고르』, 이창실 역, 동문선, 2004, 일러두기로부터).

2 쇠얀 키에르케고르, 『공포와 전율』, 임춘갑 역, 치우, 2011, 27-46 (아브라함 찬사) 참조.

'양적 변증법'이 아니라 소위 '질적 변증법'이라고 말하고, 이와 대비하여 헤겔의 변증법을 '양적 변증법'이라고 말하는데,[4] 사실 이러한 표현은 잘못된 것이다.

이미 우리가 헤겔의 변증법을 살펴보아서 알고 있듯이, 헤겔에 있어서의 존재자의 변증법을 통해서도 존재자의 질의 변화가 일어날 뿐만 아니라, 인식의 변증법에 있어서도 마찬가지로 질의 변화는 발생하는 것이다. 예컨대 이해를 돕기 위하여, 우리가 뒤에서 살펴볼 자연변증법의 원형이라고 할 수 있는, 헤겔의 『논리학』 〈존재론〉에서 이야기하고 있는 소위 "양의 질에로의 전화(轉化) 및 그 역(逆)의 법칙"으로서, 『논리학』의 제1권의 제3편: 〈도량(度量)[Das Maß]〉 중의 제2장: 〈독립적인 도량들의 비례[Das Verhältnis selbständiger Maße]〉에서 서술하고 있는 내용을 살펴보자. 헤겔의 주장에 의하면, 존재자의 변화과정에서 그것의 양적 변화가 어떤 지점에 도달하면 양의 변화는 중지되고 전격적(電擊的)으로 질의 변화가 초래된다. 이 지점을 헤겔은 "결절선(結節線)[die Knotenlinie]"이라고 불렀다. 예컨대 순수한 물을 가열하면 섭씨 100도가 될 때까지 물의 분자의 운동량은 계속 증가한다. 그러다가 100도에 이르면 물은 더 이상 물로 머물러 있지 않고 수증기(水蒸氣)로 변화한다. 액체가 기체로 변화한 것이다. 액체인 '물'에서 기체인 '수증기'로 그 이름이 바뀌었다. 이름이 바뀐다는 것은 '질적 변화'를 가리킨다.[5] 이 경우 '섭씨 100도'라는 지점이 바로 '결절선'이다. 그것은 어떤 것의 질이 바뀌는 '경계선'인 것이다. 그리고 이러한 사태를 가리켜 헤겔은 '질적 비약'이라고 부른다.

이제 인간의 변화를 살펴보자. 인간의 발생과정에서 처음에 정자(精子)[spermatozoon]와 난자(卵子)[ovum]가 있다. 난자가 정자를 자신 속에 받아들이면 '정자를 받아들인 난자', 즉 '수정란(受精卵)[fertilized ovum]'이 된다. 수정란이 모태(母胎)에 착상(着床)[implantation]되어 이루어지는 다음 단계는 '태아(胎芽)[embryo]'[6]이며, 그 다음에는 '태아(胎兒)[fetus]'가 된다. 그리고 보통은 약 280일이 지나면 엄마의 '태에서 나온다', 즉 '태어난다'. 이 갓난아기—즉, 갓 태어난 아기—를 'baby born'이라고 한다. 좁은 의미의 baby는 엄마의 뱃속에서 나온 갓난아기로부터 영·유아를 가리키지만, 넓은 의미로는 수정란으로부터 죽

3 샤를 르 블랑, 『키에르케고르』, ebd., 118 참조.

4 키에르케고르는 "(인생의) 모든 문제는 양적 변증법과 질적 변증법 간의 차이가 절대적이라는 것을 인식하는 데 달려 있다"(Pap VII. A84)고 말한다.

5 화학에서는 이것을 질의 변화라고 하지 않고 '물질의 상태의 변화'라고 부른다.

6 수정 후 각 배엽(胚葉)으로부터 분화(分化)가 끝나는 8주 혹은 3개월 전반까지.

을 때까지의 자기 자식을 가리킨다. 수정란으로부터 성인까지의 인간의 발전의 경우에도 마찬가지로 '양질전화의 법칙'이 적용된다. 그리고 이름이 바뀌는 각 단계가 바로 '결절선'에 해당한다.[7]

이처럼, 헤겔의 변증적 사유에서는 양의 변화와 더불어 질의 변화까지도 거론하고 있기 때문에, 그의 변증법을 단순히 '양적 변증법'이라고 부르고 키에르케고르의 변증적 사상을 '질적 변증법'이라고 부르는 것은 옳지 않은 일이다.

2.2 체계(전체)에 대한 비판: 개체(개별자, 단독자)와 보편자

키에르케고르는 자신의 사상이 헤겔의 체계적(전체적) 사유와 구별된다는 점을 자기의 저서의 제목에도 나타냈는데, 예컨대 그의 중요한 철학저서인 『철학의 단편들의 결론적 비학문적 후서』(1846)라는 제목에서의 "철학의 단편들"이라는 표현과 "비학문적"이라는 표현은, 키에르케고르 자신이 헤겔의 체계철학에 반대하는 실존적이고 개인적인 관점을 강조하고 있다는 점을 지시하고 있다.

키에르케고르는 헤겔을 비판하면서 다음과 같이 말한다: "어떤 사상가는 하나의 거대한 건물, 체계, 곧 모든 존재와 세계사 등을 포괄하는 체계를 세운다. 그런데 그의 개인적 삶을 살펴보면, 놀랍게도 우리는, 그 자신은 높은 천장이 있는 거대한 궁전에 살지 않고 그 옆에 있는 헛간이나 개집 혹은 기껏해야 문지기 방에 살고 있다고 하는, 이러한 끔찍하고 우스꽝스런 사실을 발견한다."[8] 그는 헤겔의 인간관을 다음과 같이 비판한다:

> 개인과 관련하여 사변(思辨)은—만약 사변이 정합적이라면—개인이라는 것이 무엇인지에 관해서 혹은 개인은 사유될 수 없는 것이라고 아주 경멸적으로 생각하는 것이 분명하다. 사변이 이런 노선에서 뭔가를 하려고 한다면, 개인에게 분명히 다음과 같이 말할 것이다: "개인을 문제 삼는 것은 시간 낭비가 아닌가? 우선 개인을 잊어버리려고 하라, 개인이 되는 것은 아무것도 아니다.—사유해보라, 그러면 당신은 인류 전체다. 나는 사유한다. 그러므로 존재한다(*cogi-*

7 백훈승, 『서양근대철학』, ebd., 471 f. 참조.

8 SØREN KIERKEGAARD, *The Sickness unto Death*, in: *Fear and Trembling and The Sickness unto Death*, tr. and with notes by Walter Lowrie, Princeton Univ. Pr., 2013 (235-468), 320. 이 저술은 SD로 줄인다.

> *to ergo sum*)" 그러나 아마 이 말은 거짓일는지도 모른다. 그리고 개인이 가장 고상한 자[the highest]일 것이다(SD, 447 f.).

아브라함을 믿음의 표상으로 찬양하는 그에 의하면 믿음이란, 개별자가 보편자보다 고차원적이라는 역설인데,[9] 헤겔의 "세계사적인 변증법에 있어서 개인들은 인류 속에서 사라진다. 우리가 구체적인 것을 관찰할 수 있는 새로운 확대경을 고안(考案)한다 할지라도 이러한 변증법에 의해서는 너와 나라는, 개별적으로 실존하는 인간이 발견되기는 불가능하다"[10]고 주장한다. 개별적인 실존의 중요성에 대해 그는 다음과 같이 말한다:

> 개별적으로 실존하는 인간이란 무엇인가? 실로 우리의 시대는 개별적으로 실존하는 인간은 아주 미미한 자라고만 너무도 잘 알고 있다. 그러나 여기에 바로 우리 시대의 특별히 부도덕한 점이 존재한다. 각각의 시대는 다 그들 특유의 부도덕한 점을 가지고 있다. 우리 시대의 부도덕함은 쾌락과 향락과 관능(官能)이 아니고 개인을 범신론적으로 극히 경멸하는 일이다. (…) 아무도 실존하는 개인이 되려 하지 않는다. 그러므로 아마도, 심지어 헤겔의 철학 속에서 의심스러운 점을 발견한 사람들에 의해서조차도 그에게 의지하려는 많은 시도들이 또한 존재하는 것 같다. 사람들은 만약에 자기가 실존하는 하나의 개인이 되면 흔적도 없이 사라지게 되어, 비판적인 학술지나 세계사에 대한 사변가들은 말할 것도 없고 일간지들도 그를 거들떠보지 않게 될 것을 두려워한다(UN, 523 f.)

그런데 우리는 흔히, 키에르케고르는 "이것이냐 저것이냐[entweder ~ oder]"라는 말로 표현되는 것처럼, 개별자와 선택을 강조한 반면, 헤겔은 "이것도, 그리고 저것도[sowohl ~ als auch]"라는 말로 표현되는 '종합' 내지 '전체'를 추구했다고 말하곤 한다. 이러한 차이는 개별자(부분)와 보편자(전체)의 차이라고 할 수 있겠다. 그러나 헤겔이 개별자를 무시하고 보편자(전체)를 중시했다는 주장은 부분적으로는 옳지만 또 부분적으로는 그르다. 키에르케고르의 실존사상은 주지하듯 '개별자', '단독자'에 관한 철학이다. 아니, '실존'이라는 개념 자체

---

9 쇠얀 키에르케고르, 『공포와 전율』, ebd., 110 f. 참조.

10 Sören Kierkegaard, *Philosophische Brosamen und Unwissenschaftliche Nachschrift*, München, 2005, 518. 이 저술은 UN으로 줄인다.

가 이미 이러한 사태를 지시하고 있다. 즉 '실존'의 첫 번째 의미인 '현실존재'라는, 물리적인 시·공간 속에 개별화·개체화되어 존재함을 뜻한다. 인간은 몸(육체)과 정신으로 구성되어 있다. 인간은 양자의 통일체이므로, 만약 전자 없이 후자만 존재하는 경우가 발생할 수 있다면, 그것은 인간이 아니라 '유령(幽靈)'일 터이고, 후자 없이 전자만 존재하는 경우에 대해서는 '시체(屍體)'라는 표현을 사용한다. 인간은 정신을 지닌 채 각자의 몸을 지니고 개별화되어 있으므로 당연히 현실적인 존재자로서의 실존자는 개별자일 수밖에 없다. 이와 더불어 '실존'의 또 다른 의미는 바로 '진실존재'다. 이 두 번째의 의미가 바로 실존철학에서 개별자로서의 실존자가 지향해야 할 존재방식인데, 이것을 다른 말로 하면 예컨대 하이데거가 말하는 '본래적인 자아[das eigentliche Ich]'이며, 동양사상에서 말하는 '참 나[진아(眞我)]'라고 할 수 있다. 따라서 실존철학에서(실존사상가들이) 개별자·단독자에 관심을 집중하고 개별자가 비본래적인 존재방식을 벗어나서 본래적인 실존을 지향하도록 하는 데에 관심을 갖는 것은 당연한 일이다.

그런데 키에르케고르는 이러한 실존을 그가 믿는 기독교와 관련하여 설명한다. 그에게 있어서 진정한 실존은 기독교의 신 앞에 서 있는 단독자로서의 실존을 가리킨다. 이에 대해 그는 다음과 같이 말한다: "그리하여 기독교는 모든 객체성에 저항한다. 즉 기독교는 주체가 자기 자신을 무한히 돌보기를 원한다. 기독교가 묻고 있는 것은 주체성이다. 만약에 기독교의 진리라는 것이 있다면, 그것은 비로소 이 주체성 속에 있다. 그것은 결코 객관적으로는 현존하지 않는다"(UN, 261). 그는 또한 『공포와 전율』[11]의 서문에서 '침묵의 요하네스'라는 필명으로 다음과 같이 말하면서 자기가 "체계"를 거부한다는 점을 분명히 밝힌다: "이 책을 쓰고 있는 저자는 결코 철학자가 아니다. 그는 체계라는 것을 이해하고 있지 못하고, 그런 것이 존재하고 있는지 어떤지, 또 그런 것이 완성되어 있는지 어떤지도 모르고 있다. (…) 그는[이 책을 쓰고 있는 저자는: 필자 첨가] 일개의 아마추어 저술가로서 체계는 물론이거니와 체계의 예고(豫告)도 쓸 수가 없다. 그렇다고 해서 체계에 맹종하는 것도 아니려니와 체계를 만병통치약이라고 생

11 '두려움과 떨림'이라는 표현은 유대·기독교의 경전 중의 「시편」과 기독교의 경전 「빌립보서」에서 유래한다: "여호와를 경외함으로 섬기고 떨며 즐거워할지어다"(시편 2:11). "그러므로 나의 사랑하는 자들아. 너희가 나 있을 때 뿐 아니라 더욱 지금 나 없을 때에도 항상 복종하여 두렵고 떨림으로 너희 구원을 이루라"(빌립보서 2:12).

각하지도 않는다."[12]

그러나 헤겔이 개체를 전체나 보편자 속에서 말살되도록 했다는 키에르케고르의 주장은 부분적으로는 들어맞지만 전체적으로는 적절하지 않다. 헤겔은 결코 전체주의자[totalitarianist]나 공산주의자[communist]가 아니다.[13] 그는 공동체주의자[communitarianist]로 분류될 수 있는 사상가이며, 그가 말하는 공동체는 개인의 자유와 권리를 말살하고 저지하지 않고, 그것이 공동체의 법과 제도 속에서 공동체와 조화를 이루면서 보장될 수 있도록 하는 그런 공동체다.

예컨대 헤겔이 말한 "참된 것은 완전한 것이다(Das Wahre ist das Ganze)"라는 주장의 의미를 살펴보자. 이 말은, 개별자를 무시하고 보편자만을 중시하는 사상을 가리키지 않는다. 그런데 여기서 중요한 것은, 각 존재자의 층위(層位)다. 즉 이것은 개별자와 보편자 모두에게 해당하는 진술이다. 이 진술은 사변적 진술이며, 동치진술로서, 어떤 의미에서는 동어반복[tautology]이다. 이것은 결코 개별자를 말살해야 한다는 주장이 아니다. 이 문제와 관련된 '장님과 코끼리'의 일화를 생각해보라! 부분적인 것은 결코 '참', 곧 '차 있는 것[fullness]'이 아닌 것, 전체가 아니라 어딘가 비어 있는 것, 결함이 있는 것이다.

1) 인식에 있어서도 대상에 대한 부분적인 인식은 참된 인식이 아니다.

2) 존재자의 경우에는, 그것이 자기의 개념—헤겔이 이때 말하는 '개념'은 '본질'을 가리킨다—에 합치할 때에, 즉 그것이 자기의 개념에 꽉 찰 때에[충전적(充塡的)일 때에] 참된 것이라고 헤겔은 말한다. 이것은 예컨대 '참된 친구' 혹은 '참된(진정한) 국가'라고 말할 때 가리키는 의미다.

헤겔이 개별자보다는 보편자를 중시했다는 비판은, 그의 『역사철학 강의』에서 전개되는 내용에 대해 이루어질 수 있을 것이다. 예컨대 '이성의 꾀'에 나타난 절대자(보편자)와 인간들(특히 영웅들)의 관계에서 개별자 경시(輕視) 사상이 발견된다. 즉 헤겔의 이러한 역사관에서는 개별자가 보편자의 목적을 위한 수단 내지 도구의 위치로 전락함으로써, 주체로서의 개별자의 가치가 감소되는 결과를 초래한다 하겠다.

---

12 쇠얀 키에르케고르, 『공포와 전율』, ebd., 11 f.

13 헤겔은 『법철학』에서 공산주의에 대한 반대의견을 밝히고 있다: "소유 속에서 나의 의지는 나에게 인격적인 의지로서, 따라서 또 개별자의 의지로서 객관화되므로, 소유는 사유재산(사유)이라는 성격을 얻게 되며, 그 본성상 개별적으로 점유될 수 있는 공적 재산(공유)은 그 자체로 해체가능한 공동성의 규정을 얻게 되는데, 이렇게 해체가능한 공동성 속에서 나의 몫을 남겨두는(허용하는) 것은 그 자체로 자의(恣意)의 문제다"(PdR §46, TW 7, 107 f.).

2.3. 헤겔의 진리관과 키에르케고르의 진리관: 주체(성)의 변증법: "참된 것은 주체다." 헤겔사유에 대한 반발

키에르케고르의 진리관은 전통적인 대응설, 정합설, 실용주의 진리관, 진리합의설 등과는 다르다. 주지하듯, 아리스토텔레스 이래로 스콜라 철학을 거쳐 많은 경험주의 철학자들에게 받아들여진 대응설은 진술과 사물(대상)이 대응할 경우 진리이고 그렇지 않을 경우 거짓으로 본다. 아리스토텔레스는 사물들로부터 진리를 배제하고 진리를 판단에 한정했는데, 그는 "존재하는 것을 존재하지 않는다고 말하거나 존재하지 않는 것을 존재한다고 말하는 것은 거짓이고(그르고), 존재하는 것을 존재한다고 말하거나, 존재하지 않는 것을 존재하지 않는다고 말하는 것은 참이다(옳다)"라고 말한 바 있다.[14] 이러한 아리스토텔레스의 정의는 "사물과 지성의 일치[adaequatio rei et intellectus]", 혹은 "지성과 사물의 일치[adaequatio intellectus et rei]"라는 형태로, 스콜라주의 속으로 넘어갔다.[15]

토마스(Thomas Aquinas)는 『진리에 관한 논쟁적인 물음들』(*Quaestiones disputatae de veritate*, 1256-1259)에서, 진리를 "사물과 지성의 일치[adaequatio rei et intellectus]"[16]로 정의하고 있다. 그러나 토마스는 『신학대전』(*Summa theologiae*, 1265-1274)에서는 진리를 "지성과 사물의 일치[adaequatio intellectus et rei]"로 정의하기도 한다: "나는 이에 답하여, 진리가 지성과 사물의 일치 속에 존립한다고 말해야만 한다."[17] 진리 기준에 대한 이 두 정의는 한편으로 보면 아무런 차이가 없는 동일한 것이라고 생각할 수 있다. 즉 우리가 "A와 B가 일치한다"라고 말하든지 아니면 "B가 A와 일치한다"라고 말하든지 그 의미에는

---

14 Aristoteles, *Metaphysica*, 1011b 25, in: *Aristotle in twenty-three volumes XVII. The Metaphysics I. Books I-IX*. Cambridge Massachusetts, Harvard Univ. Pr., 1975. 또한 *Categories*, XII. 14b 16 ff.도 참조[Aristoteles, *The Categories/On Interpretation/Prior Analytics* (by Hugh Tredennick) in: *The Loeb Classical Library*, London/Cambridge, Massachusetts, 1962].

15 스콜라철학 후기에 이미, 'adaequatio' 대신에 correspondentia, conformitas, convenientia 등의 용어들도 등장한다(P. Janich, *Was ist Wahrheit? Eine philosophische Einfürhrung*, München, 1996, 36 참조).

16 Thomas von Aquin, *Von der Wahrheit (Quaestinoes disputatae de veritate)*. Lateinisch-Deutsch, ausgewählt, übersetzt und hg. von Albert Zimmermann, Hamburg, 1986, q.1 a.1.

17 "Respondeo dicendum quod veritas consistit in adaequatione intellectus et rei (…)"(*Summa theologiae* I, q.21 a.2.) [『신학대전3』, 정의채 역, 바오로딸, 2000, 100-102. 번역은 정의채의 것을 그대로 따르지는 않았다].

변함이 없는 것으로 생각할 수 있다는 말이다. 그러나 다른 한편으로는, 이 두 진술 사이에 의미의 차이를 인정할 수 있다. 이 경우에는 각 진술에서 뒤에 있는 명사(名詞)가 진리의 기준이 된다. 그리하여 『진리에 관한 논쟁적인 물음들』에서의 정의(定義)인 "진리는 사물과 지성의 일치"의 경우, 지성이 기준이 되고, 이 기준에 사물이 들어맞을 경우 진리가 된다는 의미가 된다. 즉 그것은, 객관적 사물(대상)이 인식하는 주관의 지(知)와 일치하는 것을 가리키며(존재론적·가치론적 참), 이것은 "지성에 대한 사물의 일치[adaequatio rei ad intellectum]"로 표현될 수 있다. 이것이 의미하는 바가 무엇인지에 대해서 토마스는 『신학대전』의 같은 곳에서 이렇게 설명하고 있다. 즉 "그러나 지성이 사물의 규준(規準)이나 척도가 되는 경우, 참된 것은 사물이 지성과 동등하게 되는 데에 있다. 그리하여 우리는, 예술가의 작품이 자기의 예술관념에 일치하는 경우에 참된 예술작품을 만든 것이라고 말한다"[18] 이 경우에 'veritas'에 적합한 우리말 번역어는 '진리'라기보다는 '참된 것' 혹은 '진정한 것'이라 하겠다.

한편, 『신학대전』에서 발견되는 정의인 "지성과 사물의 일치"의 경우에는 사물이 진리의 기준이 되고, 주관의 인식이 객관적 사물과 일치할 때 진리가 되며(논리적 진리, 인식적 진리), 이것은 "사물에 대한 지성의 일치[adaequatio intellectus ad rem]"로 표현될 수 있다. 따라서 우리는 전자를 사물[사상(事象)]의 진리로, 후자를 명제의 진리로 명명할 수 있을 것이다.[19]

그러나 키에르케고르에 의하면, 인간의 지성은 유한하기 때문에 대상 자체, 사물 자체를 결코 인식할 수 없다. 뿐만 아니라 그에게 있어서는 어떤 명제를 우리가 믿음으로써 우리에게 유용한 결과를 가져다주느냐 하는 것은 진리와 무관

---

18 "Sed quando intellectus est regula vel mensura rerum, veritas consistit in hoc, quod res adaequantur intellectui, sicut dicitur artifex facere verum opus, quando concordat arti"(*Summa theologiae* I, q.21 a.2.). 그런데 하이데거는 "지성에 대한 사물의 일치"를 기독교의 신학적 신앙과 연관하여 해석하는데, 이 해석에 의하면 피조물[ens creatum]인 물(物)이 신의 지성[intellectus divinus] 안에서 '앞서 사유된 이념'에 상응하거나 '꼭 들어맞는' 것을 가리킨다[M. Heidegger, "Vom Wesen der Wahrheit (1930)," in: *Martin Heidegger Gesamtausgabe. I. Abteilung: Veröffentlichte Schriften 1914-1970. Bd. 9. Wegmarken*, Ffm., 1976 (177-202). 180 참조].

19 백훈승, 「헤겔의 진리관 검토—그의 진리 기준론을 중심으로」, 『동서철학연구』 제92호, 한국동서철학회, 2019.06. (259-284), 262 f. 참조. 하이데거 역시 「진리의 본질에 관하여」라는 논문에서 '참(진리)'을 진술(명제)의 참[Satzwahrheit]과 사물의 참[Sachwahrheit]으로 나누고 있다(M. Heidegger, ebd., 특히 177-180 참조).

한 것이며, 다수가 합의한 명제를 진리로 인정하는 일도 결코 받아들일 수 없는 것이었다. 그는 다음과 같이 말한다: "사람들이 진리를, 더욱 경험적으로[empirisch], 존재에 대한 사유의 일치로 규정하거나, 혹은 더욱 관념론적으로[idealistisch], 사유에 대한 존재의 일치로 규정하거나 간에"(UN, 328),[20] "사유의 진리와 존재의 진리의 동일성은 추상의 괴물[eine Chimäre der Abstraktion]이다"(UN, 337). 왜냐하면 유한한 인간은 존재(자)를 있는 그대로 파악할 수 없기에 존재(자)의 진리에 이를 수 없고, 사유 역시 되어가는 과정, 변화하는 과정 속에 있기 때문이다. "주체는 실존하면서 존재하고, 실존한다는 것이란 되어감[Werden]이기"(UN, 337) 때문이다. 그리고 "모든 인식은, 본질적으로 실존하는 자인 인식자에 관계하기 때문에 (…) 본질적인 모든 인식은 본질적으로 실존[Existenz] 및 실존함[Existieren]과 관계한다. 그러므로 윤리적인 것, 그리고 윤리적·종교적 인식만이 본질적인 인식이다. 그런데 모든 윤리적인 것과 모든 윤리적·종교적 인식은, 인식자가 실존한다는 사실과 본질적으로 관계되어 있다"(UN, 338)는 것이다.

또한 키에르케고르는 다음과 같이 말한다: "a) 논리적인 체계는 존재할 수 있다. b) 그러나 현존[Dasein]의 체계는 존재할 수 없다"(UN, 241). "현존의 체계는 주어질 수 없다. 그렇다면 그러한 체계는 존재하지 않는가? 결코 아니다. (…) 현존 자체는 하나의 체계다.—신에게 있어서는. 그러나 실존하는 정신에게는 그럴 수 없다. 체계와 완결은 서로 대응한다. 그러나 현존은 그와 정반대다"(UN, 252). 현존은 하나의 체계이지만, 그것은 절대자에게 있어서만 그렇게 파악될 뿐이고 유한자인 인간에게는 체계로 주어지지 않는다는 것이다. 실존하는 인간에게 현존은 항상 되어가는 과정에 있는 것으로만 주어진다. 그리하여 키에르케고르에게 있어서는 객관적으로 주어지는 것은 진리라고 할 수 없는 것으로 되어버린다: "예컨대 수학의 명제와 관련해서는 객관성이 주어져 있다. 그러나 바로 그 때문에 수학의 명제의 진리는 무의미한[gleichgültige] 진리다"(UN, 345).

이에 따라 키에르케고르는 "주체(주체성)가 참된 것이다(Die Subjektivität ist die Wahrheit)"(UN, 342)라고 말한다.[21] 그가 이렇게 말할 때의 'Wahrheit

---

20 전자가 바로, 위에서 말한 "사물에 대한 지성의 일치[adaequatio intellectus ad rem]"에 해당하고, 후자가 "지성에 대한 사물의 일치[adaequatio rei ad intellectum]"에 해당한다.

21 "(…) 주체(주체성)가 참된 것이다[(…) die Subjektivität die Wahrheit ist, (…)]"(UN, 345).

[truth]'가 뜻하는 바는, '참된 이치'나 '참된 원리'라는 의미의 '진리'도 아니고, '옳은 진술'이라는 의미의 '진리'도 아니다. 그것은 '참' 혹은 '참된 것'이라는 의미다. 즉, 키에르케고르에 있어서 'Wahrheit [truth]'란, '이치'나 '원리'로서의 진리도 아니고, '명제적 진리'도 아니라 예컨대 헤겔이 말하는, 현실과 개념(본질)의 합치로서의 '참'이다[예컨대 '참된 친구', '참된(진정한) 국가' 등]. 다만 키에르케고르에 있어서는 헤겔이 말하는 '개념(본질)' 대신에 '신(神)' 혹은 '신이 요구하는 척도' 혹은 '본래적인 자아'가 들어선다는 점이 다를 뿐이라고 하겠다.

결론적으로 말하면, 키에르케고르가 말하는 진리는 진리 대응설·정합설·실용주의 인식론·진리 합의론 등에서 말하는 진리와는 다른 것이다. 그것은 사물[사상(事象)]의 진리나 명제의 진리도 아니고, 어떤 신념을 가지고 그에 따라 행위했을 때 우리에게 유용한 결과를 가져다주는 것을 참으로 간주하는 것도 아니다. 또한 그것은 다수의 인간이 어떤 명제를 옳은 것으로 받아들이기로 합의하는 것과도 관계가 없다. "주체성이 참된 것"이다. 다시 말하면, 그가 말하는 진리(참된 것)는, 우리의 실존과 관계되는 것이며, 더욱 구체적으로 말하면 우리의 본래적인 자아 혹은 '참 나'를 정립하는 일과 관계된다. 따라서 그에게 있어서의 진리란, 객관적일 수 없고 당연히 주체적일 수밖에 없다. 그리하여 "실존함 속에서 그리고 실존함을 통해서 이루어지는 내면화와 실존함이 참된 것"(UN, 347 f.)이며, 주체적으로 사유하는 자는 단지 사유의 규정들에 대해서가 아니라 자기의 내면(성)에 대해 묻는다는 것이다(UN, 344 참조). 그런데 키에르케고르는 "무한성의 정열(情熱)" 혹은 "무한한 정열"(UN, 344, 345 등)이 바로 "주체(성)[Subjektivität]"(ebd.)이라고 말하면서, 이것들이 "참된 것[die Wahrheit]"(ebd.)이라고 주장한다: "(…) 그리고 무한(성)의 정열은 참된 것 자체다. 그런데 무한(성)의 정열이 바로 주체(성)다. 따라서 주체(성)가 참된 것이다"(UN, 344).

인간이 본래적인 실존에 이르고자 한다면 자기의 "내면(성)[Innerlichkeit]"(UN, 204, 328, 345, 357)으로 돌아가야 한다. 바로 거기에 '참'이 있다. 참에 이르기 위해, 진정한 자기 자신을 찾기 위해, 인간은 정열적으로 자기의 내면으로 돌아가야 한다. "주체(성), 내면(성)이 참된 것"(UN, 346)이다. 그리고 "주체(성), 내면(성)이 참된 것"이라면, "객관적으로 규정된 참은 역설(逆說)이다"(UN, 346). 결국 키에르케고르는 참된 것은 주체(성)라고 말하는 것이다(UN, 328, 344, 346 등 참조). 이러한 점에서 우리는 키에르케고르와 낭만주의의 유사성을 발견할 수 있다.

키에르케고르는 이성을 통해서가 아니라 신앙을 통해서 실존적인 진리에 이를 수 있다고 주장하는데(특히 UN, 328 f. 참조), 신앙의 경지로 나아가기 위해서는 이성을 포기하고 모험을 감수해야 한다고 말한다: "모험 없이 신앙은 없다. 신앙은 바로, 내면성의 무한한 정열과 객관적인 불확실성 사이의 모순(대립)이다. 신을 객관적으로 파악할 수 있다면, 나는 (신을) 믿는 것이 아니다. 그러나 내가 신을 객관적으로 파악할 수 없다는 바로 그 이유 때문에, 나는 믿어야만 한다"(UN, 345 f.). 이러한 키에르케고르의 입장은 합리적이기 때문에 믿는 것이 아니라, "비합리적이기 때문에 믿는다(Credo, quia absurdum)"는 터툴리아누스(Tertullianus)나, "알기 위해 믿어라(Crede ut intelligas)"[22], "네가 신을 파악하지 못한다는 것이 뭐 그리 놀라운 일인가? 만일 네가 그분을 파악한다면 그분은 신이 아니다[(…) quid mirum si non comprehendis? Si enim comprehendis, non est deus]"[23]라고 말하는 아우구스티누스(Augustinus, 354-430), 그리고 "나는 믿기 위해서 알려고 하는 것이 아니라, 알기 위해 믿는다(Neque enim quaero intelligere ut credam, sed credo ut intelligam)"[24]라고 말하는 안셀무스(Anselmus, 1033-1109)의 입장과 맥을 같이하는 것이다.

헤겔이 이성만을 강조했다는 키에르케고르의 주장은 오류다. 헤겔은 낭만주의의 〈예지적 직관〉을 거부하고 〈개념의 노고〉와 〈개념의 노동〉에 의한 진리 인식을 인정하는 점에서는 낭만주의를 비판하지만, 다른 한편으로는 세계사의 형성에 있어서 정열(情熱)이 차지하는 역할을 강조하고 있다는 점에서는 낭만주의의 입장과 궤를 같이하고 있다.

2.4. 실존의 3단계설: 실존의 제 단계에 나타난 변증적 사유와 헤겔 사상과의 유사성

키에르케고르는 『이것이냐 저것이냐』, 『철학적 단편의 후서』, 『인생행로의 여러 단계』, 『죽음에 이르는 병』, 그리고 『아이러니 개념』 등의 저서에서 인간의 실존의 발전단계를 크게 세 단계로 구별하여 설명하고 있는데, 그것은 바로 감

---

22 Augustinus, *Sermo*, 43.7, 9.

23 Augustinus, *Sermo*, 117, 3, 5.

24 Anselm von Canterbury, *Proslogion*. Untersuchungen Lateinisch-deutsche Ausgabe von P. Franciscus Salesius Schmitt O.S.B. Abtei Wimpfen, Stuttgart-Bad Cannstatt, 1962, 82, 84. Capitulum I.

각적[25] 실존, 윤리적 실존, 그리고 종교적 실존이다. 그리고 종교적 실존을 다시 종교성A와 종교성B로 나누기 때문에 4단계로 볼 수도 있고, 감각적 실존과 윤리적 실존 사이에 아이러니(Ironie)라는 단계를, 그리고 윤리적 실존과 종교적 실존 사이에 유머(Humor)를 넣게 되면, 모두 6단계로 된다(UN, 694 참조).

인간은 이러한 단계적 이행을 통하여 저차적인 실존으로부터 점차로 고차적인 실존으로 상승하여 참된 실존, 곧 '진아(眞我)'에 이를 수 있다는 것이다. 그는 『이것이냐 저것이냐』에서는 감각적 실존과 윤리적 실존을 대비해서 설명하고 있고, 『공포와 전율』에서는 윤리적 실존과 종교적 실존을 대비하여 설명하고 있다. 그런데 모든 사람이 이 단계를 다 거쳐 가는 것도 아니고, 한 단계로부터의 다음 단계로의 이행이 자연스럽게 이루어지는 것도 아니다. 그것은 하나의 질적인 '비약(飛躍)'이다. 또한 저차적인 단계로부터의 비약만이 존재하는 것도 아니고, 고차적인 단계로부터 저차적인 단계로의 하강 내지 타락도 가능하다.

1) 감각적 실존[die ästhetische Existenz]

감각적 실존은, 감각적 쾌락을 얻기 위해 사는 인간의 실존방식을 가리킨다. 키에르케고르는 감각적 실존을 대표하는 인물로 돈 후안(돈 주앙, Don Juan)을 들고 있다. 그는 이탈리어로 된 모차르트(W.A. Mozart)의 2막 오페라 「돈 죠반니」(Don Giovanni[26], 1787)의 주인공이기도 하다. 돈 후안은 스페인의 전설적인 인물로, 스페인에서만도 1003명의 여자를 유혹했다고 전해진다.[27] 감각적 실

25 독일어 번역은 ästhetische Existenz이고 영어로는 aesthetic existence다. 국내의 대부분의 번역서들은 이것을 "심미적 실존" 혹은 "탐미적 실존"으로 번역하였다. 그러나 키에르케고르가 이 용어를 사용한 의미를 생각하면, 이것은 "감각적 실존"으로 옮기는 것이 적절할 것이다. 'die ästhetische Existenz'라고 할 때의 'ästhetisch'는 희랍어 'aisthesis'에서 유래한 것으로서, '감각(感覺)'을 뜻하고, 그래서 이 단어의 형용사 형태인 'ästhetisch'나 'aesthetic'은 '감각적', '심미적', '미(학)적' 등의 의미를 지니고, 'Ästhetik'이나 'aesthetic'은 '감각(감성)학'이나 '미학' 등의 의미를 갖는다. 그러나 여기서 키에르케고르가 말하는 "ästhetisch"는, 짐머만도 말하듯이, "예술이론의 범주"가 아니라 "지각의 양태에 있는, 다시 말해서 직접적으로 우리에게 주어져 있는 것에 대한 표현"(Franz Zimmermann, 『실존철학』, 이기상 역, 서광사, 1987, 81)이다.

26 '돈 후안'은 스페인식 발음이고, '돈 지오반니'는 이탈리아식 발음이며, '돈 주안(앙)'은 영어식 발음이다.

27 쇠얀 키에르케고어, 『이것이냐 저것이냐1』, 임춘갑 역, 치우, 2012, 38, 155, 320, 344 등 참조.

존의 방식으로 사는 사람들은 그 어떤 것에도 얽매이지 않고 하나의 쾌락으로부터 다른 쾌락으로 옮겨가면서 오로지 자신의 감각적인 쾌락을 충족시키면서 살아간다. 이들은 마치 우리가 돌수제비를 뜰 때, 돌이 경쾌하게 물 위를 춤추며 미끄러져 나가지만, 다른 한편으로는 물밑으로 가라앉듯이, 쾌락과 불안의 심연이 그들의 실존을 가로지른다.[28] 감각적 실존자는 쾌락과 불안 사이에서 부동(浮動)한다. 그들이 이렇게 유동적(流動的)으로 살아가는 것은, 감각적인 쾌락의 만족으로부터 발생하는 "권태감(倦怠感)" 때문이다. 키에르케고르는 권태감과, 이로부터 초래되는, 하나의 감각적인 욕망의 추구로부터 다른 욕망의 추구에로의 이동을 『이것이냐 저것이냐』 중의 〈윤작(輪作)〉이라는 장(章)에서 서술하고 있다.

우리가 일을 하면 '나태(懶怠)함'은 없어지겠지만, 그렇다고 해서 권태까지 폐기되는(사라지는) 것은 아니다. 예컨대 동일한 작업을 반복하는 노동자를 생각해보면 이를 쉽게 알 수 있다. 그리하여 권태를 느끼는 사람은 누구나 변화를 찾아 나서게 된다. 그는 이러한 사태를 '윤작'이라는 비유로 설명하고 있다. 그런데 키에르케고르는 윤작을 두 가지로 구분한다. 그 하나는 땅을 바꾸어 농사짓는 것이고—그러나 그는 우리나라에서의 일상적인 어법과는 달리, 농부는 윤작이라는 말을 이런 뜻으로 사용한다고 주장한다—다른 하나는 동일한 토지에 작물과 경작법을 바꾸어 농사짓는 것이다.—그런데 이 후자의 의미가 우리나라에서 보통 사용하고 있는 '윤작'이라는 용어의 의미다.[29] 키에르케고르는 전자의 윤작을 부정적인 것으로 간주한다. 이러한 윤작은 향락(享樂)의 대상을 바꿈으로써 만족을 얻고자 하는 행위를 가리킨다. 여기서 키에르케고르는 '농경지'를 향락의 대상에 비유하고 있다는 것을 알 수 있다. 이러한 윤작은, 마치 사람들이 질그릇으로 식사하는 것에 지치면 은그릇으로 식사를 하고, 은에 지치면 금으로 바꾸고, 트로이가 불타는 모습을 보기 위하여 로마의 반을 불태우는 행위와 같다고 말한다. 그러나 이러한 방법은 자기좌절이고, 아무런 성과도 거두지 못하는 무한성—헤겔의 용어로 표현하면 "악무한"—이다.

키에르케고르가 말하는 긍정적인 의미의 윤작이란, 토지를 바꾸는 것이 아니라 작물과 경작법을 바꾸는 것이다. 그리고 이것이 진짜 윤작이라고 말한다. 그

---

28 Ebd., 215 f. 참조.

29 사전에는 윤작을, "한 경작지에 여러 가지의 다른 농작물을 돌려가며 재배하는 경작법"이라고 정의하고 있다.

는 앞에서 농경지를 향락의 대상에 비유했으므로, 농경지를 바꾸지 않는다는 것은 향락의 대상을 바꾸지 않는다는 것을 말한다. 그것은 마치, "그대는 그대의 인생을 평가할 힘을 갖고 있으므로, 사물을 이전에 본 관점과는 다른 관점에서 보라"고 하는 안토니우스 황제의 말처럼, 하나의 대상을 여러 관점에서 살펴보며, 자신이 성취한 다양한 성과들을 향유(享有)하는 것을 가리킨다. 키에르케고르는 이것을 가리켜, '우리 자신(自身)'을 제한하는 것이라고 하면서, 우리는 우리 자신을 제한하면 할수록 보다 더 많은 창의력을 발견하게 된다고 주장한다.[30]

감각적 실존의 단계에 있는 사람은, 하나의 감각적인 욕망을 충족시킴으로써 쾌락을 얻게 되면, 다음에도 그와 같은 종류의 쾌락을 얻으려고 하거나 아니면 그보다 더 강한 쾌락을 가져다주는 것을 추구하게 된다. 이것은 마치 항생제가 처음에는 큰 효과를 발휘하지만, 바이러스나 세균이 거기에 적응하게 됨에 따라, 동일한 항생제로는 효과를 보지 못하고, 더욱 강력한 항생제가 필요하게 되는 것과 비슷한 이치라 하겠다. 그리하여 시간이 지나감에 따라 더 큰 강도의 쾌락을 추구하게 되지만, 결코 완전한 만족에는 이르지 못해 좌절하게 되는바, 이것이 곧 '쾌락주의의 역설(逆說)[the paradox of hedonism]'이라고 할 수 있다.

매일의 삶에서 감각과 쾌락만을 번갈아 추구하며, 향락의 윤작을 계속하는 자들은 결국 권태와 불안 그리고 절망을 느끼게 된다: "감각적인 모든 세계관은 절망이며, 감각적으로 살아가는 모든 이들은, 그들이 그것을 알고 있든 모르고 있든 간에 절망하고 있다"[31] 그러나 절망은 부정적인 측면만이 아니라 긍정적인 측면도 지니고 있다. 절망하는 자는 자기의 존재의 밑바닥까지 가보았기에 더 이상 추락할 걱정 없이 상승할 수 있는 기회만이 남았다고 생각되기 때문이다. 주가(株價)가 바닥을 치면 오를 것만 남아 있지 않은가?! 그리하여 키에르케고르는 이렇게 말한다: "절망하라! 절망을 선택하라! (…) 우리가 절망하게 될 때 우리는 다시 선택하게 된다. 여기서 우리가 선택하는 것은 우리 자신이다. 우리가 우리 자신을 선택하되 직접성으로서의 우리(=감성으로서의 우리)나 우연한 개

---

30 쇠얀 키에르케고어, 『이것이냐 저것이냐1』, ebd., 477 ff. 참조. 이는 마치 다음과 같은 괴테의 말과 일맥상통한다: "위대한 일을 이루고자 하는 사람은 전력(全力)을 기울여야 한다: 제한 속에서 대가(大家)는 비로소 자기를 드러내며, (…)[Wer Großes will, muß sich zusammenraffen: In der Beschränkung zeigt sich erst der Meister, (…)]"(J.W. Goethe, '*Natur und Kunst*').

31 Sören Kierkegaard, *Entweder—Oder. Teil I und II*, München, 2019[14](1975), 746. 이 저술은 앞으로 EO로 줄인다.

인으로서의 우리 자신이 아닌, 영원성으로 특징지어진 우리를 선택하게 된다"(EO, 768).

그러나 이 단계로부터 우리가 반드시, 곧바로 영원성으로 특징지어진 우리에로 도약하는 것은 아니다. 물론 그런 경우도 있을 것이다. 그러나 키에르케고르는 감각적 실존의 단계보다 좀 더 고차적인 하나의 단계로, '윤리적 실존'이라는 단계를 설정하고 있다. 그런데 감각적 실존의 절망 속에서 우리는 자신의 삶을 반성하고 부정하면서 새로운 단계의 실존을 희구하는 지점에 이르게 되는데, 키에르케고르는 이 지점을 '아이러니(irony)'의 단계라고 불렀다. 즉 감각적 실존이 윤리적 실존의 단계에 이르기 직전의 단계가 바로 아이러니의 단계인 것이다.

2) 윤리적 실존[die ethische Existenz]

감각적 실존의 단계에서 좌절한 개별자는 이제, 단지 개별자로서만 생활하는 것이 아니라 일반성(보편성)을 자각하고 가정·사회·국가를 의식하면서 타자와의 공동성과 관계하는 윤리적 실존의 단계에 들어서게 된다. 그러나 윤리적 삶을 살고자 하지만 이러한 목표나 이상(理想)을 충족시킬 수 없는 자신을 발견하고서는 또 다시 절망과 좌절에 이르게 된다. 이는 마치 "내가 원하는 바 선은 행하지 아니하고 도리어 원하지 아니하는바 악을 행하는도다. 만일 내가 원하지 아니하는 그것을 하면 이를 행하는 자는 내가 아니요 내 속에 거하는 죄니라. (…) 오호라 나는 곤고한 사람이로다. 이 사망의 몸에서 누가 나를 건져내랴. (…) 그런즉 내 자신이 마음으로는 하나님의 법을 육신으로는 죄의 법을 섬기노라"(로마서 7:19-25)라고 고백하는 사도 바울처럼, 자신의 무력함 앞에 좌절하고 절망하는 실존이다. 그리하여 윤리적 실존은 결국 '참회(懺悔)'에 이르게 된다. 이에 대해 그는 다음과 같이 말한다.

> 세 가지 부류의 실존적 영역이 있다. 감각적·윤리적·종교적 영역. (…) 윤리적 영역은 단지 하나의 통과영역이며, 그것의 최고 표현은 하나의 부정적 행위인 참회다. 감각적 영역은 직접성의 영역이며 윤리적 영역은 요구의 영역(여기서의 요구는 너무나도 무한하기에 개인은 항상 파산한다)이고 종교적 영역은 성취의 영역이다.[32]

32 S. Kierkegaard, *Stages on Life's Way*, Princeton, 1940, 477.

키에르케고르는 여기서, 인간 실존의 윤리적 단계와 종교적 단계의 경계[Konfinium]에 존재하는 유머인[der Humorist] 개념을 도입한다. 이러한 유머인은 결코 비윤리성을 가르치지 않는다. 그는 윤리적인 것을 존경하며, 윤리적인 것의 부분을 위해 자기가 할 수 있는 모든 것을 한다. 그리고 자기 자신에 대해서 다시 미소 짓는다. 그러나 그는 내재성 속으로 여성적으로 빠져 있다. 그는 그 누구보다도 열심히 일할 생각을 하고 그 생각을 실현할 수 있을 것이고, 의무적으로 노동하는 사람보다 더 시간을 아까워하면서 사용할 수 있을 것이다. 그러나 이러한 노동이 영원한 행복에 대한 결단과 관련해서는 별 의미를 지니지 못할 때에 그는 미소 지을 것이다(UN, 424). 유머인은 윤리적 실존의 단계를 이미 거친 자이지만, 종교성A의 단계와 종교성B의 단계(기독교인의 단계)에는 아직 도달하지 못한 상태에 있다. 그러므로 그는 자신 속에서 발견하는 지극히 심각한 영적·정신적 문제를 깊이 의식하고 그것을 해결하기 위해 진지한 노력을 기울이게 된다. 그러나 그가 비록 도덕적으로 극히 민감하며 자신의 영적·정신적 문제를 해결하기 위해 진지하게 노력한다 해도, 아직은 신앙의 결단을 통해 자신의 문제를 해결할 수 있는 단계에는 이르지 못한다. 그래서 그는 인생 전반의 무상(無常)과 자기의 아픔을 익살과 농담으로 표현하는 것이다.[33] "유머는 죄책의식(罪責意識)[Schuldbewußtsein]에 대해서 총체적으로 반성한다"(UN, 756; 그리고 753 참조). 여기서 실존은 종교적 실존으로 이행하게 된다.

3) 종교적 실존[die religiöse Existenz]

키에르케고르는 종교적 실존을 종교성A와 종교성B라는 두 단계로 구별하고 있다. 그에 의하면, 윤리적 실존이 절대자와 관계하는 종교적 실존으로 나아가기 위해서는 종교성A라는 중간단계를 통과해야 한다.

① 종교성A

종교성A에 속하는 종교는 이성종교를 가리킨다. 윤리적 단계에서 종교성(종교성A와 B)의 단계로 도약한다고 해서, 윤리성이 폐기되는 것은 아니다. 종교성

33 김종두, 『키에르케고르의 실존사상과 현대인의 자아이해』, 새물결플러스, 2015, 162 f. 참조.

의 단계에서는 오히려 윤리성이 더욱 요구된다. 헤겔의 용어를 빌려 말하면, 종교성의 단계에서는 윤리성이 폐기(폐지·무화)되는 것이 아니라 지양된다. 그래서 키에르케고르는 "(…) 윤리적인 것은 전적으로, 그리고 영원히 최고의 것이다. (…) 윤리적인 것은 모든 인간에게 제시된 최고의 과제이며 또 그렇게 머물러 있다"(UN, 283, 286)고 말한다. 혹은, "윤리적인 단계와 종교적인 단계는" 서로 "본질적인 관계 속에"(UN, 453) 있다고도 말하면서, 자신이 『인생행로의 단계들』에서 말한 실존의 삼단계인 감각적 실존, 윤리적 실존, 그리고 종교적 실존이라는 삼분(三分)에도 불구하고, 자기의 이 저술은 "전적으로 이것이냐 저것이냐"(UN, 453)를 말하고 있다고 한다.

그러나 종교성A에 속한 종교는 이성적으로 납득할 수 있는 것만을 믿음으로써, 무한자인 신에 이를 수 없다고 말한다. 이러한 이성종교를 대표하는 사람으로 키에르케고르는 소크라테스를 들고 있다. 소크라테스에게 있어서는, 진리가 인간에 내재해 있다는 점이 전제되어 있다. 그리하여 그는 자신의 문답법인 변증술을 통해 이 진리를 이끌어내고자 한다. 즉 반어법을 통해 상대방의 무지를 자각하게 하고, 산파술을 통해 자기의 대화상대자가 진리라는 아기를 생산해내도록 도와주는 산파의 역할을 한다. 그러나 이러한 유한자의 변증적 사유를 통해서 인간은 절대자에 이를 수 없다고 키에르케고르는 주장한다. 그것은 종교성B의 단계를 통해서 가능하다고 그는 말한다.

② 종교성B

종교성B는 계시종교, 구체적으로는 기독교와 관련된 종교성을 가리킨다. 인간이 자력(自力)으로 절대자에게 이르려고 하는 시도를 포기하고, 절대자가 유한자에게 자기를 드러내는 종교, 즉 계시종교(啓示宗教)인 기독교를 통해 진리와 구원에 이를 수 있다는 것이다. 키에르케고르는 이것이 하나의 역설(逆說)이라고 한다. 무한자인 신이 유한한 시간 속에 자기를 드러냈기 때문이다. 이것은 지성으로는 이해할 수 없고 신앙을 통해 받아들여야 하는 것이라고 그는 말한다. "절대적인 역설과 관련해서는, 우리가 이해할 수 없다는 사실만 이해할 수 있다"(UN, 362). 종교성B를 대표하는 인물은 아브라함과 예수다. 아브라함은 100세에 얻은 아들, 즉 그 아들로 말미암아 세상의 백성들이 축복을 받으리라고 신이 약속한 그 아들을 모리아 산(山)에서 번제로 바치라는 신의 명령을 거부하지 않고 따른다. 그의 행동은 일반인의 상식이나 윤리·도덕적 관점에서는 도저히 용납될 수 없는 것이다. 그런 점에서는 윤리적 실존의 지양이 요구된다. 그러나 인간의 이성이나 도덕으로 이해할 수 없는 그 지점에서 신앙의 비약이 출발한다고 키에르케고르는 말한다. 즉 신앙은 하나의 '모험(冒險)', 즉 위험을 무릅쓰는 것이라는 것이다. 이성을 벗어나서 신앙의 비약으로의 모험을 감행할 때에 비로소 절대자에 이르는 길이 열린다고 그는 보았다: "위험[Risiko] 없이는 신앙도 없다. 신앙이란 바로 내면성의 무한한 정열과 객관적 불확실성 사이의 모순이기 때문이다"(UN, 345).

기독교의 정통 교리에 의하면 예수는 "참 하나님이자 참 인간[vere deus, vere homo]"이다. 그런데 무한자인 신이 유한자인 인간의 죄를 대속하기 위하여 인간의 몸을 입고[성육(成肉), Incarnation] 이 세상에 내려왔을 뿐 아니라 십자가에 달려 죽었다는 것은 비이성적이고 불합리한 것이며 하나의 역설(逆說)이다. 이러한 주장을 받아들이기 위해서는 이성을 떠난 신앙의 모험이 필요하다고 그는 말한다.

한편, 키에르케고르의 입장에서 보면, 종교성A와 종교성B의 차이점 가운데 하나는, 내면성 및 내재의 종교성을 지니고 있는 소크라테스의 실존에 있어서는 "주체가 참된 것"이라고 할 수 있는 데 반해서, 초월의 종교성을 지니고 있는 기독교에 있어서 "주체는 참되지 않은 것"(UN, 350)이다. 왜냐하면 기독교에서는, 전적으로 타락한 인간의 자력(自力)에 의해서는 결코 참(된 것)에 이를 수 없다고 주장하기 때문이다.[34]

그런데 이러한 실존의 제 양태(諸 樣態)에서는 헤겔에서와 유사한 변증적 이행이 발견된다. 즉 윤리적 실존은 감각적 실존을 지양한 단계이고, 종교적 실존은 앞의 두 단계인 감각적 실존과 윤리적 실존을 지양한 단계라는 말이다. 또한 『정신현상학』에서도 감각에 관한 서술은 〈감각적 확신〉장에서 발견되고, 윤리적 삶에 관한 서술은 〈정신〉장에서, 그리고 종교적 실존에 관한 서술은 물론 〈종교〉장에서 발견된다. 다만, 헤겔은 청년기 시절에는 절대정신의 단계를 〈예술〉 ⇨ 〈철학〉 ⇨ 〈종교〉로 봄으로써, 키에르케고르와 마찬가지로 종교를 최고단계로 설정한 데 반하여, 1807년의 『정신현상학』에 이르러서는—그리고 이러한 사상은 그의 생애 마지막까지 지속되고 있다—〈예술〉 ⇨ 〈종교〉 ⇨ 〈철학〉으로 보았다는 점에서 차이를 보이고 있다.

---

34 김종두, ebd., 171 참조.

3

아도르노(Theodor Ludwig Wiesengrund Adorno)의 부정변증법[1]

아도르노는 헤겔의 변증법을 '긍정변증법'이라 규정지으며 비판하면서 자신의 변증법을 '부정변증법'으로 규정한다. 여기서는 과연 '부정변증법'이란 무엇이며, 또 그의 주장대로 헤겔의 변증법이 긍정변증법인가를 검토하는 한편, 이와 관련된 그의 동일성 개념, 그리고 부정 및 부정의 부정개념을 살펴봄으로써 그의 주장의 타당성과 문제점을 드러내고자 한다.

3.1. 부정변증법이란 무엇인가?

아도르노는 『부정변증법』(*Negative Dialektik*)의 머리말에서, 변증법은 이미 플라톤에 있어서도 부정이라는 사유수단을 통해 어떤 긍정적인 것[ein Positives]이 산출되도록 의도하고 있으며, 그 후에는 "부정의 부정[Negation der Negation]"이라는 형태가 이 점을 의미심장하게 말했다는 점을 지적한다. 뿐만 아니라 "부정변증법"이라는 표현은 전승(傳承)과 충돌하는 것이라고 선언적(宣

1 이하의 내용은 백훈승, 「헤겔 변증법에 대한 아도르노의 비판은 정당한가? — 동일성 개념과 부정개념을 중심으로」 [『동서철학연구』 제101호, 한국동서철학회, 2021.9. (407-428)]를 부분적으로 수정·보충한 것이다.

言的)으로 말하면서, 자신의 저술은 "규정성을 조금도 소홀히 하지 않으면서 변증법을 그러한 긍정적 본질로부터 해방시키고자 한다"[2]고 강조하는 동시에, 이와 같은 변증법의 이념은 "헤겔과의 차이점"(ND, 145)을 지시하고 있다고 주장한다.[3]

이 말은 과연 무슨 뜻인가? 전통적인 의미의 변증법이란, 비록 그 과정에서 '부정'이 매개되기는 하지만, 궁극적으로는 '부정을 통한 긍정'을 목표로 하는 데 반해서, 아도르노 자신이 추구하는 부정변증법은 그러한 긍정이나 종합이 목표가 아니며, 따라서 완결된 체계를 거부한다는 것을 의미한다. 즉, 아도르노의 부정변증법은 완결된 체계를 부정하는 입장을 견지함으로써, 계속되는 부정을 주장한다. 그러므로 그는 부정변증법이란, "동일성의 변증법이 아니라 비동일성의 변증법"이며, 소위 "종합[Synthese]을 강조하는 것이 특히 잘못된 것"[4]이라고 말한다. '종합'이란 일종의 완결과 긍정을 의미한다. 아도르노는 자신의 변증법은 이러한 완결과 긍정을 부정한다고 말한다(VND, 15 ff. 참조). 이때, 동일성을 향하는 개념성의 이러한 방향을 바꾸어 비동일자에로 향하게 하는 것이 부정변증법의 "경첩[das Scharnier]"(ND, 24)이라고 그는 말한다. 사실, 아도르노는 종합 개념에 대한 뿌리 깊은 불신과 그에 대한 반발이 자신의 부정변증법을 촉발한 계기 중 하나라고 고백하고 있다(VND, 16 참조). 이러한 아도르노의 생각은, 그 최종결과가 확정되지 않고 열려 있다고 주장하는 점에서는, 포퍼가 말한 "시행착오의 방법[trial and error method]"과 유사하다고 하겠다.

이런 맥락에서 아도르노는 헤겔의 변증법은 긍정변증법[positive Dialektik]이라고 말한다(VND, 25 ff. 및 40 f. 참조). 그런데 아도르노가 이런 주장을 하면서 그 근거로 제시하는 내용이 바로 헤겔 『법철학』 서문에 나오는 "Was vernünftig ist, das ist wirklich; und was wirklich ist, das ist vernünftig"(TW

---

2 Theodor W. Adorno, *Negative Dialektik*, Ffm., 1973^4 (1966^1), 9. 앞으로 ND로 줄이고 뒤에 쪽수를 병기한다.

3 그러나 헤겔은 이미 자신의 『철학사 강의』(*Vorlesungen über die Geschichte der Philosophie II*)에서, 플라톤의 대화편에 나오는 소크라테스의 담화를 "부정변증법"이라고 표현하고 있다: "그리하여 많은 대화들은 단지 부정변증법만을 포함하고 있다. 이것이 소크라테스의 대화다"(TW 19, 69).

4 Adorno, *Vorlesungen über Negative Dialektik. Fragmente zur Vorlesung* 1965/66, hg. Rolf Tiedemann, Ffm., 2003, 9. 앞으로 이 저작은 VND로 줄인다. 아도르노는 일찍부터 '종합'이라는 개념에 대하여 격렬한 혐오감을 가지고 있었다고 고백하고 있다(VND, 49 f. 참조).

7, 24)라는 구절이다(VND, 35 및 275 참조).[5] 이 명제는 흔히 "이성적인 것, 그것은 현실적이고, 현실적인 것, 그것은 이성적이다"라는 의미로 잘못 해석되어 왔다. 아도르노 역시 이 명제를 모든 현실을 긍정하는 것으로 오해하고 있다. 그래서 그는 "누가 감히 아우슈비츠 이후에도 삶이 의미 있다고 말할 수 있겠는가!"(VND, 26; 그리고 35 f. 참조)라고 외치고 있는 것이다. 그러나 헤겔의 이 명제는 결코 이러한 현실긍정의 선언이 아니다. 헤겔이 이 명제로 지시하고자 하는 바는, "이성적인 것, 그것은 현실적인 것이고, 현실적인 것, 그것은 이성적인 것이다"가 아니라, "이성적인 것, 그것은 진정한 것이고, 진정한 것, 그것은 이성적인 것이다"이다.[6]

그러므로 헤겔의 변증적 사상은 현실을 긍정하는 사상이 아니다. 앞서 말했듯, 아도르노가 부정변증법은 "반(反)체계[Antisystem]"(ND, 10)라고 말하는 의미는, 자기의 변증법은 완성된 것·완결된 것·폐쇄적인 체계가 아니라 언제나 새로운 부정에로 개방되어 있다는 것이다. 그러나 이렇게 본다면 헤겔의 변증법은 바로 부정변증법이 아닌가?! 일찍이 헤겔은, 변증법이 무엇이냐고 묻는 괴테에게 "그것은 근본적으로 누구에게나 내재해 있는, 정리되고 방법적으로 완성된 모순(대립)의 정신[7] 외에 다른 것이 아닙니다. 그리고 이것은 진위를 변별하는 데에 도움이 되는 바가 아주 크다고 생각합니다"[8]라고 말하지 않았던가? 그렇다. 헤겔의 변증법 역시 부정적이다. 헤겔의 변증적 사유과정은 거듭되는 부정의 과정이다. 다만, 최종적인 단계에서만 통일 내지 종합이 이루어져 완결이 가능하다고 말할 뿐이다. 그러므로 양자의 차이점은 단지, 최종적인 단계에서의 통일[Vereinigung, Einheit]이 이루어질 수 있는가의 여부에 있을 뿐이라고 할 수 있다. 이제 아래에서는 몇 가지 쟁점을 중심으로 하여, 아도르노와 헤겔의 변증법의 이동성(異同性)을 고찰함으로써 헤겔에 대한 아도르노의 비판의 정당성

---

5 아도르노는 이에 대해, "실증적(긍정적)인 그릇된 주장[positive Unterstellung]"(VND, 35)이라고 함으로써 헤겔의 진의(眞意)를 오해하고 있다.

6 이에 관해서는 이 책의 〈III.9.2. "이성적인 것, 그것은 진정한 것이고, 진정한 것, 그것은 이성적인 것이다"〉 항목을 참조할 것.

7 이때 헤겔이 사용한 표현은 "Widerspruchsgeist"로, 그대로 번역하면 "모순의 정신"이겠지만, 사실상 그 내용은 '변증적 모순', 즉 '대립'이나 '갈등' 등의 의미이므로, 그대로 옮기게 되면 '논리적 모순'으로 오해할 여지가 있어, "모순(대립)"이라고 표현하였다.

8 Johann Peter Eckermann, *Gespräche mit Goethe in den letzten Jahren seines Lebens*. Bd. 3. Leipzig, 1848, 222. 이것은 1827년 10월 18일에 괴테와의 대화에서 헤겔이 말한 내용으로, 같은 내용이 『괴테와의 대화』(요한 페터 에커만/곽복록 역, 동서문화사, 2007, 666)에 실려 있다.

여부를 검토하고자 한다.

3.2. 동일성에 대한 아도르노의 견해

아도르노는 '동일성'이라는 단어가 근대철학사에서 여러 의미로 사용되었다고 한다. 한편으로 그것은 개인적 의식의 통일성을 가리켰다. 더 나아가서 그것은 모든 사유대상의 자기동일성, 즉 단순한 A=A를 뜻했고, 마지막으로, 인식론적으로는 주관과 객관이 어떻게 매개되어 있든 일치한다는 것을 뜻했다(ND, 145 참조). 그는, "만족할 줄 모르는 동일성 원리야말로 모순(대립)을 이루는 것을 억압함으로써 적대관계를 영구화한다. 자신과 같지 않다고 생각되는 어느 것도 용인하지 않는 것은, 설혹 스스로를 화해라고 오해할지라도 화해를 저지한다. 동일하게 만드는 폭력행위는 자기가 근절하는 모순(대립)을 다시 산출한다"(ND, 146)고 한다. 또한 아도르노는 "순수한 동일성은 외부로부터 끌어들여진 것인 한, 주관에 의해 정립된 것이다"(ND, 149)라고 말하는 동시에, "비동일성은 동일화의 은밀한 목표이며 동일화에서 구제되어야 할 것이다. 전통적 사유의 오류는 동일성을 자신의 목표로 여긴다는 점이다"(ND, 152)라고 말한다.

아도르노가 여기서 말하는 세 가지 동일성 가운데 첫 번째 것은 "개인적 의식의 통일성"으로서, 이것은 일찍이 칸트가 말한 선험적 통각 내지 자기의식에 해당하는 동일성이다. 두 번째의 동일성은 의식의 대상·사유대상의 동일성으로서, 이것은 우리가 일반적으로 말하는 동일률이라는 의미의 동일성이다. 그런데 아도르노가 중점적으로 문제 삼고 있는 것은 바로 세 번째의 동일성 즉 주관과 객관의 동일성인데, 이에 대한 비판은 주로 헤겔에게 향해 있으며, 따라서 이 글에서 집중적으로 검토하려고 하는 것도 바로 이 문제다. 우선 아도르노의 주장을 따라가 보겠다.

아도르노는 "동일성의 가상(假象)"이 "사유 자체에 내재해 있다"고 하는데, 그것은 "사유한다는 것은 동일시하는 것[Denken heißt identifizieren]"이기 때문이라는 것이다(ND, 17). 그리고 모든 개념은 비개념적인 것과 관계하며, 모든 개념규정은 비개념적·지시적 계기들을 필요로 한다. 그런데 그는 개념 속에서 비개념적인 것이 지니는 본질적인 성격을 통찰함으로써, 개념이 지니고 있는 "동일성의 강요(강제)"로부터 벗어나서 개념성의 방향을 비동일자에로 되돌리는 것이 부정변증법의 경첩이며(ND, 24 참조), 개념의 이러한 마법화(魔法化)로부터 벗어나는 것이 바로 철학이 자기 자신에게 절대자가 되는 독(毒), 그리고 무한자의 이념이라는 독(毒)을 제거할 수 있는 해독제가 된다고 주장한다. 우리는 이러한 비판이 헤겔을 겨냥하고 있음을 알 수 있다. 즉, 헤겔의 변증법은 모든 것을 가지려고 했고 제1철학이고자 했으며, 동일성의 원리인 절대적 주체에 의해 실제로 제1철학이었다는 것이다(ND, 44 참조). 이때, 헤겔철학에서는 비동일자는 개념에서 변증적으로 제거되며 헤겔은 비동일자의 변증법을 감당해내지 못한다는 것이다(ND, 125 f. 참조). 그는 계속해서 다음과 같이 비판한다: "헤겔의 경우 동일성[Identität]은 긍정성[Positivität]과 일치했다. 즉, 절대정신으로까지 확장되고 고양된 주관성(주체)[Subjektivität] 속으로 비동일자와 객관적인 것 모두를 포함시킴으로써 화해를 이룬다는 것이다. 그에 반해, 모든 개별규정 속에서 작용하는 전체의 힘은, 이 규정에 대한 부정일 뿐만 아니라 또한 그 자체로 부정자[das Negative]이며 참되지 않은 것[das Unwahre]이기도 하다. 절대적·총체적 주체의 철학은 부분적[partikular]이다"(ND, 145).[9]

그의 이러한 비판은 적절한 것인가? 개념—여기서 말하는 '개념'은 특수개념[einzelner Begriff]이 아니라 보편개념[allgemeiner Begriff]이다—이 동일화하는 작용이라는 주장은 받아들일 수 있는 주장이다. 개념화란, 개별적인 대상들이 지니고 있는 특수한 성질들(특수성)은 도외시하고 공통적인 요소(본질)를 가지고 있는 대상들에게 이름을 붙이는 행위다. 따라서 개념화작용에 있어서, 특수한 것인 비동일자는 동일자인 보편자로부터 배제된다. 예컨대 '사과'라는 개

---

9 이런 의미에서 또한 그는 "전체(완전한 것)는 참되지 않은 것이다(Das Ganze ist das Unwahre)"라고 말한다[Theodor Ludwig Wiesengrund Adorno, *Minima Moralia. Reflexion aus dem beschädigten Leben*, Ffm., 1971, 57; 그리고 Der., "Dikussionsbeitrag zu Spätkapitalismus oder Industriegesellschaft?," in: *Gesammelte Schriften* Bd. 8, hg. von Rolf Tiedemann, Suhrkamp, Ffm, 1997 (578-587), 586도 참조]. 이 말의 의미는, 우리 인간에게는 결코 완전한 것이 주어질 수 없다는 뜻일 것이다. 그러므로 가령 누가 우리에게 "이것이 완전한 것이다"라고 말하면서 제시한다면, 그것은 거짓이라는 말이다. 완전한 것은 현실에서는 주어질 수 없는 이상적(理想的)인 것이라는 말이다. 아도르노의 이 명제는 "참된 것은 완전한 것이다"(PhG, 21)라는 헤겔의 명제를 전복시키는 것인데, 그러나 헤겔의 명제가 뜻하는 바는, 우리가 어떤 개념을 온전히 이해하기 위해서는 개념들의 연관관계를 통해 최종적으로 수행되는 개념들의 운동의 총괄개념을 파악해야 된다는 것이고, 참된 것은 이러한 운동의 결말(끝)에서야 드러나는 것이라는 점이다. 뿐만 아니라, 모든 일에는 시작과 끝, 그리고 과정이 있는바, 참된 것·완전한 것은 이들 가운데 어떤 일부분이 아니라 '전체'라는 것이다{PhG, 11 참조. 그리고 헤겔의 「잠언」("Aphorismen") 33과 45 [TW 2 (540-567), 547, 551]도 참조}.

념의 경우, 개별적인 사과들이 지니고 있는 여러 특수성들은 배제되고 모든 사과들에 공통적인 의미(보편성)만이 남는다. 이 경우 개념은 아도르노가 말하는 '동일자'에 해당하고, 특수성들은 '비동일자'에 해당한다.[10] 따라서 개념화작용은 동일자로부터 비동일자를 배제하는 행위라는 것이다. 그러나 이러한 현상은 우리가 어떤 개념을 만들 때에 거치게 되는 과정이며, 이것을 피할 수는 없다. 즉, 우리가 개념에 의해 대상을 규정할 때에 개념에 의해 포착되지 않는 대상의 영역 내지 잔여가 존재한다. 따라서 "사유의 불가피한 불충분성, 즉 사유가 사유하는 것(대상: 필자 첨가)에 대한 책임이 사유를 변증법으로 추동한다"(ND, 17)고 아도르노는 말하는 것이다. 그러나 우리의 언어사용과 의사소통, 그리고 학문적 작업은 이러한 개념화 없이는 결코 이루어질 수 없는 것이다. 그러므로 바로 위에서 인용한 주장들(ND, 146, 149, 152)은 개념화작용에 해당하는 표현이지 결코 헤겔 변증법에 대한 비판으로서는 적절하지 않은 것으로 보아야 한다.

이 문제를 다른 각도에서 살펴볼 필요가 있는데, 그것은 소위 물질주의[유물론, materialism]와 정신주의[spiritualism]라는 존재론적 입장의 차이와 관련되어 있다.[11] 즉, 아도르노가 비동일자가 동일자로 결코 환원될 수 없다고 주장하는 이유들 가운데 하나는, 그가 물질주의의 입장에 서 있다는 점이다. 아도르노는 존재론적으로는 소위 비판적 물질(유물)주의자라고 할 수 있다. 따라서 그는 정신(주체)에 대한 물질(객체)의 일방적인 우위를 주장하지도 않지만 또한 물질(객체)에 대한 정신(주체)의 일방적 우위도 주장하지 않는다. 양자는 상호 매개하면서 관계한다.[12] 또한 인식론적으로 그는 소박실재론자는 아니지만 어쨌든 실재론자에 속한다. 따라서, 개념의 동일화작용에 대한 비판에서도 알 수 있듯이, 그는 개념(보편자)으로 온전히 환원되지 않는 객체의 특수성 내지 고유성을 주장한다.

이러한 그의 입장에 따르면 그와는 대립된 인식론의 입장을 가진 헤겔은 당연

---

10 혹은, 인식하는 주관을 '동일자'라고 한다면, 이에 맞서 있는 객관은 "비동일자[das Nichtidentische]" 혹은 "말로 표현할 수 없는 개체[(das) individuum ineffabile]"라고 할 수 있다(ND, 148).

11 이 문제를 물질주의(유물론)와 관념론의 대립문제로 보기도 하지만, 엄밀하게 말하자면, 존재론(형이상학)의 측면에서는 물질주의와 정신주의의 대립이고, 인식론적으로는 실재론과 관념론의 대립으로 보는 것이 더 적절하다.

12 이러한 사태를 아도르노는 다음과 같이 표현한다: "사물 자체로 불릴 수 있는 것은 긍정적이지도 않고, 직접적으로 현존하지도 않는다. (…) 이때에 사물 자체는 결코 사유의 산물이 아니며 오히려 동일성을 관통하는 비동일자다"(ND, 189).

히 비판의 대상이 된다. 왜냐하면 헤겔은 관념론자요, 그것도 절대적 관념론자이기 때문이다. 절대적 관념론의 입장에 따르면, 정신(주관)은 대상(객체)을 온전히 파악할 수 있다. 그리하여 주관의 인식과 인식대상(객체) 간에 대립은 존재하지 않는다. 그래서 '절대적'—즉, '대립이 없는'—관념론이라고 하는 것이다. 물론 헤겔 자신도 이러한 단계에 단박에 이를 수 있다고 주장하는 것은 아니다. 절대지에 이르는 과정은 주관과 객관 사이를 왕래(往來)하는 우여곡절(迂餘曲折)의 길이요, 그것은 매개와 부정의 과정을 거쳐 가는 "개념의 노고[Anstrengung des Begriffs]"(PhG, 48) 내지 "개념의 노동[Arbeit des Begriffs]"(PhG, 57)을 통해 궁극적으로 도달할 수 있는 경지다. 그러나 인간의 인식이 대상에 대한 완전한 인식에 이를 수 있다는 헤겔의 주장을 받아들일 수 있는 사람은 그리 많지 않을 것이다. 칸트의 입장에서 보면 그것은 인간의 유한성을 망각한 독단적인 교설에 불과할 것이다. 이처럼, 비동일자를 말살하는 동일성에 대한 비판이 헤겔의 절대적 관념론을 향한 것이라면, 그의 비판은—비록 실재론과 관념론의 대립이라는 궁극적인 문제가 남아 있기는 하지만—일면적인 타당성을 지니고 있다 하겠다. 즉, '비동일자의 동일화'에 대한 양자의 입장 차이는 그들이 유물론의 입장을 지지하는가 관념론의 입장에 서 있는가 하는 데에서 유래한다고 말할 수도 있다는 것이다.

좀 더 구체적으로 헤겔에 있어서의 동일성과 비동일성의 문제에 초점을 맞추어서 아도르노의 비판을 검토해보자. 즉 "헤겔의 경우 동일성은 긍정성과 일치"하는가? 그러나 헤겔이 진정한 것으로 생각하는 '동일성'은 비동일성 내지 차이가 매개된 동일성이지, 결코 추상적·순수한 동일성이 아니다. 그것은 부정이 매개된 긍정이자 부정적 동일성이다.[13] 다시 말하면, 헤겔이 말하는 동일성 원리는 일자(一者)가 자기와 대립하고 있는 것들을 자신 속에 포괄(포섭)하면서 그것과 통일을 이루는 원리다. 이러한 활동은 결코 적대관계를 영구화하거나 타자를 배제·말살하는 활동이 아니다. 그것은 비동일자를 받아들이지 않는 활동도 아니며, 화해를 저지하는 행위도 아니다. 아도르노의 이러한 비판은 헤겔에 해당하는 것이 아니라 쉘링에 해당하는 것이라고 할 수 있다. 즉 헤겔 자신은 쉘링이 주장하고 있는 절대적·무차별적·추상적 동일성에 대해 예컨대 『정신현상학』에

13 이 점에 관해서는 한상원도 잘 설명하고 있다(한상원, 「변증법의 아포리아를 넘어—헤겔, 맑스, 아도르노 그리고 부정성의 생산성」, 『시대와 철학』 제27권 2호, 한국철학사상연구회, 2016 (103-138), 특히 109-115 참조.

서 다음과 같이 비판하고 있다:

> 거기에서 형식주의는 이러한 단조로움과 추상적 보편성을 절대자라고 주장한다. (…) 우리는 여기에서 마찬가지로 비현실성의 이러한 형식 속에 있는 보편적 이념에 모든 가치가 귀속됨을 보며, 구별된 것과 규정된 것을 해소(해체)하거나, 또는 오히려 그것을 더 이상 전개되지 않거나 그 자신에서 정당화되지 않는 방식으로 공허한 것의 심연(深淵)으로 내던져 버리는 것을, 사변적인 고찰방식으로 간주하는 것을 본다. 그러나 'A=A' 라는 절대적인 것 안에서는 그와 같은 것(구별되는 것과 규정되는 것: 필자 첨가)은 전혀 존재하지 않고 절대자 속에서 모든 것은 하나다. 절대자에서는 모든 것이 똑같다고 하는 이러한 하나의 앎을 구별하고, 충족되거나 충족을 추구하고 요구하는 인식에 대립시키는 것 또는 자기의 절대자를 흔히 그렇게 이야기되곤 하듯이 바로 그 속에서는 모든 (암)소가 검게 보이는 밤이라고 주장하는 것은 인식에서의 공허한 순진함이다 (PhG, 18 f. §16).

"거기에서 형식주의는 이러한 단조로움과 추상적 보편성을 절대자라고 주장한다"라는 것은 바로 쉘링의 입장인데, 예컨대 쉘링은 『나의 철학체계의 서술』(*Darstellung meines Systems der Philosophie*, 1801) 제4절 이하에서 절대자를 "A=A"로 표현하고 있다.[14] 헤겔은 무차별적 동일성으로서의 절대자를 주장하는 쉘링의 입장을 비판하고 있다. 헤겔에 있어서 이러한 절대자·무한자는 추상적 절대자·무한자로서 진정한 절대자가 아니며, 진무한자가 아닌 악(위)무한자[das schlechte Unendliche]에 불과하다. 진정한 절대자는 자신 속에 구별들로서의 유한자들을 내포하고 있는 '구체적 보편자[das konkrete Allgemeine]'다.

"공허한 것의 심연(深淵)[Abgrund des Leeren]"은 쉘링의 동일철학에서 일체가 동일하다는 것을 가리킨다. 헤겔은 무차별적 동일성을 "모든 (암)소가 검게 보이는 (…) 밤[die Nacht (…), worin, (…) alle Kühe schwarz sind, (…)]"이라고 말한다.[15] 즉 헤겔은 모든 반성의 두 상관자인 주관과 객관의 영원한 구별을

---

14 Schelling, *Sämtliche Werke*, hg. v. K.F.A. Schelling, 14 Bde., Stuttgart (1856-1861), IV (105-212), 137 ff (§46 ff.) 참조.

15 그런데 로마의 시인 오비디우스(Publius Ovidius Naso, 43 v. Chr. - 17 n. Chr.)의 『사랑의 기술』(*Ars amatoria* I, 249)에 보면 "Nocte latent mendae"라는 말이 나오는데, 이것은 "밤에는 결점(실수)이 감추어진다"라는 뜻이다. 이런 표현에서 "밤에는 모든 고양이가 잿빛(회색)

말소하는 쉘링의 동일성 원리의 빈곤함과 공허함을 논박한다. 쉘링이 모든 차이의 피안으로 쫓아버린 무차별[Indifferenz]은 형식주의로 끝난다.[16] 이에 대해 헤겔은 단색의 형식주의, 절대자의 공허, 순수한 동일성, 형태 없는 백색(白色), 도식(圖式)의 동색(同色), 절대적 동일성(PhG, 43 참조) 등의 표현으로 비판한다.

또한 생명체의 생명과정에서 나타나는 동일자에 의한 비동일자의 동일화 운동을 생각해보자. 하나(일자)의 생명체[일자(一者)]는 다른 생명체[타자(他者)]의 희생을 통하여 자신을 보존·유지한다. 이러한 동일화 과정에서는 부득이하게 타자의 희생 내지 말살이 요구된다. 그러나 하나(일자)의 주체로서의 인간과, 또 하나(일자)의 주체로서의 다른 인간과의 교섭에서는 타자의 억압이나 말살이 요구되는 것이 아니라, 존중과 인정(認定)이 필요하다. 동일화는 결코 타자의 말살을 의미하지 않는다. 전자의 경우, 즉 생명체의 생명과정에서도 타자의 부정만이 존재하는 것이 아니라 타자의 긍정도 존재한다. 예컨대 내가 음식물로서의 나의 타자를 부정하여 섭취함으로써 타자의 일면은 부정되지만, 다른 한편으로 그것은 나의 피와 살과 뼈로 동일화되는 것이다. 헤겔이 말하는 인정의 과정에서도 이러한 타자의 부정과 긍정은 함께 발생한다. 이것은 바로 변증적 지양이라 하겠다. 따라서 헤겔에 있어서의 동일성이 단순한 긍정성 내지 실정성과 같다는 아도르노의 주장은 받아들이기 어렵다.

뿐만 아니라, "동일성 원리가 모순을 이루는 것을 억압"한다는 주장은 옳지 않다. 여기서 그가 말하는 '모순'이 논리적 모순을 가리킨다면, 모순은 당연히 부

이고 (…) 모든 암소가 검은 색이다[Bei Nacht sind alle Katzen grau (…) alle Kühe schwarz]"(Hubertus Kudla, *Lexkikon der lateinischen Zitate. 3500 Originale mit deutschen Übersetzungen*. 3., durchgesehene Aufl., München, 2007, 294). 혹은 이로부터, "밤에는 모든 고양이가 잿빛이다(Nachts sind alle Katzen grau)"라는 독일속담이 나온 것으로 생각된다. 괴테도 『파우스트』(*Faust*)에서 황제의 입을 빌려 다음과 같이 말한다: "깊은 밤에 누가 악당을 정확하게 알아보겠는가? 암소는 검게, 그리고 고양이는 잿빛으로 보인다(Wer kennt den Schelm in tiefer Nacht genau? Schwarz sind die kühe, so die Katzen grau)"(Goethe, *Faust I und II, in: Goethe Werke*, hg.v. Friedmar Apel u.a., Darmstadt, 1998, dritter Band, 179). 〈5막으로 구성된 비극 제2부〉 중 제1막에서 황제가 메피스토펠레스에게 하는 말이다. 헤겔도 이런 맥락에서 "모든 (암)소가 검게 보이는 (…) 밤"이라는 표현을 사용하고 있다.

16 Rüdiger Bubner, "Die Metaphysik im Hintergrund der Unterscheidung des Transzendentalen vom Spekulativen," in: *Amicus Plato magis amica veritas. Festschrift für Wolfgang Wieland zum 65. Geburtstag*, hg.v. Rainer Enskat, Berlin/NY., 1998 (48-59), 54 참조.

정되고 억압되어야 하며, 모순이 억압됨으로써 "적대관계를 영구화하는" 것은 아니다. 오히려 적대관계를 청산(철폐)하는 것이다. 또한 여기서 아도르노가 말하는 것이 소위 '변증적 모순'으로서의 대립[Gegensatz]이나 갈등[Konflikt]을 뜻한다면, 동일성 원리로 인하여 갈등이나 대립이 억압되는 것이 아니고, 갈등과 대립은 그대로 존재한다. 즉 '동일성 원리'라고 하는 논리적 원리로 인하여 존재자의 상태가 변하는 것은 아니라는 말이다. 동일성 원리가 "적대관계를 영구화하는" 것은 더더욱 아니다.

아도르노가 "모순은 동일성의 관점에서 본 비동일자다"[17]라고 말할 때의 "모순[Widerspruch]"은 소위 '변증적 모순'을 가리키며,[18] 그가 "변증법은 비동일성에 대한 일관된 의식이다"[19]라고 말하는 의미는, 변증법은 일자의 타자를 항상 의식해야 한다는 말이며, 체계의 외부에 있는 존재자를 고려하고 배려해야 한다는 것을 가리키는 것이지, 결코 논리적 모순을 허용해야 한다는 주장이 아니다. 따라서 헤겔의 변증법이나 아도르노의 변증법 역시, "모순되지 않는 것, 즉 단순히 구별된 것의 풍부한 다양성을"[20] 제거하지 않는다.

또한 아도르노는 "순수한 동일성은 주관에 의해 정립된 것이며, 그런 한에서 외부로부터 끌어들여진 것"(ND, 149)이라고 말하지만,[21] 그러나 '순수한 동일성'은 주관에 의해 정립되기 이전에 이미 존재자 자체가 지니고 있는 성격이다. 그리고 의식은 이러한 사태를 "A=A"라는 형태로 언표할 뿐이다.

그는 또한 위에서 언급했듯 "비동일성은 동일화의 은밀한 목표이며 동일화에서 구제되어야 할 것이다. 전통적 사유의 오류는 동일성을 자신의 목표로 여긴

---

17 "Der Widerspruch ist das Nichtidentische unter dem Aspekt der Identität"(ND, 17).

18 또한 그가 "의식이 그 자신의 구성상 통일성을 향해 돌진해야만 하고, 또 의식과 동일하지 않은 것을 의식의 총체성의 요구에 비추어 측정(평가)하는 한, 차이나는 것[das Differenzierte]은 상반되고 부조화롭고 부정적인 것으로 나타난다. 변증법은 그러한 것을 의식에 대해 모순으로 제시한다"(ND, 17)고 말할 때의 '모순' 역시 변증적 모순을 가리킨다.

19 "Dialektik ist das konsequente Bewußtsein von Nichtidentität"(ND, 17).

20 "die volle Mannigfaltigkeit des nicht Kontradiktorischen, des einfach Unterschiedenen"(ND, 17).

21 물론 이러한 주장은 앞서 말한 것처럼 아도르노의 유물론으로부터 나오는 것으로서, "객체가 주체에 의해 포섭될 수 없는 외연과 본래성"을 가지며 "주체가 객체를 온전히 장악할 수" 없는 것이라는 사태에 대한 언급으로서는 유의미한 것이다(강순전, 「아도르노의 부정변증법—헤겔 변증법 비판을 중심으로—」, 『헤겔연구』 제19호, 한국헤겔학회, 2006 (69-100), 74 f. 및 76 참조).

다는 점이다"라고 말하고 있다. 여기서 아도르노가 '전통적 사유'로 지시하는 것에는 당연히 헤겔의 사유가 포함될 터인데, 헤겔의 사유는 결코 비동일성을 말살하는 사유가 아니다. 그는 '통일 속의 대립' 내지 '동일 속의 차이'라는 사상을 견지한다.[22] 이 사상이 바로 '사변적 사유[das spekulative Denken]'다. 신비주의에서는 통일만을 추구하겠지만, 사변적 사유에서는 통일 속에 '대립'이, 동일성 속에 비동일성이 여전히 존재하는 것이다. 예컨대 헤겔이 「사랑」("Liebe")이라는 청년기의 단편에서 쉐익스피어를 인용하며 전개하고 있는 로미오와 줄리엣의 사랑을 생각해보라! 이들이 사랑 속에서 온전히 하나(일자)가 된 경우에, 로미오와 줄리엣이 각각의 타자에 대해 소멸하지 않고 상존(尙存)하면서 통일을 이루고 있다. 로미오와 줄리엣이 서로 사랑한다고 해서, 로미오와 줄리엣이 사라지는 것은 아니다. 로미오는 로미오대로 존재하고 줄리엣은 줄리엣대로 존재하면서 그들이 사랑 가운데 '하나'가 되는 것이다. 여기에는 동일성만이 존재하는 것이 아니라 상이성 내지 구별도 존재한다. 즉, 서로 사랑하는 사람들의 결합이 그들 사이의 구별(차이)을 제거하는 것이 아니다.

3.3. 헤겔 변증법에서 '부정의 부정'은 긍정인가?

이 문제를 다루기 위해 다소 길다고 생각되는 아도르노의 주장을 인용하고자 한다:

> 부정적인 것에 대한 부정 자체가 헤겔의 경우와 같이 긍정인 것은 아니다. (…) 부정의 부정을 긍정성과 같다고 하는 것은 동일시의 정수(精髓)이며, 자기의 가장 순수한 형식으로 환원된 형식적 원리다. 이로써 변증법의 가장 내면적인 것 속에서 반(反)변증법적 원리, 즉 산수의 방식으로 음수 곱하기 음수를 양수로 기입하는 저 전통논리가 주도권을 얻는다. 그러한 논리는 수학에서 차용한 것인데, 다른 때에는 헤겔은 수학에 상당히 과민하게 반응한다. (…) 부정의 부정은 부정을 없애는 것이 아니라 부정이 충분히 부정적이지 못했다는 점을 증명

22 이성백이 지적하듯 이러한 동일성이 바로 헤겔이 지향하는 "이성의 동일성"이며, 이것은 타자를 배제하는 "지성의 동일성" 내지 추상적 동일성이 아니다(이성백, 「동일성의 긍정성과 부정성. 데리다, 아도르노, 헤겔, 맑스의 동일성 개념 비교」, 『철학연구』 Vol. 56, 철학연구회, 2002.03 (61-77), 75 참조.

한다. (…) 지워버릴 수 없는 비동일자의 표현인 변증적 모순을 동일성으로써 다시 매끄럽게 다듬는 것은, 그 표현이 의미하는 바를 무시하고 순수한 일관성 사유[Konsequenzdenken] 속으로 들어가는 것을 뜻한다. 부정의 부정이 긍정이라는 주장은, 만유개념성[Allbegrifflichkeit]으로서의 긍정성을 이미 출발점에서부터 상정하는 자만이 옹호할 수 있을 뿐이다 (…) 부정의 부정이 긍정적이라는 원칙 없이는 헤겔의 체계구성이 와해되었을 것이 틀림없지만, 변증법의 경험내용은 그러한 원칙에 있지 않고 동일성에 대한 타자의 저항에 있다. 바로 여기서 변증법의 힘이 나온다(ND, 161 ff.).

우선, 아도르노의 주장처럼 헤겔이 부정적인 것에 대한 부정을 긍정으로 보았는지 검토해보자. 헤겔의 경우, 최초의 진술(주장)은 어떤 사태의 긍정이다. 그러나 이때의 긍정마저도 사실은 제한적인 긍정이자, 부정을 전제 내지 배경으로 한 긍정이다. 왜냐하면 헤겔 역시 스피노자와 마찬가지로 모든 규정을 부정으로 보고 있기 때문이다["(Omnis) determinatio est negatio"]. 그러므로 헤겔에 있어서의 최초의 긍정도, 순수한 긍정이 아니라 부정이 매개된 긍정이라고 보아야 한다. 그러면 이러한 최초의 진술에 매개되어 그것을 부정하는 두 번째의 진술은 어떠한가? 그것은 최초의 진술의 부정인 동시에, 전면적인 부정이 아닌 제한적 부정 혹은 규정적 부정[die bestimmte Negation]이다. 뿐만 아니라 이 두 번째의 진술 역시, 최초의 진술의 부정이기는 하지만, 그것 자체로는 어떤 사태에 대한 긍정인 것이다. 즉 그것은 "~이 아닌(부정) ~이다(긍정)"인 것이다. 그렇다면 이제 세 번째의 진술인 '부정의 부정'은 어떠한가? 헤겔에 있어서의 '부정의 부정'은, 두 번째 진술(및 첫 번째 진술)에 대한 부정인 동시에, 또한 그 자체로 어떤 사태에 대한 긍정이기도 하다. 그러나 그것은 아도르노가 생각하고 주장하는 것과는 달리, 최초의 진술의 긍정으로 되돌아가는 것이 아니다. 왜냐하면, 최초의 주장과 두 번째의 주장, 그리고 세 번째의 주장 사이의 관계는, 뒤의 진술이 앞의 진술을 부정하는 관계에 있을 뿐, 결코 이들이 '논리적인 모순관계'에 있는 것이 아니기 때문이다. 즉 헤겔에 있어서의 인식의 변증적 전개과정은 다음과 같이 진행된다. 최초의 긍정명제를 A [These]라고 하면, 이것을 부정하는 명제는 ~A가 아니라 '~A의 일부인 B'[Antithese_1]가 되고, 이것을 부정하는 명제 즉 '부정의 부정'은 C [Antithese_2]가 되고, 부정의 과정은 (여러 차례) 계속되고 마침내 종합인 Z [Synthese]에 이를 수 있다는 것이다. 다시 말하면, 헤겔이 말하는 변증적 과정은 'These ⇨ Antithese ⇨ Synthese'라는 3회의 과정으로 구성된 것이 아니며, 전체의 과정을 표현하자면, 'These ⇨ Antithese [$Antithese_1$ ⇨ $Antithese_2$ ⇨ (…) ⇨ $Antithese_n$] ⇨ Synthese'가 된다.[23]

또한 아도르노처럼 — 그리고 포퍼처럼[24] — 정명제와 반명제 사이에 성립하는 관계를 "논리적 모순" 관계로 오해하면, '제1진술 : A' ⇨ '제2진술 : ~A' ⇨ '제3진술 : A'로 되어, 제1진술과 제3진술이 동일한 진술이 될 것이지만, 변증적 과정은 이렇게 진행되는 것이 아니라 단지 부정의 연속이므로, 부분부정을 통해 점진적으로 전체에 대한 인식에 가까이 가는 과정이다. 그러므로 "부정적인 것에 대한 부정 자체가 헤겔의 경우와 같이 긍정인 것은 아니다"라는 아도르노의 주장은 잘못된 것이다. 다시 말하면, 변증적 과정은 예컨대, "이것은 A다"라는 제1진술에 대하여, "아니다, 이것은 B다"라는 제2진술이 대립하며, 또 이에 대해 "아니다, 이것은 C다"라는 제3진술이 대립하는 식으로 진행된다. 물론 앞서 말한 것처럼, 부정의 부정이 긍정이기는 하다. 그러나 아도르노가 여기서, 헤겔이 인정하고 있다고 잘못 주장하는 '긍정'이란, 이런 의미의 긍정을 가리키는 것이 아니라, '최초의 진술의 긍정'을 뜻하므로, 헤겔의 변증법은 결코 이러한 의미의 긍정을 지시하지 않는다는 점을 밝혀두어야만 하겠다.[25]

이에 대한 오해로 말미암아 아도르노는, "부정의 부정을 긍정성과 같다고 하는 것은 동일시의 정수"라고 말하는 것이며, 이것은 마치 "산수에서처럼 음수 곱하기 음수를 양수로 처리하는 (…) 반(反)변증법적 원칙"이라고 잘못 비판하기에 이른 것이다. 이 비판에 대해 생각해보자. 아도르노가 말하는 바는, 제1진술

---

23 그리고 최종단계의 통일에 이른 Synthese [합명제(合命題)] 역시, 한상원의 지적대로 "오로지 부정적 이성의 힘을 통해서 달성되는 것"이다[한상원, 「규정적 부정과 내재적 비판. 헤겔과 아도르노의 비판적 방법론」, 『철학』 제130집, 한국철학회, 2017.2. (49-73), 54]. 많은 연구자들이 헤겔의 변증적 사유과정을 단순한 삼단계로 오해하고 있을 뿐 아니라, 그 이상의 단계를 인정하는 경우에도 사유의 진행이 '정-반-합(=정2)-반-합(=정3)- (…)'의 과정으로 생각하고 있음을 알 수 있다. 이 또한 오해이며, '(종)합'이 반드시 세 번 만에 이루어지는 것이 아니라는 점에 유의해야 한다.

24 포퍼는 정명제와 반명제 사이에 성립하는 관계는 '논리적 반대관계' 내지, 반명제가 정명제를 부정하는 관계임에도 불구하고, 그 관계를 "논리적 모순"으로 오해하고 있다[Karl Popper, "What is Dialectic?," ebd., 316. 여기서 포퍼는 "the contradiction between a thesis and an antitheses" 등의 표현을 사용하고 있다].

25 이런 점에서 볼 때, "'부정의 부정은 긍정'이라는 전통 헤겔주의적 논리, 즉 한 번 부정된 것을 다시 부정하여 원래적 부정을 취소함으로써 긍정을 회복한다는 논리"라는 한상원의 주장은 재고되어야 할 것이다(한상원, 「변증법의 아포리아를 넘어 — 헤겔, 맑스, 아도르노 그리고 부정성의 생산성」, ebd., 131).

을 산수의 기호로 '+'로 표시한다면, 제1진술을 부정하는 제2진술은 '−'로 표시되고, 제2진술을 부정하는 제3진술, 곧 '부정의 부정'진술은 '−'에 대한 '−'이므로, 결국 '+'로 표시될 수 있다는 사태를 지시하고 있다. 그러나 사실은 이러한 사태 파악 자체가 잘못된 것이다. 왜냐하면 제1진술을 우리가 '+'로 표시할 수 있다고 하더라도, 이것의 부정, 즉 '+'의 부정 혹은 부정태를 '−'라고 주장하는 것은 잘못된 것이다. 왜냐하면 '+'의 부정 혹은 부정태는, '+'가 아닌 모든 것들 가운데 어떤 것이기 때문이다. 그리고 또한 우리가 제2진술을 '−'로 가정할 경우에도, 이 제 진술의 부정 혹은 부정태는 '−'가 아닌 모든 것들 가운데 어떤 것이지 '+'인 것은 결코 아니다. 따라서 아도르노처럼, 제1진술을 '+'로, 제2진술, 즉 부정진술을 '−'로, 그리고 부정의 부정진술인 제3진술을 '+'로 생각하는 것은 오류다. 그는 아마도 '+'를 긍정으로 간주하고 부정(작용)을 '−'로 간주하는 동시에, 전자에 대한 후자의 관계를 산수나 수학에서의 '곱하기[×]' 관계로 간주하여, 제1진술인 긍정진술 '+'를 부정하면[× (−)], '−'가 되고, 다시 제2진술['−']를 부정하면[× (−)], '+'가 되는 것으로 생각한 것 같다. 그러나 이것은 헤겔이 말한 변증적 과정에 대한 오해에서 기인한 잘못된 주장이다.

다시 말하거니와, 헤겔의 변증법은 "부정의 부정이 긍정적이라는 원칙"을 주장하지 않으며, 결코 동일자(일자)에 대한 비동일자(타자)를 무화하거나 절멸하지 않고, 그것을 지양하여 자신 속으로 포섭한다. 체계의 완결에 이르기까지는 타자의 저항은 상존(尙存)하며, 이러한 타자의 저항은 변증적 사유의 추동력으로 작용하는 요인이 되기도 한다.

3.4. 변증적 진행과정은 발전의 과정이 아닌가?

아도르노는, 흔히 말하는 식의 종합이나 긍정성(실정성)은 헤겔의 텍스트들에서 처음의 기대와는 달리 정말 아주 적게 발견될 뿐이라는 점을 인정하면서도(『부정변증법 강의』, 66 및 299 참조), 헤겔에 있어서의 소위 종합은 사유의 세 분지(分枝)[Dreigliedrigkeit]에서 세 번째 단계를 이루는 것으로 보는데, 이 세 번째 단계가 결코 더 좋은 것이거나 더 고차원적인 것이 아니라고 주장한다(『부정변증법 강의』, 66 참조). 과연 아도르노의 주장이 옳은 것인지 검토해보자.

우선 헤겔의 텍스트에서 종합[Synthese]이라는 표현은 아주 드물게 발견되는 것이 사실이다. 예컨대 헤겔은 칸트나 피히테의 사상을 소개하면서 이 용어를 사용하고 있지만, 자신의 사상을 표현하기 위해 These-Antithese-Synthese라는 도식을 사용한 적은 결코 없다. 그렇다면 소위 종합은 사유의 세 분지(分枝)에서 세 번째 단계를 이루는 것이라는 아도르노의 주장은 옳은가? 그렇지 않다. 헤겔의 변증적 사유의 전개과정에서 소위 종합의 단계는 사유의 최종과정에 이르러서야 도달할 수 있는 단계이지 결코 세 번째 단계가 아니다. 예컨대 『정신현상학』에 서술된 의식의 변증적 진행과정을 살펴보면, 이 과정은 크게 보아서는 '의식 ⇨ 자기의식 ⇨ 이성 ⇨ 정신 ⇨ 종교 ⇨ 절대지'라는 6단계로 구성된 것으로 볼 수 있고, 세분해서 보면, ―'의식'은 감각적 확신, 지각, 지성이라는 3단계로 구성되어 있으므로―전제의 진행과정은, '감각적 확신 ⇨ 지각 ⇨ 지성 ⇨ 자기의식 ⇨ 이성 ⇨ 정신 ⇨ 종교 ⇨ 절대지'라는 8단계로 구분된다. 그런데 이때에 전자의 6단계 구성에서, 제1단계인 '의식'에 대해서 제2단계인 '자기의식'은 제1단계를 부정하는 측면을 지니고 있다. 그리고 제3단계인 '이성'은 제1단계인 '의식'과, 그것의 부정태인 제2단계의 '자기의식'을 부정하고 양자를 종합한 측면을 지니고 있다고 할 수 있다. 그러나 제3단계인 이성의 단계가 인식의 최종형태가 아니기 때문에 이것은 최종적인 종합의 단계가 아니다. 이런 의미에서 우선 아도르노의 주장은 잘못되었다. 제3단계에서 변증적 진행이 종결되는 것이 아니기 때문이다. 제3단계의 이성을 부정한 것이 '정신'이고, 이것을 지양한 것이 '종교'이며, 이 모든 단계가 지양되어 최종적인 종합에 이른 단계가 바로 '절대지'다. 그러므로 최종적인 단계에 이르기까지의 변증적 과정은, 뒤의 단계가 앞의 단계를 부정하는 관계에 있다고만 말해야 할 것이다.

또한 아도르노는 종합으로서의 세 번째 단계가―종합이 세 번째 단계가 아니라는 점은 이미 밝혀졌지만, 아도르노는 여전히 그렇게 생각하고 있다―결코 더 좋은 것이거나 더 고차원적인 것이 아니라고 주장한다. 그러나 헤겔의 변증적 사유과정에서는 최종적인 종합의 과정은 분명히 그 이전의 과정에 비해 고차원적인 것이고 발전된 것이라고 할 수 있다.

3.5. "참된 것은 완전한 것이다"라는 헤겔의 명제에 대한 아도르노의 해석에 대한 평가

이 명제에 대한 아도르노의 해석을 평가하기 위해 헤겔의 명제를 포함하고 있는 관련 구절들을 인용해본다.

> 참된 것은 완전한 것이다. 그러나 완전한 것이란, 자기를 전개함으로써 자기를 완성하는 실체[Wesen]일 뿐이다. 절대자에 관해서 우리는 '절대자는 본질적으로 결과(성과)다' 라고, 즉 '절대자는 종국에 가서야 비로소 자기의 참된 모습이 드러난다' 라고 말해야 하며, 바로 이 점에 진정한 것·주체·자기 자신으로 됨이라고 하는 절대자의 본성이 존재한다. 절대자는 본질적으로 결과로서 파악되어야 한다는 것이 아무리 모순되는 것처럼 보일지라도, 그러나 조금만 숙고해보면 이러한 모순의 외관(外觀)은 바로잡힌다. 시원, 원리 혹은 처음에 직접적으로 언표되는 절대자는 보편자일 뿐이다. 내가 '모든 동물' 이라고 말할 때, 이 말이 동물학으로 간주될 수 없는 것과 마찬가지로, '신적인 것', '절대적인 것', '영원한 것' 등이라는 말들이 그 안에 포함돼 있는 것을 언표하는 것이 아님은 명백하다—그리고 다만 그러한 단어들은 사실상 직접적인 것으로서의 직관을 표명할 뿐이다. 그러한 말[Wort] 이상의 것, 즉 또한 단지 어떤 명제에로의 이행도, 다시 취해져야 하는 타재화를 포함하고 있으며, 그것은 매개다. 그러나 이러한 매개는 기피대상이 되고 있다. 즉, 매개는 절대적인 것이 아니고 또 절대적인 것 속에는 전혀 들어 있지 않은 것인데도, 만일 매개가 단지 이 이상의 것이 된다면, 그 때문에 절대적 인식은 단념되기나 하는 것처럼 생각해서, 사람들은 매개를 기피한다(PhG, 21).

이 구절들에 대한 아도르노의 해석은 다음과 같다. 즉, 모든 존재자는 '되어가는 과정[Werden]' 속에 있으며, 타자와 매개되어 있다는 것이다. 그리고 우리가 한 개념을 이해하기 위해서는 그 개념의 의미가 변경되어야 한다는 것, 개념은 되어가는 과정 속에 있으며 진리 자체는 역동적이라는 것이다. 따라서 '신적인 것', '절대적인 것', '영원한 것' 등이라는 말들의 의미가 파악될 수 있고, 그것에 대해 생각할 수 있기 위해서는 그 개념을 제한하고 그것에 다른 것을 덧붙여야 하고, 이로써 그 개념은 실제의 그 개념이 된다는 것이다. 이러한 사태는 바로 헤겔이 말한, "참된 것은 완전한 것이다"라는 명제에로 우리를 이끌어간다. 그러나 절대적인 것 혹은 진리는 결과라는 말은, 결과만이 본질적이라는 것을 뜻하는 것이 아니며, "참(진실, 진리)에는 결과라는 것도 포함된다"는 사실을 뜻한다. 즉 참(진실, 진리)에는 시작과 결과, 그리고 과정 전체가 포함된다는 말이다. 참된 것은 완전한 것이지, 결코 어떤 부분적인 것이 아니다. 전체나 보편으로부터 유리(流離)되어 추상적으로 존재하는 것, 개별적인 규정들은 참된 것이 아니다. 실로, 참된 것은 구체적인 것이다. 이렇게 볼 때, 시작만으로도 결과만으로도 그

리고 과정만으로도 참된 것이라고 할 수 없고, 이 전체가 참된 것이라고 할 수 있다.[26]

따라서 진리는 결코 주어져 있는 것이 아니며, 헤겔이 말하듯이 기성품이 아니다. 진리는 과정 속에 존재한다. 이 대목에서 아도르노는 다음과 같은 헤겔의 말을 인용한다.[27]: "참된 것과 거짓된 것은 운동이 없는 고유한 실체들[Wesen]로 간주되는데, 그중 하나는 저편에, 다른 하나는 이편에 다른 것과 공동성을 지니지 않은 채 고립되어 고정되어 있는 규정된 사상(思想)들에 속한다. 그에 반해 진리란, 다 마무리되어 주어짐으로써 호주머니에 쓸어 담을 수 있는 주화(鑄貨)가 아니라는 점이 주장되어야만 한다"(PhG, 33 f.).

우리는 위의 헤겔의 텍스트에 대한 아도르노의 해석을 전체적으로 수용할 수 있다. 그는 헤겔의 의도를 잘 이해하고 있는 것으로 보인다. 필자는 다만 여기에 추가적인 설명을 덧붙이고자 한다. 헤겔이 이 문단에서 말하는 바는, 참된 것은 추상적인 것이 아닌 구체적인 것, 즉 '매개된 것[das Vermittelte]'이라는 점, 그리고 참된 것은 부분적인 것이 아닌 '완전한 것[das Ganze]'이라는 점이다. 이 점을 '절대자'에 적용해보면, 만약에 절대자가 점(點)인 상태로 존재하여 전혀 자기를 전개하지 않는다면, 그리고 자기의 타자를 만들어내지 않고 자기 자신만으로 고립해서 존재한다면, 그것은 추상적인 절대자요, 사실은 절대자가 아닌 것이다.

참된 것은 완전한 것이므로, 거기에는 시작과 과정과 결과 모두가 포함되어 있어야 한다. 앞에서 든 탕자의 비유의 경우, S_1(한 아버지의 차남)은 S_2(집을 떠난 탕자로서의 아들), S_3(돌아온 탕자) 등의 매개를 거쳐 자기를 완성한다. S가 S_1에 머물러 있어서는 자기완성이 이루어질 수 없다. 이러한 입장을 헤겔은 신에 대해서도 적용한다. 신이 자기동일적인 실체로서만 존재한다면, 즉 G_1이라는 점의 형태로만 존재한다면, ―이러한 신은 스피노자가 말하는 신으로서, 헤겔이 비판하고 있다―진정한 신이라고 할 수 없다는 것이다. 따라서, 신은 G_2, G_3, (…), G_n의 모습으로 자기를 전개해 나가야 한다. 그래서 '절대자는 종국에 가서야 비로소 자기의 참된 모습이 드러난다'고 말할 수 있는 것이다. 바로 이 점에 "진정한 것, 주체, 자기 자신으로 됨이라고 하는 절대자의 본성이 존재한다"고

26 Adorno, *Einführung in die Dialektik*, hg.v. Christoph Ziermann, Ffm., 2010 (1958), 30 ff. 참조.

27 Ebd., 149 ff. 참조.

헤겔은 말한다. 신이 지니고 있는 최초의 통일의 상태는 '전개되지 않은 통일'이어서 참된 통일이 아니다. 이제 신이 자기를 온전히 전개하고 난 뒤 자기 자신에게로 돌아옴으로써 이루어지는 통일은 '완성된 통일[die vollendete Vereinigung]'이다. 절대자가 돌아오는 지점은 동일한 지점이지만, 그것이 지니고 있는 내용은 상이하다. 탕자는 집을 나갔다가 다시 집으로 돌아오지만, 그는 '아픈 만큼 성숙해진' 내용을 안고 복귀한다. 이런 점에서 타재화[ein *Anderswerden*], 매개[eine Vermittlung]는 기피대상이 되어서는 안 되며, 절대적인 것 속에도 포함되어 있는 것임을 헤겔은 강조하고 있다.

추상적 보편자에 대해 설명하면서 헤겔은 다음과 같이 이야기한다: "내가 '모든 동물'이라고 말할 때, 이 말이 동물학으로 간주될 수 없는 것과 마찬가지로, '신적인 것', '절대적인 것', '영원한 것' 등이라는 말들이 그 안에 포함돼 있는 것을 언표하는 것이 아님은 명백하다." 그냥 "모든 동물"이라고 말하는 것만으로 동물학이 이루어지는(완성되는) 것은 아니다. '모든 동물'은 '추상적 보편자'다. 그것은 그야말로 '모든 동물'을 다 지시하지만, 그러나 구체적으로 지시하는 것은 아무것도 없다. 동물학이 이루어지려면, 구체적인 동물 하나하나가 다 언급되어야 한다. 고양이, 개, 말, 소, 닭, 돼지, 고래, 참치, 이구아나 등 구체적인 동물들이 거론되고 그에 대한 설명이 주어져야 한다. 이렇게 구체적인 여러 '동물들'을 언급하는 것은 '매개[Vermittlung]'의 과정을 거쳐 이루어진다. 헤겔은 바로 이 '매개'의 중요성을 언급하기 위해서 '모든 동물'과 '동물학'의 예를 들고 있는 것이다.

헤겔은 "참된 것은 완전한 것"이라고 말할 뿐만 아니라 "어떤 체계란, 제한된, 그리고 구별된 다른 원리에 관한 (원리의) 철학이라고 잘못 이해되고 있다. 그러나 이와는 반대로, 자신 속에 특수한 모든 원리들을 포함하는 것이야말로 진정한 철학의 원리다"(Enz §14 Anm., TW 8, 60)라고 말하며, 또한 "그러므로 철학의 전체가 진정으로 하나의 학문을 형성한다. 그러나 철학은 또한, 여러 특수한 학문들의 전체로 간주될 수도 있다"(Enz §16 Anm., TW 8, 60 f.)라고 말한다.

또한 위의 『정신현상학』의 구절에 이미 앞서서 헤겔은 이 점과 관련하여 다음과 같이 말하고 있다: "왜냐하면 사상(事象)은 그 목적에서 남김없이 드러나는 것이 아니라, 그것의 실행(과정)에서 남김없이 드러나는 것이며, 또한 성과(결과)가 아니라 그것의 됨[Werden]과 합쳐진 성과가 진정한[das *wirkliche*] 전체이기 때문이다. 목적은 그것만으로서는 생명 없는 보편자에 불과한 것이니, 그것은 마치 (목적에 대한: 필자 첨가) 경향(傾向)이 아직 현실성을 가지지 못한 단순한 충동인 것과 마찬가지다. 그리고 성과만이 드러나 있다면, 그런 성과는 이러한 경향을 자기 뒤에 버려둔 시체다"(PhG, 11).

헤겔은 이미 여기서, 뒤에 나오는 "참된 것은 완전한 것이다"라는 주장을 하고 있는 셈이다. 목적만이 중요한 것이 아니라, 거기에 이르는 과정 또한 중요하다. 발전의 앞 단계와 뒤의 단계는 사태의 한계[Grenze/Schranke]가 된다. 목적이나 결과(성과)만 중요한 것이 아니다. 이것만을 중시할 경우, '목적은 수단을 정당화한다'라는 오류에 빠지게 된다. 이와는 반대로, 과정만이 중요한 것도 아니다. 흔히 '무엇이 되느냐보다, 어떻게 사느냐가 문제다!'라고들 말한다. 그러나 이 말은 "진인사대천명(盡人事待天命)(Man proposes, God disposes)"을 신조로 삼고 사는 사람이 할 수 있는 말이며, 인생에 실패한 사람의 자기변명으로 사용되어서는 결코 안 된다. 그런데 우리는 결과의 측면만을 중시해서도, 과정만을 중시해서도 안 되며, 이 양자 모두를 중시해야 한다. '무엇이 되느냐'에 따라, '어떻게 사느냐' 하는 것이 결정되는 측면도 있음을 간과해서는 안 된다. "옷이 날개다(Kleider machen Leute)"라는 속담을 생각해보자. 어떤 사람이 많은 능력을 소유하고 있음에도 불구하고, 그에게 그 능력을 발휘할 수 있는 직책(=날개)이 주어지지 않는다면 그의 능력은 사장(死藏)되고 말 수 있다. 그에게 날개를 달아준다면 훨훨 높이 먼 곳을 날아갈 수 있을 텐데 말이다. 한편 맑스도 "인간의 존재를 규정하는 것은 인간의 의식이 아니며, 이와는 반대로, 인간의 의식을 규정하는 것은 인간의 사회적 존재다"라고 말한 바 있다.

3.6. 맺는 말

지금까지 우리는 아도르노의 부정변증법을 검토하면서 그 핵심개념들인 '동일성'과 '부정'에 대한 그의 견해를 헤겔에 대한 그의 비판과 관련하여 살펴보았다. 그리하여 헤겔은 아도르노에 훨씬 앞서, 희랍 고대철학자인 소크라테스의 담화를 "부정변증법"이라고 표현하고 있음을 알 수 있었다. 사실, '부정'이라는 의식의 작용은 모든 변증법에 공통된 것이지, 비단 아도르노의 변증법에만 해당되는 특징이 아니다. 다만, 아도르노가 자신의 변증법을 '부정변증법'이라는 용어로 특징짓고 있는 주요한 이유는, 헤겔의 체계는 완결된 것이고 최종적인 종합의 단계에서는 '최종적인 긍정'에 이를 수 있다고 주장되는 데 반(反)하여, 자신의 변증법은 "완결된 체계"임을 거부하고, "열린 구조"로서 지속적인 부정을 수행한다는 점을 강조하려는 것으로 보아야 할 것이다. 또한 아도르노가 '부정'과 관련하여 헤겔 변증법을 이해함에 있어서, 산수나 수학에서의 더하기와 빼기 그리고 곱하기 기호를 사용하여, 긍정명제를 '+'로, 그것의 부정 내지 부정태를 '−'로, 그리고 부정의 부정을 다시 ['(−) × (−)'로 계산하여] '+'로 간주함으로써, 헤겔의 변증적 사유의 진행을 '부정의 부정은 긍정'이라는 잘못된 도식으로 규정해버렸다. 이런 오해는 결국, 아도르노 역시 정명제와 반명제의 관계, 그리고 반명제와 합명제의 관계를 '논리적 모순관계'로 오해하고 있음을 드러내고 있다.

이상의 내용을 종합해 볼 때, 아도르노는 현대의 많은 사상가들과 마찬가지로 헤겔의 변증적 사상의 영향을 받았고, 변증법의 매개와 부정 사상을 현실비판에 적용하여 『계몽의 변증법』을 위시한 많은 사회비판서와 논문들을 발표했을 뿐만 아니라 실제로 사회변혁에 큰 영향을 미친 것이 사실이다. 그러나 헤겔 변증법에 대한 그의 이해에서 발견할 수 있는 몇 가지 오해와 문제점들은 수정되어야 한다.

V

헤겔 변증법의 쟁점 및 평가

1

모순과 변증법: 헤겔의 변증법은 모순율을 부정하는가?[1]

헤겔의 변증법은 모순율을 부정한다고 주장하거나 변증법은 일반논리학과는 다른 논리학이며, 거기에서는 모순이 용인된다고 주장하는 사람들이 많이 있다. 그러나 '(무)모순의 법칙[Law of Contradiction]'[2] 혹은 (무)모순율은 그 누구도 부정할 수 없고, 모순율을 폐기하고서는 그 어떤 주장도 성립할 수 없다. 만일 어떤 사람이 "이것은 A다"라는 주장을 해 놓고, "이것은 A가 아니다"라고 주장한다면, 자신의 주장을 전면적으로 부정하는 것이다. 예컨대 헤겔 혹은 헤겔의 변증법이 모순율을 부정한다는 것은, 헤겔 자신이 『논리학』의 내용을 서술한 후에, "지금까지 내가 이 책에서 한 모든 주장은 잘못되었다"라고 말하는 것과 같다. 제 정신인 사람이라면 누가 이러한 주장을 하겠는가?! 이러한 사태는 배중률[the law of excluded middle]에도 그대로 적용된다. 왜냐하면 모순율과 배중률은 동치관계(同値關係)에 있기 때문이다. 어떤 사람들은 배중률이 항상 성립하는 것은 아니라고 하지만, 이는 잘못된 주장이며 존재의 차원과 인식의 차원을 혼동하는 데서 오는 오류다. 예컨대 A: "신은 존재한다"라는 주장과 B: "신은 존재하지 않는다"라는 주장은 논리적인 모순관계에 있다. 따라서 이 둘 중 반드

---

1 이 글은 필자의 「헤겔 변증법과 모순」[『동서철학연구』 제75호, 한국동서철학회, 2015.03.31.(377-395)]을 정리한 것이다.

2 원래 내용상으로는 '무모순의 법칙'이 옳지만 앞으로는 생략하여 '모순율'로 표기한다.

시 하나는 옳고 다른 하나는 그르며, 둘 다 옳을 수도 없고 둘 다 그를 수도 없다. 이것이 바로 배중률이 말하고 있는 바다. 그러나 우리가 존재론적 차원을 벗어나 인식론적 차원에서 보면, 우리는 신이 존재하는지 존재하지 않는지 알 수 없다는 입장에 이르게 된다. 그러나 이러한 입장이 배중률이 성립하지 않는다는 주장을 정당화하지는 못한다. 인식문제에 관련해서 배중률이 성립하지 않는다는 주장을 하려면, "우리는 신이 존재하는지 존재하지 않는지 알 수 있다"는 주장과 "우리는 신이 존재하는지 존재하지 않는지 알 수 없다"—이 경우에도 마찬가지로 '우리'는 동일한 '우리'다—는 주장이 양립 가능해야 한다. 그러나 이것은 불가능하며, 따라서 모순율과 배중률은 그 어떤 경우에도 어길 수 없는 원리다. '슈뢰딩어의 고양이'의 경우도 마찬가지다. 상자 속의 고양이는 '살아 있든지 죽어 있든지 둘 중의 하나다.' 그 고양이가 '살아 있기도 하고 죽어 있기도 한' 것은 결코 아니다. 단지 우리는 그 고양이가 살아 있는지 죽어 있는지 '알지' 못할 뿐이다.

또한, 헤겔의 변증법 혹은 변증적 사유는 논리학이 아니라, 대상 혹은 진리를 파악하기 위한 사유의 방법이다. 다시 말하면 헤겔의 변증법은 복잡한 구조를 지닌 대상영역을 전제함에 토대를 둔, 발견을 위한[heuristisch] 학문적 사유방식이나 방법론[Methodik]이라고 할 수 있다.[3] 헤겔의 변증법이 모순율을 부정한다는 오해를 해소하기 위해서는 헤겔이 논리적 모순 외에도, 현실에 존재하는 여러 종류의 갈등이나 대립적인 요소와 힘들에 대해서도 모순이라는 용어를 사용하고 있다는 점을 이해하는 일이 필요하다. 이를 위해 우선 동일률·모순율에 대한 헤겔의 견해를 살펴보고, 헤겔 및 헤겔 비판자들의 문제점을 검토한다.

여기서는, 헤겔이 자신의 『논리학』 등의 저술을 통해서 말하는 '모순'이 일반논리학에서 말하는 '모순'과 어떤 차이점이 있는지를 드러낸다. 그 누구도, 그 어떤 경우에도, 일반논리학에서 말하는 모순율을 어겨서는 올바른 사유를 진행할 수 없다. 현실에는 (논리적) 모순이 존재하지 않는다. 다만 여러 가지 다양한 것들, 서로 대립하는 것들, 갈등, 알력 등이 존재할 뿐이다. 그러나 헤겔, 그리고 그의 영향을 받은 많은 물질(자연)변증법론자들은 현실에도 모순이 존재한다고 주장한다. 그러나 그들이 말하는 '모순'은 사실은 '대립'이나 '갈등' 혹은 '충돌'로 표현되어야 적절하다. 따라서 이들의 용어는 수정되어야 한다. 포퍼(Karl R.

---

3 Werner Hartkopf, *Dialektik—Heuristik—Logik. Nachgelassene Studien*, hg.v. H. Baum u.a., Ffm., 1987, 105 참조.

Popper)는 헤겔이 (논리적) 모순을 용인했다고 주장하지만, 이 또한 잘못된 주장이다. 헤겔은 현실에 존재하는 '대립'까지도 '모순'이라는 말로 (잘못) 표현하고 있을 뿐이지, 모순법칙은 그 누구도 어길 수 없는 법칙이자 원리다. 따라서 여기서는 먼저, 모순개념에 대한 헤겔의 이해를 드러내고, 그것이 일반논리학의 모순개념과 어떻게 다른지를 서술하여 헤겔의 용어의 수정의 필요성을 주장하는 한편, 헤겔의 변증법이 모순율을 부정한다는 주장들의 문제점을 드러내고, 또한 마치 신비한 힘을 지닌 '모순의 변증법' 내지는 '변증(법)적 논리'가 있는 것처럼 주장하는 사람들의 오류를 바로잡음으로써 헤겔 사상에 대한 보다 정확한 이해에 접근하고자 한다.

1.1. 모순율과 동일률

주지하듯 모순율은 동일률이나 배중률 등과 더불어 존재 및 사유의 원리 내지는 법칙이다. 이 원리들은 일찍이 아리스토텔레스에 의해 주장되었다. 아리스토텔레스는 "어떤 것이 존재하는 동시에 존재하지 않는 것은 불가능하다"[4]라는 주장, 그리고 "(…) 왜냐하면 동일한 것(속성, 술어: 필자 첨가)이 동일한 것(실체, 주어: 필자 첨가)에 동일한 관계에서 속하는 동시에 속하지 않는 것은 불가능하기 때문이다"[5]라는 주장으로 모순율을 표현하였다. 다시 말하면 모순율이란, 어떤 것이 어떤 것인 동시에 동일한 관계에서 어떤 것이 아닐 수는 없다는 주장이다[~(p · ~p)]. 이러한 사유의 원리 내지는 존재의 원리는 그 어떤 경우에도 변화될 수도, 그를 수도 없는 진리다. 모순율에서 '동일한 것이 동시에 동일한 관계에서'라는 조건을 제거할 경우에 이 원리는 그를 수 있지만, 논리학에서 말하는 모순율에서는 이 조건이 항상 포함되어 있다. 예컨대 "지금 나는 덥다"라는

---

4 Aristoteles, *Metaphysica*, 996 b30, in: *Aristotle in twenty-three volumes XVII. The Metaphysics I. Books I-IX*. Cambridge Massachusetts, Harvard Univ. Pr., 1975.

5 Aristoteles, ebd., 1005 b19-20. 또한 다음과 같이 말하기도 한다: "긍정진술과 부정진술이 서로 대립할 때 그것을 모순(즉, 모순된 진술쌍)이라고 부르자"(Aristoteles, *On Interpretation*, 17a 34, in: *Aristotle in twenty-three volumes* ebd., by Harold P. Cook, M.A., 1962). "동일한 사람이 동일한 것을 존재함과 동시에 존재하지 않는다고 생각하는 것은 분명히 불가능하다. 왜냐하면 어떤 사람이 이 점에서 잘못을 범했다면, 그는 상반되는 두 가지 의견을 동시에 갖게 될 것이기 때문이다"(*Metaphysica*, 1005 b30-33).

진술과 "지금 나는 덥지 않다"라는 두 주장 간에는 어떤 관계가 성립하는가? 우리가 '동일한 것이 동시에 동일한 관계에서'라는 전제를 가지고 판단하는 경우, 이 두 진술들 가운데 하나는 옳고 다른 하나는 그를 수밖에 없다. 그러나 예컨대 이 두 진술 속의 주어가 다르다거나, 주어가 동일하더라도 관계 내지 시점(時點)이 다르다면 이 두 진술 모두가 옳을 수도 있고 모두가 그를 수도 있다. 그러나 '나는 선생인 동시에 학생'이며 '아들인 동시에 아버지'일 수 있지 않은가? 그러나 이때의 '동시에'는 '동일한 시점에[simultaneously]' 내지는 '동일한 관계에서[in the same relation]'라는 의미가 아니라, 그것만이 아니라 아울러 '다른 한편으로는[on the other hand]'이라는 의미로 사용되고 있다는 점에 유의해야 한다.

모순개념으로서의 모순 혹은 모순진술로서의 '모순'은 어떤 사물이나 현상 속에 혹은 사물들이나 현상들 사이에 존재하는 것이 아니라 그것들에 관한 우리의 사유나 진술들 사이에 성립하는 관계다. 현실 속에는 아무런 모순이 없다. 현실은 그대로 존재하거나 혹은 다른 상태로 변화할 뿐이다. 모순이 성립하려면 적어도 두 개의 진술이 존재해야 한다. 그러나 현실은 하나로 존재할 뿐이며, 단지 현실에 대한 우리의 생각이나 진술이 여러 가지로 존재하기 때문이다. 우리말 내지 한자(漢字) '모순(矛盾)'의 어원이 되는, 『한비자(韓非子)』에 나오는 초(楚)나라의 무기 상인의 고사(古事)에서도 분명히 알 수 있듯이, 모순은 무기 상인이 자기의 창과 방패에 대해 한 진술들 사이에 성립하는 관계이지, 결코 물리적인 물체인 창과 방패 사이에 성립하는 관계가 아니다. 그가 자기의 창과 방패에 대해 어떤 말을 하든 창과 방패라는 물체는 그대로 존재할 뿐이다.[6]

6 물론, 거시적으로 볼 때에는 그대로 존재하지만, 그것들에서도 전자(電子)의 끊임없는 운동, 그리고 외부의 영향으로 인한 변화가 존재할 것이다. 어쨌든 이들 물체들 사이에서는 모순이 성립하지는 않는다. 그리고 『한비자』의 고사에서의 '모순'은 엄밀하게 말하면 '논리적 반대'이지 '논리적 모순'이 아니다. 모순고사를 분석해보면, 무기 상인의 두 진술은 동시에 동일한 관점에서 옳을 수는 없지만 동시에 동일한 관점에서 그를 수는 있기 때문이다. 그러나 일상언어에서는 '논리적 반대'까지도 — 두 진술이 동시에 동일한 관점에서 옳을 수 없다는 점, 즉 양립불가능성 때문에 — '모순'이라고 부르기 때문에 이 두 차원을 잘 이해할 필요가 있다. 일상언어 및 일반논리학에서 말하는 모순을 우리는 '언어적 모순'이라고 표현할 수도 있겠다.

1.2. 헤겔의 변증적 사유와 모순론

1.2.1. 헤겔이 말하는 변증적 세 단계

앞서 설명했듯이 헤겔은 논리적인 것의 세 측면을 ⓐ 추상적 혹은 지성적인 측면, ⓑ 변증적 혹은 부정적·이성적인 측면, 그리고 ⓒ 사변적 혹은 긍정적·이성적인 측면으로 구분한다.[7] 첫 번째 단계인 지성[8]의 사유단계는 대상을 "고정된 규정성에 있어서"[9] 고찰하기 때문에, 대상의 일면을 확실하게 파악할 수 있기는 하지만, "추상적인 이것이냐-저것이냐"[10]라는 태도로 일면적인 규정만을 고수함으로써 전체를 파악하지는 못한다.[11] 두 번째 단계인 "변증적 계기는 그와 같은 유한한 제 규정의 고유한 자기지양이며, 그와 대립되는 제 규정에로의 이행이다."[12] 이 두 번째 단계는 일면적인 규정을 부정하기 때문에 헤겔은 이 단계도 이성적 사유의 단계라고 말하고 있다. 세 번째 단계인 "사변적인 것 혹은 긍정적·이성적인 것은 대립된 규정의 통일을, 즉 대립된 규정의 해소와 이행 가운데 포함된 긍정적인 것을 파악한다."[13] 그런데 사변의 계기는 대립항을 무화하거나 배제하지 않고 "이념적인 계기로서 자신 속에 포함하고 있다."[14] 이때 헤겔은 제2단계의 사유를 좁은 의미로 '변증적'이라 말하고, 좀 더 넓은 의미로는 2단계와 3단계 모두를, 그리고 가장 넓은 의미로는, —왜냐하면 우리의 사유는 반드시 3단계에서 끝나는 것이 아니므로—부정을 포함한 사유의 모든 과정을 '변증적'이라고 말한다. 즉 헤겔은 "사유의 본성 자체가 변증법"(TW 8, 5. §11)이라고 한다.

---

7 Enz §79, TW, Bd. 8, 168 참조.

8 반성은 지성의 사유 및 지성에 내재하는 대립을 나타낸다(Walther C. Zimmerli, *Die Frage nach der Philosophie. Interpretationen zu Hegels "Differenzschrift". Hegel-Studien* Beiheft 12, Bonn, 1974, 95 ff. 참조).

9 Enz §80, TW 8, 169.

10 Enz §80 Zus., TW 8, 172.

11 "지성으로서의 사유는 고정된 규정성과 이 규정성이 다른 규정성에 대해 가지는 구별에 머물며, 그러한 제한된 추상적인 것이 독자적으로(für sich) 존립하고 존재하는 것으로 간주한다"(TW 8, 169 §80).

12 Enz §81, TW 8, 172.

13 Enz §82, TW 8, 176 §82; TW 5, 52 참조.

14 Enz §82, TW 8, 179.

예컨대 'A=A'라는 진술은 추상적·지성적 (인식이 포함된) 진술이다. 이 진술은 A라는 대상을 그것 자체로만 고립시켜서 고찰하고 파악하기 때문에 그러하다. 여기에는 A만이 존재하고, 그것에 아무것도 매개되어 있지 않다. 이 진술은 그 자체로서는 옳지만, 세계에 관해서 아무런 정보도 제공하지 않는 동어반복에 불과하다. 이런 의미에서 이 진술은 하나 마나 한[meaningless, sinnlos] 진술이다. 두 번째 단계는 'A는 B가 아니다'라고 주장하는 단계다. 여기에서는 A와 B 사이에 구별(차이)이 정립된다. 세 번째 단계는 A와 B 사이의 구별을 인정하고 다시 A를 긍정하는 단계로서, 여기서는 양자의 구별과 함께 A와 상이한 B의 규정을 자신 속에 포함하고 있는 A를 주장한다. 즉 이때의 진술은 'A는 (B가 아닌) A다'로 된다. 이 단계에서 주장하는 A의 동일성은 최초에 정립한 A의 추상적 동일성과는 다른, 자신 속에 차이를 내포한 동일성으로서, 자신 속에 구체적인 규정을 지니고 있는 실질적 동일성이며 이성적·사변적 동일성이라고도 한다. 이러한 동일성의 명제에서는 의식이 일자로부터 타자에로 나아갔다가 다시 일자로 복귀하는 운동이 나타난다. 이것이 바로 긍정을 부정과의 연관 속에서, 일자를 타자와의 연관 속에서 고찰하는 변증적 사유방식, 사변적 사유방식이다. 유한한 반성규정은 대립을 지니고 있고, 이 대립의 지양을 통해 이성적 인식 내지는 사변적 사유에 이르는 과정이 바로 변증법이다.[15]

1.2.2. 동일률과 모순율에 대한 헤겔의 견해

헤겔은 『철학강요』와 『논리학』에서 동일률에 대해 다음과 같이 말하고 있다. 우선 『철학강요』의 내용을 살펴보면 다음과 같다:

> 따라서 동일률은 '모든 것은 자기와 동일하다', 'A는 A다'로, 부정적으로는, 'A는 A인 동시에 비(非)A일 수 없다'로 표시된다[16]—이 명제는 참된 사유법

15 백훈승, 「헤겔에서의 반성(反省)과 사변(思辨)」, ebd., 239 f. 참조.

16 이와 유사한 주장은 뉘른베르크 시절 김나지움 학생을 위한 논리학 강의에서도 발견된다: "모든 것은 자기 자신과 하나인 상태에 있다. 혹은 모순율로 표현하면, 어떤 것도 존재하는 동시에 존재하지 않을 수는 없다"("Logik für die Mittelklasse (1808/09)" §[21/53], in: TW 4, 89); "모든 것은 자기 자신과 동일하다. 혹은 A는 동시에 비(非)A일 수 없다"(Ebd. §[24], in: TW 4, 129). 그리고 Ebd. §36[35], in: TW 4, 172도 참조.

칙이 아니라, 추상적 지성의 법칙 외에 다른 것이 아니다. 이 명제의 형식은 이미 자기 자신과 모순된다. 왜냐하면 명제는 주어와 술어의 (동일만이 아니고: 필자 첨가) 구별까지도 약속해야 하는데도, 이 명제는 명제의 형식이 요구하는 바를 수행하고 있지 않기 때문이다. 그러나 이 동일률은 특히 이 법칙의 반대를 법칙으로 삼는, 소위 그것에 뒤따르는 사유법칙에 의해 지양된다.—이 명제를 증명할 수는 없지만, 모든 의식은 이 명제에 따라 진행되며, 의식이 이 명제를 듣자마자 바로 경험에 의하여 이 법칙에 동의한다고 주장하는 경우에,—그렇게 주장하는 학파의 그들 나름의[angeblichen] 경험에는 일반적 경험, 곧 어떤 의식도 이 법칙에 따라 사유하거나 표상하지 않고 말하지 않으며, 또 어떤 종류의 현존[Existenz]도 이 법칙에 따라서 현존하는 것이 아니라는 경험이 대립한다. 당연한 진리의 이 법칙에 따라서 말하는 것—예컨대 '행성(行星)은 행성이다', '자력(磁力)은 자력이다', '정신은 정신이다'라고 말하는 것—은 어리석은 짓이라고 해도 전적으로 옳다. 그런데 이렇게 말하는 것을 어리석은 짓이라고 하는 게 일반적인 경험일 것이다. 이러한 법칙들만을 타당한 것으로 간주하는 학파는 이 법칙들을 진지하게 제시하는 자기의 논리학으로 인해, 상식이나 이성으로부터 신용을 오래전에 잃어버렸다(Enz §115. TW 8, 236 ff.).

그런데 위의 헤겔의 주장으로부터 우리는 그가 동일률을 부정했다는 결론을 도출할 수 없다. 동일률이나 모순율은 존재(자)와 사유의 절대적인 법칙이자 원리이므로 그 누구도—만약 신이 존재한다면 신도—어길 수 없는 것이다. 헤겔이 여기서 말하고자 하는 바는, 'A=A'라고 하는 동일성의 명제, 동어반복은 백 번 천 번 옳은 것이지만, 이 명제가 주장하는 바는 단지 추상적인 동일성에 불과하므로, 세계에 대해 아무런 정보도 제공하지 않고 우리의 인식을 확장시키지 못하는 '하나 마나 한 말'이라는 것이다. 헤겔은 명제[Satz]를, 자신 속에 동일(성)뿐만 아니라 구별도 포함하고 있는 진술로 생각(규정)하고 있다.[17] 여기서

17 원래 '명제' 혹은 '진술'을 뜻하는 독일어 'Satz'는 'setzen'이라는 동사에서 유래하는데, 'setzen'은 '비약(飛躍)하다', '도약(跳躍)하다'라는 의미도 지니고 있다. 이런 관점에서 볼 때, 헤겔이 생각하는 'Satz'에는 어떤 사태에 대한 점적(點的)인 묘사 내지 정적(靜的)인 표현이 아니라 '운동'이 내포되어 있어야 하는 것으로 이해할 수 있다. 그러나 'A=A'라는 동일률은, 액면 그대로 보면, 그 안에서 아무런 운동도 발생하지 않는 단순한 동어반복에 불과한 것으로 생각될 수 있다. 따라서 주어와 술어의 사이에 동일성만을 지니고 있을 뿐, 구별은 포함하고 있지 않은 동일률을 헤겔은 명제라고 할 수 없다고 본다.

우리는 또한 헤겔이 구별한 두 용어, 'Richtigkeit[옳음]'와 'Wahrheit[참]'의 의미의 차이를 언급할 수 있겠다. 즉 그는 동일률이 "참다운 사유법칙"이 아니라 "추상적 지성의 법칙"에 불과하다고 말한다. 그것이 "법칙"인 이상 옳은 것은 분명하다. 그러나 "법칙" 앞에 붙은 수식어 "추상적 지성의"라는 용어는, 이 법칙이 대상을 파악하기에는 불충분한, 부분적 진리라는 점을 말하고 있다.[18] 헤겔이 말하는 '진리' 혹은 '참[Wahrheit]'은 우리의 진술이 대상을 '충전적(充塡的)으로'[19] 서술하는 경우에 한에서 사용될 수 있는 용어다. 이와는 달리 진술이 대상에 부분적으로만 들어맞을 때, 그 진술은 '옳다[richtig]'고 말한다.[20] 그러나 통상적인 의미에 있어서는, 동일률은 '진리'라고 할 수 있다. 그리고 동일률을 어겨서는 어떤 주장도 옳은 것으로 정립될 수 없다는 것도 분명하다. 그러므로 "어떠한 의식도 이 법칙(동일률: 필자 첨가)에 따라서 사유하지 않고 표상하지 않고 말하지 않으며, 또 어떠한 종류의 현존도 결코 이 법칙에 따라서 현존하는 것이 아니라"고 하는 헤겔의 주장은 잘못된 것이다. 즉, 우리는 그 누구도 동일률에 위반되는 사유를 할 수 없으며, 모든 존재자는 동일률을 위반하면서 존재할 수 없다. 그러나 헤겔이 말하고자 하는 바를 긍정적으로 평가해보면 다음과 같다. 즉, 만물은 홀로 고립되어 존재하지 않고 타자와 더불어 존재하며, 이러한 사물들을 올바로 파악하기 위해서는 어떤 사물[일자(一者)]을 그것만을 떼어 추상적인 부동(不動)의 점(點)으로 고찰해서는 안 되며, 그것을 다른 사물들[타자(他者)]과의 연관 속에서 고찰해야 한다는 점이다. 그는 이 점을 다음과 같이 말한다:

---

18 이런 의미에서 헤겔은 『철학강요』에서 "사변적 논리학은 종전의 논리학과 형이상학을 포함하며 이와 동일한 사유의 형태와 법칙과 대상을 보존한다. 그러나 이와 동시에 그것은 종전의 그러한 학문들보다 더 폭넓은 범주들을 가지고 추가적으로 형성하며 변형시킨다"(Enz § 9, TW 8, 53)라고 말할 뿐만 아니라, 『정신현상학』에서도 예컨대, 칸트의 도덕철학은 "사상이 결여된 모순들의 완전한 소굴(巢窟)[ein ganzes Nest gedankenloser Widersprüche]"(PhG, 434)이라고 비판하고 있다.

19 우리말 '참'은 이러한 사태를 아주 잘 나타내고 있다. 즉 참된 것은 어떤 것이 비어 있는 곳이 없이 '차 있는 상태', 즉 '참[fullness]'을 뜻한다. 이러한 사태는 라틴어 adaequatio와 정확히 일치한다. 이것은 언어나 진술이 '사상(事象)에[ad=to] 일치하는 것[aequatio=equation]'을 가리킨다. 이렇게 볼 때, "Das Wahre ist das Ganze"(PhG, 21)라는 헤겔의 유명한 진술은 아주 쉽게 이해된다. 이 말은 "참된 것은 완전한 것이다" 혹은 "참된 것은 전체다"로 번역될 수 있다. 이 진술은 사변적 진술로서, 어떤 의미에서는 동어반복이다. 왜냐하면 '빈 곳이 없이 꽉 차 있는 것'이 '완전한 것' 내지는 '전체'이기 때문이다. 우리말의 참, 거짓은 인식론적 용어이기 이전에 존재론적 용어다.

20 그러나 헤겔은 부분적인 참에 대해서도 때로는 Wahrheit라는 용어를 사용한다.

> 하늘에서나 땅 위에서나 그리고 땅 아래에서도, 직접성이라는 규정만이 아니라 매개라는 규정을 자신 속에 지니지 않은 그 어떤 자연의 대상이나 정신의 대상도 존재하지 않을 뿐만 아니라, 매개되지 않거나 매개하지 않는 지(知), 감각, 표상, 의욕 등 정신에 귀속되는 그 어떤 활동도 존재하지 않는다.[21]

또한 헤겔은 『논리학』(초판)에서도 동일률과 관련하여 이와 유사한 주장을 하고 있다:

> A=A라고 긍정적으로 표현된 이 명제는 우선, 공허한 동어반복의 표현 이상의 것이 아니다. 따라서 이 사유법칙은 아무런 내용이 없어서 더 이상 갈 곳이 없다고 올바로 언급되었다. (…) 동일률은 일면적인 규정성만을 나타낸다는 것, 따라서 형식적·추상적이며 불완전한 진리만을 내포하고 있다는 점이 용인되고 있다.—그러나 이렇듯 올바른 판단 속에는 직접적으로, 진리란 동일성과 상이성의 통일 속에서만 완전하며, 그리하여 진리는 이러한 통일 속에서만 존립할 수 있다는 사실이 놓여 있다. 저 동일성(추상적 동일성: 필자 첨가)은 불완전하다고 주장됨으로써, 그것에 비해 평가하면 이 동일성은 불완전한 것인, 이러한 총체성이 완전한 것으로 사유에게 떠오른다. (…) 그러나 구체적인 것과 그것의 적용은 실로, 단순한 동일자가 자기와 상이한 다양한 것들과 맺는 관계다. 명제로 표현한다면, 구체적인 것은 우선 종합명제가 될 것이다. (…) 그러므로 동일성이 표현된 명제의 형식 속에는 단순한 추상적 동일성[22] 이상의 것이 존재한다. 즉 그 속에는 반성의 순수운동이 존재하는데, 이 운동 속에서 타자는 단지 가상(假象)으로서, 직접적인 소멸작용으로서 등장한다(GW 11, 262 ff.).[23]

---

21 *Vorlesungen über die Beweise vom Dasein Gottes*, hg.v. Georg Lasson, Leipzig, 1930, 3. Vorlesung, 26. 아울러 TW 5, 66도 참조.

22 헤겔이 "동일성은 나쁜 표현이다. 그것은 추상이며 단순한 지성이다. 철학은 동일성의 체계가 아니다. 동일성의 체계는 비철학적이다"(TW 19, 163)라고 말할 때의 동일성은 바로 이러한 추상적 동일성, 무차별적 동일성을 가리킨다.

23 재판은 이 인용문의 뒷부분과 비교해볼 때 다음과 같이 조금 다른 내용을 서술하고 있다: "(…) 이로부터 밝혀지는 사실은, 동일률 자체, 그리고 더욱이 모순율은 분석적인 성질만이 아니라 종합적인 성질도 지니고 있다는 점이다. 왜냐하면 후자(모순율: 필자 첨가)는 자신의 표현 속에 공허하고 단순한 동일성만을 지니고 있는 것이 아니라, 그리고 동일성의 타자 일반만을 지니고 있는 것이 아니라 절대적인 부등성, 모순까지도 자신에게 지니고 있기 때문이다. 그런데 동일률 자체는, 바로 동일률에서 드러난 것처럼 반성운동을, 타재의 소멸로서의 동일성

그러나 여기서 문제점은, 의식을 지니고 있지 않은 존재자는 그냥 존재하고 있을 뿐이라는 사실이다. 그것들은 분리된 공간에서 타자로부터 멀리 떨어져 존재할 수도 있고, 가까운 거리에 존재할 수도 있다. 의식이 없는 존재자가 타자들 사이에 개입하여 양자를 매개할 수도 없고, 자기나 타자를 부정하고 다른 상태로 나아갈 수도 없다. 이러한 의미의 매개와 부정은 의식을 가진 존재자에게서 일어날 수 있는 일이다. 헤겔이 말하는 바, 모든 것은 그 자체로(즉자적으로) 존재하기도 할 뿐만 아니라, 타자에 매개되어 있기도 하다는 주장은, ―비록 헤겔은 그렇게 생각했다 하더라도― 모든 존재자가 자신의 즉자적 존재 상태와 매개적 존재상태를 의식하고 있다는 주장으로 이해되어서는 안 된다. 그의 주장을 우리의 입장에서 긍정적으로 이해해보면, 다음과 같은 의미일 것이다. 즉, 모든 존재자를 그 자체로(즉자적으로) 분리해서 고찰할 수 있을 뿐만 아니라, 다른 존재자들과의 연관 속에서(즉, 대타적인 존재자로) 고찰할 수도 있다는 것이다.

그러나 사태를 이렇게 우리가 해석할 때에도, 일자와 타자의 관계는 모순관계에 있는 것이 아니다. 일자와 타자는 서로 다를 뿐이다. 즉, B는 A가 아니고, C는 A나 B가 아닌 것이다. 서로는 서로의 부정태일 뿐이다. 우리가 "이것은 A다"라고 주장하고, "이것은 A가 아닌 B다"라고 주장하는 경우, 후자의 진술은 전자의 진술을 부정하는 관계에 있는 것이지, 양자는 결코 모순관계에 있는 것이 아니다. 다시 말하면 (통상적으로 말하는) 정명제와 반명제의 관계, 그리고 반명제와 합명제의 관계는 논리적 모순관계가 아니라, 반명제는 정명제를 부정하는 관계, 그리고 합명제는 정명제나 반명제를 부정하는 관계다. 만약 이들 간의 관계가 논리적 모순관계라면, 정명제와 합명제는 동일한 명제가 되어야 할 것이다. 그러나 사실은 그렇지 않다. 이처럼, 변증법이란, 우리의 인식이 저차적인 단계에서 고차적인 단계로 발전해 나가기 위한 사유의 방법·인식의 방법이다. 이때, 변증법에서 중요한 것은 바로, "① 타자(他者)를 매개로 한 ② 부정(否定)"인 바, A와 B와 C는 서로에게 타자이며, 부정은 각자에 매개된 부정으로서, 전면적인 부정이 아닌 제한적 부정, 규정된 부정[bestimmte Negation]이다.

이제 모순율에 대한 그의 이해를 검토해보기로 하겠다. 헤겔은, "세계를 움직이는 것은 모순이며, 모순이 생각될 수 없다는 것은 가소로운 일이다"(TW 5, 280)라고 말한다. 선뜻 받아들이기 어려운 이런 주장을 이해하기 위해 그의 다른 주장들을 검토해보자. 헤겔은 『논리학』 〈본질론〉에서 다음과 같이 말한다:

을 포함하고 있다"(TW 6, 45).

> 만물은 자기 자신에 있어서 모순적이며, 더욱이, 이 명제가 그 밖의 명제들에 대하여 오히려 사물의 진리 및 본질을 표현하고 있다는 의미에서 그러하다. (…) 그런데 모순이란 동일성과 같은 정도로 본질적이며 내재적인 규정은 아닌 것으로 생각하는 것이 종래의 논리학이나 통상적인 관념이 지녀온 근본적인 선입견들 가운데 하나다. 실로 우리가 이들 두 규정의 순위에 관해 말하고 이 두 규정을 분리된 것으로 고수할 수 있다면, 모순이 더 심오하고 더 본질적인 것일 것이다. 왜냐하면 모순에 비하여 동일성은 단순한 직접적 존재자의 규정, 즉 죽은 존재의 규정일 뿐이기 때문이다. 그러나 모순은 모든 운동과 생명성의 뿌리다; 어떤 것은 자기 자신 속에 모순을 지니고 있는 한에서만 운동하며 충동과 활동을 지닌다. (…) 이와 마찬가지로 내적이며 본래적인 자기운동 또는 충동 일반(즉 단자의 욕구나 격동, 혹은 전적으로 단순한 존재자의 완전태)이란 것은, 동일한 단 하나의 견지에서 볼 때, 어떤 것은 자기 자신 속에 있으면서 결핍이고, 자기 자신의 부정태라는 사실 외에 다른 것이 아니라는 것이다. 추상적인 자기동일성이란, 아직 생명력(생동성)을 지녔다고 할 수 없으며, 긍정적인 것은 자기 자신에 있어서 부정성을 지닌 것이어서, 이 긍정적인 것은 자신을 벗어나서 자신을 변화 속으로 정립한다. 따라서 어떤 것은 자신 속에 모순을 포함하는 한에 있어서만 생명력을 지니게 되며, 더욱이 이러한 힘은, 자신 속에서 모순을 포착하여 견딜 수 있는 것이다(GW 11, 286 f.).

여기서 헤겔이 주장하는 바는 무엇인가? 앞서 말한 바와 같이, 현실이나 존재자 속에는 모순이 존재하지 않는다. "만물은 자기 자신에 있어서 모순적"인가? 이 주장의 의미는, 만물은 그것이 생명체건 무생물이건 간에, 단일한 원소 내지 요소로 이루어지지 않고 여러 가지 다양한 구성요소를 지니고 있는데, 이들 요소들이 서로 대립해 있는 사태를 '모순적[widersprechend]'이라고 표현하고 있는 것이다. 그리고 더욱이 생명체는 끊임없이 운동·변화하는 존재자이므로, 어떤 생명체 L이 어떤 시점 T_1에서 T_2로 이행할 때 L_1에서 L_2로 변화하는 사태를 헤겔은 그 다음의 문장들에서 서술하고 있다. 예컨대 인간이라는 생명체는 욕망·충동·목적을 가지고 있다. 이것은 인간에게 결핍이 존재한다는 사실을 말해주고 있다. '나'라고 하는 개인이 어떤 욕망을 가질 때 나는 어떤 결핍을 지니고 있는 것이다. 이때의 '나'는 1) 욕망과 결핍을 지니고 있는 현재의 나(나$_1$)와 2) 욕망이 충족될 경우 만족하게 될 상태의 나(나$_2$)로 분열되어 있다. 그러므로 '나'는 나 자신 속에 있으면서 결핍이고, '나 자신의 부정태'라고 말할 수 있는 것이다. 나는 내 속에 이러한 욕망, 충동, 목표 등을 지니고 있는 한에서만, 그래서 내 속에 결핍·분열·대립·갈등을 느끼고 있는 한에서만 '살아 있다'고 말할 수 있다. 만약 어떤 존재자가 운동하지 않는다면 그것은 생명체라고 할 수 있을까? 헤겔식으로 말하면, 존재자가 운동하지 않는 이유는 그것이 자신 속에 결핍·부정성·분열 또는 모순을 지니고 있지 않기 때문이고, 따라서 그것은 생명체라고 할 수 없다. 내가 내 속에 아무런 결핍·분열을 지니고 있지 않거나 그것을 느끼지 않고 있다면, 나는 살아 있다고 말할 수 없다. 이 경우 헤겔은 내가 나 자신과의 "추상적 동일성"만을 지니고 있다고 말하는 것이다. 생명체 속에 있는 이러한 대립된 힘들·갈등을 헤겔은 '모순[Widerspruch]'이란 용어로 표현하고 있는 것이다. 그러나 이것은 분명히, '논리적 모순'이 아니다. 하나의 생명체는 자기동일성을 유지하는 〈실체〉이면서도, 다른 한편으로는 자기 자신 및 타자에 관계하며 운동하는 주체이기도 하다. 이런 사태를 헤겔은 『정신현상학』에서는 "전적으로 불안한 (…) 평온"이라는 역설적인 표현을 사용하여 묘사하고 있다.[24] 생명체는 한편으로는 불안하다. 왜냐하면 그에게 결여된 것이 아직 충족되지 않았기 때문이다. 그러나 욕망의 충족이 이루어지면 그는 평안을 되찾는다. 생물학의 용어로 말하면, 불안한 과정은 'homeorhesis [항류성(恒流性)]'이고 평온의 상태는 'homeostasis[항상성(恒常性)]'[25]이라 할 수 있다. 이 두 측면의 대립을 헤겔은 '모순'이라고 말하고 있는 것이다.[26]

그렇다면 헤겔은 위와 같은 주장들로써 동일률과 모순율을 부정하고 있는 것인가?! 결코 그렇지 않다. 이러한 사유의 법칙을 무시하고서는 그 어떤 주장도 성립할 수 없다. 그것은, 자기가 한 말을 곧바로 부정해버려도 된다는 것을 의미하기 때문이다. 즉, 자기가 한 말과 그 말의 부정 모두가 성립한다는 것을 뜻하기 때문이다. 그러면 이제 헤겔의 오류와 헤겔 비판자들의 오류가 무엇인지 살펴보자.

---

24 PhG, 136 f. 참조.

25 혹은 '평형상태(平衡狀態)'라고도 옮긴다.

26 그러므로 우리는 헤겔의 교수자격취득논문[Habilitationsschrift]의 열 두 개의 논제들 중 첫 번째 것인 "모순은 진리의 규칙이고 비모순은 허위의 규칙이다(Contradictio est regula veri, non contradictio falsi)"(*Jenaer Schriften 1801-1807*. TW 2, 533)라는 진술 속의 '모순[contradictio]'은 '논리적 모순'이 아니라 소위 '변증적 모순'으로 해석해야 한다는 점을 알 수 있다. 첫 번째 논제에 대한—물론 옳지는 않지만 간략한—소개는 K. Rosenkranz, *Georg Wilhelm Friedrich Hegels Leben*, ebd., 156 f.에 실려 있다.

1.3. 헤겔 및 헤겔 비판자들의 오류

우선, 헤겔의 오류는 현실에 존재하는 여러 대립들(힘들 간의 대립, 다양성의 존재 등)을 '모순'이라고 말함으로써 '논리적 모순'과 소위 '변증적 모순'[27]을 명확히 구분하지 않고 사용하여 언어사용 및 사유에 혼란을 야기했다는 점이라고 할 수 있다.[28] 칸트는 이러한 혼란을 야기하지 않고, 세 가지의 '대립[대당(對當), Opposition]'을 구분하였다. 첫 번째는 '논리적 대립[die logische Opposition]'으로서, 이것은 '분석적 대립[die analytische Opposition]'이라고도 부르며, 이것이 바로 우리가 논리학에서 말하는 (논리적) 모순[Widerspruch, Kontradiktion]이다.[29] 두 번째로는 '실재적 대립'인데, 이것은 예컨대 역학에서의 작용과 반작용과의 관계에 해당한다.[30] 세 번째가 '변증적 대립'으로서, 이것은 '가상(假象)의 대립'이며, 칸트가 〈변증론〉에서 문제 삼는, 소위 '이율배반'을 가리킨다.[31] 칸트는 첫 번째 것만을 '모순'이라고 부른 데 반하여 헤겔은 이 모두를 '모순'이라고 부른 점이 다르다.

그렇다면 헤겔 비판자들이 저지른 오류는 무엇인가? 그것은 바로 다음과 같은 점이다. 즉 그들은 헤겔이 논리적 법칙으로서의 〈모순율〉을 부정할 수 없을 뿐만 아니고 실제로도 부정하지 않았다는 점을 올바로 파악하지 못했다. 그리고 단지 헤겔은 논리학의 법칙으로서의 모순율 내지 모순의 존재를 인정했을 뿐만 아니라, 현실에 존재하는 대립·갈등·알력 등에 대해서까지도 '모순'이라는 용어

---

27 볼프의 연구에 의하면 헤겔의 텍스트에 '변증적 모순'이라는 말이 있는 곳은 『미학 강의』(*Vorlesungen über Ästhetik III*. TW 15, 43)의 한 곳 밖에 없으며, 헤겔 이후에는 1930년대 혹은 1940년대 이후의 헤겔 연구 문헌 속에서 발견된다(Michael Wolff, *Der Begriff des Widerspruchs. Eine Studie zur Dialektik Kants und Hegels*, Meisenheim, 1981, 17 참조).

28 회슬레도 헤겔이 모순이라는 용어를 동음이의어[Homonymie]로 사용하고 있다는 점에서 비난받아야 한다고 보지만(Vittorio Hösle, *Hegels System I. Systementwicklung und Logik*, Hamburg, 1988, 161 참조), 그도 역시 헤겔과 마찬가지로 이 용어를 그대로 사용하고 있을 뿐만 아니라, 정명제와 반명제 간의 관계를 논리적 모순관계로 오해하고 있다(Hösle, ebd., 158 f. 참조). 회슬레와는 좀 달리 볼프는 헤겔이 사용한 '모순'(이때의 '모순'은 소위 '변증적 모순'이다)이라는 용어는 동음이의어가 아니라 '동원어(同源語)[Paronymie]'로 보아야 한다고 주장한다[M. Wolff, "Über das Verhältnis zwischen logischem und dialektischem Widerspruch," in: *Hegel-Jahrbuch 1979*, Köln, 1980 (340-348) 참조. 특히 348].

29 KrV, A 151/B 190 f.; A 292/B 348.

30 KrV, A 273/B 329.

31 KrV, A 504/B 532.

를 사용하고 있다는 점을 구별하지 못했다. 또한 그들은 정명제와 반명제의 관계, 그리고 반명제와 합명제의 관계는 〈논리적 모순〉관계가 아닌 〈대립(갈등)〉, 〈부정〉의 관계라는 점을 파악하지 못하고 있다. 변증적 사유에 나타나는 일자의 타자는 결코 일자와 '모순관계'에 있는 것이 아니라 단지 그것을 '부정'하는 관계에 있다. 예컨대 A: "빛은 파동이다[Light is a wave]"라는 진술에 대해 B: "(아니다), 빛은 입자다[(No), light is a particle]"라는 진술이 대립할 경우, B는 A를 부정하는 진술이다. 그러나 A와 B는 모순관계에 있는 진술들이 아니다. 만약에 이 두 진술이 모순관계에 있다면 빛은 파동이든지 입자든지 둘 중 하나이어야만 할 것이다. 그러나 여기에 "빛은 파동이면서 입자다(Light is a wavicle)"라는 제3의 진술이 존재할 수 있다. "A=A"라는 진술의 모순진술은 "A – ~A"다. 즉 어떤 진술에 대해서 그 진술을 전면적으로 부정하는 진술이 어떤 진술에 대한 모순진술이다. 그러나 — 우리가 존재자 전체를 알파벳 24문자로 가정할 때 — "A = ~A"가 아니라 "~A"의 일부분들인 C, D, E 등을 사용하여 앞의 진술을 부정할 경우, 이 진술들, 즉 "A=C", "A=D", 혹은 "A=E" 등과 같은 진술은 단지 앞의 진술의 부정진술이지, 모순진술이 아니다. 즉 '~A'와 '~A의 일부'는 동일하지 않다. 이 점을 오해해서는 안 된다.[32]

그러나 예컨대 포퍼는 정명제와 반명제 사이에 성립하는 관계는 '논리적 반대관계' 내지, 반명제가 정명제를 부정하는 관계임에도 불구하고, 그 관계를 "모순"으로 오해하고 있다. 또한 헤겔의 변증법은 모순을 용인하고 있기 때문에 "우리에게 아무런 정보도 주지 못하고" "이론으로서 전혀 쓸모가 없다"[33]고 말하며, 헤겔의 변증법은 모순율을 폐기해야만 성립 가능하다고 주장하는데,[34] 헤겔이나 그 누구라도 모순율을 폐기함으로써 자신의 주장을 정당화할 수는 없는 것이다. 헤겔은 모순율을 폐기해야 한다고 주장하지 않았다. 이 점은 포퍼가 잘못 본 것이다. 헤겔의 오류는 이것이 아니라 오히려, 포퍼 자신이 주장하듯이, 헤겔이 '갈등[conflict]'이나 '대립하는 경향[opposing tendency]' 혹은 '대립하는 이해관계[opposing interest]', '양극성(兩極性)[polarity]'이라는 용어를 사용해야 할 자리에 '모순[contradiction]'[35]이라는 용어를 사용한 점이다.[36] 클라우스(G.

---

32 이 점에 관해서는 백훈승, 「헤겔에서의 반성(反省)과 사변(思辨)」, ebd., 243을 참조하시오.

33 Popper, ebd., 319.

34 Popper, ebd., 328 참조.

35 Popper, ebd., 322 그리고 329; J.N. Findlay, *Hegel. A Re-Examination*, ebd., 193도 참조.

36 이렇게 볼 때, 포퍼가 헤겔의 변증적 사유를 충분히 올바르게 평가하지 못했다는 뒤징

Klaus)와 같은 여러 학자들도 오해를 피하기 위하여 '모순'이라는 표현은 '논리적 모순'을 위해 유보하고 소위 '변증적 모순'에 대해서는 '갈등[Widerstreit, Repugnanz]', '투쟁[Konflikt]', '대립[Gegensatz]', '적대(敵對)[Antagonismus]' 등의 용어를 사용할 것을 권하며,[37] 모순[Widerspruch] 개념을 세분한다. 즉 그는 진술 a의 논리적 부정인 모순[Kontradiktion]을 나타내기 위해서는 '~a'를, 반대적 모순[Konträrer Widerspruch]을 위해서는 '/a'를, 그리고 변증적 모순을 위해서는 'ā'를 사용하여 구별하고자 했다.[38]

1.4. 맺는 말

헤겔 및 헤겔의 변증법은 모순율을 부정하는가? 아니다. 모순율은 그 누구, 그 무엇에 의해서도 부정될 수 없다. 모순율을 폐기하고서는 그 어떤 주장도 성립할 수 없으며 (헤겔의) 변증법 혹은 변증적 사유는 논리학이 아니라, 대상 혹은 진리를 파악하기 위한 사유의 방법이라는 점을 잊지 말아야 할 것이다. 다시 말하면, "A는 A다"라는 주장을 해 놓고, 다시 "A는 A가 아니다"라고 주장하는 것은 그 어느 경우에도 옳을 수 없는 것이다. 일반논리학에서 말하는 '모순'과 변증법이 근거하고 있는 '모순'은 두 종류의 것이 아니라고 하르트만이 말할 때의 '모순'[39]은 '논리적인 모순'이다.[40] 그러나 "세계를 움직이는 것은 모순이며, 모

(Klaus Düsing)의 주장은 옳으나, 뒤징은 형식논리학의 비판으로부터 헤겔의 변증법을 구하고자 하는 맥타가트(MacTaggart), 하르트만(N. Hartmann), 슈바르쯔(J. Schwarz) 등의 시도는 헤겔 자신의 상술(詳述)과 결합될 수 없다고 주장하는 점에서는 오류를 범하고 있다. 이 점에 관해서는 K. Düsing, *Das Problem der Subjektivität in Hegels Logik*. *Hegel-Studien* Beiheft 15, Bonn, 1976, 317의 각주 101을 참고할 것.

37 G. Klaus, *Moderne Logik: Abriss der formalen Logik*, Berlin, 1964[8], 54-61. 여기서는 G. Patzig, "Widerspruch," in: *Handbuch philosophischer Grundbegriffe*. *Bd.6*, München, 1974 (1694-1701), 1698에서 재인용.

38 Alwin Diemer, 『변증법 총설 — 그 역사적 전개와 비판 —』, 백승균 역, 계명대학교출판부, 1983, 205 f. 참조.

39 Eduard von Hartmann, *Über die dialektische Methode. Histrorische-Kritische Untersuchungen*, Darmstadt, 1963, 45 참조.

40 그러나 살레마인(Andries Sarlemijn)은 헤겔이 말하는 모순율과 형식논리학의 모순율은 본질적으로 서로 다르다고 주장하면서, 형식논리학의 모순율에 따르면 동일한 주어에 관해 동일한 관점에서 두 개의 대립된 술어가 언표될 수 없지만 헤겔이 말하는 모순율에서는 그것이

순이 생각될 수 없다는 것은 가소로운 일이다" 혹은 "모든 사물은 자기 자신에 있어서 모순적이다"라고 헤겔이 말할 때의 '모순'은 소위 '변증적 모순'이며, 이것은 '대립'이나 '갈등', '다양성' 등으로 바꾸어 표현하면 쉽게 이해될 수 있을 것이다.

이제 우리는 일반 논리학자들과 일상인들, 그리고 변증(법)론자들이 말하는 '모순'을 다음과 같이 요약할 수 있을 것이다. 일반 논리학에서 말하는 모순은 철저히, 진술들 사이의 관계로서, 사물들 자체와는 아무런 관계가 없다. 이러한 모순진술들 중 반드시 하나는 옳고 다른 하나는 그르다. 두 번째로, 일상인들이 말하는 '모순'은, 첫 번째의 '논리적 모순'뿐만 아니라 '논리적 반대'—앞에서 예로 든 〈모순고사(矛盾古事)〉의 경우처럼—까지도 포함한다. 이 진술들은 둘 다 옳을 수는 없지만 둘 다 그를 수는 있다. 마지막으로, 물질(자연)변증(법)론자들이 말하는 '모순'은 앞의 두 경우 모두를 포함할 뿐만 아니라, 현실에 존재하는 여러 종류의 대립이나 갈등까지도 가리키는 용어로 사용된다.[41]

헤겔의 변증법은 모순율을 부정한다는 주장은 모순율을 올바로 이해하고 있지도 못할 뿐만 아니라 헤겔의 주장도 올바로 이해하지 못하는 주장이라고 할 수 있다.

가능하다고 주장한다. 그럼에도 불구하고 헤겔이 말하는 '모순'이 '논리적 무모순'에 위배되지 않는 것은 양자가 말하는 모순개념이 동일하지 않기 때문이라고, 즉 '변증적 모순'은 존재론적 원리이고, '형식논리의 모순'은 지성의 규칙이기 때문이라고 말한다(Andries Sarlemijn, *Hegelsche Dialektik*, Berlin und NY., 1971, 183 참조). 살레마인의 주장은 부분적으로는 받아들일 수 있다. 즉 헤겔이 언어가 아닌 사물에 모순이 존재한다고 말할 때의 '모순'은 '대립'이나 '갈등'의 의미로서, 존재자의 영역에 적용된다고 보는 것은 용인될 수 있다. 그러나 엄밀한·본래의 의미의 '모순', 그리고 사유 및 존재의 법칙으로서의 모순율은 그 어떤 경우에도, 그 누구에게나 변치 않고 적용된다. 따라서 살레마인이 말하는, "헤겔이 말하는 모순율"이라는 것이 따로 존재하는 것도 아니며, 그런 것이 만약 존재한다 하더라도, '동일한 주어에 관해 동일한 관점에서 두 개의 대립된 술어가 언표될 수 있다'는 그의 주장은 성립할 수 없다.

41 칸트의 구분을 여기에 적용하면, 논리적 모순은 그가 말한 세 종류의 대립 가운데 '논리적 대립' 혹은 '분석적 대립'이고, 변증(법)적 모순은 '실재적 대립'이다.

2

헤겔 변증법과 Triade의 신화(神話)

지금부터 말하고자 하는 내용은 이미 앞선 나의 서술들에서 그 핵심이 제시된 바 있다. 그러나 사안의 중요성을 감안할 때, 나는 이 내용을 이 저술의 결론 가까운 부분에서 다시 한번 종합적으로 정리함으로써 독자들의 이해를 돕고자 한다. 그러므로 중복된 내용이 등장하는 것을 이해하기 바란다.

대부분의 일반 독자들, 그리고 심지어는 철학을 업으로 삼고 해나가고 있는 많은 사람들도, 헤겔의 변증법을 '정-반-합[These-Antithese-Synthese]'이라는 도식으로 설명할 수 있는 것으로 생각하고 있다. 그러나 이것은 큰 잘못이다. 맑스도 『철학의 빈곤』에서, '테제-안티테제-쥔테제'는 순수이성의 운동에 대한 헤겔의 순전히 논리적인 표현이며, 전 체계는 모든 범주들의 '테제-안티테제-쥔테제'라는 변증적 운동에 의해 야기된다고 주장하며, 이런 순수이성이 헤겔 자신의 이성이며 역사는 그 자신의 철학의 역사가 되지만, 현실에서는 '테제-안티테제-쥔테제'가 경제적 운동들의 범주들이라고 말한다.[1] 이러한 도식의 근원은 찰리보이스(Heinrich Moritz Chalybäus, 1796-1862)의 『칸트로부터 헤겔에 이르는 사변철학의 역사적 전개: 학식 있는 청중들에게 최신학파를 더 자세히 알려주기 위해 서술함』(1837)이라는 저서의 제3판(1843)에서 한 다음과 같은 주

---

1 Karl Marx, *Das Elend der Philosophie. Antwort auf Proudhons "Philosophie des Elends,"* ebd., 제2장 제1절 참조.

장이다: "이것은 첫 삼항론[Trilogie]으로서, '있음-없음-됨[유-무-성]'의 통일 혹은 입장, 부정 그리고 제한의 통일이다. (…) 이와 동시에 우리는 이 첫 번째 방법적 '테제-안티테제-쥔테제'—이들 가운데서 최종의 것은 더욱 더 상세하게 규정되는 과정이나 흐름 속에 존재한다—에서, 뒤따르는 모든 것들의 사례 혹은 도식을 가진다. 그리고 우리가 저 단순한 사유의 운동을 되돌아볼 때에 이것들을 더욱 쉽게 이해하게 될 것이다."[2]

이미 우리가 〈II. 헤겔 변증법의 성립(과정): 헤겔 변증법 성립에 영향을 미친 사상(가)들〉이라는 장에서 살펴보았듯이, 서양 고대철학 및 독일 근대철학에서의 사상(思想)의 이러한 삼항적 전개방식이 발견되고, 헤겔의 사상과 그것들과의 유사성이 존재하기는 하지만, 결코 헤겔의 변증적 사상을 이러한 단순한 삼항적 도식의 틀에 집어넣어 이해하려는 시도는 잘못된 것이라 하겠다. 예컨대 플로티노스에 있어서 순수한 일자(一者)[to hen, τὸ ἕν]로부터 정신[nous, νοῦς]이 흘러나오고, 정신으로부터 혼(魂)[psychē, Ψυχή]이 흘러나온다. 프로클로스에 있어서도 이와 유사하게, 머묾[monē, μονή]—출현(벗어남)[proodos, πρόοδος]—되돌아감[epistrophē, ἐπιστροφή]으로 진행되는 삼항적 발전이 발견되며, '일자-정신-혼[hen-nous-psychē]'의 세 가지 실체를 위시하여, 갈대아 신탁의 전형적인 삼항성인 '존재-생명-정신[on-zōē-nous]', 그리고 '실체-타자성-자기정체성[ousia-heterotēs-tautotēs]', '비분리적인 것-분리적인 것-참여자[amethekton-metechomenon-metechon]', '유한(한계)-무한(무한자, 무

---

2 "Dies ist die erste Trilogie: die Einheit des Seins, Nichts und Werdens oder der Position, Negation und Limitation; (…) Wir haben an dieser ersten methodischen These, Antithse und Synthese, wovon die letztere in einem sich nach und nach näher bestimmenden Prozeß oder Fluß besteht, zugleich ein Beispiel oder Schema für alle folgenden und werden diese leichter verstehen, wenn wir auf jene einfache Gedankenbewegung zurückblicken"(Heinrich Moritz Chalybäus, *Historische Entwickelung der speculativen Philosophie von Kant bis Hegel. Zu näherer Verständigung des wissenschaftlichen Publicums mit der neuesten Schule dargestellt*. Dritte teilweise umgearbeitete Auflage, Dresden und Leipzig, 1843, 354). 그리고 찰리보이스는 1839년판에서는 다음과 같이 말하고 있다: "여기까지, 최초의 그리고 가장 어려운 테제, 안티테제 그리고 쉰테제에 대해 말했다. 존재는 무로 이행하였고 존재와 무는 함께 성(成)으로 이행하였다. 그리하여 성(成)은, 내가 이제 존재에 관해서 가지고 있는 본래 더욱 올바른 혹은 더욱 규정된 개념이다"(Chalybäus, ebd., Zweite verbesserte und vermehrte Auflage, Dresden und Leipzig, 1839, 328). 구스타프 E. 뮐러, 「'테제-안티테제-쉰테제'라는 헤겔의 전설」, 존 스튜어트 편, 신재성 역, 『헤겔의 신화와 전설』, 도서출판 b, 2018 (496-503), 501 f.도 참조.

규정자)-혼합(혼합된 것)[peras, πέϱας-apeiron, ἄπειϱον-mikton, μικτόν]', '실체-잠재태-활동태[ousia-dynamis-energeia]' 등의 과정적이고 변증적인 삼항성의 원리가 드러난다.

헤겔은 칸트가 『순수이성비판』에서 말하고 있는 삼중성[Triplizität]의 의미에 관하여 다음과 같이 비판하였다: "그와 마찬가지로—본능에 의해서 비로소 재발견되었으나 여전히 죽어 있고 여전히 개념적으로 파악되지 않은 칸트의 삼중성이 그것의 절대적 의의에로 고양되고, 그럼으로써 참된 형식이 동시에 그것의 참된 내용 속에 제시되어 학문 개념이 출현한 이후,—이 형식의 다음과 같은 사용, 즉 우리가 그러한 사용에 의해 이 형식이 생명 없는 도식(圖式), 즉 본래적인 도식으로, 그리고 학문적 조직이 일람표로 격하되었음을 보는 그러한 사용이 무언가 학문적인 것으로 간주되어서는 안 된다"(PhG, 41, §50). 삼중성이 칸트에 있어서 (아직 겨우) 본능에 있어서 재발견되었다고 하는 것이 무엇을 의미하는가는, 『철학사 강의』(TW 20, 344-5)의 다음 문장에 의하여 명백하다: "삼중성, 피타고라스주의자, 신플라톤주의자, 그리고 기독교의 이러한 옛 형태는, 비록 전적으로 외면적이긴 하지만, 여기서 다시 등장한다. (…) 칸트가, 첫 번째 범주는 긍정적이고 두 번째 범주는 첫 번째 범주의 부정태이며, 세 번째 범주는 양자의 종합이라고 말하는 것은 개념의 위대한 본능이다." 헤겔은 이미 『신앙과 지식』(*Glauben und Wissen*, 1802)에서 칸트철학을 다루면서, 칸트가 범주의 구조에 관해서 지성으로서의 사유도 삼중성이라는 참된 형식을 갖추고 있음을 발견하고, 이로써 사실상 지성을 이성에로 높이어, 사변적인 것의 맹아(萌芽)를 발생하게 한 것을 중대한 공적으로 들고 있다고 칭찬하고 있다. 즉 삼중성의 원리는 이미 피타고라스 학파, 신플라톤 학파, 기독교의 삼위일체의 교의(教義) 등에 있던 것인데, 칸트가 범주론에서 예컨대 질 범주가 가지는 실재성-부정성-제한성이라는 구조에 정·반·합의 관계를 인정한 것(KrV, B 109-111)이 〈재발견〉의 의미다. 예컨대 피타고라스에서 발견할 수 있는 삼중성 사상은, '3'은 '모든'이라는 말이 붙을 수 있는 최초의 숫자로 그가 보고 있으며, 모든 일에는 시작과 중간(과정)과 끝이 있다는 것, 생명체에는 탄생과 삶(의 과정)과 죽음이 있고, 인간은 육체와 혼과 영으로 구성되어 있다는 주장, 올림픽 경기장에 운동선수, 장사꾼, 관객이라는 세 부류의 인간이 있는 것처럼, 인생에도 명예를 추구하는 사람, 돈(재물)을 추구하는 사람, 그리고 인생을 관조하는 사람이 있고, 시간은 과거, 현재, 미래로 구성되어 있다고 본 점 등에서 발견된다. 그러나 앞서 말했듯, 진리의 파악과정을 이러한 3단계의 생명 없는 도식으로 고착시키는 것은 학문적인 태도나 방법이 아니며, 그로 인하여, 유기적으로 연결된 학문적 조직을 [유기적이지 않은] 일람표(一覽表)로 전락시키게 된다는 것이 헤겔의 주장이다.

〈I. 헤겔 변증법이란 무엇인가?〉의 〈2. 헤겔철학의 과제와 변증법〉이라는 항목에서 설명한 것처럼, 헤겔은 『철학강요』 중의 〈논리학〉에서의 「예비개념」(§19-83, 특히 §79-81)의 §79에서, 논리적인 것은 그 형식에 따라 세 가지 측면을 가지며, 이것은 모든 논리적·실재적인 것의 제계기(諸契機)가 된다고 말한다.

① 추상적·지성적 단계 (추상적인 면이거나 지성적인 면)
② 부정적 이성의 단계 (변증적인 면이거나 부정적·이성적인 면)
③ 긍정적[혹은 사변적(思辨的)] 이성의 단계 (사변적인 면이거나 긍정적·이성적인 면)

그런데 여기서 우리가 주의해야 할 점은, 대상을 파악하는 우리의 사유의 진행과정이 단순하게 3단계의 조합으로 이루어지지 않는다는 점이다. 즉, 우리의 사유가 ①〈대상에 대한 최초의 긍정〉 ⇨ ②〈이러한 긍정에 대한 부정〉 ⇨ ③〈이러한 부정에 대한 부정으로서의 최종적인 긍정〉이라는 단계로 진행되는 것이 아니라는 말이다.

다시 말해, 이 ②단계가 단지 1회에 걸쳐서만 발생하는 것으로 보아서는 안 된다는 사실이다. 부정은 단 한 번만 이루어지는 것이 아니다. 참된 옳음인 진리에 도달하기 위한 부정의 과정은 무수히 반복될 수 있다. 헤겔의 변증적 사유를 '정-반-합'이라는 단조로운 삼단계 도식[Triade]으로 규정해버린 오류는 바로 이 ②단계를 '단 일회(一回)의 것'으로 생각한 데서 발생하는 것이다. 즉, 사유의 변증적 진행을 '정명제-반명제-합명제'라는 3단계의 진행으로 표현한 것은, 전체의 과정을 축약해서 표현한 것이다. 때로는 이 진행이 3단계로 이루어질 수도 있지만, 많은 경우 이보다 훨씬 더 긴 도정을 거쳐나가게 된다. 그리하여 전체의 과정은 These – Antithese – Antithese – (…) – Synthese라는 진행으로 이루어진다. 이미 들었던 예를 다시 소개해본다. 예컨대 『정신현상학』에 서술된 의식의 변증적 진행과정을 살펴보면, 이 과정은 크게 보아서는 '의식 ⇨ 자기의식 ⇨ 이성 ⇨ 정신 ⇨ 종교 ⇨ 절대지'의 6단계로 구성된 것으로 볼 수 있고, 세분해서 보면, ― '의식'은 '감각적 확신', '지각', '지성'이라는 3단계로 구성되어 있으므로—전체의 진행과정은, '감각적 확신 ⇨ 지각 ⇨ 지성 ⇨ 자기의식 ⇨ 이성 ⇨ 정신 ⇨ 종교 ⇨ 절대지'의 8단계로 구분된다. 그런데 이때에 전자의 6단계 구성에서, 1단계인 '의식'에 대해서 2단계인 '자기의식'은 1단계를 부정하는 측면을 지니고 있다. 그리고 3단계인 '이성'은 2단계인 '의식'과, 그것의 부정태인 2단계의 '자기의식'을 부정하고 양자를 종합한 측면을 지니고 있다고 할 수 있다. 그러나 제3단계인 이성의 단계가 인식의 최종형태가 아니기 때문에 이것은 최종적인 종합의 단계가 아니다. 이런 의미에서 우선 아도르노의 주장은 잘못 되었다. 3단계에서 변증적 진행이 종결되는 것이 아니기 때문이다. 3단계의 이성을 부정한 것이 '정신'이고, 이것을 지양한 것이 '종교'이며, 이 모든 단계가 지양되어 최종적인 종합에 이른 단계가 바로 '절대지'다. 그러므로 최종적인 단계에 이르기까지의 변증적 과정은, 뒤의 단계가 앞의 단계를 부정하는 관계에 있다고만 말해야 할 것이다.

헤겔철학은 절대자의 파악을 과제로 삼고 있는바, 절대자인 정신은 부동(不動)의 점(點)으로 존재하지 않고, 자기를 부정하고 타자화하며 이러한 타재로부터 다시 자기 자신에게로 돌아온다. 따라서 이러한 구조는 〈근원적 통일 ⇨ 분열 ⇨ 재통일〉의 구조를 지니고 있고, 바로 이 구조는 크게 보아서는 3단계의 진행인 것이다.

이미 교수자격취득 논문의 세 번째 테제에서 헤겔은 "사각형은 자연의 법칙이고 삼각형은 정신의 법칙이다(Quadratum est les naturae, triangulum mentis)"(TW 2, 533)라고 말하며, 『철학강요』에서도 "정신의 영역에서는 3분적인 것이 우세하다"(Enz §230. TW 8, 382)고 말한다. 그러나 헤겔에 있어서는 '3단계의 진행[Dreischritt]'만이 아니라 '4단계의 사유'도 나타나고 있는데, 예컨대 1805년 무렵에 헤겔은 철학을 "사변철학, 자연철학, 정신철학, 자연법(자연권)"이라는 네 영역으로 구분하고 있다.[3] 이것은 물론 학문의 분류(구분)이기도 하지만, 헤겔에 있어서는 이념의 전개과정을 지시하고 있기도 하다. 헤겔의 철학체계를 보여주고 있는 『철학강요』의 구성도 전체적으로는 논리학-자연철학-정신철학의 삼단계 진행으로 볼 수도 있지만, 제3단계에 배열되어 있는 '정신철학'을 '유한한 정신의 철학'과 '절대정신의 철학'으로 2분화하여 전자를 제2단계의 뒷부분에 배열하고 후자를 제3단계에 배열하게 되면 전체의 순서는 〈① 논리학, ② (ⓐ 자연철학, ⓑ 유한한 정신의 철학), ③ 절대정신의 철학〉이라는

3 1805년 포스(Voss)에게 보내는 편지(*Briefe von und an Hegel I*, 99).

구조를 갖게 된다. 이 경우에, 전(全)과정을 세분해볼 때에는 4단계의 진행이지만, 크게 보면 그것을 3단계의 진행으로 환원할 수 있게 된다. 4분적 진행은 또한, 세계사를 동양의 왕국, 희랍제국, 로마제국, 그리고 게르만제국이라는 네 영역으로 나눈 데에서도 발견할 수 있다.[4] 더욱이 헤겔은 시원(始原)으로부터의 존재자의 전개과정을 축약하여 3단계로 볼 수도 있고 4단계로 볼 수도 있다고 말한다. 3단계로 볼 경우는, ① 첫 번째의 직접적인 것, ② 매개된 것, ③ 두 번째의 직접적인 것(=세 번째의 것)에로의 진행이 이루어진 것으로 보는 경우다. 이것은 ① 절대자인 로고스가 ② 자기를 자기의 타자인 자연과 유한한 정신으로 외화·전개한 후, ③ 다시 자기에게로 복귀하는 진행을 가리킨다. 이를 달리 표현하면, ① 전개되지 않은 통일[미분화(未分化)된 통일] ⇨ 분열 ⇨ 재통일[귀일(歸一)]의 과정이라 할 수 있다. 그런데 이 과정을 4단계로 보는 경우는, '첫 번째의 직접적인 것'인 ①을 '이미 매개된 것'으로 보면 여기에 ⓐ 직접성과 ⓑ 매개성이라는 두 단계가 포함되어 있기 때문에 전체의 과정은 삼중성[Triplizität]이 아니라 사중성[Quadruplizität]을 지니게 된다(GW 12, 247 f. 참조). 그런데 여기서 ①을 이미 매개된 것으로 본다는 말은, 절대자인 로고스가 자기를 외화하는 제2단계로 나아가기 전에 이미 자신 속에 유한자를 내포하고 있는 사태를 가리킨다. 즉, 절대자는 제②단계에서 비로소 유한자를 창조하는 것이 아니라, 이미 유한자를 자신 속에 내포한 상태에서 그것을 밖으로 내보내는 것이라는 말이다. 이것은 소위 'creation ex nihilo[무로부터의 창조]'가 아니라 'creatio ex Deo[신으로부터의 창조]'라는 사태가 지시하는 바다.[5]

뿐만 아니라 우리는 '2단계의 진행'도 찾아볼 수 있다. 예컨대 실재철학[Realphilosophie]은 자연철학과 정신철학으로 구분되고 논리학은—세분하면 존재론·본질론·개념론의 3단계로 구성되어 있지만—객관적 논리학과 주관적 논리학으로 2분된다. 물론 이것도 한편으로는 학문의 구분이지만, 다른 한편으

---

4 PdR §§355 ff. TW 7, 509 ff. 참조; Wilhelm Raimund Beyer, *Hegel-Bilder. Kritik der Hegel-Deutungen*, Berlin, 1964, 157 참조.

5 그러나 헤겔은 『철학강요』 §230 (TW 8, 382)에서, 제1단계인 '보편성'이 2중적으로 나타나는 것이 아니라 제2단계인 '특수성'이 "2중적으로 나타나기 때문에 이 구분은 따라서 또 4분적으로도 진행한다"고 말하는데, 이것을 내 나름대로 해석해보면, 〈① 제1단계(보편성): 세계창조 이전에 홀로 추상적인 상태로 있는 절대자(직접적인 것), ② 제2단계(특수성): ⓐ 자연, ⓑ 유한한 정신, ③ 자기에게로 복귀한 절대정신〉이라는 3단계의 진행으로, 이때 제2단계가 '자연'과 '유한한 정신'으로 2중화되어 있는 사태를 지시하는 것으로 해석할 수 있을 것이다.

로는 이념 내지 로고스의 진행과정이기도 하다.[6]

포퍼의 시행착오 사상이나 아도르노의 부정변증법과 헤겔의 변증적 사유의 차이점은, 포퍼나 아도르노에 있어서는 최종적인 진리에의 도달, 궁극적인 Synthese의 성취가 이루어질 수 있다는 보장을 확보할 수 없는 데 반하여, 헤겔은 인간의 의식이 궁극적인 진리에 도달할 수 있다고 주장하고 있다는 점이다. 즉, 포퍼는 단지 인간이 진리에 이르기 위한 과정에서 시행착오를 거듭한다고 주장할 뿐이며, 아도르노 역시 최종적인 Synthese에의 도달은 하나의 이상(理想)으로 간주한다. 그러나 헤겔은 인간의 의식이 개념의 노동과 노고를 통해[durch die Arbeit und Anstrengungen des Begriffs] 반복된 부정의 과정을 거쳐나가면, 마침내 주객통일의 경지에 이를 수 있다고 생각했던 것이다. 그러나 헤겔의 이러한 주장은, 인간의 유한성을 망각한 입장이라 하여 많은 사람들에 의해 비판받고 있는 반면, 헤겔 자신은 이러한 비판은, 신이 우리에게 부여한 이성의 능력을 평가절하하는 데서 기인하는 무력한 입장으로 간주한다.

---

6 헤겔에 있어서의 이러한 2분적·3분적·4분적 구성에 대해서는 Vittorio Hösle, *Hegels System I. Systementwicklung und Logik*, Hamburg, 1988, 127 ff. 참조.

참고문헌

Hegel 원전: Originaltexte

- *Theorie Werkausgabe in zwanzig Bänden*, Redaktion von Eva Moldenhauer und Karl Markus Michel, Ffm., 1969 ff. (=TW)

TW 1: *Frühe Schriften*.

TW 2: *Jenaer Schriften 1801–1807*.

TW 3: *Phänomenologie des Geistes*.

TW 4: *Nürnberger und Heidelberger Schriften (1808–1817)*.

TW 5: *Wissenschaft der Logik I*.

TW 6: *Wissenschaft der Logik II*.

TW 7: *Grundlinien der Philosophie des Rechts* (=PdR).

TW 8: *Enzyklopädie der philosophischen Wissenschaften I*.

TW 9: *Enzyklopädie der philosophischen Wissenschaften II*.

TW 10: *Enzyklopädie der philosophischen Wissenschaften III*.

TW 11: *Berliner Schriften 1818–1831*.

TW 12: *Vorlesungen über die Philosophie der Geschichte*.

TW 13: *Vorlesungen über die Ästhetik I*.

TW 14: *Vorlesungen über die Ästhetik II*.

TW 15: *Vorlesungen über Ästhetik III*.

TW 16: *Vorlesungen über die Philosophie der Religion I*.

TW 17: *Vorlesungen über die Philosophie der Religion II*.

TW 18: *Vorlesungen über die Geschichte der Philosophie I*.
TW 19: *Vorlesungen über die Geschichte der Philosophie II*.
TW 20: *Vorlesungen über die Geschichte der Philosophie III*.

- *Gesammelte Werke in Verbindung mit der Deutschen Forschungsgemeinschaft*, hg.v. der Rheinisch-Westfälischen Akademie der Wissenschaften (=GW), Hamburg, 1968 ff.

GW 4: *Jenaer Kritische Schriften*, hg.v. Hartmut Buchner und Otto Pöggeler, 1968.
GW 6: *Jenaer Systementwürfe I*, hg.v. K. Düsing und H. Kimmerle, Hamburg, 1975.
GW 7: *Jenaer Systementwürfe II. Logik, Metaphysik, Naturphilosophie. Fragment einer Reinschrift (1804/05)*, hg.v. R.-P. Horstmann und J. H. Trede, Hamburg, 1975.
GW 11: *Wissenschaft der Logik. Erster Band. Die Objektive Logik (1812/1813)*, hg. v. F. Hogemann und W. Jaeschke, Düsseldorf, 1978.
GW 12: *Wissenschaft der Logik. Zweiter Band. Die subjektive Logik (1816)*, hg. v. F. Hogemann und W. Jaeschke, Düsseldorf, 1981.
GW 17: *Vorlesungsmanuskripte I (1816-1831)*, hg. v. W. Jaeschke, Düsseldorf, 1987.
GW 19: *Enzyklopädie der philosophischen Wissenschaften im Grundrisse (1827)*, hg. v. W. Bonsiepen und H-Ch. Lucas, Düsseldorf, 1989.
GW 20: *Enzyklopädie der philosophischen Wissenschaften im Grundrisse (1830)*, unter Mitarbeit von Udo Rameil, hg. v. W. Bonsiepen und H-Ch. Lucas, Düsseldorf, 1992.
GW 21: *Wissenschaft der Logik. Erster Teil. Die Objektive Logik. Erster Band. Die Lehre vom Sein (1832)*, hg. v. F. Hogemann und W. Jaeschke, Düsseldorf, 1985.

ThJ: *Hegels Theologische Jugendschriften*, Unveränderter Nachdruck der Ausgabe v. Tübingen (1907), hg.v. Herman Nohl, Ffm., 1991.
Vorlesungen über die Beweise vom Dasein Gottes, hg.v. Georg Lasson, Leipzig, 1930.
JR I: *Jenenser Realphilosophie I (1803/04)*, hg.v. Johannes Hoffmeister, Leipzig, 1932.
JR II: *Jenenser Realphilosophie II (1805/06)*, hg.v. Johannes Hoffmeister, Leipzig, 1931.
PhG: *Phänomenologie des Geistes*, hg. v. J. Hoffmeister, Hamburg, 1952.
VG: *Die Vernunft in der Geschichte*, hg.v. Johannes Hoffmeister, Hamburg, 1955.

SS: *System der Sittlichkeit*, hg.v. Georg Lasson, Hamburg, 1967.

Briefe von und an Hegel, hg.v. J. Hoffmeister. 4Bde., Dritte, durchgesehene Aufl., Hamburg, 1969.

2차 문헌: Sekundärliteratur

1. 국내문헌

가토 히사타케 외, 『헤겔사전』, 도서출판 b, 2009.

강순전, 「아도르노의 부정변증법—헤겔 변증법 비판을 중심으로—」, 『헤겔연구』 제19호, 한국헤겔학회, 2006 (69-100).

강영안, 「스피노자의 〈신 또는 자연〉」, 『서강인문논총』 제4집, 서강대학교인문과학연구소, 1995.

곤자 다케시, 『헤겔과 그의 시대』, 이신철 역, 도서출판 b, 2014.

길희성, 『마이스터 엑카르트의 영성사상』, 분도출판사, 2012[4](2003).

김계숙, 『서양철학사』, 일조각, 1996.

김광수, 『논리와 비판적 사고』, 철학과 현실사, 1999.

김대식, 「헤겔에 있어서의 존재와 무의 변증법」, 『동서철학연구』 제4호, 동서철학회, 1987 (147-162).

김수행, 『자본론 공부』, 돌베개, 2016.

김옥경, 「헤겔철학에 나타난 존재와 무」, 『철학논집』 제18집, 서강대학교 철학연구소, 2009 (103-132).

김인곤 외 역, 『소크라테스 이전 철학자들의 단편 선집』, 아카넷, 2005.

김장수, 『주제별로 접근한 독일근대사』, 푸른사상사, 2010.

김종두, 『키에르케고르의 실존사상과 현대인의 자아이해』, 새물결플러스, 2015.

김형수, 『니콜라우스 쿠자누스의 신 인식과 자기인식』, 누멘, 2012.

노자(老子), 『도덕경』, 삼성출판사, 『노자(老子)/장자(莊子)』, 장기권·이석호 역, 1990.

노트, 마르틴, 『출애굽기』, 한국신학연구소 역, 한국신학연구소, 1985.

노희상 편저, 『공산주의비판노트』, 대왕사, 1989.

데이비스, 올리버, 『신비신학자 마이스터 엑카르트』, 이창훈 역, 분도출판사, 2016[2] (2010).

라에르티오스, 디오게네스, 『유명한 철학자들의 생애와 사상2』, 김주일 외 역, 나남, 2021.

램프레히트, 스털링 P., 『서양철학사』, 김태길 외 역, 을유문화사, 2000.

레싱, 고트홀트 에프라임, 『현자 나탄』, 윤도중 역, 지식을 만드는 지식, 2011.

모이지쉬, 부르크하르트, 『마이스터 에카르트. 유비, 일의성 그리고 단일성』, 이상섭 역, 서강대학교출판부, 2010.

뮐러, 구스타프 E., 「'테제-안티테제-쉰테제' 라는 헤겔의 전설」, 『헤겔의 신화와 전설』, 존 스튜어트 편, 신재성 역, 도서출판 b, 2018 (496-503).

바이저, 프레데릭, 『헤겔. 그의 철학적 주제들』, 이신철 역, 도서출판 b, 2014[2](2012).

박삼열, 『스피노자의 〈윤리학〉 연구』, 선학사, 2002.

백훈승, 「헤에겔 〈정신현상학〉을 중심으로 한 욕구의 의미·발생·구조의 분석」, 오봉(五鳳) 송현주교수 정년기념논문집간행위원회, 1994 (515-560).

백훈승, 「헤겔에 있어서 구별되어야 할 세 가지 종류의 욕구」, 『대동철학』 제3집, 대동철학회, 1999.03 (115-135).

백훈승, 「윤리공동체의 성립조건으로서의 상호인정과 자유」, 『철학연구』 제72집, 대한철학회, 1999.11.01 (265-292).

백훈승, 「헤겔 『정신현상학』의 생 개념」, 『헤겔연구』 제12권, 2002.12 (53-77).

백훈승, 「자연변증법 비판: F. Engels의 〈자연변증법〉과 〈반 뒤링론〉을 중심으로」, 『범한철학』 제28집, 범한철학회, 2003.03 (235-255).

백훈승, 「헤겔과 절대자」, 『범한철학』 제32집, 범한철학회, 2004.03 (269-289).

백훈승, 「존재론적 신 존재 증명에 관한 칸트와 헤겔의 견해」, 『철학논총』 제36집, 새한철학회, 2004.04 (323-338).

백훈승, 「헤겔에서의 반성(反省)과 사변(思辨)」, 『범한철학』 제34집, 범한철학회, 2004.09 (225-246).

백훈승, 「"이성적인 것은 현실적이고, 현실적인 것은 이성적"인가?」, 『범한철학』 제33집, 범한철학회, 2004 (153-171).

백훈승, 『피히테의 자아론: 피히테철학 입문』, 신아출판사, 2004.

백훈승, 「존재론적 신 존재 증명에 관한 칸트와 헤겔의 견해」, 『철학논총』 제36집, 새한철학회, 2004.04 (323-338).

백훈승, 「"이성적인 것은 현실적이고, 현실적인 것은 이성적"인가?」, 『범한철학』 제33집, 범한철학회, 2004 (153-171).

백훈승, 「헤겔의 의지개념」, 『범한철학』 제56집, 범한철학회, 2010.03 (135-163).

백훈승, 「헤겔과 사변적 진술: 『정신현상학』 서문 §§58~66의 분석과 비판」, 『철학연구』 제118집, 대한철학회, 2011 (123-147).

백훈승, 「헤겔에 있어서의 學의 始原의 문제」, 『동서철학』 제68호, 2013 (115-134).

백훈승, 『칸트와 독일관념론의 자아의식 이론』, 서광사, 2013.

백훈승, 「니콜라우스 쿠자누스와 헤겔의 절대자관」, 『동서철학연구』 제70호, 한국동서철학회, 2013.12 (343-373).

백훈승, 「헤겔 변증법과 모순」, 『동서철학연구』 제75호, 한국동서철학회, 2015.03 (377-395).

백훈승, 『철학입문』, 전북대학교출판문화원, 2015.

백훈승, 『헤겔 법철학강요 해설: 〈서문〉과 〈서론〉』, 서광사, 2016.

백훈승, 「피히테는 무신론자인가?」, 『동서철학연구』 제81호, 한국동서철학회, 2016.09.30 (329-353).

백훈승, 『누가 추상적으로 사유하는가?』, 서광사, 2017.

백훈승, 『서양근대철학』, 전북대학교출판부, 2017.

백훈승, 「헤겔 『정신현상학』에 있어서의 자기[Selbst]의 의미에 관한 연구」, 『동서철학연구』 제83호, 한국동서철학회, 2017.03.31 (409-430).

백훈승, 「헤겔의 진리관 검토—그의 진리 기준론을 중심으로」, 『동서철학연구』 제92호, 한국동서철학회, 2019.06 (259-284).

블랑, 샤를 르, 『키에르케고르』, 이창실 역, 동문선, 2004.

블로흐, 에른스트, 『서양 중세·르네상스철학 강의』, 박설호 역, 열린책들, 2008.

비더만, G., 『헤겔』, 강대석 역, 서광사, 1999.

上妻精 외, 『헤겔 法哲學 입문』, 윤길순 역, 중원문화, 1984.

서동익, 「헤겔의 辨證法存在論의 定礎」, 『철학연구』 제6호, 철학연구회, 1971 (1-71).

서울대학교교양교재편찬위원회 철학개론분과위원회, 『철학개론』, 서울대출판부, 1977.

서정자, 「스피노자의 신 개념」, 『철학연구』 제55집, 대한철학회, 1996.

손철성, 『헤겔&마르크스. 역사를 움직이는 힘』, 김영사, 2008.

슈퇴릭히, H.J., 『세계철학사. 하권』, 임석진 역, 분도출판사, 1978.

스텀프, 사무엘 E., 『서양철학사』, 이광래 역, 종로서적, 1984^{3}(1983).

신일철, 「토대·상부구조 논쟁의 전개과정과 그 영향—북한 〈주체철학〉 교정(教程)에 미친 영향—」, 『아세아연구』 26(2), 고려대학교 아세아문제연구소, 1983 (1-30).

아도르노, 테오도르 W., 『변증법 입문』, 홍승용 역, 세창출판사, 2015.

아도르노, 테오도르 W., 『부정변증법 강의』, 이순예 역, 세창출판사, 2015.

아퀴나스, 토마스, 『신학대전3』, 정의채 역, 바오로딸, 2000.

아파나셰프, 빅토르, 『변증법적 유물론』, 김성환 역, 1991.

안호상, 『철학개론』, 대한교과서주식회사, 1986[13](1942).

에커만, 요한 페터, 『괴테와의 대화』, 곽복록 역, 동서문화사, 2007.

엘라이, 로타, 『피히테, 쉘링, 헤겔. 독일관념론의 수행적 사유방식들』, 백훈승 역, 인간사랑, 2008.

역사신학연구회 저, 『삼위일체론의 역사』, 대한기독교서회, 2008.

연효숙, 「헤겔의 생성의 존재론이냐, 들뢰즈의 발생의 존재론이냐」, 『헤겔연구』 제31집, 한국헤겔학회, 2012 (75-93).

오병세, 『구약성경신학』, 개혁주의신행협회, 1999.

왈리스, R.T., 『신플라톤주의』, 박규철·서영식·조규홍 공역, 누멘, 2017[2](2011).

위 디오니시우스, 『위 디오니시우스 전집』, 엄성옥 역, 은성출판사, 2007.

유헌식, 「헤겔의 존재논리에 나타난 부정과 타자개념」, 『헤겔연구』 제3집, 한국헤겔학회, 1986 (65-93).

이부현, 『이성과 종교: 헤겔 종교철학 연구』, 서광사, 1995.

이성백, 「동일성의 긍정성과 부정성. 데리다, 아도르노, 헤겔, 맑스의 동일성 개념 비교」, 『철학연구』 Vol. 56, 철학연구회, 2002.03 (61-77).

이신구, 「독일 신비주의와 마이스터 에카르트」, 『독어독문학』 제62권, 한국독어독문학회, 1997.05 (1-26).

이와사끼 다께오, 『칸트에서 헤겔까지』, 한단석 역, 신아출판사, 2005.

이운허·김달진 역, 『大般涅槃經 ② 外』, 동국대학교부설 동국역경원, 1995[3](1990).

이정은, 「헤겔 『대논리학』에서의 존재와 무의 모순」, 『시대와 철학』 제7집, 한국철학사상연구회, 1993 (208-228).

이창환, 「헤겔의 "논리학"에서 나타난 긍정적 변증법의 "출발"에 관하여」, 『서울대인문논총』 제31집, 1994 (121-147).

임재진, 「헤겔 논리학과 시원의 문제」, 『범한철학』 제8집, 범한철학회, 1993 (357-373).

장욱, 『중세철학의 정신』, 동과서, 2002.

전광식, 『신플라톤주의의 역사』, 서광사, 2005[3](2002).

전두하, 『서양 현대철학의 제유형』, 진영사, 1981[2](1975).

정달용, 「니콜라우스 쿠사누스의 "神-論" ―De docta ignorantia 제1권과 De non-aliud를 중심으로―」, 『중세철학』 Vol.7, 한국중세철학회, 2001 (3-31).

정달용, 『중세독일신비사상』, 분도출판사, 2013[2](2007).

정진일, 『철학』, 형설출판사, 1991.

조관홍, 「Hegel 논리학에 있어서 존재의 범주설정에 관한 고찰」, 『철학논총』 제3집, 영남철학회, 1987 (133-156).

조관홍, 「헤겔에 있어서 존재의 문제」, 『철학논총』 제11집, 영남철학회, 1995 (73-98).

조규홍, 「니콜라우스와 플로티누스의 절대자 개념 비교 연구」, 『중세철학』 Vol. 10, 한국중세철학회, 2004 (159-205).

조홍길, 「헤겔의 생성의 변증법과 불교의 연기사상의 만남」, 『대동철학』 제49집, 대동철학회, 2009 (193-215).

최재희, 『헤겔의 철학사상』, 정음사, 1983^2(1966).

최재희, 『서양철학사상』, 박영사, 1984.

최재희, 『헤겔의 사회철학—「『법철학』강요」를 중심으로—』, 형설출판사, 1994.

카시러, 에른스트, 『르네상스 철학에서의 개체와 우주』, 박지형 역, 민음사, 1996.

키에르케고르, 『이것이냐 저것이냐』, 권오석 역, 홍신문화사, 1995.

키에르케고르, 『공포와 전율』, 임춘갑 역, 치우, 2011.

키에르케고어, 『이것이냐 저것이냐1』, 임춘갑 역, 치우, 2012.

키친, 마틴, 『사진과 그림으로 보는 케임브리지 독일사』, 유정희 역, 시공사, 2006.

피터슨, 마이클 외, 『종교의 철학적 의미』, 하종호 역, 이대출판부, 2006.

한단석, 『칸트 철학사상의 이해』, 양영각, 1983.

한단석, 『칸트 『순수이성비판』의 새로운 이해』, 사회문화연구소출판부, 2003.

한상원, 「변증법의 아포리아를 넘어—헤겔, 맑스, 아도르노 그리고 부정성의 생산성」, 『시대와 철학』 제27권 2호, 한국철학사상연구회, 2016 (103-138).

한상원, 「규정적 부정과 내재적 비판. 헤겔과 아도르노의 비판적 방법론」, 『철학』 제130집, 한국철학회, 2017.02 (49-73).

헨리히, 디이터, 「논리학의 시원과 방법」, 김옥경 역, 『헤겔연구』 제2집, 한국헤겔학회, 1986 (258-279).

화이트비, 『플로티노스의 철학』, 조규홍 역, 누멘, 2008.

황순철, 『헤겔 「논리학」에서 생성의 변증법』, 전남대학교 대학원 (석사논문), 2005.

Bottomore, Tom 외, 『마르크스 사상사전』, 임석진 편집 및 책임감수, 청아출판사, 1988.

Diemer, Alwin, 『변증법 총설—그 역사적 전개와 비판—』, 백승균 역, 계명대학교출판부, 1983.

Frege, Gottlob, *Die Grundlagen der Arithmetik*, 『산수의 기초』, 박준용·최원배 역, 아카넷, 2004.

Hyppolite, Jean, 『헤겔의 정신현상학』, 이종철·김상환 역, 문예출판사, 1986.
Seiffert, Helmut, 『학의 방법론 입문 I』, 전영삼 역, 교보문고, 1992.
Zimmermann, Franz, 『실존철학』, 이기상 역, 서광사, 1987.

2. 국외문헌

Adorno, *Einführung in die Dialektik*, hg.v. Christoph Ziermann, Ffm., 2010 (1958).

Ders., *Minima Moralia. Reflexion aus dem beschädigten Leben*, Ffm., 1971.

Ders., *Negative Dialektik*, Ffm., 1973^4 (1966).

Der., "Dikussionsbeitrag zu Spätkapitalismus oder Industriegesellschaft?," in: *Gesammelte Schriften* Bd. 8, hg. von Rolf Tiedemann, Suhrkamp, Ffm, 1997 (578-587).

Ders., *Vorlesungen über Negative Dialektik. Fragmente zur Vorlesung* 1965/66, hg. Rolf Tiedemann, Ffm., 2003.

Anselm von Canterbury, *Proslogion*. Untersuchungen Lateinisch-deutsche Ausgabe von P. Franciscus Salesius Schmitt O.S.B. Abtei Wimpfen, Stuttgart-Bad Cannstatt, 1962.

Aquin, Thomas von, *Von der Wahrheit* (*Quaestinoes disputatae de veritate*). Lateinisch-Deutsch, ausgewählt, übersetzt und hg.v. Albert Zimmermann, Hamburg, 1986.

Aristotle, *The Categories/On Interpretation/Prior Analytics* (by Hugh Tredennick) in: *The Loeb Classical Library*, London/Cambridge, Massachusetts, 1962.

Ders., *On Interpretation*, in: *Aristotle in twenty-three volumes* ebd., by Harold P. Cook, M.A., 1962.

Ders., *On Interpretation*, in: *Aristotle in twenty-three volume.*, by Harold P. Cook, M.A., 1962.

Ders., *ΠΕΡΙ ΨΥΧΗΣ*, in: *Aristotle. On the Soul. Parva Naturalia. On Breath*, tr. by W. S. Hett, Havard Univ. Pr., 1964.

Ders., *Metaphysica*, in: *Aristotle in twenty-three volumes XVII. The Metaphysics I. Books I-IX*. Cambridge Massachusetts, Harvard Univ. Pr., 1975.

Ayers, Michael, "Spinoza, Platonism and Naturalism," in: *Rationalism, Platonism and God*, ed., by Michael Ayers, Oxford/NY., 2007 (53-78).

Baillie, J.B. (tr. with an Introduction and Notes), *The Phenomenology of Mind*, NY. u.a., 1967.

Baum M./Meist, K.R., "Durch Philosophie leben lernen," in: *Hegel-Studien*, Bd. 12, 1977 (65-73).

Baum, Manfred, "Das Lebendige in Hegels früher Metaphysik", in: *Die Naturphilosophie im Deutschen Idealismus*, hg.v. Karen Gloy und Paul Burger, Stuttgart-Bad Cannstatt, 1993 (224-237).

Becker, Werner, "Der Begriff der Spekulation und seine Stellung im Rahmen der transzendentalphilosophieschen Erkenntnistheorie der Neuzeit," in: Ders., *Selbstbewußtsein und Spekulation. Zur Kritik der Transzendentalphilosophie*, Freiburg, 1972 (45-65).

Beierwaltes, Werner, *Platonismus und Idealismus*, Ffm., 1972.

Ders., *Proklos. Grundzüge seiner Metaphysik*. Zweite durchgesehene und erweiterte Auflage, Ffm., 1979.

Benz, Ernst, "Johann Albrecht Bengel und die Philosophie des deutschen Idealismus," in: *Deutsche Vierteljahrschrift für Literaturwissenschaft und Geistesgeschichte*, 27, 1953 (528-554).

Ders., "Theogony and the Transformation of Man in F.W.J. Schelling," in: Joseph Campbell (ed.), *Papers from the Eranos Yearbooks: Man and Trasformation*, *Eranos 5*, 1954, (203-249).

Berg, Robert J., *Objektiver Idealismus und Voluntarismus in der Metaphysik Schellings und Schopenhauers*, Würzburg, 2003.

Beyer, Wilhelm Raimund, *Hegel-Bilder. Kritik der Hegel-Deutungen*, Berlin, 1964.

Bloch, E., *Zwischenwelten in der Philosophiegeschichte: aus Leipziger Vorlesungen, Bd.12*, Ffm., 1985.

Bolberitz, P., *Philosophischer Gottesbegriff bei Nikolaus Cusanus in seinem Werk: "De non aliud"*, Leipzig, 1989.

Brecht, Martin und Sandberger, Jörg, "Hegels Begegnung mit der Theologie im Tübinger Stift. Eine neue Quelle für die Studienzeit Hegels," in: *Hegel-Studien*, Bd. 5, 1969 (47-81).

Broad, C.D., *Kant. An Introduction*, ed. by C. Lewy, Cambridge Univ. Pr., 1978.

Buber, Martin, *Ich und Du*, Köln, 1966.

Bubner, Rüdiger, "Die Metaphysik im Hintergrund der Unterscheidung des Transzendentalen vom Spekulativen," in: *Amicus Plato magis amica veritas. Festschrift für Wolfgang Wieland zum 65. Geburtstag*, hg. v. Rainer Enskat, Berlin/NY., 1998 (48-59).

Buridge, John, *On Hegel's Logic. Fragments of a Commentary*, Atlantic Highlands, N.J., 1981.

Butler, J., *Recovery and Invention: The project of desire in Hegel, Kojève, Hyppolite, and Sartre*, Michigan, 1984.

Chalybäus, Heinrich Moritz, *Historische Entwickelung der speculativen Philosophie von Kant bis Hegel. Zu näherer Verständigung des wissenschaftlichen Publicums mit der neuesten Schule dargestellt*. Zweite verbesserte und vermehrte Auflage, Dresden und Leipzig, 1839.

Ders., *Historische Entwickelung der speculativen Philosophie von Kant bis Hegel. Zu näherer Verständigung des wissenschaftlichen Publicums mit der neuesten Schule dargestellt*. Dritte teilweise umgearbeitete Auflage, Dresden und Leipzig, 1843.

Claesges, Ulrich, *Geschichte des Selbstbewusstseins. Der Ursprung des spekulativen Problems in Fichtes Wissenschaftslehre von 1794-95*, Den Haag, 1974.

Clarke, James Alexander, *Fichte's theory of Intersubjectivity*, Durham theses, Durham University, 2004.

Comoth, Katharina, *Die Idee als Ideal. Trias und Triplizität bei Hegel*, Heidelberg, 1986.

Copleston, Frederick, S.J., *A History of Philosophy. Vol. I. Greece and Rome*, Westminster, Maryland, 1960.

Ders., *A History of Philosophy. Vol. IV. Descartes to Leibniz*, NY. u.a., 1971.

Ders., *A History of Philosophy. Vol. VII: Fichte to Nietzsche*, London, 1965.

Craig, Edward (General Editor), *Routledge Encyclopedia of Philosophy*, NY., 1998, Vol. 7.

Cramer, K., "Kritische Betrachtungen über einige Formen der Spinozainterpretation," in: *Zeitschrift für philosophische Forschung 31*, 1977 (527-544).

Ders., "Über die Voraussetzungen von Spinozas Beweis für die Einzigkeit der Substanz," in: *Neue Hefte für Philosophie*, Heft 12, 1977 (1-78).

Ders., "Eine Kritische Bemerkung zu Hegels Spinoza-Interpretation," in: *Lo Spinozis-*

mo hieri e oggi. Archivio de Filosofia, Padova, 1978 (259–265).

Creuzer, F., *Aus dem Leben eines alten Professors*, Leipzig/Darmstadt, 1848.

Crombie, I.M., *An Examination of Plato's Doctrines. II. Plato on Knowledge and Realtity*, London and NY., 2012.

Daniel, Claus, *Hegel verstehen. Einführung in sein Denken*, Ffm./NY., 1983.

Deleuze, G., *Spinoza et le problème de l'expression*, Paris, 1968.

Descartes, R., "The Passions of the Soul," in: E.S. Haldane and G.R.T. Ross (rendered into English), *The Philosophical Works of Descartes*, in two volumes, Vol. I, Cambridge Univ. Pr., 1979 (329–428).

Descartes, R., *Die Prinzipien der Philosophie*, Lateinisch–Deutsch. Über. und hg.v. Christian Wohlers, Hamburg, 2005.

Dilthey, W., *Die Jugendgeschichte Hegels*, Stuttgart, 1963.

Donagan, Alan, *Spinoza*, NY., 1988.

Dubský, Ivan, "Hegels Arbeitsbegriff und die idealistische Dialektik," in: Iring Fetscher (hg), *Hegel in der Sicht der neueren Forschung*, Darmstadt, 1973 (408–463).

Düsing, Edith, *Intersubjektivität und Selbstbewußtsein. Behavioristische, phänomenologische und idealistische Begründungstheorien bei Mead, Schütz, Fichte und Hegel*, Köln, 1986.

Düsing, Klaus, "Spekulation und Reflexion. Zur Zusammenarbeit Schellings und Hegels in Jena," in: *Hegel–Studien*, Bd. 5, Bonn, 1969 (95–107).

Ders., *Das Problem der Subjektivität in Hegels Logik. Hegel–Studien* Beiheft 15, Bonn, 1976.

Ders., "Jugendschriften," in: Otto Pöggeler (hg), *Hegel. Einführung in seine Philosophie*, Freiburg/München, 1977 (28–42).

Ders., "Idealistische Substanzmetaphysik. Probleme der Systementwicklung bei Schelling und Hegel in Jena," in: *Hegel in Jena. Hegel–Studien* Beiheft 20, Bonn, 1980 (25–44).

Ders., *Hegel und die Geschichte der Philosophie: Ontologie und Dialektik in Antike und Neuzeit*, Darmstadt, 1983.

Ders., *Das Problem der Subjektivität in Hegels Logik. Systematische und entwicklungsgeschichtliche Untersuchungen zum Prinzip des Idealismus und zur Dialektik*, Bonn, 1984.

Eckermann, J. P., *Gespräche mit Goethe in den letzten Jahren seines Lebens*. Bd. 3. Leipzig, 1848.

Ehmann, K. Ch. E. (hg.), *Friedrich Christoph Oetingers Leben und Briefe, als urkundlicher Commentar zu dessen Schriften*, Stuttgart, 1859.

Eley, Lothar, *Hegels Wissenschaft der Logik. Leitfaden und Kommentar*, München, 1976.

Engels, F., *Dialektik der Natur*, in: *Marx Engels Werke* (MEW), Bd. 20, Berlin/DDR, 1987 (305-570).

Ders., *Herrn Eugen Dührings Umwälzung der Wissenschaft* ("Anti-Dühring"), in: MEW, Bd. 20, Berlin/DDR, 1987 (1-303).

Fetscher, Iring, *Hegels Lehre vom Menschen*, Stuttgart, 1970.

Fetscher, Iring (hg), *Hegel in der Sicht der neueren Forschung*, Darmstadt, 1973

Feuerbach, Ludwig, *Werke in sechs Bänden. 5, Das Wesen des Christentums (1841)*, Ffm, 1976.

Ders., "Grundsätze der Philosophie der Zukunft," in: *Werke in sechs Bänden. 3. Kritiken und Abhandlungen II (1839-1843)*, Ffm., 1975 (247-322).

Ders., "Vorläufige Thesen zur Reform der Philosophie [1843]," in: *Ludwig Feuerbach. Werke in sechs Bänden. 3. Kritiken und Abhandlungen II (1839-1843)*, Ffm., 1975 (223-243).

Fichte, Johann Gottlieb, *Gesamtausgabe der Bayerischen Akademie der Wissenschaften* (=GA), hg.v. R. Lauth und H. Jacob und H. Gliwitzky, München, 1962 ff. in vier Reihen: I(Werke), II(Nachgelassene Schriften), III(Briefe), IV (Kollegnachschriften), Stuttgart-Bad Cannstatt.

Ders., Johann Gottlieb Fichtes sämmtliche Werke (=SW). hg. v. I. H. Fichte, Berlin, 1845-1846(I-VIII).

Ders., Johan Gottlieb Fichtes nachgelassene Werke, hg. v. I. H. Fichte, Bonn 1834-1835 (IX-XI). Nachdruck der Ausgabe Berlin (de Gruyter), 1971.

Ders., *Grundlage der gesamten Wissenschaftslehre* 1794/95 (=GdgWL), in: GA I/2.

Ders., *Erste Einleitung in die Wissenschaftslehre* (=EEWL), in: GA I/4, SW I.

Ders., *Wissenschaftslehre nova methodo* (=WLnm), in: GA IV/2.

Ders., *Einige Vorlesungen über die Bestimmung des Gelehrten*, in: GA I/3.

Ders., *Grundlage des Naturrechts nach Prinzipien der Wissenschaftslehre*, Hamburg, 1979.

Findlay, J.N., *Hegel. A Re-Examination*, London and NY., 1970^3(1958).

Fischer, Kuno, *Logik und Metaphysik*, 3. Aufl., Heidelberg, 1909.

Flasch, Kurt, *Die Metaphysik des Einen bei Nikolaus von Kues*, Leiden, 1973.

Fujita, *Philosophie und Religion beim jungen Hegel, Hegel-Studien* Beiheft 26, 1985.

Fulda, "Aufheben", in: Joachim Ritter (hg.), *Historisches Wörterbuch der Philosophie*, Bd. 1, Basel, 1971 (618-620).

Gadamer, H.G., *Wahrheit und Methode*, Tübingern, 1986^5 (1960).

Ders., "Hegels Dialektik des Selbstbewußtseins," in: *Materialien zu Hegels Phänomenologie des Geistes*, hg. v. H. F. Fulda und D. Henrich, Ffm., 1973 (217-242).

Ders., "Die verkehrte Welt," in: H. F. Fulda und D. Henrich (hg.), *Materialien zu Hegels Phänomenologie des Geistes*, Ffm., 1979 (106-130).

Gamm, Gerhard, *Der Deutsche Idealismus. Eine Einführung in die Philosophie von Fichte, Hegel und Schelling*, Stuttgart, 1997.

Georgulis, "Konstantin, Endelechie," in: *Historisches Wörterbuch der Philosophie*, hg.v. Joachim Ritter, Bd. 2, Basel/Stuttgart, 1972 (480-81).

Gessmann, M., (neu hg. v.), *Philosophisches Wörterbuch*, Darmstadt, 2009.

Glockner, Hermann, *Hegel. Zweites Band. Entwicklung und Schicksal der Hegelschen Philosophie. Georg Wilhelm Friedrich Hegel. Sämtliche Werke. Bd. 22.*, hg. v. H. Glockner, Stuttgart, 1940.

Goethe, J.W. von, *Faust I und II, in: Goethe Werke*, hg.v. Friedmar Apel u.a., Darmstadt, 1998.

Grotz, Stephan, *Negationen des Absoluten. Meister Eckhart · Cusanus · Hegel*, Hamburg, 2009.

Gueroult, Martial, *Spinoza I: Dieu (Éthique, I)*, Paris, 1968.

Habermas, Jürgen, "Arbeit und Interaktion. Bemerkungen zu Hegels Jenenser Philosophie des Geistes," in: *Technik und Wissenschaft als Ideologie*, Ffm., 1969 (9-47).

Hall, Roland, "Dialectic," in: *Encyclopedia of Philosophy*. 2nd edition. Vol. 3, Detroit etc., 2006 (52-56).

Hanratty, Gerald, "Hegel and the Gnostic Tradition: II", in: *Philosophical Studies*. Vol. 31, 1986/87 (301-325).

Harris, Errol E., *An Interpretation of the Logic of Hegel*, Lanham u.a., 1983.

Harris, H.S., *Hegel's Development. Night Thoughts (Jena 1801-1806)*, Oxford, 1983.

Hartkopf, Werner, "Die Dialektik in Schellings Frühschriften. Studien zur Entwicklungsgeschichte der Dialektik II," in: *Zeitschrift füur philosophische Forschung*, Bd. 23, H. 1 (Jan.- Mar., 1969) (3-23).

Ders., "Die Kritik am Reflexionsdenken," in: *Hegel-Jahrbuch* Bd. 11, 1979 (210-225).

Ders., *Dialektik—Heuristik—Logik. Nachgelassene Studien*, hg.v. H. Baum u.a., Ffm., 1987.

Hartmann, Eduard von, *Über die dialektische Methode. Historisch-Kritische Untersuchungen*, Darmstadt, 1963.

Hartmann, Niclolai, *Die Philosophie des Deutschen Idealismus*, Berlin/NY., 1974.

Haubst, R., "Die erkenntnistheoretische und mystische Bedeutung der 'Mauer der Koinzidenz'," in: Haubst (hg), *Das Sehen Gottes nach Nikolaus von Kues* (Akten des Symposions in Trier vom 25.-27. Sep. 1986. Mitteilungen und Forschungsbeiträge der Cusanus-Gesellschaft 18), Trier, 1989 (167-195).

Heede, Reinhard, "Die Dialektik des spekulativen Satzes," in: *Hegel-Jahrbuch*, hg.v. Wilhelm R. Beyer im Auftrage der Hegel-Gesellschaft e.V., Köln, 1974 (280-293).

Heidegger, M., *Identität und Differenz*, Tübingen, 1957.

Ders., *Sein und Zeit*. Zwölfte, unveränderte Auflage, Tübingen, 1972.

Ders., "Vom Wesen der Wahrheit (1930)," in: *Martin Heidegger Gesamtausgabe. I. Abteilung: Veröffentlichte Schriften 1914-1970*. Bd. 9. Wegmarken, Ffm., 1976 (177-202).

Ders., *Hegels Phänomenologie des Geistes*, Ffm., 1980.

Ders., "Der Feldweg (1949)," in: *Aus der Erfahrung des Denkens*, Ders., *Gesamtausgabe* (hg. v. Hermann Heidegger) Bd. XIII, Ffm., 1983 (37-41).

Henrich, D., "Hölderlin über Urteil und Sein," in: Hölderlin-Jahrbuch 14, 1965/66, (73-96).

Ders., *Hegel im Kontext*, Ffm., 1967.

Ders., "Hegel und Hölderlin," in: Ders., *Hegel im Kontext*, Ffm., 1971 (9-40).

Ders., "Hegels Logik der Reflexion. Neue Fassung," in: *Die Wissenschaft der Logik und die Logik der Reflexion*, hg.v. Dieter Henrich. Hegel-Studien Beiheft 18, Bonn, 1978 (203-324).

Ders., *Konstellationen: Probleme und Debatten am Ursprung der idealistischen Philosophie* (1789-1795), Stuttgart, 1991.

Ders., *Der Grund im Bewußtsein. Untersuchungen zu Hölderlins Denken (1794-1795)*, Stuttgart, 1992.

Herzog, Frederick, *European Pietism Reviewed*, Pickwick Publications, 2003.

Hiltscher, Reinhard, *Einführung in die Philosophie des deutschen Idealismus*, Darmstadt, 2016.

Hirschberger, J., *Geschichte der Philosophie I. Altertum und Mittelalter*. Zweite Auflage, Freiburg, 1954.

Ders., *Geschichte der Philosophie II. Neuzeit und Gegenwart*, Freiburg u.a., 1969.

Hoffmeister, Johannes, *Dokumente zu Hegels Entwicklung*, Stuttgart, 1936.

Ders. (hg.), *Briefe von und an Hegel*. 4 Bde., Dritte, durchgesehene Aufl., Hamburg, 1969.

Hölderlin, Friedrich, *Sämtliche Werke. Große Stuttgarter Ausgabe*, hg. von Friedrich Beissner, Stuttgart, 1946-85, Bd. 4.

Ders., *Sämtliche Werke und Briefe. Bd II*, hg. v. Michael Knaupp, Darmstadt, 1998.

Ders., *Sämtliche Werke und Briefe. Bd III.*, hg. v. Michael Knaupp, Darmstadt, 1998.

Holz, H.H., *Dialektik und Widerspiegelung*, Köln, 1983.

Hong, Sang-Chul, *ABSOLUTES UND SUBJEKT BEI HEGEL: Zur Methode des phänomenologischen Erkennens des Wahren in ihrem Entstehungskontext*. Inaugural-Dissertation. Univ. Kassel, 2004.

Honneth, A., *Kampf um Anerkennung: zur moralischen Grammatik sozialer Konflikte*, Ffm, 1994.

Hopkins, J., *Nicolas of Cusa on God as Not-Other: A Translation and an Appraisal of "De li non-aliud"*, 3rd ed., Minneapolis, 1999.

Ders., "Nicholaus of Cusa (1401-1464): First Modern Philosopher?," in: *Midwest Studies in Philosophy*. Vol. 26, 2002 (13-29).

Hösle, Vittorio, *Hegels System I. Systementwicklung und Logik*, Hamburg, 1988.

Hyppolite, J., *Studies on Marx and Hegel*, tr., with an Introduction, Notes, and Bibliography, by John O' Neill, NY., 1969.

Inwood, Michael J., *A Hegel Dictionary*, Cambridge, Massachusetts, 1992.

Janich, P., *Was ist Wahrheit? Eine philosophische Einfürhrung*, München, 1996.

Janke, W., *Historische Dialektik. Destruktion dialektischer Grundformen von Kant bis Marx*, Berlin u.a., 1977.

Jensen, Kipton E., "The Theological Foundations of the Hegelian System: Beyond the Corpse of Faith and Reason," in: *The Heythrop Journal*, 2009 (215-227).

Ders., *Hegel: Hovering Over the Corpse of Faith and Reason*, Newcastle upon Tyne, 2012.

Kandler, Karl-Hermann, *Nikolaus von Kues: Denker zwischen Mittelalter und Neuzeit*. 2. Aufl., Göttingen, 1997.

Kant, I., *Kritik der reinen Vernunft*. Nach der ersten und zweiten Original-Ausgabe neu herausgegeben von Raymund Schmidt, Hamburg, 1956.

Ders., *Grundlegung zur Metaphysik der Sitten*, Stuttgart, 1967.

Kaufmann, W., *Hegel. A Reinterpretation*, Notre Dame, 1978.

Kelly, G. A., "Notes on Hegels 'Lordship and Bondage'," in: *Hegel. a collection of critical essays*, hg. v. Alasdair MacIntyre, Notre Dame, 1976 (189-218).

Kesting, Hanno, *Herrschaft und Knechtschaft. Die Soziale Frage und ihre Lösungen*, Freiburg, 1973.

Kierkegaard, Søren, *Stages on Life's Way*, Princeton, 1940.

Ders., *Philosophische Brosamen und Unwissenschaftliche Nachschrift*, München, 2005.

Ders., *The Sickness unto Death*, in: *Fear and Trembling and The Sickness unto Death*, tr. and with notes by Walter Lowrie, Princeton Univ. Pr., 2013 (235-468).

Ders., *Entweder - Oder*. Teil Iund II, München, 2019^{14}(1975).

Kimmerle, Heinz, "Zur Chronologie von Hegels Jenaer Schriften," in: *Hegel-Studien*, Bd. 4 (125-76).

Kipton E. Jensen, "The Theological Foundations of the Hegelian System: Beyond the Corpse of Faith and Reason," in: *The Heythrop Journal*, 2009 (215-227).

Kohlenberger, H. u. Röttgers, K., "Die Dialektik von Kant bis zur Gegenwart," in: *Historisches Wörtbuch der Philosophie*. Bd. 2, hg. v. Joachim Ritter, Basel/Stuttgart, 1972 (184-193).

Kojève, Alexandre, *Hegel: Eine Vergegenwärtigung seines Denkens*, hg. v. Iring Fetscher, Ffm., 1975.

Kozu, Kunio, *Das Bedüfnis der Philosophie, Ein Überblick über die Entwicklung des Begriffskomplexes „Bedürfnis", „Trieb", „Streben" und „Begierde" bei Hegel*, Bonn, 1988.

Kranz, Walther (hg.), *Die Fragmente der Vorsokratiker*. Griechisch und Deutsch von

Hermann Diels, Erster Band, Weidmann Verlag, 1974 (1903).

Kroner, Richard, *Von Kant bis Hegel*, Zweiter Band, Tübingen, 1961.

Kudla, Hubertus, *Lexkikon der lateinische Zitate. 3500 Originale mit deutschen Übersetzungen*. 3., durchgesehene Aufl., München, 2007.

Kues, Nikolaus von, *Philosophisch-theologische Schriften*, hg. und eingeführt Leo Gabriel, übers. und kommentiert von Dietlind und Wilhelm Dupré. Sonderausgabe zum Jubiläum Lateinisch-Deutsch (=PTS), Bd. I-Bd. III. Nachdruck der 1964 erschienenen 1. Aufl., Wien 1989.

Ders., PTS Bd. II, XXIX (Aufbau, Text und Übersetzung).

Ders., (übers. und mit Einführung und Anmerkungen. hg. von Paul Wilpert), *Vom Nichtanderen (De li non aliud)*, Hamburg, 1987.

Ders., *venatione sapientiae* (=VS), in: PTS Bd. I(1-190).

Ders., *De docta ignorantia* (=DI), in: PTS, Bd. I(191-298).

Ders., *Apologia doctae ignorantiae*, in: PTS Bd. I(519-591).

Ders., *De Principio*, in: PTS Bd. II(211-266).

Ders., *Dialogus de Genesi* (=De Gen), in: PTS Bd. II(387-442).

Ders., *De non-aliud* (=NA), in: PTS Bd. II(443-566).

Ders., *De visione Dei*, PTS Bd. III (93-220).

Ders., *idiota de mente*, in: PTS Bd. III (479-610).

Kunzmann, Peter, u.a., *dtv-Atlas zur Philosophie*, München, 1995.

Lakebrink, B., *Die europäischen Idee der Freiheit, I. Teil: Hegels Logik und die Tradition der Selbstbestimmung*, Leiden, 1968.

Ders., *Kommentar zu Hegels Logik. in sener Enzyklopädie von 1830. Band I: Sein und Wesen*, München, 1979.

Liebrucks, Bruno, *Sprache und Bewußtsein Bd. 5. die zweite Revolution der Denkart. Hegel: Phänomenologie des Geistes*, Ffm, 1970.

Loheide, Bernward, *Fichte und Novalis. Transzendentalphilosophisches Denken im romantisierenden Diskurs, Fichte-Studien Supplementa*, Amsterdam/Atlanta, 2000.

Lukács, G., *Der junge Hegel. Bd. II*, Ffm., 1973.

Luther, Martin, *Von der Freiheit eines Christenmenschen*. Bd. 2 der Calwer, Luther-Ausgabe, Stuttgart, 1977.

Lütterfelds, Wilhelm, "Hegels Identitätsthese von der Substanz als Subjekt und die dialektische Selsbtauflösung begrifflicher Bestimmungen," in: *Synthesis Philosophica 43* (1/2007) (59-85).

Magee, Glenn Alexander, *Hegel and the Hermetic Tradition*, Ithaca and London, 2001.

Ders., "Hegel and Mysticism," in: *The Cambridge Companion to Hegel and Nineteenth-Century Philosophy*, ed. by F.C. Beiser, Cambridge Univ. Pr., 2008 (253-280).

Ders., *The Hegel Dictionary*, London/NY., 2010.

Marcuse, Herbert, *Hegels Ontologie und die Grundlegung einer Theorie der Geschichtlichkeit*, Ffm., 1932.

Ders., *Reason and Revolution. Hegel and The Rise of Social Theory*, Boston, 1960.

Marx, Karl·Engels, Friedrich, *Die heilige Familie oder Kritik der kritischen Kritik. gegen Bruno Bauer und Kunsorten*, in: MEW Bd. 2, Berlin/DDR, 1972 (3-223).

Ders., "Manifest der Kommunistischen Partei," in: MEW Bd. 4, 6. Auflage, 1972, unveränderter Nachdruck der 1. Auflage 1959, Berlin/DDR. (459-493).

Marx, Karl, *Lohnarbeit und Kapital*, in: MEW Band 6, Berlin/DDR, 1959 (397-423).

Ders., Das Kapital, Dritter Abschnitt: Die Produktion des absoluten Mehrwerts, FÜNFTES KAPITEL [Anfang], Arbeitsprozeß und Verwertungsprozeß, 1. Arbeitsprozeß, in: MEW Bd. 23, "Das Kapital," Bd. I, Dietz Verlag, Berlin/DDR 1968 (11-802).

Ders., *Ökonomisch-philosophische Manuskripte* (1844), in: K. Marx und F. Engels, Werke, Ergänzungsband, 1.Teil, Berlin/DDR, 1968 (465-588).

Ders., *Das Elend der Philosophie. Antwort auf Proudhons "Philosophie des Elends"*, in: MEW Bd. 4, Berlin/DDR, 1972 (63-182).

Marx, Karl·Engels, Friedrich, *Selected Works*. Vol. 3, "Engels to W. Borgius. January 25. 1894," Moscow, 1973.

Marx, K., "Luther als Schiedsrichter zwischen Strauß und Feuerbach (1842)," in: MEW Bd. 1, 1974 (26-27).

Ders., *Zur Kritik der politischen Ökonomie*, in: MEW Bd. 13, Berlin/DDR, 1975.

Marx, Karl·Engels, Friedrich, *Die deutsche Ideologie* (1845-46), in: MEW Bd.3, Berlin/DDR, 1978 (9-77).

Marx, Werner, *Das Selbstbewußtsein in Hegels Phänomenologie des Geistes*, Ffm., 1986.

Matthews, Bruce, *Schelling's Organic Form of Philosophy: Life as the Schema of Freedom*, NY., 2011.

McGrath, Sean J., "Retrieving the Schellingian Tradition. Friedrich Christoph Oetinger's Speculative Pietism," in: *Kabiri*. The Official Journal of the North American Schelling Society, Vol. 1, 2018 (175–192).

McLellan, David, *Übers. v. Renate Zauscher, Die Junghegelianer und Karl Marx*, München 1974.

Mctaggart, John Ellis, *A Commentary on Hegel's Logic*, NY., 1964.

Meist, Kurt Reiner, "Hegels Systemkonzetion in der frühen Jenaer Zeit," in: *Hegel-Studien* Beiheft 20, 1980 (59–79).

Metzke, Erwin, *Hegels Vorreden. Mit Kommentar zur Einführung in seine Philosophie*, Heidelberg, 1949.

Ders., "Nicolaus von Cues und Hegel. Ein Beitrag zum Problem der philosophischen Theologie," in: *Kant-Studien 48*, 1956/57 (216–234).

Miller, A.V. (with Analysis of the text and foreword by J.N. Findlay), *Hegel's Phenomenology of Spirit*, tr. by, Oxford, u.a., 1977.

Miller, C. L., *Reading Cusanus: Metaphor and Dialectic in a Conjectural Universe*, Catholic Univ. of America Pr., 2002.

Moggach, Douglas, "Reciprocity, Elicitation, Recognition: The Thematics of Intersubjectivity in the Early Fichte," in: *Dialogue 38*, 1999 (271–96).

Movia, Giancarlo, "Über den Anfang der Hegelschen Logik," in: G.W.F. *Hegel. Wissenschaft der Logik*, hg.v. Anton Koch und Friedrike Schick, Berlin, 2002 (11–26).

Müller, "A., Die Dialektik in der Antike bis Quintilian," in: *Historisches Wörtbuch der Philosophie*. Bd. 2, hg. v. Joachim Ritter, Basel/Stuttgart, 1972 (167–175).

Mure, G.R.G., *A Study of Hegel's Logic*, Oxford, 1967.

Nicolin, Friedhelm (hg), *Briefe von und an Hegel. IV, Teil 2. Nachträge zum Briefwechsel, Register mit biographischem Kommentar, Zeittafel*, Hamburg, 1981.

Novalis, *Schriften*, hg. von Paul Kluckhohn und Richard Samuel. Nach den Handschriften ergänzte und neugeordnete Ausgabe [Vier Bände], Leipzig/Wien, Bd. 3., 1928.

O'Donnell, Neil, *Böhme and Hegel: A Study of their intellectual development and shared reading of two christian theologoumena*, submitted with a view to obtain the degree of M. Litt., National Univ. of Ireland, Maynooth, October, 2008.

Oelkers, Jürgen, "Das Konzept der Bildung in Deutschland im 18. Jahrhundert," in: Jürgen Oelkers, Fritz Osterwalder, Hein Rhyn (hg.), *Bildung, Öffentlichkeit und Demokratie*, Zeitschrift für Pädagogik, Beiheft 38 (45-70).

Oening-Hanhoff, L., "Die Dialektik von Boethius bis Jungius," in: *Historisches Wörtbuch der Philosophie*. Bd. 2, hg. v. Joachim Ritter, Basel/Stuttgart, 1972 (175-184).

Oetinger, F.Ch., *Die Theologie aus der Idee des Lebens abgeleitet und auf sechs Hauptstücke zurückgeführt*. Dt. Übers. Einleitung und Erläuterungen J. Hamberger, Stuttgart, 1853.

Ders., *Biblisches und emblematishces Woerterbuch*, 1776, reprinted, Hildesheim, 1969.

Otto, S., "Nikolas von Kues," in: *Klassiker der Philosophie I*, Ottfried Höffe (hg.), München, 1981 (245-261).

Paek, Hun-Seung, *Selbstbewußtsein und Begierde. Eine Untersuchung zur Sturktur, Entstehung und Entwicklung der Begierde bei Hegel*, Ffm., 2002.

Parkinson, G.R.H., "Hegel, Pantheism, and Spinoza," in: *Journal of the History of Ideas 38*, 1977 (449-459).

Patzig, G., "Widerspruch," in: *Handbuch philosophischer Grundbegriffe. Bd.6*, München, 1974 (1694-1701).

Peperzak, Adriaan Th., *Philosophy and Politics. A Commentary on the Preface to Hegel's Philosophy of Right*, Dordrecht/Boston/Lancaster, 1987.

Pfeifer, Wolfgang, (erarbeitet von einem Artorenkollektiv des Zentralinstituts für Sprachwissenschaft unter der Leitung von), *Etymologisches Wörterbuch des Deutschen. Q-Z*, Berlin, 1989.

Piepmeier, Rainer, *Aporien des Lebensbegriffs seit Oetinger*, Freiburt/München, 1978.

Pinkard, Terry, *Hegel. A Biography*, Cambridge, 2000.

Ders, (tr. and ed.), *Georg Wilhelm Freidrich Hegel. The Phenomenology of Spirit*, Cambridge Univ. Pr., 2018.

Plamenatz, J., *Man & Society. Political and Social Theories from Machiavelli to Marx. Vol. 3. Hegel, Marx and Engels, and the Idea of Progress*, London and NY., 1993.

Pöggeler, O., *Hegels Idee einer Phänomenologie des Geistes*, Freiburg/München, 1973.

Ders., "G.W.F. Hegel. Philosophie als System," in: *Grundprobleme der großen Philosophen. Philosophie der Neuzeit II*, hg. v. J. Speck, Göttingen, 1976 (145–183).

Ders., "Werk und Wirkung," in: Ders (hg), *Hegel. Einführung in seine Philosophie*, Freiburg/München, 1977 (7–27).

Popper, Karl, "What is Dialectic?," in: *Conjectures and Refutations*, London and NY., 2000(1963) (312–335).

Quine, W.V., "The ways of paradox," in: *The Ways of Paradox and other essays*. Revised and enlarged edition, Harvard Univ. Pr. Cambridge, Massachusetts and London, 1977^2(1966).

Reisinger, Peter, "Reflexion und Ichbegriff," in: *Hegel-Studien*, Bd. 6, 1971 (231–266).

Riedel, M., *Theorie und Praxis im Denken Hegels*, Ffm. u. a., 1976.

Risse, W., "Dialektik," in: *Historisches Wörtbuch der Philosophie*. Bd. 2, hg. v. Joachim Ritter, Basel/Stuttgart, 1972 (164–7).

Rist, M., Plotinus, *The road to reality*, Cambridge, 1967.

Ritter J., und Gründer K. (hg.), *Historisches Wörterbuch der Philosophie*, Bd. 6, Basel/Stuttgart, 1984.

Ders., *Historisches Wörterbuch der Philosophie*, Bd. 9, Basel, 1995.

Ders., *Historisches Wörterbuch der Philosophie*. Bd. 11, Basel, 2001

Röd, Wolfgang, *Dialektische Philosophie der Neuzeit I*, München, 1974.

Rohmoser, Günter, "Zur Vorgeschichte der Jugendschriften Hegels," in: *Zeitschrift für philosophische Forschung*. Bd. 14, H. 2, 1960 (182–208).

Ders., *Subjektivität und Verdinglichung*, Gütersloh, 1961.

Rolt, C.E. (tr.), *Dionysius the Areopagite: On the Divine Names and the Mystical Theology*, London, 1920.

Rosen, Menahem, *Problems of the Hegelian Dialectic*, Dordrecht/Boston/London, 1992.

Rosenkranz, Karl, *Georg Wilhelm Friedrich Hegels Leben*. Unveränderter reprografischer Nachdruck der Ausgabe, Berlin, 1844. unter Hinzufügung einer Nachbemerkung von Otto Pöggeler zum Nachdruck 1977, Darmstadt, 1998.

Röttges, Heinz *Der Begriff der Methode in der Philosophie Hegels*, Meisenheim am Glan, 1981.

Sarlemijn, Andries, *Hegelsche Dialektik*, Berlin/NY., 1971.

Sartre, *Being and Nothingness*, London, 1989.

Schelling, F.W.J. und Hegel, G.W.F. (hg.), *Kritisches Journal der Philosophie*, Ersten Bandes Erstes Stück, Tübingen 1802, "Über das absolute Identitäts-system und sein Verhältniss zu dem Neuesten (Reinholdischen) Dualismus. Ein Gespräch zwischen dem Verfasser und einem Freund," in: GW 4 (129-173).

Schelling, F.W.J., *System des transzendentalen Idealismus*, Sämtliche Werke, hg. v. K.F.A. Schelling, 14 Bde., Stuttgart (1856-1861), III, 1800 (327-634).

Ders., *Darstellung meines Systems der Philosophie* (1801), in: *Sämtliche Werke*, hg. v. K.F.A. Schelling, 14 Bde., Stuttgart (1856-1861), IV (105-212).

Ders., *Zur Geschichte der neueren Philosophie* (1827), in: *Schriften von 1813-1830. Schelling, Ausgewählte Werke V*, Darmstadt, 1989 (283-482).

Ders., *Ideen zu einer Philosophie der Natur als Einleitung in das Studium dieser Wissenschaften*, 1797, 1803 II (1-73).

Schmidt, Erik, *Hegels Lehre von Gott: Eine kritische Darstellung*, Gütersloh, 1952.

Ders., *Hegels System der Theologie*, Berlin, 1974.

Ders., "Hegel und die kirchliche Trinitätslehre," in: *Neue Zeitschrift für systematische Theologie und Religionsphilosophie*, 24, 1982 (241-260).

Schmidt, Josef, *Hegels Wissenschaft der Logik und ihre Kritik durch Adolf Trendelenburg*, München, 1977.

Schneider, G., *Gott, das Nichtandere*, Münster, 1970.

Schneider, Helmut, "Zur Dreiecks-Symbolik bei Hegel," in: *Hegel-Studien* Bd. 8, 1973 (55-77).

Schnepf, Robert, "The One Substance and Finite Things (1P16-28)," in: *Spinoza's Ethics. A Collective Commentary*, ed. by Michael Hampe, Ursula Renz & Robert Schnepf, Leiden · Boston, 2011 (37-56).

Schulz-Seitz, Ruth-Eva, "»Sein« in Hegels Logik: »Einfache Beiziehung auf sich«," in: *Wirklichkeit und Reflexion. Walther Schulz zum 60. Geburtstag*, Pfullingen, 1973 (365-384).

Schumacher, Thomas, *Trinität. Zur Interpretation eines Sturukturelements Cusanischen Denkens*, München, 1997.

Schweitzer, Carl Gunther, "Die Glaubensgrundlagen des Hegelschen Denkens," in:

Hegel-Studien Beiheft 1, 2. Aufl., hg. v. Hans-Georg Gadamer, Bonn, 1984 (237-8).

Ders., "Geist bei Hegel und Heiliger Geist," in: *Neue Zeitschrift für Systematische Theologie und Religionsphilosophie*, Bd. 6, 1964 (318-328).

Seidel, Helmut, *Johann Gottlieb Fichte zur Einführung*, Hamburg, 1997.

Seitschek, Hans Otto, "Hegel und die Kyoto-Schule," in: *XXII. Deutscher Kongress für Philosophie*, München, 12. Dezember 2011.

Sichirollo, Livio, *Διαλέγεσθαι-Dialektik. Von Homer bis Aristoteles*, Hildesheim, 1966.

Siep, L., *Anerkennung als Prinzip der praktischen Philosophie*, Freiburg/München, 1979.

Singer, P., *Hegel*, Oxford, 1983.

Soll, I., *An Introduction to Hegel's Metaphysics*, Chicago, 1969.

Soller, Alois K., *Trieb und Reflexion in Fichtes Jenaer Philosophie*, Würzburg, 1984.

Solomon, Robert C., *In the Spirit of Hegel. A Study of G. W. F. Hegel's Phenomenology of Spirit*, Oxford, 1983.

Spinoza, Benedictus de, *Opera Philosophica Omnia*, edidit et praefationem adjecit by August Friedrich Gfrörer, 1830.

Spinoza, Baruch de, *Ethik in geometrischer Ordnung dargestellt*. Neu übersetzt, herausgegeben, mit einer Einleitung versehen von Wolfgang Bartuschat. Lateinisch-Deutsch, Hamburg, 2010.

Ders., *Ethik in geometrischer Ordnung dargestellt, übers. v.* Otto Baensch, Nachdruck mit erneut ergänztem Literaturverzeichnis, Hamburg, 1976(1905).

Ders., *Briefwechsel*, übers. v. Carl Gebhardt, Hamburg, 1986^3.

Ders., *The Letters*, tr. Samuel Shirley, Cambridge, 1995, 260; *Benedictus de Spinoza, Opera Philosophica Omnia*, edidit et praefationem adjecit by August Friedrich Gfrörer, 1830.

Ders., *Theologisch-Politischer Traktat*. Auf der Grundlage der Übersetzung von Carl Gebhardt neu bearbeitet, eingeleitet und hg. v. Günter Gawlick, Hamburg, 1984.

Ders., *Descartes' Prinzipien der Philosophie in geometrischer Weise dargestellt mit einem Anhang, enthaltend Gedanken zur Metaphysik*, Neu über. hg. und mit einer Einleitung und Anmerkungen versehen von Wolfgang Bartuschat, Hamburg, 2005.

Stegmaier, Werner, "Die Substanz muß Fluktuanz werden. Nietzsches Aufhebung der Hegelschen Dialektik," in: *Berliner Debatte Initial 12* (2001) 4 (3-12).

Stoeffler, *German Pietism during the Eighteenth Century*, Leiden, 1973.

Stolzenberg, Jürgen, "Subjekt," in: Joachim Ritter u. a. (hg.), *Historisches Wörterbuch der Philosophie*, Band 10, Basel, 1998 (373-399).

Ders., "'Geschichte des Selbstbewußtseins' Reinhold-Fichte-Schelling," in: Karl Ameriks und Jürgen Stolzenberg (hg.) *Internationales Jahrbuch des Deutschen Idealismus 1 · 2003, Konzepte der Rationalität*, Berlin/NY., 2003 (93-114).

Taylor, Charles, *Hegel*, Cambridge u.a., 1977.

Ders., *Hegel and Modern Society*, NY., 1979.

Theunissen, Michael, *Sein und Schein. Die kritische Funktion der Hegelschen Logik*, Ffm., 1980.

Tillich, P., *Love, power, justice—ontological analysis and ethical application*, London u. a., 1968.

Trendelenburg, Adolf, *Logische Untersuchungen*, Hildesheim, 1964, Wieland, Wolfgang, "Bemerkungen zum Anfang von Hegels Logik," in: *Wirklichkeit und Reflexion*. Walther Schulz zum 60. Geburtstag, Pfullingen, 1973 (395-414).

Tugendhat, Ernst, *Selbstbewußtsein und Selbstbestimmung. Sprachanalytische Interpretationen*, Ffm, 1979.

Ueberweg, F., *Grundriß der Geschichte der Philosophie*, hg.v. K. Praechter, Basel, 1967.

Ulfig, Alexander, *Lexikon der philosophischen Begriffe*, Wiesbaden, 1997.

Viljanen, Valtteri, "Spinoza's Ontology," in: *The Cambridge Companion to Spinoza's Ethics*, ed. by Olli Koistinen, Cambridge Univ. Pr., 2009 (56-78).

Waibel, Violetta, "Wechselbestimmung. Zum Verhältnis von Hölderlin, Schiller und Fichte in Jena," in: *Fichte-Studien* Vol. 12. *Fichte und die Romantik*, 1997 (43-69).

Wandschneider, Dieter, *Grunzüge einer Theorie der Dialektik. Rekonstruktion und Revision dialektischer Kategorienentwicklung in Hegels "Wissenschaft der Logik"*, Stuttgart, 1995.

Weischedel, Wilhelm, *Der Gott der Philosophen. Grundlegung einer philosophischen Theologie im Zeitalter des Nihilismus*. Zwei Bände in einem Band, Reprographischer Nachdruck 1998 der 1975 in dritter Auflage erschienenen zweibändigen Ausgabe (Bd. I: 1. Aufl. 1971, Bd. II: 1. Aufl. 1972), Darmstadt, 1983.

Wellner, Klaus, *Das Bewußtsein. Beschreibung und Kritik der Transzendentalphilosophie bei Kant, Fichte und Schelling*, Ffm. u.a., 1990.

Westphal, Merold, *History and truth in Hegel's Phenomenology*, Atlantic Highlands, 1979.

Wette, De, "Schreiben des Professors de Wette an die Justizräthin Sand in Wunsiedel, Berlin, den 31. März 1819," in: *Aktensammlung über die Entlassung des Professors D. de Wette vom theologischen Lehramt zu Berlin*, Leipzig, 1820.

Wetter, Gustav A., *Soviet Ideology Today: Dialectical and Historical Materialism*, Heinemann, Translated by Peter Heath, NY. and Washington, 1966.

Wetz, Franz Josef, *Friedrich W.J. Schelling zur Einführung*, Hamburg, 1996.

Wiedmann, Franz, *Hegel: An Illustrated Biography*, tr. by Joachim Neugroschel, NY., 1968.

Wieland, Wolfgang, "Bemerkungen zum Anfang von Hegels Logik," in: *Wirklichkeit und Reflexion. Walther Schulz zum 60. Geburtstag*, Pfullingen, 1973 (395-414).

Williams, Howard, *Hegel, Heraclitus and Marx's Dialectic*, 1989.

Williams, Robert R., *Recognition. Fichte and Hegel on the Other*, Albany, 1992.

Williamson, Raymond K., *Introduction to Hegel's Philosophy of Religion*, NY., 1984.

Wilpert, P., übers. und mit Einführung und Anmerkungen. hg., *Nikolaus v. Kues, Vom Nichtanderen*, Hamburg, 1987^3(1952).

Windelband, Wilhelm, *Lehrbuch der Geschichte der Philosophie*. Siebente, unveränderte Auflage, Tübingen, 1916.

Wirtz, Marku, *Geschichten des Nichts. Hegel, Nietzsche, Heidegger und das Problem der philosophischen Pluralität*, Freiburg/München, 2006.

Wohlfart, Günter, *Der spekulative Satz. Bemerkungen zum Begriff der Spekulation bei Hegel*, Berlin/NY., 1981.

Wolff, K., *Die Religionsphilosophe des jungen Hegel*, München, Phil. Diss., 1960.

Wolff, Michael, *Der Begriff des Widerspruchs. Eine Studie zur Dialektik Kants und Hegels*, Meisenheim, 1981.

Wolfson, H.A., "Über das Verhältnis zwischen logischem und dialektischem Widerspruch," in: *Hegel-Jahrbuch 1979*, Köln, 1980 (340-348).

Ders., *The Philosophy of Spinoza*. Two Volumes in One, Cambridge, Mass./London, 1983.

Wood, Allen W. (Edit.), *Hegel, Elements of the Philosophy of Right*, tr. by H.B. Nisbet, Cambridge, 2004.

Zimmerli, Walther C., *Die Frage nach der Philosophie. Interpretationen zu Hegels "Differenzschrift". Hegel-Studien* Beiheft 12, Bonn, 1974.

Zimmerman, Rolf Christian, *Das Weltbild des jungen Goethe, Studien zur hermetischen Tradition des deutschen 18. Jahrhunderts*, 2 vols, Munich, 1969, 1979, vol. 1.

Zinn, Elisabeth, *Die Theologie des Friedrich Christoph Oetinger*, Gütersloh, 1932.

ヘーゲル, 『精神の現象學 上巻』, 金子武蔵 역, 岩波書店, 1981.

岩崎武雄, 『西洋哲學史』, 岩崎武雄著作集 제3권, 新地書房, 1981.

岩崎武雄, 『カント 純粋理性批判の研究』, 岩崎武雄著作集 제7권, 東京, 1982.

3. 인터넷 문헌

Götze, Martin, "G.W.F. Hegel: Motiv und Programm einer spekulativen Philosophie," in: http://www.sicetnon.cogito.de/artikel/historie/hegel.htm.

https://de.wikipedia.org/wiki/Archilochos.

https://ko.wikipedia.org/wiki/%EC%82%AC%ED%8F%AC_(%EC%8B%9C%EC%9D%B8).

https://www.loebclassics.com/view/LCL524/2016/pb_LCL524.229.xml.

http://blog.daum.net/ex-nihilo/2217.

http://www.gleichsatz.de/b-u-t/begin/EvH/eh-dial1.html.

https://en.wikipedia.org/wiki/Paradox.

http://www.philolex.de/proklos.htm.

http://de.wikipedia.org/wiki/Coincidentia_oppositorum.

http://plato.stanford.edu/entries/cusanus.

http://de.wikipedia.org/wiki/Nikolaus_von_Kues.

https://de.wikipedia.org/wiki/Jakob_B%C3%B6hme.

https://en.wikipedia.org/wiki/Jakob_B%C3%B6hme.

http://www.etymonline.com/index.php?term=subject.

https://www.etymonline.com/search?q=o&page=1.

https://de.wikipedia.org/wiki/Friedrich_Ludwig_Jahn.

https://de.wikipedia.org/wiki/Heinrich_Arminius_Riemann.

https://de.wikipedia.org/wiki/Burschenschaft.

https://de.wikipedia.org/wiki/L%C3%BCtzowsches_Freikorps.

https://de.wikipedia.org/wiki/Ludwig_Roediger.

https://www.deutsche-biographie.de/sfz39705.html.

http://www.philosophie-woerterbuch.de/online-woerterbuch/?tx_gbwbphilosophie_main%5Bentry%5D=586&tx_gbwbphilosophie_main%5Baction%5D=show&tx_gbwbphilosophie_main%5Bcontroller%5D=Lexicon&cHash=645905602a939b036a3e1b3d8cdf2305.

http://www.encyclopedia.com/humanities/encyclopedias-almanacs-transcripts-and-maps/dialectic.

http://bottled.de/sephi/jb/jb_04.htm; https://anthroblog.anthroweb.info/2012/jacob-boehme-von-der-tinktur-vom-wurm-und-der-jungfrau/.

http://www.kheper.net/topics/worldviews/panentheism.html.

http://websyte.com/alan/pan.htm.

http://en.wikipedia.org/wiki/Panentheism.

http://www.kirche-fuer-alle-web.de/Oetinger_3%20Copy.pdf.

https://latina.bab2min.pe.kr/xe/lk/intensus.

https://de.wikipedia.org/wiki/Die_vier_letzten_Dinge.

http://www.kloepfer-narr.de/hegel-hoelderlin-schelling-roman-einer-maenner-freundschaft.

https://en.wikipedia.org/wiki/Pneuma.

http://www.deutsche-biographie.de/sfz39705.html.

https://de.wikipedia.org/wiki/Friedrich_Adolf_Trendelenburg.

https://ko.wikipedia.org/wiki/%EC%8A%88%EB%B0%94%EB%B2%A4.

https://www.duden.de/rechtschreibung/aufheben.

https://en.wikipedia.org/wiki/Aufheben.

https://www.collinsdictionary.com/dictionary/german-english/aufheben.

https://dictionary.cambridge.org/dictionary/german-english/aufheben.

https://latina.bab2min.pe.kr/xe/lk/tollo?form=sublatum.

https://www.collinsdictionary.com/dictionary/english/sublate.

https://de.wikipedia.org/wiki/Trinit%C3%A4t.

https://www.al-islam.org/spirituality-modern-philosophy-hegels-spirituality-muhammad-legenhausen/appendix-2-hegels-occult.

찾아보기

|ㅅ|

|ㅈ|

|ㅊ|

|ㅋ|

|ㅌ|

|ㅍ|

|ㅎ|